国学经典文库 · 图文珍藏版

帝王将相大传

秉笔直书朝野争斗的内幕

完整收录历史剧变的辉煌

帝王将相

綫装書局

管 仲 传

人物档案

管仲：名夷吾，字仲，又称管敬仲，周王同族姬姓之后，颍上（今安徽颍上）县人。

生卒时间：？~前645年。

安葬之地：葬于临淄（今淄博市临淄区）牛山北麓。

性格特点：注重实际，反对空谈主义。

历史功过：被称为“春秋第一相”，辅佐齐桓公成为春秋时期的第一霸主，所以又说“管夷吾举于士”。

名家评点：孔子曾称赞管仲：“微管仲，吾其被发左衽矣。”（《论语·宪问篇》）意思是：管仲辅助齐桓公做诸侯霸主，一匡天下。要是没有管仲，我们都会披散头发，左开衣襟，成为蛮人统治下的老百姓了。这话是有一定道理的。

管仲

管鲍之交

管仲，名夷吾，齐颍上（颍水之滨）人。父亲管庄，曾为齐国大夫，管仲在青少年时代，身体魁梧，精神俊爽。为维持他与寡母的生计，不得不砍柴打猎，拿到街市上换点粮食。他人小志大，而且射艺精良，气度非一般樵夫猎户可比。回到家中，一有空余时间，总是打开父亲留下的简书，刻苦自学，很快，博通经典，熟谙礼仪。他时时留心天下大事，筹划济世匡时策略，欲施经天纬地之才。

可叹英雄为穷所困，成家之后，生计更难维持，常有断炊之虞。

管仲有一位好友名叫鲍叔牙，家里比较宽裕，为人庄重自持，正直好义，疾恶如仇，也是一位很有才干的人。他深知管仲之才，非常敬重他。看到朋友难以养家，便多掏一些本钱，让他来合伙做生意。分利钱时，鲍叔牙将大半分给管仲，管仲也不推辞，默默纳还。鲍叔牙的随从心怀不平，说：“他的本钱小，却拿走大半利钱。真是一个贪财的小人！”鲍叔牙解释说：“管仲并不是贪图这一点钱，不过是因为家贫无以度日罢了。朋友之间要互相帮助，钱是我自愿让他的。”后来，管仲和鲍叔牙同被征去当兵。打仗冲杀时，管仲总是躲在后队；撤退时，又跑到了前面。大家都嘲笑他怯懦。鲍叔牙说：“管仲是独子一个，怕无人奉养老母。”后来又多次与鲍叔牙谋划事情，往往闹得很狼狈。有人就笑鲍叔牙：“你不是说管仲很有才吗？怎么常常办不成事呢？”鲍叔牙说：“人本来就有逢时和不逢时的。俗话说：‘纵有聪明，还得趁形势；纵有锄头，还得待农时。’如果让管仲遇上好时机，一定会百不失一。”管仲听到后，叹息说：“生我者父母，知我者鲍叔呀！”二人遂结为生死之交。

经鲍叔帮助，管仲家里已能维持。这时，齐襄公在位。管仲说：“襄公勇悍残忍，荒淫无道。淫其妹文姜，又派人杀其夫鲁桓公，恶声四播，众议纷纷，必有奇祸，不能久长。襄公无子，嗣位的不是他的大弟公子纠就是小弟公子小白。二人俱已长大，将要找老师，我和你各教一人，等嗣立之日，互相荐举。"鲍叔牙点头称是。

两个好朋友入宫求见襄公，愿为公子的老师。襄公做下那蔑理之事，招人非议，心中暗愧，便想做一两篇正经文章，以堵天下之口，为弟找老师就是其一。于是他问两人所学，二人应对如流。襄公笑了笑，便命管仲和一个叫召忽的人为公子纠的老师，鲍叔牙为小白的老师。

争国射钩

鲁桓公暴死齐国，齐国虽杀了凶手彭生来平息此事，列国依旧议论纷纷，同说齐侯无道。襄公恐列国轻视和疏远齐国，将来同鲁国一起与齐作对，便想行一二义举，一可拉拢一些国家，二可杀鸡给猴看，使诸侯畏服，以便自己为所欲为。

公元前695年，郑将高渠弥杀死郑昭公，奉公子亹为君，齐襄公当时就要兴兵诛讨，后因鲁桓公夫妇将到齐国，便暂时搁起。现在旧事重提，要拿那郑国开刀。

他先派人送信给子亹，约定在首止（今河南睢县东南）相会，盟誓修好。子亹信以为真。他以为齐国这样的大国同郑交好，郑国将会安如泰山，于是同高渠弥欣然前往。高渠弥引着子亹刚登盟坛，襄公一声令下，王子成父和管至父领百余名壮悍军士一齐向前，拿住二人，砍死子亹。子亹的随从，见齐人势大，全部逃散。为了扩大影响，将高渠弥带到齐都，车裂于南门，又将其首级悬于门上，且出榜写上"逆臣视此"四个大字。襄公又派人告知郑国，说齐已代郑诛了贼臣逆子，让其另立新君。此后，国内臣民不敢妄议襄公，那些小诸侯国，更是谨言慎行，不敢开罪于齐国。

襄公伐郑之后，更加肆无忌惮。他借打猎为名，不时前往禚地（今山东长清区境），派人将文姜秘密接来，昼夜淫乐。怕鲁庄公发怒，就率重兵攻纪（今山东寿光东南）。庄公惧齐兵威，不敢去救向鲁求救的纪国，纪国便为齐所灭。

襄公灭纪之后，和文姜往来无忌，俨如夫妇。

公子纠将此事告知管仲，管仲说："国君刚愎自用，以力服人，不听谏阻，不久，众必离心，招致祸乱。公子应以静制动。一旦有变，依理当立公子。"

周庄王八年（公元前689年），齐襄公率宋、鲁、陈、蔡四国君伐卫，杀败王师，护送卫侯朔还国，放逐了周王的女婿黔牟。因怕周王招诸侯兵来讨，派将军连称和管至父守住葵邱，阻住王师入齐之路。临行，二将问何时期满，襄公正在吃瓜，就说："等明年瓜熟派人替你们。"第二年瓜熟时节，二将不见人来替，就派人打听，才知襄公在谷城与文姜欢乐，已有一月未回都中。于是派人向襄公献瓜，并请求替代。襄公竟大怒，说："代不代由我决定，怎么可以自己来请？要让代，再等瓜熟一次。"

这事传到管仲耳里，管仲对公子纠说："国君淫乐，不恤将士，又常欺侮大臣，为祸不远了。"

连、管二将闻报恨恨不已，准备谋弑襄公。

二将秘密伏兵故棼，在故棼离宫将襄公捉住。举剑将襄公挥为数段。随后，二将率军长驱国都。公孙无知召集私人甲士，接迎二将入城。连、管谎称："曾受先君僖公遗命，奉公孙无知即位。"无知任连称为正卿，管至父为亚卿。诸大夫虽然勉强排班，心中不服。只有雍廪再三稽首，谢过去同无知车行争道之罪，极其卑顺。无知赦免了他，让仍为大夫。上卿高子和国子称病不朝，无知也不敢罢黜他俩。管至父劝无知悬榜招贤，收揽一些有声望的人。他推荐本族侄子管仲，无知让人去召他。

管仲闻国中之变，对公子纠说："连、管二将谋逆弑主，又奉立不当立的无知，后必取祸。"正说着，家人报说无知派人来召。管仲说："此辈为逆，人心不附，是刀已在脖子上的人了，还想连累别人！"于是一面叫家人婉言打发来人，一面同召忽、子纠商议出奔之事。管仲说："公子的母亲是鲁国人，鲁也是大国，将来有变，可借鲁国之力送公子回国。"二人同意。于是，悄悄离开齐国，一起投鲁国去了。

第二年(公元前685年)春的一天，忽有齐使到鲁，言说雍廪和高傒联合诸大夫，已杀死连、管和无知，现迎公子纠回国为君。鲁庄公听后大喜，便欲起兵送公子纠回国。施伯劝道："齐国强大了对我们不利。他们国中内乱无君，有利于我们。请不要动，以观其变。"文姜因襄公被杀，从祝邱回到鲁国国都，日夜劝儿子庄公兴兵伐齐，为兄报仇。听到无知被杀，齐使臣来迎公子纠为君，非常高兴，便来催庄公起程。庄公难违母命，不听施伯之言，亲率三百乘兵车，以曹沫为大将，秦子、梁子为左右将，护送公子纠入齐。

管仲对庄公说："公子小白在莒，离齐国近，如果他先回国为君，就不好办了。请您借臣良马，让我先去阻止小白。"庄公问："需多少兵卒？"管仲说："三十乘兵车足够了。"

公子小白得知国乱无君，与鲍叔牙计议，向莒借了一百乘兵车护送回齐。管仲引兵昼夜奔驰，行至即墨，听说莒兵已过，急忙又追了前去。行了约三十里，望见前面莒兵正停车造饭。管仲趋车向前，看见小白端坐车中正冷冷地打量自己，便上前鞠躬说道："公子别来无恙，现在要到哪里去？"

小白不紧不慢地说："想回去奔兄丧。"

管仲说："公子纠年长，应当主丧。请公子稍留一会，不要太劳累了。"

鲍叔牙上前答道："管仲，你且退回，各为其主，不必多说了。"

管仲见莒兵横眉竖眼，有争斗之色，怕寡不敌众，便假意应着向后退去，暗中瞅定小白的心窝，猛然弯弓搭箭，飕的射去。小白大喊一声，倒在车上。

鲍叔牙惊得脸色煞白，急忙来救，管仲率着兵车，加鞭催马，扬起一路黄尘，飞跑而去。

谁知管仲这一箭，只射在了小白腰间的带钩上。小白知道管仲的射技，怕他再射，急中生智，咬破舌头，喷血装死，连鲍叔牙也让他瞒过了。鲍叔牙说："夷吾虽去，怕他又来，不可再迟延了。"就让小白换了衣服，躺在有篷子的卧车里，从小路疾驰而去。

将近国都临淄，鲍叔牙单车先入城中，拜访各位大夫，极力夸赞小白的贤明。大夫们说："公子纠将要到了，此事如何处置？"

鲍叔牙说："齐一连被弑二君，非贤能之人不能平息变乱。况且，去迎子纠而小白却先到了，这是天意啊！鲁侯送子纠回国，希望得到的回报不会少。过去，宋公送子突回郑国即位，索要无厌，兵事接连不断。我们国家经历了这么多的灾难，能受得了鲁国的索求吗？"

大夫们说："如果立小白，我们如何回复鲁侯呢？"

鲍叔牙说："我们已经有了国君，他自然会退回去的。"

大夫隰朋和东郭牙说："叔牙说的对。"

于是，大家迎小白入城即位，是为桓公。鲍叔牙对桓公说："鲁兵未至，应预先阻止他们。”桓公便派仲孙湫前去迎住鲁庄公,告诉他齐国已立国君。

庄公等这才知道小白未死,一时大怒,说:“子纠为长,小孺子岂能为君?我不能空将三军退回。”

仲叔湫回报。齐桓公说:“鲁兵不退,怎么办呢?”鲍叔牙说:“用兵抵抗!”

于是让王子成父将右军,宁越为副将;东郭牙将左军,仲孙湫为副将;桓公带着鲍叔牙亲将中军,雍廪为先锋。共发兵车五百,前去抗敌。分拨已定,东郭牙说:“鲁君考虑我们有所准备,一定不会长驱直入。乾时(今山东临淄西)这个地方,水、草都很方便,是屯兵扎营的好地方。如果在此伏兵以待,乘其不备掩杀过去,一定会打败鲁军。”

鲍叔牙说:“很好。”就让宁越、仲孙湫各率本部,分路埋伏;王子成父、东郭牙率兵抄出鲁兵背后;先锋雍廪挑战诱敌。

第二天早上,侦卒报道:“齐兵已到,先锋雍廪讨战。”

鲁庄公说:“破掉齐军,城中自然胆寒。”于是引秦子、梁子驾戎车向前,责备雍廪说:“是你们先除掉国贼,向我们求迎国君。今又改立他人,信义何在?”挽弓欲射雍廪。雍廪假装羞惭,抱头鼠窜。庄公命曹沫追赶。雍廪掉转车辕来战,不几回合又走。曹沫不舍,奋平生之勇,挺着画戟赶来。鲍叔牙将手一挥,大军一拥而上将曹沫围住,曹沫拼死冲突,身中两箭,破围而去。

鲁将秦子、梁子恐曹沫有失,正待接应,忽闻左右炮声齐震,宁越、仲孙湫两路伏兵齐起,鲍叔牙率着中军也冲杀过来。鲁兵三面受敌,难以抵挡,立时溃散。

鲍叔牙传令:“有能获鲁侯者,赏万家之邑。”使人在军中大声传呼。

心中惶恐的鲁侯急忙跳下戎车,跃上一辆轻便马车,往回逃去。秦子紧紧随着保护鲁侯杀出重围。梁子为齐所俘。鲍叔牙见齐军已全胜,鸣金收兵。齐侯命将梁子斩于军前。大军奏凯先回。

管仲等在后营管辖辎重。听说前营战败,让召忽同公子纠守营,自己引兵前来接应。鲁军人马车辆折去了大半。管仲说:“士气已挫,不可停留了!”于是连夜拔营而起。行了不到两天,忽见前面排着兵车,齐将王子成父、东郭牙挡住归路。曹沫挺戟大呼:“主公速行,我将战死在此!”说着去迎东郭牙。秦子也赶上接住王子成父。管仲保着庄公,召忽保着公子纠,夺路而逃。管仲教把辎重、铠甲、兵器沿路抛弃,让齐兵抢掠,才得以脱身。曹沫左臂中刀,突围而出。秦子战死军中。

庄公等脱离虎口,催马急奔。齐军一直追过汶水,将鲁国境内的汶阳之田,全部侵占。

鲍叔荐仲

齐军打败鲁军,又夺其汶阳之田。早朝时,百官齐向桓公称贺。

鲍叔牙出班奏道:“子纠在鲁,有管仲召忽相辅,又有鲁侯相助,心腹之患未除,不可先行庆贺。”

桓公说:“这事怎么对付呢?”

鲍叔牙说:“乾时一战,鲁国君臣已经害怕。臣请统帅三军,进逼鲁国边境,请鲁诛杀子纠,他们一定会因惧怕而听从的。”

桓公说:“寡人把举国大事交你处置。”

鲍叔牙于是率大军直至汶阳,清理疆界。派公孙隰朋致书于鲁侯,上面写道:

外臣鲍叔牙，百拜鲁贤侯殿下：家无二主，国无二君。寡君已奉宗庙，公子纠欲行争夺，非不二之谊也。寡君以兄弟之亲，不忍加戮，愿假手于上国。管仲召忽，寡君之仇，请受而戮于太庙。

鲍叔牙

隰朋临行，鲍叔牙嘱咐说："管夷吾是天下奇才，我将向国君推荐他，一定不能让他死了。"

隰朋说："如果鲁国要杀他，怎么办呢？"

鲍叔牙说："只要提起射钩之事，鲁国一定会相信我们的话。"隰朋领命而去。

鲁庄公接到鲍叔牙的书信，立即召施伯商议，说："上次没听你的话，以致兵败。今天是杀子纠呢，还是保他？"

施伯说："小白初立，就能用人，在乾时打败我军，这不是子纠所能比的。况且齐兵压境，依臣看来，不如杀子纠，同齐讲和。"

鲁庄公便派公子偃领兵突然袭击子纠和管仲召忽所住的生窦，杀了子纠，抓住管仲和召忽。管仲见公子纠被杀，叹道："子纠大概是福薄命浅吧！为了他，我箭射小白，谁知竟为所诈，坐失良机。这难道是天意吗？"召忽仰天大恸，说："做儿子的因孝顺父母而死，做臣子的因忠于主子而死，是理所应当的！召忽将要到地下跟随公子，怎么能够身带刑具，受此大辱？"说着头撞殿柱，鲜血飞溅，倒地身亡。

管仲见召忽身亡，心下也很感动，既而自思："为子纠我已尽心，自问无愧。自己负济世之才，不逢其时，难伸大志于天下。今日若循君臣小义而死，只不过落下忠臣之名，难行大仁大义于海内，实负平生志愿。齐使'太庙受戮'之说，大有蹊跷，这当是鲍叔救我之谋。我不能为小义而失大义。若小白不肯宽恕，再死不迟。"主意已定，又怕鲁国察知这种意图，于是巧言说道："自古人君，有为他而死的臣子和为他而生的臣子。我将生入齐国，为公子纠辩冤。"鲁兵将他捆着装进槛车。

施伯私下对鲁庄公说："臣从管仲的神色看，他好像有所依靠。臣料他一定不会死。这人是个奇才，如果不死，肯定为齐重用，使齐称霸天下；鲁从此将会受齐驱使了。君不如请求齐国赦免他。管仲得到赦免，就会感激我们。我们再加以重用，齐国就不足虑了。"

庄公说："管仲是齐君的仇人，我却留着。虽然杀了子纠，齐君的怒气还是没有消。"

施伯说："您若认为不能任用，不如杀掉他，把尸首交给齐国。"

庄公点头同意。

公孙隰朋听说鲁国将要杀管仲，急忙入宫求见庄公，说："夷吾射寡君，箭中带钩，寡君恨之入骨，想亲手杀他，以快其心。如果将尸首送回，等于是寡君没杀他。"

提起此事，庄公也觉得管仲对齐君手狠，难怪齐君恨他。于是，信了隰朋之言，囚禁了夷吾，并将子纠和召忽的首级装在匣子里封好，一起交付隰朋。隰朋谢过庄公，起身回齐。

管仲已猜知鲍叔牙之谋，恐庄公翻悔，派人追回，心生一计，作了一篇《黄鹄》词，教役夫们唱了起来：

黄鹄黄鹄，戢其翼，絷其足，不飞不鸣兮笼中伏。高天何跼蹐兮，厚地何蹐！丁阳九兮逢百六。引颈长呼兮，继之以哭！黄鹄黄鹄，天生汝翼兮能飞，天生汝足兮能逐，遭此网罗兮谁与赎？一朝破樊而出兮，吾不知其升衢而渐陆。嗟彼弋人兮，徒旁观而踯躅！

役夫们边走边唱，渐渐地行步如飞，车驰马奔，一日竟走了两日的路程，很快就脱离了鲁境。夷吾逃出虎口，仰天叹道：我今天 是 再生啊！"

车行至堂阜，鲍叔牙已在那里等候。见了管仲，急忙迎进馆舍，说："仲侥幸无事！"立即命人打开槛车，放出管仲。管仲说："未接君命，不可擅自放出我。"

鲍叔牙说："无妨，我将要荐举你。"

管仲说："我和召忽一起侍奉子纠，既不能为他谋得君位，又不能为他死难，有损于一个做臣子的节义。何况又反回来侍奉仇人？召忽死而有知，将会在地不耻笑我！"

鲍叔牙说："'干大事的人不在乎小的耻辱；立大功的人，不拘泥于小的信义。'你有治理天下之才，没有遇到好的时机。主公志向远大，见识不凡，若得到你的辅佐，治理齐国，使齐称霸天下是不足道的。功盖天下，名扬诸侯，这同那些只知守匹夫之节，干无益之事的人相比，怎么样呢？"

管仲默然无语。

鲍叔牙入宫见桓公，先向他表示慰问，后向他庆贺。

桓公问："为了什么事向我慰问呢？"

鲍叔牙说："子纠是你的哥哥。您为国而灭亲，实在是不得已，臣怎么敢不来慰问？"

桓公又问："那么，你要向我庆贺什么呢？"

鲍叔牙说："管仲是天下的奇才，不是召忽这样的人可以比的。臣已经把他带回来了。您得到一位贤相，臣怎么敢不庆贺呢？"

提起管仲，桓公咬牙切齿，早已按捺不住，鲍叔牙刚一说完，他便气势汹汹地说："夷吾射中我的带钩，差点要我性命，他的箭我还留着，此事耿耿于怀，食其肉、寝其皮也不解我心头之恨，难道还可以用他吗？"

鲍叔牙说："做人臣的各为其主。夷吾射带钩的时候，知道有子纠不知道有您。您如果任用他，他可以为您射得天下，岂能只是一人的带钩呢？"

桓公怒气仍然未消，说："看在你的面子上，赦免他的罪，不杀他。我不想用他，你不要再说了。"

鲍叔牙只好退了出来。

齐桓公论立君之功，高国世卿都加封了采邑。他想授鲍叔牙上卿之职，任用他来处理国政大事。鲍叔牙说："您对我施加恩惠，使我不受冻挨饿，我知道这都是您赐予的。至于说治理国家这样的大事，就不是臣所能胜任的了。"

桓公说："寡人了解你，你不要推辞。"

鲍叔牙说："您所说的'了解'，只是知臣做事小心慎重，循礼守法而已。这些只是一个平庸臣子的德性，不是治理国家的大才。那些治理国家的大才，能内安百姓，外抚四夷，有大功于王室，布恩泽于诸侯，国有泰山之安，君享无穷之福，功垂金石，名播千秋。这是有王佐之才的人才能担当的大任，臣怎么够得上呢？"

桓公听后，兴趣大增，促膝向前，问道："像你说的那种人，当今还有没有？"

鲍叔牙说："您如果不需要这样的人，就不说了；一定要用的话，难道不是管夷吾吗？"桓公默然不语。鲍叔牙又说："臣有五点不如夷吾"。桓公抬起头看着鲍叔牙。叔牙接着说："对民宽缓，施恩于民，使其安定，臣不如他，这是其一；治理国家不丧失根本，臣不如他，这是其二；用忠和信使百姓凝聚，臣不如他，这是其三；制定礼仪制度，使四方之人效法，臣不如他，这是其四；拿起鼓槌，站在军门擂鼓，使百姓增加斗志，奋勇向前，臣不如他，这是其五。"

桓公听后，停了一会，说："卿可与他一起来，寡人要考察一下他的才学。"

鲍叔牙说："对于非常之人，一定要用非常的礼节来对待。您应当选择个吉日，亲自到郊外去迎接他。天下的人听说您能尊敬并礼遇有才能的人，不计私仇，谁不愿意到齐国为您效力呢？"

桓公点了点头说："寡人听你的。"于是让太卜择好吉日，准备去郊外迎接管仲。

鲍叔牙先将管仲送到郊外的公馆里。到了日期，三次洗浴，三次用香水涂身。所用衣帽袍笏，和上大夫一样。桓公亲自去迎。

百姓们听说国君去迎一位贤人，都出来观看。远远地见仪仗中间拥着几辆车子，马头两边红绸飘舞。乐声、串铃声和马蹄声，越来越响。中间一辆车上，有一人同桓公并排而坐，身躯伟岸，气度不凡。近前一看，却认得是射桓公的管仲，个个惊讶得半晌合不拢嘴。

管仲同桓公入朝后，稽首谢罪。桓公上前扶起，赐座。管仲说："我是一个被俘要杀的人，能赦免大罪，实在是万幸了！怎么敢受您这样的礼遇？"

桓公说："寡人有问题向您请教，您一定要坐下，我才敢问。"管仲于是拜了两拜，坐了下来。

桓公以国事相问，管仲为其陈霸业之策，字字投机。二人连语三日三夜，全不知倦。桓公大喜，决定重用管仲。

鲍叔牙对桓公说："我听说'地位卑贱的人不能够和高贵的人共事，贫穷的人不能役使富有的人，和国君关系疏远的人不能管制和国君关系亲近的人。'您要用管仲，必须委以相位，给他优厚的俸禄，并待以父兄之礼。"

于是桓公准备任管仲为相。管仲推辞不受。桓公说："我采纳您的霸业之策，想实现我的志愿，所以拜您为相。您为什么不接受呢？"

管仲回答说："我听说建成一座大厦，不是靠一根木材；茫茫大海，也不是只有一条流向它的河流。您一定要实现自己的志愿，请用五杰。"

桓公问："五杰是谁呢？"

管仲说："进退有礼，动静有仪，善于辞令，臣不如隰朋，请任命为大司行。开荒辟地，充分地利用地力，多打粮食，臣不如宁越，请任命为大司田。于旷野之中，能使车马整齐，士卒听令，擂起战鼓，三军将士能视死如归，臣不如王子成父，请任命为大司马。能公正地判决官司，不错杀无辜，不诬陷好人，臣不如宾须无，请任命为大司理。犯颜直谏，不顾自身利害，不为富贵所屈，臣不如东郭牙，请任命为大谏之官。您如果想治理国家，加强军队，那么，用这五人就可以了。如果想成就霸业，臣虽不才，勉强可以完成您的使命，以效微劳。"

桓公让人准备好牛、羊、猪三牲大礼，贡于太庙，然后同管仲一起来到这里。他让管仲面东站着，自己面西站着，对着祖先神位郑重地说："自从我听到先生的教诲，更加耳聪目明，不敢独占，愿把先生荐举给祖先。"举行过这样一个庄严的仪式之后，桓公才任命管仲为相国，并把国都一年的市租赐给管仲。隰朋等五人，根据管仲所荐，一一任命，各司其职。

桓公虽有大志，却不愿过分约束自己，失去生活乐趣。他试探地问管仲："我不幸染上游猎和好色的毛病，这是不是有害于霸业呢？"

"这没有什么妨害？"管仲肯定地说。

桓公心里一喜，又疑惑地问："那么怎样才妨害霸业呢？"

管仲说："不知道谁是贤能之人，会妨害霸业；知道了，却不能任用他们，会妨害霸业；任用了，又不能给予相当的职务，会妨害霸业；给了相当的职务，又不信任他们，会妨害霸业；信任了，又让小人参与其中，会妨害霸业。"

"说得好！说得好！"桓公连连点头。于是，一心一意任用管仲，并尊他为仲父，给予最高的恩惠。他又对大臣们说："国家大事，先告诉仲父，再告诉我。有要办的事，全部让仲父决断。"又禁止国人，不论他地位高低，不许触犯"夷吾"之名，一律都称他的字——"仲"。

强国亲邻

桓公任用管仲，次第实行其所陈霸业之策。

当时，桓公向管仲请教治国之策，说："齐是千乘兵车的国家，先君僖公的威名使诸侯畏服，号称小霸。自从先君襄公政令无常，轻贤侮士，才酿成大乱。我登上君位，人心还未安定，国家的力量还不强大。现在准备治国理政，修明法纪，先应该怎么办呢？"

管仲说："礼、义、廉、耻是维护国家的根本原则，这些原则被破坏了，国家就要灭亡。现在您要建立国家的法纪制度，必须弘扬这些基本原则，来使用百姓。这样的话，法纪制度就能够建立起来，国家的力量就会渐渐强大。"

桓公问："具体怎样做才能使百姓为我所用呢？"

管仲说："想让百姓为我所用，一定先要爱惜百姓，然后安置好他们，成就他们的事业。"

桓公问："怎样爱惜百姓呢？"

管仲说："国君治理好自己的宗族，卿大夫也治理好自己的家，用事业和俸禄将他们连在一起，那么百姓就会亲近他们。赦免过去的罪行，整理从前的宗族，给无后的人立嗣，让男子二十岁成家，女子十五岁出嫁，那么百姓就会很快繁衍起来。减轻刑罚，薄征敛税，不误农时，不掠取牲畜，百姓就会富足。将百姓中有贤德和道艺的人树立为榜样，让人效法，百姓就会有礼。政令稳定，处置合理，百姓就会行为端正起来。这些就是爱惜百姓的办法。"

桓公又问："施行这些爱民的措施之后，又怎样安置他们，成就他们的事业呢？"

管仲说："士农工商，称为四民。不能让他们混杂地住在一起，否则，他们的言行就混杂了，他们所从事的职业就会改变。以前，圣王安顿士到清静的地方；安顿工匠到靠近官府的地方；安顿商人靠近市井；安顿农人靠近田野。这样，那些士人们就会做父亲的在一起谈论义，做儿子的在一起谈论孝，为君主服务的人谈论恭敬，年轻人谈论友爱兄弟。年少的时候学习这些，他们的心便安于这些，不会看到别的行业而转行。因此，他们的父兄不急切教育他们却能成功；他们的子弟不用费多大力就能学成。这样，士的儿子总是士。同样，工匠集中在一起，他们就会审视四时，辨别材料，做工制器。用这些教他们的子弟，交谈的是手艺，相互看到的是技艺，各自陈列出来给对方看的都是制成品。子弟们不特别费力就能学成。年少的时候就学习这些，心安于此而不转行。这样，工匠的儿子总是工匠。那些商人们居住在一起，考察四时所需，根据乡里财物的有无，来预测市价，把货物运往四方，以其所有，换其所无，贱买贵卖，早晚都做这种事。用这些教育他们的子弟，谈的是利，相互看到的是赚钱，显示自己的本领是知道物价。子弟们同样会心安于此而不转行，不特别费力就能学成。这样，商人的儿子总是商人。那些农人们住在一起，考察四时适宜种植的作物，改进农具，打草治田，耕种收获，早晚在田野里做事。少年的时候就习惯这样，心安于此而不转行。农民的儿子也就总是农民。他们中有优秀的人，能做士人的，可以让主管官员推荐出来加以利用。这样做了以后，百姓就会安定下来，把自己的事情做好。”

桓公说：“百姓安定后，我想在诸侯之间做一番事业，可以吗？”

管仲说：“不可以。军事方面的政策还未制定和施行。”

桓公说：“那么军事方面的政策如何制定和施行呢？”

管仲说：“我们如果整顿军队，修治盔甲兵器，大国也将这样，那就难以迅速达到目的。我们有进攻的武器，小国有防守的准备，也难迅速达到目的。您如果要在诸侯之间做一番大事，就应先整治内政，把军事活动隐藏起来，即把军令寄寓在平时的政令上面。”

桓公问：“怎么样整治内政呢？”

管仲说：“把国都划分为六个工商乡和十五个士乡。您管理五个乡，上卿国子和高子各管五个乡。把国家大体上分为三部分，划定界域，作为农、工、商的地区，为群臣设立三卿，为工匠设置三族，为商贾设置三乡，为泽设立三虞，为山设立三衡。郊野可观察土地的好坏，定出赋税等级，百姓就不会迁徙。然后，以三十家为一邑，每邑设一司官。十邑为一卒，每卒设一卒师。十卒为一乡，每乡设一乡师。三乡为一县，每县设一县师。十县为一属，每属设大夫。全国共有五属，设五大夫来负责管理。每年初，由五大夫将属内情况向君汇报，督察其功过。这样，全国就形成统一的整体。”

桓公说：“怎样把军令寄寓在政令上面呢？”

管仲说：“以五家为一轨，轨设轨长，十轨为一里，里设司里；四里为连，连设连长；十连为乡，乡设乡良人。用这种制度保证军事命令的执行。战时把他们组成军队：每户出一人，一轨五人，五人为一伍，由轨长率领；十轨为里，五十人为一乘兵车，由司里率领；四里为连，二百人为卒，由连长率领；十连为乡，二千人为一旅，由乡良人率领；五乡设一帅，万人为一军，由五乡的帅统领。十五乡出三万人，便成为三军。君主您统率中军，国子和高子各统率一军，作为他们的元帅。每年春秋时节，以狩猎的名义来进行军事训练。卒伍在里整训，军旅在郊外整训。教练成功后，命令民众不要迁徙。同伍的人一起祭祀求福，死丧同忧，灾祸同当。人与人相伴，家与家相邻，世代同居，从小就在一起游乐，所以夜战能听清自己人的声音，白天也能看清自己人，他们友好的情谊足以使他们冒死相救。他们平时同欢乐，死了同哀悼，防守能共保坚固，战斗能团结坚强。您有这样的战士三万人，横行天下，诛讨无道的国家，为周王室的屏藩，天下大国的君主没有谁能抵挡。”

“我们的销甲兵器不足，怎么办呢？”桓公问。

管仲说：“规定那些犯重罪的人用犀牛铠甲和一支车戟赎罪，犯轻罪的用带有花纹的皮盾和一支车戟赎罪，小罪处以罚金，宽宥嫌疑罪。要求诉讼的再三禁阻，如不改变，造成讼案，双方各出一束箭。收集起来的金属，好的用来铸造剑戟，在狗马身上试用；差一点的，用来铸造锄、夷、斤、劚，在土壤上使用。这样，铠甲兵器就会充足。”

“铠甲兵器充足后，没有充足的财源怎么办？”桓公问。

管仲说：“开发山林，开发盐业、铁业，发展渔业，以此增加财源。再振兴商业，鼓励贸易，从中收税，财力自然又增多了。这样，军队的开支不就解决了吗？”

桓公听后，急切地问：“国富兵强，可以争霸天下了吧？”

管仲说：“不要急，还不可以。还应当与邻国亲近。”

桓公问：“怎样亲近邻国呢？”

管仲说：“审察我国边境，归还那些侵占来的土地。整顿边界，不接受领国的钱财，准备大量的毛皮布帛作为厚礼，常常聘问看望诸侯，使四邻安定，他们就亲近我国了。派遣八十个外访人士，给他们提供车马衣裘，让多带资财布帛，使他们周游四方各国，号召天下贤能的人来齐做官。毛皮布帛，是人们所喜爱的东西，使人民卖给四方各地，观察一个国家上层人士和下层百姓的爱好，选择那些有过失的小国来攻打它，可以增加我们的土地，选择那些荒淫的乱国来讨伐它，可以树立我们的威望。这样一来，天下诸侯就会一起来齐国朝见了。然后，率诸侯来侍奉周王，使诸侯完成各自应向王室贡献的东西，那么，王室就会尊贵起来。霸主之名，您虽想推辞不受，也不可能了。不过称霸天下是件大事，切不可轻举妄动。当前的任务应当是让百姓休养生息，使国家富强，社会安定，同四邻搞好关系。不然很难实现称霸目的。”

桓公大喜，任管仲为相，主持政事，位在鲍叔牙之上。

鲁庄公听说齐国已任管仲为相，大怒说：“悔当初没听施伯的话，反被小子欺骗！”于是挑选兵车，准备攻打齐国，齐桓公听说，更是气愤。想那庄公前次拥兵送子纠入齐，已是与我为敌；自不量力，为我所败；今又想兴兵前来，是以为齐国好欺负吗？不好好教训一下，诸侯将会轻视我，动辄引兵来攻了。主意一定，他对管仲说：“我刚刚继承君位，不愿以后多次被人攻打。请先讨伐鲁国，怎么样？”

管仲说：“军事方面的政策还未施行，不可用兵。”

桓公不语，心想：“乾时大战，难道你的军事政策就施行了吗？我们不照样打败鲁军。”他没有采纳管仲的意见，任命鲍叔牙为大将。鲍叔牙因有乾时之胜，有点轻视鲁军，于是欣然领命，率军进犯鲁国长勺（今山东莱芜东北）。

鲁庄公急忙找来施伯商议。施伯向他推荐隐居东平、从未出来做官的曹刿。庄公同曹刿共坐一车，领兵赶往长勺。两军相遇，列阵相对。庄公采纳曹刿之谋，先以静制动，待齐军擂第三通战鼓，勇气衰竭之际，鲁军忽然擂响第一通战鼓，以迅雷不及掩耳之势冲杀前去，刀砍箭射，杀得齐军七零八落，大败奔逃。鲁军追击三十余里，凯旋而回。

齐军兵败而回，桓公很生气，说：“出讨而无功，凭什么让诸侯信服齐军强大？”

鲍叔牙说：“齐、鲁都是千乘兵车的国家，实力不相上下，兵势的强弱因主客的不同而改变。在乾时打，我们是主人，因此战胜鲁军；在长勺打，鲁军是主人，因此打败我们。我希望能奉您之命向宋国借兵。齐宋联合起来,就可以打败鲁军,报长勺之仇。”桓公同意,便派使节问候宋国,并请宋国派兵相助。

宋闵公从齐襄公时,就与齐国时常共事。现在听说小白继位,正想派使节前去致友好之意;今见齐使到来求兵,当即答应,约定两军六月上旬在鲁国郎城相会。

宋国任南宫长万为大将,猛获为副将;齐国仍任鲍叔牙为大将,任仲孙湫为副将;各统大军,如期集于郎城。

鲁庄公采纳大夫公子偃的建议,夜里以百余虎皮蒙于马上,乘月色朦胧,偃旗息鼓,悄悄出城,先偷袭恃勇无备的南宫长万所领的宋军。将近敌营,鲁军一齐举火,鼓声震天,火光中,一队猛虎冲突而来。宋营人马一时胆落,争相奔窜,南宫长万禁阻不住,只得驱车后退。鲁国挥兵追击,在乘邱俘获南宫长万,大获全胜,鸣金收兵。鲍叔牙得知,全军撤回。

这一年(公元前684年),齐桓公曾派大行隰朋向周王通报自己已即君位,并向王室求婚。第二年,周庄王让鲁庄公主婚,将女儿下嫁给齐桓公。徐、蔡、卫三国国君各把女儿送来陪嫁。因鲁国有主婚的功劳,所以,齐鲁又交往起来,各捐弃兵败之耻,相约为友好之国。这年秋,宋遭水灾,鲁庄公派人慰问,宋国感动,也派人来谢,并请放南宫长万。鲁庄公答应,放南宫长万回国。从此,三国和好,各释前嫌。

齐桓公自两次用兵失利之后,非常后悔。于是把国家托付给管仲,每天同妇人们饮酒作乐。有前来以国事相告的人,桓公就说:“为什么不去告诉仲父?”当时有一个叫竖刁的人,是桓公宠幸的男童。他想到内宫里同桓公亲近,因不便往来,便自行阉割,净身以进。桓公怜惜他,更加宠信,时常不离左右。又有一个人叫雍巫,字易牙,有应变的机智,擅长射箭和驾车,并精通烹调之技。一天,卫姬病了,易牙调和五味进献,她吃了以后,病就好了,因此喜欢接近易牙。易牙又用美味来讨好竖貂,竖貂便向桓公推荐他。桓公把易牙召来问道:“你擅长调味吗?”

易牙说:“是这样。”

桓公开玩笑说:“我几乎把虫、鱼、鸟、兽的味道尝遍了,就是不知道人肉是什么味?”

易牙默默地退了出来。到中午吃饭的时候,向桓公献上一盘蒸肉,鲜嫩如羔羊,但比羔羊味更美。桓公把它吃得净光,问易牙:“这是什么肉,味道这么鲜美?”

易牙跪下不紧不慢地回答说:“这是人肉。”

桓公大吃一惊,忙问:“从哪里得到的?”

易牙说:“我的大儿子三岁了。我听说‘忠于国君的人没有自己的家。’国君您没有尝过人肉,所以,我杀了自己的儿子来进献。”

桓公感动地说:“你先退下吧!”他以为易牙深爱自己,也大加宠信。卫姬又常在桓公旁替易牙美言。

有一次,桓公问管仲:“国家最可怕的是什么?”

管仲说:“最可怕的是那些社鼠。”

桓公问:“什么意思呢?”

管仲说:“土地庙是用很多树木扎起来并在外边涂以烂泥,老鼠因此寄生在里面。如果用烟火去熏它,又恐怕把木头烧掉,如果用水灌,又恐怕把涂在外面的泥巴冲坏,这样就没法把老鼠灭掉,这是因为土地庙的缘故。国家也有社鼠,君王左右的人就是的，他们对内遮蔽君王的耳目，使君王分不清善恶，对外向百姓卖弄自己的权力，不杀他们就会作乱，杀他们君王又来庇护。有个卖酒的人，酒器洗得很干净，挂的酒幌子也很长很长，但是酒卖不掉，都放酸了。他问左右邻居卖不掉的原因，邻居说：'你家的狗大凶猛，人家拿着酒器来买你的酒，狗却迎过来咬人。这就是酒放酸了卖不掉的缘故。'国家也有凶猛的狗，那些当权的就是的。有才能的人要告诉君王关于治国的道理，当权的人就走上去破坏。臣王左右的人像社鼠，当权的人像猛狗，那么有才能的人就不能被君王任用，这是治理国家最可怕的事。"

齐桓公点头称是。

竖刁、易牙受桓公宠信，内外勾结，二人商议，想排挤管仲。一次，他们一起对桓公说："听说'国君发布命令，臣子执行命令'。现在，君王这也叫找仲父，那也叫找仲父，动不动就是仲父，都怀疑齐国没有君王了！"

桓公笑着说："仲父对我来说，就像腿和胳膊。有腿和胳膊，才能形成身体；有仲父才能使我的事业得以成功。你们这些小人知道些什么？"二人才不敢再说管仲的坏话。

管仲为桓公的诚恳和信任深深感动，尽心于国事，执政三年，国富民强，齐国大治。他又对桓公说："我们将来向南征伐，需要鲁国提供粮草，请把侵占的棠、潜两地归还给鲁国；向西征伐，需要卫国提供粮草，请把侵占的台、原、姑和漆里归还给卫国；向北征伐，需燕国提供粮草，请把侵占的柴夫、吠狗归还给燕国。"桓公同意，命照此办理。这样做了以后，四邻都非常亲近齐国。

至此，管仲强国亲邻之策得到实现。

朝王定宋

周僖王元年（公元前681年）春正月，齐桓公设朝，群臣拜贺完毕，问管仲道："寡人承蒙仲父的教诲，改革治理国政。现在军队精良，钱粮充足，百姓都懂得礼义，我想和诸侯会盟，定立霸主，怎么样？"

管仲说："当今诸侯，比齐国强的也不少。南方有荆楚，西方有秦晋。然而都各自炫耀其强，不知道尊奉周王，所以不能成霸业。周王室虽然衰微，仍是统治天下的主人。平王东迁以来，诸侯不去朝拜，不进献应贡的物品，所以郑伯敢射桓公之肩，五国敢抗庄王之命，使得各国臣子不知道有君父。熊通僭号称王，宋郑弑其君主，习以为常，没有人敢去征讨。现在周庄王刚刚驾崩，新王继位，宋国近来遭受南宫长万之乱，贼臣虽然被杀，宋国君主还未得到确认，国君您可派使臣朝见周王，请得天子的旨意，会集诸侯，确定宋国君主。宋国君主一定，然后以天子的名义来号令天下诸侯，对内尊奉王室，对外排斥四夷。诸国之中，扶助衰弱的，抑制强横的，惑乱不听王命的，率诸侯去讨伐它。天下诸侯都知道我们齐国没有私心，一定会一起来齐国朝见。不用动兵车，就可以成就霸业。"

桓公听后大喜。于是派使臣带上贡品到洛阳朝贺信王，并请求能够奉周王之命召开一次诸侯大会，来确定宋国国君之位。

诸侯纷争，早已不把衰弱的周王室放在心上，僖王听说齐使来贺，反倒有受宠若惊之感。见齐使恭请王命，非常感动，于是说："伯舅能不忘周王室，是朕的幸运。

泗水一带的诸侯,听任伯舅去管理,朕难道有什么吝惜的?”

使者回报桓公。桓公便以周王之命宣告于宋、鲁、陈、蔡、卫、郑、曹、邾诸国,约定三月初一,在齐国北杏(今山东聊城东)相会。桓公想:首次相会,应该让诸侯见识见识齐军的威容,来震慑他们,使其畏服。因此他问管仲:“这次赴会,以多少兵车相随?”

管仲说:“您是奉周王之命去会见诸侯,怎么以兵车相随?请把它当作修好的集会。”

桓公同意。于是让军士先在北杏筑起高三丈的三层大坛,左悬大钟,右置大鼓。在台上设置周天子的虚位,旁放反坫,玉帛器具陈设得非常整齐。又预备好多处高敞合式的馆舍。

将近相会之日,宋桓公御说先到,与齐桓公相见,感谢其确定君位的好意。第二天,陈宣公杵臼、邾子克二位国君相继到来。蔡哀侯献舞也来赴会。

献舞与息侯同娶陈侯的女儿为夫人。息侯夫人妫氏有绝世之貌,因到陈归宁,路过蔡国。献舞用言语调戏她,息妫大怒而去,告知息侯。息侯便联合楚文王熊赀,设计打败蔡兵。楚兵将献舞活捉回国,准备烹煮,后经大夫鬻拳劝谏,才将其放归。献舞为报息侯陷害之仇,临走将息妫美貌告知好色的楚王。楚王慕色,引兵灭了息国,掳走息妫,立为夫人。息侯不久愤郁而死。献舞虽向息侯报了仇,对楚国仍怀恨在心,所以当听到齐侯的约请,便如期前来。

四国国君见齐君没有兵车相随,就互相说:“齐侯以诚待人,竟到了这种地步。”于是将各自所带兵车后退二十里以外。当时快到二月底,桓公对管钟说:“诸侯没有到齐,后推一些日子等一等,怎么样?”

管仲说:“俗话说:‘三人成众。’现在来了四个国家,不能不称为‘众’了。如果改变日期,这是没有信用。再等,却没有来的国家,这是辱没王命。初次会合诸侯,却以不守信用闻于天下,而且辱没王命,凭什么来谋图霸业?”

桓公问:“这次是结盟呢,还是聚会呢?”

管仲说:“人心不统一,等聚会后人心齐了,才可以结盟。”

桓公说:“好。”

三月初一黎明时分,五国诸侯,全部聚集在大坛下面。相互见面礼毕,齐桓公拱手对诸侯们说:“王室政事长久被废弃,叛乱的事情接连不断。孤谨奉天子之命,会合诸公来辅助王室。今日聚会,一定要推选一人为会主,然后才可以使权力有所归属,政令可推行于天下。”

诸侯私下里纷纷商议:想推选齐侯,又见宋为公爵,齐只是侯爵,尊卑次序有定;想推选宋公,又见宋公新近继位,靠齐侯会合诸侯来确定,不敢妄自尊大,正处在两难之中。陈宣公见齐爵位虽低,却比宋强大,为了讨好齐侯,便离席起身说道:“天子把纠合诸侯的命令托付给齐侯,谁敢代替他?应推齐侯为盟主。”

有陈宣公出头,诸侯便附合道:“除过齐侯谁也不能担当此任,陈侯的话说得对。”

齐桓公假意推让了几次,然后引领诸侯登坛。齐侯为首,下来是宋公、陈侯、蔡侯、邾子。依次排列已定,鸣钟击鼓,先在周天子位前行礼,然后交拜,叙论兄弟之情。仲孙湫手捧一个匣子,内放写有盟约的简书,跪下来读道:

周僖王元年三月初一，齐国小白、宋国御说、陈国杵臼、蔡国献舞、邾国克，奉天子之命，会于北杏，共辅王室，救济弱小之国，扶立将亡之邦。有败约者，列国共征之！

诸侯拱手领命，以表遵从。

诸侯互相敬酒之后，管仲从坛下沿台阶走了上来说："鲁、卫、郑、曹四国，故意违抗王命，不来赴会，不可不讨。"

齐桓公举手向四国国君说："敝邑兵车不足，希望各位一起去讨伐。"

陈、蔡、邾三国国君齐声应道："怎敢不率兵车相从？"只有宋桓公默然无语。

晚上，宋公回到馆舍，心中不平，对大夫戴叔皮说："齐侯妄自尊大，不顾尊卑之礼主持合会，便想调遣各国之兵。将来我国也要受其驱使呢！"

叔皮说："诸侯从命的和违命的相对半，齐国的势力还未树立起来。如果征服了鲁国和郑国，齐国的霸业就要成了。齐国称霸，对宋没有好处。参加合会的四国，只有宋大，宋国不发兵相从，其他三国也将解体。况且，我们来这里只是想得到王命，确定君位而已。已经参加了合会，还等什么呢？不如先回国。"

宋公听了叔皮之言，决定拆齐侯的台，于五更时分，登车离去。

灭遂盟鲁

齐桓公听说宋公不辞而别，逃了回去，大为生气，想派仲孙湫去追。管仲说："追赶他们是不义的行为，可请来王师一同征讨，才名正言顺。不过，还有比这更紧急的事情。"

桓公问："有什么事比这还紧急？"

管仲说："宋国离我们远而鲁国离我们近，并且鲁是王室宗族之国，不先征服鲁国，凭什么让宋国服从我们？"

桓公问："讨伐鲁国应当走哪条路？"

管仲说："济水边上的遂国（今山东肥城南）是鲁国的附庸，国家弱小，只有四姓。如果用重兵去攻，用不了一个早晨就会拿下。攻下遂国，鲁国一定会恐惧不安。然后派一介使臣前去责问他们不来赴会的原因。再让人将此事告知鲁夫人，鲁夫人想叫他的儿子和娘家把关系搞亲密，定会极力怂恿。鲁侯内迫于母命，外惧齐兵威，必将修盟求好。等他前来请求，就答应他。安定鲁国之后，再奉王命兵临宋国，这是破竹之势啊！"

齐桓公铜像

齐桓公于是亲率军队进至遂都，擂过第一通战鼓，即破城而入灭掉遂国。随后在济水边安营。

鲁庄公听到齐灭遂国，忙召集群臣询问对策。公子庆父说："齐国两次对我们用兵，都不曾占什么便宜，臣愿领兵拒敌。"

朝班中有一人站出来说："不可，不可！"

庄公一看，原来是施伯，就问："你有什么计策呢？"

施伯说："我曾经说过，管仲是天下奇才，现在管理齐国政务，军队有一定的法度，这是不应出兵的第一个原因；北杏合会，是奉天子之命以尊重王室为名，现在齐来责备我们违抗王命，我们理亏，这是第二个原因；杀掉于纠，您对齐是有功的，王姬下嫁齐国，您也是有劳的，抛弃过去的功劳，却去同齐国结仇，这是不该出兵的第三个原因。为现在打算，不如盟誓修好，齐国就可以不战而退了。"

曹刿说："臣的意思也是这样。"

正在议论的时候，忽传齐侯有书信到来。庄公接了，见上面写道：

> 寡人与君同事周室，两国友好，且有姻亲关系。北杏之会，君不参加，寡人敢问是什么缘故？如果是对王室有二心，我只好听从王命。

齐侯另外又有书信给文姜，文姜接信后把庄公叫来对他说："齐鲁两国是甥舅关系，就使齐国讨厌我们，还应请求和好，何况是一同盟誓？"

庄公点头应是。便让写了回信，大略道：

> 孤贱躯不适，未能赴天子之命。君以大义责备，孤知罪了！然而在城下修盟和好，孤实感耻辱！如果退兵驻于君之国境上，孤怎敢不捧玉帛前来。

齐侯接信大喜，传令退兵到柯地（今山东东阿西南）。

鲁庄公将去同齐侯相会，问谁能随往。将军曹沫请求前去。庄公不高兴地说："你多次败给齐军，不怕齐国人笑话吗？"

曹沫说："正因为多次败给齐军，所以愿意前往，要雪掉这个耻辱。"

庄公说："怎么样雪耻？"

曹沫说："君王做君王应当做的，臣子做臣子应当做的。"

庄公叹了口气说："寡人过境求盟修好，等于又败给齐军。如果能雪此耻辱，寡人听任你去做！"鲁侯先派使节谢罪，并请修盟。

齐侯同他订了日期，预先筑起土坛来等鲁侯相会。

至期，齐国雄兵按东、南、西、北方向，分别执青、红、黑、白旗，由将官统领，分四队排列于坛下，仲孙湫统一掌管他们。坛级有七层，每层都有壮士手执黄旗把守。坛上树大黄旗一面，上绣"方伯"二字。旁边有一面大鼓，王子成父掌管着。坛中间设有香案，排列着盛有牛、羊、豕三牲礼的朱盘和歃盟要用的玉盂，隰朋在旁掌管着。两旁的反坫上，放着金尊玉斝，由竖貂掌管着。坛西立起两根石柱，拴着黑牛白马，屠夫准备宰杀，司庖易牙在此掌管。东郭牙为傧，站在阶下迎宾。管仲为相，主持修盟仪式。整个气氛严整庄重。

齐侯传令道："鲁君到来，只许一君一臣登坛，其余人挡在坛下。"

鲁庄公到来，望见大黄旗上的“方伯”二字，心里有些别扭，又见齐军如此布置，不免又紧张起来，双腿发软，一步一颤。曹沫内裹销甲，身挎利剑，毫无惧色，紧随庄公。将要登坛，东郭牙上前说道：“今天两位国君为修好而相会，辅助行礼之人，怎么能带凶器？请把剑放下！”曹沫圆睁怒目，凶狠逼人，东郭牙不觉倒退几步。庄公君臣沿阶而上。

两位国君相见，各表结盟修好之意。三通鼓毕，对着香案行礼。隰朋用玉盂成了血酒，跪着请饮。曹沫趁桓公不备，左手握剑，右手揽住桓公的袖子，怒容满面。管仲急忙插上用身子挡住桓公，问：“大夫为什么这样？”

曹沫说：“鲁多次被人攻打，国家将要灭亡了。您是报着救济弱国扶立将亡之国的目的来会合诸侯的，唯独不为敝国打算吗？”

管仲说：“既然这样，大夫有什么要求？”

曹沫说：“齐国恃强凌弱，夺走我汶阳之地，今日请归还，我们的国君才饮此盂！”

管仲回头对桓公说：“君可答应他。”

桓公惊魂稍定，说：“大夫放手吧，寡人答应你！”

曹沫放下剑，从隰朋手里捧过玉盂，跪着进到二位国君面前。两位国君对天盟誓后，双手执盂，一饮而尽。二人又互相祝酒，面上各有欢颜。

仪式完毕之后，王子成父等人愤愤不平，请求劫持鲁侯，以报曹沫之辱。桓公为曹沫所劫，不得已答应所求，觉得丢脸，也有悔约之意。管仲劝道：“鲁君臣为我们所掌握，悔约是容易的事，然而从此以后，诸侯就会不相信我们，怎么能够使他们服从我们而成就我们的霸业呢？今天正可以借此向诸侯来表示君王您的宽容和信义。这有什么丢脸的呢？”桓公这才高兴起来。

第二天，桓公又在公馆安排酒宴，与庄公欢饮而别。随即命令南部边境官员，将原来侵占的汶阳之地，全部交割归还鲁国。庄公君臣这回确实有些佩服齐侯了。

讨宋荐宁

诸侯听说齐鲁在柯修盟的事后，都为齐桓公的信义所折服。卫、曹两国都派使节到齐国谢不会之罪，并请修盟，桓公约他们等讨宋之后再订期相会。

于是，齐再次派遣使臣入周，告诉周王，说宋公不遵从王命，合会时中途逃走，请王师下临，一同兴兵问罪。周僖王让大夫单蔑率兵会同齐国一起征讨宋国。又有侦卒报称陈、曹两国引兵出发，愿随齐征讨，作为先头部队。齐桓公让管仲率领一军，先去会合陈、曹两军，自己领着隰朋、王子成父、东郭牙等统率大军随后进兵，约定在商丘集结。

管仲领军出了南门，车上有个叫婧的爱妾相随。婧是钟离人，温柔秀丽，聪明晓文。原来桓公好色，每次出行都带着宠姬爱嫔，怕招人议论，总是遮遮掩掩，心中不甚畅快。管仲见此，觉得不必因此小节而使国君烦恼，应该使他有更多一些自由和生活乐趣；如果使他觉得做国君拘束无味，他便会懈怠起来，从而不愿再干什么大事。于是，出行时也以婧相随。桓公见仲父如此，才大大方方地带着宠姬爱嫔出行。他深深地感到，和仲父相处，默契自在，如鱼得水。

管仲领兵行了三十多里，到了猸山，看见一个汉子穿着短小的粗布单衣，头戴破斗笠，赤着双脚在山下放牛。管仲在车上细察其人，知非凡人，让人拿着酒和吃的去慰劳他。汉子吃毕，说：“我想见一下相国仲父。”

使者说：“相国的车子已经过去了。”

汉子说：“我有一句话，请传给相国：‘浩浩乎白水！’”

使者追上管仲的车子，把这话告诉他。管仲有点茫然，不知道汉子所说的是什么，就问妾婧。婧说：“妾记得有首叫《白水》的诗写道：‘浩浩白水，鲦鲦之鱼，君来召我，我将安居？’这个人大概是想做官吧！”

管仲停下车，让人去召。汉子将牛寄放在村里，随使者来见管仲，深深地作了一揖，没有跪拜。管仲问其姓名，汉子答道：“我是卫国的一个农夫，姓宁名戚，仰慕相国好贤礼士，所以不顾跋涉之苦来到这里。没有办法见到你，才给村中人放牛。”

管仲考察他的学问，应对如流。于是感叹道：“豪杰埋没在泥泞的田野，如果没有人引荐，怎么能够显露出来呢？我们国君的大军在后面，不几天就要经过这里。我写封信，您拿着去拜见他，一定会得到重用。”管仲马上写好信，交给宁戚，就此分别。

三日后，齐桓公大军到来。宁戚衣着如前，立于路旁，也不回避，见桓公的乘车将近，便敲起牛角唱道：

> 南山灿，白石烂，中有鲤鱼长尺半。生不逢尧与舜禅，
> 短褐单衣才至骭。从昏饭牛才夜半，长夜漫漫何时旦？

桓公听后很不高兴，命左右将其拥到车前，问了姓名，喝问他怎么敢讥讽时政？宁戚出言不逊，直指齐政和桓公之弊，说什么今日确非舜日尧天；又说桓公用兵不息，劳民伤财，百姓难以乐业；还说他杀兄得国，假天子以令诸侯，不知道揖让。桓公大怒，喝令斩掉。宁戚叹道：“夏桀杀龙逄，商纣杀比干，今天宁戚和他们在一起就是三个人了！”

隰朋奏道：“此人不趋势，不惧威，不是个寻常的牧夫。君王还是赦免了他吧！”

桓公念头一转，怒气顿消，对宁戚说：“寡人只是试试你，你确实是一个难得的人才。”

宁戚这才从怀中拿出管仲的书信。桓公接过一看，见上面写道：

> 臣奉命出师，行至猛山，得卫人宁戚。此人非牧竖者流，乃当世有用之才，君宜留以自辅。若弃之使见用于邻国，则齐悔无及矣！

桓公说：“您既然有仲父的书信，为什么不早点呈给寡人？”

宁戚说：“臣听说‘贤明的君主选择贤能的人为辅佐，贤能的臣子也选择贤明的君主来辅佐。’君王如果憎恶直言，喜好谀语，对我气愤难平，臣宁肯死掉，也不拿出相国的书信。”

桓公大喜。当晚寻得衣帽等物，在灯光之下拜宁戚为大夫，使他与管仲一同管理国政。

桓公大军来到宋国国界，陈宣公杵臼、曹庄公射姑已经先到。随后周单蔑带兵也到了。相见毕，即商议攻宋之策。宁戚进前说道：“明公奉天子之命纠集诸侯，以威势取胜，不如以德行取胜。依臣愚见，先不要进兵。臣虽不才，愿凭三寸之舌去劝说宋公前来和解。”桓公大喜，传令在边界扎营，命宁戚入宋。

宁戚乘坐一辆小马车，带几个随从到商丘见宋公，说："天子失权，诸侯星散，君臣之间没有了次序，谋逆弑君的事情每天都可以听到。齐侯不忍心看到天下大乱下去，恭敬地接受天子之命，来主持中原诸侯的盟会。明公参加大会是为了确定君位，如果又背着诸侯而逃离，等于没有确定。现在天子大怒，特派王室大臣率诸侯来讨宋。明公先是背叛王命，现在又要抗拒王师，不用等交战，臣已料谁胜谁负了。"

宋公说："先生的意思是什么呢？"

宁戚说："在臣看来，不要吝惜一束礼物，和齐国盟誓修好。这样，上可不失臣事周室之礼，下可结交盟主之欢心，不用动兵器铠甲，宋就可以安如泰山。"

宋公说："孤一时错了打算，没能参加完修好之会，现在齐正来攻打，怎么肯接受我们的礼物？"

宁戚说："齐侯仁厚大度，不记人的过错，不念以前的罪行。比如鲁国不去赴会，柯地一结盟好，便将所侵占的鲁国土地全部归还。何况明公是与会之人，怎能有不接受的道理？"

宋公问："用什么作为礼物呢？"

宁戚说："齐侯是以礼同邻国交好，厚送礼物而薄受礼物。即使是一条脯肉也可以当作礼物，难道一定要把府库所藏都用尽吗？"宋公听后大喜，就派使节随宁戚入齐军中请求和解。

宋国使节见了齐侯，谢罪后，请求结盟。献上十珏和千镒黄金。齐桓公说："命令由天子发布，寡人怎敢自作主张？一定须请王室大臣转奏给天子才可以。"桓公便把所献的金玉，转送给单蔑，并转达宋公和解的愿望。单蔑说："如果君侯赦免宋国，入情合理，以此来回报天子，怎会不符合王命呢？"桓公就让宋国先去聘问周室，然后再订会盟之期。单蔑辞别齐侯领兵回去。齐侯和陈、曹两国国君各领兵回本国。

扶突登位

齐桓公领兵从宋国回来，管仲奏道："周室东迁以来，诸侯没有比郑国强大的。郑灭掉东虢，在此建都，前有嵩山，后有黄河，左边洛水相隔，右手济水为阻，虎牢城险要的形势闻名于天下。所以，在过去，郑庄公据此攻打宋国、兼并许国，抗拒王师。今天又同楚联合。楚是僭号称王之国，地广而兵强，吞并了汉水北面的诸侯国，同周王室作对。您如果想做周王室的屏藩而称霸诸侯，非得排斥楚国不可；想排斥楚国，一定先要征服郑国。"

桓公说："我知道郑国是我们征服中原各国的关键所在，早就想收服它，只恨没有办法而已！"

宁戚说道："郑公子突做了两年国君，祭足就驱逐了他而立了子忽；高渠弥又杀了子忽而立了子亹；我们的先君襄公诱杀了子亹，祭足又立了子仪。祭足是臣子驱逐国君，子仪是弟篡兄位，逆伦犯上，都应声讨。现在子突住在郑的栎城，每天都想着要袭击郑都，况且祭足已经死了，郑国可以说已没有了谋臣。主公任命一位将军领兵去栎，送子突入都重登君位，那么，子突一定会感激主公的恩德，面北来朝见齐国了。"

桓公采纳宁戚之策，随即命令宾须无带二百乘兵车前往栎城。离城二十里，宾须无扎住军队，先派人转达齐侯的心意。郑厉公子突听说齐侯派兵送自己重登君位，心中大喜，远远地出城迎接，大排宴席。宾须无和子突商定计策，准备先夜袭大陵守军，扫清进军国都新郑之路。

宋将傅瑕领兵出战，两下交锋，不料宾须无绕到背后，破门入城，城墙上全插上了齐国旗号。傅瑕无奈，下车投降，并愿潜身入都，劝说继祭足之后新任的上大夫、自己的好友叔詹为内应，杀子仪而迎子突。郑厉公将傅瑕妻儿押往栎城以为人质，然后放他前去。

傅瑕果然说动叔詹，他让人给子突送信，告知里应外合之计，让其速速进兵。随后入宫参见子仪，说齐国出兵帮助子突，已攻陷大陵。子仪大惊，让向楚求救。叔詹故意延缓，两天过去还没有派出使节。这时，护送子突的军队已至城下。叔詹说："臣应当领兵出战。您与傅瑕登城坚守。"子仪信以为真。

郑厉公子突领兵在前，叔詹略略同他战了几合，宾须无率齐兵赶到，叔詹掉转兵车就逃。傅瑕在城上大声叫道："郑军败了！"子仪本来胆小，便想下城，傅瑕从身后用剑将子仪刺死。叔詹叫开城门，子突、宾须无一同入城。

傅瑕先去清理宫室，遇见子仪的两个儿子，全部将其杀死，然后迎子突重登君位。

厉公送了宾须无很多财物，约定冬十月亲自到齐国请求结盟。厉公复位没有几天，人心便安定下来。他认为傅瑕心不可测，称说为子仪报仇，将其斩首。又追究那些曾参与驱逐自己的人，将公子阏杀死，砍掉强鉏的双脚。又派人责备首先赞成立子仪的原繁，原繁上吊自杀。祭足已死，不再追究。仍任叔詹为正卿，又任堵叔、师叔二人为大夫。

齐受霸号

齐桓公知子突已复君位，卫、曹两国去年冬天也曾请求结盟，便想大会诸侯，宰杀三牲来盟誓定约。管仲说："君王初行霸主之事，一定要简便一些。"

桓公问："怎么样个简便法？"

管仲说："陈、蔡、邾三国自北杏之会后，对我们齐国没有二心。曹伯虽未来会，但却随同我们一起讨伐宋国。这四国不必再烦劳他们。只有宋、郑、卫三国未曾相会，应当会见一下。等各国都心齐以后，才可以举行大会，盟誓定约。"正说着，忽然传报："周王派单蔑酬答宋国的聘问，现已到了卫国。"管仲说："宋国可以和解了。卫国离我们和这几国的路差不多，您应当亲自到卫国召开合会，来亲近诸侯。"

桓公便约宋、郑、卫三国在卫国鄄城（今山东鄄城县北旧城）相会。连单蔑、齐侯在内，共是五位，不用饮血，拱手礼让了一番就散了。诸侯们非常高兴。齐侯知道大家乐于听从自己，就在宋国的幽城，大会宋、鲁、陈、卫、郑、许等国，饮血盟誓，开始确定了盟主的称号。

去年，楚文王为给夫人息妫报仇，起兵攻打蔡国，蔡侯献舞肉袒请罪，把府库所藏珍宝玉器全部送给楚国，楚军才退。后，郑伯突派使臣到楚来告知复国之事，楚王生气地说："子突复位两年了才来告诉孤，太怠慢孤了。"于是又兴兵攻郑。郑赶忙谢罪，请求和解，楚王答应了他们。

周僖王四年（公元前678年），郑伯突害怕楚国，不敢去朝见齐国。齐桓公派人责问他。郑伯让上卿叔詹到齐国，对桓公说："敝国为楚兵所困，日夜忙于守城，没有歇息的时候，因此未来朝见。君王如果能威慑楚国，我们的国君怎敢不早晚站立于齐国的宫廷呢？"桓公反感他出言不逊，将其囚禁于军府之中。叔詹脱身逃回郑国。从此，郑国背叛齐国侍奉楚国。

周王在位五年去世，他的儿子阆继位，是为惠王。周惠王二年（公元前 675 年），楚文王同巴人交战，被射中面颊，大败而回。又移兵败打黄国，箭疮迸裂，急令收兵回国，半道而亡。他的儿子熊蔿继位。

周惠王四年（公元前 673 年），郑厉公死，世子捷继位，是为文公。周惠王七年秋八月，鲁庄公到齐国迎娶齐襄公之女姜氏，立为夫人，是为哀姜。齐、鲁两国的关系更加密切。齐桓公同鲁庄公联合攻打徐国和戎，徐、戎俱臣服于齐。郑文公见齐国势力越来越大，害怕前来讨伐自己，就派使者去请求修盟和好。于是，在周惠王十年（公元前 667 年），齐桓公又在幽城合会宋、鲁、陈、郑四国国君，设盟定约。天下诸侯，莫不心向齐国。

有一天，忽然报说："周王派召伯廖到了。"齐桓公将召伯迎入公馆。召伯宣读周王的命令，授予齐侯方伯的头衔，让他担当起先祖姜太公曾有的职责，专门负责征讨那些不从王命、逆伦犯理的国家。从此，齐桓公便成了名副其实的霸主。

卫惠公曾支持周室蒍国、边伯、詹父、子禽、祝跪五大夫作乱，准备拥立王叔子颓为王，后来，郑国和西虢合兵攻王城，杀了子颓和五大夫，惠王才得以恢复王位。召伯这次便请齐侯为王室讨伐卫国。

周惠王十一年，齐桓公亲自率军伐卫。这时卫惠公已死三年了，他的儿子懿公在位。齐军打败卫军，直抵卫都之下。齐桓公宣布天子的命令，列举其罪状。懿公说："那都是先君的过错，和寡人没有牵连。"就让长子开方载金帛五车，送往齐军，请齐侯讲和，赦免其罪。桓公说："先王的法令规定罪行不连累子孙。我只是苟且遵从王命，对卫国会有什么特别的要求呢？"

公子开方见齐国如此强盛，表示愿意去齐国做官。齐侯说："你是卫侯的长子，将来可继承君位。为什么舍弃尊贵的君位而侍奉寡人呢？"

开方说："明公是天下的贤侯，如果能随侍左右效劳，已是荣幸之至，难道不比为国君强吗？"桓公以为开方敬爱自己，授予大夫之职，开方又对桓公称赞卫侯的小女儿、自己姑姑的美貌，桓公即向卫侯请其为妾，卫侯不敢推辞，送卫姬到齐。因为卫惠公曾让一女儿到齐国陪嫁，所以，这姊妹俩分别以长卫姬和少卫姬相称；二人均得桓公宠爱。

平戎定鲁

周惠王五年（公元前 672 年），熊恽杀了他哥哥熊蔿篡夺了王位，是为成王。任其叔子元为令尹。为了将楚国的势力向中原扩展，周惠王十一年（公元前 666 年），子元领兵攻郑。齐侯得知，约了宋、鲁两君，亲率大军前来相救。子元大惊，将兵撤回。三国国君听说楚兵退了，便各回本国。郑国派使臣到齐国致谢，从此感激齐国，不敢怀有二心。

楚成王八年（公元前 664 年），令尹子元竟搬进王宫居住，申公斗班杀了子元。成王任用斗谷於菟为令尹。斗谷於菟削减百官采邑，增加国家财力，又训兵练武，选贤任能，楚国国力大大增强。

齐桓公见楚王任贤治国，怕他们来中原争霸，威胁自己的地位，便想大起诸侯之兵去攻打楚国,降服对手。他去问管仲。一直在为齐桓公的霸业出谋划策的管仲,早已考虑着这个问题,他说:“楚国在南方称王,地广兵强,周天子也不能控制他们。现在又任用子文(斗谷於菟,表字子文)治国理政,国泰民安,不是可以用武力来征服得了的。况且您才刚刚得到诸侯们的信任,如果没有拯救将亡之国这样的大恩德深入人心,恐怕诸侯的军队是不大会为我们效劳的。现在应进一步树立威

周朝青铜器怪兽

望、广施恩德;等待一个有利时机,再兴兵伐楚,才是万全之策。”

桓公说:“自从我们的先君为报九世之仇,灭掉纪国,占有其地,纪的附庸国鄣至今未服从我们,寡人想吞灭它,如何?”

管仲说:“鄣虽为小国,他的先祖是太公的支孙,所以,它是齐国的同姓之国。消灭同姓是不义的行为。您可以命令王子成父率大军去巡视纪城,做出要攻打他们的样子,鄣国一定会害怕而来求降。这样,就会没有灭亲的名声,却有得地的实惠了。”

桓公采纳管仲之策,鄣国国君果然畏惧求降。桓公赞叹地说:“仲父的计谋真是百不失一!”

齐国君臣正在商议国事,忽然来报:“燕国被山戎侵略,派人前来求救。”

管仲对桓公说:“当今的祸患,一是南方的楚,二是北方的戎,三是西方的狄。这些都是中原诸侯所忧虑的,消除这些祸患是盟主的责任。即使戎兵不来侵略燕国,还应当考虑去抗击他们,更何况燕国受到侵略,又向我们求救呢?况且,您想要讨伐楚国,一定先要平定戎。戎兵南侵的祸患得以消除,就可以专心去对付南方了。”桓公于是率兵同管仲等前去救燕。

山戎是北戎的一种,在令支(或叫离支,约在今河北省滦县、迁安市间)建都,国君名叫密卢。其国西邻燕国,东南同齐鲁相接。令支介于三国之间,恃其地势险要、兵马强壮,屡次侵犯中原。这次,又来侵犯燕国。

齐国援军路过济水,鲁庄公前去相迎。桓公把伐戎的事告诉了他。鲁侯说:“您剪除豺狼之国以平定北方,敝国等均得到您所赐予的恩惠,难道只是燕国吗?寡人愿搜寻所有的兵车相随。”

桓公说:“到北方险要而又遥远的地方,寡人不敢烦劳您。如果能够成功是托

您的福，不顺利的话，再向您借兵不迟。”

鲁侯说：“遵命。”

桓公别了鲁侯向西北进发。

戎兵得知齐国大兵到了，解围而去。桓公率兵行至蓟门关，燕庄公出来迎接，感谢齐侯相救。管仲说：“山戎掳掠而去，未曾受挫，我们的军队一退，戎兵一定会又来。不如趁此机会去讨伐他们，除掉一方祸患。”桓公称是。燕庄公请求率领本国军队为先头部队。桓公说：“燕国刚刚经受了敌兵的围困，怎么忍心再让在前冲锋？您姑且率兵为后队，为寡人壮其声势就行了。”燕庄公又劝桓公去招致不附山戎的无终国。齐侯让隰朋带上大量的金帛去召。无终国派大将虎儿斑率两千骑兵前来助战。桓公赏赐了他很多财物，让作先头部队。

虎儿斑驰马而进，遇敌埋伏，多亏王子成父赶到，杀散令支兵，救回了他。虎儿斑见了桓公面有愧色。桓公说：“胜负乃兵家常事，将军不必在心。”又将一匹名马赐给虎儿斑，虎儿斑感动不已。

大军东行至伏龙山，桓公和燕庄公在山上扎寨，王子成父和宾须无各在山下安营，都用大车联结成城，警戒甚严。

第二天，令支国万余骑兵前来挑战，冲突数次，都被车城隔住，不能闯入。中午时分，管仲在山上望见敌兵渐渐稀少，都下马躺在地上，口中谩骂不休。管仲让虎儿斑出城冲杀。隰朋说：“恐怕戎兵有计。”

管仲说：“我早已料道。戎兵惯用埋伏之计，我们就将计就计。”随即命令王子成父和宾须无各率一军从左右两路接应，专杀伏兵。

虎儿斑马头所至，戎兵纷纷弃马而逃。虎儿斑正要追赶，大寨鸣金收兵，便勒马返回。忽然，响起一声呼哨，谷中人马大起，来攻虎儿斑，不料王子成父和宾须无两路兵到，杀得七零八落。戎兵大败而回，不得已，用重兵守住黄台山谷口。管仲让齐兵正面诱敌，然后派奇兵绕出其后，两面夹击，戎兵大败，逃往孤竹国去了。

齐侯攻破令支，缴获了大量马匹器仗和牛羊帐幕之类，救出了被掳的燕国子女。齐侯吩咐不许杀戮投降的戎人，戎人非常高兴，告知齐兵戎地的路径和令支兵去向。

齐侯挥兵追击，路途艰险，兵车行进非常费力。管仲说：“戎骑驰骋方便，只有兵车可以对付。”为了提高行军速度，活跃气氛，他创作了上山下山之歌，让军人们来唱。上山时唱：

> 山嵬嵬兮路盘盘，木濯濯兮顽石如栏。云薄薄兮日生寒，我驱车兮上巉岩。风伯为驭兮俞儿操竿，如飞鸟兮生羽翰，跋彼山巅兮不为难。

下山时唱：

> 上山难兮下山易，轮如环兮蹄如坠。声辚辚兮人吐气，历几盘兮顷刻而平地。捣彼戎庐兮消烽燧，勒勋孤竹兮亿万世。

大家你唱我和，山鸣谷应，此起彼伏，一时精神大振，车轮如飞。

桓公和管仲、隰朋等登上山顶，观望兵士上山下山的情形。桓公感叹地说：“寡人今天才知道，人力是可以用歌来取得的。”

管仲说：“我过去在槛车中时，怕鲁人追赶，也做过一首歌教军士来唱，军士乐而忘倦，收到了兼程赶路的效果。”

桓公问：“这是什么原因呢？”

管仲说：“大凡人们身体劳累就会精神疲惫，但精神快乐，就会忘记身体的劳累。”

桓公赞叹地说：“仲父通晓人情到了这种程度！”

于是率大军翻山越岭，直逼团子山。孤竹国国君答里呵派黄花元帅率兵五千在此拒敌。齐军打败戎兵，黄花弃了马匹，扮作樵夫，从小路爬山逃回都城。齐桓公大军向东越过马鞭山和双子山，再行二十五里，就可到达孤竹国都无棣城。孤竹君臣商议对策，宰相兀律古说：“我国北边有个地方名叫旱海，又称为迷谷，是砂碛国地界。其地多沙石，无水草。时有大风，飞沙走石，咫尺难辨，人马不能生存。若误入其中，谷路迂回曲折，难以辨认，急切不能出来，又有毒蛇猛兽为害。如果使一人诈降，将其诱入，不用厮杀，管叫他人马折去八九。我们整顿兵马，待其困敝再收拾他们，岂不是一条好计？”

答里呵说：“齐兵怎么肯去那里呢？”

兀律古说：“主公同宫眷暂时躲在阳山，命令城中百姓一起到山谷中逃避敌兵，留下一座空城，然后，叫诈降的人告诉齐侯，只说：‘我们的国君逃往砂碛借兵去了。’他们一定会来追赶，那时就中我们的计了。”

黄花元帅愿率一千骑兵前去诈降。为了取得齐侯信任，他将驻扎在马鞭山的密卢首级斩下，直奔齐军，将其献上，说：“国主倾国逃向砂碛，到外国借兵报仇。臣劝其投降，不听。今天亲手斩密卢首级，前来相投，请收为小卒。情愿率本部人马为向导，追赶国主，以效微劳。”

桓公信以为然，即让其作为先头部队，率军直抵无棣，果然是个空城，更加相信黄花所言。于是，留燕庄公兵马守城，其余全部追击孤竹兵。黄花请求先行探路，桓公让高黑同去，大军随后。已进入砂碛，桓公催促兵马速行。行了很久，却不见黄花的消息。此时，天色已晚，眼前黑雾千重，平沙无际，寒气逼人。忽然，狂风大起，沙石乱飞，人马俱惊，许多人被沙石击中而亡。管仲对桓公说：“臣早就听说过北方有旱海，是非常厉害的地方，恐怕这就是了。”桓公急令收军，前后两队已经失散。管仲保着桓公，带转马头急走，并使随行军士敲金击鼓，使各队听到声音前来相会。只见天昏地暗，东西南北，茫然不辨。不知走了多少路，才风息雾散。众将听得金鼓之声，便追寻而来，屯扎一处。计点兵马，损折无数。幸好隆冬时节，毒蛇蛰而不出；金鼓震天，军声喧闹，猛兽闻之潜藏。不然的话，不死即伤，所剩无几了。管仲见山路险恶，无有人迹，急忙叫寻路出去。怎奈东冲西撞，盘盘曲曲，一点也找不到出路。桓公心里早已着忙。管仲想了一会，上前说道：“我听说老马识途。无终国与山戎地界相接，他们的马匹多是从沙漠以北来的，可让虎儿斑选几匹老马，放开让其自行，我们跟在后面，当可以找到出路。”桓公依言而行。大军跟着老马曲曲折折地出了谷口。

原来黄花元帅引着高黑先行，径直走了阳山一路，将高黑捉住来见答里呵。高黑不屈被杀。答里呵整顿兵马将燕庄公赶走夺回无棣城。

齐桓大军出了迷谷，径奔无棣城。一路上，看见百姓扶老携幼，纷纷行走。管仲让人去问，他们说孤竹主赶走了燕兵，已回城中，管仲便让虎儿斑选了些心腹军士，假扮成城中百姓，随着众人混进城去，吩咐他们到夜半时分，举火为应。虎儿斑依计去后，管仲又分派竖刁、连挚、公子开方三人分别攻打南、西、东三门，只留北门叫他出逃。却教王子成父和隰朋在北门外分两路埋伏，等答里呵出城，截住擒杀。

黄昏时候，忽听城外炮声四起，齐兵喊声连天，将城围住。黄花没有料到齐兵这么快就到，大吃一惊，即驱军民登城防守。夜半，城中忽然烧起四五路大火，黄花使人搜索放火之人。虎儿斑率十余人，直扑南门，将城门砍开，放入竖刁军马。黄花见势不妙，忽扶答里呵上马，寻路奔走，听说北门无兵，便开北门出逃。行不到二里地，前面鼓声震天，火把纵横，杀来两路军马。开方、竖刁、虎儿斑得了城池，也各统兵来追。黄花元帅死战，力尽被杀。答里呵为王子成父俘获。兀律古死于乱兵之中。

天明，桓公入城，宣布答里呵助恶之罪，亲自将其斩首，将首级悬于北门，然后安抚百姓。又知高黑被杀，十分叹息，想等回国再商议封赏之事。

燕庄公听说齐侯兵胜入城，也从退守的团子山来会。管仲劝桓公将所占两国之地全部给予燕国，桓公采纳了他的意见。燕庄公称贺完毕，桓公对他说道："寡人千里来救君之急，侥幸取得成功。令支和孤竹两国已被消灭，其地方圆五百多里，寡人不能隔国来拥有它，请用它来增加您的封地。"燕庄公推辞不受。桓公说："北方边地偏僻而遥远，如果再扶立夷人来守护，必然会再次背叛，您不要再推辞了。现在，东来的路已经畅通，努力整治你们先祖召公的事业，向周王室朝贡，永为北边的屏藩，寡人就会感到光荣了。"燕庄公才不敢再推辞。

桓公在无棣城大赏三军，因为无终国有助战之功，将小泉山下面的土地给予了他们。虎儿斑拜谢而回。桓公休兵五日，便开始撤离。燕伯对桓公非常感激，一直送入齐国境内五十多里。桓公说："自古以来诸侯相送，不出本国境内。寡人也不可以对燕君无礼。"就割地到燕君所至之处，送给燕国，来表示自己对燕君的道歉。燕君苦苦推辞，桓公坚决不答应，最后只得接受了这些土地回去。诸侯们知道齐侯援燕，又不贪求土地，没有不畏惧齐国的威势、感服齐侯的德行的。

桓公大兵回来又过济水，鲁庄公在水边设宴庆贺。桓公将所获二戎之物的一半赠送给鲁国。鲁庄公非常感动。他知道管仲有个叫小谷的采邑紧靠鲁国，便组织人力给管仲在此筑了一座城，来取悦管仲。

周惠王十五年秋八月，鲁庄公去世，鲁国发生内乱。庄公庶兄庆父使圉人荦杀了新立的子般，立庄公庶子启方为君，是为闵公。周惠王十七年，庆父又杀了闵公，谋图篡位。庆父同母弟季友和闵公的弟弟申投奔邾国。国人痛恨庆父，聚众攻打，庆父逃奔莒国，鲁国一时无君。季友一面同公子申回鲁，一面向齐国告变。齐侯让上卿高傒率南阳甲士三千，协助季友拥立公子申为君，是为僖公。季友使公子奚斯随高傒到齐感谢齐侯。随后，让人到莒国索取庆父，庆父自杀。

齐桓公救燕、平戎、定鲁之后，威名益振，诸侯心悦诚服。

城邢存卫

北狄主瞍瞒，拥兵数万，常有扫荡中原之心。听说齐国攻伐山戎，瞍瞒生气地说："齐兵远征，一定有轻我之心，应当先发制人。"于是在周惠王十五年（公元前662年）率骑兵两万攻邢（今河北邢台），将其国都弄得残破不堪。听说齐国准备救邢，又移兵攻卫。卫懿公派人向齐告急。齐侯因伐戎之后，齐兵未曾休整，约以来年春天集合诸侯前来相救。谁知这年冬天，狄兵已攻破卫都朝歌（今河南淇县），杀了懿公，将卫国府库及民间钱物洗劫一空，又毁掉城郭，满载而归。

卫大夫宁速到齐言说其事，准备迎住在齐国的卫公子毁回国为君。桓公非常后悔自己没能及早救卫。见宁速来接公子毁，便从齐国带了嗣位所用的一切物品，命公子无亏率兵车三百护送公子毁至漕邑（今河南滑县旧县城东），即国君位，是为文公。

这时，卫国兵车残破，物力匮乏，无城可居，景象甚是荒凉。公子无亏只好留下三千甲士，协同卫侯守卫漕邑，以防狄兵。

管仲见此，便对桓公说："现在让兵士留守是劳民之举，不如选择好地方，筑城让卫国君臣居住，可收一劳永逸之效。"

桓公同意，正想纠集诸侯同去修筑，忽然，邢国派人告急，说狄兵又到，邢国支持不住，求齐救援。桓公问管仲："邢国可以去救吗？"

管仲说："诸侯之所以能够服侍齐国，是因为他们认为齐国能够拯救他们的灾难。没有能救卫，又不去救邢，霸业就会衰败啊！"

桓公又问："那么是先救邢呢，还是先给卫筑城？"

管仲说："等救邢之后，再给卫筑城，这是百世的功业。"

桓公于是向宋、鲁、曹、邾发去檄文，让在邢国的聂北（今山东茌平西）会集，合兵救邢。宋、曹两国军队先到。管仲又说："狄兵锐气正盛，邢国兵力未竭。对付锐气正盛的敌人，费力大；帮助兵力未竭之国，功劳少。不如再等一阵。邢国对付不了狄兵，必然溃散；狄兵战胜邢兵，必然疲劳。驱逐疲劳的敌兵而援救溃散的邢兵，便可以收到用力少而功劳大的效果。"桓公采纳了管仲之谋，托辞说等鲁、邾兵马，就驻扎在聂北，派遣侦卒打探邢和狄的攻守情况。三国驻兵将近两月。

狄兵日夜攻打邢都，邢人坚守不住，破围出城，男女蜂拥至齐营求救。内中一人哭倒在地，原来是邢侯叔颜。桓公将他扶起，安慰说："寡人援救不早，以致如此，寡人有罪。当请宋公和曹伯商议，驱逐狄兵。"当日拔寨都起。狄兵已掳掠得心满意足，无心恋战，听说三国大兵将到，在都城中放起一把火，往北飞驰而去。桓公传令将火扑灭，问叔颜："这个城还能居住吗？"

叔颜说："逃难的百姓大多在夷仪（今山东聊城西南），愿把都城迁到夷仪，顺从民望。"

桓公于是命令三国在夷仪筑城，让叔彦居住。并为他们建了朝庙，添造了庐舍，又从齐国运来许多牛羊粮食和丝绸，放置其中。邢国君臣如同回到故都一般，欢呼和祝贺之声不绝于耳。

事情完毕，宋、曹想辞别齐侯回国。桓公说："卫国还未安定，给邢国筑城而不给卫国筑，卫国将怎样看我们呢？"

宋、曹两国君说："一切听霸君安排。"

桓公传令，移兵向卫，所有筑城工具随身携带。卫文公毁远远迎接。桓公对他说："寡君借诸君之力，想为您定都，不知道什么地方好呢？"

卫文公说："孤已经卜得吉地，其地为楚邱（今河南滑县），只是筑城费用，亡国难以筹办。"

桓公说："此事寡人全力承担。"即日便传令三国之兵一起到楚邱动工。又运来建造大门的材料，重立了朝庙，称之为"封卫。"

兴兵伐楚

楚成王熊恽有称霸之心，听到齐侯存立邢、卫两亡国，诸侯一片颂扬之声，心里很不高兴。他对令尹子文说："齐侯布施恩德，沽名钓誉，人心归附。寡人身处汉水以东，德行不足以让人称颂，威势不足以使人畏服。当今天下，楚国不能同齐国争胜，寡人感到耻辱。"

子文说："齐侯经营霸业，至今已三十年了，他以尊王室为名，诸侯乐意归附，不可同他作对。郑国居于南方和北方之间，是中原的屏障，王如果想图霸中原，非征服郑国不可。"

于是，成王便命大夫斗章率兵车二百乘攻郑，俘获郑大夫聃伯。郑派人星夜赴齐国告急。

管仲对桓公说："君王数年来，救燕定鲁，又为邢、卫筑城，存立其国，可谓恩德施于百姓，大义布于诸侯。如果要用诸侯的兵马，现在正是时候。您如果救郑，倒不如讨伐楚国。讨伐楚必须大会诸侯。"

桓公说："大会诸侯，楚国定会防备，有取胜的把握吗？"

管仲说："蔡侯得罪了您，您想讨伐他已经很久了。楚蔡两国接壤，以讨蔡为名，实则攻楚，这就是《兵法》上所说的'出其不意'。"原来蔡穆公曾将妹妹嫁给齐桓公；蔡姬得罪了桓公，桓公派竖刁把她送回蔡国；蔡侯很生气，便将蔡姬再嫁给楚成王。桓公由此痛恨蔡侯。

君臣二人商议已定，桓公让郑使回去扬言齐国救兵马上要到，来缓解楚兵攻城；并约定日期，让郑国或君或臣率一军经过虎牢到上蔡（今河南上蔡西南）相会，协同攻打楚国。桓公随即又约宋、鲁、陈、卫、曹、许之君，如期起兵。

第二年，即周惠王二十一年（公元前656年），正月元旦，齐桓公朝贺一毕，便商议讨蔡一事。任命管仲为大将，同隰朋、宾须无、鲍叔牙、公子开方、竖刁等率兵车三百和一万甲士分队进发。竖刁请先率一军偷袭蔡国，并会集各国车马。桓公同意。蔡国因为有楚国做靠山，一点也未防备，等齐兵到时，才聚兵守城。蔡侯在城上看见领兵的是竖刁，知道此人是贪财爱利的小人，便让人悄悄给他送上一车金帛。竖刁受了，密将齐侯会合七路诸侯先打蔡后攻楚的军事机密，泄露给蔡侯，让其早点逃走。蔡侯大惊，当晚领着宫眷逃奔楚国，百姓也尽皆跑散。竖刁以此为功，飞报齐侯。

蔡侯到了楚国，将齐侯之谋告诉成王，成王方才省悟，立即传令简阅兵车，做好战斗准备，一面撤回攻郑之兵。

数日后，齐侯大军来到上蔡，竖刁前去晋见。七路诸侯也陆续赶来，个个亲率人马，前来助战，军威十分雄壮。这七路分别是：宋桓公御说、鲁僖公申、陈宣公杵臼、卫文公毁、郑文公捷、曹昭公班、许穆公新臣，连霸主齐桓公小白在内，共是八位。诸侯之师往南进发，直至楚国边界。

边界上早有一人衣冠整齐，将车停在路的左边，拱手问道："来的可是齐侯吗？可以传话给齐侯，说楚国的使臣奉侯很久了。"这人名叫屈完，是楚的宗族，官拜大夫之职。今天奉楚王的命令以行人的身份来出使齐军。

桓公对管仲说："楚国人怎么预先知道我们会到呢？"

管仲说："这一定是有人泄露消息。既然他们派了使臣，肯定有所陈述。我当用大义来责备他们,使其自感理亏而心愧,可以不战而降服了。”管仲乘车而出,向屈完拱了拱手。

屈完说:“寡君听说敝国使贵国的车马受到了屈辱,让下臣屈完前来传达他的话。寡君命令我传达的话是:‘齐楚各自管理自己的国家,齐住在北边,楚住在南边,两国相距很远,是风马牛不相及的。不知您怎么来到我们楚国的地面?’敢问这是什么缘故?”

管仲说:“过去周成王将我们先君太公分封到齐地,使召康公前来赐了一道命令,说:‘诸侯如犯有罪过,可以去征讨他们,以辅佐周室。在东到海边、西到黄河、南到穆陵、北到无棣的地方,凡有不对王室尽其职责的,你不要赦免他们。’自周室东迁以来,诸侯放纵恣肆,寡君奉王命主持盟会,并恢复先祖的职责。你们楚国应当年年进贡包茅,来供王室祭祀之用。自从你们不来进贡,没有渗酒用的东西,寡君因此征讨。昭王南下巡狩,未能返回,也是因为你们的缘故。你们还有什么说的?”

屈完回答说:“周室纲纪废弛,不去朝贡的国家,天下到处都是,难道只是楚国?虽然这样,没有进贡包茅,寡君知道罪过了。怎敢不供给以遵从王命!至于昭王没有返回,是因为胶舟的原因,您到水边去问这事,寡君不敢承担这个责任。屈完我将要回复寡君。”说毕挥车而退。

管仲对桓公说:“楚人性格倔强,只凭言语不能使他们屈服,应该进兵威逼。”于是传命八路军马齐发,直至陉山(在今河南漯河市东)。离汉水不远,管仲下令:“就此屯扎,不得前行!”

诸侯们都说:“大军已经深入,为什么不渡过汉水,同楚军决一死战,却在这里逗留?”

管仲说:“楚国既然派出使臣,必然有所防备,一旦交战,就难和解了。现在,我们在此驻兵,大张声势,楚国惧怕我们人多,将会再派使臣,我们就可以和解。为讨伐楚国而出兵,以降服楚国而返回,不也是可以的吗?”诸侯半信半疑,议论不一。

面对八国兵马,楚国虽任子文为大将,在汉水南边扎营,做好迎战准备,却也畏惧敌兵之盛,只是防守,不敢出击。看到敌兵逗留不前,楚便想再派使臣前往,以探其虚实,察其意向,再决定是战是和。楚王又让屈完出使。屈完奏道:“没有进贡包茅,臣已承认了这个过错。您如果请求盟好,臣当努力前去,来排解两国的纠纷。如果请战,希望另派贤能的人。”

成王说:“或战或盟由卿自己决定,寡人不限制你。”

屈完于是再次来到齐军,请求面见齐侯。管仲对桓公说:“楚使又来,一定是请求修盟。君王应当以礼相待。”屈完见了齐侯拜了两拜。桓公回了礼,问其来意。屈完说:“寡君因为不贡包茅的缘故,受到您的讨伐,寡君已知罪了。您如果肯将军队退后一舍之地,寡君怎敢不听从您的命令呢?”

桓公说:“大夫能辅佐你们的国君来履行朝贡之职,使寡人在天子那里有所交代,还有什么要求的呢?”

屈完拜谢而去。对楚王报告说:“齐侯已答应臣退兵,臣也答应朝贡周室,您不可失信。”不久,有人来报:“八路军马,一起拔寨,退 三十里,在召陵(今河南郾 城东)驻扎。”

楚王说:“敌军后退,一定是害怕我们。”想不答应进贡之事。

子文说:“那些八国之君尚且不失信于匹夫,您难道可以使匹夫对八国之君食言吗?”

管仲纪念馆

楚王默然不语。于是让屈完带金帛八车，再一次去召陵慰劳八路之兵；又备好一车菁茅，在齐军那里呈了样，然后写了表章，准备去周室进贡。桓公听说屈完又到了，吩咐诸侯："将各国车马分为七队，分列七方。齐军驻扎在南方，首当楚冲。等齐军中鼓声响起，七路兵马一齐击鼓，兵械盔甲，一定要十分整齐，以壮中原军队的威势。"

屈完见了齐侯，摆上慰劳的礼物。桓公让分送八国军队。菁茅验过之后，仍让屈完收管，自行进贡。桓公说："大夫也曾观赏过我们中原的军队吗？"

屈完说："屈完我居于偏僻的南方，未曾目睹中原军队的强盛，愿借此机会观赏一下。"

桓公与屈完同登兵车，望见八国军马各据一方，相连有数十里。齐军中一声鼓起，七路鼓声相应，犹如雷霆，惊天动地。桓公得意地对屈完说："寡人有这样的军队，用它来战，何愁不胜？用它攻城，何愁不破？"

屈完说："您之所以能够在中原主持盟会，是因为您能替天子播德施惠，抚恤百姓。您如果以恩惠来安抚诸侯，谁敢不服？如果恃兵马之众而逞强力，楚国地虽狭小，有方城这样的长城和汉水这样的城池，城池阔深城墙高峻，即使有百万之众，也不知有何用处！"

桓公面有愧色，对屈完说："大夫确实是楚国优秀的人才！寡人愿同你们国家继承先君们的友好关系，如何？"

屈完回答说："您的恩惠使我们国家获得幸福，您又不嫌屈辱收纳寡君为同盟，寡君怎敢不接受呢？请与您盟誓，可以吗？"

桓公说："可以。"

当晚留屈完在军营，设宴款待。第二天，在召陵筑起土坛，桓公手执牛耳作为主盟。管仲为司盟。屈完代楚军，同他们立下盟书："自今以后，世代友好。"桓公先饮血酒，七国国君和屈完依次而饮。礼毕，屈完拜了两拜表示感谢。管仲私下同屈完商量，请把郑大夫聃伯放回。屈完也代蔡侯赔罪。双方均已答应。管仲下令撤军。在路上，鲍叔牙问管仲："楚国的罪行，只有僭号称王为最大。您却以不贡包茅来责问他们，我实在不明白。"

管仲说："楚国僭称王号已经三世了，我这样责问他们，是将其看作蛮夷之国。倘若要求他们革除王号，楚国肯低头听从我们吗？如果不听，势必交战，一旦交战，互相报复，祸患非得几年不能解除，南方和北方从此将会骚动不安了。我以包茅之事责问，他们容易接受。如果能落个使楚服罪的名声，也就足以向诸侯夸耀，向天子交代，难道不比兵连祸结没有尽头好吗？"鲍叔牙听后，叹赏不已。

这样，南北军事对峙就体面地结束了。

桓公因管仲功大，把大夫伯氏骈邑三百户收回，来增加管仲的封地。

一定王室

屈完带上十车菁茅，外加金帛等礼物，向周天子贡献。周惠王大喜，说："楚国好久没有尽职了。今天这样效顺，大概是先王之灵在庇佑吧！"于是在文王和武王庙里报告了这件事，并给楚国赐了祭肉。他对屈完说："好好镇守你们南方，不要侵犯中原！"屈完拜了两拜，稽首行礼后退出。

屈完刚走，齐桓公派隰朋随后便到。他把顺服楚国的事告诉周王。周王对隰朋格外礼待。隰朋请求见一见世子，周王脸露不乐之色，让次子带和世子郑一同出见，看神色似有仓皇无主之意。隰朋回齐，对桓公说："周室将要乱了！"

"什么原因呢？"桓公问。

隰朋说："周王的长子名郑，是先皇后姜氏所生，已正位东宫。姜后薨，次妃陈妫受到宠幸，立为继后，生子名带。带善于逢迎，周王喜欢他，把他叫作太叔。于是想废世子而立带。臣观其神色仓皇，必然是此事在心的缘故。恐怕《小弁》中所言之事，又要发生在今天了！您为盟主，不可不想办法。"

桓公叫来管仲商量这件事。管仲说："臣有一计，可以安定周室。"

桓公问："仲父想出了什么计策？"

管仲说："世子不被周王喜欢，处境危急，同党之人必然很少。您现在表奏周王，说：'诸侯愿见见世子，请世子出来会见诸侯。'世子一出，君臣之分就确定了，周王虽然想废立，也难办了。"

桓公便向诸侯发去檄文，约定明年夏天在卫国首止（今河南睢县东南）相会。又让隰朋到周，说："诸侯愿见世子，以表尊王之情。"周惠王本不想让子郑出会，因齐国势力强大，且名正言顺，难以拒绝，只得答应。

第二年（公元前665年）春，桓公派人先到首止修筑行宫，以待世子驾临。夏五月，齐、宋、鲁、陈、卫、郑、许、曹八国诸侯，齐集首止。世子郑也到，停驾于行宫。桓公率领诸侯问候，世子郑再三谦让，要用宾主之礼相见。桓公说："小白等愧在封国，见世子如同见王，怎敢不行稽首礼！"

世子郑推辞说："诸君日不要这样了。"

当天晚上，世子郑让人把齐桓公邀到行宫，向他诉说了带谋图夺位的事。桓公说："小白当会同诸臣订立盟约，共同拥戴世子，世子不要担忧！"子郑非常感谢，留住行宫。诸侯也不敢回国，分别住进馆舍，轮番向世子进献酒食，并且慰劳其随从之人。

世子郑恐久扰诸侯，便想告辞返京。桓公说："我们愿和世子留连于此，是想让天王知道我等爱戴世子，不忍相舍，来杜绝他们的阴谋。现在正是天热的时候，稍等秋凉，便护送车驾还朝。”

于是，预先选好订立盟约的日子，时间是秋八月的吉日。

周惠王见世子久不回来，知道是齐侯推戴，心中不快，便想联络郑、楚两国作为自己的势力，同齐对抗。于是，写好密信让太宰周公孔派人送给郑伯，让其同楚联合，辅佐少子带。

郑伯接信后大喜，托词说国中有事，不辞而别。桓公听说郑伯逃走，大怒，便想奉着世子讨伐郑国。管仲说：“郑国与周接壤，这一定是周室有人引诱他。一人去留，不足以阻碍大事。再说盟期已到，等盟誓完毕，再对付他们。”桓公同意。

到盟誓之日，齐、宋、鲁、陈、卫、许、曹七国诸侯，齐集首止旧坛，饮血酒盟誓。世子郑亲临，但不同饮，以表示诸侯不敢与世子平起平坐。盟词说：

凡我同盟，共翼王储，匡靖王室。有背盟者，神明殛之！

事毕，世子郑感谢诸侯，诸侯也以礼相答。

郑文公听说诸侯会盟缔约，且将要讨伐郑国，便不敢与楚联合。后来却为曾在楚国做过官的申侯之言所惑，背齐事楚。齐桓公两次率诸侯讨伐，郑伯害怕，杀了申侯，派孔叔将首级献给齐国，请求赦免郑的罪过。齐侯答应和解。于是让诸侯在鲁国宁母（今山东金乡东南）相会。

郑文公因曾受王命，不敢公然赴会，使世子华代行，到宁母听命。

子华和弟弟子臧，都是嫡夫人所生。夫人起初受到宠幸，所以立华为世子。后来嫡夫人宠衰，不久病死。文公又宠幸燕姞，生有一子，名兰。子华害怕他日有废立之事，私下分别同叔詹、孔叔、师叔商量，三人皆劝他好好尽孝道。子华很不高兴，心中在想着保全自己的办法。见了桓公，他请屏退左右之人，然后说：“郑国之政，全由泄氏、孔氏、子人氏三族掌握。盟会逃走的事，三族实际上是主谋。如果凭借君侯的神威，除此三臣，我愿把郑国归附齐国，等同于附庸之国。”

“可以。”桓公说。随后把子华的计谋告诉管仲。

管仲连声说道：“不可，不可！诸侯之所以服从齐国，是因为齐国有礼而讲信用。儿子不忠于父命，不可以说有礼。别人报着和好的愿望而来，我们却打算扰乱他们的国家，不可以说有信用。况且臣听说这三人都是贤能的大夫，郑国人称之为‘三良’。盟主所贵的是能顺应人心。违背人们的意愿而自逞其心志，灾祸必然会降临。以臣看来，子华将难免祸，您千万不要答应他。”

桓公这才对子华说：“世子所说的，是国家大事。等你们的国君到了，寡人定当同他商议。”

子华听后，面红耳赤，汗流浃背，辞别回郑。管仲憎恶子华的奸邪，故意将他的话泄露给郑国人。早已有人报知郑伯。子华前来复命，诡诈地说：“齐侯对您不亲自前往非常怪罪，不肯答应讲和，不如同楚联合。”话音刚落，郑伯大声喝道：“逆子几乎出卖我国，尚敢胡说吗？”叫左右将其囚禁于幽室。公子臧去投奔宋国，郑伯派人将其追杀。齐国不听子华之言，使郑伯很受感动，于是再次派孔叔到齐致谢，并表示愿意接受盟约。

这一年冬天，周惠王病重。王世子郑恐怕继后陈妫发动政变，先派下士王子虎告难于齐。不久，惠王驾崩。世子郑同周公孔、召伯廖商议，暂不发丧，星夜派人密报王子虎。王子虎告诉齐桓公,桓公于是在曹国的洮(今山东鄄城西)大会诸侯。郑文公也亲自到会。同饮血酒而盟誓的有齐、宋、鲁、卫、陈、郑、曹、许八国诸侯,他们各自写了表章,派自己的大夫到周。这八位大夫分别是:齐大夫隰朋,宋大夫华秀老,鲁大夫公孙敖,卫大夫宁速,陈大夫辕选,郑大夫子人师,曹大夫公子戊,许大夫百佗。八国大夫车马相连而至,仪仗非常盛大,以问安为名,聚集于王城之外。王子虎先去报信,王世子郑让召伯廖前去慰劳,然后发丧。

诸大夫坚决要求拜见新王,周、召二公陪世子郑做主丧之人,大夫们便口称君命悼念惠王并慰问世子。于是,同请王世子继位,百官朝贺,是为襄王。

继后陈妫与叔带暗暗叫苦,不敢再生妄想。襄王便在第二年改元,告知各国。

周襄王元年(公元前651年)春祭完毕,王命太宰周公孔给齐侯赐祭肉,以表彰其拥戴之功。

齐桓公早已听说,便在葵丘(今山东淄博市境)大会诸侯。

相会之日,衣冠济济,环佩铿铿。诸侯先让天子使者登坛,然后依次而登。坛上设置了天子的虚位,诸侯面北拜稽,如同朝见天子,然后又依次就位。

太宰周公孔捧着祭肉面东而立,传达新王的命令,说:"天子祭祀了文王和武王之庙,让孔赐给伯舅些祭肉。"

齐桓公将要下阶拜谢并领受,太宰周公孔制止说:"天子又有命:因伯舅年老,多加慰劳,不要下拜。"

桓公想要这样做,管仲在旁悄声言道:"王虽谦让,臣不可以不敬王。"

桓公于是说:"天子的威严近在颜面之前,我小白岂敢接受天子'不要下拜'的命令,而忘掉一个臣子应有的礼节?"急忙小步走下台阶,再拜稽首,然后登堂接受祭肉。

诸侯们皆佩服齐侯有礼。桓公又同诸侯重申盟好,一起诵读周《五禁》:

> 不准堵塞泉水;不准囤粮不卖;不准废嫡立庶;不准立妾为妻;不准妇人参政。

并盟誓说:"凡我同盟,言归于好。"只把誓书放在牛羊豕身上,使人宣读,不再杀牲歃血,诸侯们无不信服齐侯。

周王又赏桓公乘大路车,用龙旗九旒、渠门赤

桓公回都后,自以为功高无比,大建宫室,务求壮丽。凡乘舆服饰及一应用器等,皆如王者,国人多议其僭越。管仲于是在府中筑台三层,号为"三归之台"。即言民人归,诸侯归,四夷归。又立塞门,以隔内外;设置反坫,以待列国使臣。

鲍叔牙对此事很疑惑,就问管仲:"君王奢侈你也奢侈,君王僭越你也僭越,大概不可以吧?"

管仲说:"人主不惜勤劳,建功立业,也图一日的快意以为乐。如果总用礼法去约束他,他就会嫌苦而生懈怠之心。我之所以这样做,也只是暂为我们的国君分谤罢了。"鲍叔牙不以为然。

这次葵丘大会,是齐桓公霸业中的壮举。

在管仲的辅佐下,桓公先后主持过多次会盟,安定过一次王室,建立了被后人称之为"九合诸侯,一匡天下"的赫赫功业。桓公和管仲两小无猜的君臣关系,也被奉为后世君臣关系的楷模。

病榻论相

周襄王三年(公元前649年),王弟叔带和戎勾结,让戎攻打京师,自己在城内接应。于是戎兵南下,围住王城。周公孔和召伯廖全力坚守,叔带不敢出城同戎兵相会。襄王向诸侯告急,秦穆公、晋惠公各率兵来救。戎兵听说诸侯兵到,即撤兵北还。

当时,齐桓公也派管仲领兵去救。听说戎兵已撤,管仲就派人谴责戎主。戎主害怕齐国,派人来谢罪,说:"我们怎敢侵犯京师?是你们的叔带叫我们来的。"襄王于是将叔带赶走,叔带跑到了齐国。戎主又派人到京师,请罪求和,襄王答应了他们。

襄王追念起管仲昔日定位之功和今日和戎之功,便设宴,想用上卿之礼来待他。管仲说:"臣是一位陪臣,怎敢受此大礼!"再三推让,最后接受了下卿之礼。随后回齐。

这一年冬天,年老的管仲病倒了。

桓公亲自去看望他,见他已瘦得皮包骨头,既伤心又忧虑,握着管仲的手说:"仲父怎么病成这样了?如果不幸,一病不起,寡人将把政务委托给谁呢?"

宁戚、宾须无这时已先后去世。管仲叹息道:"多么可惜啊,宁戚!"

桓公说:"宁戚以外,难道没有人了吗?我想任用鲍叔牙,怎么样?"

管仲说:"鲍叔牙确实是一位君子。尽管如此,却不可以为相。他这个人善恶过于分明。喜欢人们正直善良的一面是可以的,如果对人们的错误和缺点特别难以容忍,谁能受得了呢?鲍叔牙见到人的一点错处和缺点,会终身不忘,这是他的短处。水至清则无鱼啊!"

桓公问:"隰朋怎么样?"

管仲说:"大概还可以。隰朋能不耻下问,公而忘私。"说完,又叹道:"天生隰朋来做我夷吾的舌头。我身死以后,舌头怎么能独自存在呢?恐怕您任用隰朋不会有多长时间!"

桓公说:"既然这样,那么易牙如何呢?"

管仲说:"您即使不问,臣也要说到他。易牙、竖刁、开方三人,您一定不要接近他们!"

桓公说:"易牙烹了他的儿子,来满足寡人的口味,这是爱寡人胜过爱儿子,难道还可以怀疑他吗?"

管仲说:"喜爱自己的儿子是人之常情。他连自己的儿子都忍心烹掉,哪里还能对您忠诚呢?"

桓公说:"竖刁不惜阉割自身来侍奉寡人,这是爱寡人胜于爱自己,还可以怀疑吗?"

管仲说:"人没有不爱惜自己身体的,像他这样不惜自残身体来换取亲近您的机会,这样的人,心里有什么打算,还不值得警惕和深思吗?"

桓公又说:"卫公子开方,放着千乘之国的太子不当,而臣事寡人,是寡人所宠信之人。他的父母死了也没有回去奔丧,是爱寡人胜过爱自己的父母,没有可以怀疑的了。"

管仲说:"人间情感的亲密莫过于父母和儿女了。他连父母都忍心不顾,这种无情无义之人,怎么会真心爱戴您呢?况且千乘之国,是人人希望得到的。抛弃千乘之国而投靠您,大概是他所期望的比千乘之国还多呢!您一定要疏远他们,不要亲近,亲近了一定会使国家大乱!"

桓公有点不解,问:"这三人侍奉我很久了。怎么平日没见仲父说过呢?"

管仲说："臣不说，是为了让他们充实一下您生活的乐趣。这三人就像水，臣像一道堤坝阻挡着他们，没有使其泛滥。现在堤坝就要没有了，将会有横流的祸患，您一定要疏远他们！"

桓公默然无语，辞别管仲而回。

桓公的随从将管仲之言告诉了易牙。易牙见了鲍叔牙说："仲父为相是您推荐的。现在管仲病了，主公去看望他，他说您不可以为相，而推荐了隰朋，我为您感到不平。"

鲍叔牙笑着说："这正是我推荐管仲的原因。仲为了国家，不因私情而顾及朋友。如果使叔牙我做司寇，驱逐那些谗佞之人，则绰绰有余。若使为相而管理国政，像您这样的人在哪里容身呢？"

易牙满面羞惭而退。

不久，桓公又去看管仲，管仲已不能说话了。鲍叔牙、隰朋在旁都落了泪。这天晚上，管仲去世。桓公哭得非常伤心，说："痛惜啊，仲父！这是老天折了我的臂膀呀！"他让上卿高虎主持丧事，从厚予以殡葬。将管仲生前的采邑全部赐给他的儿子，且让世袭大夫之职。

易牙对大夫伯氏说："过去主公将您骈邑三百户收取，赏了仲父的功劳。现在仲父已死。您为什么不对主公说一说，要回您的封邑？我当从旁助您一臂之力。"

伯氏哭着说："我是因为没有功劳，所以失掉封邑。仲父虽然死了，仲父的功劳还在。我有何面目向君王去请求呢？"

易牙感叹道："管仲死了还能使伯氏心服，我们这些人真是小人了！"

尾声

管仲死后，桓公记起他的遗言，就任隰为相。未过一月，隰朋病逝。桓公说："仲父难道是圣人吗？怎么知道我任用隰朋不会多久呢？"

于是，让鲍叔牙来代隰朋为相，鲍叔牙坚决推辞。桓公说："现在整个朝堂没有一个胜过卿的人，卿想要让给何人呢？"

鲍叔牙说："臣喜欢正直善良之人而憎恶邪恶之人，这一点主公是知道的。主公一定要任用我，请先疏远易牙、竖刁、开方，臣才敢遵命。"

桓公说："仲父已说过此事，寡人怎敢不答应您！"当日将三人斥退，不许入朝相见。鲍叔牙才接受了相国之职。

管仲虽已去世，但由于鲍叔牙能继续执行管仲的一套政令，所以诸侯们还能服从齐国。

桓公自将三人从身边逐开，吃饭不香，睡眠不稳，口无玩笑之语，面无喜悦之色。长卫姬见此，在旁说道："您赶走了竖貂等人，国家并没有比以前治理得好。您的脸色一天憔悴一天，我想是左右使唤之人，不能体察您的心情。为什么不把他们召回呢？"

桓公说："寡人也想念这三人，但已经赶出，却又召回，恐怕鲍叔牙会不高兴的。"

长卫姬说："鲍叔牙身边难道没有使唤的人？您已经年老了，怎么能这样苦自己！您只说是需要调味，先召回易牙，那么开方、竖刁就容易回来了。"

桓公听从了她的话，就召易牙回来烹调菜肴。鲍叔牙入宫谏道："主公难道忘了仲父的遗言吗？怎么召回了他？"

桓公说："这些人对我有好处，并且无害于国家。仲父的话，大概过分了吧！"于是

管仲祠

不听鲍叔牙的话，并且召回开方和竖貂。三人同时复职，随侍左右。

鲍叔牙愤郁而死。

三人更加肆无忌惮，欺桓公老迈无能，遂专权行事，顺我者昌，逆我者亡。他们同长卫姬勾结，想拥立她所生的儿子公子无亏。

周襄王九年(公元前643年)，桓公患病，躺在寝室。易牙估计病难治好，便同竖刁、开方商议出一条计策，在宫门外悬挂一牌，假传桓公之语。牌上写道：

寡人有怔忡之疾，恶闻人声，不论群臣百姓，一概不许入宫，著竖刁紧守宫门，雍巫率领宫甲巡逻。一应国政，俱俟寡人病痊日奏闻。三人把住宫门，只让公子无亏住在长卫姬宫中，其他公子问安，概不许进。

过了三天，桓公还未死，易牙将其左右之人，不论男女，全部赶出，把宫门堵上。又在桓公寝室周围筑起高墙，将内外隔绝，只在墙下打一小洞，早晚派一小内侍钻入，打探生死消息。一面又整顿守宫军士，以防群公子生变。

桓公躺在床上，起身不得，呼唤左右，又无一人答应。渴不能饮，饥不能食。他大骂三人，随后对空长叹："仲父不也是圣人吗？圣人所看到的，难道不远吗？寡人昏暗不明，应该有今天的下场。老天，老天！小白就这样死去吗？我死了以后，如果没有灵魂还倒罢了；如果有，我有什么脸面到地下见仲父呢？"说毕，以衣袖遮面，连叹数声而气绝。

桓公死后，其他公子得知消息，为争君位互相攻打，无人顾到死在宫中的桓公。等易牙、竖刁、开方赶走世子昭，拥立公子无亏，才安排殡葬。这时，桓公的尸首在床上已停了六十七日，尸虫一直爬到了门外。

随着管仲、桓公的死去，齐国的霸业也就结束了。

李斯传

人物档案

李斯：李斯，字通右，战国末期楚国上蔡（今河南上蔡县）人。是中国历史上一位集大权谋家、大政治家、大学者于一身的人。

生卒时间：前280~前208年。

性格特点：生性聪颖，自幼又苦读诗书，以文章闻名，又有野心。

历史功过：李斯是新兴地主阶级的法家代表，在战国末期，诸侯争霸兵戈至上的历史时期，李斯凭借政治家的博大胸怀和不凡韬略、计谋辅佐秦王吞并六国、实现统一，建立起历史上第一个强大的中央集权制的封建王朝，成为千古一相。并协助秦始皇废除分封制，推行郡县制。他反对“以古非今”，提议焚书坑儒。他立主变革，创立规章制度，还为统一文字、货币及度量衡做出了突出贡献。但在秦始皇死后，赵高密谋，偷改诏书，杀死始皇长子扶苏，立小儿子胡亥为皇帝，李斯被迫胁从。后来因为赵高诬陷他谋反，而被判五刑腰斩于咸阳。

李斯

名家评点：李斯的处世哲学是“老鼠哲学”。人是一只老鼠，同样是老鼠，但有粮仓老鼠和过街老鼠之分。“我”要当一只粮仓里的老鼠。为这一目标，李斯奋斗了一生。临死的时候长叹一声“仓鼠上越高，摔越远。”唐朝诗人胡曾专为李斯墓题了诗，其诗曰：“上蔡东门狡兔肥，李斯何事忘南归？功成不解谋身退，直待咸阳血染衣。”

宋朝大诗人刘敞也为李斯墓题了诗。诗为：“二事三公何足论，忆牵黄犬出东门。天人忌满由来事，枉持沙丘有旧恩。”

拜师荀况

荀况，史称荀卿或孙卿，人尊之为荀子，是当时赫赫有名的儒学大师。但是，他不像孟子那样死抱窠臼，墨守成规。他打着孔子的旗号，在批判先秦诸子的同时，兼收并蓄，并对孔子的儒学进行了发挥和改造，创立了法家思想浓厚的“帝王之术”。而韩非和李斯这两个学生，则完全摒弃了老师的儒家仁义道德，而醉心于符合法家理论的“帝王之术”。后来，韩非终于成为法家理论的集大成者；而李斯则化理论为实践，成为真正实现法家统治的政治谋略家。

李斯拜师荀况学成之后，即苦思冥想，寻觅能使自己施展才华，攫取荣华富贵的广阔天地。他纵观七国，反复斟酌，认为楚王胸无大志，不足与为谋；六国相继日渐衰弱，无从建立号令天下之奇功；只有秦国，经历了秦孝公以来的六世，特别是秦昭公以后，已经奠定了雄踞于七国之首、可对诸侯国颐指气使、发号施令的政治、军事、经济基础，可望代替已名存实亡的周室而一统天下。于是，他决定西入强秦。

临行之际，李斯面对荀况的诘问，毫不掩饰自己的心迹，慨然陈辞：

"我听说，得到了时机不可怠惰，而应及时把握住。当今各诸侯倾力相争，游说者参与政事。而秦王想吞并诸侯，一统天下，成就帝王大业，这是智谋之士奔走效力、建功成名的大好时机。处于卑贱的地位而不思有所作为，改变自己的境遇，这与只知咀嚼送到嘴边的肉的禽兽何异？人的耻辱莫大于卑贱，悲哀莫甚于穷困。永久地处于卑贱的地位、困苦的境地，却还表示愤世嫉俗，憎恶荣名利禄，自托于无为，不过是掩饰自己的无能而已，绝不是士人的真实思想。所以，我将西行入秦，去为秦王出谋划策，建功立业。"

纵观世上士子，多有功名之忿。只是有的偏偏扯出"仁义"的旗号，犹抱琵琶半遮面；有的则以退为进，曲线谋身；而公然摒弃礼义，追名逐利，这正是李斯独树一帜的人生品性。同时，他这种择强而仕的深谋远虑，也正是其精明过人的政治谋略的有力见证。

公元前247年，李斯踌躇满志，离楚背齐，踏上了西入强秦之路。

驰骛咸阳

五月，李斯只身来到咸阳，适逢秦庄襄王寿终正寝，13岁的嬴政即位。秦王年幼，丞相吕不韦称仲父，总揽朝政，权势十分显赫，群臣望风依附。

李斯不过一异国平民，想钻进统治阶级核心去参政谋事，谈何容易。于是他充分利用自己的才智，审时度势，权衡利弊，最后决定以投吕不韦门下作为仕途的第一步阶梯。

吕不韦是个智慧过人、巧于投机的人。他原是卫国商人，一次到邯郸做生意，碰到了被送来作人质的秦公子异人。异人是秦昭王的孙子，秦太子安国君的儿子。安国君为太子时，宠爱夏姬，与夏姬生子异人，后华阳夫人进宫夺夏姬之宠，异人便作为人质被送到赵国。

秦、赵未发生大战时，异人在赵国过得还不错。待秦、赵之战愈演愈烈，异人的日子就十分难过了。

吕不韦经过悉心琢磨，认为扶持一个国君，比之贩卖珍珠宝玉之类，可谓一本万利，于是就想方设法结交异人。他拿出一千两黄金赠给异人，并帮他打通关节，结交名士。异人身处逆境，从未有人这样热情相待、慷慨解囊，因此感激涕零，对吕不韦说："我继承王位后，把半个秦国封给你。"

后来吕不韦又用重金和花言巧语疏通了华阳夫人，华阳夫人自己不能生育，就认异人为亲子，让安国君立异人为太子。公元前251年，秦昭王去世，安国君即位，这就是秦孝文王，吕不韦又把自己的爱妾赵姬送给异人。据说，其时赵姬已怀有身孕，送异人后的次年正月即生一子，取名政。

公元前250年，秦孝文王去世，太子子楚(异人被立为太子时改名子楚)继位，是为秦庄襄王。吕不韦当上了丞相，并被封为文信侯。赵姬之子政立为太子。

公元前246年，也就是李斯入咸阳那一年，庄襄王病死，吕不韦拥立13岁的太子继位，即秦王政，他就是后来的秦始皇。秦王政继位时年龄小，大权握在太后赵姬与丞相吕不韦手中。吕仗恃自己与太后及秦王政的特殊关系，以秦王的"仲父"自居，横行朝中、宫中。

李斯投到吕不韦门下,实在是明智之举,他一直勤勉谨慎,殚心竭虑,终于受到吕的青睐,被任为郎,从此参与政事。

此时的李斯眼观四路,耳听八方,洞察到天下格局的重大变化:韩王向秦俯首称臣,魏国则举国听命于秦(此间,虽有魏国信陵君率五国联军偶败秦将蒙骜,实为回光返照,垂死挣扎),——秦对六国已占压倒之势。李斯瞅准时机,立即上书秦王,提出翦灭诸侯,并吞六国,创建帝业的谋略:

"秦王 不能静坐等候诸侯的衰败!一个成就大业的人,必须在有机可乘的时候,当机立断去攻取它。过去为什么以秦穆公之霸业,却始终不能兼并六国呢?因为那时诸侯尚众,周德未衰,因此能五霸迭兴,更尊周室。自从孝公以来,周室卑微,诸侯相兼并,关东成为六国,秦以自己的胜利役使诸侯已历六世了。现在,诸侯好像郡县那样臣服于秦。以秦国之强大,秦王之贤达,翦灭诸侯,成就帝业,一统天下,犹如扫除灶下的灰尘那样容易,这是万载逢一的好时机啊!现在如有怠慢而不急速果断行动,待到诸侯复强、相互联合约众之时,纵使有黄帝之贤能,也无法吞并他们了。"

秦王政是个有远大政治抱负的国君,当时,他正在吕不韦的辅佐下,怀着满腔热忱,悄悄地酝酿统一中国的大计,李斯的上书一语破的,令秦王大喜,立刻擢升李斯为长吏,参与基本国策的讨论。

在李斯等人的策划下,秦王派遣口舌如簧、巧于谋略的官员,携金银珠宝游说诸侯。对各诸侯国贪财的权臣贵要行贿收买,对不为金钱名位所动者,则采取反间之计,或竟遣刺客暗杀。战略上采取远交近攻,一方面,对近邦韩、魏强攻猛打,使其彻底臣服,另一方面,离间远邦君臣。

秦国基本上按照李斯的战略安排,吹响了统一中国千秋大业的历史号角,而李斯便在烽火硝烟中跻身客卿,驰骛咸阳,得以与国王、丞相共谋国事。

就在李斯的仕途一帆风顺之时,秦国却同时孕育着一场严重的政治危机,它几乎使秦国的统一大业半路夭折,也几乎使李斯建功立业的理想化为烟云。但李斯仗其过人的才智和胆略,既拯救了秦国功亏一篑的危机,又为自己的富贵尊荣赢得了新的机会。

书谏逐客

公元前238年,秦王政22岁,按秦国规定到雍城举行加冕礼。与吕不韦狼狈为奸的掌权宦官长信侯嫪毐乘机反叛,秦王政果断处决了嫪毐。次年,又查明吕不韦与嫪毐叛乱有牵连,秦王政早已对吕的专权深感不满,乘此机会罢了吕的丞相官职,遣送其回封地。吕回封地后,又暗中与其他国家相勾结,图谋不轨。秦王政就削去吕的封地,把他发配到蜀郡,吕知大势已去,遂饮鸩自杀。

秦王政一亲政就除掉了觊觎王位、时时掣肘的两大心腹之患,政治上得到了空前巩固,这使秦王政更加踌躇满志,决心大力发展生产,以图霸业。首先要兴修水利,由蜀郡太守李冰父子二人设计、领导建设的当时第一大水利工程都江堰就是这一时期建成的。

韩国为减轻秦国的军事压力,派遣著名水工郑国充当奸细,入秦建水利工程,以消耗秦国国力。秦王政听说郑国来帮助兴修水利,十分高兴,派人随郑国到全国考察。

在此基础上，郑国设计了一条引水渠，自仲山（今陕西泾阳县西北）引泾水向西到瓠口（即焦获泽）作为渠口，沿北山南麓引水向东伸展，经今三原、富平等县，在今大荔县东南注入洛水。渠长300多里，渠修成后，400万亩土地可得到灌溉。但此项工程极为浩大，耗时长，费财物人力多。工程进行到一半时，秦王查明郑国是韩国派来的奸细，一时舆论哗然，秦王也非常生气。秦国那些一向守旧、排他的宗室大臣乘机向秦王进言说："所有外国客卿大抵是为其主充当说客、奸细的，应一律逐出！"秦王想到吕不韦和郑国的教训，对此也有同感，一怒之下颁布了"逐客令"，规定凡在秦国的客卿，一律驱逐出境，李斯也在被逐之列。

李斯本欲在秦大展宏图，未料遇此变故，决心求见秦王，陈明利害。但秦王却不肯接见。李斯步行离开咸阳，但仍不死心，苦思冥想，终于在途中写就一篇《谏逐客书》，转呈秦王。书中说：

"臣闻吏议逐客，臣以为过矣，昔日秦穆公渴求天下贤士，从不问国籍。从西方犬戎之地得到由余，从东方楚国买来百里奚，从宋国迎来蹇叔，从晋国得到丕豹、公孙之。这五人都不是秦国人，而穆公重用他们，吞并了20国，从此称霸于西戎。秦孝公重用商鞅实行变法，移风易俗，人民得到殷实富足，国家得以繁荣昌盛。老百姓愿为国家效力，诸侯甘心对秦亲善服从，战胜楚、魏之军，扩地千里，致使秦国日益强大。惠王用张仪的计谋，拢三川之地，西并巴蜀，北收上郡，南取汉中，包九夷，制鄢、郢，东据成皋之险，割膏腴之壤，破坏了六国合纵，使他们都西向事秦，功劳阴泽至今。昭王得到范雎，对内实行废穰侯、逐华阳、强公室、杜私门等一系列整肃政务的措施，对外蚕食诸侯，使秦国成就了帝业。这四位君王都是任用客卿使国家得到很大功益。由此观之，客卿有什么对不起秦国之处呢！假使四君王都将客卿拒之门外，疏远了贤士而不用，就不会使秦国有今天的强大和富足啊！

"如今陛下您得到昆山之玉，据有隋珠与卞和璧，装饰着明月之珠，佩戴着太阿之剑，乘坐纤离名马，建翠凤之旗，树灵色之鼓，凡此种种宝物，无一是秦国自产的，而陛下您十分喜爱它们，这是怎么回事呢？假如必须是秦国的物产才能用，那么夜光璧之不饰朝廷，犀象之器不为王好，郑、卫之女不充后宫，骏马駃騠不实外厩，江南金锡不为用，西蜀丹青不为采……对物如此，那么对人则不是这样，不问可否，不问是非曲直，只要不是秦国人，就作为客卿一律驱逐，这就是重色乐珠玉、而轻视人才啊！这绝不是谋取天下诸侯的好办法。

"我听说地广者粮多，国大者人众，兵强则士勇。所以泰山不让土壤，因此成其大；河海不择细流，故而就其深。所以，地无四方，民无异国，……这是五帝、三王之所以无敌的缘故。如今逐客这种做法乃是抛弃百姓以资助敌国，驱逐宾客以振兴诸侯，使天下之士都不再西向秦国而来，这正是'充实敌寇之兵，资助盗贼以粮'啊！

"物品不产于秦，可珍贵的却很多；贤士不生于秦，而愿意尽忠者却大有人在。现在逐客以资敌，损民以益仇，致使国内空虚，国外树仇怨于诸侯，这样要想求得国家没有危险是不可能的。"

这样一篇引古喻今，高瞻远瞩，翔实雄辩，字句铿锵的《谏逐客书》使秦王政幡然悔悟，立即下诏撤销逐客令，并派人追至骊山，召回李斯，官复原职。对郑国也继续重用，让他接着领导修渠，终于修成了当时仅次于都江堰的第二大水利工程——郑国渠，虽耗费了秦国十年功力，却使秦关中四万亩土地变成沃野，秦国也因之更加殷实富足。

当初，李斯心知秦王思贤若渴，料想秦王在冷静思考之后定会有新的决断，遂逗留在离咸阳不远的骊邑（今陕西临潼区东北），恭候福音。他的《谏逐客书》又及时帮助秦王纠正了这一巨大失误，这不仅使韩国耗秦国力的计谋如以肉投虎，得到“为韩延数岁之命，为秦建万世之功”的结果，同时也为统一中国，打破保守贵族闭关锁国的宗法统治，实行开放政策，广收人才，提供了重要的理论保证，预示了秦国将要改变历史航向而统一天下的辉煌前景。

同室操戈

逐客风波之后，秦王对客卿更加重视了。他不仅继续重用郑国，而且对刚从魏国入秦游说的尉缭也十分宠信，封为国尉，李斯亦被恢复官职爵禄，得以为秦王统一大业出谋划策。

在新的形势下，李斯献计道：“先翦灭邻邦韩国，借以震慑其他国家，再逐步消灭六国。”这与此前谋略的不同在于：以前的远交近攻，近只对近邻韩、魏采用打击、削弱的方针，而对远邦赵、燕、楚诸国采用绥靖政策，使之不能合纵抗秦，援救韩、魏。

秦王采纳了李斯的建议，从此，统一中国的中心从削弱六国转入灭亡六国的轨道。

秦国要先灭韩国的消息一传出，韩王如惊弓之鸟，遂与韩非商讨救亡图存之策。

韩非系韩国贵族，早年与李斯一同学于荀况，他口齿木讷，不善言辞，但擅长著述，令同窗的李斯自惭形秽。可是，由于两人在人生道路的抉择上大相径庭，致使结局亦迥然相异。李斯能择地而处，择主而仕，涉足于日升月恒的秦国，归附于雄才大略的秦王，得以大展其才，创下了不朽的业绩。而韩非情系贵族世家，念念不忘故土，结果明珠暗投，身归于江河日下的韩国，他目睹韩国日暮途穷，屡屡以书进谏，昏聩无能的韩王却又每每不予采纳，对此，韩非痛心疾首，悲愤莫名。他只是闭门谢客，委身于笔墨春秋，撰写《孤愤》《五蠹》《内储》《外储》《说林》《说难》……凡50余篇，计10余万言。

韩王起初不重用韩非，到了亡国亡身之时临近，才想到韩非的用场，并于公元前233年（秦王政十四年）派韩非出使秦国，劝秦保存韩国。

且说秦王为谋取帝王之术，正如饥似渴寻求理论武器。他曾熟读韩非的《孤愤》《五蠹》，对韩非的才华大为赞赏，不禁发出感叹道：“如果我有幸与韩非交游，死而无憾！”其实，秦王之所以同意李斯先灭韩国，一个秘而不宣的原因就是仰慕韩非之才，想以武力虏取韩非。现在韩国派韩非来秦求和，秦王自然大喜过望。韩非至秦，眼见万象更新，知是到了英雄用武之地。他完全忘记了出使秦国的重任，反而上书秦王：“现在秦国地方数千里，雄师百万，号令赏罚，天下无双，所以臣昧死上书，希望一见大王，献上击破六国合纵的计谋。如果按我计划行事，一举而六国联盟不破，赵、韩不亡，楚、魏不臣服，齐、燕不依附，可杀我以戒不忠。”韩非说得斩钉截铁，使秦王陡增敬慕。

就在秦王想把韩非留在身边，委以重任之时，李斯等人却在炮制置韩非于死地的阴谋。

想当初，李斯上奏《谏逐客书》时慷慨陈词，似乎一心为秦网络人才。但时过境迁，一日他大权在握，他想网络的人才便只是唯命是从的奴才，而不是比自己高明的盖世奇才。李斯深知，韩非的才华，远在自己之上，如果他也成了秦国客卿，就会威胁到自己的地位。

大臣姚贾与韩非亦有旧怨。当初，秦王封姚贾千户、拜为上卿时，韩非不无揶揄地说道：“姚贾乃魏国大盗，赵国逐臣。秦用此人主持国政，何以勉励群臣？”姚贾因之耿耿于怀。

李斯、姚贾二人谋害韩非不谋而合,且心照不宣。他们交互在秦王面前百般离间:“韩非是韩国公子,韩王使臣,终究是心向韩国,必不肯为秦国效力,这是人之常情。日后若放他归国,定然贻害不浅;不如寻他个过错,依法诛杀了事。”

李斯诽谤韩非的工具,是被他的《谏逐客书》早已驳得体无完肤的客籍间谍论,是昔日保守的秦国宗室大臣的老调重弹!遗憾的是秦王竟被李、姚花言巧语所蒙蔽,遂下令把韩非逮捕入狱。

身为廷尉的李斯既怕韩非上书自辩,又怕秦王反悔,就预先将牢狱各关节都堵住,并急忙派人用毒药逼死韩非。

韩非服药自杀不久,秦王果然醒悟,即刻下令赦免韩非,可惜为时已晚。

李斯害死了韩非,却在自己的政治生涯中贯彻了韩非的基本思想,并取得了巨大成功。韩、李二人倘能联珠合璧,无疑将能更好地辅佐秦王成就帝业。但是,历史是无法随意假设的,在它的发展过程中,既包含着合理的内核,又充满了谬误和悲剧。

力驳分封

秦王加冕亲政之后,在李斯等人的筹划下,就“奋六世(自秦孝公经惠文帝、武王、昭王、孝文王、庄襄王共六君)之余烈,振长策而御宇内”,拉开了统一中国的帷幕。从公元前236年(秦王政十一年)到公元前221年的十五年中,秦国军队如秋风扫落叶,消灭了韩、赵、魏、燕、楚、齐六个国家,顺应历史的发展要求,结束了中国自春秋战国以来几百年的割据局面。李斯因功业卓著,累官至廷尉,位列九卿。

秦王政由一方诸侯变成一统天下之王,地位和形势发生了重大变化,他觉得应重议帝号、定制度,为此,召集群臣计议。李斯等人建议:“古时有三皇五帝,可他们管辖的地方不过千里,如今陛下兴兵诛罚暴乱,荡平六国,统一天下,这是自上古以来未曾有过的壮举,三皇五帝岂能相比!”为此,合“三皇”“五帝”之尊,秦王政改称“皇帝”,又因他是振古至今的第一位皇帝,即称为“始皇帝”,以后,继位子孙则依次称为二世皇帝、三世皇帝,……一直传到万世。

从此,秦王政成为秦始皇,为表示他至尊无上的权威和荣耀,将以前平民百姓亦可用于自称的“朕”定为皇帝自称的专用词,并宣布,今后凡重大制度之命称为“制”,通常之令称为“诏”。

李斯作为秦代不可多得的政治谋略家,其历史功绩,莫过于他在分封制与郡县制的论争中所起的决定性作用。

秦始皇刚刚统一六国,在强化中央集权机构之后,对于辽阔的国土如何管理,已是摆在秦王朝面前的中心议题。

以丞相王绾为代表的一批大臣认为:全国统一后,幅员广阔,诸侯初灭,原来属于燕、齐、楚的地区,距离都城太远,不搞分封恐怕难以控制。主张承袭周制,分封诸子为王。

王绾的主张实质上是沿袭西周“封亲建戚”的理论,商鞅变法已将它摒弃了。秦始皇一听“请立诸子”,便对分封可能导致的结局忧虑起来。

廷尉李斯力排众议。他认为,周文王、周武王曾经大封子弟同姓,后来封国之间日渐疏远,以至相互攻伐如同寇仇,结果周天子也难以禁止。如今海内统一,并已普遍设置郡县。对皇帝诸子及功臣，只要让他们坐食赋税并加重赏赐就足够了。这样，天下无异心，才是长治久安之本。倘若重新分封诸侯，就会削弱皇帝的权力，使国家陷于四分五裂的局面。

秦始皇不愧为“千古一帝”，他听了李斯的分析，觉得很有道理，就毅然表示赞同，说道：“朕曾深思此事，长久以来，天下苦于兵戈，都是因为列侯对峙。如今依靠祖宗之德，初定天下，若沿袭旧制，重新封王许国，这其实是在树立兵患，要想再求得安宁、平息，岂不难哉！廷尉之意正合朕意，可照此施行！”当即命李斯负责规划疆土，定明法制，以颁天下。

千古一帝——秦始皇

李斯遵照秦始皇的旨意，召集臣属，绘制了大秦帝国疆域图；依据山川走势、地理方位把全国划分为36郡，直属中央管辖，一郡下设数县，从而实现了从地方到中央一体化的国家制度。与此相适应，他还在参考六国官制的基础上，提出了一整套机构的设置方案。

李斯所制定的郡县与分封制有明显的优劣之分。生产力、社会经济的水平决定着国家的生产关系和上层建筑。脱胎于奴隶制社会的封建社会初期，国家制度处在初级形态时，国家的显著特征表现为王权与神权、政权与族权、君与父、贵与亲的统一。因此国王采用宗法分封制度，按血缘的亲疏，将国土和百姓像自己的家产一样分给子孙后代。分封初期，由于中央王权的强大和血缘关系的密切，还具有较强的维系力量。随着亲属关系的逐代疏远，各分封国渐渐划地自治，拥县自守、诸侯之间就不再是兄弟、亲属，而是仇家敌国，“相攻击如仇雠”。而中央集权由于分封，已削弱了其实力，渐渐沦为与诸侯等同的地位，从而失去对诸侯的控制权威和能力，因此，对诸侯的相残，“天子不能禁止”。春秋以来的历史就是实证。到战国时，随着生产力的发展，国家制度也相应地演变，从这个意义上讲，秦的统一六国，是历史的必然。建立中央集权制国家就是顺应历史发展的主流，因而具有强大的生命力。李斯在这一点上能站在历史发展的前沿，力驳分封，主张郡县制，确属远见卓识。这一变革，对我国社会经济、文化的发展，产生了不可低估的深远影响。

定制颁法

秦统一六国后，为永久地维护自己的统治，秦始皇开始专心探讨治国安邦之道。他问李斯：“朕观前代史籍，见数百年间，常常是战乱迭起，兵戈不息，那一朝的帝王权臣，都难免成为百姓攻击的目标；而每一次动乱中，一些豪门大富又总是争权夺利，趁机发迹。这到底是什么原因呢？”

李斯进言道：“依臣看来，其主要原因是历朝历代或不能明法，或执法不严，所以使得豪杰兼并，百姓造反，祸乱不息。陛下圣明，只要严执秦律，使天下人都做到令行禁止，哪个还敢作乱呢?!”这些想法得到秦始皇的赞同。李斯进一步辅佐始皇酝酿、制定了一系列诏命和法令。

为防止百姓反叛，令民间原有的和缴获六国的大量武器全部上缴，不准私留。当时的兵器多为铜质铸成，地方的郡守县令把从民间收缴上来的兵器都运到咸阳。始皇命人熔毁兵器，铸成十二个大铜人，每个重达24万斤，摆列在咸阳宫门外，用以象征自己统一天下的丰功伟绩。

为防止豪富大户聚众起事，令各地12万户以上的豪门大户迅速迁居国都咸阳(早在征服六国过程中，就曾把各国的富贾豪绅迁移到巴蜀)，这样，即使他们背井离乡，失去原来植根于其中的土地，失去世代居住和统治所奠定的威望的基础，又便于朝廷就近监督他们的言行，使其不能相互勾结、反叛。

为防止六国旧部死灰复燃、东山再起，令全国险要地方，凡城堡、关塞及原来六国构筑的堤防等，统统拆毁，使欲反叛者无险可据，无塞可依，难于作乱。

秦始皇与李斯商议，拟定了“书同文”的诏令。李斯既有学问，又擅书法，他找了胡毋敬等人一起认真调查研究了流行的各种文字、字体，最后确定以小篆文字作为标准文字，逐步加以推广。为此，李斯作《仓颉篇》，胡毋敬作《博学篇》，赵高作《爰历篇》，作为识字课本，以加速推广统一文字的进程。这一做法，使官府推行行政法令、民间传播文化、交流思想，都比以前大大方便了。

统一前通行的货币多以黄金和铜等制成，各国的货币不仅形状不同，就是轻重、大小也不一致。铜币中，秦国使用圆形钱币，齐国的钱币像小刀，赵国的像小铲。黄金的重量单位不同，有的以斤为单位，重十六两；有的以镒为单位，重二十两。如此等等，给各地的交换、通商、经济、生活带来许多不便。始皇颁诏令：全国通用两种货币，黄金为上币，镒为单位，重20两；铜钱为下币，以半两为单位。且把铜钱全制成圆形方孔币，便于携带和交换。统一货币更加促进了秦经济上的繁荣。

当时各国的度量衡也不统一，大小、长短、轻重，单位不同，进制也不同。如重量，秦以斗、升、斛为单位，齐以釦、釜、钟为单位，魏以半斗、斗、钟为单位，互相换算十分麻烦、复杂。于是，李斯建议秦始皇废除了六国度量衡制度，全国一律改用当年商鞅为秦制定的度量衡制度，并颁发了标准量器，在全国统一使用。

修驰道、定车轨也是秦始皇和李斯的一大贡献。一次，少府卿给秦始皇造了一辆冷可防寒、热可避暑、新颖华美、精巧别致的车子，众臣围车赞不绝口，说皇帝乘此车巡游可眼观六路、耳听八方，等等。独李斯不以为然，他说：“这车子造得倒是精美，只是陛下不能乘坐它巡游四方！”众皆愕然，李斯慢慢说道：“臣刚仔细量过，这车两轮间距是6尺，需要6尺车轨之路才能行驶。而如今天下道路都是原来各国所开，有宽有窄，很不一致，乘这车子怎么能远行呢?”秦始皇恍然大悟，遂颁发诏令，规定天下车轨一律为6尺宽。接着又开始修筑“驰道”，宽50步，土高石厚，每隔30丈植一青松，如有什么地方发生变乱便于迅速调集兵马。这样的驰道有两条：一条由咸阳向东直达燕、齐；另一条由咸阳往南直通吴、楚。后来又接着修了“直道”“新道”“五尺道”等等，分别从咸阳通往北方、西南和岭南等广大地区，使咸阳作为全国政治、经济、军事、交通的核心地位更加巩固。

薄冰谋身

分封制、郡县制论争后，秦始皇对李斯宠幸有加，并擢至右丞相，李斯遂成为一人之下、万人之上的权贵。

李斯功成名就，踌躇满志，八面威风，在爬到了人生的顶点之后，他苦苦思索的只是如何保住高官厚禄。

秦始皇完成统一大业后，愈加好大喜功，穷奢极欲，大兴土木，严刑重赋，以至民不聊生，国无宁日。作为丞相，李斯心中有数。为了永保富贵，李斯一心逢迎圣意。在秦始皇面前，他唯唯诺诺，诚惶诚恐，真可谓如临深渊，如履薄冰。

秦始皇三十四年(前 213 年)，为庆祝攻匈奴、征百越的成功，始皇置酒咸阳宫大宴群臣，招待 70 个博士。博士仆射(领导博士的官)周青臣歌功颂德，面谀始皇："从前秦国的领土不过千里，如今仰仗陛下的神明，日月所照之处，都已称臣顺服。当年诸侯王的土地被改置成郡县，每个人安居乐业，不必为战乱忧愁，这伟大的功业可以流芳百世。"始皇听罢，眉飞色舞，心花怒放。

然而博士淳于越很不知趣，他反驳道："殷周之所以存在千年，是因为他把天下分给子弟和功臣。现在天下如此之大，宗室子弟没有封地，跟普通老百姓一样，如此，王室没有树立屏藩，一旦国内出现了像篡乱齐国的田常，或是瓜分晋国的六卿这类危险分子，拿什么去拯救危亡呢？治理国家不取法古代是不能长久的。"

淳于越从儒家的立场看待秦朝统治，同秦始皇的思想和立场格格不入，这使秦始皇大为不快。

周青臣与淳于越的观点虽针锋相对，但却是思想领域内极正常的争议，且为陈词滥调，老调重弹而已，但李斯却没有等闲视之，他明白皇帝的心思，——坚持郡县，反对分封，这是无可非议的；——但真理向前跨越一步就是谬误，——李斯因此进一步附和始皇的独裁心理，不仅要统一行动，而且严格要求一统思想。因此他变本加厉，肆意发挥，并上书皇帝：

"现在皇帝已经统一天下，建立了一套是非善恶的标准，可是学术上的诸子百家却任意批评朝廷颁布的法律和制度，并认为只有以自己的意见来同朝廷的政令对立才算高明。这种情况如果不设法加以禁止，在上层社会里，君主的权威就会衰落，在下层社会里，私下的党派也将要形成。所以把这些私人的著作都加以焚毁，对朝廷是有好处的。"

李斯的意见，正中秦始皇下怀。于是，李斯宣布："凡民间有收藏《诗经》《尚书》、诸子百家等书籍的，一律烧毁；不必加以烧毁的，只限于有关医书、占卜和园艺之类的书籍；若是想学习法令的，应以在职的官吏为师，不得私相授受。"

这样，从商鞅提出"燔诗书以明法令"的理论以来，直到秦始皇、李斯掌权，终于化为具体行动。

焚书令发布的第二年，一向怂恿秦始皇求长生不老药的方士侯生、卢生等人，诈术露了馅以后，便在经常交往的儒生面前诽谤秦始皇一通，逃之夭夭。秦始皇忍受不了如此戏弄，遂下令将咸阳的儒生全部捉来，审问追查那些诽谤过自己的人。那些儒生经不起严刑审问，便互相告发，开脱自己。秦始皇便在这些儒生中亲笔圈定了460余人,以“妖言”“诽谤”罪名下令活埋。

秦始皇坑杀儒生的独裁统治,李斯视而不见,充耳不闻,自以为这样便可保全自己,永享太平。但事实上,纵使李斯放弃了丞相对国家的责任而一味向始皇阿谀逢迎,终不能完全免除秦始皇对扶摇直上、功高德重的李斯的提防、疑忌。

大概是怕遭暗算,始皇行踪不定,鲜有人知。有一天,始皇到梁山宫去,从山头望见丞相的车马随从甚盛,心中一阵不快。有一侍从宦官把这事偷偷告诉李斯,从此李斯出门便减少了车马随从。秦始皇知道后大发雷霆,认为是内侍把他的话泄露了出去,于是严刑逼供,在毫无结果的情况下,把当时身边的内侍尽行诛杀。这时的李斯虽身在朝廷,却如临深渊,惶惶不可终日。

有一次,李斯的大儿子三川郡守李由告假回家,李斯设宴为他接风洗尘,满朝文武大臣闻讯亦纷纷赶来。李斯见车水马龙,络绎不绝,大发感慨:“我原是上蔡的一介布衣,皇帝擢我为相,当朝文武百官的地位没有在我之上的。但天下事盛极而衰,我今后的前途吉凶未卜啊!”至此,不乏机敏的李斯似乎感到了生命中弥漫着悲剧气氛,但在秦始皇年代,他的悲剧命运仅仅是微露端倪而已。

沙丘附逆

秦始皇在统一天下后的十余年间,先后作了多次远途巡行,其目的是显赫皇帝的威严功业,加强对全国的控制。

秦王政三十七年(前210年),秦始皇决定第五次巡行。

十月,始皇命右丞相冯去疾留守,左丞相李斯与掌管符玺及颁发诏令的宦官首领赵高随从。十八子胡亥,年龄最小,深得始皇宠爱,请求随侍左右,为始皇认可。长子扶苏对焚书坑儒持有异议,几次直谏,此时正被始皇派往上郡(治所在今陕西榆林)作监军,以蒙恬为将。

李斯陪同始皇,发车咸阳,出武关,沿丹水、汉水流域到云梦,再沿长江东下直至会稽。登会稽山,祭大禹,并刻石留念。北归至平原津(今德州平原县西南)时,一病不起,急忙草就遗诏,召扶苏速回咸阳主持丧事。赵高别有用心,竟将遗诏扣押。

秦始皇勉强支撑到沙丘(今河北广宗西北),便一命呜呼了。

李斯忖度:开国帝王的暴死,往往会引起举国的慌乱,何况始皇死在巡游途中,生前又未确立太子。他唯恐诸子争位,天下生变,决计将始皇驾崩一事隐而不宣,秘不发丧。为掩人耳目,李斯将始皇尸体装入可以调节冷热的辒辌车中,仍用始皇的旧驭手驾车,照常谨呈始皇饮食,百官奏事也一如既往,只是以躲在辒辌车内的亲信宦官为替身,代为应答,这也算是忧心国事,匠心独运。

就在这种相安无事的假象背后,正酝酿着一场巨大的政变阴谋。主谋就是扣押诏书的赵高。

李斯万万没有想到,他处心积虑推迟发丧,却给宦官赵高以可乘之机。

赵高原系赵国王室的疏族，兄弟数人，皆生而自隐其宫（割除生殖器），以求进身于秦王。入秦宫，深得始皇信赖，使之辅佐少子胡亥，又得胡亥宠幸。赵高曾犯大罪，蒙毅（蒙恬之兄）依法判其死刑。秦王因赵高临事机敏，赦免其罪，并恢复其官爵。由此，赵高怀恨蒙氏。始皇驾崩，赵高一心立胡亥为帝，以保富贵，以报私仇。

胡亥年少，乃六尺之孤，当赵高策动他谋取帝业时，胡亥倒也不以为然，但终于经不住赵高的蛊惑，很快萌发了夺取帝位的野心。

始皇驾崩，秦王朝面临着一次权力的再分配，并形成了两大对立营垒：一方以长子扶苏、武将蒙恬、蒙毅为核心；一方以少子胡亥、宦官首领赵高为代表。在双方的争斗中，丞相李斯举足轻重，倚扶苏则扶苏胜，附胡亥则胡亥立。而就在这关键时刻，他经不住赵高的威逼利诱，在利害的权衡中，背弃了始皇的遗诏，附逆于赵高、胡亥，共同谋划了沙丘政变。

赵高深知，没有丞相李斯的首肯，政变便无法实现，但伪善奸诈的赵高，对李斯的弱点了如指掌，他知道怎样拖他下水。

赵高找到李斯，先是投石问路："先帝给长子的诏书符玺，都在胡亥那里。如今，立谁为帝，全凭你一句话，你以为如何？"李斯一心想的是封锁先帝驾崩的消息，以防天下大乱，对立帝后的生死荣辱尚不及思忖，听到赵高要背叛先帝的遗诏，遂厉声斥责 赵高大逆不道。

赵高自讨没趣，但他并不死心。他拿出"绝招"——用保住荣华富贵拨动李斯的心弦，遂施展口才，连连发问："丞相的才能是否可比蒙恬？功劳是否可比蒙恬？深谋远虑是否可比蒙恬？无怨于天下是否可比蒙恬？与扶苏的交情、信用是否可比蒙恬？"李斯蔫蔫地答道："此五者皆不及蒙恬。"

其实，就前三者看，才能、功劳、谋略，李斯绝不在蒙恬之下。后两者，李斯又委实不如蒙恬：蒙恬为扶苏的心腹故旧，特受信任；蒙恬在秦统一后的两次重大内部政治斗争（即分封与郡县，尊儒与坑儒）中，不像李斯那么锋芒毕露，自然未尝结怨于天下，——而直接决定李斯余生安危荣辱的却恰恰是后两者，这就不能不使李斯权衡利弊、深思熟虑了。

赵高观言察色，一言击中了李斯的要害，便进一步煽动道："如丞相立胡亥为帝，即可长保封侯，永享荣华富贵；反之，必将祸及子孙，身败名裂！"

李斯明知兄弟争斗，必将天下大乱，但赵高一席话，却使他无言以对。他终于动摇了，像一条断脊折骨的可怜虫，一边"仰天长叹，垂泪太息"，一边赞同赵高的阴谋，成为事变的主谋。

李斯听命篡改了始皇遗诏，立胡亥为太子。又伪造诏书，命使者送与长子扶苏，诏书云："……扶苏为子不孝，特赐剑令其自裁！蒙恬为人臣不忠，故赐死！"

扶苏接读玺书，不辨真伪，依诏伏剑自杀。蒙恬不肯不明不白地死去，被押入狱中。

李斯闻讯，不禁一阵暗喜，以为从此天下太平，自己可奔阳关大道，永享富贵，遂命车队冒暑而行。路上，李斯、赵高见辒辌车散发的气味臭不可闻，怕泄露天机，命随从官员的车上满载鲍鱼，以乱其臭。然后走直道，直抵咸阳发丧。

督责之术

秦二世胡亥乘始皇的偶然暴死，侥幸窃取了皇位，却不能靠侥幸来支配历史进程。他本是一个雄才不及父亲于万一，而暴戾却有过之而无不及的人物。登上帝位之后，面对纷至沓来的各种问题，他一筹莫展，听之任之。为巩固自己的统治，他用高官厚禄收买笼络一批地位低下、容易操纵的遗老遗少，同时用严刑苛法打击、残害难以驾驭的皇族和功臣宿将。

秦二世胡亥

据史书记载，在戮杀大臣蒙毅之后，又将十二公子诛杀于咸阳，再将十公主磔死于社县。此外，他还继续大兴土木，横征暴敛，把社会的各阶级、阶层统统推向自己的对立面，至此，秦王朝的土崩瓦解已是势在必至了。

对于上述暴行，李斯或退让默许，或随声附和，或公然赞助，完全丧失了一位政治谋略家应有的胆识。以至秦二世元年七月，陈胜、吴广揭竿起义，关东豪杰并起，李斯才从京华春梦中惊醒，他企图上谏胡亥，改弦更张，可是为时已晚。

然而，当此之时，李斯尚未到山穷水尽之时。退一步，可效仿叔孙通，弃官而逃另谋高就；进一步，可依仗他在朝廷中的声威，联结右丞相冯去疾，将军冯劫等同谋，扯出反奸党赵高的旗帜，也是会有所作为的。遗憾的是，李斯贪念爵位，利令智昏，只是曲意逢迎，最终为虎作伥，助纣为虐。

有一天，胡亥突然问他："我想随心所欲，又要永远统治天下，你有什么办法吗?"为讨胡亥的信任、欢心，李斯挖空心思向胡亥抛出了臭名昭著的"督责之术"。

李斯在上书中说："贤王若能行督责之术，群臣不敢不全心全意为君王服务。不能行督责之术的君王，如尧、舜等一生比百姓辛苦，简直如行尸走肉。"

所谓"督责之术"，实际上是严刑酷法和独断专行的代名词，即对臣下百姓实行"轻罪重罚"，使之不敢轻举妄动；君主要驾驭群臣，不受臣下的影响……李斯认为，只有这样的君主才能随心所欲，为所欲为，永远统治天下。

独断专行的胡亥采用了他的督责之术，举国上下刑者相伴于道，死者日积于市，弄得天下鸡犬不宁，百姓怨声载道。

聪明半世，糊涂一时的李斯，企图通过对二世胡亥的阿谀取容，对宦官赵高步步退让来保全自己。他万万没有想到，在他抛出误国误民的"督责之术"的同时，也把他自己槁木死灰般的躯体抛向了暗无天日的人生末路。

腰斩咸阳

秦二世二年(前208年),秦王朝已到了风雨飘摇的时候,随着外部斗争愈演愈烈,最高统治集团的内部矛盾也越发不可调和。

郎中令赵高,身居要职,把持着朝政大权,常因私怨,擅杀无辜。他唯恐大臣入朝奏事,揭他老底,便生一计,使大臣有苦无处诉,有冤无处申。他对二世说:“陛下年轻,又初即位,未必尽通诸声,不宜在朝廷上与公卿议决大事。”劝他深居简出,使臣下闻其声,而不见其面。于是,胡亥深居禁中,每日怀抱姬妾,在歌舞声中打发时光。朝中政事,由赵高一人裁决。

赵高恃宠专权,唯觉丞相李斯阻碍自己,遂起谋害之心。

为了置李斯于死地,赵高绞尽脑汁,设下“请君入瓮”的圈套。他摆出一副忧国忧民的架势诱使李斯:“关东群盗作乱,二世却急于遣调役夫扩建阿房宫,还积聚狗马等无用之物。我想劝阻,无奈人微言轻,起不到应有的作用。这倒是您应当做的事,你为何不劝阻呢?”李斯无可奈何地表示,二世不坐朝廷,常在深宫,没有上奏的机会。赵高见李斯已经动心,便说:“只要二世有空闲,我就通知您上奏。”

此后,每当二世与宫女纵情嬉戏时,赵高就派人通知李斯:“皇帝刚得闲,可奏事。”

李斯毫无防范,接二连三叩宫求见,每每不是时候,惹得胡亥大怒:“平时我多有空闲,不见丞相上奏,偏偏在我欢娱时,却来请事,岂不是见我年幼可欺,故意察探我的隐私吗?!”赵高趁机添油加醋,进行离间:“这可太危险了!沙丘之谋,丞相自觉功高,现在陛下做了皇帝,他的所作所为就是要裂土受封以为王啊!”赵高又说李斯的长子李由为三川郡守,有谋叛行为。胡亥信以为真,遂派人立案查证三川郡守勾结楚盗的情况。

李斯遭到赵高的暗算,忍无可忍,立即上书二世,揭露赵高居心叵测,请胡亥尽早惩治,但此时胡亥、赵高正狼狈为奸,沆瀣一气,胡不仅不怀疑赵高,反而为其辩解说:“朕年少之时就已失去先人,无知无识,不懂得如何治国,您又年老,朕不依靠赵君又靠谁呢?”李斯欲借胡亥铲除赵高,无异于与虎谋皮。

赵高见二世对自己深信不疑,便对二世哭诉道:“丞相所恨,唯独赵高。我一死,他就可以为所欲为,杀君造反了!”赵高一席话,犹如火上浇油,二世下令把李斯及其宗室宾客统统逮捕入狱,交由赵高审讯处理。李斯一套上枷锁,就仰天长叹:“昏君无道,不足与谋!二世的罪责已经超过了夏桀、殷纣和夫差。现在楚盗已有半壁江山,二世尚执迷不悟,仍以赵高为辅足,咸阳早晚要被夷为麋鹿出没的荒泽野薮啊!”

且说李斯被捕时,右丞相冯去疾、将军冯劫亦受牵连。二冯坚持士大夫气节,“将相不辱”,遂自杀身亡,死得倒是慷慨。而李斯贪生怕死,自认为对二世忠贞不贰,又自负辩才,幻想二世能赦其出狱重享富贵。但赵高心狠手辣,严刑拷打,不肯罢休。李斯不胜痛楚,走头无头,遂在狱中上书二世:

“臣作为丞相治理国家30多年,原秦地狭隘,不过千里,兵数十万,臣竭尽薄才,谨献谋略,并派遣谋士游说诸侯,又发展军队,整饬朝廷,赏功罚过,国力大盛,终于扫灭六国，俘其国王，一统天下，尊秦为天子，一罪也。开拓疆土，北伐匈奴，南征百越，以张秦强，二罪也。重重赏赐功臣，使他们亲善朝廷，三罪也。立社稷，修宗庙，以示皇帝英明，四罪也。书同文，统一度量衡，公布天下，以明秦的建树，五罪也。车同轨，治交通，巡游全国，以见我主之得意，六罪也。缓刑薄赋，收笼民心，拥戴君王，死而不忘，七罪也。像我这样，早够死罪了。先皇不弃，所以还能活到今天。愿陛下明鉴！”

赵高见到奏章，嗤之以鼻，说：“囚犯安得上书！”马上叫狱吏烧毁，然后分派门客十余批，假扮御史、谒者、侍中，轮番审讯。如此反复，李斯被折磨得死去活来，气息奄奄。最后，只得违心“招罪”，李斯招罪后，二世派人复查。面对审讯，李斯如惊弓之鸟，怕再受皮肉之苦，遂自诬谋反。供词呈至二世，二世大喜说：“如果没有赵君，差点被李斯出卖了！”

此时，三川郡守李由已被项梁率领的楚军所杀，死无对证。赵高就愈加肆无忌惮地编织李斯父子谋反的罪状。二世下诏，把李斯“具五刑”“夷三族”，腰斩咸阳。

公元前208年7月，李斯出狱受刑。此时他才意识到生命的旅程已走到了尽头。想到一生追求建功立业，却不料得而复失，到手的富贵又转眼化为烟云，不禁老泪纵横、悲恨交加。他回头对二儿子说：“我现在想当个普通百姓，再和你一起回上蔡老家去猎兔取乐，但已经不可能了。”死到临头，李斯方悟出猎取功名的沧桑，领受蟒袍玉带后的凄凉，这真是：“人之将死，其言也善；鸟之将死，其鸣也哀！”

萧何传

人物档案

萧何：江南沛县(今属江苏省)人。萧何从小就十分聪明，读书学习也非常刻苦用心。他努力学习经史，钻研诸子百家著作，对历朝历代辅佐帝王建成霸业的能臣贤才都十分钦佩，所以他自小就非常努力学习治国平天下的各种本事。萧何出身贫寒，对生活在社会底层的劳苦百姓非常同情，自幼就立下了守护国家、抚恤百姓的远大志向，这就为他以后为官从政打下了坚实的基础。

萧何

生卒时间：？~前193年。

性格特点：性格随和，善于识人，广交朋友。

历史功过：萧何一生勤俭，不尚奢华，严于律己，宽以待人，为官清廉，心存百姓，衷心为国，鞠躬尽瘁，不论是在推翻秦王朝的战争期间，还是在西汉王朝建立初期，他都表现出了一位中国古代杰出的政治家和治世能臣的政治远见和卓越的理政才干，尤其是他独具慧眼、举贤荐才的超人才能，千百年来被人们所讴歌和传颂。萧何生前为丞相，拜相国，封酂侯，去世后，被汉惠帝追封为文信侯。

名家评点：《史记·萧相国世家》：既杀项羽，定天下，论功行封。群臣争功，岁馀功不决。高祖以萧何功最盛，封为酂侯，所食邑多。功臣皆曰："臣等身被坚执锐，多者百馀战，少者数十合，攻城略地，大小各有差。今萧何未尝有汗马之劳，徒持文墨议论，不战，顾反居臣等上，何也？"高帝曰："诸君知猎乎？"曰："知之。""知猎狗乎？"曰："知之。"高帝曰："夫猎，追杀兽兔者狗也，而发踪指示兽处者人也。今诸君徒能得走兽耳，功狗也。至如萧何，发踪指示，功人也。"。

沛县起义

公元前221年，雄才大略的秦始皇一举完成了统一六国的大业，从此结束了春秋战国以来诸侯割据混战的局面，建立了第一个统一的多民族的中央集权的封建国家。

秦统一后，人民可以有一个比较安定的环境从事生产，秦王朝推行了许多消除分裂因素的措施，加强了各地区的经济、文化联系，为我国长期的统一奠定了基础。但是，秦王朝的残暴统治和对人民的无限制的搜刮，则给广大劳动人民带来新的痛苦。

公元前210年秋，秦始皇病死后，秦二世胡亥即位。为了巩固自己的统治地位，他不仅杀蒙恬、蒙毅等大臣，而且杀害了他的兄弟姐妹20多人，以致"自君卿以下至于众庶，人怀自危之心。"人心浮动，在秦始皇时已经尖锐的阶级矛盾，此时更达到极点，酝酿已久的全国规模的农民大起义，终于爆发了。

公元前209年，陈胜、吴广发动戍卒起义，斩木为兵，揭竿为旗，举起了中国历史上第一次大规模的农民战争的旗帜。

陈胜、吴广起义的消息传到江苏吴县，项梁、项羽叔侄二人杀死会稽郡守，响应起义。

就在农民起义风起云涌之时，江苏沛县的反秦运动已在默默地酝酿之中，其中主要的策划者便是后来赫赫有名的西汉开国丞相萧何。

萧何，江苏沛丰人，与汉高祖刘邦是同乡和好朋友。

刘邦到了弱冠之年后，当上了泗水亭长。所谓亭长，就是判断里人狱讼，遇有大事，乃详报县中，因此与一班县吏互相来往，天长日久，刘邦和他们的关系日渐亲密起来，其中和他关系最要好的就要算萧何了。萧何因为文章写得好，这时在沛县城中已经是掌有实权的主吏掾了。刘邦每次到县里办事，都要和萧何、曹参、夏侯婴等人一起饮酒，畅谈肺腑。萧何为人忠厚，心地善良，他作为刘邦的上级，处处照顾刘邦。即使刘邦有了什么过失，他也往往利用职权为其开脱补救，俨然刘邦的兄长一样。因此，萧何和刘邦可以称得上是患难之交、贫贱之交。

刘邦虽然当上了亭长，可是他那游手好闲的毛病却没有得到改变，整日只是借着办公事四处转悠，吃喝玩乐。正因为这样，刘邦已是二十八九岁的人了，却还没有娶上媳妇，这件事令他的父亲刘太公非常着急，时常托人为刘邦提亲，但迟迟未有结果。乡里不是没有好姑娘，只因为刘邦向来懒散，人们都不愿将女儿嫁与他。

常言说一个好汉三个帮。刘邦的婚姻大事他自己不着急，而他的朋友们却时时为他谋划着。

在萧何等人的帮助下，刘邦到了貌美的吕雉为妻。

洞房花烛之夜，刘邦与吕雉龙凤谐欢之余，心里暗暗感激萧何，心想要不是萧何，自己怎能娶上如此仪容秀丽、丰采逼人的美妇？

萧何在刘邦的婚姻大事上功不可没，同时，他在日常的交往中也时时处处关心着刘邦。有一次刘邦奉命西赴咸阳，县吏都送钱给刘邦，一般都给他百钱3枚，只有萧何给了百钱5枚。因此萧何对刘邦的好处，使刘邦终生难忘，他总是说等他日后发迹了，一定要重重地回报萧何。后来刘邦当了皇帝，果然不食前言，给萧何屡次加官晋爵，封地赐田，以报当年之恩。

刘邦娶了吕雉，虽然相亲相爱，但他是登徒子一流人物，怎能不在外拈花惹草？他任泗水小亭长，经常在外，平生贪杯，因此常常喝得酩酊大醉。由于喝酒常去酒楼，刘邦很快和曹家酒楼的曹女打得火热，于是这里也便成了他和萧何等人说天谈地的固定场所，每有闲暇，他们便聚在这里高谈阔论畅所欲言，大吃大喝。正因为这样，曾引起过吕雉的嫉妒。一次刘邦踉踉跄跄推门而回，吕雉一见生气道："你又死到哪去了？"

刘邦醉眼蒙眬，坐在榻上哈哈大笑："天要变了！天要变了！……"

吕雉没好气地说："你这该死的小声点，你就不怕掉头，连累全家。"

刘邦拉着吕雉的手："贤妻，我日后要起事干一番大事，有朝一日我坐上了王位，就封你为王后。"

吕雉生气地将刘邦的手打落："去你的！又在说疯话，像你这样能干出什么大事？整日只知寻花问柳，日后不连累全家，就算万幸了。"

一日，刘邦与萧何、曹参、夏侯婴四人又聚在曹家酒楼。

刘邦干完一杯酒，微微一笑："三位好友可知始皇驾崩，二世胡亥继位？"

夏侯婴说："这全国上下谁人不知。"

刘邦又低声说："那三位可知陈胜、吴广在大泽乡揭竿而起，率众起事首先反秦，现已夺取十几座城池？"

曹参点点头："吾等略知一二。"

刘邦顿了顿，扫视众人："如今二世暴政，烽火四起，民怨沸腾，吾等何不趁此时机干番大事！"

萧何立刻响应："对！贤弟所言有理，我看这秦王朝气数已尽，普天愁怨，遍地哀鸿，我等不能再为这秦王朝卖命了。"

曹参也赞同道："这个无道的昏君，只知鱼肉百姓，哪有治国之术。我看就依刘邦兄之言，我等何不干番轰轰烈烈的大事？"

萧何见大家意见一致，就转向刘邦问道："依刘贤弟之意……"

刘邦马上说："顺从民心，奋举义旗，推翻暴秦，重建太平。"

三人赞同道："此言有理！就这么办。"

刘邦望着萧何，恳切地说："萧何兄，你是县衙中的刀笔吏，你看怎样才能率众起事？"

萧何起身离桌案在屋内踱步深思，他来到窗前向街道望去，见一队队一行行被秦军官兵抓来的青年壮士，脚戴铁链一步步向西而行，官兵不时扬鞭抽打壮士，催促壮士快行，壮士们个个伤痕累累，愤怒地望着扬鞭的官兵艰难地前行，萧何离窗来到桌前，对刘邦说："贤弟要想率众起事，可以这样行事。"他想了一个好办法，那就是最近朝廷降旨下来，要各郡县再速遣青年壮士去咸阳扩建阿房宫，沛县马上也要送100多名壮士去咸阳。因此他想和曹参极力向县令推荐刘邦，让刘邦押送壮士到咸阳城，途中向壮士们施以恩惠，好聚众起事，然后再想办法里应外合，先拿下沛城。

萧何说出这一计策，立刻得到众人赞许，刘邦连连竖拇指，对萧何钦佩不已。

在萧何的努力下，沛县县令终于同意让刘邦押送100多名壮丁去咸阳。

沛县丰乡西面的大泽道上，刘邦押着壮丁艰难地行走着。太阳西下，人人都口干舌燥疲惫不堪。刘邦抬头瞧见路旁有一小亭，亭内有人卖酒，刘邦上前喊道："小二，买几坛酒来。"

小二连忙搬出几坛酒来，刘邦又让他拿来碗。

刘邦对众壮士说："大伙行路一天，天已傍晚，在此歇息片刻，饮点水酒，解解饥渴。"

众壮士闻声倒地，争抢着酒碗喝，刘邦搬了一坛酒自斟自饮。

直喝到夜幕降临多时，刘邦假装喝醉，大声说道："众位弟兄，你们到了咸阳，必充苦役，不被打死也得累死；况且现在看来我们半月里难到咸阳了，这秦法规定，若误日期到达统统要被砍头。你等去是死，回去也是死，不如我将你们放了，给大家一条生路，各自去逃生吧！"

众人巴不得这样，听了刘邦的话，真是感激涕零，感谢不已。刘邦替他们一一解去绑绳，挥手让他们去。大家恐怕刘邦因此获罪，便问刘邦："公不忍我等送死，慨然释放，此恩此德，誓不忘怀，可是公将如何回去交差？这会祸连九族的呀！"

刘邦苦笑道："唉！你们都去了，我也只好远离此地去逃生，难道还能回去寻死不成？"

其中有一叫周勃的壮汉说道："我等全是良民百姓，只因交不起朝廷苛税，才被抓来服役。既然刘公如此仗义，我等怎么弃你不管，而且我等走后，万一被官兵擒拿，也难免一死，不如我等跟随刘公，听刘公号令，反了朝廷，占山为王！”

众人齐声道：“对！我们愿意随刘公反了朝廷。”

刘邦看到萧何教给他的计谋成功了。他非常激动：“好！既然大伙如此看得起我刘邦，那咱们就反了朝廷，从此在一起同甘苦，共患难！”

众壮士振臂高呼：“愿听刘公号令！”

沛县令得知刘邦率众造反，气得吹胡子瞪眼，立刻派人把刘邦的妻子吕雉抓进县衙，本要严刑拷打，多亏萧何用计，说可以用吕雉作诱饵，引刘邦上钩，方保吕雉平安无事。

这时，陈胜、吴广领导的义军势如破竹，连克县城，据报已破沛之邻县薪县，沛县令吓得如热锅上的蚂蚁，不知所措，连忙派人叫来了萧何、曹参问计。

萧何和曹参心照不宣地互相一笑，萧何上前一步：“大人若依在下两件事，我保证沛城无事！”

县令夫人只怕义军攻进沛城，全家大小性命难保，于是着急地说：“哎呀！还不快讲！不要说两件，就是百件，老爷也会依你！”

萧何微微一笑：“此话当真？”

县令忙说：“本大人决不食言！”

萧何这才不慌不忙地说：“第一快把刘邦的妻子从牢中放出，第二赦罪召还刘邦。”县令非常惊讶：“萧何，你这是什么用意？”

萧何笑着说：“在下听说刘邦已聚集数千人盘踞芒砀山，此人虽然也已起义，但只是占山为王，并不曾攻州克县，且他非常有豪气，如果赦免他的罪过，他必感激图报。因此老爷派人赦罪召回刘邦帮助我们守城，这沛城岂能失守！”

县令夫人高兴地拍手称赞：“对！对！老爷你还犹豫什么，还不快派人放了刘邦妻儿，赦罪速召刘邦等人守城！”

县令如梦初醒，火速派人放了吕雉。他发愁派谁去才能召还刘邦，只见曹参沉思片刻说：“在下认识一人，他妻乃吕雉之妹，他和刘邦乃连襟，此人素有膂力，专靠屠狗为业，姓樊名哙，让他前往定无一失！”

县令大喜，点点头答应了。

萧何、曹参二人相视一笑，计谋再次成功了。

刘邦见到樊哙带去的萧何的亲笔书信，得知萧何又定下妙计，时机已到，可以攻占沛城了，他持剑率众直奔沛城。行至中途，忽见萧何、曹参慌慌张张狼狈不堪而来，刘邦惊愕地迎上前去：“萧何兄你们怎么来了？”

萧何气喘吁吁：“贤弟，大事不好了。前请县令召公，原本想依计占领沛城，没想到那狗官经他人点化，已识破我二人之计，于是下令闭守城门，将要诛杀我二人，亏得夏侯贤弟告知，我二人才逃出城来。”

刘邦听后很是着急：“这……岂不是前功尽弃？”

萧何说：“城中百姓对县令也非常不满，我们可以先投书函给众百姓，让他们杀死县令，免受秦毒。只是该如何投书呢？”

刘邦说：“这有何难？请君立刻写一书函，我自有办法投入。”

萧何听后，急忙提笔在手，草就一书，上写：“天下苦秦久矣，今沛县父老，虽为沛令守城,然诸侯并起,必且屠沛。为诸父老计,不若共诛沛令,改择子弟可立者以应诸侯,则家室可以保全!不然,父子俱屠无益也。”

刘邦看后,连声说好,便将书加封,自带弓箭,至城下喊守卒道:“尔等不要徒劳自苦,请速看我书,便可保住全城生命。”说罢,用箭将书信射入城上。城上守卒,见箭上有书信,取过一阅,却是语语有理,便下城同诸父老商量。众父老一齐赞成,竟率子弟们攻入县署,把县令杀死,然后大开城门,欢迎刘邦、萧何及众义军入城。

刘邦召集人们开会,讨论今后将如何办。萧何对众人说:“狗官已被杀,这沛城不能一日无主,刘公有才有德,可为沛令,不知众人意下如何?”

众人齐声称赞,称刘邦为沛公。刘邦推辞一番,见众人意已决,便激动地望着众人说:“既然大家如此信任我刘邦,我就担起此任。从今日起正式举旗反秦,除暴虐,平民怨,将士同心,推翻暴秦,共建太平!”

众人振臂高呼:“将士同心,推翻暴秦,共建太平!”

接着,刘邦又授萧何为丞,曹参为中涓,樊哙为舍人,夏侯婴为太仆,并商议联合诸侯,准备迎击秦兵。从此,刘邦才正式开始了反秦起义的斗争。

上述刘邦起兵的过程中,很明显可以看出,萧何是主要的策划者,而且也是这次起义的主要组织者之一。所以刘邦沛县起义,萧何实为首谋。“沛中之变”及多次险情,均是由于萧何的果断决策才转危为安的,没有萧何的鼎力相助,刘邦起兵是不可能获得成功的。

力荐韩信

刘邦沛县起义成功后,在萧何、张良等人的辅佐下,势力不断发展壮大,成为当时名扬天下的一支强大的反秦队伍。

不久,刘邦率军攻入秦都咸阳。按照当初和项羽的约定,谁先入咸阳即为王,这样刘邦理应称王。然而自恃兵多将广的项羽根本不把先前的约定当回事,他屡次以武力威胁刘邦让出咸阳,由他称王,并设鸿门宴欲杀害刘邦,除掉这一心头大患。在这种危急的形势下,张良、萧何认真地分析了当时两军的实力,认为不可与项羽发生正面冲突,以免发生不测。当务之急是先保存实力,日后待时机成熟后再与项羽争一高下。

萧何月下追韩信

刘邦表面上对项羽言听计从,使项羽去掉了杀害刘邦的念头,他只想封刘邦到外地去,离开关中。项羽的丞相范增得知后对项羽说:“你不杀刘邦,实在是一大失误。今天又要加封他,这样更是留下遗患了。”

项羽说:“他未尝有罪,无故杀他,必致人心不服。”

范增见无法说服项羽,只好说:

“既然如此,不如封他为蜀王,蜀地甚险,易入难出。再封秦之降将章邯、司马欣、董翳三人分王关中,阻住蜀道,堵截刘邦。”

项羽非常满意,于是便封刘邦为蜀王。

刘邦得知后非常气愤:“项羽无礼,竟敢背约,我愿与他决一死战。”樊哙、周勃等人也都摩拳擦掌,想去厮杀。唯独萧何进谏道:“不可,不可!蜀地虽险,总可求生,不至速死。”

刘邦说:“难道去攻项羽,便至速死吗?”

萧何说:“敌众我寡,百战百败,怎能不死?汤武臣服于纣,无非因时机未至,不得不委曲求全。今诚能先据蜀地,爱民礼贤,养精蓄锐,然后还定三秦,进图天下,也未为迟。”

刘邦听了,怒气稍平,转而问张良。张良也同意萧何的说法,只是建议贿赂项伯,使他转达项羽,求其分封汉中地,因为汉中离关中较近,日后好做打算。

项羽毫不犹豫就改封刘邦为汉王,令其火速离开关中,赴汉中为王。

正在这时,张良却因家中有事要暂时离开。临别前,刘邦、萧何、张良等人眼含热泪,恋恋不舍。

张良拉着刘邦和萧何的手说:“你们没感到日后要想统一天下,军营中还缺少什么?”

刘邦沉思片刻摇摇头:“军营之中不缺什么,文有你及萧何,武有曹参、樊哙和周勃,粮草马匹兵器样样都有。”

张良诚恳地向刘邦建议要招一位文武全才的大将军:“我虽能出谋划策,可手无缚鸡之力不会带兵,萧何兄有政务之才,也不会带兵,曹参、樊哙虽勇猛过人,但只是一介武夫,很难统领百万兵将,况且也无人能敌过项羽,大王日后如何与项羽争夺天下?大王要想夺取天下,身旁非得有一名文武全才之人辅佐,方能统兵与楚争雄,以至日后统一天下。”

“言之有理!”萧何听罢点头称是。

张良紧握住萧何的手:“望萧兄好好辅佐大王,日后军中急需广纳贤士,如能觅得一二栋梁之材,便兴汉灭楚有望了。”

萧何说:“贤弟放心!我一定尽自己全力,为大王招贤纳士,振兴汉军。”

张良走后,出谋划策的重任落到萧何一人身上,他再次向刘邦分析形势,劝刘邦火速奔赴汉中:“臣已查明,汉中乃是块盆地,北瞰关中,南蔽巴蜀,东达襄邓,西控秦陇,此地正好屯兵养马,积草囤粮,养精蓄锐,日后好重返关中,以成大业。”

刘邦听从了萧何的建议,率兵从褒斜道进入汉中,并烧了栈道。这样既可防备诸侯出其不意的袭击,又可表示绝无东归之意,使项羽更加对刘邦放心。

刘邦兵抵南郑,休兵养士,操练部队。萧何向刘邦建议可以一边操练人马,一边开仓放粮,赈救饥民。于是小小的南郑城顿时热闹起来,车水马龙,人来人往,一派繁华景象。与此同时,萧何又派人在城墙四周贴上《招贤榜》,广招天下奇贤异士。

这天,大将夏侯婴的战马突然受惊,在南郑大街上狂奔乱撞,这时只见一壮汉飞身上前奋不顾身截住烈马,烈马昂头一声长嘶,停蹄而止。夏侯婴赶来连忙施礼:“多谢壮士,末将这里有礼了。”

只见那壮汉回礼道:“不必客气!”

夏侯婴拱手施礼:“今日烈马受惊,多亏壮士阻拦,要不然可要闯下大祸了,不知壮士尊姓大名?”

“在下姓韩名信,前来投奔汉王。”

“原来是韩壮士,我早有耳闻。快随我先到营中,待我上报汉王及萧丞相,再按壮士才识封职。”夏侯婴带上韩信回到营中去。

这位韩信,本是淮阴人氏,少年丧父,家庭贫穷,被人很瞧不起。但他从小热爱兵法,且练就了一身武功,可以成为一位胸怀奇略的大将之才。后来参加了项梁领导的义军,一心想干一番大事业,但一直不为项梁、项羽叔侄所重用,因此他才背叛楚军投奔刘邦而来。

韩信投汉后,因未有寸功,刘邦只封他为很小的连敖之职,管理军中粮草。韩信虽然觉得委屈,但也知道自己未建功绩,只得先干好自己的本职工作。

夏侯婴获知韩信秉公办事,很有胆识后,连忙去向丞相萧何报告,说韩信虽然官职卑小,但办事井井有条,不畏权贵,是位难得的人才。萧何听后乐得哈哈大笑,认为韩信确有胆识。夏侯婴又说:“我与韩信相处月余,此人绝非等闲之辈,他对兵法也很熟,好像曾经受过高人指点。”

萧何一听,非常感兴趣,他立刻让夏侯婴带他去找韩信。

这时韩信正在草坪上带着他管辖的几十名士卒在操练,随后又给他们讲了用兵作战的方法。

萧何、夏侯婴互相望了望满意地笑了。

萧何激动地说:“今日一见,韩信果有奇才!看来,此人正是老夫要觅之人,真乃天助我也!老夫定要在大王驾前保举此人。”

就在萧何准备向刘邦举荐韩信之际,却突然发生了一件料想不到的事情。樊哙带人将韩信等人拿下,向刘邦报告说韩信结党营私,藐视大王,密谋反叛。刘邦问也不问一声,毫不思虑将手一摆,下令杀了韩信。正在这关键时刻,萧何与夏侯婴赶来,萧何汗流浃背气喘吁吁跪拜施礼:“参见大王!不知韩信等人身犯何罪?”

“图谋不轨,聚众反叛!”

“大王,据为臣所知,并非韩信等人谋反,实是有人借机报复。”

“哦?”刘邦吃惊不小。

萧何见刘邦态度有些转变,趁机说:“汉室刚立,不可乱杀无辜,天下人耳闻大王礼贤下士,求贤若渴,韩信才千里迢迢弃楚投汉,今日斩了韩信等人,岂不叫天下有志投汉之士寒心吗!大王日后靠谁完成一统大业?”

刘邦沉思片刻,决定免去韩信等人死刑,韩信仍复连敖之职。

萧何又摇摇头:“大王,据臣所察韩信有胆有识,熟习兵法,连敖之职实在屈才。臣以为此人日后必有大用,应委以重任。”

刘邦背手踱步沉思片刻才说:“他既然管粮草有功,那就加封他个治粟都尉吧!”

韩信虽然免却一死,又升为都尉,可他终日情绪低落,大有怀才不遇之感。萧何请韩信到自己的府中,和他纵论天下大事,想亲自领教韩信的才能。韩信高谈阔论,从十七路诸侯各据一方讲到楚汉争斗,从汉王烧栈道乃掩人耳目讲到楚汉两军的优势和劣势,从如何偷袭关中讲到统一全国大业,直听得萧何连连称赞,不住点头,此后两人双手紧握在一起,互为得遇知音而高兴。

随后,萧何再次向刘邦推荐韩信,并恳切建议封韩信为三军主帅。

刘邦说:“韩信少年时受辱胯下,如此懦夫如何能任大将?”

萧何说:“自古寒门出英豪,从来纨绔少伟男。据臣所察,韩信熟读兵书,满腹经纶,明察时局,又足智多谋,武勇冠三军,确有安邦定国之将帅才。故为明君者,延揽贤才乃第一要事,大王万不可凭一时一事观人,误汉大业。秦二世不明治国大策,不用贤才,专用小人,方成为孤家寡人,乃至众叛亲离,家破人亡。大王若胸无大志,置招贤纳士于不顾,苟安一隅,只恐汉要重蹈秦亡之辙!”

刘邦还是连连摇头:“丰沛将士随我多年,身经百战,立下汗马功劳,一个受胯下之辱的懦夫,岂能封他为帅,众功臣宿将岂能服顺,三军将士岂不说我赏罚不明吗?”

萧何激昂地说道:“三军将士,功臣宿将,虽有战功,但无一人能比韩信之才能,韩信乃人中之杰,臣知遇韩信才屡劝大王重用。大王如您长居汉中称王,那就无须用韩信,如愿东向一统天下,非用韩信不可,切望大王三思!”

谁知刘邦非但听不进去,反而有点生气了:“我今晚身体欠佳,心情烦闷,丞相就不必多言了,此事日后再议吧。”说完回宫去了。

萧何闷闷不乐地回到府中,茶饭不思,他深感自己身为汉室丞相,不能辅佐大王一统天下为民谋福,心感惭愧。他在心里说:明日早朝我再尽力举荐韩信,大王若再固执己见,我就交出相印。

夫人见他连日来为韩信之事忧虑万分,便相劝道:“你多次犯颜直谏,如有小人进谗,恐怕你会引起祸端!”

萧何微微一笑:“为人臣者,当为君主尽忠,不能心怀私意,误国误民。”

夫人被感动得热泪盈眶,再未多说。

深夜,萧何刚入睡,忽听家僮慌慌张张跑来在窗外喊道:“相爷,守城军校来报二更时分韩都尉骑马出了北门,至今未归。”“啊!”萧何吃惊地急忙更衣起床连声问道:“为何此时才报?”

“军校言讲,二更时分韩都尉要出北门,说去城外粮仓巡哨,但至今不见回城,恐怕他也离营逃走……”

萧何慌忙起身令家僮备马,家僮迟疑地问:“相爷,如此深夜要上哪去?”

“去追韩信,追韩信!”萧何心急如焚地说着。随后和家僮扬鞭打马向北门飞奔而去。

萧何与家僮骑马在月光下的褒斜道上紧紧向前追赶韩信。

一轮明月悬挂中天,月光给整个山麓披上一层银辉。韩信骑马来到褒河畔,见河水猛涨,水深浪急,他只好下马,坐在一块大石上歇息片刻。忽然听见远处一阵马蹄声由远而近,只听马上之人高声喊道:“前面之人请留步!”韩信吃惊地回头一望,只见两匹快马飞奔而来,来人渐渐清楚,为首的竟是萧何!

萧何在马上看见韩信,顿时喜出望外,放声喊道:“都尉留步!”

看见风尘仆仆的丞相,韩信一阵心酸,他不禁热泪盈眶:“丞相,让您受累了!”

萧何爱抚地说:“你我一见如故。要走,也得告诉我一声嘛!”

韩信扑通跪下痛哭道:“丞相,请恕罪!”

萧何含笑道:“都尉请起!男儿有泪不轻弹嘛!横枪跃马洒热血,方才是英雄本色。”

韩信抹去眼泪起身说道:“我本想在汉军中干一番事业,辅佐汉王统一天下,可是大王偏信谗言,视我韩信如草芥,虽丞相几次犯颜推荐,但大王充耳不闻。我堂堂七尺男儿,空读圣书,又习武艺,徒有雄心壮志,却报国无门。且恐再连累丞相,故决心离汉,弃甲归田,永不从戎。”

萧何说:“都尉所言差矣!都尉满腹经纶,武艺超群,何不建功立业,做番大事流芳百世,怎能出此下策。当今天下,能成大器者,汉王刘邦也。凡事总有个前后,大王十分器重人才,只是尚未知你,故而未予重用。一旦知你雄才大略,必当重用,老夫可做担保!”

韩信长叹一声:“唉!!丞相多次为我……可结果大王他……”

萧何含笑道:“伍子胥七荐孙武,孙武方被吴王所用,我也不过才三荐都尉啊!都尉不必犹豫,跟我速回军营,这次大王若再固执己见,一意孤行,不重用都尉,我愿与你一道弃甲归田!”

韩信见萧何如此恳切,不由流下热泪。“丞相如此厚爱,我还有何话可说。就是跟着汉王及丞相赴汤蹈火,战死疆场,也在所不辞!”说着单腿跪地双手抱拳,以表达心中感激之情。

萧何微笑道:“快快请起,随我回营。”

韩信心情激动,拔剑向天盟誓:“生我者父母,知我者丞相,我韩信如不能全力辅佐汉王统一天下,誓不为人!”

这时天色已亮,雄鸡唱晓,萧何与韩信掉转马头,策马向汉营而去。

与此同时,刘邦早已得到报告说萧何深夜出城至今未归。刘邦向来多疑,他以为自己没有采纳萧何的建议,封韩信为三军主帅,萧何可能因此而一气离去。他在心里说:连跟随我多年的萧何丞相也逃走了,真让人痛心哪。张良探母未归,萧何又悄然离去,刘邦顿时感到如失左右两手,不知如何是好。

正在刘邦焦躁、烦闷、忧愁、气恼之时,一内侍急步进殿禀报:“萧丞相求见!”

刘邦一听,顿时把悬着的心放下了,长长地舒了口气。突然他把脸一沉,怒不可遏地说:“宣他上殿!”

这时,只见萧何进殿跪拜施礼:“臣萧何参见大王!”

刘邦怒斥道:“萧何!你可知罪!”

“臣何罪之有?”

“你竟敢弃汉叛逃,还敢否认?”

“为臣不敢!臣只是去追赶一人。”

“追赶何人?”

“治粟都尉韩信。”

刘邦冷冷一笑:“你岂能瞒过我!三军自秦地出发沿途将士逃离甚多,你并未追赶,唯独一个韩信,你却去追赶。这分明是你与韩信贼串通一起,想弃汉投楚,因没走脱才返回又用假话来欺骗我,我岂能信你?”

“大王息怒,听臣细言。”萧何不慌不忙道:“虽前一阵逃离者甚多,但无关轻重,唯独韩信乃当今英杰,岂能让他离去。大王若要与楚争雄,一统天下,除用韩信之外,无人可用,故臣不能不去追还!”

刘邦听罢怒气渐平:“那韩信果有这般天才?”

“韩信如无雄才大略,臣也不会三番五次向大王推荐。”萧何话语里柔中带硬说道。

刘邦沉思片刻:“既然如此,可宣韩信上殿一试,看他到底有何才能?”

英姿勃勃,衣帽齐整的韩信潇洒自如地走上殿来行君臣之礼,刘邦一看果然是位气度不凡之人,顿时对韩信有了几分好感。他让韩信对当今天下之事,楚汉之争发表看法，韩信纵论天下，分析敌我，指出楚虽强大，但丧失民心，缺乏谋略之人，因此并未比汉强出许多。他口若悬河，胸有成竹地说："大王若任天下谋臣勇将，何敌不催？何地不克？何人不服？大王起兵东征，虽有章邯诸王扼汉要塞设防，但彼皆秦朝旧将，且不得民心，秦地民怨日甚。因此大王若起兵东征，关中即可为汉，关中既下，汉便依秦为根据地，然后再图天下，王业可成！"

刘邦说："话虽在理，可通往关中的栈道已被烧毁，如何能起兵夺取三秦？"

韩信微微一笑，胸有成竹地说："我早有一计，定能夺取关中。"

刘邦惊喜万分，起身离座，走到韩信身边握着韩信的手急切地问："都尉有何良策？"

韩信附在刘邦耳边："如此如此……这叫明修栈道，暗渡陈仓。"

"妙！妙！妙！"刘邦赞不绝口："都尉果然是奇才，只恨我以前糊涂，让你受委屈了！"

韩信此时也激动得热泪盈眶，说不出话来。

刘邦又走到萧何身旁愧疚地说："萧丞相，我错怪你了，也委屈你了！"

随后刘邦又采取了萧何的建议，加封韩信为东征大将军，并选择吉日，沐浴斋戒，筑下拜将坛，用隆重的礼节为韩信举行了加封仪式。

萧何不避嫌疑，力荐韩信，表现了一代国相应有的气魄和见识。这说明：荐贤也并非易事，它直接涉及当权者的利害得失；唯有急公后己、为官廉政者，才有为国荐贤的慧眼和热心。萧何身处相位，并不以"贤"自居，嫉贤妒能，而是一位见贤若渴，不计私利的好丞相。当此楚汉相争、天下未定之际，萧何所焦急的，恰恰是如何为汉王罗致贤臣的大事。韩信拜将后，果然不负萧何的愿望，在楚汉相争中屡建巨勋，并最终决定了项羽垓下之败的命运。

转漕关中

公元前 202 年，刘邦在楚汉相争中挫败项羽，夺取天下，即皇帝位。在他分封功臣时，居然将居守关中，并无攻城野战之功的萧何列为第一，封以食邑 8000 户的鄼侯，当即引起了他手下诸将的喧然大哗。有人说："我等披坚执锐、身经百战，而萧何未有汗马之劳，只靠舞文弄墨、空发议论，为何反而功居我等之上？"

刘邦对此说了一番既粗莽又形象且发人深省的话。

他问诸位文官武将："你们知道打猎吗？"

他们回答说："知道。"

"你们知道猎狗吗？"

他们说："知道。"

刘邦说："夫猎，追杀兽兔者狗也，而发踪指示兽处者人也。今诸君徒能得走兽耳，功狗也。至如萧何，发踪指示，功人也。且诸君独以身随我，多者两三人，今萧何举宗数十人皆随我，功不可忘也！"

一番话驳得诸将面面相觑，无言以对。

人们常说刘邦多诈，但他对萧何的这一评价，倒大多是出自内心的肺腑之言。萧何在辅佐刘邦定天下的事业中，确实建立了非同一般的功绩。

韩信被封为大将军后不久即率军明修栈道，暗渡陈仓，给三秦守军章邯等来了个突然袭击,很快占据关中。随后,刘邦、张良、韩信等统帅大军东进与楚军作战,把关中留给萧何总管。萧何克勤克俭,竭尽全力治理关中,把关中地区建成为楚汉战争中刘邦的稳固的后方和人力物力的供应基地。不断地为前方输送士卒,粮饷。倘从建功立业,光宗耀祖的个人前程考虑,这样默默无闻地当个“为他人作嫁衣裳”的后勤官,实在不是一件令人羡慕的事,萧何却不然,他身居关中,心系天下,把治理关中看作是辅佐刘邦创建帝业的大事,倾注了自己的全部心血。

萧何留守关中后,为了能保证三军将士的粮草,他决定从基本建设抓起。据《三辅黄图》书载,他在长安的未央宫立武库以藏兵器,造太仓以藏军粮,这都是建设稳固的后方所必需的。另外,萧何还忠实执行刘邦对人民采取的减轻剥削的发展生产的缓和政策,几次颁布有利于经济生产的法令,如关中地区家有从军者免租税一年。由于刘邦将关中全权委托给萧何,使得萧何在关中有最大的权力,一切法令、宗庙、社稷、宫室、县邑等大小杂务,均可由萧何做主“便宜施行”。这样,萧何在关中施政,便能发挥其最大的能量,也在尽可能的范围内,全面支援了刘邦在前方的战争。《史记·萧相国世家》指出:“关中事计口转漕给军,汉王数失军遁去,何常兴关中卒,辄补缺”,意思是萧何管理关中的事,包括统计户口、运送公粮,汉王几次战败,弃军逃跑,皆是萧何征发关中兵,补足汉军缺额。

汉高祖二年(前 205 年)四月,刘邦率军东征后,萧何留守在栎阳城中兢兢业业地工作着,以随时满足前方对粮草人马的需求。在他的辛勤努力下,使汉都栎阳城里,到处都呈现出一片欣欣向荣的景象。在四城门的墙壁上贴着招兵告示,众多的青壮年积极踊跃地要求报名参军。

得知前方战事吃紧,急需人马,萧何这几天寝食不安,他亲自来到街上巡视招募新兵的情况,得知已招募了一万多兵员时,萧何鼓励大家说:“前方争战,急需人员补充,愿报名者,年龄可以不限,你们多多辛苦点到其他各地招募,这一万多人,实在太少,前方急需用人啊!”

招募新兵的军校情绪饱满:“请丞相放心,我们马上到四处去招募。”

为了筹集粮草,招募兵员支援前方,萧何连日来四处奔波忙碌,十分辛苦,常常是忘了吃饭误了睡觉,在他的亲自努力下,很快凑足了粮草和 10 万人马,只待派人送往前方。正在萧何为送粮草人马的人选发愁时,他的儿子萧平自告奋勇,主动要求担此重任。萧何虽不放心儿子出门在外,但为了早日支援前方作战,也为了让儿子在战火中经受考验,遂决定派萧平押送粮草人马奔赴战场。

与此同时,刘邦率 56 万余众与项羽决战彭城。项羽以精锐之卒,大破汉军于睢水之上,汉军十几万人被杀,十几万人被逼入睢水,致使“睢水为之不流”。刘邦大败,只“与数十骑遁去”,收残兵败卒困守荥阳。在此危急关头,萧何派遣萧平押送的十万人马粮草及时赶到,刘邦顿时转忧为喜:“真是喜从天降,萧卿雪中送炭啊!”

萧平送上账簿请刘邦过目。刘邦接过账簿展开一看喜出望外:“我们添这 10 万人马粮草,何惧项羽!萧卿劳苦功高,赏赐白银十两,绸缎五匹,带回栎阳交与萧卿。”

萧平连忙施礼:“孩儿代父亲谢过大王!”

第二年荥阳之战,项羽以重兵围城,刘邦被迫诈降,仅以数十骑从城西门出,走成皋。战局之危系于一发。当时萧何独掌关中,稍有二心,便可置刘邦于死地。刘邦生性多疑,他对萧何很不放心,于是屡次派人以慰劳之名,窥探萧何的举动。足智多谋的萧何立刻识破了刘邦的用心,知道刘邦对自己起了疑心,但他一时又不知如何做才能使刘邦免除疑心。

这时，萧府中门客鲍生给他出主意说："大王亲临前方征战，还屡遣人赐赏物品，看来是对丞相不放心啊！恐丞相有变，自据关中称王，故屡屡慰问，收丞相之心，探关中之实，丞相若解大王疑心，只有差遣子侄亲族从军，跟随大王征战，方能解大王之疑！"

萧何心中豁然开朗："汝言使老夫茅塞顿开。"

于是，萧何采纳了鲍生的建议，不仅没有计较刘邦对他的猜忌，反而动员自己的儿子萧平及十几位子孙昆弟全部上前线，跟随刘邦南征北战。

刘邦见到萧氏子侄从军，心中疑团散去，对萧何更加信任更加钦佩了。

萧何送子侄从军征战，不仅解除了刘邦的疑心，同时也安定和鼓舞了全军士气。而且也为老百姓树立了榜样，随后，除了关中之外，凡属汉辖地区，不论男女老幼，纷纷动员起来，一个心思为了前线抗楚。这样一来使得汉军粮草充足，兵源不断，从而从根本上保证了战争的胜利。

公元前203年，楚汉相争进入最后阶段，双方无论在人力、物力方面都有很大损伤，就连实力雄厚的项羽，此刻也陷入了"兵罢食绝"的困境。但是刘邦的部队，却由于萧何"转漕关中，给食不乏"而"兵盛食多"。后来，终于越战越强，逼得项羽兵败东城，自刎而死。

所以，刘邦手下有一位大臣鄂千秋，在评论萧何与大将曹参的功劳高下时，曾公正地指出："上与楚相拒五岁，常失军亡众，逃身遁者数矣。然萧何常从关中遣军补其处，非上所诏令召而数万众会……汉与楚相守荥阳数年，军无见粮，萧何转漕关中，给食不乏，陛下虽数亡山东，萧何常全关中待陛下。此万世之功也！"

制定律令

作为一个政治家，尤其是一个丞相，萧何无疑是具备着超人的志向和抱负。自沛县起义开始，他就准备着为刘邦的军队制订一系列律令制度。可以说没有萧何的这些工作，刘邦建汉会遇到许多障碍，甚至关系到整个刘汉的兴衰存亡。

公元前206年，刘邦攻入咸阳，将士皆去打开府库，携出金银宝贝，大家分用。唯独萧何直接到了秦丞相府、御史府，把秦朝法律制度及地图户籍一一收集起来保存好，这为后来刘邦平定天下和统治天下准备了良好的基础，使汉朝统治者能"具知天下厄塞户口多少，强弱处，民所疾苦。"然后依据这些来制定新的律令和减轻剥削的措施，为以后刘邦的统一战争以及封建国家的重建工作，准备了条件。

刘邦率军进入咸阳后，采纳了樊哙、张良的建议，退军灞上，封闭秦朝的珍宝府库，宣布废除秦的苛法，与关中父老"约法三章"："杀人者死，伤人及盗抵罪"，让秦的一些地方官留任原职，以维持社会秩序。刘邦的"约法三章"，一方面是重建封建法制的开始，是保护地主阶级生命财产不受侵犯的政治宣言；另一方面，它具有稳定社会秩序的积极作用，因此得到了关中各阶层人民的支持："秦人大喜，争持牛羊酒食"，慰劳刘邦的军队，唯恐沛公不为秦王。

《汉书·刑法志》记载，刘邦入关后虽然与老百姓"约法三章"，尽削秦法之苛，使得"兆民大悦"。但三章之法毕竟太疏简，要使社会安定，还需要具体的条文。因此在"约法三章"的基础上，萧何重新整顿了秦朝的旧法条文，在秦律的基础上，又增加了《兴律》《户律》《厩律》三章，合为九章，故称《九章律》。萧何制订的新律，起到了很好的效果。据历史记载,当时人民新免严刑苛法,皆能长幼养老。他的宽刑措施,使社会很快安定下来,衣食滋殖,吏安其官,民乐其业,蓄积岁增。

萧何为相,基本上沿袭了秦朝的政治制度,只是将不适合时代要求的制度取消,代之以新制。皇帝是全国最高的统治者,下设丞相、太尉、御史大夫,分别掌管政务、军事和监察,称为“三公”。“三公”之下,设有掌管国家军政和宫廷事务的“九卿”。地方行政机构,除沿袭秦朝的郡县制外,还分封诸侯王,形成郡国交错的局面。郡县官制承袭秦代,封国官职仿照中央。县以下的基层组织仍为乡、里。这样,就恢复了从中央到地方的一套统治机构。

为了巩固封建统治,萧何建议刘邦加强武装力量。在中央设立南、北军,分别由卫尉、中尉统领,作为守卫皇宫和京师的常备军。在地方,有经过训练的预备军,根据地区的具体条件,分别设步兵和骑兵,这些预备队皆由郡守和都尉掌管。常备军和预备军的官员,都由郡国征调来的“正卒”充任。这就加强了对付农民的军事镇压力量。

公元前202年,当楚汉战争结束、刘邦称帝的时候,到处是一片荒凉残破的景象。由于秦王朝的残暴统治,加上连年战争中地主武装的杀掠,社会生产遭受严重破坏,经济凋敝,人民大量逃亡。汉初的人口,较之秦代大大减少,大城市人口剩下十分之二三。在这种情况下,统治阶级也无法搜刮更多的财富。“自天子不能具钧驷,而将相或乘牛车,齐民无盖藏。”可见当时社会经济残破到何等地步。

在这种情况下,如何恢复封建统治秩序,发展封建经济?这是关系到西汉地主政权能不能维持并巩固下去的首要问题。对于萧何来说,这便成了他的当务之急。由于他出身下层吏掾,又亲身经历过秦末的苛政。对于秦王朝修宫室、建阿房、筑皇陵,奢侈无度、耗疲民力的腐败景象,他当然有着深刻的印象。而对反秦风暴中,被逼造反的百姓,怀着怎样怒不可遏的仇恨,杀秦吏、烧宫室,最终使这个貌似强大的腐朽王朝一旦覆灭的历史教训,萧何当然也不会视若不见。秦王朝虽然被推翻了,但饱受暴政和战争苦难的人民,面对的依然是田园荒废、经济萧条的艰难状况,他们所盼望的当然是清明廉洁的治理秩序。对此,萧何不得不采取一些比较现实的措施来迅速改变当时的状况。从刘邦咸阳称帝开始,萧何制订了一系列行之有效的措施,并请汉高祖刘邦颁发诏令。其主要内容有:

(一)组织军队复员。军队官兵复员为民,根据他们的功绩大小,按照军功爵位的高低,赐给数量不等的土地。同时还规定,这些复员的官兵愿留在关中者,免除12年的徭役;回归原籍的,免除6年徭役。这样,就使爵高位显的军官变成大地主,一般士兵也得到土地,成为自耕农,从事生产劳动。

(二)赐军吏卒以爵位。凡军吏卒爵在大夫以下或无爵者,皆赐爵为大夫;位在大夫以上者,晋爵一级;爵在七大夫以下者,免除全家赋役,七大夫以上者,分给食邑,是为高爵,其地位与县公、丞相等,应先给予田宅。这一条诏令的作用,就从政治上、经济上扶持一批因军功而获得土地的地主。

(三)招抚流亡。令战争期间流亡山泽不著户籍的人口,各归原籍,“复故爵田宅”。这使许多因秦末农民战争而丧失土地与爵位的地主和自耕农,重新获得土地和爵位;这对安定人民生活、恢复和发展生产,具有一定的积极意义。

(四)释放奴婢。诏令规定:因饥饿而自卖为人奴婢者,皆免为平民。

这些措施是萧何根据当时的特殊情况,是为了使地主阶级适应农民战争后阶级关系发生变化而采取的。它一方面扶植了一大批军功地主,扩大了汉王朝的统治基础,使封建统治秩序重新稳定下来，另一方面也在一定程度上承认了农民战争的胜利果实，使脱离生产的农民回到了土地上，占有了少量土地，有了生产条件。这样，客观上缓和了阶级矛盾，安定了社会秩序，对生产的恢复起了促进作用。

萧何总结了秦朝灭亡的教训，主张实行黄老无为政治，采取“与民休息”的政策，改弦更张，积极革除秦的积弊，指导以农为本，进一步推行轻徭薄赋，约法省禁的政策，使生产逐渐得到恢复和发展，大得民心。

公元前193年，萧何去世，汉惠帝调曹参继任相国之位。曹参继任丞相后，积极奉行行之有效的无为之政，“举事无所变更，一遵萧何约束。”

曹参的这种“无为而治”的政策，不免引起惠帝的怀疑，示意曹参的儿子向他父亲劝谏，结果反而遭到痛斥。曹参责备儿子说：“好好干你自己的分内事，天下大事不是你所应管的。”惠帝迫不得已，只好亲自质问曹参说：“你当丞相，为何没有什么新政策出台呢?”

曹参谢罪答道：“陛下自思您的才德与高帝相比如何?”

惠帝说：“朕安敢与高帝比!”

曹参说：“陛下观察我的才能比得上萧相国吗?”

惠帝说：“似乎也不如。”

曹参因此表示：“陛下说得对，高帝与萧何治理天下，法令规章都很明确，陛下垂拱而治，参等严守职责，遵照执行不走样，不就很好吗?”

惠帝听后，颇觉有理，于是十分赏识这个看法。

当时人以“萧何为法，讲若画一；曹参代之，守而勿失。载其清静，民以宁壹”的赞词歌颂萧何与曹参的治国。这便是被称道的“萧规曹随”。

正是由于萧何所制定的一系列宽简政策，人民获得休养生息的机会，为社会经济的恢复和发展创造了有利的环境。

问斩韩信

西汉王朝建立后，为了加强封建专制主义中央集权的统治，对封建割据势力进行了一系列斗争，巩固了统一的局面。

早在楚汉战争中，刘邦为了打败项羽，曾分封了韩信、英布、彭越等一些重要将领为王。汉初，被封的异姓王多达7个，此外，还封了功臣萧何等140多人为列侯。

这些异姓王的存在，对中央政权是个严重威胁。有一批楚汉战争中的功臣，凭着自己手中的武装和战争中所得的既有地盘，企图保留战时的割据局面，反对国家的统一和中央的集权。其中势力最大，足以对汉王朝统一构成威胁的是割据着山东淮北一带的齐王韩信，割据着今淮南一带的淮南王英布，割据着今山东、河南、江苏交界处的梁王彭越。此外还有燕王卢绾、韩王信、赵王张敖和割据今山西河北一带的陈豨等。刘邦对这些割据势力采取了坚决消灭的政策，这在历史上叫作消灭异姓王的斗争。在这场斗争中，萧何积极地站在刘邦一边，协助他剪除异己，统一全国。

但是，在韩信的被杀事件中，萧何却是违心的，甚至是落入别人设计的圈套中而无能为力，并不是他主动和吕后设计，诱捕韩信的。从月下追韩信、筑坛拜将开始，萧何与韩信就成为莫逆之交，他二人一文一武决心力辅刘邦，建立汉朝。韩信的死，可以说并不是萧何的过错，而是刘邦的猜忌和韩信自己居功自傲的结果，当然与吕后的歹毒也分不开。

刘邦生性多疑，他常常怀疑自己的手下，生怕他们对自己不忠。当年，萧何留守关中鞠躬尽瘁、呕心沥血，一心为前方抗楚的刘邦着想，刘邦居然对他产生怀疑，屡次派人以慰劳之名打探情况。对于韩信这位出生入死的三军统帅，他也是常常疑心重重，对他很不放心，总是怀着戒备之心。因此，刘邦常常口中说的与实际做得很不一致，他为了笼络人心，常常甜言蜜语，但又不断地从你手中削弱权力。

韩信

刘邦刚当上皇上，不免心中高兴，坐在金殿之上笑问众大臣："朕何故得天下？项羽何故失天下？"

群臣互相对视，无人敢回答，唯有樊哙冲破沉默，挺身出班道："陛下，为臣以为陛下所以能得天下，主要是使人攻城略地，能论功封赏，人人效命。项羽妒贤嫉能，多疑好猜，罚赏不明，因此失天下。"

刘邦微微一笑："你只知其一，不知其二，得失原因须从用人说起。运筹帷幄，决胜千里，朕不如张良。镇国家抚百姓，运饷至军，朕不如萧何。统率百万将士，战必胜，攻必取，朕不如韩信。这三人系当今三杰，朕能委以重任，善以调用，故得天下，而项羽只一范增，尚不能用，怪不得为朕所灭。"

群臣听罢心中豁然开朗，十分敬佩齐声欢呼："陛下圣明！祝陛下万寿无疆！"

刘邦扫视韩信微笑道："韩爱卿听封！"

韩信急忙出班下跪。

"韩卿为汉室立下十大功劳，朕赐你有特赦大权，见天、见地、见兵器三不死。"

"谢陛下隆恩！"韩信感激得热泪盈眶。

可是，韩信沉浸在喜悦之中还未回过神来，又听刘邦说道："如今天下已定，四方太平，不再劳师征战，应该休兵息民，故请韩卿交还军符、帅印。"

韩信心中一沉，没想到刘邦要剥夺他的兵权了。还未等韩信回答，刘邦又说道："韩卿生长楚地，习楚风俗民情。因此改封楚王，镇守淮北，荣归故里，衣锦还乡，定都下邳，择日起程上任。"

从这时起，刘邦对韩信的权力之大就很是不放心了，他先是削夺其军权，后还嫌不够，又把他由齐地贬到楚地为王，远离京城，减少威胁。

张良曾向韩信进言："自古帝王家，只能共患难，不能同富贵，金钱、功名地位乃是虚有之物，不可贪也。"

韩信很感激张良的教导，决心返归楚地，不再为名利而伤神了。

此时的萧何已是高官厚禄，一人之下万人之上的相国了，尽管他对韩信的事也非常关心，但又不好得罪刘邦，好在韩信还仍然被封为王，所以他也就得过且过，并未去为韩信的事向刘邦争取一二，只是加紧汉室建都的准备工作。

这天，刘邦召来萧何："朕已决定移都关中，你速去栎阳城准备吧，择日迁都。"

萧何忙说："启禀陛下，秦关雄固，建都最佳，不过自项羽入关，秦宫统被烧毁只剩残缺。栎阳城虽好，但城池太小不利长期定都，臣已见咸阳东有一兴乐宫尚且完好，臣召天下工匠扩建一新。此地建都最佳。陛下先移居栎阳城中，待臣修好此宫，再从栎阳迁居此宫，不知陛下意下如何？"

刘邦闻听大喜："还是萧卿想的周全，就依卿言，兴乐宫乃秦宫名，我看就改名长乐宫吧。另外在长乐宫旁添修一座未央宫，供皇后及其他娘娘居住，两宫添筑城墙才像一座皇城！"

萧何连忙领旨照办。

就在萧何忙于建造宫殿之机，有人密告刘邦，说韩信自恃功高，目无陛下，并且私藏朝廷重犯钟离昧，蓄谋反叛。刘邦一听，非常生气，他听从了陈平之计，借巡狩之机将韩信诱捕。

韩信在狱中念念不忘萧何，时刻关心着萧何的身体健康。得知萧何连续几月都不在府中，日夜操劳建造长乐宫，他不忍心再牵连他老人家，宁愿一死了之。

幸亏张良、夏侯婴等人说情，晓以利害，韩信才得以生还，但是被革去王位，降封淮阴侯。

尽管刘邦放了韩信，但文武双全的韩信终究是刘邦的一块心病，他最不放心的人就是韩信。后来陈豨反叛，刘邦亲自领兵出征，坚决不用韩信，并将朝中之事委托给萧何和吕后。临走之前，刘邦再三嘱咐吕后："我走之后你要多多留心韩信，此人文武全才，朝中无人能比，三军上下多他的属下，他若有变，这京城恐难保住。因此望你多加提防，万不可掉以轻心。"

吕后本不是平常妇人，她正想乘机揽权，做些惊天动地的事业，使人畏服。于是他对刘邦说："陛下只管放心，谁若存有异心，妾只要抓到一点蛛丝马迹，定严惩不贷！"

刘邦走后不久，吕后收买的韩信府中的舍人栾就来报告说："韩信与叛贼陈豨在渭水河岸密谋多时，已有密约，他们想里应外合，韩信趁机破狱释囚，进袭太子和娘娘……"

吕后听后决定要立刻消灭韩信。于是她召集其兄妹及情夫审食其密谋，最后订下一条妙计：谎称刘邦已诛灭陈豨，令朝臣前来祝贺。并让萧何去请韩信前来，因为萧何曾对韩信有知遇之恩，所以韩信肯定会听萧何的话，等韩信踏进宫门便将其拿下处死。

于是吕后亲自去萧何府上，假惺惺地关心萧何的身体健康，言谈中慢慢地流露出她的本意来："明日庆贺大捷，满朝大臣都去，这淮阴侯怕有数月没来上朝吧？我还真有些惦念于他。"

萧何："淮阴侯是有数月没去上朝了，不过他身体欠佳，有病在身不去上朝乃是陛下恩准的。"

吕后微微一笑："是吗？不过病虽有点，主要怕是心情不畅吧！"

萧何叹了口气："唉！都是钟离昧一事，他被牵连降封为侯，因此心里有点……"

吕后淡淡一笑："实际上陛下对韩信还是很信任器重的。陛下离京之时，曾对我讲韩信乃文武全才，是汉室一栋梁也！我想他们君臣互相解除猜忌，消除隔阂，君臣和睦，百姓安乐，日后定会出现太平盛世。"

萧何听罢这一席话，顿时精神焕发，高兴地说："对！娘娘不愧为贤明皇后，所言使萧何也茅塞顿开。君臣齐心，天下太平。微臣一定去淮阴侯府好好劝劝，让韩信等陛下凯旋回京后，当面向陛下致歉赔礼！使他们君臣和睦团结。"

吕后点点头:“明日宫中庆贺平叛告捷,他若能来那该多好,将相同来宣读贺词,让天下百姓、文武百官都知道这件事,他们肯定会拍手称赞。”

萧何兴奋地说:“请娘娘放心,明日庆贺,臣一定让韩信随我一同前往。”

吕后见计策已成,心里暗暗高兴。

吕后走后,萧夫人不无担忧地说:“娘娘一贯心胸狭窄,心狠手辣,做事专横,她让你请韩信进宫一同参加庆贺,这会不会另有文章?”

萧何感动得眼含热泪:“我何曾不知娘娘此人,可这圣命难违呀!”

夫人望着萧何,心疼地说:“我看明日就不要去请淮阴侯,我怕娘娘想借相爷之手,图奸邪之谋。”

“唉!”萧何长叹一声:“夫人!娘娘专权你不是不知,陛下平叛又没在京,我若抗命不遵,萧府将有灭门之灾。这吕娘娘可比陛下心狠手毒,抗旨将会殃及全家性命,我哪敢违命!做臣的只能宁可君负臣,不能臣负君。”

夫人:“依相爷之意,那明日还得非请韩信一同前往去宫中庆贺不可?”

萧何点点头:“如果吕娘娘并无歹意,是真为陛下平叛告捷,宴请众臣进宫庆贺,而韩信没去庆贺,一来老夫有负圣命,二来使娘娘与韩信之间又加深一层怨恨猜忌,日后陛下回京知道此事,势必更加忌恨韩信,使君臣积怨更深,日后对韩信不利呀。我身为相国,怎能不为君臣和睦着想。依我之见,臣不能负君,明日还得相约韩信进宫,即便娘娘另有图谋治罪韩信,韩信为汉室立下十大功劳,当年陛下曾亲口赐赏韩信三不死,有陛下金口玉言许诺,娘娘她又敢怎样?我看她也奈何不了韩信。况且满朝大臣在场,量她也不敢违抗陛下诺言。”

韩信得知吕后要自己进宫,怕有不测,但见萧何亲自来请,便有所放心,他沉思了片刻说道:“去也无妨,我一没做愧对陛下之事,二没背叛朝廷之意,三没做损害天下黎民百姓的事情,何惧她吕娘娘?”

萧何也说:“有我萧何陪同前往,不会有啥闪失。即便将军被吕娘娘所诈,我萧何会拼死辩解。”

于是韩信随同萧何并肩而行,谈笑风生地奔向未央宫。萧何满面春风地说:“贤弟可曾记得登坛拜将时的情景?”

韩信忙说:“何止记得,至今仍历历在目。我韩信能有今日,多亏丞相举荐。想起往事感到时光真快,汉已立国十年有余,你我都显老了。”

萧何忙一摆手:“贤弟正年富力强,怎么说老了?这汉室繁荣昌盛今后还靠你们!我已年迈体衰该退休了。”

韩信敬仰道:“这汉室江山,少我韩信可以,没有丞相可不行!”

萧何乐呵呵地:“贤弟一席勉励之言,好似萧何年轻许多。”

二人乐得哈哈大笑,携手走入大殿。

大殿内,15岁的太子刘盈与吕后高坐在龙椅上,见萧何、韩信二人走进来,吕后突然一拍龙椅厉声呵道:“来人!将叛贼韩信拿下!”

埋伏在两旁的侍卫蜂拥而上,韩信猝不及防,被绳捆索绑。此时韩信才如梦方醒怒声问道:“娘娘,臣身犯何罪?”

吕后冷笑一声:“狂徒韩信,自诩天下英雄,竟敢与陈豨合谋反叛,今被人告,汝有何话可说?”

萧何也大吃一惊,莫名其妙地:“娘娘!不是让韩将军与本相前来贺喜的吗?怎么……”吕后一摆手：“萧丞相你先站立一旁。”萧何只好退在一旁。

吕后一拍龙椅：“你这反贼，陛下已将陈豨捉拿，陈豨已供认不讳，你还不将你密谋反叛的事从实招来？”

韩信仰天哈哈大笑，这笑声在大殿震荡、回旋……他怒吼道：“这全是阴谋、阴谋……”

萧何觉得自己果然被吕后利用了，深感对不起韩信，忙跪下向吕后求情。可是未等他开口，只见吕后已下令将韩信推出宫外斩首。

韩信怒斥吕后：“你这歹毒的恶妇！我韩信为汉立下十大功劳，陛下赐我三不死，见天不死，见地不死，见兵器不死，看你有何办法杀我？”

吕后冷笑一声：“好！今日就不违背圣上许诺，来人！将韩信推入殿旁钟室，门窗遮掩，不让他见到天日，地上铺上地毯，不让他踏着地，不要拿兵器，用菜刀将他斩首。”

萧何没想到吕后竟想这如此狠毒之招，料知韩信大祸将至，不顾一切地伏在地上声泪俱下：“娘娘手下留情，不可错杀大将，待陛下回来后再做定夺不迟。”

这时的吕后哪管这些，她根本不理睬萧何，将手一挥，只见刽子手将韩信推进钟室，用菜刀将韩信活活砍死。

萧何见韩信顷刻间被害死，大叫一声，气昏在地。

心狠手辣的吕后，不但害死了韩信，而且还下令围剿侯府，诛灭韩信三族，一个活口也未留下，真是惨不忍睹。

韩信死后，萧何非常伤心，他曾亲自到韩信坟头祭奠哀悼。他深感内疚和自责，虽然他没有如后人所说的那样与吕后设计害死韩信，可是他明知韩信入宫会凶多吉少，还是抱着侥幸的心理劝说韩信入宫。这正是成也萧何，败也萧何！当初月下追韩信、推荐韩信登坛拜将的是萧何，今日带韩信去未央宫被问斩的也是萧何！

如果说萧何月下追韩信成为天下美谈的话，那么韩信被杀事件，萧何却背上了骂名，并一代一代地流传下去，成为千古遗恨。但愿人们能还他一个清白！让他九泉之下能够心安理得。他毕竟只是封建社会的一名丞相，我们不必太苛求他。

功高压主

韩信被除去之后，功高压主的萧何便成了刘邦疑忌的对象。刘邦当时正在征纣陈豨，他一面派人传令拜萧何为相国，加封萧何五千户食邑；一面又派出五百士卒，名为充当萧何的护卫，实际上是监视萧何的举动以防有变。萧何忠心为国，胸中本无异心，当然也猜想不到刘邦的用意。后来在东陵布衣召平的提醒下，才发觉自己的处境危险。

召平向萧何进言：“公将从此惹祸了！”

萧何惊问原因，召平答道：“陛下连年出征，亲冒矢石，惟公安守都中，不被兵革。今反得加封食邑，名为重公，实是疑公。试想淮阴侯百战功劳，尚且诛夷，公难道能及淮阴吗？”

萧何听后，很是惶恐，问召平有何良策，召平答：“公不如让封勿受，尽将私财取出，移做军需，方可免祸。”

萧何点头称好，于是他坚决辞让了五千户封邑，还拿出自己的家产捐作军费。

这一行动果然讨得刘邦欢心，消除了他对萧何的怀疑。

萧何一再谦让，仍未能消释刘邦的忌意。当年秋天，黥布被逼反汉，刘邦亲自率军征讨。他身在前方，却又屡次派人探问，“萧何在长安干什么？”探问的人回去报告说萧何派人运输军粮，安抚百姓，刘邦听后，沉默不语，他又在猜疑了。

有人警告萧何说：“相国您不久就要有灭族之祸了！您位居相国，功称第一，此外已不能再加了。主上屡次问您所为，恐怕您久居关中，深得民心，若乘虚号召，据地称尊，岂不是驾出难归吗？现在您没有意识到主上的用意，还这样孜孜不倦地为民办事，这样就会更加大了主上对您的疑心了。忌日益深，祸日益迫。您为什么不多买点田地，胁民贱售，在百姓中留些坏名声，好让主上放心呢？”

萧何治家素以节俭闻名，平时置田宅，只挑些穷僻之处，从不占民良田。就是盖房，也不修高大的墙屋。他常对家人说：“我的后人倘若贤仁，就让他们效法我的节俭吧；倘若不贤，豪门势家也不会看上这穷田陋房以施欺夺。”而今，人们竟劝他贱价强买民田，这实在有违萧何廉洁持家的本心。但是，名声太高，刘邦就会疑忌他有野心，招致杀身之祸。在如此猜忌的雄主身边，他只好装一回“贪官污吏”了。于是，萧何采纳了宾客所进的“自污”之计。

刘邦在前方听说萧何强赊民田，不得人心，心中大喜。当他回师长安的时候，又有不少人上书告萧何的状。刘邦不去追究，安然入宫。至萧何一再问疾，才笑着把人们的上书交给萧何，意味深长地说：“你身为相国，原来就是这样利民的啊！现在你自己去向百姓谢罪吧！”

萧何无奈，只得补给田价，或将田宅仍还原主，才使人们 的谤议渐渐平息了。

一位勤于民事的国相，在生性多疑的皇帝身边，只能以这样的“自污”举动，免遭杀身之祸，这实在是莫大的悲剧。

但是，萧何毕竟装不成污吏。此后不久，他那关注民生疾苦的廉正本性，终又促使他冒着风险为民请命了。

萧何见长安城居民日益增多，耕地越来越少，百姓缺衣少食，而皇家的上林苑中却弃置了大片空地供养禽兽。于是萧何便劝刘邦说：

“请皇上让百姓随意到上林苑开垦种地吧。这样一来，一可栽植菽粟，赡养穷苦百姓；二可收取稿草，供给禽兽食用。”

这本来是一条上下交际的办法，谁知刘邦却怀疑他讨好百姓，勃然大怒道：“你自己多受贾人财物，却为百姓算计我的上林苑来了！”当即下令给萧何戴上刑具，交付廷尉关押起来。

萧何被囚禁了好几天，大臣们都不知是什么原因，也没人敢为之求情。后来，当大臣们知道了萧何被捕的原因后，都觉得萧何真是太冤枉了，于是都准备上书皇上，释放萧何。

有一王卫尉，很替萧何不平，时刻想着要找机会为萧何求情。一天，他进宫面见刘邦，见刘邦心情很好，便乘机问道：“相国有何大罪，竟被关押狱中呢？”

刘邦悻悻地答道：“我听说当年李斯作秦丞相时，凡有善行，都归皇上；有恶行就自己承担。而今萧何，自己接受商贾小人的钱货贿赂，还为百姓请命，想用我的上林苑收买人心，所以我把他关押起来治罪，并不冤枉他。”

王卫尉说：“办事忠于职守，只要对百姓有利的事，就舍身为之请命，这真是丞相该做的事啊！陛下怎么能疑心相国收受别人的贿赂呢？皇上您也不想一想：当年皇上与项羽相争数年，后来陈豨、黥布谋反，陛下亲自上前方征讨，当时都是相国镇守关中。

相国若有异图，不费吹灰之力即可坐据关中，这函谷关以西就不是陛下您的天下了。萧相国效忠陛下，使子弟从军，出私财助饷，毫无利己思想。萧相国对这样的大利尚且不图，难道还会贪图商贾小人的小恩小惠吗？况且前秦导致灭亡，便是君上不愿闻过，大臣也不敢批评皇上的过失，致使秦皇一意孤行，才亡了天下。丞相李斯就是能为主上分担过失，又何足效法？陛下您这样怀疑相国，真是小看了相国！”

刘邦听后，虽不是滋味，但又自觉说不过去，心中想来，王卫尉的话毕竟有道理，他踌躇了好多时，才派人去把萧何放了。

萧何当时已是60多岁的老人了，他被刘邦赦罪释放后，还恭恭敬敬赤着双脚前来向刘邦谢恩。

刘邦酸溜溜地对萧何说：“相国快去休息吧！相国为民请求上林苑，我不肯许，我不过是夏桀、商纣那样的天子罢了，相国却成为贤相。我之所以关押相国，就是要让百姓知道我的过失呀！”

刘邦的这番辩解，虽然言不由衷，但对萧何的廉正为民，终于还是默认了。

萧何在处理和刘邦的关系上，历来十分机警且顾全大局，每次当刘邦对他有疑忌的时候，他都能十分得体地消除刘邦对他的疑虑，使自己始终能和刘邦同心同德，共同把西汉国家治理好。这说明萧何不仅能顺应潮流，不断跟随时代前进，而且他始终兢兢业业，不跋扈矜功，不凭势向主上讨价还价，而是以国家和人民利益为重，激流勇进，为巩固新王朝的事业效力。

公元前195年，汉高祖刘邦病逝。萧何不顾身体衰老，毅然辅佐太子刘盈登上帝位，是为汉惠帝。惠帝二年(公元前193年)，年迈的萧何，由于长期操劳过度，终于卧病不起。病危之际，惠帝亲临病榻前探视萧何，趁机询问即将辞世的相国以后事：“您百年之后，有谁可以代您为相？”

萧何回答说：“知臣莫若君。”

惠帝猛忆起高祖遗嘱，便接口道：“曹参可好吗？”

萧何在病床上，挣扎着向惠帝叩首道：“陛下所见甚是，陛下得以曹参为相，我萧何虽死，也无遗恨了！”

这番话表明，萧何对曹参的代己为相，抱有多么诚挚的赞许和期望。

唐朝史评家司马贞在《史记索隐》中，曾称赞西汉名相萧何说：“萧何为吏，文而无害，及佐兴王，举宗从沛。关中既守，转输是赖，汉军屡疲，秦兵必会。约法可久，收图可大，指兽发踪，其功实最。”这几句话，可以说概括地叙述了萧何的一生。

诸葛亮传

人物档案

诸葛亮：字孔明，号卧龙（也作伏龙），汉族，琅琊阳都（今山东临沂市沂南县）人，早年丧父，后随同叔父诸葛玄投奔荆州牧刘表。建安二年（197 年），诸葛玄病逝。诸葛亮便移居隆中，隐居乡间耕种。建安四年（199 年），19 岁的诸葛亮与友人徐庶等从师于水镜先生司马徽。诸葛亮读书与当时大多数人不一样，不是拘泥于一章一句，而是观其大略，并喜欢吟诵《梁父吟》这首古歌谣。

诸葛亮

生卒时间：181 年 7 月 23 日～234 年 8 月 28 日。

性格特点：熟知天文地理，精通战术兵法他志向远大，十分注意观察和分析当时的社会。

历史功过：蜀汉丞相，三国时期杰出的政治家、外交家、发明家、军事家。在世时被封为武乡侯，谥曰忠武侯。后来的东晋政权为了推崇诸葛亮的军事才能，特追封他为武兴王。千百年来，诸葛亮一直是智慧的化身，诸葛亮一生的主要著作有：《前出师表》《后出师表》《隆中对》等。因为作战的需要，他在天文、符咒、奇门遁甲上有着很深的研究。诸葛亮娴熟韬略，多谋善断，长于巧思，曾革新“连弩”，可同时发射出 10 箭，并作“木牛”“流马”，以便于山地军事运输；还推演出兵法，名为“八阵图”。

名家评点：陈寿《三国志》：诸葛亮之为相国也，抚百姓，示仪轨，约官职，从权制，开诚心，布公道；尽忠益时者虽仇必赏，犯法怠慢者虽亲必罚，服罪输情者虽重必释，游辞巧饰者虽轻必戮；善无微而不赏，恶无纤而不贬；庶事精练，物理其本，循名责实，虚伪不齿；终于邦域之内，咸畏而爱之，刑政虽峻而无怨者，以其用心平而劝戒明也。可谓识治之良才，管、萧之亚匹矣。然连年动众，未能成功，盖应变将略，非其所长欤！清朝康熙帝：“诸葛亮云：鞠躬尽瘁，死而后已。为人臣者，惟诸葛亮能如此耳。”

唐代孙樵：“武侯死殆五百载，迄今梁汉之民，歌道遗烈，庙而祭者如在，其爱于民如此而久也。”

西晋梅陶赞陶侃：“机神明鉴似魏武，忠顺勤劳如孔明。”

东晋常璩：“治国以礼民无怨声，不滥用私刑，没尚有余泣。”

隋朝王通：“若诸葛亮不死，则礼乐大兴。”

伟大的革命先行者孙中山在三民主义之民权主义中称赞诸葛亮：“诸葛亮很有才能，所以在西蜀能够成立很好的政府，并且能够六出祁山去北伐，和吴魏鼎足而三。”

隐居襄阳

东汉末年,社会矛盾日益激化,各地豪杰并起,拥地称雄,彼此连年征战不已,其中董卓、袁术、袁绍、吕布等封建军阀割据势力先后覆亡,曹操、刘备、孙权等地方势力日渐壮大,刘表、刘焉、马腾等也乘机拥兵割据。诸葛亮就是在这样一个社会剧烈动荡分化的时代,接触社会,认识社会,开始了自己的政治生涯。

刘备出身西汉宗室,自起兵征战二十多年来,屡遭挫败,但他复兴汉室的志向仍很坚定。公元201年,刘备被曹操打败,投奔荆州刘表,驻军新野县。为了成就霸业,他到处访贤求士,寻求良辅。当刘备去向襄阳隐士司马徽请教时,后者深思后坦然地说:"识时务者在乎俊杰。此间自有卧龙、凤雏。"刘备高兴地问是谁?"诸葛孔明、庞士元也"。为了使刘备对这两位年轻的山林隐士引起足够的重视,司马徽点到为止,尽管刘备一再追问,他还是请刘备自己多方打听打听。不久,徐庶到新野来投归刘备,徐庶深感刘备所要开创的事业非同寻常,非得有比自己更高明的人来辅佐不可,于是决心向刘备推荐诸葛亮。当徐庶向刘备提到诸葛亮时,刘备喜不自禁地说:"卧龙大名如雷贯耳,早就听水镜先生(司马徽号)讲过,那就有劳先生快快把他请来吧!"看到刘备求贤若渴的样子,徐庶心里十分欢欣,仍不动声色地说:"诸葛孔明这个人,将军您还不太了解吧?他常常自比管仲、乐毅。依我看来他的才学不在管仲、乐毅之下!恕我直言,像他这样一位身藏大器的人,愿不愿意出来还得看您的诚意如何?所以我建议:最好还是将军您亲自屈尊去请,或许他亲身感受到您的一片诚意,还说不定会乐意出山。"刘备想起成汤请伊尹、文王载太公的故事,不等徐庶把话说完,就连连应道:"承教,承教,我一定去,拿出我最大的诚意去!"

那么,诸葛孔明何许人也?

公元181年(东汉灵帝光和四年)7月23日,在徐州琅琊郡阳都一户门第不高的家庭里,第二个男孩诞生了,他就是后来的诸葛亮。

诸葛亮的远祖诸葛丰在西汉元帝时候做过司隶校尉,为官清正,"刺举无所避",在当时名声很高。诸葛家族到了诸葛亮父亲时,家世虽不显达,但多少还有点名望。诸葛亮父亲诸葛珪做过泰山郡郡丞,叔父诸葛玄和当时名门世族中的高官显宦袁术,以及荆州牧刘表等都有往来。

在诸葛亮幼小时,生母章氏就不幸病故了,上有比他大五岁的哥哥诸葛瑾和两个姐姐,下面有一个弟弟诸葛均。为了抚育孤息,父亲又娶了一个妻子。大约在诸葛亮十四岁那年,叔父诸葛玄就任豫章(今江西南昌)太守,诸葛亮和弟弟诸葛均也随同到了那里。不久,东汉朝廷派朱皓来接替诸葛玄,诸葛玄丢了官职,就带着诸葛亮兄弟前往荆州去投靠刘表。

荆州首府襄阳,地控南北,水陆交通极为便利。相对而言,荆州地区在当时还算是一个较为安全的区域。诸葛亮随叔父来到襄阳,生活虽然安定下来,但他的思想却起了较大的变化,他的心情随着见识的增长愈来愈不平静。诸葛亮从小是一个喜欢动脑筋的人,遇事总要问个究竟。由于襄阳交通便利,南来北往流动的人很多,几乎每天都会遇到一些新鲜的事,听到一些难得听见的见闻,这进一步启迪着他对社会的认识。

诸葛亮居住襄阳期间,因他叔父的关系,先后结识了不少当地以及外地流寓而来的知名人士。其中,有南郡襄阳县的大名士庞德公,从颍川迁居襄阳,号称"水镜先生"

的司马徽，沔南名士黄承彦，庞德公侄儿青年俊士庞统，颍川的徐庶、石广元，汝南的孟公威等，他们都是对当时的时局和大地主豪强割据混战十分不满的知识分子，诸葛亮常常和他们读书吟诗，谈古论今，评论天下大事，抒发自己的政治抱负。有一天，诸葛亮对朋友们讲："如果你们去做官，凭你们的才能是可以当上刺史和郡守的"。当朋友们问他时，他笑不答。

公元197年，诸葛亮17岁时，叔父诸葛玄去世了。诸葛亮本想带着弟弟回老家去，但想起徐州地区还在战乱之中，一时又拿不定主意。庞德公、崔州平、徐庶、孟公威、石广元等诸多朋友，都希望他不要走，留下来继续和大家一起切磋学问。诸葛亮敬为师长的庞德公和水镜先生，还劝勉他不要虚度年华，要致力于学，多读些书，尤其要多探讨些经邦济世的学问。现在一时用不着，来日方长，将来会用得上的。经过一番深思熟虑后，诸葛亮决定留下来。于是，他带着弟弟诸葛均，搬迁到襄阳城西20里的隆中山村，在那里盖起了几间草屋，定居下来。自此，诸葛亮开始了长达十年的"躬耕于南阳，苟全性命于乱世，不求闻达于诸侯"的隐居生活。

隆中是一个依山傍水，风景秀丽的小山村。诸葛亮在这山明水秀、"万树桑拓美"的隆中小山村居住下来后，心境也顿然安静了下来。平日除参加田间的耕作外，多半是在草堂内掩门攻读。

诸葛亮每天清晨读书之后，常纵情开怀于山岗之下；而夜间读书之余，则盘足抚琴于草庐之中。他从小就喜好流传在山东老家的一首《梁父吟》古曲，时常弹起，不仅仅是寄托对故乡的怀念之情，而且由于这首古曲讲的是春秋时齐晏子"二桃杀三士"的故事，因而更激起他对国家命运的关注。

同庞统一番交谈后，一连好多天，诸葛亮览书之余，总在草堂内踱来踱去，心潮起伏，思绪万千。曹操雄踞中原，挟天子以令诸侯，大有一统宇内之势，孙权占据江东，国险而人民归附，贤能为其用，已成定局；荆州刘表只是一个务虚名、尚空谈，不足与谋大事的人。自己将何去何从？每每想到国家战乱不休，群雄割据的现状时，诸葛亮深深感到内疚和苦闷。

为了实现自己的政治抱负，诸葛亮潜心阅读了大量书籍，用心研究了历史上各个时期的政治、经济情况以及各家学派的思想观点和政治主张。他读书很注意学习方法，不是泛泛死读，而是"观其大略"，抓住书中的要点，从中吸取有益的思想和教训，作为观察分析当时社会情况的借鉴。这在他写的《论诸子》一文中就可见一斑，文中说："老子长于养性，不可以临危难。商鞅长于理法，不可以从教化。苏、张长于驰辞，不可以结盟誓。尾生长于守信，不可以应变。王嘉长于遇明君，不可以事暗主。许子将长于明藏否，不可以养人物。此任长之术也。"诸葛亮指出这些人的所长所短，作为他后来治国、治军以及治家、治身的借鉴。

生当乱世，诸葛亮很注意研究先秦法家的著作，特别是管仲、申不害和韩非等人的著作。他所处的政治地位，以及他要求变革现状的抱负，使他比较容易接受先秦法家的思想和政治主张，同时富有革新精神的先秦法家思想，也大大地开阔了诸葛亮的视野，丰富了他的思想。经过不断努力，诸葛亮的政治见解越来越敏锐，在荆州名流中树立了威信，成了当时一名很有影响的人物。

为了学习韬略智谋，经司马徽引荐，诸葛亮拜居住在汝南灵山的隐士酆玖为师，用了一年多时间，专习兵法阵图和治国安邦之道。酆公对诸葛亮测试时，发现诸葛亮对所学的内容一般都能掌握，而且还能"致其奥妙"，有比较精辟独到的见解。于是，对诸葛亮赞许、勉励了一番后,就叫他下山去了。

诸葛亮学成回到隆中,前去拜谢司马徽。聚谈之后,司马徽改容称道:“真第一流也。”过了不久,庞德公也深感诸葛亮学识不凡,把他看成是隐藏在隆中山林中的一条龙。这条龙一旦飞腾,必将响震宇内,干出一番惊天动地的事业。因此,庞德公美称诸葛亮是“卧龙”,诸葛亮的名气在荆州地区的知识分子中越来越大。

随着诸葛亮的名气愈来愈大,年龄也年复一年的增加,因他把全部精力都用在学业上,丝毫不考虑个人的婚姻问题。当时世人都认为:以诸葛亮之年轻英俊,才学不凡,必定要选择一位人才出众的绝色女子。对这种“郎才女貌”的世俗观念,诸葛亮一笑置之。经过一段时间考察,诸葛亮选上了黄承彦先生的女儿阿丑为妻,这大出人们的意料,不少人为此替诸葛亮感到惋惜。因这阿丑姑娘虽然自小天性聪慧,才学为一般名士所不及,但却长得矮小,肤色又黑,再配一头黄发,实在是不好看。岂知诸葛亮得此贤内助,不仅在当时对他的学业甚有补益,而且对他一生的事业也有相当大的帮助。据说后来诸葛亮在北伐中用的木牛流马,就是从其妻那里讨教而“变其制”做成的。

在宁静的隆中山村,诸葛亮因志成学,而被司马徽称为“识时务”的“俊杰”。这表明他对当时天下形势已经洞若观火,了如指掌,而卓有见识。诸葛亮后来的《诫子书》中所说的“学须静也,才须学也,非学无以广才,非志无以成学”,这正是他身处隆中时立志向学、因志成学的经验之谈。

随着诸葛亮在隆中读的书越来越多,学识的增长,使他对现实社会的认识更加深刻;而以他亲身经历的东汉统治的崩溃给人民带来的苦难,就使他对先贤们的圣教明训有更深的体会和理解。诸葛亮读书是用来观察和了解社会的,他关心国家大事,立下拯世济时的大志,学的是安邦治国的学问。他博览群书,把握书中要点,着重领会精神实质,学以致用。这与当时的“儒生俗士”大不相同,那些人崇尚训诂名物,专门在咬文嚼字上下功夫,玩弄没完没了的文字游戏,脱离实际,毫无用处。从诸葛亮一生的谈吐和著述,特别是《隆中对》和《出师表》中所反映思想内容,可以想见他在隆中期间是何等的勤奋好学,涉猎是何等的广泛。

隆中答对

公元207年的冬天,在司马徽、徐庶等极力推荐下,刘备亲自带着关羽、张飞,冒着隆冬季节的严寒,接连三次前往隆中拜访诸葛亮。

这期间,诸葛亮正出外游历,访友磋学。有关刘备请他出山之事,他已有耳闻,也为此事心怀犹豫。

后来,听说刘备等第二次来隆中,诸葛亮感到刘备是诚心相请。于是,出山帮助刘备成就霸业的想法占了上风,加上朋友都劝他出山建功立业,遂决定回家。

在一个雪霁初晴,碧空万里的日子,隆中山色格外明丽。刘备带着关羽、张飞第三次来到隆中,两位怀着同样统一志向的政治家,终于在隆中草庐里相见了,这就是历史上有名的“三顾茅庐”的故事。

刘备见诸葛亮身高八尺,头戴素巾,身着布袍,风度潇洒,举止不俗,飘飘然有神仙之概,忙上前施礼,口称:“刘备久闻先生大名,如雷贯耳,两次到此空返,今日得睹尊颜,幸甚!幸甚!”诸葛亮深深还礼,并应声说:“南阳山村闲散之人,何劳将军一再下顾!”刘备慨然道:“大丈夫抱经世奇才,岂可空老于林泉之下?愿先生以天下苍生为念,启发我的愚鲁,给我以明教。”

诸葛亮笑着问:“愿闻将军之志?”

刘备看四周无人,向前挪了挪,极其诚恳而又坦率地说:“汉室倾颓,奸臣窃命,我不自量力,欲伸大义于天下,而智术浅短,一直至今毫无成就。今天特向先生讨教,请先生指明我应该怎样去做”?

诸葛亮全神贯注地听着,深深地被刘备这种虚心求教的精神、竭诚相待的态度所感动,于是从容不迫地把心中要说的话全部说了出来:“自董卓造逆以来,天下豪杰并起。曹操势不及袁绍,而竟能克绍者,非惟天时,抑亦人谋也。今操已拥百万之众,挟天子以令诸侯,此诚不可与争锋。孙权据有江东,已历三世,国险而民附,此可用为援而不可图也。荆州北据汉、沔,利尽南海,东连吴会,西通巴、蜀,此用武之地,非其主不能守;是殆天所以资将军,将军岂有意乎?益州险塞,沃野千里,天府之国,高祖因之以成帝业;今刘璋暗弱,民殷国富,而不知存恤,智能之士,思得明君。将军既帝室之胄,信义著于四海,总揽英雄,思贤如渴,若跨有荆、益,保其岩阻,西和诸戎,南抚彝、越,外结孙权,内修政理;待天下有变,则命一上将将荆州之兵以向宛、洛,将军身率益州之众以出秦川,百姓有不箪食壶浆以迎将军者乎?诚如是,则大业可成,汉室可兴矣,此亮所以为将军谋者也。惟将军图之。”

诸葛亮看刘备不住微微点头,心领神会的样子,心中很是欣慰,于是叫书童取出一幅图来,挂到中堂上,指着图说:“这是西川五十四州的地图。将军想要成就霸业,北边有曹操占着天时,南边有孙权占着地利,将军将可占的是人和。首先取占荆州作为基础,然后进取西川建立根据地,与曹操、孙权以成鼎足之势,再后就可以进图中原了。”

刘备听了诸葛亮对天下形势的这番精辟分析,不但连声叫绝,而且从内心深处对这位27岁的山东青年由衷地产生了敬意,于是非常恭敬地拱双手说:“先生所言,使我如拨开云雾而重见青天,茅塞顿开。愿先生以天下苍生为念,以复兴汉室为务,大展宏图以建稀世之功,刘备至诚相邀,万请先生能出山帮助我”。这样,诸葛亮离开了他生活十多年的隆中草庐,跟随刘备到了新野。

这就是历史上著名的《隆中对》。诸葛孔明未出茅庐,已知天下三分,真是前无古人,后无来者!他站在比较客观的立场上,正确分析了当时进行斗争的各方政治势力的力量对比和相互关系。在当时强弱差距悬殊的情况下,为刘备提供了一个比较切实可行的实现统一的战略和策略。它概括起来有以下五点:(1)取代刘表、刘璋,占领荆州、益州,建立一个巩固的根据地。(2)革新政治,发展生产,积蓄力量;同时南抚夷越,巩固后方。(3)对外联盟孙权,孤立曹操,形成三分鼎立的局面。(4)一旦时机成熟,便从荆州、益州两路出兵,构成钳形攻势,收复两京(长安、洛阳),消灭曹操,复兴汉室。(5)到那时,东吴孙权只有纳土投降了,最后实现全国统一的目的。

诸葛亮来到新野,刘备把他当作良师益友,朝夕相处,情好日密。关羽、张飞很不高兴,认为刘备对比他小二十岁的这位青年人过于敬重了,何况还不知道他是否有真才实学?刘备坦率而又严肃地对他们说:“我得孔明,如鱼得水,请以后不要再说长道短了”。关、张嘴里虽不再说了,但心里还是很怀疑,只好拭目以待。

一天,刘备正在用牦牛尾结毦时见了诸葛亮,刘备皱着眉头解释说:“我只是忧虑兵少难以对付曹操,以此记忧罢了。还请先生以良策教我?”诸葛亮微笑着说:“将军不必忧虑,我已替您想好了。现在荆襄不是人少,而是上户籍的少,若是像平常那样按户籍册来征税抽兵，必然要引起在籍者不满，以至人心骚动。这件事关系重大，您可请刘表下令荆州境内所有游户，限期自报上籍，这样，立即就可以抽到大量兵员。”

于是，刘备在诸葛亮帮助下，用清查当时荆州一带的“无籍”游户，按户征兵，在短时间内便把军队由数千人扩编为数万人，刘备的势力迅速壮大起来。诸葛亮还利用他与荆州一带豪门大户的关系，亲自作保，为刘备筹借到足够的军粮和其他物资（诸葛亮亲笔写的借条一直到明末还被保留着）。新组建的这支军队，经诸葛亮严格训练，成了刘备开创基业的核心武装力量。

从此，27岁的诸葛亮便正式登上了汉末政治斗争的舞台，为实现自己消灭割据、谋求国家统一的抱负而脚踏实地的努力奋斗了。

荆州牧刘表坐守江汉，懦弱无能，不但不能应付复杂的局势，而且连家事也处理不好。刘表因受后妻蔡氏成年累月的挑唆，“爱少子琮，不悦于琦”，使长子刘琦深感自危，提心吊胆地过日子。身处窘境而又一筹莫展的刘琦，一向敬重诸葛亮的谋略，多次求教“自安之术”。诸葛亮总是回避，以免捅出乱子危及刘备在荆州的地位。后经刘备提示，刘琦以请诸葛亮游观后花园为名，并携手同登高楼饮酒，宴饮之间，屏退左右，并吩咐人将下楼梯子搬开，然后央求说：“今日上不沾天，下不着地，只有你我二人在此，言出先生之口，入于在下之耳，先生该可以教我了吧?”到这时，诸葛亮才低声启发刘琦说：“公子可记得申生、重耳的故事？申生在内而危，重耳在外而安。”时适逢江夏太守黄祖身死，刘琦听从诸葛亮的建议，乘机请求率部出镇江夏，走为上策。这样，诸葛亮一言妙计，不仅使刘琦化险为夷，避免了祸起萧墙，也为刘备准备了一支外援力量。

曹操统一北方后，改革内政，罢去三公之职，自以丞相兼之，大权独揽，并筹划南征。任命夏侯淳为都督，于禁、李典等为副将，领兵十万，准备南下，荀彧劝谏说：“刘备当世英雄，现在更有诸葛亮为军师，实不可轻敌。”曹操问徐庶诸葛亮是何许人？徐庶回答说：“诸葛亮字孔明，道号卧龙先生，有经天纬地之才，出鬼入神之计，是当代真正的奇才。”曹操又问：“同先生相比怎么样?”徐庶答道：“我怎么敢和诸葛亮相比？我好像萤火一样的微光，诸葛亮如同那皓洁的明月一样明亮。”曹操及众人多不相信，夏侯淳更是视诸葛亮如草芥，奋然领兵出发了。

诸葛亮正在新野教练新兵，忽报曹操派夏侯淳领兵十万，杀奔新野来了。刘备急召众将商议对策，关羽说：“让孔明前去迎敌便可以了。”张飞也说：“哥哥为什么不使用‘水’呢?”刘备满脸严肃地说：“智谋依赖孔明，勇敢杀敌还须要二位兄弟，这是不能推辞调换的。”于是，刘备把剑和官印交付诸葛亮请他代行指挥。诸葛亮遂召集众将听令：命关羽领一千兵士埋伏在博望坡左边的豫山，曹军来时放他们过去，但见南面火起，可纵兵出击，焚其粮草；命张飞率一千兵士埋伏在博望坡右边安林背后的山谷中，只要看见南面火起，便可出击，向博望城纵火烧之；命关平、刘封领五百兵士，预备引火之物，在博望坡后两边等候，曹军到时，便可放火烧之；命赵云为前部，但遇曹兵接战，不要赢，只要输；又命刘备领一千兵士为后援，屯在博望山下，曹军到时，便弃营而退，但见火起，即回军掩杀。各须依计而行，勿使有失。关、张二将质问道：“我等出去迎敌，你却在家里坐着，好自在!”诸葛亮举着剑印说：“剑印在此，违令者斩!”刘备也忙说：“岂不闻：‘运筹帷幄之中，决胜千里之外’？两位兄弟不可违令。”诸葛亮令孙乾、简雍准备庆功筵席，安排“功劳簿”伺候。夏侯淳等领兵到了博望坡，分一半精兵为前队，其余在后保护粮车前进。夏侯淳与赵云接战，赵云稍战即诈败而退，且战且退，直到博望坡下刘备接战，随即退走。夏侯淳以为正面之敌及伏兵仅此而已，更加杀得性起，催军前进，紧追不舍，直到狭窄处，两边都是芦苇杂草。等曹将有所省悟时，大火已起，喊杀震天，又值风大，火势愈猛。赵云回军赶杀，关羽、张飞伏兵又出，杀得尸横遍野，曹军死伤不计其数。夏侯淳收拾残兵败将，回许昌去了。这正是：火烧博望笑谈中，初出茅庐第一功！

联吴抗曹

公元208年7月，曹操在夏侯淳兵败而回，又闻刘表病重，已朝不保夕，担心荆州在刘表死后落入孙权之手，或为刘备坐得，就急忙安排好朝中大事，迫不及待地统兵南下了。曹操听荀彧计，发兵五十万，兵分五路，取道宛城（南阳郡台，今河南南阳市）、叶县（属南阳郡），以轻军在前，大军继后，掩其不意，攻其不备，来势凶猛，兵锋甚锐，企图一举消灭刘表、刘备和孙权的势力，席卷南方，统一全国。

联吴抗曹

这时刘表病重，请刘备前去托孤。诸葛亮即告诉刘备："要是刘表以荆州相托付，一定要答应下来，千万不可推脱，机会难得呵！"但当刘表让刘备接管荆州时，刘备却推辞掉了，并表示一定尽力辅助刘表的儿子，还劝刘表安心养病。后来刘备感慨地说："刘表待我很厚道，如果我答应他，旁人就会说我太薄情了，我不忍心这样去做。"诸葛亮听刘备这样说，摇了摇头，轻轻叹息了一声，就不便再说什么了。

不久，刘表就病死了。长子刘琦因受排挤，远在江夏担任太守，蔡夫人等立即拥立年幼的次子刘琮继任荆州牧。刘琮母子及其亲信党羽都是一些软弱无能，贪生怕死之辈。等到9月曹军进至新野，刘琮等吓得魂飞魄散，背着刘备，派人到新野去向曹操请降去了。

屯兵樊城的刘备，既不知道刘表病死，也不知道刘琮已向曹操纳降，很长时间才有所觉察，这时曹军已到宛城，大军压境，刘备所部已处被动局面，知道凭自己的力量是抵挡不住声势浩大的曹军的，便与诸葛亮率军撤离樊城，准备南下退保江陵。经过襄阳时，诸葛亮劝刘备说："乘势进攻刘琮，荆州就可占有了。"刘备长叹一声，摇了摇头，说："我不忍心啊。"于是，引军离去。

到了当阳（今湖北当阳市东），刘备这支军队和百姓相杂的队伍，浩浩荡荡，人数竟增至十余万之多，辎重车达数千辆，道路拥塞，一天才走十多里。诸葛亮眼看这样撤退实在太危险了，与刘备磋商后，决定派遣关羽率领水军，乘船数百艘，从水路先赶往江陵去。还建议刘备应迅速撤退以确保江陵，只是刘备不忍心弃民而去。这固然反映了刘备在事业上的重民思想，但当时形势确实非常险恶。

曹操听到刘备向江陵撤退的消息，心中很不安，唯恐他占据江陵这个战略要地之后，用刘表过去贮存在江陵的大批军械粮食武装他的军队，这样就更难对付，便立即亲自率领五千精锐骑兵，以一日一夜行三百里急追刘备，终于在当阳县东边的长坂坡追上了刘备。

刘备猝不及防，大部分军队被曹操骑兵杀散，军民死伤很多。刘备连妻子也顾不上，急忙和诸葛亮等率领亲随数十骑向侧面汉水奔走，去会合关羽水军，留下张飞二十余骑断后。曹军追至，张飞立马长坂桥，瞋目横矛竟吓退了追兵，并“据水断桥”追刘备去了。

当阳一仗，曹操“大获其人从辎重”，刘备的两个女儿也被虏获。刘备的甘夫人和一岁的弱子阿斗，全靠赵云死战保护，才得救于乱军之中。通往江陵的道路已被曹军截断，刘备等只得急奔汉津口与关羽水军会合，渡过汉水，又与从江夏赶来接应的刘琦军遇合，退到夏口。这时，刘备的军队仅剩关羽的一万多水军和刘琦的一万多步兵，力量大为削弱，真是危难存亡之时。

诸葛亮冷静地分析形势后，果断地对刘备说：“事情已经很紧急了，我愿意前往东吴向孙权求救”。于是刘备下了结盟东吴的决心。诸葛亮亲自为使节，过江赴柴桑与孙权商议结盟拒曹事宜。这正是二十年后如他在《出师表》所言：“受任于败军之际，奉命于危难之间。”

曹军本来兵多势众，现在又收编了刘琮的军队，轻易取了荆州，一举占据江陵，拥有了控制长江中下游的有利地势，锐气更盛，在他看来，战事照此发展下去，不仅消灭刘备是轻而易举，就是顺势吞并孙权也毫无问题。于是，他一面调集水陆两军沿江东下，准备先消灭刘备的军队；一面踌躇满志地派人前往东吴向孙权下战书，称“今治水军八十万众，方与将军会猎于吴”，以企威吓孙权尽早向他投降。

早在曹军南下时，孙权已预感到曹操对自己的巨大威胁。刘表死时，孙权即派谋士鲁肃去见刘备，表露了结盟之意。曹操占领江陵后，刘备面临着被消灭的巨大危险，屯兵柴桑观望的孙权，也感到战火烧身，局势已经发展到了生死存亡的紧急关头，摆在刘备、孙权面前的只有两条路：要么被曹操各个击破；要么联合起来共同抗击曹操。显然孙、刘结盟已经成为一种势在必行、刻不容缓的事情。

诸葛亮随鲁肃乘船来到柴桑时，东吴内部围绕如何对待曹操进攻问题，正在进行着激烈的辩论和斗争。以张昭、秦松为代表的一些儒生，被曹军气势所吓倒，极力反对抵抗，主张归降曹操。张昭危言耸听地对孙权说：“曹操像豺狼猛虎一样，以汉相名挟天子号令天下，我们拒之不顺；以前我们抵御曹操主要依靠长江天险，现荆州水军已归曹操，长江天险也靠不住了；况且双方力量众寡悬殊，根本无法相提并论，只有投降才是上策。”由于张昭是孙策临终时的托付重臣，他的这种投降主义论调，影响极大，以周瑜、鲁肃为代表的主战派，他们分析了曹军的种种弱点，认为曹操是可以打败的，坚决主张出兵抗曹。

面对东吴统治集团上层一片投降声，诸葛亮力排众议，舌战群儒，首先以雄辩的事实驳倒了孙权手下第一谋士张昭的诘难；又说得畏曹如虎的虞翻不能对答；赞苏秦、张仪为豪杰使步骘默然无语；骂曹操是汉贼问得薛综满面羞惭；颂扬刘备当世英雄使陆绩语塞；笑讽、程德枢世之腐儒，不能兴邦立事。东吴儒士们见诸葛亮对答如流，自己反被问得张口结舌，全都大惊失色。正在这时，孙权传见诸葛亮。

诸葛亮见孙权碧眼紫髯，堂堂仪表，只可用言语相激，于是故意试探说：“将军起兵江东，刘备屯兵荆州，和曹操争夺天下。现在曹操攻占荆州，威震四海。将军也该看清情况早做打算。如果能战，就该马上与曹操一刀两断；不能战，就应放下武器，早点投降。可是，将军现在外托服从之名而内心却是犹豫不决，紧急关头还下不了决断，这样大祸可要临头了！”

孙权听出诸葛亮话里有音，立即反唇相讥：“既然那样，刘备为什么还不赶快投降呢？”诸葛亮起身慷慨激昂地答道：“刘豫州乃是王室后代，英才盖世，宁可死也不会拜倒在别人脚下。”孙权勃然大怒，说道：“我不能以全吴土地和十万兵众，受制于别人！我要抗曹到底。”

孙权虽然下了联刘抗曹的决心，可是对战争的前途顾虑重重，特别是对刘备兵败之后，是否有能力和自己一起抵挡曹军的进攻感到担心。针对此，诸葛亮进一步向他分析了力量对比情况，他说：“刘豫州虽然兵败长坂，但还有关羽、刘琦率领的水陆精锐两万多人。曹军远道而来，人马疲倦，几战之后，已是强弩之末，而且北方人不习水战，舍鞍马，乘舟船，实是弃长就短，作为曹军主力的骑兵不能发挥作用；中原士兵不服南方水土，必生疾病，荆州水军新降，不过是迫于无奈，并不会真心替曹操卖命；且马腾、韩遂尚在关西，实为曹操后患。因此，如果将军派猛将领兵数万，和刘豫州同心协力作战，一定能攻破曹操，一旦曹操兵败，必然北还，到那时，荆吴势力增强，三分天下，鼎足而立的局面就形成了。”诸葛亮这番透彻的分析，说得孙权心悦诚服，欣然答应了诸葛亮的结盟要求。

公元 208 年 10 月，孙权命令大将周瑜为都督，统率精兵三万，溯江西上，会同刘备的军队，在赤壁（今湖北蒲圻西北，在长江南岸）与曹军相遇，曹军打了一个小败仗后，就撤向江北的乌林（今湖北蒲圻西），双方隔江对峙，拉开了赤壁大战的序幕。

正如诸葛亮所料，江南气候阴霾，长江两岸潮湿，曹军多是北方人，初到南方，水土不服，到赤壁不久，就疫病流行，又不习水性，受不住江上风浪颠簸。为了解决这个问题，曹操采纳了连结战船的方法，用长长的铁索，把排列整齐的巨大战船拴在一起，减少船身摇晃，认为这样军士不习水战的问题便解决了。可是，曹操万万没有想到，这却给他的军队带来了灭顶之灾。

早在诸葛亮出使东吴，舌战群儒，说服孙权结盟时，张昭、周瑜等从东吴的利益出发，建议孙权把诸葛亮留下来。孙权遂使其兄诸葛瑾前去游说，岂知诸葛亮不但不肯留，反而劝诸葛瑾同他一道去辅助刘备。孙权对此深感惋惜，而周瑜对智谋超群的诸葛亮却不能容，认为日后必定是江东之患，于是屡屡设计害之。

周瑜兵屯赤壁后，即请诸葛亮领兵千人星夜往聚铁山截断曹军粮道，欲借曹操之手来杀诸葛亮。诸葛亮用激将法，通过鲁肃传言，笑周瑜只会水战，而不能陆战。周瑜果然被激怒，准备亲率一万马军往聚铁山断曹军粮道。后被诸葛亮说开，劝其以破曹大事为重。周瑜知道后，摇头顿足说：“此人见识胜过我十倍，不除日后必为我国之祸！”但周瑜也接受了鲁肃的待破曹之后图之的意见。

刘备屯军樊口后，即差人前往东吴以犒军为名，探听诸葛亮的消息。周瑜乘便邀刘备前来，意欲加害，幸得关羽在旁保护得免。刘备离岸过江时，诸葛亮告知此事，刘备方才省悟，吃惊不小，便请诸葛亮同回樊口，诸葛亮却说：“我虽居虎口，安如泰山。主公可令子龙驾一小船，以 11 月甲子日后为期，来南岸等候，千万不要误了。但见东南风起，我就回来了。”却说周瑜见曹操水军营寨布局深得其妙，极是严整有方，遂设计使蒋干盗书，使曹操误杀了水军都督蔡瑁、张允二将，而用不熟悉水战的毛玠、于禁代之。周瑜自以为高明的计谋却不能瞒过诸葛亮，于是对鲁肃说："此人决不可留！我决意公道斩之！"即令请诸葛亮十日内赶造十万支箭，诸葛亮说："军情紧急，只用三日就可以了。"并立下军令状。

第一日不见诸葛亮动静；第二日亦只不动；到第三日四更时分，请葛亮密请鲁肃到早已准备好的船中，用长索将20只船相连接，每船30名士兵，船上都用青布为幔，各束草千余个，分布两边，径望北岸进发。这时夜黑雾大，面对面看不见人，船近曹寨，一字摆开，在船上擂鼓呐喊。鲁肃惊问："如果曹兵齐出怎么办？"诸葛亮笑着说："我料曹操在大雾中必不敢出战。我们只管喝酒取乐就是了。"果然曹操疑有埋伏，令水陆军弓弩手乱箭射之，箭如雨发，等到日高雾散，诸葛亮令收船急回。20只船两边束草上，排满箭枝，每船约五六千枝，十万余箭已得。周瑜大惊，慨然叹道："孔明神机妙算，我不如也！"

不久，周瑜请诸葛亮来商议破曹之时，两人各在掌中写一"火"字，然后互相观看，不禁大笑，周瑜高兴地说："我两人所见相同，就更加确定无疑了。"于是，两人共同筹划用"火攻计"破曹之事。

曹军铁索连船的致命弱点也被周瑜部将黄盖发现，他在夜间潜入中军来见周瑜，献计说："现在敌众我寡，难以持久，今观曹操将战船首尾相连，真是天赐良机，正好施用火攻之法取胜他们。"于是，两人相商，行苦肉计，以黄盖畏曹乱军之名重打50脊杖，这就是后世的"周瑜打黄盖，打者愿打，挨者愿挨"的出处。周瑜令黄盖派人送信给曹操诈降，并把这些情况通过曹营来诈降的将领传给曹操，使曹操对黄盖来降深信不疑。

一天，周瑜立在山顶观望了很长时间，忽然向后倒下，口吐鲜血，不省人事。左右急忙救回帐中，求医调治，诸将都来探问，很是担忧。鲁肃对诸葛亮言及此事，诸葛亮笑着说："周瑜的病，我也能医治。"即请同去看病，问及病情，周瑜说："'人有旦夕祸福'岂能自保？"诸葛亮笑道："'天有不测风云'，人又怎么能料到呢？"周瑜听后大惊失色，故意呻吟不已，乃以言挑之："愿先生赐教。"诸葛亮要来纸笔，让左右退下，密写了十六字："欲破曹公，宜用火攻；万事俱备，只欠东风。"周瑜见了大惊，暗暗想道："孔明真神人也！早已知我心事。"于是请教医治之法，诸葛亮说："我虽不才，但曾经遇见过高人，传授过奇门遁甲天书，可以呼风唤雨，都督若要东南风时，可在南屏山建一座高九尺的'七星坛'，我在上作法，借三日三夜东南大风，助都督用兵，怎么样？"周瑜听了大喜，猛然而起，全无病意，即传令派五百精壮军士，前往南屏山筑坛。

诸葛亮同鲁肃领人来到南屏山，相度地势，命令军士取东南方赤土筑坛，方圆二十四丈，每一层高三尺，共是九尺，下一层插二十八宿旗，以苍龙之形，玄武之势、白虎之威、朱雀之状分东青、北黑、西白、南红四面布成；第二层周围黄旗六十四面，按六十四卦，分八位而立；上一层用四人，各人戴束发冠，穿皂罗袍，凤衣博带，朱履方据；另有百人按方位执旗守坛。诸葛亮于11月20日甲子吉辰，沐浴斋戒，身披道衣，跣足散发，缓步登坛，观瞻方位已定，焚香于炉，注水于盂，仰天暗祝。一日上下三次，却并不见有东南风。

周瑜与程普、鲁肃等众将，在帐中伺候，只等东南风起，便调兵出击，黄盖已自准备好火船二十只，船头密布大钉，船内装载芦苇干柴，灌以鱼油，上铺硫黄、焰硝引火之物，各用青布油单遮盖，船头上插青龙牙旗，只等周瑜号令。东吴诸将，个个摩拳擦掌，准备战斗，约定进攻的那一夜，却不见风动，周瑜、鲁肃心中暗暗发慌。将近三更时分，忽听风声响，霎时间东南风大起。

周瑜骇然自语道:“孔明有夺天地造化之法,鬼神不测之术!若留下,是东吴的祸根,应及早杀掉,免生后忧。”急唤帐前护军校尉丁奉、徐盛二将,各带一百人,分水陆两路前往南屏山七星坛,拿住诸葛亮便行斩首。二将来到七星坛时,却不见孔明,问知刚下坛去了,即追到江边,诸葛亮早与事先等候在那里的赵云乘船远去了。

周瑜分兵派将,兵分六路,出击曹军。这时,宽阔的江面上,东南风一阵紧似一阵。周瑜一声令下,黄盖指挥着船队,大船在前,小船在后,列队向江北进发。大队掩其后,前队行至江心,风更大了,二十艘大船扬起帆篷,加速向北岸驶去,北岸曹军都以为吴军来降,纷纷出寨观看。当船队距离曹军水寨不远时,志得意满的曹操为谋士程昱提醒,但为时已晚,二十艘大船突然同时发火,一时火烈风猛,满载柴草的大船喷吐着熊熊火舌,顷刻间,用铁索连结的船只都燃烧起火,曹军水寨顿时淹没在一片火海之中,烈火延烧到岸上,江岸大营也燃烧起来了。浓烟遮蔽天空,曹军陷入一片混乱。孙、刘联军乘势从四面掩杀过来,曹军大败,人马死伤不计其数。

曹操冒烟突火,急忙率领败残人马,纵马加鞭,向江陵败退。行至乌林,见树木丛杂,山川险峻,曹操在马上仰面大笑:“可笑周瑜无谋,孔明少智。若在此伏下一军,怎么样?”忽听两边鼓声震响,旁边一彪军马杀出,为首将大叫:“赵云奉军师令,在此等候多时了!”曹操令徐晃、张辽双敌赵云,自己慌忙率众西奔。天色微明,忽然大雨倾盆,曹操率众来到葫芦口暂歇。曹操坐在稀疏的树林下,忽又大笑不止,众问之,曹操说:“我笑诸葛亮、周瑜毕竟智谋不足。若在此也埋伏一彪人马,我等不死即伤。”正说间,前军后军一齐发喊,却见山口一军摆开,张飞横矛立马,大叫:“曹贼哪里走!”诸军众将,尽皆胆寒,许褚骑无鞍马来战张飞,张辽、徐晃也来纵马夹攻,两边军马混战乱做一团。曹操即拨马西去,诸将也各自脱身相随。正行间,有小校禀告:“前面有两条路,大路稍平,却远五十余里;小路投华容道,只是地窄路险,坑坎难行,却近五十余里。请问丞相走哪条路?”曹操命人上山观望,见小路山边有数处烟起,大路并无动静,于是令前军走华容小道。诸将疑之,曹操解释说:“兵书云:‘虚则实之,实则虚之。’孔明多谋,故派人在小路处烧烟,他却伏兵在大路等着,我偏不中他的计!”众人佩服道:“丞相妙算,人不可及。”过华容道,曹军三停人马,一停落后,一停填了沟壑,一停跟随曹操,只有三百余骑。这时人困马乏,曹操在马上扬鞭大笑说:“都说周瑜、诸葛亮足智多谋,我看到底还是无能之辈,若在这里伏一旅之师,我等只有束手就擒了。”言未毕,一声炮响,两边五百朴刀手摆开,为首大将关云长,提青龙刀,跨着赤兔马,拦住去路。曹军吓得亡魂丧胆,面面相觑。曹操说:“既到此处,只得决一死战!”众将叹道:“纵然我等不会怯战,但马已困乏无力,怎么还能再打?”谋士程昱急忙上前,告知曹操,劝关羽放他一马。关羽是个义重如山之人,感曹操昔时许多恩义,网开一面,放曹操及众人离去,真是:“只为当初恩义重,放开金锁走蛟龙。”

曹操一行到了南郡,所随只有二十七骑,留大将曹仁守南郡,令张辽往守合淝,自回许昌去了。

赤壁之战的胜利,是诸葛亮联吴抗曹正确战略的胜利,也充分显示了他“运筹帷幄之中,决策千里之外”的非凡智谋,赤壁之战以后,曹操回过头积极经营北方,一时无力南下;刘备占据荆州,并向益州发展;孙权占据江东,并向岭南地区进军。三国鼎立的局面基本上形成了。此后,进入了一个由分裂走向统一的过渡时期,鼎立的三方都利用这种相对稳定的局面,在不同程度上,继续扫除本地区的封建割据势力,改革政治,发展生产,为全国的重新统一奠定了基础。

三气周瑜

公元209年到221年，即赤壁大战后的十一年间，在诸葛亮的全力协助筹谋下，刘备的势力得到迅速发展。

赤壁大战后，曹操北归，留曹仁镇守南郡。曹仁被周瑜用计引出城去，大战而败，逃往襄阳去了。吴军追了一程，周瑜即回到南郡城下，忽见城上旌旗布满，敌楼上一将叫道："都督得罪了！我奉军师将令，已取城了。——我乃常山赵子龙也。"周瑜大怒，便命攻城，城上乱箭射下。周瑜退兵与众将商议，欲派甘宁取荆州，凌统取襄阳，正分拨人马时，忽然探马来报："诸葛亮已派张飞袭了荆州，关羽夺了襄阳。"原来，诸葛亮得南郡后，遂用曹仁兵符，派人前往两处，诈称曹仁求救，诱敌兵出城，轻得两城。周瑜闻知，大叫一声，金疮迸裂，气昏过去。

诸葛亮三气周瑜

周瑜被众将救醒，便令起兵攻打南郡，鲁肃忙劝说，言可与之论理，并愿到荆州见刘备、诸葛亮，讨还荆州。诸葛亮对鲁肃说："子敬（鲁肃字）言之差矣，常言道：'物归原主'。荆襄九郡是刘表之地，刘表虽亡，其子刘琦尚在，理应归于刘琦。我主刘备乃刘表之弟，以叔辅侄，理所当然。"于是，请出刘琦，鲁肃根本想不到刘琦已被诸葛亮请到荆州，先是吃了一惊，默然许久才说："公子不在便如何？那时须将城池还我东吴。"诸葛亮答道："公子在一日，守一日；若不在，别有另议。"遂设宴款待鲁肃。

公元209年，诸葛亮协助刘备乘胜占领了荆州所属的江南四郡——武陵、长沙、桂阳、零陵（都在今湖南境内）。诸葛亮被刘备拜为军师中郎将，总督零陵、桂阳、长沙三郡。"调其赋税，以充军实"。为确保前线军需，诸葛亮没有住在郡城，而是以水陆交通便利的临烝（今湖南衡阳市）为驻地，招降刘表旧部，发展生产，广纳贤才，勤勉治事，荆州很快被治理得井井有条，初具繁荣景象。

公子刘琦病亡后，为防东吴乘机取事，诸葛亮即调关羽接防刘琦生前驻守的襄阳。当鲁肃来索要荆州时，诸葛亮巧妙地以取益州后再还荆州与之周旋，双方立下文书，签字画押。周瑜知道后大呼上当，后来听说刘备甘夫人去世，即设计以招亲为名，赚刘备到东吴软禁之。当东吴使者言说以孙权之妹许配刘备，请刘备前往东吴招亲时，刘备心存疑虑，不知如何是好。诸葛亮成竹在胸地说："这是周瑜讨还荆州之计。我已定下三条计策，请赵子龙随主公一同前往就可以了。"遂交给赵云三只锦囊，并暗授机宜。

刘备与赵云领着五百士卒，到了东吴的南徐州。赵云打开第一只锦囊看过，便吩咐五百军兵购物张扬。刘备一行披红挂彩，带着重礼前去拜访乔国老（孙权岳丈）、吴国太。这样一来，东吴上下都知道了刘备招亲这件事，孙权与周瑜知道弄巧成拙，只得假戏真做。不久，刘备与孙尚香成婚，皆大欢喜，仍住在东吴。孙权于是同周瑜商议，又生出一计：命人整饰了刘备的住所，并布置得富丽堂皇，刘备果然被声色所迷，完全不想回荆州去。到了年底，赵云猛然想起军师的临行吩咐，于是打开第二个锦囊看过，进见刘备，报说曹操兴兵来犯荆州。于是刘备与孙夫人并赵云众人，以到江边祭祖为名，离开南徐望荆州而去。孙权知道后，先令陈武、潘璋二将前去追回，后命蒋钦、周泰二将追杀刘备等人。刘备一行赶到柴桑附近时，望见后面尘土大起，知道追兵将到。正在这时，前面山脚徐盛、丁奉二将领着三千人拦住去路，原来周瑜料刘备回去走旱路必过此处，已预先在这要冲处扎营等候。刘备大惊失色，慌忙勒马，问赵云怎么办？赵云镇静地打开第三只锦囊，呈给刘备看过。刘备急忙来到孙夫人车前哭诉，并把招亲这事及当下处境具言相告。孙夫人听后大怒，命从人推车上前，喝退二将，使刘备一行安然通过。

不久，陈武、潘璋二将追到，与徐盛、丁奉合兵追来，孙夫人让刘备先行，自己与赵云断后，把追兵大骂一通，四将奈孙权之妹无何，又不见刘备，却见赵云怒目相向，只得喏喏连声退后，并飞报周瑜。过了半天，蒋钦、周泰二将赶到，传孙权将令，于是众将又率兵沿江追赶。刘备一行人马来到刘郎浦，准备寻船渡江，一眼望去，江水弥漫，并没有渡船。正在这时，忽报后面尘土冲天而起，刘备登高瞭望，看见追兵盖地而来，长叹道："死无葬身之地矣！"正慌急间，忽见江岸边一字儿抛着二十多条拖篷船，赵云急忙护着刘备及孙夫人上船，只见船舱中一人纶巾道服，大笑而出："恭喜主公！诸葛亮在此等候多时了。"刘备大喜过望，急命赵云开船，这时追兵赶到，只得呆呆地在岸上看着刘备一行远去。

刘备一行正在乘船行进间，忽然江声大震，只见江上战船无数而来，知是周瑜亲率惯战水军急追来了，看看快要追上，诸葛亮命船靠北岸，上岸与众军士向北赶去。到了黄州地界，眼看吴兵就要追上，忽一阵鼓响，山角一队人马杀出，为首大将关羽。周瑜知道中伏，举止失措，急忙拨转马头回撤，左边黄忠，右边魏延，两军杀出，吴兵大败。周瑜急忙离岸上船，只听岸上军士大叫："周郎妙计安天下，赔了夫人又折兵！"周瑜大叫一声，金疮迸裂，昏倒船上，不省人事，众将边救边开船离去。

三国乱世，鼎立三方各自为政，曹、孙、刘三家都处在为谋求统一而政治风云又瞬息万变的境况中，任何一家头脑简单了，就有可能被另外一家或两家联合起来吞掉的危险。周瑜败回柴桑，即请起兵攻取荆州，孙权虽很愤怒，但与张昭商议后，认为强曹在北，不能与刘备闹翻，于是派人到许都，反而表奏刘备为荆州牧，使曹操不敢南下，收曹、刘相攻之利。曹操在许昌听到孙权"表奏刘备为荆州牧，汉上九郡大半已属备矣"时，手脚慌乱，正写字的笔也惊得掉到了地上，众人问及，曹操说："刘备是人中之龙，以前没有得水。今天得到荆州，犹如困龙入了大海啊。我怎能安心呢？"于是，曹操听从谋士程昱的计策，表奏周瑜为南郡太守，程普为江夏太守，留东吴使者华歆在许昌授以重任，以坐收渔利。

周瑜既领了南郡，便想着报仇，讨还荆州。即命鲁肃去交涉，被诸葛亮用计，以刘备大哭劝回。周瑜一计不成，又生一计，派人对刘备说："孙、刘既然结亲，便是一家，愿替刘备去取西川。"诸葛亮在旁欣然答应，后对刘备说："这就是周瑜'假途灭虢'的计策，名义去取西川，实际上来夺荆州。等主公你出城劳军，乘势拿下，杀入城来。'出其不意，攻其不备'。"于是叫来赵云做了一番布置。

周瑜听说刘备、诸葛亮欣然答应，还要出城劳军，大笑道："今天诸葛亮也中了我的计!”于是起兵五万望荆州而出。离荆州十余里,见江面上静悄悄的。周瑜心疑,亲自上岸乘马,带领众将及三千精兵,来到荆州城下,命军士叫门,言未毕,忽一声梆子响,城上守军一齐都竖起刀枪,敌楼上赵云大声说:“我家军师早已知都督‘假途灭虢’之计,故留赵云在此。我家主公说过:他与刘璋同为汉室宗亲,怎么能忍心去攻取西川?如果东吴要取西川,他就要披发入山(出家),不会失信义于天下的。”周瑜听了,勒马便回,忽一小校来报:“探得四路军马,一齐杀到:关羽从江陵杀来,张飞从秭归杀来,黄忠从公安杀来,魏延从孱陵小路杀来,四路正不知多少军马喊声远近震动百余里,都说要捉周瑜。”周瑜在马上大叫一声,箭疮复裂,坠于马下,左右急救回船。周瑜被众将救醒,怒气填胸,不能支持,自知不久于人世,于是叫人取来纸笔写下遗嘱,叮咛众将要尽忠报国,努力帮助孙权完成大业。仰天长叹道:“既生瑜,何生亮!”连着叫了几声,便悲愤而死,时年36岁。周瑜死后,孙权即根据周瑜生前的举荐,任命鲁肃为都督,总统军马。消息传到荆州,诸葛亮对刘备说:“周郎为我数气而亡,东吴上下必怀怨恨,不利于孙刘联盟。我应当往江东去吊周瑜,以释吴人之疑恨,巩固联盟;也可就地寻找贤士辅助主公。”刘备很担心“吴中将士加害先生”,诸葛亮说:“周瑜在时,我都不惧怕,何况今天周瑜已死,我有什么担心呢?”于是同赵云领着五百军士,带着祭礼,前去吊丧。

诸葛亮一行到了柴桑,鲁肃以礼迎接,周瑜部将都想杀诸葛亮报仇,但见赵云带剑相随,不敢下手。诸葛亮教设祭物于灵前,亲自奠酒,跪在地下,哭读祭文,极言周瑜生前之功绩,叹自己失此知音,泪如涌泉,伏地大哭,哀恸不已。东吴众将相互说:“世人都知道周公瑜与孔明不能和睦相处,今天看他祭奠之情,原来世人都说错了。”鲁肃也心中暗想:“孔明很是多情,只是周瑜气量太窄,自己害了自己。”

诸葛亮祭完周瑜,正欲上船回去时,只见江边一人道袍竹冠,皂绦素履,一手揪住他大笑说:“你气死周郎,却又来吊孝,明明是欺东吴无人啊!”诸葛亮急忙回头看时,原来是人称凤雏先生的庞统庞士元。诸葛亮也大笑,两人携手下了船,各自诉说心中之事。临别,诸葛亮给庞统留下一封信,要他到荆州与自己共扶刘备,庞统欣然答应。后来庞统不被孙权重用,就到荆州来投刘备,终被拜为副军师中郎将,与诸葛亮共谋方略,教练军士,听候征伐。

曹操在许昌听说刘备拜诸葛亮、庞统为军师,招兵买马,积草屯粮,连结东吴,知道早晚必要兴兵北伐。于是召集众谋士商议南征之事,谋士荀攸进言:“可先取孙权,次攻刘备。”曹操很赞同,并听从荀攸的计谋,把西凉马腾骗到许昌杀掉,以绝南进后顾之忧。即起大军30万,径下江南。

早有细作报到东吴,孙权与众将谋士商议后,急差人命鲁肃向荆州刘备求救。诸葛亮回信给鲁肃称:“可以高枕无忧。如果有北兵侵犯,刘皇叔自有退兵之策。”并对大惑不解的刘备解释说:“曹操平日所担忧的是西凉的兵马,现在曹操杀了马腾,而马腾的儿子马超统率着西凉的军马,必定对曹操怀着切齿之恨。主公可信告马超,进兵关中(今陕西关中地区),那样曹操又怎么能南下呢?”刘备听后非常高兴,随即写了信,派一名心腹送到西凉去了。

果然不出诸葛亮所料,马超尽起西凉之兵,联合西凉太守韩遂,起兵20万,杀入关内,直奔长安,找曹操报仇雪恨。马超军势很盛,势不可挡,很快攻破长安城,并攻占潼关,又加马超勇武无敌,直杀得曹操弃袍割须于潼关,夺船避箭于渭水,曹军多次被马超打败。后来曹操用谋士贾诩反间计,离间了马超与韩遂,才大败西凉军。经过这一折腾,曹操再也无力南征了。

进取益州

刘备在荆州的统治得到巩固后，按照诸葛亮、庞统的建议，积极准备谋取益州了。

这时，占据益州的是刘璋。刘焉、刘璋父子在益州统治了二十多年，推行分裂、守旧的儒家路线。公元188年，汉宗室鲁恭王的后代刘焉来到益州，黄巾军刚被镇压下去，阶级矛盾非常尖锐，但刘焉对豪强大族采取“宽惠”政策。刘焉死后，其子刘璋继续实行“温仁”之政，致使随他入蜀的“东州人”即客籍地主，“侵暴旧民，璋不能禁”，且益州本地的“大姓”豪族，称霸郡县，刘璋也无可奈何。这些豪强大姓任意侵夺人民土地、财产，残酷地剥削和压迫人民，搞得益州这个“天府之国”，乌烟瘴气，贫穷混乱不堪，社会矛盾和主客籍地主集团之间的矛盾都很尖锐。正如诸葛亮在《隆中对》中分析的那样：“刘璋暗弱，民殷国富，而不知存恤，智能之士，思得明君。”

公元211年，正当诸葛亮、庞统和刘备商议进收益州的时候，益州牧刘璋派遣法正到荆州来迎接刘备入蜀了。何以事情会如此凑巧呢？原来刘璋为防汉中张鲁入侵益州，曾派别驾张松去结好曹操。张松本想投靠曹操，不料曹操因胜而骄，对张松不加礼遇，甚为轻慢。张松以此为怨，过荆州是把原准备献给曹操的益州地图献给了刘备，并力劝刘备入川。张松回到成都，就向刘璋疵毁曹操，并劝刘璋与曹操断绝往来，说刘备与他是同宗兄弟，可以成为心腹，要刘璋交好刘备。

刘璋采纳张松的建议，企图用刘备的力量抵御曹操和汉中的张鲁，于是根据张松举荐，派扶风人法正去荆州和刘备通好。不久，又派法正和孟达给刘备送去四千兵士，以帮助刘备守御，并前后赠给刘备以“巨亿”的钱作为兵饷。

原来张松和法正是好朋友，常在一起私下议论，认为跟随刘璋“不足与有为”，成不了大事。他俩密谋策划，准备共同拥戴刘备为益州之主。

法正到荆州见到刘备，力陈“益州可取之策”，把益州的兵器、人马、府库、钱粮以及地理远近，战略要地等情况，都告诉了刘备，使刘备、诸葛亮、庞统等进一步了解了益州的虚实。进取益州，这既是诸葛亮在隆中早已确定的既定战略，也是庞统所倡导的“逆取顺守”的策略，更是刘备集团实际利益的需要。于是，进取益州，便正式提到了议事日程。

经过商议，刘备决定留下诸葛亮、关羽等镇守荆州，刘备亲率庞统和黄忠、魏延等谋臣武将及数万军队向益州进发。

益州文武许多人，坚决反对刘备入川。主簿黄叔、从事王累等都力谏不可，特别是王累以“自刎州门”，表示刘备不可入川。巴郡太守严颜叹道：“这是独坐穷山，放虎自卫也！”刘璋一概不听，下令所过之处，迎送供奉，真是刘备感到“入境如归”。

刘备从江州北面垫江（今四川合川）取水路向涪城（今四川绵阳市东）进发。刘璋亲率步骑三万多人，赶往距成都三百六十里的涪城与刘备相会。刘备到达涪城，刘璋亲自出迎，两个相见，非常高兴。

这时，张松、法正、庞统等都向刘备献计，趁机杀掉刘璋坐得益州。刘备坚决不同意，后对庞统坦率地讲了自己的实际想法：“我们刚到这儿，对老百姓毫无恩信可言，所以不能这么匆忙地做。”

刘璋和刘备在涪城住了三个多月。这期间，刘璋给刘备增加了大量兵众和财物，请他向北讨伐张鲁，刘璋自回成都去了。刘备统军向北到了葭萌（今四川广元西南），就停了下来。“未即讨鲁,厚树恩德,以收众心”。忽然接到诸葛亮送来的报告,说孙权派人把孙夫人接回东吴去了,五岁的阿斗差点也被带去,刘备感到事情复杂,决心尽快解决益州问题。刘璋对刘备取占益州的意图已有所觉察,形势很是危急。庞统立即向刘备献上收川三计:上计是暗选精兵,径袭成都,一举便定;中计是收斩白水关守将杨怀、高沛,并其部众,徐图进取;下计是退还白帝城,联结荆州,日后缓图。便借口曹操来攻,理应回兵去救,向刘璋求借兵物,刘璋予以拒绝。这时,内应张松因机事不密,被刘璋收斩。刘璋下令各处关隘严加防范,同刘备断绝往来。刘备有了借口,立即斩了杨怀、高沛,夺了白水关。自此,双方正式摊牌,刘备拉开了收川战争的序幕。

刘备收并白水军后,挥师南下,进据涪城。打败了刘璋派来堵击的刘贵、冷苞、张任、邓贤、吴懿、李严等将领,吴懿、李严等率所部投降,张任、刘贵退与刘璋儿子刘循固守雒城(今四川广汉市北)。这时,刘备军威大振,在分遣诸将平定益州郡县的同时,和庞统亲率主力进攻雒城。

雒城之战,是刘备兵定益州的一次关键性战役,刘备久围雒城不下,刘循坚守不出,军师庞统也被张任乱箭射死于落凤坡,刘璋又派兵围攻葭萌关,意欲切断刘备后路。刘备感到形势危急,写信叫关平速去荆州请诸葛亮前来。

诸葛亮接到刘备的信,对庞统身死大哭不已,把信让众人看,说:“主公现处紧急之际,我不得不去。荆州重地,主公信中虽然没有说,但让关平送信,意云长公保守,责任重大,公宜勉之。”关羽更不推辞,慨然领诺。诸葛亮设宴,交割印绶,关羽双手来接,诸葛亮擎着印郑重地说:“这干系都在将军身上。”关羽大声说:“大丈夫既领重任,除死方休。”诸葛亮听关羽说出个“死”字,心中很不高兴,想不交给他大印,但话已说出了,于是问道:“如果曹操引兵来攻,应当如何处置?”关羽回答说:“以全力抗拒之。”诸葛亮又问:“如果曹操、孙权一齐发兵来攻,怎么办?”关羽答:“分兵抗拒之。”诸葛亮说:“如果这样的话,荆州就危险了。我有八个字,只要将军牢记,就可以保守住荆州了。”停了一下,郑重地说:“北拒曹操,东和孙权。”关羽点头称道:“军师之言,当铭肺腑。”但是,诸葛亮担心的事情后来还是发生了。

诸葛亮把大印交给了关羽,命令文官马良、伊籍、向朗、糜竺,武将糜芳、廖化、关平、周仓等,留下辅佐关羽,同守荆州。然后亲自点兵入川:先拨精兵一万,教张飞统领,从大路杀奔巴州、雒城之西;又拨一支兵,令赵云为先锋,溯江西上,会于雒城;诸葛亮随后引简雍、蒋琬等率大军起行。

张飞临行时,诸葛亮嘱咐说:“西川豪杰很多,不可轻敌。一路上要戒约三军,不得掳掠百姓,以免失去民心。所到之处,应该多多抚恤,不可任意鞭挞士兵。希望将军早到雒城相会,不可有延误。”张飞欣然答应,上马领兵出发了。

张飞带领人马,快速前进,所到之处,但降者秋毫无犯,一直通过汉川路,到达巴郡。用计收降了巴郡太守严颜。于是,严颜为前部,张飞领军随后,所到之处,尽是颜所管辖,四十多处关隘的守军都被严颜叫出来投降了张飞,很快到了雒城。诸葛亮和赵云后来也赶到了,见张飞先到,很是惊异,问明原委,诸葛亮高兴地说:“张将军能用谋略,这是主公的洪福啊。”于是,诸葛亮调兵遣将,用计擒杀了张任,很快攻占了雒城。

刘备、诸葛亮乘胜进军。一面亲率主力直逼成都,一面分兵去攻占成都周围诸郡,进而合围成都。这时,因兵败而投靠张鲁的西凉马超,也来投归了刘备,领兵到成都前来助战。刘璋见大势已去,虽然有人劝他不要投降,刘璋感叹地说:“我父子在益州二十多年,对百姓谈不上有什么恩德,老百姓为我打了三年的仗,吃的苦够多了,要是再打下去,我不忍心!”于是开城出降。

刘备进入成都,大摆庆功筵宴,犒劳三军,论功行赏。刘备以荆州牧又兼领益州牧,拜诸葛亮为军师将军,将后方政务一概交给他料理。诸葛亮也就全力以赴地协助刘备治理巴蜀。

孔明治蜀

诸葛亮治蜀期间,重视修明政治,任人唯贤,唯才是举,严明法治,发展生产,严练治军,以确保蜀汉政权的稳固和前线的军需和兵源。

初治巴蜀,诸葛亮很注意解决主、客籍集团的关系。在以自己原来的荆州集团作为政权的骨干外,特别注意吸收“东州”(刘璋)集团和益州地方集团的人士参加政权。对原有的官员,只要他们拥护新政权,都给予信任和重用。如董和、黄权、李严、吴懿、费观等人,“皆处之显任,尽其器能”。有影响的儒生,如杜微、来敏等,在不让参与军政大事的前提下,给他们一定的官职,或是诸如谏议大夫等的名誉头衔,这样,大大缓和了各集团之间的矛盾,进一步使刘备集团在益州站稳了脚跟。

选贤任能是诸葛亮治国的首要措施。他特别强调“治实而不治名”的原则,认为“为人择官者乱,为官择人者治”,坚决摒除用人唯亲的做法。为了招纳贤士,他在成都筑起了招贤台,又称读书台,做到“筑台以集诸儒,兼以待四方贤士”。他“用人不限其方”,广揽人才,使蜀汉政府的官员来自四方八面,既有刘备原来的部属,又有刘表的部属,还有刘璋的旧臣,更有外部投奔而来者。诸葛亮任人唯贤,不拘出身门第,不论资历,很注意在下层普通人员中发现挖掘人才。他先后对杨洪、何祗的提拔,最受时人所称道。犍为太守李严属下功曹杨洪,诸葛亮赏识杨洪遇事明断,上表请任为蜀郡太守。杨洪门下何祗,任督军从事时,游戏放纵不勤所职,听说诸葛亮前来检查,何祗连夜张灯审案办公,待到查问,何祗对所问公务对答如流,无所凝滞,诸葛亮很是惊异其才,于是提升他为成都令,后因政绩升任为广汉太守。李严、杨洪、何祗原本职位差别很大,而后来同为太守。这样,蜀汉上下对诸葛亮以德才选士都深表佩服。

诸葛亮用人唯贤是举,破格提拔了一批忠勤职守,廉洁奉公,而又卓有才能,富于实干精神的基层官吏。如张嶷,史书上说他“出自孤微”且“放荡少礼”,但他忠于蜀汉政权,诸葛亮提拔他作了太守。王平“生长戎旅,手不能书,其所识不过十个”,但他“遵履法度”,很有军事才能。在街亭战役中表现卓越,诸葛亮马上加拜王平为参军,统帅五部军马,又进位将军,屡立战功,后来成了蜀国一员很能打仗的将领。吕义治身俭约,为政简而不烦,持法刻深,诸葛亮便让他去管理极为重要的汉中郡。邓芝“不治私产,妻子不免饥寒”,但他“赏罚明断”,且在“联吴抗曹”方面有功,当了中监军、扬武将军等重要职务。姜维本是曹魏降蜀的下级军官,因为他“忠勤时事”,“甚敏于军事”,不久就被诸葛亮拜为征西将军,后来成了西蜀后期举足轻重的人物。蒋琬本是荆州一个默默无闻的小吏,但他“为政以安民为本,不以修饰为先”,又“常足食足兵,以相供给”前线,确实是个很有才能的人。因此,诸葛亮临终时便毫不犹豫地推荐他做了继承人,当了蜀国的丞相。

诸葛亮不仅自己留意选用贤才,而且十分注意教育下属官员不要嫉贤妒能,注意向上推荐有才德之士。当广汉太守姚伷向诸葛亮荐举自己有才能的部下时,诸葛亮很是称赏,并要其他官员学习。

诸葛亮把严明法治、整顿吏治放在首位,以获得良好的政治局面。他主持制定了一部比较完善的法典《蜀科》,公布于众,作为蜀汉政权实行法治的基础,使“赏不可以虚施,罚不可以妄加”,以求“科教严明,赏罚必信,无恶不惩,无善不显”。同时,他还制定出“训励臣子”的科条:八条、七戒、六恐、五惧。诸葛亮严于执法,不避亲疏,他说:“吾心如秤,不能为人作轻重。”他十分强调以身作则,认为“其身正,不令而行;其身不正,虽令不从。”带头遵守一切法令,如后来北伐时因用人不当失守街亭,即主动上书请降三级,以示惩罚。

诸葛亮立法施度,能做到开诚布公。所以,“邦域之内,咸畏而受之。刑政虽峻而无怨者,以其用心平而劝戒明也。”将军向朗在街亭之战中因对马谡违令败逃知情不报被诸葛亮革职,而他的侄儿向庞却因为屡经战场,“晓畅军事”,办事稳妥谨慎,对蜀汉有贡献,在诸葛亮的亲自建议下提升为督军。向朗事发罢官后,诸葛亮依然十分信任向庞。在整个北伐期间,都把后方兵马大权交给了他,向庞也尽责完成了任务。《三国志》作者陈寿,其父因犯法被诸葛亮处以重刑,尽管有辱父之仇,陈寿依然称颂诸葛亮严明的法治精神。中都护署府事李严和长水校尉廖立,因违法乱纪被罢官,流放到边远地区务农,后听到诸葛亮去世的噩耗,都禁不住痛哭流涕。

经过诸葛亮大力整治,蜀汉朝廷法威大振,政令严明,官吏不敢作恶,百姓人人向善,“道不拾遗,风化肃然”。

诸葛亮恢复和发展生产的方针,主要是“务农殖谷,闭关息民”。他积极推行奖励耕战的政策,即使在前线的兵士,也必须从事农业生产;还曾经招五千名青壮年到汉中屯田,并命令汉中太守兼任督农,把农业产量作为衡量政绩的标准。农业的发展,恢复和充实了国力,为以后的军事行动准备了物质条件。

诸葛亮重视兴修水利,“以此堰(都江堰)为农本,国之所资”,创设堰官,专门管理都江堰。组织一千多名青壮年,疏通河道,使都江堰水利工程的自流灌溉作用得到充分发挥,保障了西蜀农业的发展。

诸葛亮把直接关系人民生活和国家收入的盐铁开采经营权收归官府所有,专门设置了盐府校尉和司金中郎等官职,选拔有理财能力的官吏担任此职,管理食盐和铁器的生产,还常常亲自过问盐铁生产情况。这些措施极大地增加了蜀汉政权的财政收入。

诸葛亮用卖川锦的办法聚集增加财政收入,补充空虚的国库。把织锦工匠集中在一起,筑城派兵加以守护,并设置锦官,专门管理蜀锦的织造。他还身体力行,让家眷在园子里种桑树八百株,以带动百姓植桑养蚕,为蜀锦生产提供了充分的原料。他曾说:“今民贫国虚,决敌之资,惟仰锦耳。”在他的倡导和各种有力措施的促进下,蜀锦生产有了相当大的发展。

诸葛亮卓越的军事才干,也表现在治军的一整套方法上。为了完成统一大业,必须建立一支强大的克敌制胜的军队,他从西蜀国弱人少的实际情况出发,十分注重苦练精兵,建立纪律严明的军队。他说:“有制之兵,无能之将,不可以败;无制之兵,有能之将,不可以胜”。他坚持“法令明、赏罚信”,所以蜀国“士卒用命,赴险而不顾”。同时,很注重对将领的考察和提拔,认为“良将之为政也,使人择之,不自举;使法量功,不自度。”这样的选拔方法,优秀的将领就不会被埋没。他特别讲究兵法的运用,发展了孙子兵法,结合实战,设计出有名的"八阵图",变化无穷;制定了有关练兵、行军、扎营、作战、撤退等一整套行之有效的办法。要求行军安静而神速,宿营驻寨的布置必须坚实而有条理,正所谓"止如山,进退如风。"蜀军经过诸葛亮的严格训练,战斗素质大为提高,达到了"数万之众,其所兴造,若数十万之功"的程度。

托孤受命

公元215年,曹操亲率大军进攻汉中的张鲁,张鲁败降,曹操留大将夏侯渊驻守汉中。公元217年,鲁肃去世,出于对吴蜀联盟前途的担忧,刘备和诸葛亮感到夺占汉中,巩固巴蜀,已是刻不容缓的事。于是,刘备听从法正之谋,亲率大军北进汉中,与曹操攻战达两年之久。诸葛亮坐镇成都,提供兵饷粮草,不失萧何之功,终于以黄忠斩夏侯渊,刘备占据汉中而结束战事。

公元291年7月,刘备手下文武120多人联名上表汉献帝,尊刘备为汉中王。这篇借古喻今言天下"安危定倾"的表文,经过诸葛亮审定,领衔的却是平西将军马超,其次是刘璋旧臣,然后才是诸葛亮和关张赵等人。这表明了诸葛亮等腹心旧臣的谦逊之德和恢宏气度,表示不论新故都同心拥戴,甚至新人比旧故更迫切,增加了马超等人的向心力,表明了刘备集团的高度团结。

荆州守将关羽,骄傲轻敌,盲目自大,是诸葛亮深为担忧的。当刘备兵定益州拜马超为平西将军时,关羽即要入川与马超比武,刘备很是吃惊,诸葛亮深知关羽为人,于是写信称:"孟起(马超字)兼资文武,雄烈过人,一世之杰,黥、彭(刘邦手下勇将)之徒,当与翼德并驱争先,犹未及髯(关羽称美髯翁)之绝伦逸群也。"关羽看了很高兴,还把信拿给左右宾客看,志得意满。后来刘备攻占汉中称王,封关羽为前将军,黄忠为后将军,不出诸葛亮所料,关羽一听黄忠为后将军,不禁大怒说:"大丈夫誓不与老兵同列!"经由刘备和诸葛亮暗授机宜而去的益州前部司马费诗晓以利害,关羽才大为感悟,拜受了印绶。

关羽对诸葛亮联吴以守荆州这个重大策略不加重视。不但常和鲁肃在边境上制造摩擦,挑起事端,而且连孙权也不放在眼里。当孙权遣使为儿子求娶关羽之女时,他不但不许婚,还辱骂孙权说:"虎女安肯嫁犬子乎!"使孙权深恨关羽。眼看刘备势力日益壮大,孙权深感不安,孙、刘集团之间的矛盾也越来越激化,孙权遂开始谋划夺取荆州。诸葛亮最担心的事终于不可避免地发生了。

公元219年7月,关羽按照刘备的部署,发动了襄樊战役。关羽一举夺下襄阳,把曹仁围困在樊城。曹操派大将于禁、庞德率七路精锐军队去救,关羽用计水淹七军,于禁被捉投降,庞德被生擒斩首,关羽一时"威震华夏"。

魏王曹操这时坐镇洛阳,深感许昌受到关羽的威胁,已有迁都邺城的打算,但又惧怕动摇人心,经与司马懿等谋士商议后,一面派徐晃发兵救援樊城,一面遣使劝说孙权抄袭关羽后方,并以割让江南地区给孙权相利诱。正当关羽与曹军打得难解难分的时候,早有意荆州的孙权,于是派吕蒙用计偷袭了江陵,占领了关羽的后方。关羽闻讯大惊,不顾诸葛亮当年的嘱托,挥军南返,回救途中被东吴军队俘虏杀害了。孙权进而占据了荆州各郡县,为了防范刘备报复,遣使向曹操称臣,并奉上关羽的首级，意欲使刘备移恨曹操。曹操深知其意。刻沉香木为驱，以王侯之礼葬关羽于洛阳南门外，令大小官员送殡，亲往拜祭，并赠为荆王，以使刘备更恨孙权，从中取利。这样，孙、刘联盟便告完全破裂，天下形势发生了巨变。

消息传到成都，刘备悲痛欲绝，即要提兵讨伐东吴。诸葛亮及众官员再三劝谏：孙权与曹操各怀鬼胎，目前只可按兵不动，等到吴、魏不和时，再乘机讨伐。考虑到当时的实际情况，刘备也只好暂时作罢。

公元220年，曹操病故，长子曹丕继位，废掉汉献帝，自立为帝，建立魏国。第二年，诸葛亮劝说刘备继承汉统，建立蜀汉国，以争取政治上的主动。刘备在成都称帝，以诸葛亮为丞相，置百官，立宗庙。

公元221年7月刘备为了给关羽报仇，也为了夺回战略要地荆州，带领蜀军精锐主力去攻打东吴，诸葛亮、赵云等苦谏无济于事。刘备命丞相诸葛亮辅佐太子守成都。这时，张飞因急于为关羽报仇，鞭挞士卒，被部将杀害，刘备把张飞被害的账也算在孙权身上，坚决出兵伐吴，到江州时留下赵云镇守，立即兵出三峡。

起初，刘备兵锋甚锐，所向无敌，连连打败东吴军队。孙权多次派人向刘备求和，遭到盛怒之下的刘备的拒绝。刘备感情用事，违背了诸葛亮的联吴抗曹的正确方针，使自已腹背受敌，处于不利的地位，这是很大的战略失策。孙权见求和不成，形势危急，只好一面派使节向曹魏称臣，请求魏国发兵救援；一面派大将陆逊领兵抵挡。公元222年5月，刘备的军队在郿亭(今湖北宜都北)一带因疲劳轻敌，扎营密林，被陆逊指挥的吴军用火攻破，火烧连营数百里，号称七十万的蜀军伤亡惨重，军事物资几乎全部损失。刘备率领败军退回白帝城，羞愧痛心中一病不起。

刘备在郿亭连营数百里与吴军对峙时，连魏帝曹丕都说刘备不懂兵法。当谋士马良建议画扎营地图问诸葛亮时，刘备不以为然。当诸葛亮在成都见到马良画的图本时，拍案叫苦说："是何人教主公如此下寨？可斩此人！"当得知是刘备自己的安排时，诸葛亮情不能禁地叹息说："难道大汉气数真的已尽了？"许久后又说："东吴兵胜，我入川时在鱼腹浦伏下十万精兵，陆逊害怕魏军袭击其后方，必然不敢来追，成都可保无事。"于是，一面派人火速去告刘备，一面调拨军马准备救应。后来刘备兵败，陆逊追击时迷入诸葛亮在鱼腹浦布的八阵图中，幸得黄承彦指引才得脱险。后世杜甫有诗赞道："功盖三分国，名成八阵图。江流石不转，遗恨失吞吴。"陆逊脱险后叹道："孔明真是卧龙，我不及也！"于是下令班师退兵，准备迎击魏军的进攻。

荆州之失和郿亭之败，不仅使蜀汉大伤元气，损失惨重，而且使诸葛亮两路北伐的战略计划也无法实行了。它标志着蜀汉不断强大的终止和三国鼎立之势的最终形成。

公元222年3月，刘备在白帝城病危，火速派人赴成都，诏诸葛亮到白帝城，将统一大业和幼子相托付。时马良之弟马谡也在白帝，刘备总感到马谡身上缺少点实在的东西，就提醒诸葛亮说："马谡言过其实，不可大用。"诸葛亮听了，心里总感到不解。转眼到了4月下旬，刘备病势一天比一天沉重，临终前，托丞相诸葛亮辅佐刘禅，完成统一大业。遗诏刘禅要多读一些法家的书，多向诸葛亮请教。并对诸葛亮深情地说："君才胜过曹丕十倍，必能安邦定国，成就大业。若是刘禅可辅，则辅之，如其不才，可取而代之。"诸葛亮一听，赶忙跪下，泪流满面地说："臣一定竭心尽力，效忠贞之节，就是死也报答不了陛下对臣的知遇之恩。”刘备也流着眼泪，一面命内侍扶起诸葛亮，一面请李严前来，嘱咐他协助诸葛亮共辅太子。然后把两个小皇子叫过来，命他们跪在诸葛亮前，告诫说：“我死之后，你们兄弟三人要把丞相当做父亲一样对待，同心共事，不可违命。”不久，刘备就病逝了。

刘备病逝后，太子刘禅继位，封诸葛亮为武乡侯，开府治事，又兼任益州牧，刘禅对诸葛亮事之如父，“委以诸事”。于是诸葛亮义不容辞，全面担负起蜀汉的军政重任，苦心孤诣，殚尽心血。

征抚夷越

刘备死后，蜀汉政权面临着极大的危机：强曹在北，仇吴在东，国力大大削弱，内部也很不稳定，南中叛乱不断，诸葛亮正是在这样一个时刻，受命开始总理蜀汉的军政事务。

魏主曹丕闻知刘备死去，认为有机可乘，听从司马懿之计，调五路大军，围攻西川：第一路，曹真取阳平关；第二路，反将孟达从上庸进犯汉中；第三路，东吴取峡口入川；第四路，南蛮王孟获进犯益州四郡；第五路，西羌番王轲化进犯西平关。消息传到成都，蜀汉朝廷为之震动。诸葛亮因病不能视事，后主刘禅亲往相府探病问计，诸葛亮笑着对后主说：“四路敌兵，臣已退去了。马超守西平拒羌兵，魏延以疑兵阻南蛮孟获，李严写信给孟达使其称病不进，关兴、张苞在重要的地方屯兵三万作为各路策应。东吴孙权自不会轻举妄动，我们只需派一能言善辩的人去东吴，说明利害，东吴自然先退了。”果如诸葛亮所料，四路进犯之兵都纷纷败退。同时，为了执行联吴抗曹的战略，诸葛亮选派很有外交才能的邓芝出使东吴，经过邓芝艰辛而卓绝的努力，在客观形势的推动下，终于使吴蜀这相互仇视的两大政治集团重新携起手来。吴蜀重新缔结盟好关系，是诸葛亮外交政策的重大成功。它不但把一个强大的仇敌化为盟友，而且牵制了曹魏的军事威胁。这样，诸葛亮就能全力搞好蜀汉内部事务，同时，积极准备解决当时已成为蜀汉政权威胁的南中叛乱问题。

三国时期隶属于蜀汉管辖的南中地区，包括今天云南、贵州和四川西南部一带，古称“夷越之地”。由于东汉统治者的“赋敛烦扰”，激起了南中各族人民的反抗，残酷的镇压激起更大规模的反抗，而一部分少数民族奴隶主“夷帅”和汉族豪强地主“方士大姓”，时刻都在寻机扩大矛盾，以便达到他们割据自雄的目的。由于上层分子雍闿、孟获等的造谣和煽动宣传，不少人受骗跑到叛军中去，叛乱几乎席卷整个南中地区。

公元225年3月，经过近两年的“闭关息民”，在把内政外交各方面安排好后，诸葛亮感到出兵镇压南中叛乱的时机已经成熟，于是亲自率领大军南下平叛。

诸葛亮采用了“攻心为上，攻城为下，心战为上，兵战为下”的策略来平定南中之乱。诸葛亮用反间计杀了叛乱首领雍闿、朱褒，全歼高定部后，五月渡泸，深入不毛，开始征讨孟获。孟获收集雍闿等人的余部，继续与蜀军对抗。作为少数民族的首领，孟获在南中为“夷汉所服”，是当地一位很有影响和威望的人物。诸葛亮决定收服孟获，设法使他从心里臣服蜀汉政权，在西南少数民族中造成影响，以便长期稳定南中局势。

孟获在蜀汉大军到来时，聚集三洞元帅商议，后派三位元帅各领兵五万，分左、中、右三路来迎战。诸葛亮用激将法，使赵云、魏延两位老将军杀入敌军营寨，大败蛮兵，斩了敌军中路元帅，左右两路敌军元帅从山路逃跑时也被埋伏的蜀军擒获。

诸葛亮命人解去两位洞主元帅的捆绑，赐给酒食衣服，让两人各自归去。孟获闻知兵败，大怒，遂率兵进发。诸葛亮使王平诈败，引诱孟获军进入埋伏圈。孟获见蜀军旌旗交错，队伍杂乱，即生轻敌之意，驱兵追击王平。正追杀时，蜀将张嶷、张翼两路兵马突然杀出，截断后路。王平领兵杀回，赵云、魏延从两侧夹击，孟获抵敌不住，被魏延生擒活捉。

诸葛亮让人解去被俘蛮兵的捆绑，安抚说："你们都是好百姓，不幸被孟获所诱，今受惊吓了。我想你们的家人一定倚门而望；我今天全放你们回去，以安各自家人之心。"蛮兵深感其恩，哭着拜谢离去。

诸葛亮对孟获不杀不辱，反而加以款待，让他观看蜀军的营垒和阵容。孟获并未服气，声称自己是因为不知虚实而中了埋伏，并说再战必胜。诸葛亮便笑着放他回去，让他整顿军马再来交锋。结果孟获又照样兵败被捉。可是他还是不服气，于是诸葛亮又把他放回去。就这样，一捉一放，前后共七次。第七次孟获被捉住的时候，诸葛亮仍然要放他回去，这时孟获终于心悦诚服地说："公，天威也，南人不复反矣"。这就是历史上诸葛亮"七擒孟获"的故事。

取得平叛南夷的胜利后，诸葛亮采取了"以夷制夷"的政策，任用当地少数民族首领来管理，不再派留汉人官吏和军队。有人对此很不解，诸葛亮说："留人有三不宜：其一留汉族官吏，就要留兵，而所需军粮难以解决；其二战争刚刚结束，双方各有死伤，留汉人而不留兵，必成祸患；其三南中常有废杀之举，自嫌衅血，如留汉人，不敢相信。因此用夷人自治，使夷汉各族相安无事。"同时，诸葛亮还选拔少数民族中威望很高的首领到蜀汉朝廷中任职，增强了民族团结。

为了巩固南中的安定，增强蜀汉中央集权的统治地位，诸葛亮在南中扩大和健全了郡县制，推行部曲制度。把原来南中四个郡，重新划分为六个郡，并派一些比较可靠、有能力、熟悉当地情况的官员作太守。他们都比较重视整顿政治，贯彻诸葛亮的各项政策，对巩固蜀汉对南中地区的统治发挥了很大的作用。

在加强政治统治的同时，诸葛亮还很重视发展南中地区的经济和生产。推广汉族先进的农业耕作技术，教当地少数民族使用耕牛，传授织锦技艺，重视南中盐铁业和商业的发展；动员大量人力修复久已不通的道路和沿途的驿亭，方便商旅往来，促进了南中地区与内地经济、文化、物资的交流；还从当地少数民族中选拔了一批年轻力壮的人，编成军队，连同其家属一万多户迁到蜀中。这支由南人组成的军队，异常骁勇善战，号为"飞军"，成为当时蜀军中的一支精锐，后来在北伐战争中起了不少作用。

诸葛亮"和抚"南中地区的措施和政策既巩固了蜀权政权，实现了"夷、汉粗安"，又促进了南中少数民族地区的经济发展和社会变革。据史书上记载，当时南中地区的一些特产，如金银、丹漆以及耕牛、战马等，都源源不断地运往蜀中，为蜀汉政权带来了巨大的经济利益。这样，在南中这个大后方得到巩固后，诸葛亮即按照他的既定方略，加紧训练兵马，强化武装力量，积极准备北伐中原。

北伐中原

北伐曹魏，统一全国，复兴汉室，这是诸葛亮早在《隆中对》中就已定下的奋斗目标。他的一系列活动，都是同实现这一目标分不开的。同东吴重修盟好，使北伐无东顾之忧；征抚南夷，使北伐既有安定的后方，又增强了国力；经过对内部的大力治理，做到内部安定，国富兵强。经过这样一番准备，诸葛亮开始北伐了。

公元226年，魏文帝曹丕病死，其子曹睿初继帝位。诸葛亮抓住这个大好时机，把蜀中诸事安排妥后，第二年便率领大军开往汉中一带，伺机北伐。临行，他向后主刘禅上了一道表章，表云：

先帝创业未半，而中道崩殂。今天下三分，益州疲弊，此诚危急存亡之秋也。然侍卫之臣不懈于内，忠志之士忘身于外者，盖追先帝之殊遇，欲报之于陛下也。诚宜开张圣听，以光先帝遗德，恢弘志士之气，不宜妄自菲薄，引喻失义，以塞忠谏之路也。

宫中府中，俱为一体，陟罚臧否，不宜异同。若有作奸犯科，及为忠善者，宜付有司，论其刑赏，以昭陛下平明之理，不宜偏私，使内外异法也。侍中、侍郎郭攸之、费祎、董允等，此皆良实，志虑忠纯，是以先帝简拔以遗陛下。愚以为宫中之事，事无大小，悉以咨之，然后施行，必能裨补阙漏，有所广益。将军向宠，性行淑均，晓畅军事，试用于昔日，先帝称之曰能，是以众议举宠以为督。愚以为营中之事，事无大小，悉以咨之，必能使行阵和睦，优劣得所也。亲贤臣，远小人，此先汉所以兴隆也；亲小人，远贤臣，此后汉所以倾颓也。先帝在时，每与臣论此事，未尝不叹息痛恨于桓、灵也。侍中、尚书、长史、参军，此悉贞良死节之臣也，愿陛下亲之信之，则汉室之隆，可计日而待也。

臣本布衣，躬耕于南阳，苟全性命于乱世，不求闻达于诸侯。先帝不以臣卑鄙，猥自枉屈，三顾臣于草庐之中，咨臣以当世之事。由是感激，遂许先帝以驱驰。后值倾覆，受任于败军之际，奉命于危难之间，尔来二十有一年矣。先帝知臣谨慎，故临崩寄臣以大事也。受命以来，夙夜忧叹，恐托付不效，以伤先帝之明。故五月渡泸，深入不毛。今南方已定，兵甲已足，当奖率三军，北定中原。庶竭驽钝，攘除奸凶，兴复汉室，还于旧都。此臣所以报先帝而忠陛下之职分也。至于斟酌损益，进尽忠言，则攸之、祎、允之任也。愿陛下托臣以讨贼兴复之效；不效，则治臣之罪，以告先帝之灵。若无兴德之言，则责攸之、祎、允等之慢，以彰其咎。陛下亦宜自谋，以谘诹善道，察纳雅言，深追先帝遗诏。臣不胜受恩感激。今当远离，临表涕零，不知所云。

这就是后世千载流传的《出师表》。通篇凝聚着诸葛亮公忠体国、励精图治的精神品格，无处不展现他北定中原、谋求统一的坚定信念，言出肺腑，情真意切，发人深省，感人至深。

为了能对曹魏两路夹击，诸葛亮对叛蜀降魏的孟达进行了一系列策反工作，终因孟达不听诸葛亮的劝告，疏忽轻敌，机事不密，被司马懿察觉，很快兵败被杀。

公元228年春，诸葛亮开始北伐了。为了稳妥起见，他没有采纳大将魏延偷袭长安的极为冒险的进军方案，而是与众将商议，决定先取陇右，再下关中。为了迷惑魏军，采取声东击西的策略，扬言要从斜谷出兵攻打郿城（今陕西眉县），并派赵云、邓芝带一队兵马作为疑兵，进据斜谷道，佯作一副要攻取 城的样子。诸葛亮却暗中亲率大队人马，突然扑向魏军据守的祁山（今甘肃西和县西北）。蜀军经过几年时间的养精蓄锐，兵强将勇，战阵整齐，号令明肃，锐气很盛，所到之处，势如破竹，一举攻占祁山。位于陇西，祁山以北曹魏所属天水、南安、安定三郡守军，相继开城投降。诸葛亮又在翼城一带收降了后来成为西蜀名将的姜维，很是高兴，从心里喜欢这位有胆有识、临危勇任的青年。顿时，关中震动，魏国朝野一片惊惶。魏明帝曹睿亲临长安坐镇，命大将曹真、张郃率部赶赴郿城，命司马懿随后驰援。

正当战事朝着有利于蜀军方面迅速发展时，一个意外的挫折却使整个局势发生急转直下的变化。蜀军前锋马谡在街亭一带（今甘肃秦安西北）与魏军作战中，违背诸葛亮的调动，又拒绝副将王平的劝阻，盲目自大，一意孤行，错误地丢弃城池不守，远离水源，把军队布置在孤立的山头上，结果被打得大败，致街亭失守，蜀军失去了前进的有利据点，致使整个战局向有利于魏军方面转化了。这时，赵云、邓芝也在东线失利。如果在这种被动不利局面下再继续作战，蜀军势必遭到更大损失。于是诸葛亮急忙调兵遣将，准备回汉中。

诸葛亮分拨完毕，自己领着五千名士兵到西城县搬运粮草。这时司马懿突然率十五万大军兵临西城。当时诸葛亮身边无有大将，所领的五千军已有一半先运粮草走了，只剩下二千五百人在城中。如果弃城而去，必不能远逃。众人都大惊失色，不知所措，诸葛亮却意气自若，令“军中偃旗息鼓，诸军各守城铺，不许妄自出入，不许高声言语；四门大开，每一门上用二十军士扮作百姓洒扫街道”。诸葛亮披鹤氅，戴纶巾，领着两个小童子，在城上敌楼前，凭栏而坐，焚香操琴。司马懿领军到了城下，看见如此模样，心中大疑，他素知诸葛亮生平谨慎，不曾弄险，今大开城门，必有伏兵。于是引军尽皆退去。诸葛亮见魏军远去，拊掌大笑，一切都在意料中，然后拔西城百姓还于汉中，等待新的战机。后来司马懿再到西城时，仰天长叹：“我不如孔明！”

初战祁山失利的主要原因，是由于街亭的失守。马谡本来是一个只善空谈，无实际作战经验的人，诸葛亮不禁想起刘备临终的告诫：马谡言过其实，不可大用。内心极为悔恨，错用马谡，致使整个战局失利。回到汉中，立即挥泪按军法把马谡斩首，然后上表后主，自贬丞相之职，贬秩三等为右将军，以明国法。

第一次北伐的失败，没有使诸葛亮丧失统一的信心。他一面奖赏有功人员，抚恤阵亡将士的家属；一面总结教训，休整军队，励兵讲武，等待再次进兵中原的机会。

公元228年冬天，曹魏大将曹休被东吴鄱阳太守周鲂行使假降计，打得大败，魏军主力大部分被吸引东下，解救曹休。关中空虚。诸葛亮乘此时机，又亲率大军杀出散关（今陕西宝鸡西南），包围了陈仓。陈仓地势险要，易守难入，是古来兵家必争之地。由于陈仓魏军早有准备，因此蜀军遭到拼死抵抗。陈仓守将郝昭，智勇双全，加上城池高大、坚固，所以仗打得异常激烈、艰苦。攻城蜀军架起的云梯被守军用火箭射中起火；攻城的冲车也被城上飞下来的巨石砸毁。接着蜀军搬土填平护城河，准备筑岗直攻，也没有成功。后来挖的地道也被城中魏军所挖的横沟截断而告失败。激烈的战斗一直打了二十多天，陈仓还是没有被攻破。诸葛亮眼看粮草快完了，又探得曹魏救兵也将赶到，只好下令退兵。魏国将军王双恃勇轻敌，领兵穷追，岂知诸葛亮早有安排，待王双进入埋伏圈后，一声令下，伏兵四起，立斩王双，然后从容退兵回到汉中。

诸葛亮与马谡

公元229年春，稍事休整后，诸葛亮开始了第三次北伐。鉴于前两次远攻失利，这次采取了近取固本的办法。他派部将陈式进兵攻取武都（今甘肃成县）、阴平（今甘肃文县）二郡，亲统大军继后，潜率军西上，以策应陈式。当魏国雍州刺史郭淮从陇西起兵进击陈式时，诸葛亮大军突然出建威（今甘肃成县西），惊走了郭淮，收复了二郡。诸葛亮留兵驻守下来，又对当地羌人做了一番安抚工作，然后收兵回到汉中。从此武都、阴平二郡正式归入蜀汉版图。

诸葛亮回到汉中后不久，后主降诏恢复了他丞相的职务。可就在这一年，赵云病逝，诸葛亮十分悲痛，跌足而哭道："子龙身故，国家损一栋梁，我去一臂也！"众将无不流泪挥涕。同年四月，吴王孙权称帝，诸葛亮从大局出发，为了集中力量攻打曹魏，排除了内部一部人要与东吴断绝盟好的要求，派陈震为使到东吴去祝贺，从而使吴蜀联盟更加巩固。

诸葛亮为再次出兵北伐，进行了充分准备。在南郑筑汉城，成固筑乐城，以加强汉中防务。为了克服蜀道的艰险难行，解决战时的粮草运输困难，他设计制作了木牛流马来运送军粮，以确保与魏军长期作战。还改进制作了一种新式连弩箭，"一弩十矢俱发"，有较大杀伤力，是当时第一流兵器。到了第二年秋天，诸葛亮还未出兵，却听说魏国大兴三路兵马杀奔汉中来了。

诸葛亮正在操练人马，学习八阵之法，都已精熟，听到魏军主动来犯，遂叫来张嶷、王平吩咐说："你二人先领一千人去守陈仓古道，以当魏兵；我提大军随后便来接应。"二将面面相觑，哀告说："人报魏军四十万，诈称八十万，声势很大，我们领一千兵如何能挡住？丞相欲杀我二人，就此请杀，只不敢去。"诸葛亮笑着说："我夜观天文，知月内必有大雨，魏军虽有四十万，怎敢深入山险之地？我将大军在汉中屯居，以逸待劳，等到魏兵退时，随后掩杀，必获全胜。"二将听了大喜，拜辞而去。

正如诸葛亮所料，随后下了三十多天大雨，曹真军入子午谷，走了一个多月也没有走出谷口，司马懿早就在中途停下。这时，魏明帝下诏退兵，各路大军接到命令就立刻撤退了。蜀军众将都要追击，诸葛亮知司马懿善能用兵，今军退必有埋伏，故暂令不追。果然数日后埋伏的魏兵撤去，诸葛亮随后兵分两路，一路出箕谷战司马懿；一路出斜谷攻曹真。因司马懿早有准备，打败蜀军；而曹真却被蜀军大败。诸葛亮写信给曹真，笑他不学无术，竟把曹真气死军中。魏主下诏催司马懿出战，司马懿与诸葛亮斗阵不过，愤而挥军交战，结果大败而逃，退到渭滨南岸下寨，坚守不出。后因苟安运粮误期被罚，投降魏军，司马懿令其潜回成都散布流言，使后主下诏退兵，诸葛亮仰天长叹："主上年幼，必有佞臣在侧！我如不回，是欺主矣。若奉命而退，日后再难得此机会也。"即令兵分五路，以增灶法依次而退，使司马懿疑有伏兵而不敢追，不折一人而回。司马懿后来得知，仰天长叹："孔明谋略，我不如也！"遂引大军回洛阳。

公元231年春天，诸葛亮在处理好蜀汉内部事务后，再次出兵祁山，开始第四次北伐。他命李严住汉中督办粮草，供应前方，自己亲率大军北攻，团团包围了魏军固守的祁山。魏主曹睿得讯，立即派司马懿率大军火速去救。诸葛亮闻讯，果断地留下王平带部分精锐军马继续攻打祁山，而自己亲率蜀军主力迎战。

两军在上邽遭遇，郭淮、费曜所带领的魏军被打得一败涂地，蜀军进而占了卤城，诸葛亮亲率诸将和三军向陇上进发。诸葛亮用装神之计和疑兵吓得司马懿三天不敢出城，趁势命三万精兵把陇上小麦割完，运到卤城打晒去了。司马懿后来知道了缘故，长叹道："孔明有神出鬼没之机！"经与副都督郭淮议定，发兵两路攻打在卤城打晒麦子的蜀军。

魏军乘夜来到卤城下，把城围得铁桶一样。司马懿传令攻城，岂知诸葛亮早有准备，城上万弩齐发，矢石如雨，魏军不敢前进，正在这时，四面火光冲天，喊声大震，四路伏兵一齐杀来。卤城四门大开，城内蜀军杀出，里应外合，大杀了一阵，魏军死伤无数。司马懿引败军奋死杀出重围，占住了一座山头，郭淮也领着败兵到山后扎营，坚守不出，与蜀军遥遥相对，以期蜀军粮尽后再去攻打。同时，一面令郭淮去偷袭剑阁，以断蜀军粮道；一面发檄文星夜往雍、凉两州调拨人马。岂知诸葛亮已先派重兵把守剑阁，郭淮见有准备只好撤回。

这次北伐，诸葛亮采纳了杨仪的建议：把北伐之兵与汉中之兵分作两班，以百日为期交换使用。当时在诸葛亮身边的八万蜀军中，有四万是马上要换班的，在这四万蜀兵收拾准备起程时，忽报西凉军马二十万来助战，司马懿又引兵来攻卤城，蜀兵无不惊骇。杨仪即建议把换班要去的四万蜀军留下退敌，待汉中兵到了，然后替换。诸葛亮听了说："不可。我用兵命将，以信为本；既有令在先，岂可失信？他们都有父母妻子在家等着，我今天就是有大难，也决不留他们。"即传令教应去之兵，当日便行。众军士听了，都大呼说："丞相如此施恩于我们，我们愿意暂且不回，各舍一命，大杀魏军，以报丞相！"到了这时，诸葛亮便说："大家既要和我出战，可以出城安营，等敌军到时，不要等待他们有所喘息，便急攻之，这就是以逸待劳之法也。"众兵士领命出城，怀着必胜的信心列阵而待。

西凉人马倍道而来，人困马乏，正准备安营歇息，忽被蜀军一拥而进，人人奋勇，将锐兵猛，西凉兵抵敌不住，望后便退。蜀军奋力追杀，杀得西凉兵尸横遍野，血流成渠，丢下许多军械、武器、辎重狼狈逃走了。诸葛亮收了得胜之兵，回城赏劳。

这次北伐，连战告捷，几番重创魏军，照此发展下去，能给魏军更大的打击，造成兵逼中原之势。可是就在这时，由于后方负责给养的李严严重失职，致使粮草供应不上。李严为了掩盖过失，假传后主旨意，说东吴有连魏犯蜀之举，诳诸葛亮撤军。诸葛亮虽然感到十分疑惑，可又没有办法，而且这时军中粮草也接近用完，使蜀军失去了消灭魏军主力的大好战机，只好忍痛再一次放弃了进攻中原的大好时机，带兵撤回汉中。

魏国名将张郃听说蜀军撤走，不听司马懿劝阻，率领兵马紧紧追来，追到剑阁木门谷中，忽一声响，山上火光冲天，大石乱柴滚将下来，阻断了魏军的退路。一声梆子响，两边峭壁上万弩齐发，这位因抗蜀而"名著关右"的魏国名将张郃及百余部将，都被射死在木门道上。后面魏军追到时，见道路已塞，知道张郃中计，忽听山上有人大叫："诸葛丞相在此！"只见诸葛亮立于火光之中，指着魏兵说："我今日围猎，欲射一'马'误伤'獐'。你们可安心回去，上告仲达（司马懿字）：早晚必定要被我所擒。"司马懿闻报后，既暗自庆幸自己逃过大难，又悲伤叹息张郃之死，遂收兵回洛阳去了。

诸葛亮回到成都，严肃查办了李严。上表后主，把这位不顾大局，出尔反尔，只知安身求名，邀功取利的李严削职为民，流放边郡。同时分明是非，不搞株连，把很有才干的李严的儿子李丰提升为中郎将，并写信勉励他好好干。无怪后来李严听到诸葛亮去世的消息，泪流不止，感念至深，发病而死。

在处理了李严之后，诸葛亮感到连年征战，兵疲粮虚，于是着手整顿内政，休士养民，操练军队，把大量军粮屯集于斜谷口一带，以解决好"粮谷军之要最"，为更大规模的出师北伐准备了三年。

公元234年2月，诸葛亮率领十万大军杀出斜谷口（今陕西周至县），第五次北伐曹魏的战争开始了。兵出斜谷后，他一面指挥大军向前推进，占据武功，扎营五丈原；一面派使者前往东吴，约请孙权从东面出兵向曹魏进攻，以形成曹魏首尾不能相顾的局面。

蜀魏两军在渭水南岸的五丈原筑营对阵。司马懿派郑文诈降以图劫营，诸葛亮将计就计，把魏军打得一败涂地。于是，司马懿又故技重演，坚守不战，以使蜀军粮绝，从中取利。诸葛亮深知其意，用木牛流马搬运粮草，人不太劳累，很是方便。司马懿闻知很是吃惊，即派兵去抢了几匹，也如法炮制，赶造了二千多匹，从陇西搬运粮草。诸葛亮见司马懿中计，便派大将王平领兵去劫，赶走了运粮魏军。当魏军大队人马来抢夺时，王平按照诸葛亮吩咐，命军士扭转木牛流马口内舌头，弃之而去。魏军得了木牛流马，就是一点也驱不动，这时蜀军伏兵杀来，魏军大败而退，蜀军又夺回去了木牛流马，扭转机关，如风拥而去。魏军远远望着，无不惊畏，不敢再来追赶。这样，蜀军轻易得了大量木牛流马和粮草。

曹魏兵多势重，粮草充足，而且主帅司马懿又足智多谋；蜀军远道而来，粮草运输困难。诸葛亮清楚地意识到：同曹魏的这场战争实质上是一场旷日持久的艰苦战争。因此，他一面寻找机会打击魏军；一面"分兵屯田"，派士兵混杂在渭水之滨的农民中间种田，军一分，民二分，军民和睦相处，生产粮食供应军需，准备以此为基础，同曹魏军队长期作战。

不久，消息传来，孙权的军队被魏明帝率领的大军打退，撤回了江东。这时，蜀魏两军已经在渭水南岸相持数月，仍然没有机会进行大的决战。诸葛亮几次派人向司马懿挑战，司马懿都命令魏军坚守不出，企图以逸待劳，拖垮蜀军，使其粮尽自退。

为了与魏军决战，诸葛亮选择了上方谷（又叫葫芦谷）的山谷，密称在此屯存粮草，并多次有意把少量搬运粮草的木牛流马让魏军劫去，以使魏军轻敌，司马懿也形成错觉。果然司马懿自以为得计，一面令众将率主力去攻打蜀军大营，吸引蜀军主力；一面亲率一支兵马去上方谷，准备火烧蜀军粮草。

在探得谷上没有伏兵后，司马懿大胆杀入谷中，见草房上全是干柴，前面阻拦的蜀军大将魏延已不见踪影，心中大疑。正在这时，只听得喊声大震，山上一齐丢下火把来，烧断谷口。魏军退路已断，山上火箭射下，草房干柴都烧着了，一时间火势冲天。司马懿惊得手足无措，下马抱着两个儿子大哭说："我父子三人今天要死在这里了！"忽然间狂风大作，黑云漫空，一声霹雷，骤雨倾盆而下，满谷的火被浇灭。司马懿父子趁势领兵奋力杀出谷去,逃奔大营,不想营寨已被蜀军夺去。司马懿只得领着败军,杀过渭河浮桥,即命烧断浮桥,据守北岸。攻打蜀军大营的魏军闻讯急退,被四面而来的蜀军冲杀,魏军大败,十伤八九,死者无数。时诸葛亮在山上见因怪雨而使司马懿父子走脱,长叹说:"'谋事在人,成事在天。'不可强也!"

司马懿退回到渭北营中,据守不出,并传令众将:"今后再要出战者斩首。"诸葛亮千方百计企图诱惑魏军出战,无奈司马懿是下了决心坚守不出。于是,诸葛亮故意派人带了一套女人的衣服和书信去魏营送给司马懿,以企用羞辱的办法激怒司马懿决战。司马懿见了,心中大怒,但转念想到多次兵败,于是佯装笑着说:"孔明视我是妇人啊!"还假装高兴地接受了,设宴重待来使,问及诸葛亮的情况,使者俱实回答:"丞相夙兴夜寐,罚二十大板以上者都要亲自批览。一天吃的不过数升。"司马懿对众将说:"孔明食少事烦,其能久乎?"使者回去报告情况,诸葛亮叹道:"彼深知我也!我受先帝托孤之重,唯恐他人不像我一样尽心!"

魏军众将见诸葛亮如此欺辱他们,都火冒三丈,纷纷要求与诸葛亮决一死战。但司马懿仍不动声色,他一面为了平息将领们的怒气,假意上表给魏明帝请战,一面依然固守不出。魏明帝知道了司马懿的苦衷后,即派人持节传谕,令三军坚守勿战,众将只得奉诏坚守。

长期艰苦的军旅生活,繁重纷杂的军机事务,夜以继日的忙碌和操劳,加上对统一事业不能实现的重重忧虑,摧残了诸葛亮的健康,特别是出兵几个月来,一直找不到与魏军决战的机会,更使他心情烦闷,寝食不安,健康状况日益恶化。他不得不把前方的形势和自己的病情派人报告后主,让他多留心一下国事,有个思想准备。

诸葛亮病重的消息传到成都,后主刘禅急命尚书李福星夜到军中探望,并询问今后的国家大计。诸葛亮流着泪对李福说:"我不幸中途离世,虚废了国家大事,是得罪天下。我死后,你们一定要竭忠辅佐后主。国家旧制,不可改变;我所用的人,也不可轻易废用。我的兵法都传授给姜维,他自然能继承我的遗志,为国家出力。我命在旦夕之间,现有遗表上奏天子。"

李福在与诸葛亮密谈后,带了表文,便匆匆离去了。诸葛亮支撑着病体,让人扶上小车,出寨遍观各营,自觉秋风拂面,彻骨生寒,仰天长叹说:"悠悠苍天,我再不能临阵讨贼了!"叹息了很久,回到帐中,病情越发沉重。诸葛亮深感不久于人世,不仅对国家大事做了明确安排,还对蜀军撤退作了周密部署,并把根据自己平生所学,而写成的兵书二十四篇传给姜维,叮嘱说:"蜀中各条通道,都不必太多忧虑;只有阴平,切须仔细。这地方虽然险峻,但时间长了必有所失。"果然阴平后来成了魏军攻占蜀国的突破口。

过了几天,李福急匆匆地又回来了,他进账见诸葛亮丞相昏迷不醒,不禁跌足哭道:"来迟一步,是我误了国家大事!"诸葛亮忽然睁开了眼睛,对李福说:"我明白你返回的意思,你所问者,蒋琬可也。"李福又问蒋琬之后谁可接替丞相职务,诸葛亮说:"费祎可以。"李福再问其后时,诸葛亮闭上了眼睛,不回答了。大家近前一看,连声呼喊不应,诸葛亮丞相已经与世长辞了。

诸葛亮死后,杨仪、姜维等按照他的遗嘱,密不发丧,组织蜀军一营一营缓缓而退。司马懿闻知蜀军撤退,急领军马追来。正追间,蜀军鼓声大震,倒转旗帜,布成阵势,杀向魏军,中军大旗上书一行大字:"汉丞相武乡侯诸葛亮",旗下数员大将,拥着一辆四轮车,车上端坐着诸葛亮。司马懿大惊失色,以为又中了诸葛亮之计,忙下令退兵,魏军竞相逃命,自相践踏,死者无数。司马懿奔跑了五十多里,才被两员魏将扯住马嚼环停下，慌忙用手摸头问："我头还在不?"两将答道："都督不要害怕，蜀兵已去远了。"司马懿喘息半晌，神色方定，即下令撤归本寨。两天后方知诸葛亮已死，车上的乃是木人，已追悔不及。司马懿自我解嘲说："我能料其生，不能料其死也!"这就是后人讲的"死诸葛吓走生仲达"的故事，可见人们对诸葛亮韬略和智慧钦佩至极。司马懿后来到诸葛亮驻军的地方观看，见营寨坚实牢固，军垒井然有序，情不自禁地赞叹说："诸葛亮真是天下奇才!"

杨仪、姜维等领着蜀军，排成阵势，缓缓退入栈阁道口，然后更衣发丧，扬幡举哀。蜀军将士闻知，都撞跌大哭不止，以至于有人痛哭而死的。大军正行间，忽报大将魏延领本部人马反了，且有大将马岱相随，并领兵来取南郑。在南郑城下两军对阵。杨仪拆开诸葛亮生前留下的锦囊看过，便催马阵前，手指魏延笑着说："丞相在日，知你久后必反，今天果然应验。你敢在马上连叫三声'谁敢杀我'吗?"魏延大笑说："杨仪匹夫听着：如果孔明在时，我还惧怕他三分；他今已亡，天下谁敢敌我？不要说三声，就是三万声，又有何难!"遂提刀按辔，在马上大叫道："谁敢杀我?"一声未了，脑后一人厉声而应道："我敢杀你!"手起刀落，斩魏延于马下。众人都感到骇然，杀魏延的原是马岱。这一切都是诸葛亮生前安排好的，在后世广为流传，民间称为："魏延反，马岱斩。"

后主刘禅在成都见到诸葛亮的遗表，很是伤感。诸葛亮在表中表达了他对北伐没有成功的无穷遗恨，对不能报先帝知遇之恩而报后主的无尽憾意；对国家政事做了详细安排，还对自己家中事有所交代，称："臣在成都家中，有桑树八百多株，薄田十五顷，子弟衣食，自给有余。臣死之日，不可使家中有多余的帛丝，外面有赢余的钱财以至辜负了陛下。"等等，如此严格要求自已和家人，这在一般人是很难做到的。

诸葛亮灵柩运到成都，后主刘禅引文武百官，全都挂孝，出城二十里迎接。后主放声大哭，上至公卿大夫，下及山林百姓，男女老幼，无不失声痛哭，哀声震地。后主命扶柩入城，停放在丞相府中，其子诸葛瞻守孝居丧，后依诸葛亮遗愿，后主亲自护送灵柩到北伐前沿的汉中定军山安葬，不用墙垣砖石，也不用一切祭物。后主降诏致祭，谥号忠武侯；下令建庙于沔阳，四时享祭。

"出师未捷身先死，长使英雄泪满襟。"尽管诸葛亮一生为之奋斗的目标——统一全国的宏图大业未能实现，这固然是因为蜀汉与魏国双方力量的悬殊，以及刘备在战略决策上的诸多失误，但他那崇高的气节，勇于献身的精神，以及杰出的智慧和才能，却永远为人们追思和怀念。宋代王安石曾在《诸葛武侯》诗中称颂他的北伐活动说："崎岖巴汉间，屡以弱攻强；晖晖若长庚(金星)，孤出照一方。"

名垂千古

汉末三国时期的历史，波澜起伏，人才辈出，涌现出了一批杰出的历史人物，诸葛亮就是这其中最有代表性的一位。他去世几十年后，还受到蜀中一带"国人歌思"，到了唐代，那里还依然"歌道遗烈"，缅怀和追念他的功绩；直到今天，东南亚有些国家，甚至日本国中，还有许多人以诸葛亮为榜样，常思不忘。

诸葛亮从 27 岁出山到 54 岁病逝北伐前线五丈原，他短促而又不平凡的一生，几乎时时处处都充满了超人的智慧和才干。他从 27 岁走出隆中，登上当时风云变幻的历史舞台，恰好是半生操劳，尽瘁国事。前半生是他立志用世的准备阶段，结庐隆中，因志成学；后半生则是忠勤操劳，"两朝开济"的用世之期。唯因他前半生立志立得坚决，准备用世的才干又准备得充分，所以他在后半生才以其操守坚贞、智才卓出的条件，在当时的历史条件下，做出了一番轰轰烈烈的事业，赢得了“名垂宇宙”的崇高声誉。

在著名的《隆中对》中，诸葛亮向刘备提出进取荆、益，革新政治，积蓄力量，准备条件，统一全国的建议，表现了他对当时形势的清醒认识和深刻分析。他帮助刘备由无立锥之地到建立了蜀国，并两代任相，长期主持蜀汉的军政要务，推行汉治路线，对于西南地区政治、经济的发展，做出了有益的贡献。他重视“耕战”，大力发展农业生产；采取设立司盐校尉等一系列措施，做到了国强民富；他审时度势，清楚地知道敌人和盟友，还注意联合少数民族；他治军有方，使军队训练有素，作战时注重调查研究，因而经常取得胜利。他的智慧和谋略的运用，不但在当时的历史舞台上演出了威武雄壮、有声有色的活剧，而且对后世的政治、经济、军事、外交、民族政策等也产生了深远的影响。

武侯祠

在中国古代，没有那一位政治家或军事家能够像诸葛亮那样，得到了当时以及后世那么多的褒扬和赞誉。诸葛亮身后的蜀国，在他的继任者蒋琬、费祎相继去世后，也就一天天走向衰落了，确实使人感到“人亡政息”。人民关注国家的命运，怎能不怀念诸葛丞相呢？连魏国征西将军钟会统兵征蜀到汉中时，也亲往诸葛亮庙中祭奠。蜀亡之后，诸葛亮的名声反更大，身价反而愈高。晋王司马昭在灭蜀以后，立即就叫陈勰学习诸葛亮兵法，其子晋武帝司马炎还亲自向蜀汉降臣樊建请教诸葛亮治国之方，而司马懿早就称赞诸葛亮为“天下奇才”了。对诸葛亮的推崇，晋代开国的司马祖孙三代算是给后世开了先河。

从晋代开始，历代都在给诸葛亮升官晋爵，赐庙加号。晋封武兴王；唐封武灵王，并赐庙；宋赐“英惠庙”，加号“仁济”；元代则更追封为“威烈忠武显灵仁济王”，明代朱元璋钦定“帝王庙”，选从把名臣37人，“忠武侯与拥焉”，清代不但把许多纪念诸葛亮的胜迹古祠加以整修建新，供人瞻拜，而且每年春秋祭孔庙时还以诸葛亮从祀。

历代统治集团更是对诸葛亮推崇备至。晋武帝对诸葛亮的治国之法很是称道，感叹地说：“我要是诸葛亮辅佐，怎么会像今天这样劳累啊！”唐太宗李世民曾多次向臣下称道诸葛亮治国的忠勤，他认为诸葛亮治蜀“十年不赦，而蜀大化”的根本原因在于有“贤相”诸葛亮为政“至公”，要房玄龄等大臣效法诸葛亮“公平”治国。宋代大学者朱熹认为：“论三代而下，以义为之，只有一个诸葛孔明。”简直把诸葛亮称颂到无以复加的地步。清代康熙帝赞叹说：“诸葛亮云：鞠躬尽瘁，死而后已。为人臣者，惟诸葛亮能如此耳。”乾隆帝亲撰的《蜀汉兴亡论》，大发“用贤与不用贤，关系国家存亡”的议论，对诸葛亮推崇备至。至于各朝文人骚客，武将名流，争相为诸葛亮著书立说作传，歌功颂德，更是蔚然成风。

历代封建统治阶级对诸葛亮的颂扬，自然有着他们本身的政治目的，但是，诸葛亮作为中国封建社会人治较为完备的成功者，有两点是被后世公认的：一是他忠于信念，矢志不移；二是他谦虚谨慎、克己奉公。前者反映他积极进取的精神品格；后者表示他尽瘁终身的思想作风。这大概永远为后人所追缅和学习。

“纷纷世事无穷尽，天数茫茫不可逃；鼎足三分已成梦，后人凭吊空牢骚。”往事越千年，诸葛亮所处的三国乱世早已成为历史，但诸葛亮作为伟大的政治家、军事家、外交家却是永垂后世的，他运筹帷幄、神机妙算的谋略大家的形象永远活在人们心中。

魏 征 传

人物档案

魏征:字玄成,河北巨鹿人,祖籍为四川省广元剑阁人。从小丧失父母,家境贫寒,但喜爱读书,不理家业,曾出家当过道士。

生卒时间:580~643年。

性格特点:刚正勇敢,正直无私。

历史功过:唐初杰出的政治家、思想家、史学家。魏征在贞观年间先后上疏二百余条,强调"兼听则明,偏听则暗",这对唐太宗开创的千古称颂的"贞观之治"起了重大的作用。

魏征

名家评点:魏征逝世后,唐太宗曾在魏征像前说:"用铜做镜子,可以正衣冠;用历史做镜子,可以知兴衰;用人做镜子,可以了解得失。今天魏征去世了,我失去了一面镜子啊!"唐太宗把魏征看作是了解自己得失的一面镜子,这既是对他们君臣关系的生动概括,也是对魏征一生忠言直谏的公正评价。

初显锋芒

北周大象二年(公元580年)夏季的一天,在上党屯留城内的一座小院里,魏长贤倒背着手,不停地来回踱步。他边走边用双眼盯着正房的门口,两耳专听着室内的动静,脸上露出又高兴、又焦急的神情,他在等待着自己的第一个孩子出世。

魏长贤祖籍钜鹿下曲阳,是西汉初年名将高良侯魏无知的后代。他本人博涉经史,辞藻清华,曾在北齐朝中任著作佐郎,继承父志,修改《晋书》。由于上书抨击朝政,激怒了权奸,被贬为上党屯留令。为此,他的不少亲戚朋友认为他这样做是不识时务,纷纷写信规劝于他,但他矢志不移,处之怡然。后来,他索性以身体有病为由,辞去官职,不再出仕。北国朝廷,见他才华出众,多次请他"出山"他都以患疾而谢绝。

如今他很快就要做父亲了,心里怎么能不高兴呢?

突然,"哇——"的一声,房内传出了初生婴儿的啼哭声。

魏长贤心中的石头"扑通"一下子落了地。

"是男,是女?"魏长贤在想,他盼望着接生婆快点儿出来,向他报告喜讯儿!他早就盼望着夫人给他生一个大胖儿子,以接继他魏家的烟火。

瞧,北房门开了,接生婆满脸带笑地冲着他大声喊道:"恭贺老爷,夫人生了位公子……"

魏长贤没等接生婆把话说完,就三步并做两步地跨进了门槛儿,急匆匆地来到了宁夫人的床前,喜兴兴地说了一句:"夫人,您辛苦了。"边说边亲热地攥住了宁夫人的一只手。

宁夫人嘴角边挂着幸福的微笑,她对魏长贤说:“老爷,您替孩子起个名字吧。”

“行啊,行啊!”魏长贤连连点头答应说,“我一定给咱们的胖儿子起一个既好听、又有意义的名字。”

常言说得好,说起来容易做起来难。别看魏长贤熟读五经四书,满肚子的学问,写过史书,为官理政,可是想给儿子起个满意的名字,还真难住了他。他想啊想啊,整整想了三天,名字倒是想出了一大堆,可就是选不中一个满意的。怎么办呢?他与宁夫人商量,干脆等孩子过周岁时,再说吧。

转眼一年过去了。这天,魏长贤在家里摆上了几桌酒席,请来了一些亲朋好友,要给儿子过周岁。

开席之前,魏长贤夫妇在堂屋的方桌上,放上了鸡蛋、糖糕、尺子、算盘,还有《诗经》《论语》等物,宁夫人抱着刚满周岁的儿子,让他在桌上任意抓取桌上的物品……

这时,魏长贤的心里就像揣着一窝小兔子,蹦蹦乱跳,他最怕儿子抓了鸡蛋、糖糕,长大了,好吃懒做;也怕儿子抓了尺子、算盘,长大了,只懂得经营财计、做买卖;他一心希望儿子能伸手抓住《论语》《诗经》,盼望儿子能继承祖业,凭真才实学,报效国民,青史留名。

说起来,也真是奇异,魏长贤儿子的这两只手还真的不负众望,他的手越过了尺子、算盘,又隔着平日最爱吃的糖糕,偏偏向着那本《论语》伸了过去,一下子就把书紧紧地抓在手里,而且高兴得“格格”地笑个不停。

在场的人们,看在眼里,喜上眉梢,纷纷夸奖孩子有出息。

“好啊,好啊,公子抓了《论语》,将来准是个治国安邦的大人物!”

“是呀,对呀,公子长大了,准有出息。”

“三岁看大,七岁看老,公子刚满周岁,就这么有志向,长大了一定很了不起。”

……

顿时,堂屋里像是开了锅一样,沸腾起来。你一言,他一语,全都是赞美魏长贤儿子的话。

魏长贤听着亲友们的话,心里更加高兴,他从夫人手里接过儿子,把他高高地举过头顶,仰着颏儿,哈哈大笑着道:“好小子,有志气,你和爹是一个心眼,想到一块去啦!你顺着爹爹的心意,办成了一件大事!干脆,你的名字就叫顺成吧!”

就这样,顺成的这个名字,一直叫了七年。眼看儿子该进学馆读书了,总是叫小名儿,怎么行?应该给孩子起个堂堂正正的大名才是。

可是,究竟起个什么大名好呢?魏长贤又犯愁了。

一天夜里,顺成在油灯下翻看《论语》,宁夫人在一旁做针线活儿,魏长贤坐在桌旁的椅子上喝茶。

魏长贤边品茶边思考给儿子顺成起大名的事儿。他想啊想啊,想了好一阵儿之后,终于想出了一个妙法:对诗!

古语曰:诗言志。通过对诗,也许能给儿子选出一个中意的大名来。

于是,魏长贤就对夫人和儿子顺成说:“今晚,咱们一家人玩对诗,怎么样?”

说罢,他向夫人递了个眼色,又朝儿子顺成这边努了努嘴。

宁夫人从丈夫的眼神和动作里明白,魏长贤是想考一考儿子,就满口答应下来,说:“行啊,对诗吧。不过,俺斗大的字,识不了几口袋,对不好,不许你们笑话!”

“那是自然。夫人不必过虑。”魏长贤接着说,“这次对诗,很简单,就用咱家这姓魏的魏字为题，把它拆开，说成四句话就行。我先说第一句：禾苗青青庄稼长。谁来接第二句？”

宁夫人一听，丈夫说的是庄稼话，的确不难，就来了兴趣，她考虑了一会儿，张口就说：“女子下地锄草忙。”

这时，顺成在灯下正用笔记录，字还没有写完，没有顾上接第三句，就被他的父亲魏长贤抢了过去，接上了第三句：“鬼神领她上天去”。

就剩下第四句了，顺成一边写着父亲说的第三句，一边思考琢磨，很快想出了一句，他大声地说：“征召顺成进朝堂！”

“征召顺成进朝堂？”魏长贤琢磨着儿子的这句诗，不觉得心中欣喜异常。他越琢磨越觉得儿子的这句诗含义深刻。

不是吗？前三句诗的第一个字合起来，正是自家的姓氏“魏”字，而这最后一句，表达了儿子顺成的志向：位居朝堂，效国拯民。这最后一句的头一个字：征，作为儿子的大名，不是很好、很有意义吗？妙，妙！儿子的大名有了，就叫“魏征”。顺成这孩子，以诗言志，含义宏远，不妨把“顺”字改为“玄”字吧，这样，儿子的名字就正式定了下来：姓魏名征，字玄成。

这一年，魏征刚满八岁，魏长贤夫妇要带他回故里下曲阳赵魏村看望他的祖父魏彦。

春节前夕，魏长贤夫妇安排好屯留的一切事务，带着魏征，顶着刺骨的寒风，骑马、坐车，长途跋涉，翻过刚刚落过人雪的太行山，赶回到了故里。

在魏氏大院的堂屋里，魏征跟随他的父、母亲拜见他的祖父魏彦。爷爷慈祥地看着他，用手轻轻地抚摩着他的头，亲切地问：“征儿，你喜欢读书吗？”

“喜欢。”魏征长这么大，这是第一次跟随父母还乡探亲，也是第一次与爷爷见面。

“怎么个喜欢法儿呢？”魏彦想试试魏征的智力，又向魏征提出了一个不容易回答的问题。

“怎么个喜欢法儿？”魏征低着头，想了想说，“一拿起书来，就光想着看，不念完，就舍不得放下！”

“哈哈……”魏彦听了魏征的回答，不禁笑了起来，说，“这就叫爱书如痴，手不释卷呀！好，好！”

“禀爷爷，孙儿要读那些有治国安邦、兴兵打仗、处世为人的书！”魏征回答。

魏彦听魏征所言，有些吃惊，忙问：“征儿，你读这些书干什么？”

“我想，我想做诸葛亮那样大的官儿。”魏征说罢，看了看父亲，又看了看爷爷，有些不安地低下了头。

“好啊！做宰相，志气确实不小！”魏彦几乎是要欢呼了。

魏长贤听魏征口出此言，心中也很高兴，但他觉得魏征毕竟还是个孩子，小小年纪，就如此“心比天高”，怕对他日后的成才不利，就又借此机会训示魏征说：“诸葛孔明，是何等人物！你一个黄毛小儿，怎好与蜀汉大丞相相比？莫要再提此事，好好读书去吧！”

宁夫人这时站起身来，对魏征说：“征儿，快随为娘出去！”

宁夫人带着魏征与魏彦告辞出去，魏长贤对父亲说：“征儿这孩子，虽说敏而好学，但有时却很任性，日后究竟如何，还难以预料啊！”

魏彦说：“依老父所见，征儿这孩子，少有大志，非比寻常，只要你我好好教育，日后前程不可限量！至于说任性么，我看也未尝不可，要是征儿真的只知唯唯诺诺，那他就不像是你的儿子、我的孙子了！哈哈……”

魏征在宁夫人的房里读了一会儿书，脑子有些累了，就征得母亲的同意到门外看看。他刚跑出大门，就碰到了一群七八岁的小孩在街上玩耍。

这群孩子，见魏征刚从外地来，觉得挺新鲜，就一齐凑拢过来，问这问那，约魏征跟他们一起玩。

“玩什么好啊？”一个脑后梳着一根小辫子的小孩问道。

“是啊，你说咱们玩什么好呀？”几个小孩子异口同声地说。

魏征昂起头，眨了眨眼睛，想了一会儿，说：“咱们就玩做‘丞相’吧！”

“做‘丞相’，俺可没有玩过！”“怎么玩法呢？”几个小孩子一一瞪大了眼睛，七嘴八舌地嚷嚷着问。

魏征向大街两旁一看，灵机一动，指着离他们不远处的一堆烂砖，说：“咱们用这砖头，垒个椅子，算是丞相的宝座，围着椅子画个大圆圈，就算是丞相府。每个人都轮着到椅子上坐一次，说出个道理来，谁说得理儿对，别人驳不倒，谁就是丞相，大伙就都听丞相的话！”

小伙伴们一听，觉得这么玩倒挺有趣，都拍着巴掌又蹦又跳地说：“好啊，好啊，就这么玩吧！”边说，边捣鼓起来：搬砖的搬砖，画圈的画圈，眨眼工夫，就“建造”了一座“丞相府”。

“丞相府”刚刚“建造”好，一个叫黑牛的小孩子，一屁股坐在了丞相的“宝座”上，说：“我个子大，有力气，我来做‘丞相’！”

魏征听了，笑了笑说：“力气大，赛不过楚霸王，有勇无谋，不能做‘丞相’。这个理儿不行！”

小伙伴们都很同意魏征的话，一齐对黑牛喊道：“你不能做‘丞相’，快下来吧！”边说边拥了上来，推的推，拽的拽，把黑牛跟头骨碌地从丞相“宝座”上给拉下来了。

黑牛的屁股刚离开丞相的“宝座”，一个名叫金柱的小孩，又急忙坐在了“宝座”上。他说：“我屁股上有粘胶，一坐就粘住了，你们推不动，丞相我做好。”

魏征往前一站，用手指着金柱的鼻子尖儿说：“做官要无赖，百姓都不爱，粘胶粘住你，俺们往下拽！来，把他拽下去！”

魏征一声令下，几个小伙伴一齐上前把金柱也拽下了“宝座”。

第三个小孩又急忙坐上去了。他是财主赵宝山的孙子，叫福根。他坐在椅子上，摇头晃脑、洋洋得意地说：“地是俺家的地，砖是俺家的砖，俺做‘丞相’理所当然。”

小伙伴们听了福根的这番话后，感到这地方确实是福根家的地，这堆砖头，也确实是福根家的砖。他们你看看我，我看看你，大眼瞪小眼，都说不出话来了。

魏征这时不慌不忙地走上前来，说：“做官凭才干，不凭地和砖，仗财欺压人，不能做高官！”

小伙伴们一听魏征说得很有道理，个个眉开眼笑，一齐跟着喊道：“对，对，对！你仗财压人，不能做丞相，快下去吧！”说罢，他们又把福根拉下了“宝座”。

这时，魏征就学着大人的样子，迈着方步，走到丞相宝座前面，大声说道：“我读诗书有才能，来做丞相朝廷封，今天俺把丞相做，为国为民办事情。”

小伙伴们听了魏征的这四句话，都觉得很在理儿，谁也说不出反驳他的词儿，于是，魏征就名正言顺地做了“丞相”。

魏征做了"丞相"之后，就指挥着小伙伴们"打仗攻关"，大家玩得很有意思，非常痛快。

过了正月十五，魏长贤决定返回屯留。魏征听说要走，不由地心里着急起来：要是自己亲自对父母说，自己不愿离开老家，他们肯定不会答应。

正在魏征左右为难，一时想不出好办法的时候，突然见他爷爷从外边散步回来了。魏征心头猛地一亮：何不请爷爷帮忙，为自己去说情呢？如果自己提出要求，爷爷一定会帮忙的。

魏征想到这里，便笑嘻嘻地扑在爷爷的怀里，说："爷爷，我想留下来，在您身边读书，您帮孙儿在爹爹跟前说说情吧。"

魏彦见魏征聪明好学，活泼可爱，打心眼里喜欢他，很想把他留下来，给自己做个伴儿。现在听魏征说他自己不想走，正合了魏彦的心意。

魏彦抬起头来，笑了笑说："要我去说情，好办，我得先考考你！"

魏征觉得爷爷说情大有希望，就高兴地说："好，爷爷您考吧！"

魏彦说："只要你能用'计'，把我从这屋里赚到门外去，我就给你去说情。"

魏征听了爷爷的这个题目，眼珠一转，小嘴一噘，小脸蛋一沉，生气地说："俺爹明天就要走了，您老不去说情，还出题难人，我才不听这个哩，我还想出去和小朋友多玩一会儿哩！"

说完，魏征拔腿就往屋外跑，刚跑到院中，"扑通"一声就摔倒了，接着就大声哭喊起来。

魏彦听到魏征的哭声，就像针扎了他的心一样，急忙离座，快步走出门去。

当魏彦走到魏征跟前，刚要俯身去搀魏征起身时，不想魏征猛地从地上往高处一蹦站了起来，格格格地笑了，他边笑边说："爷爷，您中计了！"

魏彦一想，顿时省悟过来，不由地哈哈大笑不止。

由于魏彦讲情，魏长贤同意魏征留在故里跟爷爷读书。

这一天，魏征在家里跟着爷爷读了一上午书。天半晌午时，爷爷见魏征读书有些累了，就对他说："孩子，你去玩一会儿吧。"

魏征答应了一声，出了房门，刚走到大门口，碰见了一位木匠。这个人肩背着工具箱，一边走，一边低声哭泣。魏征觉得很奇怪，就上前问道："木匠大叔，你遇到什么难事啦？怎么这么大的人了，还哭鼻子呀？"

木匠停住脚步，瞅了魏征一眼，说："唉，你是小孩子，给你说了也没用！"

"怎么能没用呢！"魏征拦住他说："常言道：话是开心锁的钥匙。你把心中的愁苦事说出来，也许我能帮你一点儿忙哩！"

木匠又仔细地瞅了瞅魏征，心想：给这孩子说了虽然不顶用，但是说出来，让他知道他们村里有个坑害穷人的财主赵宝山，也好出出自己心头的闷气呀！于是，就一五一十地把事情的来龙去脉说了个一清二楚。

原来，这个木匠是给赵宝山家做木匠活儿的。当时讲好了工价，一天十五文钱。木匠给赵宝山做了五天活，到快要完工的时候，赵宝山对木匠说："木匠师傅，我这儿有一块木头，你要是能认出是什么木来，我给你加三天的工钱，你要是认不出来，这五天的活儿，就算白干了。你敢打这个赌吗？"

木匠心想：我干了二十多年的木工活儿了，没有不认识的木头，你还能难得住我？！于是就答应了打赌。

赵宝山拿出了半截削得光光溜溜的木头，让木匠辨认。

木匠接过来，左瞅瞅，右看看，琢磨了老半天，也看不出是什么木头，他只好冒说了一句，结果没有猜对。

赵玉山见木匠没有说对，高兴地哈哈大笑起来，边笑边说："怎么样？输了吧，这是削了皮的麻秆儿。咱们怎么说的就怎么办吧，你输了，就别要工钱啦！"说罢，就把木匠轰出了门。

木匠给赵宝山白干了五天的木工活儿，一文钱也没拿到手，心中怎能不悲痛、不气愤呢？所以，他边走边低声哭泣着。

魏征了解了事情的经过，心里很替木匠发急，可是，一时又想不出好办法来，怎么办呢？魏征低头思考，他看见屎壳郎在地上拱粪，就灵机一动，顿时想出了一个好主意，低声对木匠一说，木匠一听很高兴，就从地上捡起一个屎壳郎，跟着魏征进了魏宅的门。

当木匠从魏征家出来时，笑容满面。他胸有成竹地朝赵宝山家走去。

木匠见了赵宝山，便开门见山地说："赵东家，刚才咱二人打赌，我是输啦，不过，这事儿，有点儿不公平！"

赵宝山一见木匠又回来找后账，心里老大不高兴，蛮横地说："怎么不公平？哼，你想赖账？"

木匠不慌不忙地说："东家，你别起火，我说不公平，自然有不公平的地方。打赌时，只你出了题，我没有出题，这就是不公平的地方。现在，我给你出个题，你要是能答上来，我再给你白干五天的活儿，你要是答不上来，你就给俺五天的工钱，怎么样？这个赌，你敢不敢打？"

赵宝山一听木匠说要打赌，心中的小算盘一拨拉，想：五经四书我全念过，满肚子的墨水，跟一个少知没识的榆树疙瘩木匠打赌，还能输吗？所以，就很痛快地答应了下来。

木匠说："咱们到街上去吧，那样好有个见证人。"

赵宝山觉得和木匠打赌，那是篓子里的蛤蟆、水缸里的鱼，十拿九稳，他还怕木匠赌输了再后悔呢，现在听木匠说要到街上去当着众人打赌，更是一百个同意。

两个八来到了街上。这时，魏征早就召集了一大帮乡亲等着看热闹。木匠当众拿出了一张纸，上面画着歪歪斜斜的一行像字又不像字的墨迹。木匠指着纸说："东家，这上面写的是一行字，你看看吧，只要你能认识一个字，我就给你再白干五天活儿！"

赵宝山接过纸，左看看，右看看，上瞅瞅，下瞧瞧，反过来，倒过去，观赏了大半天，也没有一个他能认识的字。

木匠在一旁问道："东家，怎么样，认识吗？"

赵宝山无可奈何地摇了摇头。

木匠哈哈大笑起来，边笑边说："实话告诉你吧，这是屎壳郎爬的字！"

赵宝山一听，急了，气恼地说："你净瞎闹，这是屎壳郎爬出来的，能叫字吗？"

木匠不着急、不发慌地问赵宝山："屎壳郎爬出来的不叫字，那么你拿的麻秆儿能叫木头吗？"

赵宝山被问得张口结舌，一个字也答不上来，只好认输了。

这时，魏征从人群中站了出来，对赵宝山说："宝山大叔，他不认识你的木头，你也不认识他拿来的字，不赢不输，你还是把五天的工钱给了木匠师傅吧！"

“是呀，是呀，快给了人家工钱吧！”众人七嘴八舌地嚷嚷着。

赵宝山当着那么多乡亲的面，不能再耍赖，只好乖乖地给了木匠五天的工钱，涨红着脸，跑回家去了。

木匠师傅非常感激，向魏征道谢。魏征不好意思的小脸一红，转身也跑回家去了。

九月九日重阳节，是县城下曲阳庙会。这一天，魏征约了黑牛一起进城赶庙会。两个人在大街上、店铺里，转来逛去，哪儿热闹就往哪儿挤，要猴的、唱戏的、跑马的、卖艺的，凡是庙会的新奇地方，他们都看了一个遍。

天过午时，他们觉得肚子饿了，就一起走进了一家饭铺，一人买了一碗老豆腐，从衣袋里掏出一个高粱面饽饽，坐在饭桌旁，大口大口地吃了起来。

这时，赵宝山也到饭铺里吃饭来了。他买了一盘芹菜炒肉，又要了一壶酒，正好坐在了魏征和黑牛的对面。

赵财主一见魏征吃的是高粱面饽饽和老豆腐，就想当着众人的面寒碜寒碜魏征，报报前几次的仇，出出前几次的气。于是，他一边喝酒，一边口中念念有词地说：“穷人穷，富人富，富人吃的是芹菜炒肉片，穷人吃的是饼子老豆腐。”

魏征一听，知道赵宝山是在取笑自己和黑牛，本不想在这样的场合，同他分高低、论是非，可是黑牛坐不住劲儿，一个劲地瞪眼、攥拳，要想与赵宝山干仗。魏征心想，与其硬拼，不如智胜，他用手拉了一下黑牛，示意让黑牛坐下，然后他不动声色地想出了一条妙计，于是他冲着饭馆的师傅喊了一声：“掌柜的！”

一个端盘子的堂倌听见魏征的叫声，急忙走了过来，问：“小兄弟，你还想要点儿什么？”

魏征指着赵宝山面前摆着的那盘芹菜炒肉说：“给来五百盘这个菜！”

“啊！”堂倌一听，大叫一声，心想哪有一下子要五百盘炒菜的！就笑嘻嘻地说：“小兄弟，实在对不起，眼下芹菜不多，我们这个馆子，一天最多也就能进十几斤，你要这么多，我们实在难以办到啊！”

魏征听了堂倌的解释，微微一笑，对堂倌说：“小二哥，不瞒您说，刚才我们俩在猪市上买了一头大公猪，卖主说，这头大公猪不爱吃别的，就爱吃芹菜炒肉。这就叫：穷人穷，富人富，大公猪爱吃芹菜炒肉片，赶猪的爱吃饼子老豆腐。”

饭馆里吃饭的人们，听魏征这样说，都会意地笑了起来。哄堂的大笑声，气得赵宝山浑身发抖，他哆哆嗦嗦地连一句话也说不出来了。他越想越气恼，菜也不吃了，酒也不喝了，把屁股一拍，气哼哼地跑出了饭馆，灰溜溜地回家去了。

魏征在刻苦读书的同时，对钻研医道也颇有兴趣。这主要是因为他为母亲服药不便而引起的。

就是魏征随他的父母回乡探望爷爷的那一年，他的母亲宁夫人因为在路上受了风寒，病倒在床，不住劲儿地咳嗽、喘息、吐痰，不时地发出痛苦的呻吟声。

魏征见母亲病得这样厉害，心里十分难过。他多么想为母亲分担一些痛苦呀！可是，每次他给母亲煎了汤药之后，母亲总是嫌味苦、难闻，迟迟不愿下咽，放在枕边，凉了再热，热了又凉，折腾好几次，才能喝下去一点点。

这天，魏征给母亲煎好了药后，又给母亲端至床前。

母亲瞅了一眼药碗，紧锁着眉头，摇了摇头，示意魏征把汤药放在枕边。

魏征放下药碗，无可奈何地叹了口气，然后走出了病屋，在院子里走来走去。

院子里种着几棵梨树。当魏征走到一棵梨树旁边，抬头看见满树挂着的甜鸭梨时，心里一亮，他想起了医书上说的：梨有清心润肺、止咳消痰、清喉降火、除烦解渴、润燥消风、醒酒解毒之功效。他想，如果把母亲喝的治咳草药磨成粉末，尔后与梨块一起煎熬，制成膏糖，母亲不是就容易下咽了吗？这样，既能增加疗效，又利于病人服用，真是一举两得！

魏征把这个想法向爷爷和父亲一说，他们也都觉得不错，鼓励他试试。魏征从树上摘下鲜梨，洗净、削皮，切成小块，然后把治咳的草药研成粉末，放在一起煎熬，这样虽说比单吃草药好了一些，但是因为煮梨块需要放水多，要熬制成膏糖很费炭火和时间，每制一次药，魏征都要日夜守在灶膛边，不敢合一会儿眼，这样也太劳累了，母亲吃了几次之后，见魏征熬得够呛，就说什么也不肯吃了。这怎么办呢？魏征想来想去，觉得关键还是在煮梨块这个问题上。他想，如果把煮梨块改为熬梨汁，不就容易多了吗？于是，他把中药煎汁，加上梨块挤出的梨汁和冰糖，熬成了梨膏糖，果然省事、省时，效果好。母亲服用了几次，不久就痊愈了。

魏征用梨膏糖治好了母亲的气喘咳嗽病的消息，不胫而走，很快就传遍了下曲阳的城乡，人们都夸奖魏征是“神童医师”。魏征在读书习字的同时，也有目的地选读了一些实用的医书，还十分注意对民间验方、秘方的搜集，不断地丰富自己的医学知识。他想：眼下乡村缺医少药，乡亲们一有病，就得活受罪，自己掌握些医术，能够给乡亲们治治小病，也能减轻他们的一些痛苦呀！所以，他就在业余时间，边学习，边行医，只要是有人请医上门，他就毫不推辞地“出诊”，千方百计地为病人解除疾患。

这一天，离赵魏村二里地的孙家庄村的孙全兴来找魏征看病。这孙全兴，四十多岁，常犯心口痛病。痛起来的时候，“哎哟，哎哟”地直叫喊，脸色蜡黄，冷汗如雨，口吐酸水，日子一长，瘦得皮包骨。他请过不少医生，也吃了不少草药，可就是不见好。后来，他听人们说魏征治好了母亲的病，心中很佩服，就请魏征给他治病来了。

魏征见孙全兴亲自上门请自己给他治病，觉得心里热乎乎的。这是乡亲们对自己的信任呀！可是，在兴奋之余，魏征又有些担心，自己并不是医生，所学的医术有限，能够治好孙全兴的病吗？自己治好了母亲的病，这也许是巧合吧，如今要给外人治病，可没有十分的把握，如果弄不好，出了差错，误了人家的性命，那可担当不起呀！人命关天，非同儿戏，逝者不能复活啊！

想到这些，魏征谦虚地对孙全兴说：“孙大叔，不瞒您说，我并不懂医理，只是照着药书，摸索着给俺娘治过心口痛、哮喘病，您的病，俺还拿不准哩，怕是治不好呀……”

孙全兴见魏征想婉言谢绝，就急忙连声说：“治得好，治得好，一定能治得好！大叔我相信你。你说怎么治，就怎么治，大叔全听你的！就是真的治不好，大叔也认了，保险不能怪罪你。”

魏征知道孙全兴这是真心实意找他看病，就答应了下来，坐在椅子上，认真细致地切脉，看舌苔，观面色，闻气味，四诊合参，对照医书，给孙全兴开了药方。

孙全兴临走时，魏征又问清了他的住处，说：“我过两天再去看你。”

魏征说到做到，后来多次上门为孙全兴改方治病。孙全兴的病情日益好转，不到三个月，就全好了。孙全兴高兴地来魏征家表示感谢。可是，不知怎么搞的，过了些日子，孙全兴的病又犯了。魏征知道后，心里又着急、又奇怪，苦思冥想，也想不出犯病的原因在哪里。

这一天，魏征又来到孙全兴家，正赶上孙全兴家在吃饭。魏征坐在一旁仔细观察，发现孙全兴吃饭太急，像是囫囵吞枣一样，没有好好地咀嚼，就把食物咽下去了。魏征见状，心头猛然一亮，他断定孙全兴的病很可能是由于平时进食不注意才犯的。回想起母亲在犯病以前，也常常在吃饭时有囫囵吞枣的情况，在治病过程中，才慢慢地改变了这种习惯。

魏征想到这些，心中有了几分把握，他高兴地对孙全兴说："孙大叔，您的病，我找到病根儿了，这回保险能彻底治好！"

孙全兴一听魏征的话，乐得不知道怎么好了，他饭也不吃了，急忙问："怎么治，你又有了鲜法？"

"不是鲜法，是非常普通的法儿。不过，你自己要有毅力，日久天长地坚持下去！"魏征解释说。

"大侄子，你就说怎么个治法儿吧，我一定依着你！"孙全兴无限信赖地对魏征表示。

"好，从今天起，你每吃一口东西，都要在嘴里嚼一百次，心里暗暗地数着数儿，不得少一次，一百次咀嚼完了，再咽下去，过上三个月，我可以保证你的心口疼病不会再犯。"魏征十分认真地向孙全兴说了一遍。

孙全兴等魏征把话说完，不由地笑了，这么简单的事，还能做不到吗？就连忙答应下来，说："容易容易，这好做到！"

魏征见孙全兴对他所说的这个办法不甚重视，很不放心，又再次郑重地嘱咐说："大叔，这件事说起来容易，做起来难呀！你可不能自己骗自己，不能吃饭的时候还是像现在这样狼吞虎咽啊！我再给你配点儿药，你拿去吃。"

孙全兴又再次向魏征表示自己有恒心、有毅力，一定能按要求办到，魏征这才辞别而去。

说起来也真灵验。孙全兴自从按照魏征的要求认真做了以后，不到两个月的工夫，病就全好了。脸色红彤彤，走路咚咚响，干起活来，力气蛮大，一家人高兴得不知说什么好，逢人便夸魏征的医道高明。为了向魏征表示谢意，孙全兴给魏征家背了一口袋米。

魏征这天正在家中读书，见到红光满面的孙全兴，他高兴极了，忙往屋里请，但他知道孙全兴背来的米是要酬谢他的，可慌神了，他连声说："不，不，不，我一粒米也不收。我给大叔治病，不是为了赚钱、要东西，而是为了替你解除一点疾苦，病好了，比什么都强！你快把米背回去！"

魏征推呀、拽呀，硬是让孙全兴把米背回去了。

神童医生治大病的新闻，越传越远，越传越离奇，人们说魏征是扁鹊转世、华佗再生，有起死回生、妙手回春的"绝招"。这样，越来越多的人来请魏征治病，促使魏征更多地看了一些医书。魏征看医书之后，就在行医过程中验证，结果真的治好了不少人的病。

乡间苦读

魏征虽说在学医治病上花费了不少时间，但是由于他读书挺会找窍门儿，想出了好多读熟、读通经书的方法，所以他的学业进步也很快。开始，魏彦有些担心，后来见他学医、读书两不误，就不再说他，还很支持。

有一天，魏征问："爷爷，您常讲有《六经》，为什么光叫我读《五经》呢？"

魏彦见魏征这样勤奋好学、刻苦认真，从心眼里感到高兴，就说：“孩子，你还小啊。这第六经，指的是《春秋》经，用字少，记事多，很难读懂，我想等你大一点儿了，再让你读。”

魏征听罢，小心眼一转，又问：“爷爷，这《春秋》经咱家中有吗？”

“有！”爷爷回答说。然后从书橱中找出《春秋》，让魏征看了看，又说：“等过一两年，你再读吧！”随即把书又放在了原来的地方。

从这以后，魏征每天读书到深夜。爷爷见魏征这样用功读书，心中当然喜欢，但又怕把魏征累坏了，每天晚上，都要催魏征早点儿上床休息，有时一夜要催他两三次。

魏征想总这样下去不行，会影响爷爷的身体健康。怎么办呢？后来，他想出一个办法：每到夜深时，他就用一条被单把桌子围住，把小油灯端到里边去，钻在桌子底下读《春秋》。这样，爷爷从外边看不到灯光，就以为他睡了，不再催他。魏征边读边摘录不懂的字句，很快就把《春秋》通读了一遍。

魏征读书读得实在累了、困了，就到院里伸伸腿脚，打打拳，提提精神，回到自己房里再读。可是，他每次练习拳脚时，往往一不小心，就把爷爷吵醒了。爷爷醒来，一咳嗽，又引起爷爷喂养的那头小毛驴“嗯儿啊——”地叫唤声，这声音吵得爷爷更不得安宁。

魏征听了小毛驴的叫声，心中一动，又想出一个好主意。当他读书再困的时候，就不练拳啦，便悄悄地骑上毛驴，到村边的大道上跑一趟，回来再读书。

这样，过了些日子，魏征半夜骑毛驴的事，被爷爷发觉了。魏彦把魏征叫到正房中，严厉地训斥说：“征儿，爷爷万万没有想到，你如此会耍呀！半夜骑毛驴，自古少有，今亦罕见。像你这样贪玩成癖，将来能成就什么大事？”

魏征脸色微红，他向爷爷解释说：“爷爷，孙儿读书累时，这是想振奋振奋精神。”

“什么，振奋精神？！”魏彦一听魏征所言，火气更大了，又接着训斥道：“古人读书，困倦了，所用的方法是头悬梁、锥刺股，你不学古人，却别出心裁，还敢与我狡辩？！”

魏征听了魏彦的话，既不盲从，也不硬顶，不慌不忙地说：“请您老息怒，听孙儿把话讲完。我认为古人读书之法，虽有可取之处，但也并非尽善尽美。读书的目的是为了日后做事，要有健康的身体。如果只顾埋头读书，不注意锻炼身体，把身体搞糟了，空有一肚子学问，又有什么用呢？你看那三国里的诸葛亮，上知天文，下知地理，又熟读兵法，是个响当当的大才子，可是他一上路，就得让人用车子推着走，多不方便呀！我读书困倦的时候，骑着毛驴到外边转转，这样既不影响爷爷安眠，又能振奋精神，同时我也练习了骑术，又活动了身子骨，这是一举多得的事，比起头悬梁、锥刺股来，要好得多！”

魏彦听魏征如此之说，低头细想了想，也觉得这个方法不错，就高兴地对魏征说：“征儿，你想得不错，做得也好，以后就按你说的办吧。不过，夜里天黑、风凉，你要注意，不要摔着、冻着，要是伤了、病了，爷爷可不管你！……”

“您老放心，孙儿多加注意就是。”魏征说。

俗话说：天有不测风云，人有旦夕祸福。正当魏征刻苦读书、学识日进的时候，魏彦突然患了急症，病逝了。

魏彦死了，全家的生活重担一下子落在魏长贤的肩上。

因为家境贫寒，魏征十多岁了，还不能进学馆读书，急得他不得了。

有一天，魏征见财主的孙子赵福根欢蹦乱跳地上学去了，心里很是羡慕，就向母亲提出也想上学馆读书。宁夫人流着眼泪说:“孩子,如今咱娘俩的衣食尚且没有着落,哪里有钱供你读书呀?!”

魏征是一个十分懂事的孩子,他深知母亲的艰难,从此就不再提上学馆的事儿。他每天背着个柳条儿筐,到滹沱河边的树林里砍柴,砍满了一筐,就背到下曲阳城里去卖,买些米回来吃。在回家的路上,路过学馆,听到念书的声音,他就“蹬蹬蹬”地跑进学馆,扒着窗台,小声地跟着念。

有一天,教书先生瞅见了他,走了过来看了看他的柳条儿筐,又摸了摸他的砍柴刀,问:“你这孩子,不去拾柴禾,趴在这里干什么?”

魏征见是学馆的先生,羞得一笑说:“俺在这儿跟着您念书。”

“你叫什么名字?”

“俺姓魏,名征,字玄成。”

教书先生听说眼前的这孩子就是魏征,非常吃惊,因为他早就听说魏征的很多传闻,而且他对魏彦、魏长贤是十分敬佩的。如今魏家的光景败落了,魏征因为家贫如洗不能进馆读书,实在可惜,就轻轻地拍了拍魏征的肩膀,亲切地说:“魏征,从明天起,你不用拿钱,就来学馆念书吧!”

魏征听先生说让他进学馆念书,乐得一蹦三尺高,他连忙向先生跪拜说:“多谢先生栽培,学生终生不忘。”随即就跑回家去向母亲宁夫人报喜讯去了。

魏征进学馆念书了,由于他记性强,基础好,不几天就赶上了别的学生,成了全学馆闻名的尖子生。

魏征成了尖子生,先生非常高兴。根据他对魏征的考核,他认为魏征的学识远远超过了其他同龄的学生,在不少方面的见解,他本人都是有所不及的。所以,他经常在学生中夸奖魏征有志气、有学问,将来一定会成为一位了不起的人。

魏征的成绩,先生的称赞,引起了赵福根的嫉妒。

这一天,他见魏征正眯缝着双眼背诵课文,就蹑手蹑脚地走过去,把魏征的书本抽出扔到了窗外。

魏征听到响动,睁眼一看,气得牙齿咬得格格响,他一句话也没说,三步并两步地走到赵福根的桌前,抄起他的课本,“哧啦”一声,撕成了两半。

赵福根回家后对他爷爷说了此事,赵宝山鼻子不是鼻子、脸不是脸,风风火火地找到学馆,冲着教书先生大发雷霆,蛮不讲理地说:“你要不把魏征撵出学馆,我就把你轰出学馆去!”

魏征不忍心看着先生为了他而失去饭碗,就含泪告别先生离开学馆,又到地里割草、林边砍柴去了。

这一天,魏征在村边树林里割草,他发现赵宝山在林边的一个池塘边钓鱼。以后他一连注意观察了好多天,才知道赵宝山经常到这个池塘边钓鱼,而且每次来钓鱼时,总是坐在塘边的那块大石头上。

第二天,魏征又到树林里割草。不一会儿,赵宝山又扛着鱼竿、拎着鱼篓,乐悠悠地哼着小曲儿,来塘边钓鱼了。

到了大石头边,他没有仔细观察,就往下坐,屁股刚坐下去,还没有坐稳,大石头就滚动了起来:“骨碌碌,腾!”大石头滚到了水塘里,赵宝山也跟着跌了进去。

赵宝山在水塘里扑腾了一会儿,就没有力气了,声嘶力竭地喊开了:“救命,救命!”

魏征在林边看见赵宝山落水之后,在树林里又呆了一会儿,才慢腾腾地来到塘边。

赵宝山一见魏征来了,急忙求魏征赶快救命,把他拉上去。

魏征站在塘边,瞧了瞧水并不深,只是这赵宝山是个怕死鬼,让刚才喝的几口水吓坏了,在水里一个劲儿地扑腾,其实只要有人下去拉他一把,是不会有危险的。于是,魏征就蹲在原来有石头的那个地方,不紧不慢地说:“唉!我自个进学馆念书的事儿,还没个着落哩,哪有心思去管别人的事哟!”

赵宝山在水中急得够呛,他生怕魏征走了,没有人再来拉他,就赶忙说:“玄成,好孩子,进学馆的事,包在我身上,后晌就让你去,还不行吗?快点儿救我上去吧!”

“你说到做到?”魏征又追问了一句。

“我要是说了不算数,就让你把我还扔到这水里喂王八!”赵宝山赌咒发誓地说。

“你等着!”魏征说着,转身跑回了树林,取来一根枯枝,递给赵宝山,让他抓住一头,魏征用力往上拽,好不容易才把他拉了上来。

赵宝山上来后,只是向魏征说了一声“多谢救命之恩”,也没有顾上察看分析石头滚动的原因,就狼狈不堪地跑回了家。

由此,魏征二进学馆,又跟着教书先生念书了。

魏征自从八岁回到故乡,十多年来,一天也没有忘记读书习字,那《四书》《五经》早已学得滚瓜烂熟了,文章写得好,书法也很有功力,人们都说他是要进京赶考,肯定能拿头名状元。

《四书五经》书影

大业二年,即杨广杀父自立为帝的第三年,魏征已经二十七岁。母亲宁夫人多次劝儿子进京考取功名,可是魏征只是嘴上答应,并没有实际行动。

宁夫人东挪西借,给魏征准备好了盘缠,还给他雇了一匹红马,买了牛肉,让儿子吃顿饺子,再动身去京城。她正在忙着包饺子,魏征背着一把镐头,从地里回来了。

宁夫人一见魏征,高兴地叫道:“征儿,眼看考期快要到了,你吃了饺子赶快动身吧,要是真的能考上个一官半职的,你也就有了出头之日了。”

魏征把镐头放在北屋门口,从缸里舀了一瓢凉水,边喝、边说:“娘,你不要忙活了,我今年不去考了!”

“为啥不去考?”宁夫人不解地问。

“去考,也考不上。”魏征说着进了北屋。

宁夫人见魏征决心不去应考,心里着急,就追到屋里,劝道:“常言说:‘十年寒窗苦,读书为功名。’这些年来,你连宿并夜地读了那么多的书,文章又写得好,为啥不去考?谁不说你准考个头名状元!”

魏征坐在炕沿上,长叹了一声,没有言语。

宁夫人见儿子不说话,又接着说:“征儿,为娘我昨天晚上做了个梦,梦见你真的考取了头名状元!”

魏征理解母亲的心情,哪个当父母的不是望子成龙呀!可是,如今是杨广当朝,他要设进士科取士,只不过是装装门面、充充样子而已。像我魏征这样的人,就是再有学问和本事,他也不会让你为官理政的!下曲阳离京城这么远,往返需要不少钱财和时间,与其花钱白跑一趟,还不如在家中继续务农好呢!再说,家父在临终之时,一再叮嘱,不遇明主,决不出仕,我怎能为了自己的一时荣华,而违背先父之嘱,去侍奉昏君呢?

想到这些,魏征“扑通”一声跪在地上,向着宁夫人连磕了三个头,激动地说:“母亲在上,容孩儿直言:我不是不想去考取功名,而是当今皇上昏庸无道,一来像我这样的人难以考取,二来即是考取了,有了一官半职,也难以为黎民办事。我想,还是等几年,有了好的时机,再去考官不迟!请母亲能够谅解。”

宁夫人也是个通情达理的人,她十分了解自己的儿子。不过,她觉得这么多年,儿子刻苦攻读,很不容易,现在有了机会,如不去考取功名,怕影响了儿子的前程,所以就极力支持儿子进京赶考。当然,她并不十分清楚目前的时局,也不太知道杨广这个皇上的所为,但是,她有一点是坚定不移的,那就是自己的儿子,决不能让他去为无道昏君效力、卖命!就是饿死、冻死,也不能做对不住先人、今人和后人的事!当她知道了魏征是因为不愿辅佐昏君而不去考取功名的情况后,很是欣慰,连忙俯下身去,把魏征扶起来,连声叫道:“征儿,征儿,我的好儿子呀!”激动的泪水长流在她那苍老的双颊。

魏征见母亲十分支持自己,心中更加悲愤。他想自己虽有满腹经纶,却无法报效朝廷,不仅愧对先祖,而且不能让老母心安,实在是不忠不孝呀!于是,他对宁夫人说:“母亲,因为孩儿无能,这些年来,只知读书习文,不会料理财产,致使咱家中一贫如洗,让母亲受尽了折磨,这确实是孩儿的罪过!眼下,昏君当道,政局不稳,孩儿只能是等待时机,只有靠躬耕田垅,以农为生,用粗茶淡饭奉养娘亲……”魏征说着,“呜呜”地大哭起来。

宁夫人见状,劝慰儿子说:“征儿,不必伤心,为娘什么样的日子也能过,你就好好地在家种地吧!”

魏征和他母亲相依为命,在故里务农为生。虽说家境十分贫寒,但母子团聚、自食其力,倒也怡然。魏征白天下地干活,晚上读书写文章。有的穷苦人找上门来看病,他就热心地治疗,仍旧是分文不取。魏征既习文、又行医,论起农活技术来,也有一套。

有一年春天,又遇到了大旱。乡亲们明知到了播种的时候了,可是谁也不敢下种。大家都怕种上了,出不来;出来了,活不成。

魏征家在村北有三亩薄沙地。他起早贪黑地一担一担地挑水抗旱,全部种上了谷子。小苗出土后,齐刷刷,绿油油,人们下地路过这里,谁都乐意多瞅上几眼,夸奖魏征是个勤劳、有心计的年轻人!

这天,魏征正猫着腰在地里拔谷垅中的杂草,周围的乡亲们不由地凑拢过来,夸他种得谷苗好。黑牛的父亲魏三老汉对魏征说:“大侄子,你这地里的苗是好苗,可就是太密啦,早该间间苗了!”

魏征闻声,直起腰来,笑着对魏三老汉说:“三叔,间苗不忙,再等等看!”

魏三老汉是这三里五乡闻名的种田好手,犁耩锄耪,样样精通,对于种谷子,他更是内行,可他从来没有见过谷苗子长这么高还不间苗的!于是,就着急地向魏征大声喊道:“还等哪,再等,谷苗子发了根,拔这棵,那棵就动,可就都打蔫啦!”

“是啊,是该间苗啦!”人们异口同声地劝魏征说,黑牛说着就要帮着魏征拔谷苗。

“不行,不行!”魏征连忙上前阻止黑牛,对大家说,“还不到时候,等到了时候,我一定请乡亲们来帮忙!”

魏征谢绝了乡亲们的好意,人们只好摇头叹气地走了。

过了几天,魏征挨家挨户地找人帮忙到地里拔谷苗。人多不怕活重,有吸锅烟的工夫就拔完了。人们刚要走,魏征拦住大家说:“乡亲们,先别走,你们谁拔的谷苗,谁拿走,赶紧栽到自家地里去吧!”

人们一听魏征的这句话,都愣住了。你瞅瞅他,他看看你,再瞧瞧地上一堆堆的谷苗,心想:栽谷苗,这行吗?

魏三老汉有些生气了,他对魏征说:“唉,大侄子,俺们那地,抓把土都烫手,一走就起一溜烟儿,把这谷苗栽上,还不都烤煳了呀!”

魏征笑了笑,说:“三叔,你不要着急。我昨夜观察天象,断定今天傍黑就有雨,你们趁白天赶紧把苗栽上,赶明准能活!”

魏征童年时的好友黑牛,手里攥着一把谷苗问:“玄成哥,这谷苗拔下来了,还能栽活?”

魏征见黑牛问他,就从黑牛的手里拽过一棵谷苗,对乡亲们说:“你们看,这苗根像一撮撮的细线头,这叫胎根。苗一出土,不再浇水,扎不下水根,这样的谷苗一栽就活。”

听了魏征的讲解,人们才明白,魏征这些天来为什么只是拔杂草不浇水,留着这样密密的苗子,敢情是在想着乡亲们哪!”

大家各自抱了一堆谷苗,回到自己的地里栽种,整整忙活了一天。到了傍晚时分,老天爷有眼,果真“哗哗”地下起了大雨。

一场透雨过后,栽下的谷苗,全都扎下了水根,长得可快啦!人们都很感激魏征,就把这种“栽谷”,叫作“魏征谷”。

这一天晚饭过后,魏征去黑牛家串门儿。魏三大叔对他说,这一阵子,村子里闹“鬼”闹得挺厉害。有的人看见那鬼浑身雪白,披头散发,跳来蹦去,又嘻嘻,又惨叫,特别吓人,搅得整个村子人心惶惶。

魏征听了魏三老汉的话,心中有些奇怪,他断定这里边是有坏人捣鬼。第二天下地的时候,他就趁街上人多时,对乡亲们说:“叔叔大伯们,世界上没有鬼,你们不要相信。说闹鬼,那是有人故意装鬼,吓唬咱们哩!”接着,他就给人们讲了很多史书上记载的破除迷信的故事,人们听了,不少人频频点头,可还有的人半信半疑。

说起来也怪,谁要是说不信鬼,谁家半夜里就闹鬼。这一下,可把人们吓坏了,不少人家,争着请村里的巫婆大明菊,烧香、上供,求神仙保佑,驱鬼免灾。

魏征听说谁家闹了鬼,他就到谁家去看看。一连查看了几家之后,心中有数了。这天早饭后,魏征又在大街上劝说乡亲们不要信鬼,讲完之后,他就找了黑牛等几个胆量大的小伙子,让他们帮着一起捉鬼,并且教给了他们捉鬼的方法,定下了捉鬼的妙计。

这天晚上,夜半更深,鸡不叫,狗不咬,四面八方静得让人害怕。

魏征正在北屋窗前的小油灯下读书。突然,院子里有“沙沙”的响声,接着就是一阵尖利的怪叫。魏征警觉起来,心想:嗬,这鬼还真找上门来了。

魏征刚要起身,又听“哧啦”一声,窗户纸破了,从外面伸进一只血红的毛手来,又粗又长的毛手,伸着尖爪抓挠。

魏征见状,毫不惊慌,他麻利地从墙上摘下他爷爷留给他的那把长剑,跑至窗口,举剑在手,冲着那鬼大声说道:“好你个欺人的恶鬼!先吃我魏征一剑!”说着,举剑就要往下砍。

那鬼一见魏征举着明晃晃的长剑,真要向他砍来,吓坏了,缩回毛手,扭头就跑,刚跑了几步,突然被一条粗绳拌住,“咕咚”一声摔倒了,接着从柴草棚子里窜出三个小伙子,一下子把那鬼摁到了地上。三个人拳打脚踢,直打得那鬼一个劲儿喊叫“饶命”。

魏征从屋里端出了小油灯,近前一照,那鬼早让三个小伙子揍得显了原形。哪是什么鬼,原来是村里的一个好吃懒做的二流子,叫“癞四儿”。他身上翻穿着白羊皮袄,脸上戴了个夜叉神的假面具,嘴上绑了块红布,耷拉在外面,好像是长舌头,双手用红颜色染染,又沾上了长长的狗毛,猛一看是怪吓人的。

魏征一见是好吃懒做的癞四儿,就厉声质问说:“是谁让你这么干的?”

开始,癞四儿吭吭哧哧地不想说实话,后来,他见身旁的这三个小伙子,又要抡拳揍他,忙说:“魏,魏大叔,是,是前街的巫婆大明菊,让我干的。她答应我,装一夜的鬼,给我十文钱。”

魏征和黑牛等人一听肺都要气炸了。黑牛拽着癞四儿去找巫婆大明菊,巫婆见“鬼”被魏征他们揪来了,自知理亏,没有逼问,就吓得浑身哆嗦着说了实话:“我让他装鬼吓人,是想多揽点儿生意,赚点儿钱花,说有屈死鬼找替身,那也是我造的谣。”

这时,被吵醒了的乡亲们都来看热闹。当大家弄清楚了闹鬼的内情之后,人人气愤万分,年轻人非要狠揍大明菊和癞四儿不可,吓得他们两个哆里哆嗦地跪在地上,连连求饶。

魏征气愤地说:“你们装神弄鬼,骗取财物,扰乱得全村不得安宁,真该挨打,也该送官府!”接着,他又转身向乡亲们说:“父老兄弟姐妹们,咱们给他们一个改过的机会,好不好?他们改了,也就算啦,如果不改再犯,定不轻饶。我看,这一次就饶了他们吧!”

村里的乡亲们素来都很敬重魏征。他们虽然对这两个人早就有气,但是听了魏征的话,觉得魏征说得在理儿,也都表示同意了。

魏征示意黑牛放开了他们,两个人跪在地上磕头如捣蒜地一个劲儿地拜谢。从此以后,村里再也没有发生过闹鬼的事儿。

就在魏征三十岁那年,州官听说魏征心里道道多,又有胆量,就派他带领几个仆人,运盐到山里去。

闷热的盛夏天气,几十名车夫呼哧呼哧地推着盐车赶路,巴望着早些翻过脚下的一座山,便可以投店歇息了。

突然,远处响起了几声闷雷,随即乌云滚滚,眼看一场大雨就要淋头了。

骑在马上的魏征,表面上不慌不忙,可心里却火烧火燎:几十车雪白的盐,如果叫大雨一冲,可就全完啦!他立即叫随从传出话去:“大伙儿都要加把劲儿,谁能赶在下雨之前推车过岭,奖赏百文。”

车夫们果然脚下快多了。可是,走着走着,几十辆车子,又一下子一辆挨着一辆头接尾地停了下来。原来是前面的山路太窄,偏偏又有一辆大车,满载着缸缸瓮瓮地挡住了去路。大车要上岭来,小车要下岭去,谁也无法退让。

这时,魏征心急如焚,慌忙跳下马来,问明情况,沉思了片刻,他当机立断说:“这一车缸瓮,连同大车,我全买了。”

商贩和车夫都很纳闷,齐声问魏征:“你买这么多缸瓮干什么?”

“请问,你这车缸瓮共值多少钱?”魏征没有回答他们的问话,径直问商贩说。

商贩说出了价钱后,魏征也没有还价,二话没说,就付清了钱,然后叫过来几名车夫,命令说:“你们快点儿把这车和满车的缸瓮掀到山下去!”

车夫们见魏征态度坚决,所以也都没敢犹豫,快步来到车前,喊了一声:“一、二、三!”这辆满载缸瓮的大车,就跟头骨碌地翻下山去了。

道路畅通了,几十辆盐车急急忙忙地顺利通过。刚刚推进山脚下一家客店里,大雨便像瓢泼似的“哗哗”地下了起来。车夫们望着屋外下着的倾盆大雨,从心里更加佩服魏征的机智、果断。

魏征虽说买车缸瓮花了点儿钱,却保住了几十车盐,最后结算,获了大利,而且,车夫人等也免遭了一场雨淋的苦楚。州官非常赏识,众人也都赞扬魏征办事灵活、本领强。

避难为道

隋朝大业七年,昏君杨广下令征调全国的军队,集结于北方的涿郡,准备大举入侵高丽。这时,年已三十二岁的魏征,正在原籍北钜鹿郡下曲阳城的赵魏村务农。

在一个三伏天的午后,魏征挑着一担柴草,路过村口上由魏三和其子黑牛开的茶铺。他放下柴担,刚要进去小憩,猛地看见在路边躺着一个车夫模样的人。

魏征赶忙跑过去搀扶,问:“这位大哥,你怎么啦?”他摸了摸这个人的胸口,急喊:“三叔,三叔,快来救人呀!”

魏三听见魏征的喊声,带着两手的血就跑了出来,着急地说:“玄成,快,快走!千万别进村呀!”

“三叔,出了什么事啦?这个人怎么躺在这里?”魏征惊讶地问。

“抓兵的来啦!这是他们抓的民夫,晕倒了。”

“他的心口还在跳。三叔,快给他口水喝,救救他吧!”

“我知道,你快走,要是让他们看见喽,你就走不脱了!”

“我黑牛兄弟呢?”

“黑牛他……我怕他被抓走当兵,把他的手,用斧子砍断啦!”魏三老泪如泉涌。

“黑牛兄弟!”魏征大喊着向茶铺里跑去。

瘦弱的黑牛,忍着伤痛,向魏征讲述了方才发生的事情。

原来有一支押解壮丁的人马从村口路过。骑马的军官看见了茶铺,翻身下马,一屁股坐在草棚下的板凳上,端起魏三送过来的温茶,喝了起来。几个兵勇拥进茶棚,抢着喝水。壮丁们一个个舔着干裂的嘴唇,望着桶里的水,向军官乞求。

“不行,快走!”在兵勇们的逼赶之下,壮丁们一个个地走过去了。最后是车夫推着小车,来到茶铺跟前。

“老爷,让我喝口水吧!”车夫有气无力地求告。

“走!”军官一脚把车夫踢倒,车子也随之翻倒在地。

“起来,快起来!”一个兵勇跑上去大喊。

可是,倒在地上的车夫一动也不动。兵勇上前一摸,惊叫说:“不好!他昏过去啦!”

军官“啊!”了一声,四下观瞧,发现了一位客商的仆人,就用鞭子一指说:“你,你替他推车！”

随后那军官又对几个兵勇说：“你们几个，快到村子里看一看，有合适的，再抓几个来，一并带走！”

黑牛把事情的经过向魏征简要说了一遍，魏征气得站起身来，就往外走，黑牛赶忙上前，拉住他道：“玄成哥，现在他们正在村中到处抓人，你不能回去！”

“那怎么办？”

“先在我这茶铺里躲避一时，等村里安生了，再回家不迟。”

魏征无法可想，也只能如此。

天色渐渐黑了下来。

魏征急匆匆地进家叩门，裴氏战战兢兢地开门相迎，她见魏征平安地回来了，忙把家门关好，猛地扑在丈夫的怀里，哭泣着说：“玄成，你可回来啦！”

裴氏拉着魏征刚要进屋，忽又停住脚步，劝魏征道：“抓兵的刚走，说不定什么时候还要回来，你还是快逃吧！”

“娘子不必惊慌。我知道抓兵的走了，才回家来的。不要紧，出不了事！”魏征尽量用和缓的语气宽慰自己的妻子。

两人进屋，裴氏点着豆油灯，然后又给丈夫端过一碗菜粥。

裴氏安慰丈夫道：“饭都凉了，你快吃吧！我给你收拾几件衣服去。”说着，她向一只旧衣箱走去。

常言说：树挪死，人挪活。魏征思索了片刻，把心一横，对裴氏说：“好，走！我魏征也去闯闯江湖！”他望着黑暗的天空，回想起个人的身世，情不自禁地诵出了屈原的两句诗：

“长太息以掩涕兮，哀民生之多艰！”

“民离散而相失兮，方仲春而东迁！”

“嘭，嘭，嘭！”大门外传来了一阵急促的叩门声。

这响声，虽说不大，但在寂静的乡村之夜，还是很吓人的，尤其是在这兵荒马乱的年月。

魏征夫妇从幸福的憧憬中惊醒。

魏征放开妻子，要去开门，裴氏一把拉住了他：“玄成，你快去躲起来，我去开门！”说着，走了出去，问：“谁？”

“是我。”门外是一个妇女的声音。

裴氏从声音中听出是隔壁的邻居梅嫂，放心地把门开开。

梅嫂随裴氏来到小屋里，见魏征在家坐着，就对魏征说：“玄成兄弟，您白天没有在家，算是念了阿弥陀佛啦！今日，咱村没有半顿饭的工夫，就抓走了七八个人，造孽呀！”说到这里，梅嫂用手帕擦了一下眼泪，看了看魏征他们夫妻二人，就劝魏征说：“大兄弟，您就听老嫂子的话，赶快离家走吧！要不，让人家抓住喽，可就性命难保啦！”

“梅嫂说得对，还是出去躲躲好。”裴氏说着，又把包裹放在魏征面前，然后转过身来，对梅嫂说，“俺们两口子已经商量好了，玄成今晚就走！”

“好！要走，还是快走！俗话说：夜长梦多呀！”梅嫂说着，从怀中取出用布巾包着的几个高粱糁子的野菜窝窝，塞给魏征：“大兄弟，别嫌弃，带着，路上饿了吃！”

魏征对梅嫂的一片真心实意，十分感激，他知道梅嫂的日子也很不好过，就一再谢绝，说什么也不肯要，两个人推推让让，闹腾了好大会儿，还是裴氏出来解劝，魏征才把这些干粮收下。

魏征接过梅嫂手中的干粮，整理了一下包裹里的衣物，刚想起身要走，裴氏又恶心、呕吐起来。魏征一见，心疼地跑过去，又是搀扶，又是捶背，把包裹也给扔到一边去了！

“大兄弟，您这是怎么啦？”梅嫂问。

“我不走啦，我不能走啦！”魏征十分认真地回答。

“怎么？”裴氏一怔，“玄成，我不要紧，您还是快点走吧！”说着，就往外推魏征。

梅嫂这时也从炕上把包裹和干粮拾过来，双手递给魏征，也催他说：“大兄弟，大妹子的事，有我呢，您就放心地上路吧！”

“哎呀，梅嫂，您不知道，您弟妹她有喜了。”

“哎哟，我的傻兄弟呀，嫂子我比您知道得早多啦！您是今天才知道的吧！”梅嫂想让魏征夫妻高兴地离别，有意地扭转了一下现场的气氛。

魏征不好意思地点了点头，为难地说：“梅嫂，她身怀有孕，正是需要人守在身边的时候，我、我……我怎么忍心离家外出呢？”

“玄成，您的心我知道。我和梅嫂劝您走，是为了您好，也是为了咱全家人好！我能照顾自己，再说还有梅嫂帮忙，不会出大毛病的！”裴氏说着，眼泪止不住地掉了下来。

魏征见裴氏伤心地痛哭流涕，自己也憋不住了。一个男子汉大丈夫，就当着两个妇道人家的面，也哭开了。

魏征夫妻相对而泣，可急坏了在一旁的梅嫂！事到如今，只有劝他们痛下决心了。

梅嫂走到他们夫妻中间，往火炕沿上一坐，对魏征说：“大妹子说得对！您只管放心出去，家里的事情，有我呢！不走，可不行！万一叫他们抓走喽，后悔就来不及啦！”

这时，街上传来了一阵犬吠声。

三个人侧耳倾听街上的动静。

犬吠声停止后，夜静得更加怕人。

裴氏猛地从炕上抓过包裹，硬塞在魏征怀里，说：“趁天黑，您连夜走吧，别再叫人提心吊胆了！”

魏征死死地盯着妻子的脸，悲戚地叫道：“娘子！……”

“您就看在咱那没出世的孩儿的面上，赶快走吧，只要您活着，咱魏家……”

“是呀，大兄弟，听大妹子的话，快走！”

魏征最后下定了决心，他从项上摘下一枚古钱，对裴氏说：“这是先父留给我的一枚古钱，说是可以镇妖、除怪、避邪，一直挂在我的身上。今日留给娘子，请您精心保管。万一您生产时，我赶不回家来，不管是男是女，您要把这枚古钱挂在孩子的身上，算是我做父亲的一点心意。”

裴氏接过古钱，捧在手心里。

街上又是一阵犬吠声。

魏征甩开裴氏，转身向大门口走去。

大路上，又是一队兵勇，押着一列抓来的男丁走了过来。

兵勇们走在行列的两边，监视着每一个壮丁的行动，不时地用枪把推打着步履艰难的壮丁。

魏征怕被兵勇们发现，紧跑了几步，躲入果林之中。

火辣辣的太阳，不停地向大地倾泻着热气，果林里一丝风也没有，憋闷得很。魏征眼睁睁地看着头顶上的梨，更加饥渴难忍。

“主人不在，不见人摘梨，这，这样做妥当吗？”魏征心中自问。

“有什么不妥？！园中无人，等又不至，并非我有意行不义之举呀！”魏征心中自驳。

魏征在树下反复思忖，忽然有一首古诗《君子行》涌上了他的脑海，他顺口念出几句：“君子防未然，不处嫌疑间，瓜田不纳履，梨下不整冠……”

“不处嫌疑间？我在家不得安身，外出不敢上路，好不容易，才找到了这块藏身之地，你让我还到哪儿去呀！”

“梨下不整冠？眼下我魏征穷得衣衫褴褛，饿得饥肠挂肚，哪里还有什么‘冠’可整哟！”

魏征越想越是气恼，“唉！”他长叹了一口气，坐在了地上。

片刻，他又霍地站起身来，喃喃自语道：“什么君子防未然？‘穷则变，变则通，通则久’，这是《易经》上说的。按照先贤的遗训，我摘吃几个梨子，算不了什么！”

魏征说着，抬头、举手，从头顶的树上摘下了两个青梨，蹲在地上大嚼起来。

“奶奶，我饿，我喝！”一个幼女的哭喊声，从大路上传来。

魏征吃了一惊，忙站起身来望去，见有一位老妇领着一个幼女，正在骄阳的炙烤下，慢腾腾地向南行走。

幼女看到了路旁的果树，又哭着喊：“奶奶，我要吃梨！”

那位老妇好像没有听见幼女的哭喊，也没有答话儿，只顾自己一步一步地往前挪动，她身子歪歪斜斜，脚跟站立不稳，向前栽了一下，就晕倒在路旁了。

幼女哭着，喊了一声：“奶奶——”扑到老妇的身上。

魏征在果林里，把祖孙二人的惨状看了个真切，他这时也忘了自己是逃丁的人啦，就从树上又摘了两个梨，几步跑上大路，把梨塞到幼女手中，又去喊老妇：“老人家，快醒醒！”

幼女把一个梨放在老妇的口边，喊：“奶奶，有梨吃了！”

老妇听见有人呼叫，慢慢地睁开了双眼。

这时，又有一队押送壮丁的行列，走了过来。

魏征只顾护理老妇，未加注意，两个兵勇已来到他的面前。魏征想躲，但已闪避不及。

一兵勇抓住魏征问：“你是干什么的？”

魏征知道事情不妙，随口答道：“逃难的。”

兵勇说：“眼下朝廷正急着用人，你逃的什么难？走，跟我们当兵去！”他顺手指了指前边的队伍，又说，“当了兵，吃喝就不用发愁啦！”

老妇已然清醒，她见兵勇要抓自己的救命恩人当兵，心中十分着急，急忙阻拦说：“差管大人行个好吧，我们一家老小，还全靠他哪！”说着，就往魏征这边爬来。

幼女看了看奶奶，又看了看魏征，心里明白了几分，她赶紧跑到魏征身边，蹲下身去，抱着魏征的腿，哭着说：“爹爹，你不能走，你不能走！”

兵勇一见，很是恼火，上去拽拉幼女，不料被幼女咬了一口，他疼得“哎哟”一声松了手，魏征飞快地向庄稼地里跑去。

兵勇喊了声：“追！”

两个兵勇往魏征逃的方向赶去。

魏征在漫洼地里，趟着庄稼，吃力地跑着。他连日奔波，肚中无食，渐渐地有些支持不住了。两个兵勇在后边一面喊骂着，一面紧追不舍，眼看就要赶上了。

魏征穿过一片树林，借着树木遮掩，把两个兵勇又甩开了一段距离。他逃到一座土丘下，气喘吁吁地登上土丘。抬头一看，土丘上一片苍松翠柏，掩映着一带短墙，短墙环围着排排房舍，中间是座高大的殿宇，山门上的横匾上写“紫云观”三个大字。他登上台阶，刚想上前叩门，突然，天旋地转，一阵眼黑，摔倒在山门外。

几个道士闻声，走出山门，把魏征围在中央。

道士们看了看土丘下追来的兵勇，七手八脚地把魏征抬进观内，小道童随即将山门紧闭。

两个兵勇也累得汗流如雨，他们在山门外看了看踪迹，就气势汹汹地上前，“当，当，当！”地敲打着山门。

门开了，一位鬓须花白的老道长在众道士的簇拥下，走了出来。

道长问：“二位施主到此何事？”

兵勇说：“快把逃丁交出来！”

道长见兵勇来者不善，赶忙解释道：“我观乃出家之地，素以清静为本，怎容俗人躲藏！”

“少废话！我们亲眼看见那人跑到你这里来啦！”兵勇蛮横地喊道。

“那好。”老道长一副与世无争的神态，点点头说，“那就请进来搜吧！”

二兵勇气哼哼地走进观内，众道士在后面紧紧相随。

两个兵勇正在搜查，忽听一个道士指着围墙高喊：“快看呀！逃丁准是从这儿跳墙跑了！”

二兵勇听见喊声，急跑过来，看见墙头上好像是有人爬过的痕迹，就喊了一声：“追！”越墙而过。

老道长见兵勇走远，方才吩咐小道童关好山门。

紫云观的老道长吩咐小道童关好了山门，一位道士从人群中走了出来，面对老道长倒头便拜：“谢道长救命之恩！”

此人便是逃至观内、被道长改了装的魏征。

老道长与魏征在经堂中分宾主落座，小道童献上茶来。

老道长说：“令尊当年为官之时，贫道曾与他有过交往。后来，他弃官归里，杜门谢客，我们就断了音讯了。”

魏征道：“家父归里之后，躬耕垅亩，教晚生苦读诗书，不久就病逝了。在临终之时，曾再三遗言：不遇明主圣君，切莫出仕为官。当今皇上，荒淫无度，穷兵黩武，搅得国无宁日，晚生欲自耕田园、志居林泉，谁知战祸不息，抓丁骚扰，真是欲静不能啊！今日在危急之中，幸遇老道长搭救，晚生感恩不尽，终生难忘！”

老道长问：“不知公子打算投奔哪里？”

“唉！”魏征长叹了一声说，“不瞒道长，晚生仓忙逃出，并无去处……”

“既是如此，就请公子暂留敝观，不知肯屈从我否？”

“这？……”魏征感到有些突然，一时难以答言。

老道长见魏征犹豫不决，就劝他说：“如今兵荒马乱，您逃至何处，也难以存身；倒不如索性出家，避开官府追捕、欺凌。再说，您留在敝观，还可专心攻读，以待时机，将来国势一旦有变，您即可大展宏图！”

魏征听了老道长的话，觉得非常有理，在这等危急的时刻，能遇到这样的好人搭救、相留，真是三生有幸。他十分感激地慌忙跪地拜道："多谢师父收留！"

从此，魏征便在紫云观出家当了道士。

早饭过后，魏征正在住舍中潜心读书，小道童跑了进来，说："师兄，快去看，过兵哩，可威武啦！"

这时，紫云观的道士们都站在短墙里向外张望，他们一边看，一边指手画脚地议论着，魏征和小道童一起，走了过去，挤在人群之中。

大队官兵耀武扬威地行进在观外的大道上。旌旗招展，金鼓齐鸣，为首的一员大将，坐下一骥黄骠马，鞍桥斜插钢枪，身后飘着一杆大纛旗，旗上写一斗大的"杨"字，威风凛凛，杀气腾腾。队伍的后边押解着一列垂头丧气的战俘。这是隋朝的征讨元帅杨义臣的人马。

只见远处尘土飞扬，一个探马催鞭跑到杨义臣面前禀报军情："元帅，探得窦建德的残部，在三十里外又重新集结。"

杨义臣在马上紧勒丝缰，果断地命令道："兵贵神速，直捣敌巢！"

官兵们像旋风似的向前奔去。

魏征看着这些如狼似虎的兵马，想着战争给黎民百姓酿成的苦难，他心里就好像火烧油煎水烫一样难受。没等队伍过完，他就无可奈何地叹息着，独自一人先回了住舍。

这一天夜里，星寒月冷，朔风怒吼。

因为白天教小道童识字，花费了不少时间，魏征想用晚上的工夫补上，所以直到夜半三更，他还在豆油灯下苦读。

风透窗棂，吹得油灯摇摇欲灭。魏征刚要起身，想找物件去挡，突然，外边响起了一阵敲门声。

"谁？"魏征警觉地问。

"请开门！"门外人答。

魏征抽开门栓，一条大汉随着寒风，跌跌撞撞地走了进来，接着腿一软，倒了下去。

那大汉的右腿上有明显的一大片血迹。

魏征"啊！"了一声，吃惊地望着倒地的大汉，略加思索，机警地急忙上去，插上了房门。

大汉用两只炯炯有神的大眼睛，注视着魏征的一举一动。当他看到魏征把房门关上之后，眼中流露出欣喜的神色，有气无力地向魏征说："多谢道长救命之恩！"

"搭救生灵，乃出家人的本分，不足挂齿！"魏征说着，把大汉扶到自己的床边坐下问，"壮士为何受伤，连夜到此？"

"这……"大汉略一迟疑，接说，"路遇盗匪，发生格斗，因而受伤。"

魏征仔细地观察了这位不速之客，心中已猜出几分，便道："如今的匪盗，有些倒是英雄好汉，他们是杀富济贫的。你既然被匪盗所伤，定是富豪啦！"

大汉听说"富豪"二字，哈哈大笑起来："富豪？我是富豪？！我……我是富豪们的死对头！"

魏征一听，不出所料，随即向大汉表示了更加关切的同情，说："原来是一位英雄！贫道失敬、失敬！"

大汉又哈哈大笑起来，说："英雄不敢当，杀富济贫的事，倒是经常干的。常言道：

‘好话一言三冬暖。’道长，您的一句话，赶跑了我身上的寒气，减轻了我身上的伤痛。我实话对您说吧：在下正是个杀富济贫的强盗！”

魏征问：“您这是被官兵打伤了？”

大汉忽地站起，但由于一阵伤痛，站立不稳，魏征又急忙扶他坐在椅子上。

“胜败乃兵家之常，我就不信斗不过那杨贼义臣！”

魏征这时心中更加明白了，断定伤者是窦建德义军中的一名首领，他有意地询问说：“那杨义臣是当今朝廷的兵马大元帅，您怎么敢与他斗呢？”

“道长！”大汉压低了嗓门儿，叫了魏征一声，然后问，“您猜，我是哪个？”

“我看……”魏征又上下打量了大汉一番，说，“您是窦建德麾下的一员战将。”

“在下就是窦建德！”

“啊！”魏征尽管有所预料，但听说这位大汉就是窦建德本人，心中也未免有些惊讶。

“道长！”窦建德严肃地对魏征说，“在下乃朝廷悬赏千金的要犯。您要是想升官发财，光宗耀祖，就请快去报告官府好了！”

“哪里话来！”魏征微微一笑说，“窦将军，您把我魏征当成什么人啦？我一不是官宦，二不是豪绅，和您一样，都是受官府欺压的庄稼汉，因为避祸逃丁，才在这里出家为道。我怎么能忘了根本、背叛黎庶，去做那不仁不义之事呢！您就放心好啦！”

“如此，请魏道长受我窦某一拜。”窦建德想向魏征致谢，可是腿疼得又几乎跌倒，魏征又急忙前去搀扶，说，“久慕将军大名，今日有缘相逢，真是三生有幸啊！”

日月穿梭，一晃半个月过去了。在魏征的严格保密、精心护理下，窦建德的伤势已大为好转。

这天的中午时分，魏征端着一碗饭，正要回自己的住舍，小道童慌慌张张地向他跑来，说：“师兄，不好啦！有一队官兵直奔咱们观里来了。”

魏征急忙跑进住舍，从自己的包袱中，找出一身道服，递给窦建德，说：“事情紧急，您快换上这身道服，以防万一。”

窦建德接过道服，一边穿衣，一边自我嘲讽地说：“想不到我窦建德，也能跟着您一起，出家当道士！”

魏征叮嘱道：“窦将军不可麻痹大意。只要官兵不来搜查，您就千万不要出去！”

在经堂里，那位官员见魏征从外面进来，急忙站起。

老道长从中介绍：“这就是小徒魏征。”然后又对魏征说，“快去拜见大人。”

魏征赶紧上前，躬身施礼道：“拜见大人。”

那官员说了一声“免礼”，就仔细地把魏征打量了一番，随即问道：“敢问道兄，是自幼脱俗，还是中途出家？”

魏征答：“中途出家。”

“曲城有一魏长贤，道兄可曾知晓？”那官员问。

“这……”魏征疑惑不解地难以启口。

“玄成，既然大人问起，你就不妨实话实说。”老道长从适才品评对联的口气，判断这位官员并非恶意，就给了魏征一颗“定心丸”。

魏征看师父的神情平静，又听他如此之言，心中踏实了一些，答道：“乃是家父。”

那位官员听了，哈哈大笑，说：“啊，原来是贤弟到了，快快请坐！”

魏征感到十分意外，忙问：“大人，您是？……”

那位官员道："下官元宝藏，现任武阳郡丞之职。家父生前与令尊交往甚密，情同手足，您我自然应以兄弟相称了。"

"原来如此。"魏征放下心来说，"兄长乃一郡之尊，而小弟是一贫道，天渊之别，高攀不得呀！"

"哪里，哪里！"元宝藏微微一笑说，"贤弟不必过谦。依愚兄所见，贤弟的才华不凡！"

"有何才华？只不过是虚度光阴罢了！"魏征有些颓丧地说。

"贤弟不要隐瞒自己的志向。愚兄从您手书的对联中，早已看出。大丈夫在世，是应该干出一番轰轰烈烈的事业来的！"元宝藏鼓励魏征说。

"干一番事业？我何曾不想?！只是生不逢时，谈何容易哟！"魏征流露出怀才不遇的苦闷心情。

"是啊！"元宝藏看了看左右，见除了老道长之外，没有旁人，就说，"愚兄虽说现任一官半职，也只是苦于应付而已。群雄四起，天下不宁，当一个地方官，难呀！唉！"

元宝藏长叹了一声，把话止住。他又苦笑了两声，说："好啦，咱们不说这些了！请问贤弟，您为何流落至此呢？"

"说来话长，一言难尽。"魏征接着就把父亲早丧，度日艰难，为逃征丁，躲出家门，多蒙老道长搭救、收留之事，向元宝藏讲述了一遍。

元宝藏听完了魏征的一席话，先是向老道长表示敬意、致谢，后又向魏征表示同情、安慰，思考了多时，他一指对联问道："贤弟如此大才，焉能久时蛰居？"

老道长闻听，见元宝藏如此器重魏征，心中也很高兴，就问："元大人，有何高见，请赐教！"

元宝藏怕自己的要求提出来，得不到老道长的允准，反倒尴尬，就预先打埋伏地说："老师父，我元某说出来，您老人家可不要生气哟！"

"高兴还来不及呢，哪能生气?！您说出来，我保险答应！"老道长笑呵呵地说。

"那好。"元宝藏进一步地解释说，"常言道：师徒如父子，更何况老师父又救过贤弟的命！你们之间的深情厚谊我是理解的，而且也非常羡慕。这种情谊，如今在世俗的官场中，是无论如何也难以找到的了！我珍重你们之间的友谊，但是我自己更想真正地得到它。所以，我想，如果老师父能够忍痛割爱，魏贤弟也不嫌弃为兄的话，就请离观还俗，随我去武阳任职如何？"

"这……"魏征左右为难地看着老道长，"师父！"说着，跪在地上。

老道长一见，有些惊慌，忙上前搀扶，劝说道："玄成，机遇难逢啊！你就去吧！"

说着，老道长背过脸去，昏花的双目中含着晶莹的泪花。老人家既想哭，又想笑，哭笑不得，真是有些难为情啦！

魏征见师父非让自己走不可，他完全懂得老道长的一片心意，是呀，人生能有几逢时！错过这个机会，怕是日后就难以出头了。也罢，就随元大人去武阳！

拿定主意，魏征面向老道长大礼叩拜，说："师父在上，徒儿魏征遵师父之命，愿随元大人前往武阳，效犬马之劳！"

元宝藏心花怒放。老道长也喜出望外。魏征欲言又止，面带难色。

老道长知魏征还有心里话要讲，就说："玄成，大事已决，不日即要分别。你还有要说的话吗？"

"师父！"魏征激动地叫了一声，泪如雨下，说，"您就是我的再生父母！我魏征今生今世不忘您的大恩大德!”

“这就是你要说的话吗?”老道长不高兴地追问。

“这是我向师父说的真心话。还有……”魏征回答。

“还有什么？难道除了师父之外,你就再没有要说话的人了吗?”老道长又追问了一句。

“有,有……”魏征脸红了,不好意思地向元宝藏说:“小人家中尚有妻子儿女,我想在去武阳之前,回故里探亲一次,不知大人能否恩准?”

元宝藏哈哈大笑:“理应如此,理应如此,愚兄焉能不允？您明日即可动身回家,把眷属一齐接至武阳,可好?”

“好。不过沿途之上官府抓丁不止,如遇纠缠,生出变故,奈何?”

“不妨。愚兄为您写一执照,即可免除危难!”

魏征深深一揖:“多谢大人!”

老道长叫小道童笔墨伺候,元宝藏写一执照递予魏征。

是夜,紫云观内寂静无声。黑暗中,有两条人影悄然而行,迅速地来到短墙之下。他们是魏征和窦建德。

“窦将军,您的伤势尚未痊愈,路上要多加小心!”魏征叮嘱道。

“魏兄待我恩重如山,窦某我永世不忘,但愿后会有期!”窦建德拜谢说。

二人拱手告别。窦建德越墙而过,很快消失在夜幕里。魏征站在短墙内,向外张望了许久。

投身瓦岗

次日清晨,魏征洒泪辞别了老道长和诸位道门兄弟,踏上了返家的归途。

这一日,魏征回到了赵魏村。他走过十分清冷的大街,来至自己的门前。正要上前叩门,见家门已经上锁,心中不觉一怔。

魏征从上衣袋中摸出钥匙,打开院门,推门进院。只见院里尘土满地,落叶片片,满目凄凉。他急步入室,屋里空荡荡的,布机上布满蛛网。

面对这一切,魏征惊呆了！他焦急地连连高呼:“娘子！娘子!”

呼喊多时,无人答应,魏征如癫如痴地站在院子里。

隔壁院里的梅嫂闻声跑了过来,进门就叫:“大兄弟,你可回来啦!”

魏征看见梅嫂,好像是在梦中,他一把拉住梅嫂,嘴里不停地问:“娘子呢？孩子呢？他们都到哪里去了？……”

梅嫂知道魏征心中难过、着急,但是事已至此,有天大的能耐也一时难以把人找回来,就强忍着悲伤,劝慰魏征说:“大兄弟,你别着急,只要你回来了,就好！先到我那边去,喝口水,歇歇脚再说!”

“梅嫂,你快说,我走后,家里到底出了什什么事?”魏征急不可耐地问。

“唉!”梅嫂叹了口气道,“真是祸从天降呀!”她接着就向魏征讲了去年八月十五魏征家中发生的事儿……

那天吃过早饭,裴氏坐在炕沿上,为未出生的婴儿缝制小衣裤,梅嫂手捧一个小包走进屋来。

“大妹子,好针线!”梅嫂看了看裴氏做的针线活,佩服地夸奖说,“有你这样的媳妇，玄成兄弟的福气不小啊！”

裴氏见梅嫂手里的小包，忙笑着起身让座：“嫂子，快坐，您这又要干什么？”

梅嫂说：“玄成兄弟不在家，你都忘了今天是什么日子啦？今天是中秋节！”说着，打开小包，原来是两个她自己用高粱面蒸成的“月饼”。

裴氏看了看“月饼”，心事重重地叹了口气说：“唉！月圆人难圆呀！嫂子，您还是拿回去，让侄子们吃了吧！我一个大人家……”

“吃吧，吃吧，这是嫂子的一点儿心意！做得不好，尝尝！”梅嫂一再紧让，拿了一个硬塞在裴氏手里。

裴氏接在手里，掰了一块，刚要往嘴里送，忽听街上一阵大乱，犬吠、鸡鸣、人奔……

有人高喊：“抓兵的又来啦，快跑哇！”

裴氏一惊，手里的“月饼”掉在地上，她也顾不上拾，忙对梅嫂说：“抓兵的又来啦，咱们快躲躲吧！”

“怕什么?！反正咱们两家都没有男人，让他们来抓好啦！”梅嫂安慰裴氏说。

突然，院门被推开了，两个差役闯了进来。

一个差役手捧户籍册，问：“这是魏征的家吗？”

“是魏征家。魏征他出门啦！”梅嫂急忙上前答话。

差役看了看梅嫂，又问：“你是他家什么人？”

梅嫂答：“街坊邻居。”

差役看了看梅嫂身后的裴氏，问：“她是魏征的什么人？”

“他是魏征的娘子。”梅嫂答。

两个差役听罢，在房门外低声嘀咕了几句。一个差役走向近前，说：“你们听着：俺们这一回，不是征丁，是征夫，给军队运粮送草、烧火做饭。上司有令，男的不在家，由女的顶！”

说着，那差役越过梅嫂身旁，走到裴氏跟前，皮笑肉不笑地说：“这位大嫂请了，既然你丈夫魏征不在，那你就替他走这一趟吧！”

“梅嫂！”裴氏惊慌地喊了一声，不知所措。

梅嫂一听急了，赶紧上前护住裴氏，气愤地说：“她是个年轻媳妇，怎么能去顶夫?！你们还有王法没有？”

“王法?！哈哈……这就是王法！”一个差役说。

“年轻？年轻的，好啊！漂亮，有力气，能干活……你想去，还不要你哩！”另一个差役嬉皮笑脸地说着，就去拉裴氏：“快收拾收拾，跟我们走吧！”

裴氏挣开差役的手，哭着喊：“你们不是差官，你们是强盗！”

“我们不是差官？”一个差役亮出他手中的户籍册，说：“这是户籍册子，上边有你的名字。别喊叫啦，快走！”

梅嫂见硬顶不过，就乞求地说：“差官大哥，你们行行好吧，她已有几个月的身孕了！”

“身孕？唉，算了吧，如今生在世上的人还顾不过命来呢，谁还管那没生出来的小命呀！走！”差役说着又往外拉。

梅嫂气急地说：“你们放开她，这是真的！”

“谁信你的！去你的吧！”另一个差役把梅嫂推倒在地。

裴氏被两个差役拖出门外,她不住地哭叫:"梅嫂!梅嫂!"

……

梅嫂泪流满面地把事情经过说完,魏征听罢气得一句话也说不出来。

梅嫂说:"原先听说是抓到城里衙门去啦,可是魏三叔让黑牛去打问了两趟,都没有见着人!"

魏征听了,想了片刻,对梅嫂说:"我找黑牛兄弟问问去。家中的一切就拜托您了!"说着,拱手一谢。

"找到大妹子,早点儿捎个信儿来!"梅嫂提醒了一句。

"好!"魏征只把几卷书包入了包裹,即向梅嫂告别,转身而去。

魏征找到黑牛,询问了有关情况,决定前去祭祖扫墓。两人结伴来到了赵魏村东的魏氏家族墓地。微弱的阳光,淡淡地洒在一座座碑楼之上。墓丘上的枯草尚未返青,被寒风吹得摇曳不止。只有那墓地中的一棵棵古老柏树的枝叶,已显露出新绿。

魏征眼含热泪,说道:"先祖先宗在上,不孝男魏征,虽恪守遗训,苦读经史,但未遇明主,埋身蒿莱,宏图难展,且家破妻离,今舍祖上而去,志去寻求报国之门,祈求先祖在天之灵,保佑我夫妻团聚,宿愿得偿!"言罢,再拜起身。

魏征和黑牛从墓地出来,顺官道进了下曲阳城。这城内的街面上,虽说有几家店铺,但买卖并不兴隆,酒肆茶馆里也冷冷清清。

魏征和黑牛在大街上匆匆地走着。

"你们是干什么的?"两个公差拦住了魏征二人的去路。

"大概是逃丁的吧!"其中一个公差说。

魏征听说这句话,怒生火起,气昂昂地回答:"找人的!我家娘子叫你们抓来了!"

"这好办,你去把她换回来,不就得了!"一公差说。

魏征听公差的口气,眼前出现了一线希望,忙问:"公差大哥,你知道我家的娘子在哪儿?"

那位公差哈哈大笑:"我说老弟,你这人是找媳妇儿找疯了吧?!俺们知道你是谁,怎么知道你的娘子在哪儿?快跟我们走吧!"

"去干什么?"魏征问。

"干什么?这还用问吗?你年纪轻轻,正好当兵,走,跟我们快走!"一个公差说。

另一个公差看了看黑牛,见他又粗又壮,也是个当兵的好材料,就向黑牛说:"还有你这一位,也一块去!"

魏征心想这时再不说明身份,怕是不行了。于是,就从衣袋里掏出元宝藏给他写的执照,亮在两个公差面前,说:"拿去,看看!"

公差们看了执照,满脸堆笑,说:"大哥原来是武阳郡的人。我等有眼无珠,多有冒犯,实在对不起,对不起,恕罪,恕罪!"

魏征见两个公差态度变了,又直赔礼道歉,气消了下去,情绪也好多了,便问:"两位大哥,借问一声,去年八月十五,县衙征了一批民夫,其中还有妇女,你们可知道发往哪里去了?"

"去年八月十五征民夫?"一个公差想了好大一会儿,才说,"对,对,是有那么一回事!我记得当时上司有令,说男的不在,要用女的顶,你的娘子大概就是顶着你的数,让抓来的!"

"正是。"魏征见这位公差了解实情,心中有了点儿底,就继续追问道,"后来呢?"

“那一次,是杨义臣元帅领兵去剿窦建德,征调的民夫,全都随军服役。你家娘子是个妇道人家,可能就是分配在军营里,帮着火头军烧火,洗菜吧！哎呀,大哥,那可是个又苦又累的活儿呀！一个年轻妇女,在军营中,唉！”公差看了看魏征,没有把话再说下去。

魏征听着公差的话,心中像油煎一样的难受。他仿佛看见裴氏拖着笨重的身体,在军营里挑水、劈柴、烧火、做饭。

魏征急切地想要知道裴氏的下落,就向公差解释说:“大哥,您说的意思我明白。既然事情已经到了这个地步,我想唯一的办法,只能是打听出她的下落,把她救出来！”

“您说得对！常言说:一日夫妻百日恩,更何况他们是恩爱的小两口呢！至于说这下落嘛……”公差又不说下去了。

“大哥,快说,他们后来去了哪里?”魏征催问。

“不是我不肯说,实际上我也弄不很清楚。起初他们是往北走的,后来打了胜仗,可能又往南去了！唉！谁知你家娘子落到哪里了呀！”公差说着,拱手与魏征二人告别,走了。

“往北,又往南……往北,又往南……”魏征嘴里不停地嘟念着,在原地转了好几个圈儿。突然,他觉得眼前一阵发黑,两眼只冒火花,向前一扑,栽倒在地……

魏征睁开了眼,看了看围着他的人群,又见一位老者还在拉着他的手,心中明白过来,他坐起身来,双手抱拳,感激地说:“谢谢老师傅救命之恩！”

老医生边品茶边观察魏征、黑牛二人,心中不免升起了疑团。

这一位瘦,那一个胖,这一位白,那一个黑,这一位文质彬彬,那一个粗粗鲁鲁,这一位是公人打扮,那一个却是地地道道的村民。如果说他们是主仆关系,为什么又互称兄弟?！如果真是兄弟,那么他们的个头、模样、脾气、身份,为何又这样的相差悬殊?！

魏征坐了一会儿,心中安稳了下来。为了答谢老人的搭救,他特意让黑牛去找茶馆,买了一盒上等茶叶,送给老医生。

老医生见魏征深明礼义,心中喜欢,接过茶叶来,笑了笑,说:“我看大哥这副模样,祖上定是书香门第。不知您是否知道这下曲阳城的魏家?”“魏家?哪个魏家?”魏征听问,有些吃惊。

“就是魏长贤之子魏玄成的那个魏家呀！”老医生认真地回答。

“你打听魏家,有什么事情?”黑牛把眼一瞪,瓮声瓮气地说。

“我是受人之托,前来送信的！”老医生一字一板地慢腾腾地答。

“受谁之托,送什么信?”黑牛追问。

“受一位妇人之托,告知她的下落！”老医生警惕地环视了一下四周,低声地请求说,“两位大哥,请直言,你们知不知道魏征、魏玄成现在哪里?”

魏征听这位老医生问到自己,又说是受一位妇人之托前来送信,心想这可能与爱妻的下落有关,不由地喜出望外,凑到老医生跟前,伏耳低语道:“老伯,你要打听的魏征,就是我！”

“啊！您就是?！您就是我寻找了多日的魏征?！”老人家似乎不相信自己的耳朵,也不相信自己的眼睛,他摇摇头,用手揉了揉双眼,说:“不对,不对,你们是冒充的！”

“哈哈……”黑牛见老医生根本不信,觉得好笑,就自我介绍地说,“我叫魏黑牛,家住下曲阳城南赵魏村,他是我的堂哥魏玄成。我们俩儿从小就在一起到现在,那还能错得了!”

“可是,那大姐说,魏征是一位在乡里耕读的庄稼人呀!”老医生说出了不信的理由。

魏征听说大姐二字,又感到奇怪,忙问:“老伯,您说的大姐是谁?”

“谁?还有谁?就是魏征的妻子裴氏!”

“啊——”魏征惊叫了一声,几乎又要昏厥过去,老医生一见,也慌了,忙喊:“大哥,大哥,别急、别急……”

魏征定了一下神,双膝跪在老医生的面前,说:“老伯在上,在下确是您老人家要找的魏征。我的爱妻裴氏,现在何处,请老人家明示……”说罢,又给老医生磕了一个头。

老医生把魏征搀扶起来,又问,“既然你真是魏征,为何是这身装束呀!?”

魏征笑了笑,刚要回话,黑牛在一旁插言说:“老人家,您不知道,我家大哥现在是武阳郡的人啦!所以,他才……”

“噢!”老医生似有所悟,但还是不放心,又问,“那,你们这是在干什么?为什么与公差说个没完!”

魏征知道老人家早就注意了他们两个人的行动,而且产生了误解,就连忙解释说:“我现在虽是武阳郡的人,但是还没有正式去当差。我们这是在打听我妻子裴氏的下落,遇上了公差,他们非要抓我们俩去当兵,我们才与他们……”

“这就是了!”老医生弄清了来龙去脉,这时才彻底放了心。他也不好意思地笑了笑说,“天天找,天天找,碰上了,怕错了,结果闹了个‘大水冲了龙王庙——一家人不认一家人!有趣,有趣!可笑,可笑!”

接着老医生就向魏征诉说了他所知道的有关裴氏在军营中的情况。这位江湖医生,不是别人,就是和裴氏在一起的杨义臣军中的老火头军装扮的。

魏征和黑牛巧遇老医生,得知裴氏可能流落他乡的信息后,悲喜交加:悲的是一个妇道人家,带着襁褓中的婴儿,到处流浪,必是凶多吉少,九死一生;喜的是既然逃出了军营,就做不了战场上的冤魂,要是命大碰上了好人,或许还能生还故里,夫妻团聚。

送走老医生,魏征对黑牛说:“事到如今,我只能先去武阳郡,然后再慢慢找你嫂子了!”

“大哥莫要过分伤心。好人总是会有好报的。听那老人家说,我看嫂子用不了多久就会回来!”黑牛劝慰魏征说。

“好兄弟,你快回去吧。要好好地伺候三叔。你嫂子要是真的回了村,你就往武阳郡给我送个信,我再回来接她!”

魏征与黑牛挥泪告别。

这一日,魏征来到了武阳郡衙门口前。

这武阳郡衙是朱漆的大门,门口一对石狮威严地分立左右。两名衙役守在大门口值勤。

魏征走至近前,不停地向里张望。

“走开!走开!你是干什么的?”一个胖衙役走过来冲着魏征喊问。

魏征赶忙上前施礼,道:“烦劳二位通禀,就说曲城魏征,要见元大人。”

胖衙役上下打量了魏征一番,问:“你见元大人,有什么事?”

魏征答:“我和元大人有通家之好,是大人命我来找他的。”

这时那个瘦衙役上来搭话,说:“如今兵荒马乱,土匪横行,骗子到处皆是。不能听你一面之词，你说是元大人叫你来的，可有大人的书信？”

魏征说：“信没有，倒有元大人给我写的一份执照。”他说着，伸手去掏，忽然想起已在路上撕毁，呆住了。

瘦衙役见状，追问：“执照呢？”

魏征解释说：“路上遇见强盗，我把它撕毁了。”

“胡说！”胖衙役吼叫了一声，“看你的长相像是个老实人，不想也是个骗子，抓起来！”

两个衙役抓住魏征不放，正要扭进衙门，从衙门里走出一位年轻小吏，拦住问道：“他是干什么的？”

胖衙役说：“是个骗子。他说来找元大人，可是什么凭证也没有！”

魏征上前解释：“小可魏征，是元大人命我来的，在路上遇见强人，执照被我撕毁了。”

这小吏闻听，急忙上前施礼，说：“原来是魏先生驾到。奉大人之命，在下已恭候数日了。”

魏征连忙还礼，说：“不敢当，不敢当。请问尊姓大名？”

那小吏谦逊地自我介绍：“小可刘升，是本衙的一名书吏。魏先生请进！”

刘升亲热地把魏征引入衙内。

在客厅里，元宝藏置酒迎接魏征，为魏征洗尘。

魏征愁眉苦脸，老是看着酒肴发呆。

元宝藏知魏征心中不舒，首先举杯说：“贤弟远道而来，为兄特备薄酒接风，请饮此杯！”

魏征看了看元宝藏，把酒杯推向一旁，凄楚地说：“适才已向大人讲明，贱内不知下落，虽有美酒佳肴，也难以下咽呀！”

元宝藏见魏征执意不肯饮酒，就劝慰道：“贤弟不要过于悲伤，寻找弟妹之事，包在愚兄身上。我即刻派人书写榜文，四下张贴。”

“多谢大人关怀。”魏征接问道，“去年杨义臣征剿窦建德，凯旋南下，可是途经武阳？”

“正是途经武阳。”元宝藏答。

魏征说：“贱内刚被征夫之时，已身怀有孕，但不甚显露。杨义臣得胜凯旋，已至冬季，贱内身体笨重，已从军营逃出，计算起来，这时杨义臣的军队正当南下，说不定贱内真的会流落在武阳一带。”

“贤弟之言有理，弟妹是一定会找到的。”元宝藏赞同地表示信心，接着又说，“本府缺少一名典书记，贤弟暂且屈尊任职，一来助我一臂之力，二来也可随时探听弟妹的下落，你看如何？”

魏征心想，既来之，则安之，公务总是要干的，这样一举两得，何乐不为？于是，十分感激地向元宝藏拱手相拜：“多谢大人恩典。”

元宝藏冲外喊道：“刘升！”

刘升闻声，急步进入客厅，卑躬地问：“大人，有何吩咐？”

“这是新任典书记魏征，魏大人。”元宝藏指了指魏征说，“你要好生伺候！”

“是，是！”刘升连忙施礼回答。

由此，魏征就在武阳郡衙门任典书记，协助元宝藏处理行政公务。

又是一个春天。

武阳郡丞衙内的后花园里，杨柳初绿，桃梨争开。

魏征与元宝藏并肩走来。

元宝藏问："贤弟，弟妹至今还无下落？"

"唉！"魏征长叹了一声，难过地说，"已是三年有余，怕是不在人世了！"

"贤弟莫要灰心。"元宝藏安慰魏征说，"吉人自有天相，一定会找到的。"

魏征说："这两年，弟一有闲暇，即到各村察访，贱内虽未找到，黎民的疾苦倒是看到了不少。前年大旱，去年大水，灾荒连发，赋税屡增，民不堪命，哀鸿遍野。而当今皇上，驱天下以从私欲，罄万物以供享乐，徭役无时，干戈不止，妻离子散者，并非为弟一家，民生凋敝者，也非武阳一郡，似此，黎庶何日得安，国家何日得宁啊！"

元宝藏无限感慨地说："贤弟之言，愚兄早有同感。元某身为朝廷命官，不能救民于水火，愧对苍天哪！"

这时，刘升手捧一函文件，匆匆走来。

"禀大人！"刘升说，"民部发来急函，请大人过目。"

"是何急函？"魏征问。

元宝藏说："当今圣上又要亲征高丽，民部命我武阳郡征调民夫两万名，鹿车一万辆，到黎阳仓运粮，送往河北涿郡，限期一个月运到。倘若延误，奏知朝廷，革职论处。如此看来，我这郡丞，是当不长了！"说着，把函件交给了魏征。

魏征接过，一目十行地把函件看完。他由惊转怒，由怒转趋平静，决断地对元宝藏说："大人的郡丞，当与不当，不在民部，而在自己！"

"啊！"元宝藏惊问，"贤弟之言，何意？"

魏征并不急于回答元宝藏的问话，反而先向元宝藏提出了一个问题："请问大人，要我武阳郡征调民夫两万，十天之内，可能备齐？"

"难说。"元宝藏思忖着，在书斋内踱步，边踱边讲，"能够手挽鹿车、运粮于千里之外的人，必须是强壮有力的丁男。我武阳郡，这几年，灾荒不断发生，百姓多有逃亡，十日之内，征得壮夫两万，怕是不可能的！"

"十天难以征得壮夫两万，那二十天将粮食由黎阳运到涿郡呢？"魏征又问。

"也难说。"元宝藏仍是边踱边讲，"黎阳至涿郡路途遥远，沿途匪盗颇多，难保他们不出来劫粮，倘若发生意外，不仅如期难至，怕是性命也难保呀！"

在问了元宝藏这两个问题之后，魏征说："民部的这一公文，实如淫雨后之山洪，灾上加灾，大人的官职，只怕是凶多吉少呀！"

"贤弟言讲，官职在我自己。此时为何又说凶多吉少？"元宝藏愕然，问道。

"这就要看大人您如何行动了！"魏征回答。

"是啊！"元宝藏看了看魏征，又一次地权衡利弊，思考了片刻，坚定地说，"如果我们要按民部的公文行事，必然凶多吉少！"

"对！"魏征表示赞同，又问，"倘若不按民部的公文行事呢？"

"这个……"元宝藏一时语塞。

魏征深知元宝藏的处境艰难，但是要想渡过难关，唯一的办法，就只有不听民部公文上所说的那一套，图谋不轨。想到这里，魏征就明确地对元宝藏说："如不按民部公文行事，就能逢凶化吉！"

"不按民部公文行事？"元宝藏反问魏征，"怎么个不按民部公文行事？"

魏征说“古人云:民为邦本,本固邦宁。可如今昏君杨广无道,恣意荒淫,穷兵黩武,干戈不息,以致民不聊生,故狼烟遍地,群雄四起。”

元宝藏点头称是。

魏征说:“眼下王薄起于山东,窦建德起于河北,李渊父子兵发太原,李密、翟让旗插瓦岗,隋朝天下已分崩离析,我等切不可墨守成规,坐失良机呀!”

元宝藏凝视着魏征不语。

魏征说:“天下大事,有合有分。自古如此。识时务者方为俊杰。想那昏君杨广,自身已朝不保夕,我等何不乘时而起,以展宏图!”

元宝藏心有所动,忙问:“您打算怎么办?”

魏征说:“我想,我们可以借民部之命,暗结瓦岗义军,取得黎阳粮仓,用黎阳粮仓的储粮,赈济武阳郡的饥民,黎民百姓对您感恩戴德,郡丞非君其谁?”

考虑到一些细节问题难以解决,元宝藏在室内踱来踱去,长叹不已。

魏征见元宝藏总是犹豫不决,心中有些焦躁,他站起身来,面对元宝藏,正颜进言:“魏征所想,皆为黎民,所述之语,出自肺腑。您我兄弟一场,共事数载,难道还不知我魏征的肝胆?!”

元宝藏听了魏征的话,略显激动,他对魏征的为人处事当然是一清二楚的。不过此行事关重大,他不得不慎而又慎呀!于是,他试探性地对魏征说:“贤弟,此事非同小可,您我需要周密安排,有些具体事宜,比如去瓦岗下书,谁去好呢?”

“如果大人赞成魏征所言,同意魏征所行,魏征我赴汤蹈火,在所不辞!”魏征坚定地表示。

“那,这去瓦岗下书之事,就由贤弟承担了?”元宝藏又试探地问。

“正是。只有小弟亲往,方可马到成功!”魏征信心百倍地答。

“好!”元宝藏猛然手拍几案,说,“既然如此,贤弟速速修书,及早登程。”

魏征抽笔按纸,不假思索,一挥而就……

写好文书,魏征递与元宝藏过目。元宝藏边读边赞:“好计谋!好安排!好文辞!好手笔!哈哈……此书一件,堪称‘四绝’,那李密焉有不接待、不同意、不照办之理?!”

读罢,封好,递与魏征,叮嘱道:“贤弟,成败在此一举,路上多加小心!”

魏征拱手告别:“小弟且记兄言,万无一失,请放心静等佳音!”

魏征回到自己的住室,从衣箱中取出他多年不穿的道装换上,又从墙上取下长剑,悬挂在腰间,把信函藏好,来与元宝藏辞行。他心情激越,健步来到元宝藏的书斋,面对元宝藏深施一礼,说:“元大人在上,贫道这厢有礼了!”

元宝藏见魏征的这身打扮,十分满意,他走近魏征身边,帮他又整了整衣剑,问:“信函可曾藏妥?”

“妥藏无迹!”魏征微微一笑。

“好!”元宝藏转身取出早已备好的酒菜,放置几案之上,斟了一杯,双手捧着送与魏征,激动地说,“贤弟肩负重任,为兄感激不尽,特备薄酒一杯,给贤弟饯行!”

魏征接酒在手,一饮而尽。他像战士奔赴战场一样,神思昂然。

酒过三巡,魏征更加振奋。他从腰间取下长剑,乘着酒兴,把在紫云观时跟老道长学得的那套剑术,舞了一遍。

魏征舞剑至得意之处,心旷神怡,他思绪翩跹,吟起了阮籍的《咏怀》诗:

壮士何慷慨，
志欲威八荒。
驱车远行役，
受命念自忘。

“好一个受命念自忘！贤弟，为兄我祝您一路顺风，胜利而归！”元宝藏说着又斟了一杯酒，高兴地递到魏征手里。

魏征双手捧酒回敬元宝藏，两人同端共饮，哈哈大笑。

魏征身着道装、腰悬长剑，健步走在去瓦岗寨的路上。

他登上一座土丘，纵目远眺，心潮起伏，不禁又信口吟起了阮籍的那首《咏怀》诗。

一首诗尚未吟完，忽见丘后走出一哨人马，前面的一杆大旗上写有一个斗大的“王”字。

魏征仔细观瞧，只见旗下有一员大将，胯下一匹赤炭马，手持开山大斧，相貌凶恶。

魏征见来的是一队官兵，心里不觉有些紧张，他很快镇静下来，佯装无事的模样，继续行走。

那位将领来到魏征近前，翻身下马，众官兵把魏征团团围住。

“你是什么人？”将领威严地问道。

“云游道士。”魏征不慌不忙地回答。

“刚才你喊叫什么？”将领又问。

“贫道是在念一首诗。”魏征答。

“道士不念经，倒念诗，定不是好人。搜！”

士兵们先解下魏征的佩剑，然后在身上摸了一阵，一无所获。

这位将领好生诧异，他怪眼圆睁，上上下下，把魏征仔细看了一遍，又围着魏征转了一圈，“嗯，……”他思考了片刻，突然向魏征的发髻上一抓，从发髻中，把密信搜了出来。

“嘿嘿……”将领冷笑道，“看你不像好人，你就不是好人。这一手，老子早就领教过，你瞒得了他们，瞒不了我！”说罢，把密信撕开。

魏征心里十分紧张，暗暗地思谋对策。他见这位将领把信拿在手里，倒着观看，觉得好笑，心想这是位武将，不识文字，可能较好对付，心情略微宽松了一些。

有的士兵见将领看信的有趣情景，忍不住偷偷地笑了。

“笑什么？你们不知道俺不识字吗？”将领说着把密信往魏征眼前一递，吼道，“你给老子念！”

魏征接信在手，他瞥了一眼带有“王”字的大旗，灵机一动，拿定主意，大声念道：

“东都王世充大人尊鉴……”

“什么？什么？”那将领急着喊问，“什么东都王世充大人，他是个屌！”

说罢，他大喝一声：“原来你是给王世充送信的奸细，给我绑了！”

士兵们上来捆绑魏征，魏征大喊：“你们为什么要捆我？你们是哪方的官兵！”

“这个，你管不着！捆到马上，带走！”

“我是给王大人送信的，你们不能这样！”魏征耐心地解释。

“俺们就是要专抓给王大人送信的人。对你这厮，只能是这样。哈哈……”

那将领让士兵把魏征捆紧，然后翻身上马，由士兵们簇拥着，又出发了。

被捆在马上的魏征,心中七上八下,再加上这一路上的狂奔颠簸,魏征的一颗心,简直就要碎了!他百思不得其解:这位姓“王”的将领是谁,他为什么一听王世充就大动肝火,他这样捆着我,是要带我向何处去?真的泄露了机密,我个人的性命不在话下,连累了元宝藏大哥,我魏征有罪呀!他越思越想,越是痛心,不由地落下了几滴眼泪。不过,他又想,事已至此,难过也毫无用处,听天由命吧!说不定,老天爷保佑,还有转机之望哩!

人马进入密林丛丛的丘陵地带,速度放慢了下来。魏征在马上用目观瞧,不觉得由惊转喜,他高兴地简直要从马上跳下来,假如没有用绳索捆着他的话。

魏征看见在丘陵上有一座高大的厅堂,前后左右有许多房舍,周围是一座座营寨。无数面旗帜迎风飘扬,中间是一杆杏黄旗,上绣一斗大的“李”字。魏征猜出,此处不是官兵营帐,正是自己要找的瓦岗寨,心中能不高兴吗?

那位将领来到厅前,翻身下马,让兵士们把魏征从马上解下来,扔在地上,好生看管,他径直走进大厅,亲自向寨主禀报:“禀元帅,抓来王世充的一名奸细。”

厅上坐着的那位衣冠整齐、举止斯文的人,就是瓦岗义军的领袖李密。他此时正和几位将领在议论近日的军情。

听了禀报,李密喝道:“带上来!”

魏征被士兵们推进大厅。他看了看周围的情景,心中更加踏实了:没错儿,此处定是瓦岗寨无疑!谢天谢地!

魏征神态自若地望了望大厅里所坐的每一个人,一眼认出了王伯当,便道:“王头领,久违了!”

因为魏征穿着一身道服,王伯当一时想不起他是谁来,便问:“你这道人,怎么认识我?”

魏征上前一步,深鞠一躬:“两年前,在武阳以北,王头领对在下有救命之恩,小人怎敢忘怀?”

“噢——”王伯当忽然想起,说,“原来是你,你怎么当了道士?”

魏征说:“小可乔装道士,受武阳郡丞所差,有密信要交李元帅。”

“啊!”李密吃了一惊,忙问,“密信何在?”

“在那位头领手中。”魏征说着,用眼瞥了一下带他来的头领。

“程贤弟,拿信来。”李密高声叫道。

这位头领原来就是瓦岗寨上大名鼎鼎的猛将程咬金。

“是!”程咬金应声把密信递交李密,说,“元帅,别听他胡说,他的这封信是送给王世充的,信上清清楚楚地写着呢!”

李密把信粗看了一遍,哈哈大笑:“程贤弟,谁告你说信是送给王世充的?”

程咬金用手一指魏征说:“就是这个牛鼻子老道!”

李密又好气、又好笑,大声喝道:“他不是老道,是武阳郡的典书记,前来下书的,还不快快松绑!”说着,把密信交给了身边的徐茂公。

程咬金一边为魏征松绑,一边嘟囔:“你这个典书记,怎么穿了一身老道的衣服?让人家分不清好赖人!”

众人闻听,全都“哈哈”大笑了一番。

五天以后,在去黎阳粮仓的大道上,出现了一支运粮的队伍。差役们押解着手推鹿车的壮丁,排成一行,像一条弯弯曲曲的长蛇,不停地向前进发。

这“差役”中间，就有程咬金、王伯当等将领，他喝二吆三地大耍威风，装得还倒挺像！

“走，快走！”王伯当朝装扮成壮丁模样的兵卒们喊叫。

“推，快推！”程咬金手举皮鞭，装着要打壮丁的样子，就是没往下落。

“嘿嘿！”装扮壮丁的兵卒偷笑着，不由地加快了步伐。

队伍来到黎阳粮仓门口。

守仓的官兵上前拦截，高喊：“站住！你们是干什么的？”

“我们是奉命来运粮的！”刘升回答。

守仓军官命令：“开门，让大人进仓！”

元宝藏带领众人鱼贯而入。

最后程咬金手持钢刀，率一批各带兵刃的“差役”赶到。

守仓的军官一见，大吃一惊，上前询问：“你，你们……”一语未尽，程咬金手起刀落，把他劈死。

官兵与瓦岗军在仓门口展开了一场格斗。

官兵寡不敌众，且无主将，不多时即被杀散，除了死者外，全都做了俘虏。

元宝藏在刘升的陪同下，站在仓门口，监督着民夫，不停地从仓内往外运粮。

突然，一个民夫摔倒，车上的粮食滚了一地。刘升一见，急了，跑了过去，冲着倒地的民夫高喊：“起来，快起来！”说着，扬手就要去打……

这时，一只粗壮有力的手，猛地攥住了刘升的腕子，疼得他“哎呀，哎呀”地直喊，头上冒出了热汗。“小兄弟，都是自己人，不可动手动脚的！”话音瓮声瓮气。

刘升转脸一看，原来是程咬金，脸一红，不好意思地说：“我，我怕他误事……”

程咬金往地上一指，说：“你看，这路不平，有个硬坎，他车上装得粮食多，用力过猛，脚下一滑，就摔倒了，要想不误事，咱们一起来把道儿修好，不就结啦！”

刘升一听，心里虽说不高兴，但嘴上却满答满应：“对，对，程将军说得对！我来修路！”

刘升说着，就去扶那个倒地的民夫，还帮着他们把粮食重新装在车上，然后又去找了一把铁锨，认认真真地把路修平了。

元宝藏远远地把刘升的这些举动看在眼里，满意地笑了。心想，这刘升别看年纪不大，还挺会处事！他知道爱民如子，关心百姓的疾苦，这都是跟着魏征长的见识呀！常言说得好：近朱者赤，近墨者黑嘛！

元宝藏正在思念魏征，魏征飞马前来，见了元宝藏滚鞍下马，赶忙上前施礼道：“大人，魏征被李元帅留为文学参军，故而来迟，请大人恕罪！”

元宝藏拱手还礼，欣喜地说：“贤弟大才，应有大用，留得对，留得好，你何罪之有？！”说罢，唤过刘升，让他拜见魏征。

元宝藏吩咐刘升说：“事完之时，你陪着魏大人到各赈灾处走走，再仔细地打听一下魏夫人的下落。这次放粮，是个良机，切不可错过呀！”

魏征拱手再拜：“多谢大人关照，有劳刘弟大驾！”

“理应效劳！”刘升赶忙还礼，说罢，拉着魏征，就往外走。

“且慢！魏征此次来见，是有公务需办！”说着从怀中取出一纸公文，双手递与元宝藏说，“大人，李元帅有令，将武阳郡改为魏州，命大人任魏州总管，命徐茂公将军为黎阳总管，镇守黎阳粮仓。”

"是！元宝藏遵命任职！"元宝藏说罢，又问，"徐将军现在哪里？"

魏征答："随后即至。"

说话之间，徐茂公骑马来到跟前。

"这是徐将军！"魏征先介绍说。

"久仰，久仰！"元宝藏向徐茂公表示敬意。

"这是元大人！"魏征又说。

"幸会，幸会！"徐茂公大步向前，拱手施礼，"元大人在上，末将听从调遣！"

"不可，不可！"元宝藏连连摆手，说，"您我今后皆以兄弟相称，不讲官场的那一套，可否？魏贤弟，您意下如何？"

"我赞成，赞成！"魏征高兴地说。

"好！一言为定。"徐茂公也表示同意。

徐茂公与元宝藏的两双大手，紧紧地握在了一起。

魏征在一旁，"哈哈"大笑，连说："好！好！有元尊兄和徐贤弟这一文一武治理、镇守在此，李元帅放心，众黎庶有幸呀！"

说罢，三人并肩走进仓署衙门，刘升牵着战马，紧跟在后，想到刚才发生的一切，他暗自高兴，心想：自己的这场"戏"演得不错，至少在元大人、魏大人面前，留下了深刻而又满意的印象，今后出人头地、升官进职，是有望了。刘升越想越得意，差点儿笑出声来！

为了庆祝这次夺取黎阳粮仓的胜利，也是为徐茂公、魏征两位贤弟的"大驾光临"表示心意，在晚饭时，元宝藏特意让差役外出，购买了几样下酒的菜肴，以长兄的身份，摆下了一桌庆功接风宴。这黎阳粮仓虽说粮食储积如山，可是市面上的酒、菜却贫乏得很，元宝藏派出几班人到外边走街串巷地找了大半天，也没有能买回几样像样的菜来。好在都是弟兄，谁也不会计较，别看酒菜不强，大家却是吃喝得很开心！常言说：酒逢知己千杯少嘛！知己相遇，话又投机，你想那心情、那场面，该有多欢畅、多热闹！连一向很少沾酒的魏征，也高兴地控制不住自己，不由地多饮了几杯。

次日吃过早饭，刘升陪着魏征来到已改为魏州的武阳郡衙门口的赈灾处。只见衙役们正忙着发放粮米，赈济饥民。

饥民们背负口袋，成群搭伙，络绎不绝。有几个上了年纪的人，还给放粮的差役一个劲儿地磕头作揖，感谢救命恩人。

魏征见此情景，悲喜交集，他对刘升说："魏州赈济饥民之事，已传得远近皆知。拙妻如果确实流落此地，她闻知此信，必会前来领粮，我已向李元帅讲明，寻觅几日，但愿能够相遇。"

"是呀！"刘升说，"世间的巧事极多。魏大人是大福大贵之人，暗中有神仙保佑，说不定这饥民之中，就是有嫂夫人和您未见过面的小公子！"

魏征在饥民群中挤来挤去，左顾右盼。

忽然，他发现一个三十岁左右的中年妇女，手携一个三四岁的幼儿，肩背粮袋，走了过去。魏征看她的背影，很像裴氏，就满怀希望地急步绕到那女人的前面，仔细打量，看出不是裴氏，长叹了一声，走向了一旁。

这天夜宴之后，魏征回到住室，心情总是难以平静，他索性走到寨后的一座土丘上，乘着月色登上高处，眼望北方的星空，大声喊道："娘子！"声音呜咽，渐渐远去。

突然，有一只大手从背后抓住了魏征的肩膀，他吃了一惊，回头看时，原来是程咬金站在自己的身后。

程咬金哈哈大笑,问:“魏老道,你一个人站在这里干什么?又念诗啦?”

“哪里是在念诗!”魏征摇了摇头,说,“夜间无聊,思念贱内!”

“你们念书人说话,总是文绉绉的。”程咬金有些不服气地说,“老婆就是老婆,什么贱泪、贵泪的!我说魏大哥,你想嫂子,把嫂子接到瓦岗寨来,不就结啦!”

“唉!”魏征长叹一声说,“贤弟有所不知。几年前,你嫂子被抓去当夫,让杨义臣的军队掠走,至今下落不明呀!”

程咬金一听,勃然大怒,骂道:“娘的!上至皇上老儿,下到当官的当兵的,没有一个好东西!那昏君杨广搂着几百个老婆睡觉,别人就一个老婆,他还要把人家抓去当夫,这叫啥个世道!俺老程要是捉住他,就叫他在俺的斧头下当劈柴,劈他个七零八碎,扔了喂狗!”

“真是壮人壮语!”魏征听程咬金这一说,心绪颇有好转,他欣慰地对程咬金说,“但愿贤弟的宏志能偿,有朝一日斧劈杨广!”说罢,他用手拉了拉程咬金,又说,“程贤弟,随我到屋里来,我让你看一件好东西!”

“好,好!”程咬金连连答应,“什么宝贝玩意,让俺老程也开开眼!”

程咬金跟着魏征走回营寨,进了魏征的住室。

室内明烛高照。魏征从书案抽屉里取出一份书写好了的文稿,摊放在程咬金面前。

程咬金见魏征摆开了这个架势,就像路上踩着蛇似的往后退了几步,嚷道:“魏老道,你又要干什么?明知俺老程不识字,故意戏耍俺?!”

魏征看着程咬金被吓得那副样子,笑着说:“愚兄怎敢戏耍贤弟,我这不是让您念,是想跟您切磋。”

程咬金把两手往面前一摊,没好气地说:“看看,你又来了不是?什么叫切磋?俺老程不懂!要叫我,只用两下子,就把这几张纸,搓碎啦!”说着,就往书案上胡拉。

魏征一见,忙上前阻挡:“贤弟,别动!这切磋就是商量的意思。”

“商量?”程咬金收回了两只大手,指了指自己,惊讶地问:“跟我?”

“是呀!”魏征认真地回答,“就是程贤弟,您呀!”

“我?!你魏老兄算是瞧得起俺老程!可俺是个三斧子也劈不开的榆木疙瘩!”

魏征指了指书案上的文稿,真挚地说:“贤弟,我告诉您:这是我最近写的关于瓦岗军怎样推翻昏君杨广的十条策略,简称《十策》,这可是件重大的事情,需要慎重考虑方可。为兄初上瓦岗不久,对李元帅平日的用兵之道,不甚了解,心中没有把握,所以,就想先与贤弟商量商量。”

“啊!原来是这么回事呀!你早对俺说清楚,不就完啦!”程咬金反倒埋怨开魏征来了。接着程咬金又说:“魏老兄,我实话对你说,俺老程是个抡着板斧、领着弟兄们往上冲的料儿,要叫俺出谋划策什么的,对不起,擀面杖吹火——一窍不通!”

“程贤弟,我看你心直口快,又重友情,才找你商量,你听我给你说说,还不行吗?”

“行,行!”程咬金只好应允说,“不过,十策太多,我记不住,你挑拣最要紧的,说上一两条,我听听,就行!”

十天过去,这一日李密在瓦岗军机处内,伏案阅读魏征的《十策》,王伯当侍立一旁。

“元帅,魏征送来《十策》已有数日,应该决断了。”王伯当说。

李密不快地瞥了王伯当一眼，冷冷地说："魏征不过是武阳郡的一名典书记，我把他留下来作文学参军，是爱他的文才，爱他的一手好书法，他的职务就是起草文稿。谁知他不安守本分，竟异想天开地写起了什么《十策》来。难道这军国大事，也是他一个刀笔小吏过问的不成？他怕我不肯听，还拉来了个程咬金，哇啦哇啦地同我嚷嚷了大半夜，实在叫人讨厌！"

"元帅！"王伯当说，"其他暂且不讲，这乘兵精粮足，沿运河南下，直捣扬州一条，末将认为应当采纳。"

李密知道魏征的这些主张是深得他身旁的不少头领的赞同的，现在听王伯当也这样说，心中未免有些忧虑。他想：魏征刚来瓦岗，就如此深得人心，将来日久天长，那还了得?！我李密的头一把交椅，岂不就……李密觉得应向王伯当点一下此事，就亲热地拉王伯当坐在他的身边，语重心长地对王伯当说："伯当贤弟，在瓦岗寨上，你我兄弟结识最早，也最为知己，可以说是无话不说，无话不讲。老实说，我对魏征这种人，不管自己身份高低贵贱，单凭舞文弄墨、一心想身攀高位，最为嫉恨。莫说这些计策本不可行，即使可行，我也不会采纳！"

"元帅！"王伯当惊疑地问，"这是为何？"

"你不必多问。"李密避而不答，然后斩钉截铁地说，"你与程咬金加速操练军队，攻守之策，我自会决断。"

"是！"王伯当无可奈何地回答了一声，退了出去。

清晨，大路旁。徐茂公向魏征执手作别。

"魏兄，您的《十策》字字千金，南下一策，元帅不用，十分可惜。其他数策，只要我瓦岗军尚存，定能见其成效！"徐茂公既是安慰，又是解劝地对魏征说。

"贤弟，您为我所献拙见，据理力争，令人感激！怎奈元帅决意西进，其部署难以动摇。兵法云：兵无常势，水无常形。用兵之道，贵在机变，只盼元帅此次西征，能随机应变，大获全胜！"魏征既是感谢，又是祝愿地对徐茂公说。

"但愿如此。"徐茂公叮嘱魏征说，"西征路上，多加珍重！"

"贤弟放心。"魏征深知徐茂公这一提醒的分量，他有意把放心两字说得特别重。

徐茂公知魏征心领神会，略有宽慰，翻身上马，带领从骑飞奔而去。

李密、王伯当、程咬金等人，率瓦岗军浩浩荡荡地向洛阳进发。魏征也杂在行伍之中。一路上势如破竹，官军望风披靡。

瓦岗大军来到虎牢关下。程咬金、王伯当率兵攻城，正在激战之间，忽然城门打开，城上树起降旗，瓦岗兵卒蜂拥而入。

这次李密率瓦岗军西征洛阳，沿途之上，虽说遇到过一些抵抗，但均能克敌制胜，化险为夷。虎牢关的守将，因为内部不和，开城归降，瓦岗军遂占领虎牢，进军洛口，直逼东都。这时，洛水之滨，遍地都是瓦岗军的营寨。

在中军帐中，李密高居帅位。侍立两旁的除了王伯当、程咬金、魏征等人外，又增添了不少新近归降的文臣武将。

一文臣毕恭毕敬地向李密言事：

"启禀元帅：元帅以仁义之师，为民伐罪，破虎牢，逼东都，所向无敌。今地广千里，甲兵数十万，只以'瓦岗'二字，已难以号召百姓。元帅发迹于魏地，请晋号魏公，选择吉日，即位、改元！"

王伯当出列，说道："此议甚好，望元帅采纳！"

众人异口同音:“望元帅采纳!”
“就依此议。”李密庄严地应允,“请魏参军选择吉日。”
魏征屈指计算,即刻回答:“明日庚子,即是吉日良辰。”
“好!”李密高兴地说,“明日改元即位,置酒祝贺!”
次日晚上,瓦岗军营寨一片灯火,十分壮观,到处飘起了“魏”字大旗。
魏公大帐,灯火辉煌。李密冕冠衮服,宴请众文武,许多人向李密敬酒,李密也举杯回敬。
程咬金已吃得有几分醉意。端起一杯酒,走向李密,高叫道:“元帅,饮俺老程一杯!”
李密举杯,与众人一起,将杯酒一饮而尽。他看魏征时,魏征只将酒杯略微沾唇。
“魏参军,为何不开怀畅饮?!”李密惊问。
“平素量浅,多饮不能。”魏征忙答。
李密心中一动,试探性地问:“莫非因南下之策,仍耿耿于怀?!”
魏征心中一怔,不介意地答:“非也。以往之事,早已忘诸脑后了。”
李密哈哈大笑,说:“忘了就好。你看我军西征,连战皆捷,虎牢之固,竟未费吹灰之力,兵屯洛口,东都指日可下。攻下洛阳,似断杨广右臂,倘若南下,现在尚不知滞留何处?!”
魏征本不想在这样的场合与李蜜争辩是非曲直,可是李密当着众文武又旧话重提,使他老大不快。这分明是李密有意在大庭广众之下,要魏征出丑嘛!魏征那耿直的脾气,哪里忍受得了?!于是,他接言道:“攻下洛阳似断杨广右臂,这固然不错。可是,攻克扬州,则可斩断杨广之头。敢问魏公,断头与断臂,孰重孰轻?”
“你……”李密大为不悦地把酒杯往桌上一掷。
王伯当一见,急忙接过话尾:“你,你吃醉了。来人,快将魏参军扶回帐去!”
走来两名侍从,把魏征扶出大帐。
魏征回到自己的账中,独对红烛,哈哈大笑,说:“我吃醉了!我是吃醉了!”
他铺纸挥毫,边吟边书:“月明星稀,鸟雀南飞,绕树三匝,无枝可依。”
魏征借东汉末年大丞相曹操的诗句,抒发胸中的郁闷。写完,他将纸在手中揉成一团,随地一扔,然后伏案睡去。
清晨,李密在大帐中,展开魏征写有诗句的纸团,轻声念罢,掷于案上,气恼地说:“这个魏老道,竟敢借曹操的诗句,发泄不满,哼!”
站在一旁的王伯当说:“魏公,魏征既是心中不满,还让他回魏州相助元宝藏如何?”
李密又把魏征写的诗句,仔细地端详了一遍。“这……”他深爱魏征的文学才能和书法,又不忍遣去。
这时,一名小校捧着一封书信,进账报告:“禀魏公,长安有书信到来!”
李密打开书信,匆匆看完,向侍从说:“去召魏参军。”
“是!”侍从应声出帐。
侍从与魏征穿营而行。
“魏参军!”侍从问魏征,“昨晚你喝醉酒,写了四句诗,随手扔在帐外,可有这回事?”
魏征想了想说:“确有此事。”

侍从对魏征说："魏公亲自巡查营寨，捡到了你写的那张纸，看了非常生气。他叫我来召你，你要多加小心呀！"

"谢谢关照。"魏征心中虽有些紧张，但行动仍很坦然。

魏征随内侍来到李密帐中。

李密把李渊的来函交给魏征，说："长安的李渊，想与我结盟，共取杨家天下，约我前往潼关会盟，实在妄自尊大。你与他复信，说我与他虽同为李姓，却是派流不同，今四海之内皆尊我为魏公。会盟也可，但要李渊到我虎牢关，面结盟约。"

魏征接过书信，回答说："卑职即刻修书。"

忽然，程咬金从帐外闯了进来，大嚷道："魏公，天大的喜事，天大的喜事！哈哈……！"一边大嚷，一边狂笑不止。

"何事？"李密奇怪地问。

"那昏君杨广，在扬州让宇文化及给宰啦！"

"啊！……"众人大惊。

李密忙问："此事当真？"

程咬金笑答："哪还有假?!"

王伯当追问："你听谁说的？"

瓦岗寨

程咬金笑而不言，向帐外高喊："把奸细带进来！"

两个瓦岗士卒推着一个身穿便装的人走进帐来。

程咬金对来人喝道："把刚才说的话，再说一遍！"

"是，是……"那人浑身发抖，结结巴巴地说，"乙卯日夜间，宇文化及带人攻入皇宫，把皇帝缢死，我趁乱逃出扬州，去东都报信，路过贵地，被这位将军抓住！"

王伯当问："你是什么人？"

那人答："我是隋室中的一个小太监。"

李密问："你说的可是实言？"

小太监答："句句实言。"

"怎么样？是真的吧！"程咬金插言道，"杨广完蛋，这还不是天大的喜事吗？"说罢，又哈哈大笑，然后一挥手，叫士卒把小太监押出帐去。

李密证实了杨广已死的消息，心中暗自高兴。

他思索了片刻，对魏征说："魏参军，李渊的来函暂不回复，速速起草文告，将杨广的死讯，布告我所辖州县军民皆知。"

"是！"魏征应声后出帐。

李密又对王伯当说："我占虎牢后，东都缺粮，听说他们目前是以树皮、草根为食。如今暴君毙命，洛阳必然大乱。王将军，你要加速督造攻城的器械，趁混乱之机攻取洛阳！"

"遵命！"王伯当拱手说道。

程咬金闻听又要打大仗，乐啦："攻洛阳，俺老程要抢个头功！哈哈！……"

这时，站在高地上监工的王伯当，看见魏征信步走来，喊："魏大哥，请过来！"

魏征走到王伯当跟前，问："王将军，唤我何事？"

"魏兄！"王伯当说，"这次攻取洛阳，你以为如何？"

魏征说："杨广被杀，隋室无主，人心浮动，城中缺粮，将士乏力，定难坚守。魏公此举，正是时机，可能获胜。"

"但愿如此。"王伯当说。

两人正在交谈，一匹快马飞奔而来。这是派去侦察洛阳敌情的斥候来到他们面前，翻身下马，报告说：

"禀王将军，洛阳城昨日鼓乐喧天，王世充奉越王即皇帝位，小人今天得来一张邸报，请将军过目。"说着，从身上掏出一纸，递给王伯当。

王伯当与魏征共看邸报，只见邸报上写着："越王即日起即皇帝位，改元'皇泰'，加封王世充为郑国公……"

"形势有变。"魏征皱了皱眉头说，"应该从速禀与魏公得知。"

两人匆匆来到魏公大帐。

李密看完邸报，哈哈大笑，说："王世充扶起一个小皇帝，有何惧处?！原定计划不变，连夜赶制攻城器械，三日之内，攻下洛阳！"

帐外忽然传来喊声："洛阳使臣到！"

李密威严地说："宣！"

"洛阳使臣晋见！"王伯当向帐外喊。

洛阳使臣战战兢兢地走进大帐，站在地上，口吃似的说："隋皇泰帝圣旨下，魏公李密接……接旨。"说着，哆哆嗦嗦地从身上取出所谓的圣旨。

"什么皇泰帝？狗屁！"王伯当怒气冲冲，一把夺过"圣旨"："跪下！"

洛阳使臣两腿一软，跪倒在地上。

王伯当把"圣旨"呈与李密。

战败投唐

王伯当把洛阳使臣带来的皇泰帝的所谓圣旨，呈与李密。

李密见"圣旨"上写着："皇泰帝诏曰：朕新即位，大赦天下，李密若能归降，即封魏公，如不归降，三日之后，洛水之滨，一决胜负。届时战败，后悔晚矣！"

"哼！"李密看完"圣旨"，勃然大怒，把它掷于地上，说，"一纸通牒！"

"回去对王世充言讲，三日之后，洛水之滨，一决胜负！"

"滚！"王伯当大喝一声。

洛阳使臣抱着头逃出了大帐。

接着李密传令升帐议事，众文武迅速到齐站立两旁。

李密手拿皇泰帝的"圣旨"和邸报，以讥讽地口吻向诸位文武说："今获洛阳邸报，王世充扶越王即位，称皇泰帝。这位小皇帝竟传来'圣旨'，劝我归降。如不归降，三日后于洛水之滨，一决胜负。我已应准，届时交兵。届时诸位将军要奋勇拼杀，战败王世充，夺取洛阳城！"

帐下众文武异口同音："愿听魏公指麾！"

这时，魏征出列，上前一步道："卑职有话禀告魏公。"

李密说："魏参军请讲。"

魏征说："卑职再三思虑：王世充指日与我交锋，实因城内缺粮难守，欲求速战获胜。我若与其交兵，正中诡计。隋兵乏食，志在死战，我军恐难易取。不如深沟高垒，拒不出兵，不过旬日，世充粮尽，必不战自退，那时我急起直追，定能一举攻取洛阳，大获全胜！"

魏征刚刚说完，程咬金就急不可耐地嚷道："魏老道，你怎么长他人的志气，灭自己的威风！"他说着走到魏征面前，指着魏征的鼻子说，"魏公已答应三日后交战，到时候高挂免战牌，像什么话！这样，丢尽了咱瓦岗军的脸，我第一个就不答应！"

帐下许多武将嚷成了一片。

"我们也不答应！"

"愿听魏公将令，三日后交兵！"

"三日后交兵！"

"魏参军！"李密看了看魏征，微微冷笑说，"我早就对你说过，有关行军作战之事，你还是保持沉默，不必多言为好！"

然后，他面向众人，果断地传令："歇兵三日，准备交锋！"

李密率瓦岗军与王世充大战于洛口，结果战败，几乎全军覆灭。

在山脚下，一个隋将苦追李密不放，眼看就要被擒。王伯当从后面急急赶来，一枪刺隋将落马，救出李密，二人并马奔逃。

在瓦岗军营，魏征闻知兵败，正在紧张地收拾文书，程咬金飞马冲来，朝他大喊："魏老道，快走！"说着把魏征抱于马上。

魏征死死地抱着文书，程咬金一路拼杀，冲出军营来到山林中。

李密看了看魏征，满脸羞愧，说："悔不听参军之言，竟遭如此惨败！瓦岗军休矣！"

魏征见李密认错，心中也很惋惜，就安慰李密说："魏公，胜败乃兵家常事。现徐茂公镇守黎阳，兵精粮足，元宝藏守在魏州，魏公带兵归去，仍可东山再起。"

"唉！"李密长叹一声，说，"发兵之前，我曾在徐贤弟面前斩木为誓，不取下洛阳，不回瓦岗，今一败涂地，有何面目去见茂公贤弟！"

"这……"王伯当看了看李密，又看了看魏征，说，"前时李渊有信到来，约我会盟，近日传闻他已在长安即位，称大唐皇帝。潼关以外全是他的兵马，我等投唐如何？"

"投唐？……"李密沉思了半晌，拿不定主意，向魏征问道，"魏征，魏参军，你看此举可否？"

"此举尚可。"魏征答道，"事已至此，只要李渊父子肯予收留，倒或许是一条光明之路。"

"我与李渊同姓，且有前函在此，投去必肯收留。好！我等一同投唐！"李密命令士卒集合，向潼关方向进发。

这一日，大唐帝国京城长安的太极宫两仪殿前，文武大臣等候早朝，相互寒暄。

封伦引导着李密、王伯当、程咬金、魏征等人，缓缓走来。

李密无精打采地点着头，听着封伦向他说话。魏征怀抱盛有文书的包裹，非常镇静地观察唐朝的风仪。程咬金满不在乎地东张西望。

淮安王李神通和太子李建成、秦王李世民、齐王李元吉等，先后迎了过来。

"哪一个是李密？"李神通趾高气扬地问。

"在下便是。"李密见来人直呼其名，虽有些不高兴，但还是抱拳做了回答。

李神通把李密等人打量了一番，随之哈哈大笑，说："赫赫有名的瓦岗军大元帅，也不过如此而已！来，我来引见引见。"他说罢，一拍胸脯，又说，"本人淮安王，是当今皇上的堂弟。这是太子殿下，这是秦王殿下，这是齐王殿下，同你们说话的是右仆射封大人。"

"不敢劳王爷引见，我们已经认识了。"封伦接言道。

"认识就好，以后还要同朝做官哩！哈哈……！"李神通边说边笑，非常放肆。

李建成见状，提醒李神通说："王叔，父皇即将登殿，莫要失了礼仪！"

"殿下说的是，殿下说的是。"李神通连连应诺。

金钟三响，文武大臣各自归班。

两仪殿上，仪仗雁翅般地摆开，庄严威武。

李渊头顶旒冕，身穿衮衣，高坐龙位，满面笑容。

众文武山呼朝拜："吾皇万岁，万万岁！"

"众位爱卿平身。"李渊说。

众大臣按品级归班站立。

"封爱卿！"李渊叫道。

"臣在。"封伦出班回答。

"瓦岗李密前来归降，受降之事可曾安排妥当？"李渊问。

"各项事宜均已安排就绪。"封伦答。

"好。宣李密等人进殿。"李渊明示。

"皇上圣谕，李密等进殿！"封伦传呼。

李密、王伯当、魏征等低头进殿，程咬金有些不服气，旁若无人。

四人来到李渊龙案之前跪倒。李密高呼："臣李密率部参驾，愿吾皇万岁，万万岁！"

李渊俯视了一下案前四人，说："平身。"

李密等齐喊："万万岁！"一齐站起，垂手而立。

李渊问："李卿，三日前，朕曾致书一封，可曾收到？"

李密上前一步，恭敬地回答："臣当时正与王世充作战。收到书信后，本欲赴潼关践盟，怎奈难以脱身，谁料洛口一战，几乎全军覆没。今日来投，多蒙陛下收留，不胜感激！"

李渊说："当时杨广未死，隋室尚存，朕也未登极称帝。谁料瞬息沧桑，岂非天意?！朕即位不久，卿即率部来归，乃应天顺人之举。朕封你为光禄卿，上柱国，赐爵邢国公，部下众将另行封赏。所带文书向秦王交割。"李渊说着，指了指李世民。李世民出班，向李密等人点头致意。

李密再次叩首，说："微臣李密谢主隆恩！"

早朝完毕，李密等人回到驿馆内歇息。魏征把文书整理好，交给了李世民府中的来人。

为了对李密等人的来归表示"欢迎"，封伦按照李渊的意图，在驿馆内给他们摆了一桌还算丰盛的酒宴。不过，参加这个"宴会"的除了他们四个人之外，没有其他任何人。

李密满腹不快地坐在首席，王伯当、程咬金、魏征下座相陪。程咬金见有好酒好菜,比他过去吃喝过的都强,心中高兴,忙给大家斟酒,然后举杯说:“来,为魏公得了新官儿,干杯!”

王伯当、魏征举起酒杯,而李密却无动于衷,低头不语。

程咬金一看,不知何故,忙问:“魏公……”刚一叫出口,心想不对,这会子,不兴公、母啦,该称新封的官名才对,新封的官名叫啥来着?太多啦,俺老程记不全,对!上柱国,上柱国,于是他又连忙改口说:“上柱国,咱们为上柱国,干杯!”

李密仍然未动。王伯当、魏征也先后把酒杯放在桌上。

这时,一名侍从手持请帖进来,面向李密一跪,呈上请帖,说:“禀公爷,秦王府派人送来请帖一件。”

李密不觉又是一惊,接过念道:“请魏征、程咬金二人过府议事。”他念罢沉吟良久,自语道:“秦王为何单请魏、程二位贤弟?”

“他娘的!”程咬金气昂昂地说,“咱们哥儿们这回投唐,算是投了鬼门关啦!”

说着他一拉魏征:“走!魏大哥,有俺老程保着你,看他李世民能把咱俩怎么样!”

“贤弟!”魏征叮嘱程咬金说,“千万不要莽撞行事。”然后,他转身对李密说,“魏公,我们二人乘此机会,探探秦王的意图也好。”

“好。”李密表示同意,“你们要多加小心!”

长孙无忌领着魏征、程咬金来到秦王府李世民的书房。这时,李世民坐在书案旁,正在仔细地阅看一件文书,房玄龄站在一边,指点评论。

长孙无忌先行一步,说:“禀殿下,魏征、程咬金应邀来到。”

魏征上前施礼,说:“魏征参见秦王殿下。”

程咬金昂头挺胸,站在一旁,毫无表示。

李世民心中暗笑,故意问:“此位是……?”

魏征忙代程咬金回答说:“程咬金。”然后又拉了程咬金一把,“程贤弟,快快参见殿下!”

李世民赶忙阻拦,说:“免了,免了!久闻程将军乃瓦岗军五虎上将,今日一见,果然名不虚传。”随之吩咐道,“快与二卿看座!”

“二公请坐。”长孙无忌让侍从送茶上来。

魏征和程咬金坐下。这时,程咬金的怒气方才稍息。

李世民向他们引见了房玄龄和长孙无忌之后,随即问道:“刚才他们在清点瓦岗的文书时,看到了魏参军写的《十策》。请问,这《十策》可曾采用?”

“未曾采用。”魏征回答。

“那李密根本不肯听!”程咬金也说。

“可惜呀,可惜!”李世民无限感慨地说。“不过,”他话题一转,又幽默地说,“如果真的被李密采用了,只怕是我等今日就难以相会了。”

“哈哈……”李世民和魏征等人会意地笑了起来。

“嘿嘿……”程咬金也咧着嘴乐了。

“魏参军!”李世民又问魏征,“听说瓦岗军中还有位徐茂公,足智多谋、文武双全,可是实情?”

“那还有假?!”程咬金听李世民问起了徐茂公,来了精神说,“我那位徐哥哥算得上是当今的诸葛亮!”

李世民问:“他现在何处?”

魏征答："镇守黎阳一带。"

李世民又问："他部下有多少人马？"

魏征答："二十余万。"

"魏参军！"李世民看了魏征一眼问，"有一件大事，你可愿意前去办理？"

魏征已猜出李世民的意图，但他明知故问："去干什么？"

"去至黎阳，说降徐茂公。"李世民回答。

"好！"魏征高兴地说，"徐贤弟与我关系甚密，此事我魏征理应效劳！"

李世民哈哈大笑："真是快人快语！"

次日早朝。

在太极宫两仪殿上，李渊端坐龙位，百官侍立两旁，魏征站在殿角下候旨。

"宣魏征上殿！"李渊吩咐。

侍卫向殿下传呼："圣上有旨，魏征上殿！"

魏征闻宣，应声："遵旨！"随即步上金阶，跪拜在地，高呼："河北村夫魏征见驾，吾皇万岁，万万岁！"

"魏征！"李渊问道，"朕听说你有些才学，是个人才，今日来投唐国，有何见教啊？"

魏征谦逊地说："魏征本为一介村夫，焉敢妄言国家大事？！"

"尽言无妨！"李渊鼓励道。

"陛下！"魏征稳了一下心绪，不慌不忙地向李渊陈述说，"草民曾闻，昔日汉高祖刘邦与项羽逐鹿中原，其所以能够获胜，多亏韩信破赵取齐，占据了黄河下游之地，断了项羽的后路。今我大唐欲尽快统一天下，应先出潼关，攻取洛阳。魏征以为在未取洛阳之前，稳定山东尤为关键。如能使山东归服，我即可抄袭王世充后路，洛阳便能指日可下！"

"言之有理！"李渊赞赏地说。"可是，如何使山东归服呢？"

"此事不难。"

魏征对李渊说，"原瓦岗将领徐世勣，拥兵二十万，屯驻黎阳，元宝藏占据魏州，他们二人均是我的挚友、故旧。魏征愿单人飞骑前往，劝说徐、元二人同归大唐。"

"那朕就依你之策，命你出使山东！"李渊庄严地说。

"遵旨！"魏征应声。

"封爱卿！"李渊喊道。

"臣在。"封伦答言。

"魏征自请出使山东，有胆有识，朕甚高兴。你看，应封他何职好呀？"李渊问。

"陛下！"封伦说，"魏征初归我朝，就如此敢言敢为，我封德彝佩服之至。臣以为魏征文才出众，在瓦岗曾任文学参军，现在可封秘书丞之职。"

果然不出封伦所料，李渊随即点头说道："就依封卿所奏，封魏征为秘书丞，出使山东回来，再论功另加封赏。"

魏征这时的心情也很不平静。他想：秦王令我请命出使山东，劝降徐茂公、元宝藏等人归服，这确实是一件大事，事办成功，对统一大业，功勋卓显。不过，这封伦也有些欺人太甚，而圣上就轻信他的妄言，封我秘书丞之职，可见，这唐廷内部并非风平浪静，李渊也不是识人的明君！也罢，就去山东一趟再说！于是，魏征向着李渊高呼："谢陛下！"

魏征辞别了程咬金，催马前行，后跟两名随从，行色匆匆。这一日，出了潼关，又行了远远的一段路程，接近了王世充的管辖之地。

魏征等三人正然行走，突然看见山后出现了一哨人马，马后高飘一面“隋”字大旗。

“哎呀，不好！”魏征惊叫道，“那是王世充的人马！”

随从便忙说：“大人，你打马快走，别管我们了！”

魏征只得打马飞奔，那员隋将在后面穷追不舍。

距离越来越近，那隋将张弓搭箭，向魏征射去。

魏征“哎呀”一声滚鞍落马。他从山坡上顺势滚了下来，被一块石头挡住。

魏征忍痛拔掉射在腿上的箭杆，抬眼望去，见隋将骑马追来，正在四处寻找他的踪迹。

魏征急中生智，推了推身边的石头，石头微微摇动，他赶忙脱下外衣，包住石头，用力一推，石头裹着衣服，滚下山去。魏征随即藏入草丛之中。

隋将远远望见有人从山上滚了下去，估计已经摔死，便拨马而回。

时值寒冬，北风呼啸。

魏征拖着被箭射伤的腿，拄了一根树枝，一瘸一拐地走着。不久大雪纷飞，魏征饥寒交迫，在雪地里艰难地向前挪步……

经过千辛万苦，魏征终于来到了黎阳城门外。他见城门两旁站着守城的士兵，街上人来人往，推车挑担，还倒有些太平的景象。

城头上的军民见魏征衣衫褴褛，就向下喊道：“要饭吃，到乡下去！马上要打仗，城里不放人进来了！”

魏征又喊：“我是你们徐将军的朋友，找他有要事相商。快快开门！”

“徐将军哪有你这样的朋友？”那军官哈哈大笑说，“我看你，倒像是王世充的奸细！”说罢，张弓搭箭，喊了一声，“看箭！”

一箭射来，魏征急忙闪身，射在街旁一家店铺的房檐下。他不停地冲着城上高喊：“莫要放箭，莫要放箭！我真是你们徐将军的朋友！”

说来也巧。这时在城楼上，徐茂公带着几名随从走了过来。

那位军官迎上前去，对徐茂公说：“禀将军，城下来了个叫花子，说是将军您的朋友。”

“啊？！我的朋友？”徐茂公惊讶地走到雉垛跟前，手扶垛口，向下观望。

魏征从店铺房檐下探出身来，向城上喊道：“城上的弟兄们，快请你们的徐将军答话！”

徐茂公听着口音很熟，但一时想不起也看不清是谁，就问：“城下何人？”

魏征抬头细看，见城上确是徐茂公，心里坦然、高兴极了，喊道：“徐贤弟，我是魏征呀！”

徐茂公一听，心中诧异。他仔细辨认，看出真是魏征，高兴地喊：“玄成兄，是你呀！”回过身来吩咐：“快去开门！”

徐茂公亲自下城迎接魏征。在黎阳总管衙内的客厅里，置酒与魏征接风。

魏征简要地向徐茂公讲述了途中受伤的经过，接着说：“至今箭镞还留在体内。”他一扶大腿，疼得打了一个冷颤。

徐茂公看了看魏征的伤情，安慰地说：“无妨，你歇息数日，请医生取出箭镞，还可痊愈。这全怪元帅不纳兄长《十策》。要不是他一意孤行，焉能兵败归唐?!”

“是呀!”魏征饮了一口酒，说，“初识李密，认为他是位当代英雄。没想到此人如此胸襟窄狭，独断专行。瓦岗军的大好局面，竟然断送在他的手里!”

“那唐王李渊行事如何?”徐茂公问。

魏征说：“李渊心柔耳软，他的次子秦王李世民，倒能识人。我这次来黎阳，就是他让我金殿请功的!”

徐茂公看罢，连连点头：“秦王果然知人!”

“贤弟可愿归唐?”魏征问。

“魏兄不远千里而来，且有秦王的大札在此，我徐某焉敢不从?!弟即刻修本，连同黎阳之兵员、户口，一并上报唐王。”

“好!”魏征兴奋地说：“但愿能天下一统，解除刀兵之苦，使黎民安居乐业，我愿足矣！愚兄稍事休息，即赴魏州去见元大人。”

徐茂公闻听，赶忙阻拦，说：“兄长箭伤未复，不堪再长途跋涉。再说，宇文化及与王世充正从两面进击黎阳，兵荒马乱，路途凶险，怎能放心让兄长登程？弟即刻请名医为兄取出箭镞，医治创伤。魏州之事，可由兄长与元大人修书一封，弟派人送至，如何?”

“就依贤弟!”魏征感激地说。

魏征住在黎阳城中的驿馆内。

一位医生正与魏征治疗箭伤。他用刀剖开魏征臂下的肌肉，取出箭镞。

手术后，魏征秉烛独卧。

忽然，传来了裴氏的喊声：“玄成!”

裴氏走进屋来，身后还跟着一个幼童。

魏征翻身坐起，一把抓住裴氏的双手，哭泣着喊道：“娘子！你这几年到哪里去了?”

裴氏哭诉说：“到处是兵！到处是血！到处是战火！哪里有我的安身之处？我领着孩子，只能是东躲西藏。孩子，这就是你爹!”

幼童躲在裴氏的身后，不敢上前。

裴氏把孩子拉过来，说：“你不是常常哭着要找你爹吗？见了他，怎么又躲开啦？快叫爹!”

“爹!”幼童腼腆地叫了一声。

魏征高兴地急忙答应，上前把孩子抱在怀中，问裴氏：“我留给孩子的古钱呢?”

“那不是带着吗?”裴氏说。

魏征一看，那枚古钱果然挂在孩子的脖颈下。他抚摩着古钱，把孩子的小脸紧紧地贴在自己的脸上。

突然，窗外火光冲天，人声鼎沸。

“快跑啊！敌兵杀来了！敌兵杀来了!”魏征被喊声惊醒，原来是南柯一梦。

魏征长叹了一声，手中的书卷早已掉在地上。

这时，在城头上，徐茂公正指挥守城士卒抵御来犯之敌。远处的，他们用箭射，攻到城下的，就用火罐投掷。

敌兵大乱,徐茂公一声令下:“开城冲杀!”

士卒们像箭似的冲出城去。

黎阳城下,两军展开激战。王世充的兵将被杀得大败,徐茂公的人马在后紧追不舍。

魏征看了看两军形势,果断地对徐茂公说:“徐贤弟,穷寇毋追。该收兵啦!”

“就依兄长。”徐茂公表示同意说。随即命令左右,“鸣金收兵!”

经过医生的精心治疗,魏征的箭伤很快痊愈。这一天,魏征和徐茂公骑马,一同去视察黎阳粮仓。他们在仓城外,边走边谈。

徐茂公说:“昨天,魏州元大人派人来报,窦建德攻下洺州,并在洺州建都,国号大夏,看来雄心不小啊!”

“是呀!”魏征颇有同感地感叹道,“此人虽出身农家,但素有大志,且胸襟开阔,目光高远,前途不可限量!”

徐茂公有些忧虑,担心地说:“如今他的势力,北抵幽州,西迄太行。军威强盛,大有窥视中原之意。真要进兵中原,魏州即要首当其冲了。”

“所言极是。”魏征深表赞同,“需致书元大人,加意防守。”

两人说着,来到仓城正门。徐盖在仓城门外迎接。徐茂公和魏征滚鞍下马。

“这是家父,在此管理仓城。”徐茂公向魏征介绍徐盖。

魏征急忙上前施礼,说:“小侄魏征,拜见伯父。”

徐盖上前,扶住魏征双臂,说:“魏大人少礼,老朽怎敢受大人之拜?!”

魏征恭敬地说:“小侄与徐贤弟患难相交,理应拜见。”

“伯父大人,这几年存粮耗用了多少?”魏征问。

“军需民食,耗用不及一半。”徐盖答。

“好大的黎阳仓呀!”魏征赞叹地说,“徐贤弟,今年气候干旱,五谷不登,要多出些仓米赈济饥民呀!”

“哈哈!魏兄你还是不管军需,只管民食啊!”徐茂公开玩笑地说。

“民以食为天嘛!”魏征也乐呵呵地回了徐茂公一言。

三人正在仓内巡视,忽然一侍从跑至近前,报告:“唐朝淮安王李神通奉旨前来,要将军从速回衙,不,要将军出城迎接!”

徐茂公和魏征赶至城外,守候多时,李神通率领大队唐军徐徐开来。李神通骑着高头大马,身后旌旗鲜明,刀枪耀眼。他见徐、魏二人前来迎接,心中高兴,更加显得威风凛凛,神气十足。

“迎接王爷光临!”徐茂公、魏征上前见礼。

“免礼,同行!”李神通把手一挥说。

进入大厅,李神通洗手净面,整衣理带,向徐茂公等人高声宣读圣旨:

“奉天承运,皇帝诏曰:徐世勣以黎阳来归,功莫大焉!赐姓李,封黎州总管,英国公。钦此。”

徐茂公等人高呼:“吾皇万岁,万万岁!”领旨谢恩,把圣旨供奉在高几之上。

徐茂公见李神通亲自奉旨而来,也很高兴,他为李神通置酒洗尘,请魏征在一旁陪饮。

首先,徐茂公举杯敬酒,说:“王爷奉旨光临黎阳,长途跋涉,劳苦功高,我处军民无不敬仰,请饮此杯。”

“哈哈……”李神通目空一切,狂笑不止,举杯一饮而尽,“干!”然后,他放下酒杯,命令似的说:“杯太小,换大的来。”

徐茂公吩咐侍从,说:“大杯伺候!”

侍从换上大杯,满满地斟了一杯酒。

李神通举起杯来,说:“本王这回来,一是犒赏众位,二是协助守城。来,为李世勣将军的大功,干了这一杯!”

众人举杯共饮。

徐茂公见魏征只是饮酒不语,心中不解,为了表示自己的态度,也是为了在众人面前宣扬魏征的贡献,他又斟了一杯,举杯说:“秘书丞魏征,不远千里,历经万苦,传达圣上旨意,亲送秦王大礼,方使我明义归服。圣上英明盖世,待世勣如此隆遇,世勣肝脑涂地,当报皇恩。为了向魏兄致谢,也是为了表明世勣我的心迹,请王爷、魏兄,我们三人同饮此杯!”

李神通二话没说,把脖子一扬,一杯酒进肚。

魏征端杯起身,面向徐茂公说:“徐将军深明大义,毅然归唐;当今圣上胸纳四海,知人优遇,真乃天下佳话!为了大唐早统河山,也为黎民百姓早出火海,我魏征虽酒力不支,也愿干了此杯!”

“好!”徐茂公兴奋异常,两人齐端,一饮而尽。

众人见几位主宾开怀畅饮,个个也都情绪激昂。敌军的进攻、战斗的残酷、生命的安危、妻室的安顿,等等诸事,都置于脑后了。

淮安王李神通醉后酣睡,一直到第二天晚饭前方才醒来。因为他一路上风尘仆仆、有点儿着急上火,再加上饮酒过量,多吃了一些荤菜,胃里大为不舒,额上的伤口,又有些隐隐作痛,这可把他腻歪坏了。爬起来,脸也没洗,饭也不吃,就大吵大嚷地叫徐茂公、魏征到他室内议事。

侍从不敢怠慢,忙把正在进餐的徐、魏二人请了过来。

李神通先对徐茂公说:“李将军,既是我家兄王派我来与你共同守城,你就要听从我的调遣!从明天起,你的人马,开赴城南,与王世充对垒,我的人马,安排在城内,负责守城。你全力以赴,与敌军作战,不必有后顾之忧,定能大获全胜!”

“这……”徐茂公有些犹豫,没有马上应允。

李神通一见,大为不悦,趾高气扬地问:“怎么?你不相信本王?”

“世勣不敢。”徐茂公诚惶诚恐地回答。

“这就对了!”李神通转怒为喜,大言不惭地说了起来,“自从我家兄王起事以来,本王多经战阵,攻无不胜,战无不取。你在前边打仗,我在后方守城,你还有什么不放心的?”

“王爷!”魏征提醒李神通说,“这黎阳并非后方,北边不远就是洺州,那是窦建德的都城,我们不能不防呀!”

李神通一听,“哈哈”大笑,轻蔑地对魏征说:“秘书丞,你不懂兵法,也该知道点地理呀!黎阳的北边是魏州,那里有元宝藏镇守,是黎阳的屏障。那窦建德岂能轻易越过?!再说本王的大兵至此,那窦建德知晓,焉敢轻举妄动!”

徐茂公见李神通又要向魏征发火,就赶紧接过话尾,说:“世勣愿听王爷指挥。

不过,王爷守城须小心一二。"

"好!"李神通把手一挥,"明天你就带兵出城。"

再说窦建德自与魏征分别以后,卧薪尝胆,艰苦努力,经过几年的恢复、发展,又在冀鲁平原上燃起了熊熊烈火,拥有了一支强大的农民起义军的队伍。这时,他已经在聊城一战,歼灭了宇文化及,定都洺州,建国号为大夏,自称夏王。

洺州城内,窦建德坐在夏王大殿正中的虎椅上。左边是凌敬、刘彬等一班文臣,右国是刘黑闼、王伏宝等一班武将。身边还站着两名女将,一位是他的妻子曹氏,另一位是他的女儿线娘。

窦建德向众文武说:"孤正要进兵黎阳,夺取黎阳粮仓,可是那唐王李渊派李神通带兵前来助徐茂公守城。孤欲致书王世充,约他南北夹击,夺得黎阳,共分仓米。众卿以为如何?"

"不可!"凌敬表示否定说,"南北夹击,未必取胜。即使取胜,黎阳仓米,被他人分去一半,得不偿失!"

"依你之见呢?"窦建德问。

"不如用声东击西之计,夺取黎阳。"凌敬胸有成竹地回答。

"怎么个声东击西呀?"刘黑闼不解地问。

凌敬说:"可派王伏宝将军,带领一支人马,广布旌旗,虚张声势。请曹夫人自将中军,诈称大王亲征幽州,军队向北出发,以迷惑徐世勣,让其对我失去戒心,然后大王与刘黑闼将军率兵轻装前进,绕过魏州,出其不意,暗取黎阳,定能获胜!"

"妙策,妙策!"窦建德高兴地说,"凌军师真是当今的诸葛亮呀!哈哈……"

随后,窦建德把手一挥,威严地说:"就依凌军师所言,连夜出兵!"

夜色苍茫。窦建德和刘黑闼率精锐夏军奔驰向前。窦线娘骑马走在父亲身边。

夏军偃旗息鼓,马去銮铃,静悄悄地急速前进。

探马迎面跑来,翻身下马,向窦建德禀报:"禀大王,前面离魏州只有二十里啦!"

"绕过魏州,直扑黎阳!"窦建德命令道。

这时,在黎阳城内,总管衙门正厅成了淮安王李神通的临时住所。李神通拥妓畅饮,正在观赏由几个舞女表演的时兴舞蹈。

黎阳城头一片寂静。刘黑闼率夏军悄然地来到城下。士卒们竖起云梯,刘黑闼率先登城。

城头上,唐兵从梦中惊醒。他们一个个惊慌失措,仓促应战。只一阵短暂的拼杀,夏军就占领了城楼。

霎时,黎阳城门大开。窦建德、窦线娘率大队夏军蜂拥进城。

火把和蜡烛把黎阳总管衙门的正厅照得一片光明。

窦建德坐在正面的座位上,窦线娘绑来了醉眼蒙眬的李神通。

"你是什么人?"窦建德厉声问道。

"淮安王李神通!"李神通毫不示弱地高声答道。然后瞅了瞅座位上的窦建德,问,"你是什么人?胆敢与本王开这样的玩笑!"

"开玩笑?!"窦线娘忍不住笑了起来。

“孤乃夏王窦建德,哪个跟你开玩笑!”窦建德把几案一拍,大声喝道。

李神通吓了一跳,似醒非醒地喊叫:“不,不,这是做梦,这是做梦!”

这时,刘黑闼绑着魏征、徐盖从外面进来。

魏征进厅站定,环视了一下四周,看了看窦建德,问:“上边坐的可是夏王?”

窦建德听口音耳熟,但在烛光下一时没有认出是魏征,反问说:“你是哪个?”

“紫云观道士魏征,难道你不认识了?”魏征回答。

窦建德闻言,又惊又喜,他急忙离座来到魏征近前,仔细一看,见果然是自己的救命恩人魏征,就亲手为魏征松绑,边解边说:“恩兄,你可想煞小弟了!我只听说你投了瓦岗,以后就没有听到过你的消息。原来你在这里。快快请坐!”

魏征说:“夏王的消息,我倒常有耳闻。如今占了黎阳,可谓兵贵神速呀!”

“恩兄!”窦建德见魏征站而不坐,又请魏征落座,说,“先坐下,再叙谈。”

“夏王!”魏征指了指徐盖,对窦建德说,“此位是黎阳仓守徐盖,乃黎州总管徐茂公将军的令尊,也是我的伯父。望夏王能为其松绑,魏征方能入座。”

“好,好,好!”窦建德连连答应,说,“快与徐老先生松绑,看座!”

窦线娘为徐盖解开了绑绳,徐盖惊恐地坐在一旁。

“魏兄,”窦建德对魏征说,“你随李密投唐之后,那唐王李渊,只封了你一个小小的秘书丞,这哪里能施展你的抱负?!我想请你助我窦建德共成大业,你意如何?”

“这……”魏征沉吟道。

窦建德说:“请魏兄慎重考虑,小弟不予勉强。”

魏征沉思了片刻,说:“夏王,让我助你也可,但你须依我事情两件!”

“莫说两件,三件,五件也行!”窦建德爽快地说。

“那好。”魏征说,“第一,请对淮安王以礼相待。”

窦建德连声答应:“好好,快快松绑,看座。”

“这第二件?”窦建德问。

“第二件,黎阳仓米不许全作军需,要取其一半,赈济当地和河北的饥民。”魏征答。

窦建德一听,哈哈大笑说:“魏兄,你我想到一处了。我们这次来取黎阳仓,就是想得了黎阳仓,赈济饥民的。”

魏征知窦建德一向爱民,十分佩服,深施一礼,说:“魏征替河北父老多谢夏王!”

“不敢。”窦建德急忙拦住魏征问,“记得魏兄是下曲阳人。不知你家乡可有灾情,家中妻儿可曾安好?”

“唉!”魏征叹了口气说,“夏王有所不知,就在杨义臣同你作战的那一次,拙妻被他们抓去服役,至今下落不明!”

窦建德惊讶地说:“有这等事!如此说来,嫂夫人这些年可是吃了大苦啦!”随后,他转身命令窦线娘,“线娘,这件事由你去办。天明即刷出榜文,要尽快把你伯母大人找到!”

“是!”窦线娘应答。

“徐老先生!”窦建德回过头来,对徐盖说,“敢烦你为徐世勣将军修书一封,劝其归降夏国，一家团聚，共享天伦之乐，可好？”

徐盖起身施礼，说：“夏王待我如此恩德，老朽立即给世勣儿修书。”

早饭过后，徐盖抱来一包账册簿记，在衙内正厅里，一本一本地向窦建德交代，魏征也在一旁。

“大王，”徐盖说，“黎阳仓的账簿，具在这里，请明察。”

“有了这些粮米，今后河北的饥民就不怕了！”窦建德高兴地说。

“夏王！”魏征对窦建德说，“不能坐吃山空。最要紧的是要劝课农桑。如果能够五谷丰登，应在各地多建一些义仓才好。”

“对！”窦建德表示赞同，“一定按魏兄之言，鼓励农桑，多建义仓，安抚百姓。”

两人正在谈论，刘黑闼引徐茂公走了进来。

“禀夏王！”刘黑闼跨前一步，拱手报告，“徐世勣将军一人一骑，来见大王！”

窦建德闻听，喜出望外，急忙降阶相迎，高喊：“徐将军！”

“参见大王！”徐茂公上前施礼。

“将军免礼！”窦建德赶紧上前搀扶说，“将军听从令尊之言，决意投我窦建德共事，真乃大孝大义之人！夏国之幸，黎民之幸！”

“是啊！”魏征也高兴地说，“这样一来，就又避免了一场战争啊！”

徐茂公说：“大王把家父以贵宾相待，我不胜感激，焉敢不来归降？！现在，王世充的人马已大败而逃。我部人马在城外驻扎，请大王清点！”

“不必清点。”窦建德严肃地说，“孤封你为骁卫将军，仍率本部兵马，驻守黎阳。黎阳仓米，孤要运一半到洺州，赈济河北饥民。请令尊与魏征兄担此重任。那淮安王李神通，孤要带往洺州。”

徐茂公说：“家父托与大王，望大王多加关照。对淮安王，也请大王能以礼相待。”

“徐将军不必挂心。”窦建德说，“窦某言必行、行必果，决不鼠肚鸡肠！”他吩咐侍从，“快快摆酒，为徐将军压惊！”

妥善处理完黎阳的事宜，窦建德率师北返。

李神通听见前面窦建德和魏征二人的谈笑声，遥望窦建德和魏征十分亲密的样子，他既气愤又嫉妒，心想自己一个堂堂的大唐朝的王爷，如今做了俘虏当人质，真是可叹呀！但是，自杀吗？他想想，不肯；逃跑吧，他看看，不敢！唯一的出路，只有跟着魏征他们走。反正有魏征“保驾”，他窦建德不敢对我过分无礼！只是这享乐，威风，怕是不能像过去那样了！酒少喝一点儿，倒还熬得过去，这女人、女人……唉！李神通在马上胡思乱想，走神儿不慎，身子一趔趄，从马背上跌落了下来，闹了个嘴啃泥！

徐盖见是李神通从马上摔了下来，赶忙跳下马，过来搀扶，叫道：“王爷！你这是怎么啦？”

李神通晦气地从满是尘土的道路上爬了起来，脸上、衣服上都沾满了沙土，他擦了擦脸，拍了拍身上的土，不好意思地说：“我睡……睡着了！”

徐盖知道李神通这几天也没有休息好，就安慰他说：“王爷！前面不远就是洺州了。你再坚持一时，到了洺州，好好歇息！”

李神通听徐盖说出“歇息”二字，好像是有人用针刺中了他的某根神经，猛地往高处一喊，嚷道："对呀，好呀！原来你们让我去洺州，是叫我去送死呀！"

徐盖听李神通误解他的意思，赶忙解释说："王爷，我是说，到了洺州，让你好好睡觉！"

"睡觉?！和谁睡觉?！就我一个人?！"李神通瞪着两只绿豆粒儿的眼，一个劲儿地追问不停。

徐盖见李神通又在耍无赖，对他也无可奈何，只得吓唬他说："李家王爷，如今这前前后后、左左右右，都是人家夏国的兵马，可比不了你往日在那京都长安的府中。人到一时说一时，你就多包涵着点吧！要不然，惹恼了夏王，可不是闹着玩的！"

徐盖的这一手，还真灵！李神通一听，也觉得徐盖之言有理。是呀，要是真的惹恼了窦建德，他一句话，不就让自己的脑袋搬家了吗？不行，我不能找死。常言说：好死还不如赖活着哩！凑合着吧，忍耐着吧，受点委屈就受着点儿吧！咱们怎么能和人家魏征比呀？人家是窦建德的救命恩人，咱是战败被俘的敌国王爷，一个天上，一个地下呀！要说人家徐盖，也比自已强，人家的儿子徐茂公，眼下是窦建德的骁卫将军，手下有几十万兵马，咱可算个啥呀！还是觉悟点好。

窦建德等人来到距离洺州不远的一座村镇上。附近的黎民百姓拥挤在街道两旁，箪食壶浆，迎接夏王凯旋。人们早已得知窦建德一举攻取了黎阳粮仓，要拿出半数的储粮，赈济河北一带的饥民，个个像久旱的禾苗逢上甘雨似的笑逐颜开，欢呼跳跃。他们把窦建德视作自己的再生父母，从内心里欢迎夏军的到来！尽管他们都已是家贫如洗，室无存粮，但还是千方百计地为自己的军队烧了水，煮了些野菜汤！他们想：无论如何也要向夏王表示一下心意！

窦建德、魏征等人下马步行。几位老人端着热水、菜汤迎了上去，双膝跪下，说："夏王凯旋，草民无可奉献，请饮白水一碗！"

窦建德从老者手里接过水碗，一饮而尽，然后激动地高喊："父老兄弟姐妹们！俺窦建德此去黎阳，为大伙弄到粮食，明天就可以发放到大家手里！可是，这不是长久之计，一顿饱饭不能顶三年不饿。咱们还要好好种地，多打粮食……"

这时，有人喊："光打仗，我们种不了地呀！"

窦建德环视了一下众人，接着说："是呀！国无长治，家难久安。我窦某说话算数，从今后我定要化干戈为玉帛，使百姓休养生息，教黎民深耕勤耨，四海富足，天下太平！"

众人高呼："夏王万岁，万万岁！"

夫妻重逢

夏国的黎民百姓听窦建德说今后他定要使四海富足，天下安宁，都十分高兴，连连高呼："夏王万岁！"

魏征在一旁见到这动人的情景，心里也非常激动，心中暗说：如果真能如此，我愿足矣！

听完窦建德的讲话，魏征往四处看了看，见路边的一棵大树上贴着一张榜文，十分醒目。他走近一看，原来内容是寻找他的妻子裴氏的。魏征不由地叹息了一声，心情又变得沉重起来。

“夏王亲自出告示，寻找一个女人！”“知情来报者赏银千两，这可是个发财的好机会！”“四十岁左右，中等身材，赵州口音。”“还带着一个六七岁的儿童。”众人正在谈论，窦线娘和女兵们走到近前。人群中有一位老猎户认识线娘，忙上前打招呼说：“小姐！”“原来是李老伯。”窦线娘热情地问，“你也是打猎路过这里？”“不是，不是！”李老汉笑呵呵地说，“这就是小人住的村子。”

说罢，他很荣幸地向乡亲们介绍说：“这就是夏王的千金，线娘小姐，我们是一起打猎认识的。”

“线娘小姐！”众人崇敬地拱手喊道。

窦线娘问：“你们在看什么？”

李老汉答：“是夏王出的寻人告示，刚贴到我们村子里。”

窦线娘看了一眼告示，又问：“你们见过这样一个女人吗？”

李老汉回答：“刚才大伙正说呢，我们村里没有见过这样的女人。”接着他问窦线娘，“小姐，这是谁的眷属？夏王为什么要出这样高的赏银呀？”

“说起来怪可怜人的！”窦线娘回答说，“这个女人的丈夫是父王的救命恩人。她是被官兵抓夫离开家的。”

“小姐！”这时有一个五十多岁的妇女，挤出人群，说，“我见过一个外地来的女人。”

“你在哪里见来？”窦线娘急问。

那村妇说：“西山上有个尼姑庵，上个月我去庵中烧香，见有个带发修行的妇女，听口音像是东边的人。”

窦线娘一听，大有希望，就高兴地问：“尼姑庵离这儿有多远？”

“二十多里。”村妇答。

“好！”窦线娘对女兵们说，“走！看看去。”

窦线娘等人由李老汉带路，来到了尼姑庵。老尼姑请窦线娘坐下，献上茶，问道：“敢问女施主，是来烧香，还是来还愿？”

窦线娘微微一笑，说：“我们一不烧香，二不还愿，是专程来寻人的！”

“啊！”老尼姑看了看窦线娘，若有所思。

“这是夏王的千金，线娘小姐。”一个女兵向老尼姑介绍说。

“阿弥陀佛！”老尼姑双手合掌，表示歉意地说，“贫僧不知，多有怠慢，恕罪，恕罪！”

窦线娘急忙站起身来还礼，说：“师父，不必多礼。请问师父，听说宝庵有一位带发修行的外乡妇女？”

“是有一个。”老尼姑回答说，“这是个可怜的人，来了一年多了。差一点冻死在山里，是贫僧把她救回庵里来的。”

“请师父把她唤来一见，可否？”窦线娘急切地问。

“可以。”老尼姑随即转身向外喊道，“裴娘子，你来一下。”

“来啦！”裴氏应声走进了禅堂……

“你们看，这不是得来全不费功夫吗！”窦线娘向魏征和众人说。

裴氏眼含泪花，感激地说：“一路上多亏线娘小姐照料啊！”

“嫂子！你说到哪里去了？她是侄女，就应该照顾你！”曹氏夫人故意装出生气的样子，说罢又对众人说，“咱们大家走吧，让魏大人他们两口儿说说离别后的话儿！”

“夫人说得对。”徐盖说，“魏大人，我们告辞了。”

“伯父慢走！”魏征起身相送。

徐盖、曹氏夫人、窦线娘和侍女们相继退了出去。

魏征看着裴氏，裴氏也看着魏征，满腹的言语，竟是一句也说不出来了。

魏征猛然想到裴氏身边缺少了他们的孩子，急问：“娘子，咱们的孩子呢？”

裴氏“哇”的一声，大哭起来。

“孩子到底怎么样了？”魏征惊疑地问。

“孩子叫我给扔啦！”裴氏悲伤地说。

“为什么呀？”魏征不解地问。

“都是因为打仗啊！”裴氏流着泪，向魏征讲述了她弃子的经过。

裴氏在老火头军的帮助下，逃出军营之后，拖着笨重的身子，慢慢地往北走。她盼着有一天能够回到自己的家乡赵魏村。

经过了多日的跋涉，裴氏已蓬头垢面，衣衫褴褛，她怕再被军队抓去，就一直走小路，钻山涧，这一天，来到了一个荒凉的小山村。

村子里虽有鸡鸣，但很少看到人影。在一个山坡上，看见只有一位老汉，举着笨重的镢头，刨坑点种。

裴氏满怀希望地登上山坡，走到老农的面前，用哀告的声音叫道：“老大爷，这是什么村呀？”

老农抬起头来，看了看裴氏，气喘吁吁地答：“赵家沟。”

“这里到下曲阳城还有多远？”裴氏问。

“下曲阳城？”老农摇摇头说，“不知道，没有听说过。”

裴氏说了声“麻烦您了”，只好又坚持着向北走去。她饥肠辘辘，胸似火烧，就在山坡上拔了一把野菜，嚼了充饥。

裴氏又来到了一个山村的村头上。这里有户兼卖茶水、点心的人家。用柴草搭着半间窝棚，棚下垒了个石桌，上边放着个粗黑瓷碗，碗里摆着几个烧饼，旁边蹲着一把瓦壶。有位老妪坐在一旁的石墩上。

裴氏来到草棚前面，看着石桌上摆着的烧饼，更加饥饿难忍。她从上衣口袋里摸出魏征临行时给她留下的那枚古钱，走向老妪。她有生以来，自己从未买过东西吃，不好意思地开口道：“请问大娘，烧饼多少钱一个？”

老妪把裴氏上下打量了一番，说：“一文钱一个。”

裴氏看了看手中的古钱，不知这枚钱能当多少文用，正要去问老妪，忽觉腹中隐隐作痛。

裴氏心想：我怎么能把玄成留给孩子的古钱，用来买东西吃呢？她饿着肚子，又把古钱放回了原处。

“大嫂！”老妪问，“你不买烧饼了？”

“这钱是丈夫留给孩子的，不能花呀！”裴氏说罢，低下了头。

“听你的口音，你不像是本地人。”老妪说。

"俺是下曲阳人。"裴氏告诉老妪说。

"到这里有多远?"

"远得很。"

"是逃荒出来的?"

"是被官兵抓夫抓出来的。"

"可怜！可怜!"老妪同情地说,"看你这身腰,离生孩子的日子不远了。我告诉你,你得快走。千万别把孩子生在村子里。要是生到村子里,你和孩子就都没命了!"

"啊?!"裴氏惊恐地叫道。

老妪对裴氏说:"前年,有个逃荒的女人夜里把孩子生到财主的磨棚里。天明了,财主说血光压了他家的风水,硬把这个女人和孩子扔到山沟里,活活地叫狼给吃了!"

裴氏听得毛骨悚然。她对老妪说:"大娘,谢谢你,我得赶紧走!"说着,就要动身。

"我也不敢留你。"老妪抓起两个烧饼说,"你带上这两个烧饼,路上饿了咬上一口。"

裴氏接过烧饼,给老妪磕了个头,仓皇地上路了。

裴氏忍着腹痛,来到了山腰里一座山神庙前。

这座荒野的古庙,有门无窗,门也只是个光秃秃的门口,既没有门框,也没有门扇。门前有棵山柏,为这座山中小庙添了几分生机。

裴氏急急进入庙内,她对着神像磕了个头,就依着墙半坐在角落里,再也起不来了,豆粒大的汗珠从额头上滚落了下来。

天黑了。夜幕遮盖了山里的一切。山神庙里更是一片昏暗。忽然,昏暗中传出了"哇哇"的哭声,一个小生命降临到人间。

天亮了。一缕阳光从门口处射进了山神庙。裴氏脱下了自己的内衣,裹起了婴儿。她取出那枚古钱,挂在婴儿的脖子上。

多少天来,裴氏第一次笑了。她冲着婴儿,自言自语地说:"苍天有眼,生了个男儿！孩子,这是你爹给你留下的古钱,它能保你长命富贵!"

在一个晴朗的日子里,裴氏抱着初生不久的婴儿,在山村中沿街乞讨。

她用衣襟兜着要来的一块块干粮,走在高低不平的山路上。

来到一条小溪旁,裴氏蹲下身去,用一只手掬水,喝了一口又一口。然后,把湿漉漉的嘴唇贴在婴儿的小脸上,亲了又亲。

在归来的路上,裴氏顺便捡了些干枯的树枝,晚上用来取暖,这时,虽然已到春末夏初,但是山里的夜晚,依然寒气逼人。

入夜,狼群的嗥叫声,从四处传来,叫得人胆战心惊。

黑暗里,四周闪烁着一对对绿色的光点,那是狼的眼睛。

有几只恶狼向山神庙扑来。裴氏慌忙在庙门口燃起了一堆火,成了山神庙门的一堵火墙。

恶狼望火却步,蹲在离庙门不远的地方怪叫。

裴氏怀抱婴儿,跪在山神像前,连连祈祷说:"山神爷爷,你保佑我母子的性命吧，保佑魏家的这一点儿骨肉吧！"

庙外，恶狼仍然叫声不止。……

魏征瞪着一双惊愕的眼睛，在听自己的爱妻述说她那悲惨的遭遇。他正听得入神，忽然门外传来了一阵笑声。

两个侍女托着酒肴进门，后边跟着的是窦建德、曹氏、窦线娘、凌敬、刘彬等人。

窦建德笑着对魏征说："恭喜魏舍人与夫人久别重逢，可喜可贺！我一家和凌军师、刘大夫，备了一桌酒席，特来贺喜。"他随即吩咐侍女："酒宴摆下！"

侍女摆好酒菜，几个人一同入席。魏征请窦建德坐上首，左边是曹氏、线娘，右边是凌敬、刘彬。他和裴氏末席相陪。

魏征首先开言，他说："夏王为我夫妻重圆，费尽心力，魏征万分感激！今日又亲送美宴，我只能愧领！我夫妻共祝夏王长寿，祝夏国鼎盛，国泰民安！"说着，举起了酒杯。

几个人齐举酒杯。

窦建德举杯在手，道："本来该我先说，魏舍人倒占了先。咱们大家同端一杯酒，共祝魏舍人夫妻团圆，白头到老！干！"

几个人将酒饮尽。

"大王！"凌敬放下酒杯面向窦建德说，"魏大人夫妻重圆，这官宅似极窄狭，应予魏大人修一府第居住。"

"好，好！"窦建德十分赞同地说，"孤早有此意。刘大夫，兴修土木之事，均由你料理。"

"遵旨！"刘彬毕恭毕敬地说。

"夏王！"魏征说，"我魏征无德无能，已受如此厚爱，怎能再劳民伤财？！新盖府第，魏征断不受领！"

"魏大人！"刘彬劝说道，"既然大王已降旨，你就不必再作推让。如今建都洛州未久，不只是臣下的府第未治，大王的宫殿也未具规模。定都乐寿时，新修金城宫，就是因陋就简；今大王建国立号，应兴土木，治宫室、修府宅，方有帝王之概！"

曹氏接过话茬儿，说："刘大夫说得是一番好话。只是眼下民穷国弱，又连年打仗，哪里有力量修盖宫室呀！"

"夫人之言极是。"刘彬婉言驳道，"不过，依小臣看来，只有战争，方能国富民强。黎阳一战，取下粮仓，不是就有了军需民食了吗？小臣认为，有黎阳之粮，兴修几座宫室，不费吹灰之力！"

"夫人！"窦建德赞许地说，"刘大夫言之有理。李渊定都长安，王世充建都洛阳，俱有隋室的现在宫殿，我无宫室，岂不被他人耻笑！就依此办理吧！"

"臣遵旨！"刘彬即席一躬。

这时，魏征离席，来到书案旁，取出一簿记，挥笔书写。

"魏舍人！"窦建德不解地问，"正在饮酒，又写何事？"

"尽起居舍人之责。"魏征边写边答。

"记孤之言行？"窦建德问。

"正是。"魏征回答，"大王委任，敢不尽心。"说着写毕。

"敢烦一读？"窦建德问。

"好。"魏征答应,随即读道,"玉凤二年仲春己卯,夏王议修宫室。大夫刘彬奏请,以黎阳仓之粟,大兴土木。夏王不顾饥民缺粮,当时准奏。"

窦建德闻听,大为惊讶,说:"魏舍人,怎么写孤'不顾饥民缺粮'呢?孤并无此意呀!"

魏征正颜答道:"黎阳仓粮有数,如要兴修宫室,饥民只能少得;如要广赈饥民,只有停修宫室。强修宫室,岂非不顾饥民缺粮吗?"

"这……"窦建德有些不悦。

"大王!"刘彬气恼地说,"这是诽谤之词!"

"大王!"曹氏赞同地说:"魏大人言之有理。"

"大王!"凌敬恳切地说:"请收回成命。"

"罢,罢,罢!"窦建德不甚情愿地说,"魏舍人你好厉害呀!孤收回成命就是。"

魏征撕下所记,就烛上一火焚之。

众人哈哈大笑。只有刘彬勉强地干笑了一声。

宴席一直到晚饭后才散。

时至端阳。魏征书斋的门框上插了一枝艾叶。

魏征挥毫临池,在一张绵纸上,写下了屈原的诗句:"路漫漫其修远兮,吾将上下而求索。"

他看着诗句,从身上取出徐茂公的信来,反复阅读,反复思考。

"魏伯父!"窦线娘出现在书斋门口,猛地喊了一声。

魏征一惊,急忙把手中的信藏于绵纸之下,转身回道:"原是线娘小姐!"

窦线娘手中端了一盘粽子,兴高采烈地说:"今天是端午节。我妈让我给伯父、伯母送来一盘粽子。这是我妈亲自包的。我父王随后就到。"说着把粽子放在桌上。

窦建德带两个侍从走了进来。

"迎接夏王!"魏征走上前去赶忙施礼说。

"魏兄免礼!"窦建德一把拉住魏征,然后看了看桌上的字,问,"舍人又在练习书法?"

魏征回答说:"今日端阳,是诗人屈原的忌日。我写了他的一句诗,以示纪念。"

"路漫漫其修远兮,吾将上下而求索。"窦建德念罢后问,"这是什么意思呀?"

魏征向窦建德讲解说:"这是说人生的道路既长且远,应该不辞辛劳地去穷追其极。"

"孤本是一介农夫,今日身登王位,还应作何追求呢?"窦建德问。

魏征答:"作为帝王,应上承天心,下顺民意。民心思安,应止干戈,减徭役,教民耕稼。民富则国强,国强则四方来朝,民心所归,定成一统。今夏国民困国疲,干戈不息,只有齐鲁一隅之地,欲成帝王之业,道路颇为遥远!"

窦建德眉头一蹙,脸上顿时失去了得意之色,他看着屈原的诗句,对魏征说:"魏舍人,请你把这幅字儿送给我,我要悬挂在墙上,朝夕念诵。"说着,去取绵纸。

魏征急去抚纸,说:"大王喜爱,待臣请人装裱后,奉献大王。怎好劳大王亲自动手?"

窦建德哈哈大笑,说:"我窦建德务农之时,犁田、下种、锄草、挑肥、收割,样样自己动手,今日称王,取张绵纸何妨?线娘,来,帮为父把纸卷好!”

线娘应声前去卷纸。

“墨迹未干,不可卷叠!”魏征上前按住纸说。

窦建德上前仔细一看,说:“果然墨迹未干。来,抬到地上晾上一晾。”说着,与线娘各抬纸的一角,放在地上。

魏征心中“怦怦”直跳。但绵纸抬去,桌上并无信件。他的心平静了下来。

这时,凌敬手持一信,从门外匆匆进来。

“禀大王,徐茂公将军有急信到来。”凌敬向窦建德报告说。

窦建德像

“所言何事?”窦建德说。

凌敬回答:“王世充又有兵犯黎阳之意,徐将军欲先发制人,率军进击。”

窦建德心中一动,说:“啊,莫为此事冲了魏舍人的雅兴,你我便殿去议。”

“魏伯父!”窦线娘冲着魏征说,“别忘了趁热吃粽子!”

窦建德、凌敬、窦线娘三人相继出门。

等他们走远,魏征赶紧翻过绵纸,一看:原来信纸被墨粘于绵纸之后,他急忙取下装好,心情复杂地说:“徐茂公已经归唐了!”

魏征的估计完全正确。

这时,在黎阳城外,徐茂公所率军队,排列整齐,待命出发。

徐茂公面向北方,大呼说:“爹爹,魏兄,端阳已到,你们迟迟未来,世勣顾不得你们了!”他翻身上马,喊了声:“启程!”大军开动,向南而去。

徐茂公归唐的消息传来,窦建德十分气恼。他坐在大殿上,高喊:“把徐盖绑上来!”

两名武士推着被绑的徐盖,来到殿前。

“徐盖!”窦建德厉声喝问,“你子徐世勣率兵归唐,你知也不知?”

“小……小人实在不知!”徐盖战战兢兢地说。

窦建德根本不信,他说:“你子待你甚孝。黎阳一战,将你俘获,他即率兵来投;如今归唐,他焉能不与你来信商议?!”

“他书信常来,只是从未提及归唐之事?”徐盖解释说。

这时,站在一旁的刘彬插言说:“在黎阳被俘的唐臣中,李神通不甚自由,徐世勣归唐之事,他不得而知,而其他人不能不知!”说着,瞥了魏征一眼。

魏征听了刘彬之言,明有所指,随即出班,说:“按刘大人之说,徐世勣归唐,魏征是其同谋。那好，就请大王传旨，魏征愿与徐盖同受刀斧之戮！”说着，他走向殿下，与徐盖站在一起。

“魏舍人，”窦建德忙说，“孤并无此意，快请上殿！”

“大王如不疑心魏征，魏征有言奏禀。”

“舍人请讲。”

魏征说：“徐世勣不仅是远近闻名的孝子，而且更是多谋善断的将军。他知道大王待人宽厚，他率众归唐，大王一定不会伤害他的父亲，他才有这次举动。大王为什么不能赦了徐盖，以布恩德于天下、播仁义于四方呢！”

“知我者，魏舍人也！”窦建德哈哈大笑，他向殿下喊道，“快与徐盖松绑！”

又是一个秋收季节。

魏征和徐盖并肩走在洺州城外的田间小道上。

田里谷穗金黄，高粱火红，农民已在挥镰收割。

“洺州今年是一派丰收景象啊！”魏征喜悦地说。

“这要托夏王的福呀！”徐盖感慨地说。

“徐伯父”，魏征笑着问，“那天夏王几乎将你斩首，你不记恨于他吗？”

“夏王确实宽宏大量。”徐盖心悦诚服地说，“如果别的君王，定会株连于我。只怕连魏大人你也会被一并处治。”

“夏王对我夫妻恩德甚厚。”魏征有些内疚地说，“为徐贤弟投唐一事，我对夏王说了谎言，至今心中不安！……”

距离魏征和徐盖不远处，刘彬带着两个侍从也在田间闲逛。他看见魏、徐两人边走边谈，就对一侍从说：“你到他们近处，藏在庄稼之中，听他们说些什么！”

“是。”侍从答应一声，匆匆走了过去。

徐盖和魏征还在继续他们的谈话。刘彬的侍从在附近高粱地里侧耳窃听。

徐盖说：“那天，我认为淮安王也要受到株连，谁知夏王竟未问及！”

魏征说：“夏王给淮安王以礼遇，自有他的打算。”

“但不知有何打算？”徐盖问。

“夏王与唐国似有和解之意。”魏征答。

“啊！”徐盖又惊又喜。

“这是我的揣测，并非听夏王所言。我想，唐、夏、郑三国如能和解，互不侵犯，像汉末的魏、蜀、吴那样，让百姓休养生息，也就不错了！”魏征解释说。

“是呀！”徐盖颇有同感地说，“战乱就是祸根。如果不打仗，便不会有违农时，不会征丁抓夫，不会逼得人们妻离子散！魏大人，战乱之苦，你比谁都体会得深啊！”

徐盖对魏征一家人的遭遇，深表同情。

魏征长叹了一口气，感慨万端。

徐盖见魏征伤感，便把话题引开，说：“如今好啦，夫妻又团聚了。听说夫人又有喜啦？”

“是啊！”魏征笑着说，“已经五个多月了！”

徐盖算了算产期，高兴地说：“到过年时节，就该喝大人的喜酒了，哈哈……”

刘彬的侍从没有听出破绽，失望地摇了摇头，从庄稼丛中钻走了。

这一年的元宵之夜，满街灯火，爆竹声声，各种杂耍，往来于人群之中。夏国的百姓在欢庆丰收的节日。

在魏征的府宅里，裴氏已经分娩，今日为儿子过满月。

魏征抱着婴儿喜笑颜开，在地上来回走动。

“夫人！”魏征高兴地说，“我给孩子起了个名字，叫叔璘如何？”

“老爷！”裴氏答道，“把儿子比作麒麟自然不错。”

“不是麒麟之麟，是美玉之璘。”魏征解释说，“如果大孩子还活着的话，就叫叔玉。”

“但愿能应老爷的话。”裴氏深情地说。

“那年离家前，我把随身带的那枚古钱，留给了叔玉。”魏征为难地说，“如今有了叔璘，该给孩子什么呢？”

魏征正在思索，忽听门外有人高喊：“曹夫人到！”

他急忙把婴儿交与裴氏，前去迎接，尚未出室，曹氏、窦线娘和两名侍女，已经走了进来。

窦线娘手托一漆木小盒，向魏征说：“伯父，伯母，我妈妈给小弟弟送长命锁来了！”

“多谢夫人！”魏征急忙接过。他打开木盒，取出金锁，挂在婴儿的颈上。一边挂，一边说：“正说没有物件给孩子带哩，夫人就送长命锁来了。”

“来，叫婶婶看看！”曹氏接过婴儿，逗着婴儿说，“魏大人命好，丢了个男孩儿，又添个男孩儿！”

“妈又想小弟弟了！”窦线娘笑着说。

“疯妮子，别瞎说！”曹氏不好意思地说了窦线娘一句。

裴氏见今非昔比，心中十分高兴，她对曹氏说：“今天给孩子过满月，正要去请夫人，看！我已把酒菜全摆好了。”说着，她揭去桌上的盖布，果然酒肴已摆列妥当。

“摆好了，就入席，大王不在，咱们说话更方便。”曹氏爽朗地说。

曹氏首先就座，四个人次第坐下。

魏征要与曹氏斟酒，被窦线娘把酒壶夺了过来。

“我来斟！”窦线娘说。

魏征说：“今天的酒理应我斟。没有夏王一家，就没有这个孩子！”

他接过酒壶，斟上了酒，四人共同举杯。

魏征、曹氏等人正在饮酒、谈话，一侍女匆匆走进：“禀夫人，大王请夫人速回，有急事商议！”

“急事?!”曹氏一怔，问，“又有什么急事?”

“听说又要打仗。”侍女答。

“又要打仗?!”曹氏不由地自语了一句。

魏征听说又要打仗，满心的喜悦化为乌有，他放下酒杯道：“走，我也去！”

“魏大人！”曹氏劝阻魏征说，“你正给孩子过满月，大王也未曾召请，就不必去了！”

“我是起居舍人，不能不去。夫人请！”魏征同曹氏、窦线娘走出门外。

裴氏抱着婴儿，注视着他们三人远去的情景，脸上又蒙上了一层阴云。

在夏王的便殿上。

几案上摆着几个木盘。盘中的珍宝闪闪发光,地上还放着几只木箱。

窦建德、曹氏、凌敬、魏征、刘黑闼、王伏宝、刘彬等俱在殿中,有坐有立。

窦建德指着案上的珍宝,说:“唐军兵围洛阳,王世充派使臣前来,送上了这些珍宝,请求我出兵支援。我如不出兵,只怕是洛阳危在旦夕了。”

凌敬先说:“王世充此人反复无常,我们不可轻信。不如按兵不动,坐观成败。二虎相争,必有一伤,也许是两败俱伤。那时我再发兵,以收渔人之利。”

刘彬反对说:“不然。郑国地处中原,介于唐国、夏国之间,如果郑国败亡,则唇亡齿寒,望大王三思!”

刘黑闼表示赞同:“刘大人说得对。”常言说:“养兵千日,用兵一时嘛!有仗不打,我们当武将的手,都发痒了!”

曹氏不同意刘黑闼的说法,她叫了一声:“刘将军!”接着说,“我们不能什么仗都去打呀!”

这时,魏征上前一步,说:“大王,我有一计。”

“何计?讲来!”窦建德催问。

“淮安王现在洺州,不如将他送归唐国,以请李渊退兵。这样,唐、夏、郑三国,友好相处,倒可以息兵养民。”魏征不慌不忙地说。

“一个淮安王,怕是难以换来洛阳解围吧!”刘彬讥讽地说。

刘黑闼有些急了,嚷嚷起来:“大王,我们收了人家这么多珍宝,再不肯出兵增援,有些太不仗义了吧!”

王伏宝也喊叫说:“大王,出兵吧!”

窦建德看了看众将,又看了看几案上的珍宝,霍地站起身来,用拳头在案桌上一砸,说:“孤意已决,立即出兵,援救王世充!”

“大王,不可!”曹氏想要阻止,但已来不及了。

魏征知道此次出征凶多吉少,但见窦建德决心已下,难以更改,也只好无可奈何地摇了摇头,下殿去了。他很为夏王和他一家人的命运担心!

窦建德率军支援王世充,在洛阳城下,唐军与夏兵展开了激战。

那程咬金、尉迟敬德等战将勇猛异常,率领唐军的精锐之师,来战窦建德、刘黑闼等人。尽管窦建德、刘黑闼等人拼命厮杀,但由于夏兵毕竟缺乏正规训练,又是仓促应战,结果大败。

窦建德在乱军中被唐军擒获。刘黑闼寻机逃走。夏兵全军覆没。

秦王李世民攻克洛阳,又擒获了王世充。至此,大唐王朝统一了全中国。

唐军大获全胜,班师回朝。

李世民、徐茂公并马走在前面,程咬金、尉迟敬德双骑随后。

窦建德垂头丧气地被押在囚车之中。

从河北方向也开出一支唐军。李神通神气十足地骑在高头大马上。

魏征被押在囚车中。

徐盖骑马走在一旁,显出无可奈何的样子。

裴氏怀抱叔璘,坐在一辆破牛车上,一摇三晃地走着。婴儿的阵阵啼哭声,令人肝胆欲裂。

魏征心疼地想看看孩子,但身不由己,只好在囚车中叹息不止。

辅佐太子

在离京城不远的骊山山麓,太子李建成和齐王李元吉,率领众多的卫士,正在山林中放鹰逐犬,行围射猎。

有只麋鹿,在卫士们的呐喊包围中逃窜过来,跑到了离李建成和李元吉不远的地方。

"四弟!"李建成弯弓搭箭,说,"看为兄射倒这个畜生!"

说着,一箭射去,箭中鹿的臀部,麋鹿带箭奔逃。李元吉急忙发箭,麋鹿被射倒地。

"好箭法! 好箭法!"李建成连声夸赞。

"大哥!"李元吉得意地说,"不是我夸口,小弟的箭法,堪称天下无敌!"

"比世民如何?"李建成问。

"他有什么本事?! 只不过凭着他手下有一班武将罢啦!"李元吉轻蔑地说。

"等你二哥打仗回来了,我奏明父王,让你们二人比试一番,谁赢了,就让谁管天下兵马!"李建成有意挑动地说。

"掌管天下兵马!"李元吉跃跃欲试,说,"不是我吹牛,要真比试,天下兵马大元帅,定是我的!"

这时,卫士们都来奉献捕获的猎物。李建成命他的亲近侍从赵臣,一一奖赏。

赵臣从马上取出一锭锭银元宝,扔向捕到猎物的卫士。卫士们互相争抢、戏闹。

太子中允王珪,从山下飞马赶来。

奔至近前,王珪下马,焦急地对李建成和李元吉说:"二位殿下,天已过午,该止猎返驾了!"

李建成有些不高兴,他抬头看了看偏西的太阳,说:"天黑了,咱们住骊山宫,明天接着围猎!"

"王中允!"李元吉轻蔑地冲着王珪说,"你老老实实地坐树下乘凉多好,为什么净来扫我弟兄的兴?!"

"齐王殿下,"王珪诚恳地说,"太子殿下不问国事,圣上是要怪罪的。"

"怪罪什么?"李建成问。

"秦王殿下攻克洛阳,生擒王世充、窦建德,今日班师回朝。二位殿下却在这里游猎,岂非有意触犯龙颜!"

李建成早把李世民出征之事抛于脑后。经王珪提及,他方才想起,沉思了片刻,对李元吉说:"四弟,是该撤围了。"

"撤围!"李元吉向卫士们高喊了一声。

在骊山的山腰里,李建成、李元吉率领众卫士满载着猎获的锦雉、麋鹿、野兔、黄羊等,返回长安。

在山下的大路上,李世民、徐茂公率领得胜大军押解着王世充、窦建德,向长安进发,金鼓齐鸣,旌旗蔽日。

两支人马形成了鲜明的对比。

在长安京城的李氏太庙里,钟鼓和奏,笙管悠扬。

正殿神案上供有两尊神牌:上首是大唐太祖景皇帝,下首为大唐世祖元皇帝。神案前明烛高照,香烟缭绕。

李渊坐于正殿一侧,李建成、李元吉、李神通、封伦等文武大臣侍立两旁。

献俘仪式在这里举行。

李世民金盔金甲,率徐茂公、程咬金、尉迟敬德、秦叔宝、张公瑾、房玄龄等有功人员鱼贯而入。

他先把缴获的玉玺,献与李渊,然后率众跪倒,山呼:"万岁!"

李渊看着玉玺,喜形于色,向李世民等人道:"皇儿与众卿平身!"

"万万岁!"李世民等众人高呼后站起。

李渊高声说:"秦王李世民率李世勣等,一举攻克洛阳,生擒王世充与窦建德,得来传国玉玺,功莫大焉!兹封秦王为天策上将军,掌握天下兵马,其余众将,在献俘之后,另行封赏。"

李世民高呼:"谢父皇隆恩!"

这时,李建成用肘一触李元吉,轻声说:"四弟,你的天下都元帅,让二弟抢去了!"

李元吉气得面颜变色。

李渊命献俘开始,侍臣高唱:"向太庙献俘!"

李世民等分别两边。

殿下,武士们押着窦建德、王世充及其被俘的主要将领走来。

魏征也在其中。

侍臣高唱:"跪!"

王世充、魏征等人均已跪下,只有窦建德纹丝不动地站在原地。

李世民见状,大怒,呵斥道:"窦建德为何立而不跪,难道你不怕死吗?"

"哈哈……哈哈……"窦建德一阵大笑,然后高声说道,"窦某自举义旗以来,早将生死置之度外,只恨自己目光短浅,未能听从良言,今日被俘,死而无怨!志士头可断,身不可辱,窦某岂能跪拜你家祖先!"

李渊越听越怒,大叫道,"把窦建德绑下去,杀!"

众武士上前,将窦建德押出太庙。

"刀下留人!"魏征忽然从地上站起,高喊了一声。

李世民、徐茂公、程咬金等人,一齐向魏征望去。

李神通恨得咬牙切齿,直想走上去痛打魏征一顿。

"口喊刀下留人者,你是哪个?"李渊威严地问。

"小臣魏征。"魏征从容地答。

"魏征!"李渊怒气冲冲地说,"你已降了窦建德,今日又被我俘,还敢为窦建德说情,真是不知死活!"

"小臣可以死。"魏征请求说,"但请陛下能够饶恕窦建德的性命!"

李神通这时气急败坏,出班奏道:"陛下,魏征与窦建德生死结交,他为窦建德求情,是想东山再起!陛下传旨,先杀魏征!"

“父王！”李世民说，“请魏征把话讲完，再杀不迟！”

李渊厉声大喝道：“讲！”

魏征不慌不忙地说：“窦建德为抗隋暴政，纵横冀鲁，深得百姓爱戴。今虽被俘，但民心未散，大将刘黑闼又偏偏脱逃，如能受降封官，河北山东自可太平，如将窦建德杀死，只怕是杀乱了冀鲁的百姓呀！”

李世民不以为然，哂笑说：“他窦建德未必有如此大的德能吧！”

李渊传旨：“将窦建德斩首示众！”

侍臣外传：“将窦建德斩首示众！”

少时，太庙外传来一阵低沉的鼓声，窦建德被杀。

魏征的眼泪夺眶而出，他深情的高呼了一声：“夏王！”扑倒在地。

“启奏陛下，”李神通恶狠狠地说，“魏征是窦建德的死党，只能杀，不能留！”

“请陛下暂赦魏征不死，臣有下情禀奏。”徐茂公也出班明奏。

“讲。”李渊答应。

徐茂公说：“臣启陛下，魏征降夏，并非本意。他曾有恩于窦建德，他降夏是为了求保淮安王和家父不死。微臣归国之时，曾有书致魏征，但因时间紧迫，他未能脱身。如魏征真心事夏，他把臣的书信献于窦建德，臣定难以归来。况且魏征有经天纬地之才，治国安邦之术，他生性忠直，一旦识得明主，即忠贞不贰，可佳可贵。臣愿以全家的性命保魏征不死！”

李世民对魏征一向就有好感，又知他说降徐茂公、保护李神通有功，徐茂公之言，全是实情，就随即奏道：“请父王准李世勣将军所奏。”

这时，李建成暗对李元吉说：“李世民又在网罗人才，这一回，魏征可不能让他抢走！”

说罢，他急忙出班奏道：“臣启父皇，二弟和李世勣所言极是。儿臣也愿力保魏征不死，并请父皇准魏征到东宫任职。”

“到东宫任职？……”李渊沉吟着犹豫不决。

“父皇！”李建成解释说，“儿臣东宫缺少太子洗马，魏征堪当此任。”

“臣启陛下，”封伦奏道，“获罪之人，刚刚归国，怎能当此重任？！”

“封大人！”李建成不客气地说，“你由隋归唐，父皇即封你为内史舍人，不久又迁升侍郎，又当何讲？”

“这……”封伦满脸羞红，无言以对。

李渊见李建成很能重视人才，非常高兴，他考虑再三，认为尚可，就对魏征说：“既然众卿为你求情，太子对你十分赏识，那就封你为东宫洗马。你要忠心辅佐太子，以报知遇之恩！”

“谢主隆恩！”魏征感激地说。

李建成吩咐武士：“快与魏征松绑！”

武士们为魏征松开绑绳，魏征来到李建成面前跪下，说：“谢太子殿下保救之恩！”

“快快请起！”李建成上前赶忙搀扶。

最后，李渊威严地宣布：“将王世充送往蜀地，贬为庶民，其他一干人犯，另行发落！”

见魏征不仅没死反而封官,李神通气得把脚一跺,“唉!”了一声,离殿而去。

这一日,太子李建成高坐在东宫正厅的华堂之上,周围几名宫女不停地给他递巾、送水、打扇、进茶。

堂下氍毹铺地,一群宫女随着管弦笙歌,婆娑起舞。

太子李建成兴致勃勃地欣赏歌舞,嘴里不住地叫道:“好,好!”他的两只眼,死盯着其中一名舞女的前胸,心猿意马,想入非非……

王硅坐在堂下的一侧,看见李建成的那副色相毕露的神情,忧郁不堪。

歌舞到一段落,暂停下来。李建成转身问身边的赵臣,说:“怎么魏征还未到来?”

“小人不知。”赵臣回答。

李建成闻听,心中火起,怒道:“这个吗魏征,来我东宫之后,时常不来伴驾,成何体统?!今天来了,叫他报门而进!”

“是!”赵臣应道,说着出门而去。

正巧遇见魏征急急走来。赵臣轻声地对魏征说:“殿下发怒,叫你报门而进。”

魏征微微一笑,进门高喊:“报!魏征告进!”然后,走到了建成座前,深施一礼:“魏征参见太子殿下!”

李建成见魏征报门进殿,更加怒气冲冲,问:“魏征,你经常不来伴驾,哪里去了?!”

魏征不慌不忙,回答说:“奉圣上之命,掌管图书典籍,臣领人整理图籍去了!”

李建成一听,无话可说。

李建成听魏征说他领人在整理图书典籍,无话可讲,但又不肯在众人面前认输,就强词夺理地说:“图书典籍,一堆乱纸,有什么好整理的?也要用那么多的功夫?!你坐在一旁,且看歌舞!”

“是。”魏征应道。说罢,便走向王珪。

王珪无可奈何地看了看魏征,请他入座。

魏征向王珪点了点头,但他并未坐下,却又向李建成问道:“殿下,你既然如此喜爱歌舞,听小臣为你高歌一曲如何?”

李建成一听,大笑不止。“你还能歌舞?!”他怀疑地问。

“略通一二。”魏征认真地答。

李建成很想领教一下魏征的歌艺,就把手一挥,向众舞女说:“你们休息,听他来唱,唱得不好,罚俸银三月!”

魏征放喉高歌:

“大风起兮云飞扬。威加海内兮归故乡。安得猛士兮守四方!”

他边唱边舞,嗓音粗犷,感情奔放。

众舞女偷偷地掩口而笑。

王硅却听得入神,不由地喊了声:“好!”

“这不是秦始皇的《大风歌》吗?”李建成不懂装懂地说,结果是张冠李戴,闹了个大笑话。

“殿下!”魏征忍住笑,纠正了李建成的错误说,“不是秦始皇,是汉高祖的《大风歌》。”

“管它是谁的呢!”李建成毫不脸红地说。“反正你粗声粗气的,没听头!”

“听惯了纤歌轻唱,乍一听这粗犷豪放之声,倒也觉得耳目一新!”王珪插话。

“殿下!”魏征乘机进言说,“小臣实不善歌舞,但是我认为殿下如能多听一些粗壮豪放之歌,可以陶冶情操,激励斗志。听说秦王殿下也喜歌舞,但他看的却是《踏摇艰》《兰陵王破阵舞》。”

李建成听魏征说起秦王李世民,大为不快,把脸一沉,说:“秦王,秦王,又是秦王!我最不爱听的就是他!”

“殿下!”王珪这时又插言道,“魏洗马之言,很值得深思。沉于酒色,可以使英雄气短呀!”

李建成气恼地瞪了王珪一眼,厌烦地说:“王珪,你的这几句话,把我的耳朵里都磨上胝子啦!”

“殿下!”魏征中肯地对李建成说,“你不爱听说秦王,可是秦王却常常被人们说起。如今他执掌全国的兵权,名震宇内,圣上对他也十分钟爱。长此下去,殿下与秦王如同一台天平,秦王一端日重,殿下一端日轻,其后果难以预料,殿下你不可不思呀!”

李建成听罢魏征的这一番话,心中一震,他好像是第一次感到事态的严重,忙问:“二卿有何妙计,可使天平偏重于我呢?”

“还是要戒酒色,减游猎……”

不等王珪把话说完,李建成就不耐烦地打断了他的话,说:“这个,我知道。还有什么?”

魏征紧接答言,说:“还要广招贤士,起用人才。国家大事,要多为圣上分忧;遇到战事,要争先率兵御敌。见声色犬马,则能幡然自戒;遇臣下忠谏,则能虚心听取。对上能事以忠心,对下能赏罚严明。常问下情,知民疾苦,流思济于四野,布仁德于八方。能如此,殿下自重,谁人敢轻,秦王其奈我何?!”

魏征侃侃而谈,王珪洗耳恭听,再看李建成,双臂伏案,头枕臂上鼾声大作,他早已入睡了。

魏征与王珪互相对视了一下,无可奈何地长叹了一声……

裴氏正在家中追逐婴儿嬉笑,魏征闷声不响地走了进来。

“老爷!”裴氏追上前去问,“今日怎么回来得早呀?”

魏征没有言语,径直进屋坐下,侍女端上茶来。

他呷了一口茶,自言自语地说:“相处月余,耳濡目染,此人不及秦王十之一二啊!”

“你说的可是太子?”裴氏问。

魏征点点头,无限忧虑地说:“但愿不要再出一个隋炀帝呀!”

裴氏见丈夫愁眉不展,满腹的喜悦早已烟消云散了。她对魏征说:“老爷还是辞去东宫的官职好。如能和徐贤弟一同在秦府任职,也能免除许多忧愁!”

“夫人!”魏征看了裴氏一眼说,“这件事,你还弄不明白!将来太子登极,他就是一国之君。他的一言一行,牵动着国计民生,关系到千百万人的身家性命,我怎能眼看着,撒手不管呢?我既然被圣上任命为太子洗马,就要尽力尽职,规劝太子,让其建功立业,以承帝位!”

"可是,为妻总是为你有些担心哪!"裴氏不安地说。

"夫人,玄成我屡遭磨难,几经生死,早将性命置于脑后。我要是为劝谏太子,惨遭杀戮,望夫人能将我的尸体送回故里埋葬,你们母子二人就在老家居住,把叔璘教养成人!""老爷!……"裴氏悲切地叫道,泪水夺眶而出。

魏征不忍心再让裴氏伤心,他连忙赔着笑脸,说:"夫人,看你,说句戏言,何必当真哪!"

这时,院公进来禀报:"大人,外面有一乡邻求见!"

"乡邻?"魏征又惊又喜,连忙吩咐,"快快迎至客厅!"

魏征和裴氏来到客厅等候。不多时,院公领进一个农民打扮的人来。这个人风尘仆仆,右边的袖筒空荡荡的。

魏征一眼就认出来是黑牛。他高叫了一声"黑牛兄弟!"迎了上去。

黑牛见裴氏也在,高兴极了,说:"大哥,你叫我找得好苦!嫂子!你们到底团圆啦!"

裴氏过来与黑牛见礼,感激地说:"听你大哥说,为了找我,你跑了不少路,吃了很多苦呀!"

"走路、吃苦倒是没什么,就是摸不着你们的音讯,急死人呀!"黑牛说。

魏征想起了魏三老汉,就问黑牛:"三叔可好?"

黑牛见魏征问起自己的父亲,眼圈一红,落下泪来,难过地说:"我爹在前年就没啦!"

"老人家干了一辈子活儿,受了一辈子的罪呀!"魏征无限感慨地说。

魏征说罢,忙给黑牛倒了一杯茶,问:"黑牛兄弟,你怎么千里迢迢进京来啦?"

黑牛两口就把一杯茶水喝完了。他擦了擦嘴,说:"你在夏国做官,和嫂子团聚,我在家都听说了。就是咱们家老是没个准儿,今儿归夏国,明天又归了别人,老是折腾,就没敢到洺州去看你们。如今听人传说,你们归了唐,乡亲们就让俺来看看你们。我刚离开家时,就听说刘黑闼又反了,比死去的夏王还能打仗,他还常领着突厥兵又抢又杀,可把老百姓给糟践苦了!"

刘黑闼率先跪拜于地,众将士黑压压地跪成了一片。

猛地,刘黑闼从地上站起,面向夏王的灵位,拔刀发誓:"求夏王在天之灵,保佑我刘黑闼重整旗鼓,再举刀枪,不为夏王报仇,死不瞑目!"

次日早朝之后,李建成与王珪在东宫的便殿上议论时局。

李建成若无其事、与己无关地对王珪说:"今日早朝,父皇召集群臣,议论河北军事,窦建德的部下大将刘黑闼又死灰复燃,勾结突厥作乱,这真叫魏征说对了!"

"圣上命何人领兵征剿?"王珪问。

李建成答:"淮安王虽说正与刘黑闼作战,但总是难以取胜。看来,父皇又要派秦王出征了。"

这时,魏征从殿外进来:"参见殿下!"

"免礼!"李建成让魏征坐在一旁。

魏征问:"适才殿下讲秦王又要出征,不知讨往何处?"

李建成答:"去征刘黑闼。"

"秦王已向圣上请命了?"

“尚未请命。”

“殿下肯否率兵前去？”魏征突然发问。

“我去？”李建成惊问。

“是呀！殿下不是要与秦王一争高低吗？他刚刚攻克洛阳，征服了中原，殿下如能平定山东、河北，即不落其后了。”魏征严肃地说。

王硅有些担心，说：“那刘黑闼十分嚣张，淮安王连连失利，殿下领兵征剿，如不能取胜，怎么办？”

“是啊，是啊，怎么办？”李建成一个劲儿地向魏征追问。

魏征早有准备，因而不慌不忙，他对李建成说：“殿下有所不知，那刘黑闼刚刚起兵之时，因为河北的百姓怀念夏王，故而振臂一呼，万众响应，所向披靡。后来战乱不停，田园荒芜，刘黑闼又常借突厥兵助战，百姓备受其苦，不得人心。在此情况下，如殿下统王者之师，救百姓于水火，民心所归，定操胜券！”

王珪听魏征所言，有理有据，心中佩服，也很高兴，连连称赞：“好谋略！好谋略！”

魏征接着又说：“殿下如肯率兵出征，取得胜利，还可一举两得……”

“何为一举两得？”李建成饶有兴味地问。

魏征答：“殿下平定山东、河北，必然受到朝野称颂，万民拥戴，这是其一；其二，我们可趁此次山东之行，广交当地的英雄、豪杰，扩充实力，更加有效地与秦王抗衡！”

“好！好！”李建成顿时精神振奋，他拍着魏征的肩膀，说，“你真是我的好洗马。这次出征，你一定要随军参赞军机呀！”

“那是自然。小臣愿听殿下驱使！”魏征坚定地说。

“那好！”李建成说，“我即刻进宫，向父亲请命，及早发兵！”

李建成进宫面见李渊。

“皇儿，你去征讨刘黑闼，有获胜的把握吗？”

“请父皇放心，皇儿此去，定能马到成功！”李建成信心十足地答。

“为何？”李渊又问。

“父皇，因为刘黑闼，骚扰百姓，不得人心，而我救百姓于水火，民心所归！”李建成把魏征向他说的道理，向李渊简要地复述了一遍。

李渊听罢，连声称“好”说：“皇儿言之有理。正义之师必胜。可是，你去作战，有谁随军参赞军机呀？”

李建成答：“有太子洗马魏征！”

“魏征？”李渊一时难以表态，他对魏征的了解还不甚清楚。自请赴黎阳说降徐茂公，辅佐窦建德，保护李神通，这次又在太庙以死保赦窦建德，要说这魏征的胆识的确不是一个凡夫俗子！况且他多年在战争中磨炼，对河北一带的情况很熟，对李建成作战确实有利，他要是尽心尽力地为李建成出谋划策，不愁击不败刘黑闼?！只是这魏征与窦建德有生死之交，刘黑闼又是他原来的故旧，他肯下狠心全歼于敌吗？

李建成见李渊久思不语，急了，忙说：“魏洗马，忠我大唐，智勇过人，连徐茂公、程咬金等名将，都甘拜下风。我这次请命出征，就是他给我出的主意！”

"啊?!"李渊又是一惊。看来,魏征此人的战略眼光远大呀!为了弄清这次请命出征的具体原因,李渊进一步地向李建成了解道:"他说为什么要你请命出征?"

"一举两得!"李建成脱口而出。

"何谓一举两得?"李渊很感兴趣地问。

"一是建功树威,二是扩充实力!"李建成简明扼要,说得倒挺干脆。

"哈哈……"李渊大笑起来,"好一个'一举两得'!妙,妙呀!"

李渊这时主意已定,既然有魏征随军参赞,获胜的把握还是大的,他决意让李建成经过这次征战,在朝野上下显示一下太子的威风,这对于他本人,对于增强整个大唐朝的国威,均有一定的益处。

为了慎重起见,李渊又征求封伦的看法:"封卿,你看让太子出征,如何?"

这封伦老奸巨猾,善于见风使舵,他知李渊的主意已定,就表示十分同意地说:"陛下圣裁,太子殿下英武盖世,此次出征定操胜券,微臣叹服、赞同!"

封伦虽然嘴上这么说,但是心里却另有一番打算。他想:李建成此人无智无勇,又颇为刁横,魏征才华出众,智勇双全,且耿直无比,他们本来就难以共事,此次出征,更会矛盾重重,将帅不和,定败无疑!战败后,李建成被废,魏征被诛,自己在朝中就少了一股政治上的劲敌!我何不借刀杀人!?倘若获胜,也无妨碍,我封伦曾在圣上的面前极力支持这一英明决策,保举李建成讨贼有功,李建成也决不会亏待于我!?哈哈……,我封伦也是一举两得呀!

"既然封卿也同意皇儿出征,那就决定了吧!明日,择选精兵十万,良将百员,随太子征剿刘贼!"说罢,传下旨意,李建成离殿。在魏征的宅院里,裴氏正在给魏征打点行装,黑牛站在一旁。

"刚刚安生了几天,就又要去打仗?什么时候才能让一家大大小小、团团圆圆地过日子呀?"裴氏不住地埋怨说。

"嫂子!"黑牛在一旁夸耀地说,"这一分别与上一次可不一样,上一次大哥是逃兵,这一回是领兵的啦!"

魏征见裴氏心情不好,就安慰妻子说:"我这次随军出征,不单是为了国,也是为了咱们的家呀!"

裴氏知道丈夫是在安慰自己,反问道:"为了咱们的家?!为了家里什么?"

魏征若有其事地说:"此次出征,又要到河北、山东一带,说不定还能找到咱们的叔玉呢!"

"唉!"裴氏摇了摇头,说,"但愿你这次能找到咱们的儿子!"

"黑牛兄弟!"魏征说,"你回去以后,多多留意。叔玉如还活在人间,已经十多岁了。你见过我身上常带的那枚古钱,现在带在他的身上。你不认识人,认识这枚古钱,说不定还真能找到呢!"

黑牛回答说:"等仗打完了,我一定走州串县,去找大侄子!"

次日清晨,曙光初照。太子李建成顶盔贯甲,骑一匹高大的战马,金鞍玉辔,威武异常。他的佐将李志安,全身披挂,骑马跟在其后。

魏征也一身戎装,骑马随在李建成的身边。

他们的身边是一眼望不到头的军队。刀枪耀目,旌旗蔽空。这时,齐王李元吉带李思行和几名卫士,来与李建成送行。

“大哥!”李元吉在马上拱手,说,“祝你此去旗开得胜,马到成功!”

“四弟!”李建成兴奋地说,“托父皇洪福,为兄定将刘黑闼一举歼灭,早日凯旋!”

李元吉恶狠狠地说:“让他李世民也见识见识你我兄弟!”

“对!”李建成马上还礼,说,“四弟请回!”

李思行也向李志安拱手送别。

李建成、魏征带着卫士,踏上征途。

魏征与李建成并马前进。他问:“殿下,此次出征,你有什么打算?”

“我?! 我有什么打算? 我正想问你呢!”李建成有些着急地说。

魏征没有直接回答李建成的问话,反而又向李建成提出了另一个问题,他说:“殿下,你知道淮安王为什么被刘黑闼杀得大败吗?”

“不知。”李建成毫不掩饰地回答。

魏征对李建成说:“淮安王俘获了刘黑闼的将士以后,均皆处死,把他们的妻室虏来,任意糟践,致使刘军同仇敌忾,以死相拼。殿下此次出兵,一定要宽慰战俘,以礼相待,遣其返乡,这样分化瓦解,懈其斗志,必能获取全胜!”

李建成听后,十分高兴,他信任地对魏征说:“这次出征,一切均听洗马安排!”

“谢殿下!”魏征在马上拱手道。

在魏征的全力相助下,太子李建成率领唐军在河北的土地上,与刘黑闼的义军展开激战。

战场上尘沙蔽野,火光冲天,刀光剑影,血肉横飞。

这一日,李建成的部将李志安与刘黑闼进行决战。

李建成和魏征在阵前观看。

那刘黑闼的义军虽说开始的时候人数众多,但是由于魏征建议李建成实行了优待战俘的政策,多数人返乡务农,少数无家可归者加入了唐军,越来数量越少了,而且战斗力也大大削弱。经过几次大战,刘黑闼的锐气已经完全丧失殆尽,突厥兵见大势已去,除了烧杀抢掠之外,并不真正助战,刘黑闼无奈,只好亲自率军交战。

谁知刘黑闼刚与李志安交手,他的军队阵容就乱了,不少人反戈一击,投奔了唐军。刘黑闼在马上不由得心慌手乱,一个躲闪不及,被李志安用大刀砍下马来,当场毙命。

主帅阵亡,刘军的士卒们一下子全投了降。魏征照例向投降者宣布了他们的一贯政策,不少人感激地跪在地上拜谢。凡是愿意返乡的,魏征都派人向他们赠送了钱、粮。

李建成见李志安杀死了刘黑闼,心中高兴极了,立即传令犒赏三军,在营地大庆了三天。

玄武门之变

太子李建成在魏征的精心运筹、全力辅佐下,一举剿灭了窦建德的余部刘黑闼,长安城东宫内外张灯结彩,欢庆凯旋。

文武大臣各带侍从,抬着各色礼品,纷纷前来祝贺,齐王李元吉也在其列。

"大哥!"李元吉压低了嗓音更加诡秘地对李建成说,"我从尹娘娘那里,听到了父王的一件机密!"

"是何机密!"李建成问。

"与大哥您大有相关。"

"啊?!"李建成颇为惊疑,"与我有关?"

"正是。父王有废掉大哥,立二哥为太子之意。"

"什么!"李建成拍案而起,抓住李元吉说,"你说此话当真?"

李元吉挣开李建成:"我是听尹娘娘说的,谁知是真是假?!"

李建成思忖了一会儿,问李元吉:"我走了以后,李世民又干了些什么?"

李元吉回答:"率兵去征突厥,全胜而归;还开设文学馆,遍招文人墨客,叫什么十八学士登瀛州!至于内里的事儿,小弟就不得而知了。"

李建成既气恼又担心,胜利的喜悦、饮食的兴致,早已抛至九霄云外,他焦躁地向元吉讨计:"四弟,您看如何是好?"

"如何是好?"李元吉火上加油、煽动地说,"这要看大哥您的了!不过,我要提醒大哥一句,不可忘记隋炀帝杨广诛杀杨勇之事!"

"对!"李建成凶相毕露,"先下手为强,后下手遭殃!咱们马上就干!"

李元吉献计道:"少时,二哥定来贺功,您伏下武士,等他到来,乱刀杀死!"

"倘若父王查问,怎么办?"

"就说他以贺功为名,欲谋行刺,故而当场处死。"

李建成犹豫不决:"此法倒是干脆利落,只是他身边有程咬金、敬德等人,怕是不便下手呀!"

"大哥所虑有理。如果此法不成,可在饮酒时在酒中……"李元吉用手作投毒的样子,向李建成示意。

李建成会意,高兴地说:"有此二计,万无一失!"他高喊:"李志安!"

李志安匆匆走进:"参见殿下!"

李建成把李志安拉过来,附耳低言,并挥手作杀状。李志安神情紧张,脸色骤变,但只得领命而去。

李建成又喊:"赵臣哪里?"赵臣应声走进便殿:"伺候殿下。"李建成又向赵臣附耳低语,赵臣点头走出。这时,一侍从进殿报道:"秦王殿下到。"李建成与李元吉相互对视,放声大笑,然后高喊:"迎接!"

在东便殿里的庆功宴已摆设停当。李建成上首几案就座,李世民、李元吉左右两桌相陪。李世民的身后,站着程咬金和敬德,全身披挂,威风凛凛。

李世民举杯致辞:"皇兄平定河北,功高盖世,愚弟敬兄长一杯,以表祝贺!"

三人共同举杯,齐喊:"干!"一饮而尽。

李建成放下酒杯,看了看程咬金和尉迟敬德,心中有些发怵,就对李世民说:"二弟,您我在此饮酒,两位将军侍立一旁,为兄于心不忍,请准二位将军到西便殿赴席。"

李世民不知其中有计,便对程咬金、尉迟敬德说:"太子殿下恩赐酒饭,你们就到西便殿用酒去吧。"

程咬金早已垂涎欲滴。听李世民让去饮酒,迈步要走,尉迟敬德暗中拉了他

玄武门之变

一把。

屏风后面，李志安带领众武士早已埋伏停当。他们见程咬金、尉迟敬德紧随李世民身旁，不敢贸然动手。听见李世民吩咐二人去西便殿饮酒，李志安拔出刀来，静等李建成的号令。

"启禀三位殿下！"尉迟敬德拱手说道，"末将临来之时，已酒足饭饱，不能再领太子殿下的恩赏了。"

李世民听尉迟敬德所言，心中稍有一动，也就顺水推舟地说："皇兄，既是如此，就让他们自便吧！"

李建成知道这是尉迟敬德有意托词不肯离去，但又找不出新的理由把他们支走，就无可奈何地看了李元吉一眼，又对李世民说："好，好！二弟，愚兄得胜还朝，父王赐下御酒，尚未启封，专待二位贤弟到来，一同享用。"

说罢，李建成向外喊道："赵臣，献御酒！"

赵臣带两名侍从各托一壶"御酒"进来，将酒置于李世民案上，两名侍从把酒分献给建成、元吉，各斟酒后退下。

李建成举杯向李世民、李元吉说："父王恩赐御酒，请二位贤弟共饮！"

李世民嗅出酒有异味，心中生疑，未曾举杯，借故说："皇兄，愚弟近来身体不爽，适才饮酒，已足量，不能再饮了。"

李建成"嘿嘿"一笑，忙说："二弟，这父王御酒，焉有不饮之理！"

李元吉这时也举杯道："是啊，不饮父王赏赐的御酒，就是不孝，小弟不敢落此不孝之名！"说罢，一饮而尽。

李世民也只得举杯饮尽说："只此一杯，再也不能多饮了。"

李建成再次举杯劝酒："贤弟，父王御酒，应连饮三杯。"

李世民觉得腹中有些不适，站起身来说："皇兄，小弟实在不能再饮了。"

尉迟敬德上前扶住李世民："殿下，请回天策府吧！"

李世民忍痛向李建成说："皇兄，小弟告辞了！"

程咬金、尉迟敬德扶李世民走出便殿。

李建成高喊："贤弟，走好！"

李元吉看着李世民的模样，洋洋得意。

李世民卧在寝宫的床上，呕吐不止，长孙王妃不停地为他捶背。长孙无忌和房玄龄等侍立一旁。

李世民腹中一阵绞痛，一张嘴，喷出一口鲜血来。

"血！血！"长孙王妃惊叫了一声。

长孙无忌着急地问："怎么御医还没有来？"

院子外面，程咬金拉着老御医急急忙忙走来。

老御医进入室内，急趋李世民床前，气喘吁吁地先看了地上的血，然后为李世民切脉，问："殿下这病是怎么得的？"

"八成是因为喝了太子的御酒！"程咬金嚷道。

"喝了多少？"老御医问。

"一杯！"程咬金答。

老御医看后，知是酒中有毒引起，但他不敢说破，只是快速挥笔开了一个药方，让马上去御药房取药。

程咬金抓过药方，飞跑出去……

这天清晨，尉迟敬德正在府中厅前的平台上习武。他赤着前膊，手中的九节虎鞭被舞得呼呼山响。刚想要换另一种兵刃，一侍从走来禀告："将军，东宫来人求见！"

"噢，我与东宫素无来往，他们见我为何！"

"说是奉太子殿下之命，前来慰劳将军。"

尉迟敬德迟疑片刻，说："请到客厅。"

这时，赵臣带着两个壮汉，已站在客厅等候，身边放一礼盒。

尉迟敬德大摇大摆地走进客厅，问："你们到此何事？"

赵臣上前一步躬身施礼："小人与将军请安。"然后，满脸堆笑地回话说，"太子听说尉迟将军这次随秦王征讨突厥，屡立战功，特备薄礼一份，命小人送来，以示慰劳，望将军笑纳。"说着，打开礼盒，盒中堆满金银。

尉迟敬德哈哈大笑："战场杀敌，分内之事，怎敢受太子殿下厚礼?!"

赵臣认为尉迟敬德故作推辞，便劝说道："太子赏赐，焉有不收之理。"

尉迟敬德正颜说："这等厚礼，末将实不敢受，请原封带回！"

赵臣想起因下毒不成而受责的事，十分为难，说："这……这叫小人回去如何向殿下交代呢？"

"你就说敬德不要！"

"空口无凭。太子怪罪下来，小人担当不起。"

"怎么？"尉迟敬德说，"还要我写个字据？这难不住我！"随即高喊："笔墨伺候！"

侍从捧来文房四宝，铺纸磨墨。

尉迟敬德拿起笔来，要比持钢鞭还费劲，他用右手哆哆嗦嗦地在纸上写下了几个歪歪斜斜的大字："敬德以殿下无功，不能受赏。"

这位铁匠出身的战将，文理不通，错将“于”字写成“以”字，写完之后也未细看，把笔一掷：“拿去！”

赵臣应了一声：“是！”拿起字据，二壮汉抬起礼盒，灰溜溜地离去。

魏征与李建成早饭后正在殿中对弈。魏征边看子，边讲解说：“殿下，弈棋之道，如同作战，要眼观全局，孰轻孰重？何急何缓？应早有安排。万不能因一两个棋子，与对方纠缠，结果丢失了更大的地盘。”

赵臣领两个壮汉，抬着礼盒，悄悄地进来，畏惧地跪下说：“禀殿下，小人等回来了。”

李建成回头一看，见是赵臣，问道：“那敬德可曾把礼物收下？”

赵臣颤颤瑟瑟地回答：“敬德拒不肯收，我等只好原封抬回来了！”

“什么？”李建成闻听大怒，“这样厚的礼物，他岂能不收！定是你不肯用心！”

赵臣吓得往后退了两步，壮了壮胆，上前拜言：“殿下息怒，现有敬德亲笔写的短札。”

说着，把敬德写的字据呈予了李建成。

李建成接字据在手，一个字一个字地读着。“嗯？！以我无功不能受赏？！他好大的胆！”他开始迷惑不解，继而怒不可遏了。

魏征指着短札耐心地解释说：“这个打铁汉，不通文墨，错把‘于’字写成‘以’字啦！他不是说殿下无功，是说他自己无功！”

李建成又问：“何以见得？”

魏征说：“殿下给他送礼，他以为于殿下无功，不能受赏，这样才顺理成章，合乎自然呀！”

李建成听魏征把话说完，忽然心生一计，“哈哈哈……”狂笑不止。

魏征不知为何地望着李建成，摇了摇头。

李建成见赵臣还跪在地上，大喝一声：“出去！”

赵臣小心翼翼地从地上爬起。

在后宫里，李渊与尹妃正饮酒作乐，内侍进来禀报：“启奏陛下，太子进宫求见。”

“宣他进来！”李渊一挥手让尹妃回避。

尹妃刚出房门，正遇李建成迎面走来，两人眉目传情，依恋离开。

“儿臣参拜父皇。”李建成装作很受委屈的样子，跪倒在李渊面前。

李渊见李建成这般模样，有些吃惊，忙问：“皇儿，你为何面带愁容？”

李建成未曾开口，先挤出了几滴泪水，哭诉说：“儿臣无故被人诽谤，特来禀告，恳请父皇做主！”

“啊？！何人胆敢诽谤吾儿？”李渊关切地问。

李建成把尉迟敬德的短札呈了上去：“父皇请看！”

“这还了得！”李渊接过短札，看罢大怒：“大胆敬德，竟敢诽谤太子无功？！”

“父皇！”李建成见李渊火起，心中暗喜，乘机进言道：“儿臣讨伐刘黑闼得胜还朝，满朝文武俱欢欣鼓舞，但是也确有少数人暗中忌恨，不断地造谣中伤。我想，尉迟敬德绝无这般胆量，他之所为定是受人指使！”

“他受何人指使？”李渊追问。

李建成故意欲言又止："这个……，儿臣不便直言，父皇圣明，一想便知！"

"你说是秦王李世民？"

"那秦王野心勃勃，早想将儿臣除掉。求……求父皇为儿臣做主！"李建成说着，伏地大哭起来。

李渊对李建成的话，不甚相信，李建成这样小题大做，无端猜疑，他也有些反感，但又觉得有尉迟敬德的短札为凭，就不耐烦地对李建成说："别哭啦，快起来！不要听信流言蜚语。你是太子，须好自为之，谁能奈何？我传谕把尉迟敬德捕获下狱，也就是了！"

李建成不便再言，只好唯喏从命。

秦王李世民饮酒中毒后，经过多方调治，已经痊愈。他正与房玄龄、长孙无忌议事，尉迟敬德匆匆进来，边走边喊："秦王殿下！"

李世民等人有些奇怪，迎了上去，忙问："尉迟将军，有何要事？"

尉迟敬德板着面孔说："今日清早，东宫给我送来金银厚礼，真是怪事！"

"他们说了些什么？"房玄龄问。

"说是要慰劳我，你看可笑不可笑！"

"您可曾把礼物收下？"长孙无忌问。

"我与东宫素无来往，为什么要收他们的礼物？我原物奉还了！"

"好！"李世民大为赞赏地说，"尉迟将军，您做得对呀！"

房玄龄沉思片刻，他感到情况反常，联系近日里发生的事情，觉得应当提醒李世民多加小心才是，于是对李世民说："上一次，在庆功宴上的酒中下毒，如今又用重金收买我大将，殿下，东宫步步进逼，我等须要时刻提防啊！"

李世民默默点头。

忽然，殿外一阵大乱，传来"圣旨到！"的喊声。随着喊声，内侍手捧圣旨，身后带领数名武士，一阵风似的闯了进来。

李世民与房玄龄、长孙无忌、尉迟敬德等跪拜接旨。

"秦王府尉迟敬德，诽谤太子，身犯国法，立即打入天牢，听候审处。"

李世民听内侍宣读毕圣旨，大吃一惊。

内侍问李世民："请问殿下，尉迟敬德可在府内？"

尉迟敬德慨然上前："罪臣敬德在此候旨！"

内侍厉声大喝："绑了！"

武士们绑起敬德，气势汹汹地离去。

李世民等人不知何故，一个个面面相觑，无以所言。

少顷，李世民有意缓和了一下气氛，说："诸位暂且去吧，让我静下来，好好想想！"

房玄龄、长孙无忌等悄然离去，程咬金看了李世民一眼，不甚情愿地退出。

这时，在东宫长林门内的广场上，李志安率领数百名卫士在练习武功。李建成和李元吉坐在一旁，兴致勃然的观看。

"四弟！"李建成回手一指众卫士，神气地问："您看我这长林兵的功夫如何？"

"好！"李元吉夸赞地说，"训练有方，所向披靡！"

李元吉的这一奉承，使李建成心花怒放，洋洋得意地看着广场上练武的士卒，稳操胜券地向李元吉说：

“魏征常把我和李世民比作天平的两端，他说东宫轻，秦府重。如今我把尉迟敬德下了狱，再把程咬金、房玄龄等人一一吃掉，还有这支以一当百的长林兵，这样一来，就变了，变成东宫重秦府轻啦！”

李元吉听李建成的话中有话儿，很想摸一摸李建成的底，他故意反讥似的问：“您有什么妙计能把房、程等人一一吃掉呢？”

“这个吗……”李建成有意不答，“到时候，您就知道啦！”

李建成提起魏征，引起了李元吉的警觉，他总觉得魏征这个人在李建成身边，不甚妥靠，于是就压低了嗓门儿，煞有介事地对李建成说：“大哥！您的那位洗马近日表现如何？他与程咬金等人，都是瓦岗寨上的故旧，关系非比一般，您要提防他，千万不能让他吃里爬外呀！”

“魏征这个人么……”李建成微微一笑用手拍了拍李元吉的肩头，说，“四弟，您放心好啦！”

两人正在交谈，赵臣来到近前：“禀殿下，奉命把封大人请到。”

“好！”李建成站起身来，“东便殿有请！”

李元吉不知李建成的葫芦里装的什么药，好奇地问：“大哥，您请这个封老头子干什么？”

李建成神秘地一笑：“四弟，到时您就知道了。”

说罢，李建成、李元吉结伴向东便殿走去。

在东宫的东便殿内，李建成、李元吉和封伦围儿而坐。案上的玉盘里，放着一颗硕大的夜明珠，熠熠发光。

封伦望着夜明珠，眉开眼笑，对李建成说：“殿下，老朽不才，劳而无功，怎敢受殿下如此厚礼？”

“封老大人，您不必过谦。”李建成恭维地说，“您是父皇的重臣，身为中书令，掌管枢密，日理万机，劳苦功高！这颗夜明珠，原系隋炀帝宫中之物，宇文化及杀了炀帝，劫持六宫珍宝北上，被窦建德所获，那窦建德不喜珍宝，落入刘黑闼之手，此次剿灭刘黑闼，方才归于我的囊中。今日送予封大人，这是物得其主啊！”封伦谦恭地说：“老臣愧领此宝。殿下，有事不妨直言！”

李建成见封伦收下礼品，心中骂道：“这老东西，真是个要钱不要命的家伙！好吧，既然你要钱不要命，那么，我就让你给我服服帖帖地来一个‘鬼推磨’！”

“封老大人！”李建成郑重其事地对封伦说，“当前，我大唐江山初定，各州郡缺少得力官员保邦安民。而那秦王府却拥有许多文臣武将，如房玄龄、杜如晦、程咬金、秦叔宝等，都是国家的栋梁，但全闲置于秦府之中，秦王如不出征打仗，这些人便不能为国家出力。封大人执掌中书省，有权处理升迁调补，可将这些人才，放至各州，立任刺史，这对国家大有好处呀！”

想到这些，封伦就笑呵呵地说：“殿下言之有理，此乃建国大计，老臣牢记在心，尽快寻找时机，奏明圣上，定能获准。”

“那就拜托老大人了！”李建成说。

“理应效劳，理应效劳！”封伦连忙回答。

李建成觉得大事都已安排妥当，心中非常痛快，送走了李元吉和封伦之后，他想到该去会会他的尹娘娘啦！于是略微收拾了一番，就偷偷摸摸地进了御花园。

此时园里草木葱绿，百花争艳，景美宜人。李建成鬼鬼祟祟地从假山石后面走出，像是在捉迷藏。

花丛中，尹妃攀枝拨叶地走了过来。正在四处张望地找寻，冷不防，被李建成一把搂在怀里。

“殿下，您吓死我了！”尹妃娇嗔地说。

“娘娘，您想死我了！”李建成色相毕露，说着，就要亲吻。

……

“别，别这样，有人看见……”

李建成抱起尹妃，隐进花丛深处。

远处，李世民匆匆走来。他忽闻花丛内有男女调笑戏弄之声，好生奇怪，停下脚步，仔细一听，听出是李建成与尹妃娘娘的声音，不由地火冒三丈，心中骂道：“这两个衣冠禽兽，如此乱伦，成何体统！”

李世民想找一块石子，投入花丛，把他们惊散，可是地上没有乱石，他无意中，摸着身上带着的玉佩，便一把揪了，掷了过去，狠狠离去。

李建成和尹妃正如胶似漆地相互拥抱在一起，忽见从头上落下一件东西，二人大惊，慌忙分开。

李建成没好气地在花丛中寻找落物，尹妃恐慌地转动着杏眼向四处张望。

“哎呀，不好！”李建成惊叫了一声，从地上捡起玉佩，细看，“这是李世民的玉佩，咱们被他看见啦！”

“这……哼！”尹妃由惊转怒，由怒变恨，她一把夺过玉佩，说：“我，我要……”

“你要干什么？”李建成忙问。

“我要到圣上面前告他！”尹妃咬着牙说。

“只怕父皇不会相信。”李建成有意提醒了一句。

“有此玉佩为证，不必担心。”尹妃蛮有把握地安慰着李建成。

再说李世民强压着心中的无比愤怒，来到了后宫，面见了李渊，他根本不愿提起刚才遇见的这件不愉快的事情，他本是为尉迟敬德而来。

“父皇！”李世民拜见之后，小心翼翼地问，“尉迟敬德投入天牢，他到底身犯何罪，儿臣尚且不明。”

李渊阴沉着脸说：“他诽谤太子无功受赏！”

“父皇！”李世民闻言，很是难解，但又不知李渊有何根据，只好说，“那尉迟敬德跟随儿臣多年，生性耿直，不善直辞。他与大哥素无来往，怎能无故诽谤太子呢！”

“是啊，我正想问问你哩！”李渊从案上拿起一册书，把书打开，一页一页地翻寻，终于找到了尉迟敬德手书的短札。他将短札掷于李世民面前，接着说，“这里，有你大哥送来的敬德自个儿写的字据为凭！”

“字据？什么字据？”李世民接过短札，仔细观看：不错，确实是尉迟敬德的笔迹！他回想起那天尉迟敬德禀报拒收太子礼品之事，再反复看短札，顿开茅塞，便向李渊禀道：“启奏父皇，儿臣明白了。”

“你明白何来？”李渊问。

“那天敬德禀报，太子派人送给他一份金银厚礼，敬德未收，写了这个短札……”

“送礼，未收，写了短札？”

“是啊！”李世民见李渊侧耳细听，就壮着胆子，继续申明，“尉迟敬德本是一员武将，不通文墨，是他把‘于’字，误写成了‘以’字，请父皇圣裁！”说罢，将短札呈还于李渊面前。

李渊接过短札，又仔细地读了一遍，觉得李世民所言有理，他用手指着“以”字，哈哈大笑说：“这个尉迟将军呀，一字之差，闹了一场不大不小的风波呀！”

“既是手误，那尉迟将军的诽谤之罪，则不能成立。”李渊首肯，接着对李世民说，“皇儿，你向大理寺传朕口谕，立即释放尉迟敬德出狱！”

“谢父皇！”李世民激动地叩头感恩。他拿着敬德的短札，高高兴兴地离宫而去。

李世民刚走，尹妃披头散发、满脸泪痕地跑了进来。

李渊吃了一惊，刚想发问，尹妃就一下子扑倒在他的怀里，口里喊着：“陛下，小妃儿活不成了！”

李渊上下打量了一下尹妃，迷惑地问：“爱妃，你这是为何？”

尹妃抹了抹眼泪，恶狠狠地说：“秦王他……他……”

“他，他敢把你怎么样？”李渊怒气上升，不停地追问，“你说，你说！”“呜呜，呜呜……”尹妃故意大哭不止，“小妃实在说不出口！”

“陛下！您可要给小妃做主哇！”尹妃说着，又泪水如珠地哭了起来。

李渊见状，又有些急躁，忙劝：“爱妃，别哭，别哭！你把证据说出来，朕就找那小东西算账！”

“那好，陛下请看……”尹妃说着，从腰间取出玉佩，双手捧在李渊的面前。

李渊没有想到尹妃果真有证据在手，他俯下身去，仔细地看了看玉佩，问：“此玉佩真是秦王李世民的？”

“千真万确。在陛下面前，小妃怎敢说谎?!”尹妃像是要发誓似的说。

李渊大声说：“速传李世民进宫！”

内侍领旨而去。尹妃见自己的目的已经达到，就在李渊跟前又撒了一番娇，才窃笑着回寝宫去了。

李世民回到府中，长孙王妃亲手为丈夫端过一杯香茗。他见李世民满脸怒容，就问：“殿下，为何不快？莫不是此次进宫遇到了不顺心之事？”

李世民把茶杯往案上一放，气恼地说：“遇到了一对禽兽！”

长孙王妃不解地问：“是何禽兽？”

李世民见长孙无忌也在一旁，就没有把话说下去，转题便道：“此事改日再说。方才父皇已恩准释放尉迟将军出狱，为大理寺传下口谕。无忌兄，您速到大理寺，去传圣上口谕，把敬德将军放出天牢！”

“遵命。”长孙无忌知道李世民夫妻还有私情话要谈，就知趣地转身快速地走出了秦王府。

这时，内侍走了进来，在殿外就喊：“秦王殿下！”

李世民起身相迎，问：“公公到此何事？”

内侍答道："圣上口谕，宣殿下火速进宫！"

"啊？！"李世民与长孙王妃不约而同地惊叫了一声。

"殿下刚从宫中回来，又被召去，不知吉凶？"长孙王妃忧郁地说。

"皇宫不是东宫，大概不会发生意外。"房玄龄宽慰说。

突然，外边一阵脚步声，程咬金怒气冲冲地闯了进来。

"殿下！殿下！"他人未到，喊声先至。

房玄龄迎上前去，问："程将军，出了什么事？"

程咬金嚷叫道："我老程得罪了谁，为啥要把我调出秦王府？！"

长孙无忌问："这是怎么回事？"

程咬金答："鬼知道是怎么回事？"

房玄龄问："要将您调往何处？"

程咬金答："要我去当啥个廉州刺史！"他在殿内扫视了一圈，看不见李世民，急问长孙王妃："王妃，殿下哪里去了？"

"召宣进宫，尚未归来。"长孙王妃回答。

话刚落音，殿外有人高喊："秦王殿下回府！"

随着喊声，李世民和尉迟敬德出现在门口。敬德怀抱一把钢刀，跟在李世民的身后。

长孙王妃迎上前去："殿下！尉迟将军也出狱了！"

"多蒙王妃与众位大人惦念！"尉迟敬德拱手拜谢。

房玄 龄心里着急，他见尉迟敬德怀抱一把钢刀，更不解其中之情，忙问："殿下，圣上宣您进宫，为了何事？"

"唉！"李世民长叹一声说，"事已至此，不得不讲了。上午进宫，为求父皇释放尉迟将军出狱，行至御花园，遇见太子与尹娘娘花丛调笑。我投以玉佩，以示警告。没想到那尹妃，竟以玉佩为凭，在父皇面前诬我调戏与她。父皇大怒，召我进宫，追问此事。我万般无奈，只得说出太子与尹妃之隐。父皇半信半疑，又提出一事，使我越加为难！"

"父皇又提何事？"长孙王妃问。

李世民说："父皇言讲，我府文武众多，均系干才，当前江山初定，各州缺少得力大臣，要调我秦府文武，到各地方为官。此事实在叫我作难！"

程咬金闻听，明白了原委，大嚷道："殿下，吏部已通知我，调我到廉州当刺史啦！"

"啊！"李世民没有想到这件事会办得这样快，自语说，"看来，这次来头不善啦！"

长孙无忌忧心忡忡，他对李世民说："殿下！他们把我秦府的人，下狱的下狱，调走的调走，这样一来，秦王府岂不只留殿下您一人了吗？"

尉迟敬德说："这些都是东宫玩弄的诡计。他们见我秦王府人多势众功高，想拆散我们，一一吃掉，然后再向殿下下毒手呀！"

"敬德将军所言有理，我们不可束手待毙！"房玄龄接着说。

尉迟敬德见李世民沉思不语，就把怀中的钢刀往案上一放，又说："我刚刚出狱，就有人派刺客行刺。人未抓住，可是刀让我捡来了，诸位请过目！"

房玄龄近前细看,不觉又是一惊:"刀上刻有'东宫'字号!"

"看来,东宫那边是要下手啦!"长孙无忌说。

尉迟敬德深感事态的严重,他带有哀求的口气,说:"殿下,千万不要再拖啦!"

程咬金见李世民总不说话,着急地大喊:"再不动手,我受不了这窝囊气,我要回瓦岗寨啦!"

李世民看了长孙王妃一眼,意犹未决:"王妃,你看此事?……"

长孙王妃回答:"妾乃女流,本不该议论政事。这些天来,妾见风云变幻,我把将军们的铠甲早就缝补好啦!"

李世民一挥双拳,斩钉截铁地说:"明日早朝,玄武门外除此禽兽!"

武德九年六月四日凌晨。

宫中玄武门下,李世民肩背弓箭,手提宝剑,四处窥探。

这时,李建成试探着来到了玄武门,李元吉也东张西望地走了过来,说:"大哥,恐事态有变,你我小心为妙!"

李建成说:"四弟,接到尹娘娘密报,我早已把皇宫和王府的兵力控制,各门都已守好,出不了事!"

行至临湖殿,见一宫女慌慌张张走来,李建成赶忙迎了上去,那宫女低声对李建成说:"太子殿下,情况有变,尹娘娘特派我来向您禀报!"

"有变?快讲!"李建成惊慌地说。

"圣上正和几位大人在商定要事,娘娘怕您一时难于得手,反被他害,让您回宫静等!"宫女急切地一口气把话说完。

李建成惊呼一声:"大事不好,快走!"

李元吉和李建成刚要回身,忽听"捉拿叛贼"一声大喊,李世民率将士们跃出,手持兵器就杀。

李建成、李元吉在缺乏准备的情况下,仓促迎战。

李世民摘下弓箭,对准李建成,一箭射去,只听李建成"啊呀!"一声,中箭身亡。

尉迟敬德带领武士赶来,把李元吉射于马下。

尉迟敬德追了上去,一剑砍倒了李元吉。

天色已亮,李世民站在玄武门外,怒气未消,他高声呐喊:"把东宫和齐王府的眷属及大小官员,一律绑赴刑场!"

承蒙圣恩

武士们绑着魏征,走在长安城的大街上。后边是裴夫人,她项带铁索,怀中抱着叔璘。忽然,张公瑾飞马跑来,命令武士说:"把魏征的家眷先绑赴刑场,把魏征押送秦王府,秦王殿下要亲自审他!"

在秦王府的正殿里,李世民端坐正中,封伦坐在一旁,两边站着房玄龄、长孙无忌、尉迟敬德、程咬金等人,他们个个英姿飒爽,精神抖擞。

张公瑾大踏步进门叩见:"禀殿下,奉命已把魏征带到。"

"绑上来!"李世民高声命令说。

魏征进殿站定,看了看李世民和一旁的诸人,毫无惧色,若有所思地站着一动不动。

李世民见魏征如此傲慢,怒上加怒,一拍几案,厉声喝道:“大胆魏征！你是如何离间我兄弟关系,如何用釜底抽薪之计,妄图摧垮我秦王府的,从实招来!”

魏征哈哈大笑,说:“这确是我的主意。秦王府人才闲置,各地方缺少官吏,调至地方行有用之事,此举有何差错？怎能说是釜底抽薪？可惜呀……”

“可惜什么?”李世民急问。

“可惜太子殿下未能早听我魏征之言。如果他早听我魏征之言,是断然不会有今日的杀身之祸的!”魏征毫不隐讳地说。

李世民被魏征气得脸色铁青,拍案大叫:“你大胆!”

“魏征!”封伦见魏征如此言讲,心中暗想,此人果然与众不同！难道他真的不要命吗?！就大声喝道:“你口口声声太子殿下,那建成已死,圣上已废去他太子称号,命我传旨,立奉秦王殿下为太子。在新太子面前,你还如此耀武扬威,那废太子给了你什么好处?”

“嘿嘿!”魏征冷笑了一声,问,“上边坐的可是中书令封老大人?”

封伦回答:“正是老夫。”

魏征近前一步,面对封伦,说:“请问老大人,调秦王府文武到地方为官,主意是我所出,但是我并未执掌中书,也不在吏部,不知调令是何人所下?”

魏征接着说道:“我在东宫,不过是个小小的洗马,从未有过额外的好处,废太子倒有一颗硕大的夜明珠,听说是送给了老大人!”

“魏征,废话少说！你为何要置我于死地？讲!”尉迟敬德火往上撞,声如惊雷。

魏征说:“我并未想置将军于死地。”

尉迟敬德问:“那你为什么让李建成把我打入天牢?”

魏征理直气壮地说:“去问东宫侍从,一问便知!”

“魏征!”长孙无忌怒斥道,“你这是来舌战群儒吗?”

魏征傲慢地说:“多蒙大人抬举,我魏征不敢自比诸葛!”

李世民越听越气,大声喝道:“斧钺在前,你还鼓唇摇舌,喋喋不休,难道不怕死吗?”

“民不畏死,奈何以死惧之!”魏征坦然地回答。

李世民恨得咬牙切齿,把手一挥,喊道:“绑赴刑场,杀!”

张公瑾大喝一声:“走!”带武士押解着魏征,走出秦王府。

程咬金见魏征死到临头,还这样强硬,无计可施,只好在暗地里搓手顿足。

在李世民为封伦送行之际,程咬金乘机溜出了秦王府,大步流星地赶上了押解魏征的张公瑾等人,高喊:“张将军慢走!”

张公瑾听是程咬金的喊声,勒住马头,问:“程将军,何事?”

“我与魏征说一句话。”程咬金说着跑到魏征跟前,声泪俱下地说,“大哥！老程俺救不了您呀！……”

这时,魏征心里也很难过,强忍着的眼泪“刷”地一下流了下来,他对程咬金说:“贤弟,生死有命,魏征一死,实不足惜！可怜叔璘,刚刚五岁,就要刀下做鬼,愚兄心中实实不忍！贤弟您如能救下您侄儿一条性命,我在九泉之下也感恩不尽!”说着,跪下身来。

“大哥！……”程咬金急去搀扶。

张公瑾在一旁提醒说：“程将军，魏征乃皇家要犯，要适可而止呀！”

魏征毅然站起，拱手拜别：“贤弟请回！”

说罢，昂首大步前行，张公瑾和武士们紧跟在后边。在秦王府的一所便殿里，李世民正问尉迟敬德、房玄龄、长孙无忌等问话。

李世民问：“东宫和齐王府的人都拿获归案了？”

尉迟敬德答：“在长安城里的均已抓到，只是李志安、李思行逃走了！”

李世民问：“共拿获了多少人？”

长孙无忌答：“还未清点，看样子有数百人。我秦府武士还在搜捕。”

“殿下！”房玄龄听长孙无忌说还在搜捕，担心事态扩大，忙劝阻说：“适可而止吧，再行搜捕，怕是长安城就要乱了！”

“好吧！”李世民看了房玄龄一眼，说，“就依房大人之言，适可而止。”

李世民刚要喊人传令，一侍从进来报告：“禀殿下，李世勣求见。”

李世民听说李世勣求见，心中已明白了八九分，他猜出是来给魏征求情的，就对侍从说：“请李将军进来！”

侍从应声出门之后，李世民问尉迟敬德：“尉迟将军，您说怎样发落这几百名人犯？”

尉迟敬德反问：“殿下要我说？”

李世民点点头，说：“是啊，因为您受害最深，冤情最大，这次斩除二逆，您的功劳也最大，所以，我特意听听您的想法！”

此时，徐茂公正由外边进来，走至便殿外，隔着窗棂，他听见殿里李世民正向尉迟敬德，不由地停住了脚步。

殿内，尉迟敬德言不由衷地说：“杀！一个也不留。既然两个奸王犯了死罪，在他们鞍前马后的那些人，都要斩尽杀绝，方能永除后患！”

徐茂公听了，大吃一惊。

“这是您的真心话？”李世民疑惑地问。

“这是咱们秦王府上上下下，大家的主意。”尉迟敬德回答。

“我想听听您敬德的主意。”李世民挚切地对尉迟敬德说。

“我的主意？”尉迟敬德颇显激动地走到李世民面前，说，“我们大唐帝国的很多贤臣良将，过去都曾辅佐过他人。如果按株连法治罪，刘武周死了，我就该斩；李密死了，徐茂公也该杀！就连圣上和您，也还是昏君杨广的亲戚呢！”

徐茂公听着尉迟敬德的话，不禁热泪盈眶。

尉迟敬德见李世民洗耳恭听，就又接着说：“殿下，我认为真正的罪人，仅只是建成、元吉二人，他们既死，我大唐江山就会太平，不必再无休止地追究余党。要是那样，将会有多少人头落地呀！请殿下三思！”

这时，李世民的火气已经下去了。他仔细倾听、品味着尉迟敬德出自肺腑之言，觉得这些话很有道理。俗话说：“一朝天子一朝臣。”难道说我李世民也要与历代的帝王一样，容不得一个死敌手下的小吏吗？那也太没有气量了吧！魏征并非趋炎附势之人，他在东宫任职期间的所为，也只是为保其主的分内尽责而已，完全可以理解，有什么值得非议、罚责的呢！如果以此定罪处斩，那就越发不妥了。再说，魏征其人，颇有才华，更具胆识，在此次事变中，虽身被绑缚，但智勇不减，直言陈述，毫不隐避，可见心胸坦荡，气质不凡。留下此人，委以重任，必将对我大唐帝国大有裨益。

想到这些情况，李世民决定从宽处理魏征，可是，他还想再听听尉迟敬德的高见，就故意反激地说："哈哈！尉迟将军，听您刚才说的那些话，您可不像咱秦王府的人啦！"

尉迟敬德闻听，跪在地上，严峻地对李世民说："是的！我如今不是秦王府的人，殿下您也并非昔日的秦王！您是皇太子，是将来万民仰望的圣主明君，您的胸中应该怀着一个天下呀！"

李世民被尉迟敬德的话所感动，他开怀大笑着，急忙离位上前搀扶敬德："将军请起，将军请起！"

徐茂公听完李世民和尉迟敬德的谈话，心情十分激动，他这时急走进殿，跪倒在地："臣李世勣代魏征等人叩谢太子不斩之恩！"

李世民又上前扶起徐茂公，问："敬德的话，您全听见了？"

"听见了。"徐茂公答。

"好！依两位将军之言，召回魏征！"

徐茂公和尉迟敬德齐应了一声："是！"快速奔出秦王府。

刑场上，风起沙迷。

魏征面容坚毅，凛然不屈。裴夫人怀抱叔璘，泪眼相对，默默无言。

张公瑾在远处等候着消息，程咬金在魏征一家三口人的身边，焦急地来回走动，他盼着徐茂公能够在太子殿下面前说下情来！

一阵尘土飞扬，徐茂公、尉迟敬德骑马疾驰而至。

尉迟敬德在马上高喊："太子有令，召魏征进府！"

魏征听说，有些感到意外，他望着尉迟敬德，但没有谢。

尉迟敬德并不介意，爽快地说："为国求贤，份内之事，我敬德理应如此。请魏兄更衣，随我进府复命！"

刑场上的其他人犯，全都羡慕地望着魏征一家。

魏征环视了一下刑场上下的众人，对程咬金说："贤弟，我魏征一家人事小，这数百名性命事大，我大唐天下安定事大！您仍在此等候殿下的命令，千万不可让他们妄动胡为！"

说完，又转身对裴氏说："夫人，您和叔璘暂且不要回府，为了众人需再委屈一时，待我见过太子殿下后，咱一家再聚不迟！"

魏征拱手与众人告别，众人同送魏征离去，眼神中流露出希望的光芒！

在秦王府的便殿里，李世民俯身案上，正在审阅房玄龄呈送来的东宫、齐府人员的花名册。这时，淮安王李神通风风火火地从外面走进殿来。

李神通进门，高声大叫："祝贺皇太子，我来迟了！"

"叔王免礼，请坐。"李世民谦逊地说。

李神通坐定，看了看李世民手中的花名册，问："殿下您想怎样处治东宫、齐府的人犯？"

李世民听出了李神通此次前来的真正用意，故而没有马上回答他的问话，反过来却又问他:“不知叔王有何见教?”

“依我之见……”李神通稍微顿了一顿,看了看李世民的脸色,见李世民并无反感之容,就放开胆、气昂昂地说:“依我之见,谁都可以赦免,唯有这魏征不可!”

“为何不可?”李世民又故意问道。

“魏征他先事窦建德,为虎作伥,被俘后,就该处死;后来他又死心踏地保建成,与您为敌,出了不少坏主意,双重大罪在其一身,焉能赦免不斩?!”

李世民听罢,感到他的这位叔王对魏征的成见可谓大矣!他此时并不想也没有时间向李神通说明他对魏征的看法和想法,所以就简单地对李神通说:“那魏征视死如归,并无认罪乞生之意;我要杀他也易如反掌,不费吹灰之力!少时召来,听他言讲什么,再做定夺!”

“好吧!”李神通一屁股坐在石鼓凳上,要亲眼看看李世民究竟如何处治魏征。

不多时,外面呼喊:“罪臣魏征奉召来到!”李神通闻听,气呼呼地转过身去,来了个脸朝里、背朝外!

魏征换了一身衣服,随徐茂公、尉迟敬德走进殿来。

尉迟敬德抢先一步,向李世民施礼道:“敬德遵命带罪臣魏征奉召拜见太子!”

魏征站在那里,却没有下拜。

徐茂公暗中拉了魏征一把,说:“魏兄,快谢皇太子不斩之恩!”

魏征昂然地说:“你们在刑场之上所传太子口谕,是召魏征进府,并未说赦免魏征斩刑呀!”

“原来如此。”李世民见魏征在生死的紧要关头,还如此认真、坚强,更加佩服魏征的胆量,就说,“魏征,听我当面宣谕;为了大唐基业,前罪尽恕,不咎既往。”

“这……”李神通听了,忽地站起身来,直想发作。

徐茂公又拉了魏征一把:“玄成兄,快快谢恩!”

魏征不慌不忙,上前一步:“请问殿下,这‘前罪尽恕,不咎既往’,是否专指我魏征一人?”

“当然还包括你的家眷在内。”李世民回答。

“只此,魏征我不能谢恩!”魏征不满意地说。

“却是为何?”李世民问。

于是,魏征大声答道:“殿下,那东宫、齐府,上下左右,不下数百人。如今押集刑场,个个叫冤,人人自危,长安城受株连者,不知又有多少?如此举国上下,人心浮动,大乱不难酿成!如果殿下传谕天下,凶逆之罪,止于建成、元吉,其余党羽,一概不问,我魏征即刻代万民向殿下谢恩。否则,我情愿再返刑场,与家人和其他人犯一同去死!”

“殿下!”尉迟敬德慨然答道,“魏征所言,情理至深。他说出了我们大家的共同心声啊!”

李世民越思越想,越感到魏征和尉迟敬德的言行可嘉可佩,他欣然叫道:“李世勣将军!”

“末将在!”徐茂公上前应诺。

“速去传我口谕:押集在刑场上的东宫、齐府之人,不论长幼尊卑,一概赦免!”

“遵命!”徐茂公兴奋地回答。他看了李神通一眼,急匆匆地向殿外走去。

李神通气得不知如何是好，他走也不是，坐也不是，在原地转了一个圈儿。

李世民、魏征等人见李神通的这副窘相，心中颇觉好笑。

至此，尉迟敬德的一颗悬挂着的心方才复了位。他高兴地提醒魏征："玄成兄，快向殿下致谢呀！"

魏征就地跪拜："叩谢殿下不斩之恩！"

"免礼，请起！"李世民笑着上前搀扶。"魏征还有一事请求！"

"何事？"

"殿下，魏征我请求您奏明圣上，诏令天下：凶逆之罪，止于建成、元吉，其余党羽，一概不问！"

"好！就依魏征所言，代草诏书，由房玄龄办理！"李世民果断地命令道。

李世民在玄武门之变以后，不仅没有斩杀魏征，反而任命他为詹事主簿，使魏征非常感激，他当场表示愿效犬马之劳。

房玄龄也十分高兴，对李世民说："殿下又得一位贤臣，可喜可贺！"

李世民"哈哈"大笑，面向李神通等人说，"是啊，此乃我大唐兴旺之兆哇！"

李神通很不自在，只好陪着轻笑了两声。

魏征壮志未酬，激情满怀，他一步跨到李世民面前，再次叩拜："殿下，那建成在征讨刘黑闼时，曾广交山东、河北等地的豪杰。今日之变，恐会引起动乱！"

李世民心中一惊，忙问："依你之见呢？"

"应该派人速至山东、河北昭示圣意，安定人心，消除隐患！"魏征胸有成竹地说。

"安抚山东、河北，确是急务。房卿，您看派哪位大人前去好呢？"李世民征求房玄龄的意见。

"这……"房玄龄一时回答不出。

"殿下！"魏征叫道，"若能相信微臣，魏征甘愿前往！"

"什么？你……"李神通疑惑不解地盯视着魏征。

"容我三思！"李世民眉头一皱，挥手示意，让众人退出。

再说李世民回到秦王府，在书房中面对一幅新绘的地图，暗自沉吟："魏征所言，颇中要害，不过此人……"

坐在一旁的淮安王李神通见李世民难下决心，乘机进言道："魏征这个人屡经反复，五易其主，须要多加提防才是！"

"王爷！"站在一旁的房玄龄说，"这魏征生于乱世，历尽沧桑，虽然命运多舛，几易其主，但并非心怀叵测、反复无常之辈。况且，此次出使，仅他一人，家眷均留长安，谅他也不敢心生异端！再说，太子登基大典之日将近，还是早……"

"山东不平，后患无穷！"李世民经过再三考虑，主意已定，他果断地把手一挥说，"房卿，起草诏书，封魏征为谏议大夫，以魏征为正使，李相客为副使，宣慰山东，听其便宜从事。"

李神通见李世民如此信任魏征，心中不快，但又不便直言，忽生一计，对李世民说："殿下，我府长史孙谋，精明强干，让其任一副使，随同魏征去吧！"

"这……"李世民沉思片刻，"好，就依叔王。"

在淮安王府的中厅里，李神通醉醺醺地正向孙谋面授机宜："你明里听其言，暗中观其行，若有图谋不轨之事，速报我知！”

孙谋奴颜婢膝地答：“遵命。”

李神通满意地点了点头。

次日清晨，魏征与李相客、孙谋带领众侍从骑马出发。他们走过长安城东的坝桥，穿过八百里秦川，路经华山脚下，出了潼关，踏上了更加崎岖的山路。

魏征第二次出使山东，尽管沿途仍如上次一样艰难困苦，但其心绪与那一次却大不相同。他面对一路所见，心潮翻滚，诗意不觉大发，有时在马上吟哦，有时中途休息，坐在石头上挥笔落纸，写出一首《述怀》诗来：

中原初逐鹿，投笔事戎轩。
纵横计不就，慷慨志犹存。
杖策谒天子，驱马出关门。
请缨系南粤，凭轼下东藩。
郁纡陟交岫，出没望平原。
古木鸣寒鸟，空山啼夜猿。
既伤千里目，还惊九折魂。
岂不惮艰险，深怀国士恩。
季布无二诺，侯嬴重一言。
人生感意气，功名谁复论！

魏征把诗句抄好，递与李相客观看。李相客看后，连连点头称赞：“好诗，真是一首好诗啊！”他骑在马上，还在背诵其中的诗句：“岂不惮艰险，深怀国士恩！”

李相客用眼瞅了瞅眼前的盘山古道，感慨地说：“魏大人，这崤函山谷比那秦川平原，可要艰险万倍呀！”

“那是自然！”魏征点点头，“咱们取道洛阳，再折向山东，这是必经之路。当年，我出使洛阳也是这样走的。那时，这一带全是王世充的营寨！”

他们说着话，绕过一道山岗，进入山间，满山遍岭的古树遮天蔽日，山风习习地吹来，使人感到阴森、凄凉。

正在行走，天色渐渐暗了下来。突然，马一声长嘶：“咴！——”腾起前蹄，惊恐地欲急转弯。

李相客不由地抽出宝剑，孙谋眯起双眼，用力搜索，他们发现前面的转弯处，高大的密林丛中，有一只灰褐色的猿猴，正在玩弄一个白色的死人骷髅。

猿猴见到人马，听见马的嘶叫声，两只雪亮的眼睛，一开一合，如同一明一灭的鬼火，吃惊地盯着这边，它见人马众多，“吱呀！”叫了一声，长啸逃去。

众多猿猴在山谷中受惊的长啸声续之而起，扰得各种归林的山鸟相随啼鸣。凄厉之声在空旷的山谷上悠荡，令人不寒而傈。

魏征无限感慨，他指了指村边的遗骸、白骨，气愤而忧虑地对大家说：“你们看，大乱平定，已有数年，可是沿途所见尚未复苏，江山遭受重大创伤，黎民身陷水火绝境，昏君杨广他死有余辜哇！”

孙某此时似乎也有些深受感染，他略有愧色地对魏征说：“魏大人，您写的诗，小人我现在才有些明白了!”

“好!慢慢明白了就好!”魏征毫不介意地说了一句。

魏征等人来到磁州境内。

官道上尘土飞扬,一队人马迎面而来。

说话之间,那支人马已经跑至面前。为首的一名武官高喝:“闲人闪开!”

孙谋不甘示弱,大声喊问:“你们是干什么的?”

那武官十分蛮横,应声答道:“奉太子殿下之命,押解朝廷重犯进京。让开!”

魏征仔细审视囚车上的两名罪犯、不觉一惊,“啊!这不是李志安、李思行吗?”他急忙掉转马头,高喊,“站住,等一等!”

魏征策马急驰,跑到这支队伍的前边,拦住去路。

武官怒声呵斥:“你要干什么?”

魏征迎上前去,谦和地问:“这两个罪犯何名?”

“李志安,李思行!”武官不屑一理地回话,然后追问,“你是什么人?问这个干啥?”

魏征在马上答道:“下官魏征,例行公务!”

“魏征!”武官听后一愣。他一挥手,让部下倒退了几步,随即拔出剑来:“你也是奸王余党,来人!”

众兵丁一齐手持武器,就要扑向魏征。

“慢着!”李相客急赶上去阻止,“魏大人如今是朝廷的谏议大人,新太子的詹事主簿,这是奉了太子殿下之命,出使山东公干的!”

武官看了看李相客,

“下官权万纪。原任莱州刺史,新太子即将登极,调下官进京另有委用……这两个人,您也许认得。他们逃离长安,流窜至此,与下官狭路相逢,被我认出,会同当地官差,拿获归案!”

“权大人!”魏征说,“太子已下令:凶逆之罪,止于建成、元吉,其余党羽一概不问。你可知晓?”

只有权万纪不动声色,他正言辩解道:“下官奉调,长途跋涉,不曾见到诏书公文。我现在只知除恶务尽,斩草除根!”

魏征平静地倾听权万纪的陈词:“下官跟随秦王多年,深知建成、元吉祸国殃民,罪孽昭彰,如今他们一齐覆灭,绝不能让他们的余党逍遥法外,再起祸端!”

魏征听罢,“哈哈”大笑说:“如今的秦王,已是亲理国政的太子,即将登极的君主,他深晓以仁德治天下,息干戈而抚万民。正是他想到山东等地多有建成旧部,如处置不当恐生祸乱,方才派遣我等三人宣慰山东,招抚豪杰,以稳天下!权大人既是秦王旧部,更应体察主上的仁爱之心,遵从太子颁布的法令才是呀!”

权万纪听后半信半疑,灵机一动,对魏征说:“魏大人所言,下官心领神会。不过我想还是将这两人带进长安,听凭太子殿下处置为好。如其罪不当斩,定会释放他们!咱们后会有期!”说罢,他一挥手,示意随行人等上路,那些人哄笑着,扭头便走……

“站住!”魏征大喝一声赶了过去,挡在了囚车前面。

“魏大人!”权万纪冷笑了一声,“管闲事,也要避避嫌疑呀!”

“避嫌疑?”权万纪的这句话越发激怒了魏征,他愤然地问道,“我需要避什么嫌疑?!”

“魏大人!”面容憔悴的李志安在囚车里搭了话。

军卒们立即剑拔弩张地扑向李志安,那武官厉声吆喝:“住口!没有你说的话!”

李志安气力不支地说:“我,我是替你们劝劝他。魏大人,您的好意,我们两个人心领了!如果朝廷真有大赦的诏令,我们到了长安,还会有出头之日,您就不要管了!”

李相客为难地看了看魏征,也恳切地说:“暂依他们也罢,反正一到京师,自有公断。魏大人,公务紧急,咱们还是赶路吧!”

“不!”魏征语气十分坚决地说:“此案如果不能立断分明,我等去至山东也是徒劳无用!想那受命之日,前东宫、齐府两处受株连的数百人,皆已赦罪不问,而今天却又偏要把这两位将军押送到京,这,这是我等的失职呀!天下之人俱疑太子食言,我等纵然去再三宣慰,可是谁又能相信呢?!孙大人!”

孙谋正在琢磨魏征的言辞,听得呼唤,猛然一惊,忙答:“在!”

“把太子允我等‘便宜从事’的手谕,拿给他们看过!”魏征命令说。

唐代彩绘釉陶贴金武官俑

权万纪见魏征来势非同一般,便自寻下台阶说:“既然如此,不必了。魏大人,您说对这两个人怎么处理吧!”

“交给我来处理!”魏征十分简明地回言。

“那好。咱们京师见!”权万纪说罢,带着他的随从头也不回地走了。

军卒们打开木笼,“二李”从笼中走出,李志安昏昏欲倒,李思行热泪盈眶,跪拜在魏征等人面前:“多谢大人救命之恩!……”

魏征连忙上前扶住李志安,激动地说:“要谢,咱们大家都要谢太子殿下。我这条命,也是他给的呀!”

李思行擦了一把泪,悔恨交加而又不安地说:“玄武门外,我们犯下了滔天大罪,只怕是要连累魏大人您呀!”

魏征笑了笑说:“要说连累,咱们本来就是同党嘛,要治罪还不容易?!但是,太子诏令既出,我等肩负重托,怎么能为了避嫌疑、怕连累,而置国家律令而不顾?!”

晚上,孙谋在驿站的房中,剪明烛光,飞笔疾书,向淮安王李神通密报魏征释放李志安、李思行之事。李神通收阅了孙谋的信后,愤然地说:“哼,果然不出我料!”

他顾不上吃午饭,就怀揣密报,来见秦王李世民。这时,李世民正在便殿上安排便宴,为权万纪洗尘。

酒过三巡,李世民问:“权卿,您风尘跋涉,一路见闻不少,不知河北、山东等地,近日有何动静?”

“殿下!”权万纪回答,“我在途中拿获了李志安、李思行,日夜兼程,押解来京,要交与您亲自处治,不想后来让魏征强行给释放了!”

“魏征!”李世民吃了一惊,问,“凭什么?”

"他带着殿下的手谕,可'便宜从事'!"权万纪回答。

李世民刚要发作,见侍从引李神通进来。他让李神通坐下入席后,问:"叔王此时来见,有何要事?"

李神通不管不顾,怒气冲冲地大喊:"那魏征,胆大妄为,私放皇家要犯,图谋不轨!"

李世民和权万纪交换了一下眼色,权万纪欲言即止,李世民又问:"您说魏征图谋不轨,有何证据?"

"自然有据!"说着他从怀里掏出了孙谋的密信,呈予李世民。

李世民接信观看,边看边问:"叔王,信上写释放'二李',似在收罗党羽,并无图谋不轨之语呀?"

"那是我想出来的。"李神通认真地说,"他既在收罗党羽,就会图谋不轨!"

房玄龄手捧文稿,走进殿来:"殿下,诏书草成,登极之前,有何事需办,望早宣示。"

李世民想了想,说:"传谕魏征,宣慰山东之事,加快进行,内禅大典之日,归来参驾!"

……

这一日,显德殿上举行登基大典,李世民端坐在龙椅之上,接受百官的朝拜。

礼毕,李世民说:"今乃登基大典,本不议朝政,如有急事,也可奏来。"

魏征出班奏道:"臣魏征,奉旨宣慰山东,归来交旨。"

李世民问:"魏卿,山东、河北民心可稳?"

魏征答:"圣上感召,民心尚稳。只是民生凋敝,灾荒连年,臣沿途所见,哀鸿遍野,十室九空。战后创伤未复,灾后无人赈济,田少青苗,路有白骨,如此惨状,有些地方官吏仍抽丁加税,租庸调法并未实行!"

这时,权万纪出班奏道:"魏大人所奏之情,一州一县或则有之,山东全境绝非如此。"

魏征说:"臣虽未遍历山东,但足迹所至,十余州县,大都如此。"

李世民见一时难以辨明,就劝解说:"二卿且莫争议。朕问另外一事,听说魏卿在磁州路上,将李志安、李思行当场释放了?"

魏征回答说:"不仅当场释放,还伴臣等一路同行,现身说法,山东、河北的豪杰,均感念陛下恩德。"

李世民听了魏征的这番话,心中很不平静,他沉默了片刻,忽然大笑起来:"魏卿忠勇可嘉,所言极是,朕之诏令,决不更改! 不知那李志安、李思行现在何处?"

魏征说:"现在驿馆候旨。"

李世民说:"可由吏部安排官职。"随后,他又叫道,"封爱卿!"

"臣在。"封伦出班答话。

李世民看了封伦一眼,又环视了一遍殿下众卿,高兴地说:"魏征此次宣慰山东,功劳卓著,朕欲晋升其官职,封大人,您看封晋何职为宜?"

封伦嫉妒之意油然而生,很不自然地说:"这……,请陛下圣决!"

"那就任命魏卿为尚书省右丞,当您的一位助手吧。"

魏征跪拜谢恩,李世民哈哈大笑。

知无不谏

在尚书省的大厅内,各部大员正繁忙地处理政务。魏征也在埋头执笔草拟有关诏令,草成后用印,再阅文稿……

忽然,他发现了一份文稿,上写:"……中男虽未十八,健壮无病者,也需征点。"感到诧异,刚要起身找人询问,吴主事走进室来:"魏大人,那份征丁的诏书,上差催着签发呢!"

魏征闻听,更加奇怪:"今年不是免征免调吗!况且中男不成丁,怎能征集?!"

吴主事说:"对于这份诏书,卑职等亦有议论,听说圣意已决,我看魏大人您就从权而行吧!"

"从权而行……"魏征踱步思忖。

外面又传来问话声:"魏大人在哪儿?"随着话音,小黄门走了进来:"圣上口谕!"

魏征躬身垂立,俯耳恭听。

小黄门先口宣李世民亲谕:"速将征丁诏书草成,加盖玉玺,呈上一阅。"后催魏征说,"圣上还等着复旨呢,魏大人您就快点儿办吧!"

魏征向小黄门解释:"公公莫急。这征集兵丁事关大局,有些条款尚须禀明圣上,方能签署。"

小黄门有些纳闷,问:"这诏书上写的不就是圣上的意思嘛?还禀明圣上干吗?"

"公公不知,这诏书中有不妥之处呀!"魏征只好对小黄门直言了。

小黄门听魏征说出"不妥"二字,吃了一惊,忙给打遮掩说:"魏大人,这'不妥'可是说着玩的?咱们哪说哪了啦!来吧!您还是遵旨行事,签发诏书吧!"

魏征站而不动,又对小黄门:"多谢公公美意。不过军国大事,非同一般,请公公先行一步,魏征即刻进宫复旨!"

小黄门生气了,心想这位魏大人怎么这样不识时务!他说了句:"那好吧,咱们回头见!"就急匆匆地走了。

魏征送出室外,小黄门已无踪影。官员们围拢过来,不安地望着他。吴主事担心地说:"魏大人,尚书省抗旨,绝无先例,此事怕要招致杀身大祸呀!"

魏征当然也知道事态的严重性,他平静地说:"诸公,办事去吧,我马上进宫面见圣上!"

正巧,封伦这时跨进了门。

"哦,诸位大人!"封伦近前先打招呼。

"老相爷!"魏征等众官员连忙回敬。

封伦那副悠闲自得的神态与此间的气氛很不协调。他瞧了瞧神情惶恐的诸吏,呵呵笑道:"这尚书省,是朝廷的中枢,六部十二司,均为所属。老夫年纪大了,皇上那里,太上皇那里,常常宣召,故而不得工夫来此理事,也是失职呀!多蒙魏大人到任以来,忠于职守,处事果敢,我放心多啦!"说到这里,他又朝魏征一拱手:"魏大人,您辛苦了!"

魏征还礼,诚挚地说:"为国效忠,何谈辛苦!现有一事难决,正欲进宫请旨定夺!"

封伦明知故问:"会不会是因为那个征调中男的诏书哇?"

"正是。"魏征回答。

“哦……，这件事，我知道。御寇、防叛，均需扩充兵源，征集丁壮，因此，圣上同意征点中男入伍。怎么？这份诏书至今还未签发？”

“方才黄门官前来催促，卑职未敢轻率处置。”

封伦不悦，故意用畏惧的目光，望了望众人，向魏征说道：“魏大人，签发圣上的诏书，怎么是轻率呢？万一圣上动怒，您，我，还有这尚书省的众位大人……”

“老相爷放心。如果圣上降罪，我魏征刀斧不避，一人承担！”魏征坚毅地说。

看来魏征是下定决心不肯签诏的了！封伦至此就不再多言，沉思了片刻，又说：“魏大人，这样吧，我先进宫，在圣上面前……”说着告辞、退出。众官员也悄然离去。

封伦和众人走后，魏征一个人在室内忧郁而激动地来回走动，是去，还是不去，是签，还是不签，魏征一时进退难定，眼前又浮现出他在宣慰山东时所见到的情景。

“啪”的一声，魏征将石砚拍在案上，他毅然决然地自语说：“为民请命，何惜一身！”

“圣旨下！”又一小黄门捧旨进门，高喊：“魏征接旨！”

“万岁！”魏征说着急忙跪倒。

小黄门宣旨：“朕于即日中午，丹霄楼设宴，召魏征陪席，钦此！”

在金碧辉煌的丹霄殿上，盛宴已摆设停当。

李世民与长孙皇后立于内侍、宫女中间，许多文臣、武将趋前行礼。

内侍高喊：“圣上有旨，列位公卿大臣免参入席！”

魏征届时赶到，站立在群臣之中。当他的目光与李世民相遇时，李世民收起笑容，魏征平静地若有所思。

李世民举杯致辞：“众位爱卿，朕登基未久，国事纷纷，内忧外患，不得闲暇，今年节将至，召众卿来，共同度岁，请同饮此杯！”

封伦首先祝酒：“愿我大唐岁岁丰稔，我主洪福齐天！”

群臣齐呼：“万岁，万岁，万万岁！”将酒饮尽。

李世民心情舒愉，命内侍：“献歌舞上来！”

乐声始起，威武雄壮，百余名舞童披甲执戟，随乐曲起舞，宛若战阵。这就是有名的《秦王破阵乐舞》。

李世民十分得意地观赏着，眼睛里放射出兴奋的神采，思绪沉浸在当年戎马生涯的回忆中。

“好！好一个破阵乐舞！”封伦等大臣连声喝彩。

李世民转过头来，看着封伦，淡然一笑，有意问道：“怕是过分颂扬了吧？”

封伦恭维地说：“哪里，较之圣上当年南征北剿之雄壮，开基创业之艰辛，此舞所示未及十之一二啊！”

李神通紧接话音，大咧咧地说：“若能把灭刘武周、擒窦建德、捉王世充，全都编进舞里，那就更过瘾、更开心啦！”

“不，不能那样。”李世民解释说，“我们现在的许多功臣，过去都曾在那些人的手下做事，他们看了会不愉快的！”

“就这样，有的人也不高兴呀！”李神通说笑着向魏征瞥了一眼。

封伦随之帮腔：“是呀，看样子魏大人的心里是有些不快呀！”

君臣三人一同朝魏征望去，见魏征真的在摇头叹息，两眼根本就没看乐舞！

李世民不高兴了，问："嗯？这是怎么回事?!"

李神通乘机拱火，说"太不像话啦！这不是成心给陛下过不去吗！"

李世民以手势止住李神通的叫喊，召过内侍说："将魏征宣过来！"

内侍引魏征来到李世民面前，他急忙向前跪拜："参见陛下！"

李世民重声重气地说："免！"

魏征一声不响地站在一旁。

李世民问："您近日身体是否有些不爽?"

魏征答："臣贱躯颇为康健。"

李世民问："莫非酒吃多了?"

魏征答："臣向来不曾贪杯。"

"既是这样，您为何不看乐舞呢?"李世民句句紧逼追问。

"臣以为演此舞不合时宜！"魏征对答如流，字字重千斤。

"什么？你说什么?"李世民再也按捺不住心中的怒火，连问了数句。

"不合时宜。"魏征重申了一次。

李世民勃然大怒，一拍桌案："你……放肆！"

长孙皇后见状，急忙过来扶住李世民，劝解道："陛下息怒，国事不妨宴后再议！"

李世民"哼！"了一声，把手一扬，将酒杯掷于地上摔得粉碎，转身走出丹霄楼，长孙皇后、封伦、李神通紧跟了出去。

一场盛大的宴会不欢而散，人们惊悚惶恐地离去。

掌灯时分，魏征才步履沉重地回到自己的居室。裴夫人放下手中缝制的衣裳，起身相迎："老爷，您赴宴回来了?"

魏征木然地点了点头。

丫鬟捧上茶来："老爷用茶。"

魏征凝神而思，丫鬟欲再叫，裴夫人示意不必，丫鬟会意地退出。

裴夫人惊疑地走近魏征，投以询问的目光："老爷，出事啦?"

魏征摇着头苦笑了一下。

裴夫人问："老爷，您这是怎么啦?"

魏征又笑了笑，说："夫人，您和孩子也许真的要回老家去务农了……"

裴夫人又问："老爷，到底出了什么事？为妻整天悬着这颗心哪！"

魏征稍顿片刻，竭力把语气说得平淡一些，答："圣上动怒了！"

裴夫人惊问："为什么?"

魏征："为我！"

裴夫人吃惊地望着丈夫，愁云即刻布满了脸庞，她摇摇头，长叹了一声，说："老爷呀！常言道：'伴君如伴虎'，又道'君心难测'。这当今圣上，未必有容人的度量啊！"

魏征说："当今圣上非李密、窦建德可比，也不是建成太子可及，他是位严于律己、励精图治的君王。待我连夜修本，以明是非！"

裴夫人无法劝阻，喊了一声："老爷……"就为难地哭了起来。

这时，门外有人高呼："圣旨下，魏征接旨。"

魏征和裴夫人急忙跪下，听小黄门宣读圣旨。

小黄门："圣上口谕：宣魏征立即进宫！"

魏征谢旨站起来，深情地望了望裴夫人，说"夫人，我去了！"然后转身，大踏步地随着小黄门走出了府门。

皇宫内，绛烛高照，一片辉煌。

魏征随小黄门进宫，跪倒在李世民面前："臣魏征奉旨前来见驾！"

李世民尽量扼制自己，强压住怒火，发问："魏征，你知罪吗？"

"臣不知身犯何罪！"魏征镇静地回答。

李世民怒火又燃，喋喋不休地斥责魏征说："破阵乐舞你不听不看，我并不在意，可那征丁的诏书，你为何拒不签发？你说！"

魏征不慌不忙抬起头来，从容地回答道："我国法令规定：男子二十为丁，可征其充役，十六岁为中男，体小力单，不在征调之列！"

李世民说："有些中男，虽十六岁，却身长高大，征其入伍，有何不可？"

"大为不可。"魏征把憋在肚子里的一席话倾泻而出："臣闻竭泽而渔，不是不得鱼，明年即无鱼；焚林而猎，不是不获兽，明年即无兽！眼下，战乱初息，赤地千里，亟待人力耕耘，假若把中男尽点入军，必然劳力骤减，农田荒废，民贫困，国何以盛强?！况且，自古治兵，不在乎多，而求其精，陛下只需择英选壮，训练有素，足以无敌于天下，何必虚求数量而劳民呢？"

魏征仍不住口，接着说："陛下，近日您曾对臣等言讲：君依于国，国依于民，压榨百姓以满足君主，犹如割肉自食，饱了肚子，丢了性命，富了君主一人，亡了整个国家，不足为取！圣训如雷贯耳，微臣记忆犹新。难道陛下您却忘怀了吗？"

封伦气急败坏地说："臣以为，征丁入伍是为了巩固疆土，安定社稷，绝非是满足圣上个人的私欲！魏大人，你不必如此小题大做，危言耸听！"

魏征把视线转到封伦身上，平心静气地对他说："封老大人，巩固疆土，安定社稷，乃国之大政，自然须全力处置。然而，是穷兵黩武，以暴力征讨，还是尊崇教化，以仁德治天下，不可不择其上策为之！卑职认为，中国既安，四夷自服，陛下昔日战绩盖世，功昭日月，有口皆碑，而如今天下思治，百废待兴，则不宜过分地宣扬武功，显示暴力，这就是微臣所谓破阵乐舞不合时宜之初衷！望老相爺深思！"

封伦冷笑一声，大不为然地反驳道："老朽不才，胸无高论，不能与魏大人争辩！我只请教一句：眼下人心狡诈奸猾，日甚一日，如何以仁德教化呢？"

魏征说："乱后思治，大势所趋。平庸君主，须待百年，英明帝王指日可就。古代明君，黄帝、颛顼、商汤、周武、俱是榜样！如果说人心日渐奸诈，难以教化，那么自古至今，人早就变成鬼怪了！"

封伦讽刺魏征说："魏大人，想当初，您一定没有规劝李密、窦建德'以仁德治天下'吧?！"

魏征不紧不慢地反击道："隋朝的昏君杨广，劳民伤财，进兵高丽，以至国亡身毙，听说倒是采纳了封大人的高论！"

李世民听着封、魏二人的争论，心中如江河之水翻腾不息：民为邦本，务以德治，中国既安，四夷自服，……魏征这些精辟、深刻的论述，确实是切中时政、定国安邦的高见呀！于是，他和解地对封、魏二人说：

“二卿莫要相争，朕反复思量，是朕错了！过去，朕认为魏卿固执己见，不达政事，今日论及国家大体，方知魏卿远见卓识，精辟简明，是难得的辅国之材。魏卿，朕赐您金瓮一口，望您常进诤言，不负朕心！”

李世民吩咐内侍送封伦出宫，然后对魏征说：“魏卿，随朕到寝宫去，朕要听您彻夜畅谈！”

李、魏君臣二人亲切交谈，不觉晨曦临窗。殿外雪后放晴，朗朗一片银白，晶莹可爱。

李世民离案走至窗前观赏雪景。他兴致勃勃地对魏征说：“好一场大雪！百姓都在依门而望，企盼明岁大熟吧？！”

“是啊！”魏征注视着殿旁那株雪中傲放的红梅，颇有感慨地说：“陛下，古人云：有无能之吏，无不可教之人。当今法制初立，贵在坚持，要以‘仁义’、‘礼制’为根本，‘法令’、‘刑罚’为枝梢，相辅相成，紧密结合，急需德才兼备、忠心赤耿、秉公执法，以国事、黎民为重的人才理政啊！”

“哈哈，魏卿所言极是。朕一向认为为政之要，惟在得人，致安之本，惟在得人呀！”李世民边说边和魏征相对地大笑起来。

拂晓时分，魏征回到家门。

“老爷！”老院公接过魏征递过来的斗篷，说，“您可回来了，刚才夫人……”

“唉！常言说：‘伴君如伴虎’。时至这般时候，不见您回来，我们个个都心惊肉跳哇！”

“圣上不仅没有怪罪于我，反而将我请至寝宫，商讨治国要事，真乃一代明君呀！”魏征满心喜悦地向裴夫人介绍说。

“原来是这样。为妻也就放心了！”裴氏脸上露出了一丝笑容。

“那您就快去用饭吧！”魏征说着，端起了茶杯。

裴夫人站起身来，说：“老爷，咱们一块吃吧！”

魏征说：“我在宫中已经用过早餐，现在一点儿也不饿。明日圣上要召集文武百官，商讨决定治国大计，我要到书房赶写奏章，早做准备。”

裴夫人心疼地冲魏征一笑，随丫鬟进入侧室。

魏征转过脸来，向老院公说：“快去书房，笔墨伺候！”

“是！”老院公答应一声，乐呵呵地去了。

魏征随即进入书房，除了中、晚两餐外，他一直在紧张地思考、筹划和写疏。

一夜过去，曙色渐渐爬上了东方的天际。窗棂上的烛光显得昏暗起来。

魏征写完最后一个字，封好了奏疏。

裴夫人颤巍巍地走了过来，不声不响地吹灭了书案上的红烛。

“哎呀！天快大亮，从速上朝面君要紧！”魏征说着，站起身来，就往外走。

魏征连日来忙于政务，休息不足，猛地起身，觉得天旋地转，险些昏倒……

裴夫人上前一把扶住，让魏征慢慢坐下，望着他那削瘦多皱的脸，凄然泪下，说：“老爷，您已年近半百，身体又不健壮，如此昼夜操劳，万一有个好歹……”

“夫人，我魏征多年寻觅，今日方遇明主。为了社稷、黎民，自家身躯，不足惜也！”

“老爷，话是如此说，但还是息事宁人、多加保重的好！”

“夫人，请放宽心。我稍事注意也就是了！”魏征说着，解袍更衣，裴夫人帮他换上了朝服。

魏征冲外喊道：“备轿，上朝！”

清晨，披着晨曦的显德大殿刚刚显现出轮廓，五更晨钟就哨哨敲响。洪亮的钟声划破寂静，传遍京城，召唤着百官进宫早朝。

李世民端坐龙椅，倾听大臣们的议论。

三朝元老封伦首先启奏。他审视着李世民的脸色，慷慨陈词：“老朽不才，近日常思我朝建制大事。臣反复思考，多方权衡，认为我大唐帝国应推行周代的封建制为宜。”

“封卿所说的封建制如何实行？”李世民伏案询问。

封伦见李世民对他的主张很感兴趣，更加兴致勃勃、侃侃而谈：“陛下可设公、侯、伯、子、男五等爵位，分封同姓和异姓的功臣为诸侯，在各地方建立诸侯国政权，以作为天朝的藩屏，向天朝进献贡物、提供兵耗和担负徭役。这一做法，在我国的历史上，早就有成功的范例。周朝始行封建制，而使其国固若磐石，传玺八百余年！”

李世民微笑着点了点头。

对于封伦的这一主张，魏征很不以为然，他想：这不是公开地要求圣上名正言顺地搞复古倒退吗？照此法行事，刚刚统一的大唐帝国，不又要陷于各自为政，进而形成分裂、混乱的局面吗？不行，绝对不行！所以，他既没有征求身旁房玄龄等人的意见，也顾不上揣摩李世民的意图，就即刻出班奏道：“陛下，封老大人精通国史，对周代封建制颇有研究，魏征深为敬佩。不过，微臣以为如今的大唐帝国，再行周代的封建制，实是一种复古倒退的做法！我大唐天朝已不是昔日的周代，而当今圣上也绝非已故的周天子，时事变迁，江山移异，仍抱残守缺，因循复旧，犹如刻舟求剑，南辕北辙，定会事与愿违！”

李世民觉得魏征之言颇有道理，但感到他尚未把事理论证得深刻、详尽，有必要作更加具体的说明，而李世民自己也很想在这个关系到国家大政方针的问题上，认真、广泛地听取各有关方面和人士的意见，以便正确地做出抉择。于是他没有轻易地对某一种主张表示赞同和否定，只是启发大家继续往下深谈。

魏征知道封伦的这番言论，代表了当时朝野上下不少王公贵族、豪强望门的思想倾向，有一定的社会基础，在某些元老重臣中，赞同这一观点的也不乏其人。魏征早就观察、分析了唐初的政治、经济形势，清楚地看到，这是一股来头不小的、同时也是非常危险的守旧复古势力，这一势力的政治意图和主张，如果顺利通过并得以实现的话，刚刚统一的大唐帝国的国家政权，就要形同虚设，进而分崩离析，黎民百姓就会重新陷入无休止战乱的痛苦深渊之中。这是多么可怕的情景啊！我决不能眼看着让来之不易的安定、统一的政治局面毁于一旦呀！

李世民这时也在反复思考封伦这一番言论的政治企图和实质含义，他见魏征有些着急、为难，就接着封伦的议论，先向封伦提出了一个使封伦难以解答的问题。

李世民说：“封卿，您所言封建制使周朝维持了八百年，这段史实千真万确，人所共知，说明周天子创立的封建制是符合当时的社会实际的。可是，社会发展到了今天，我们现在国家的情况，与那时周朝的国情，还完全一样吗？对于这一点，我们不能不加以认真的考虑。另外，您说秦朝两代而亡的原因，究竟是什么？是因为秦始皇实行了郡县制，还是由于其他方面的原因？至于说魏晋以后各代王朝短命，究其形成这种情况的根源，恐怕也很难全归到废封建、行郡县这一制度上来吧？魏卿，您说是不是呀？”

魏征按照李世民的提示，思索了片刻，说：“周天子分封诸侯，虽然符合当时的生产发展水平，但是后来诸侯国权力过大，造成了与天子分庭抗礼的局面。实际上，随着社会的不断进步，这种形式已不能适应生产发展的需要。秦始皇统一中国后，实行郡县制，这是正确的，对维护安定、统一，起了很大的作用。它二世而亡的原因，主要在于其苛政引起众怒。魏晋以来的各王朝短命，其根源不是废封建、行郡县，而是各代国君昏庸无能，没有采取安定人心的国策。这些情况，也都是史实可以证明的。请陛下明察。”

李世民听了魏征的这一分析，认为有理有据，心中很是佩服魏征的学识渊博，才思敏捷。但是，他想还应该让魏征进一步阐明实行封建制的危害，这样才能使更多人心服，使封、权等人再无他言。于是，他就有意地问魏征道：“魏卿，您可否再详谈一下，我国为什么不能实行封建制？”

魏征说：“大唐初建，社会凋敝，民生困苦，如今方才走上正轨，刚刚开始治理，如果这时分封诸侯，把黎民百姓隶属于封国之下，必将会使人心不定，有的就要再度逃亡，这样则更加难于治理，这是其中的一个原因。另外……”

没等魏征把话说完，封伦就有些不耐烦起来，面对魏征说：“魏大人所言，老朽佩服。只是这‘社会凋敝，民生困苦’两句，用于我当今的太平盛世，怕是不妥吧?!照魏大人的这种说法，太上皇、圣上和我们这些文武百官，岂不都是些劳而无功、治而无效的酒囊、饭袋了吗?！这一点，请魏大人解释清楚！”

封伦的这一煽动性的质问，还真起作用！李世民的脸色沉了下来，殿上的文武百官交头接耳、议论纷纷：是呀，怎么能说我们大唐天朝是社会凋敝，民生困苦呢？

魏征不慌不忙地对李世民说：“陛下，刚才说的是其一，还有其二……”

“其二是什么？”李世民把话问过。

魏征紧接着李世民的问话，答道：“其二，既然要推行封建制，就需要在各诸侯国建社庙、立官属、创仪卫和各种典章制度，考虑、照顾不周，就会引起不满，而要办理完善、齐全，则目前的人力、财力，皆不允许。我们为何要做这种自讨苦吃、自找麻烦，根本行不通，而又实际办不到的蠢事呢？”

“还有，”魏征越说越激动：“实行分封制，增加大批官员，他们的俸禄都要由老百姓供给，国家少收赋税，则官府财力困窘，而增加赋税，民又不堪承受，硬性催征，易生事端，这对整个国家社会秩序的安定不利，这是其三。”

“还有其四吗？”李世民兴致勃勃地问。

“其四，大量分封诸侯之后，中央政府的直接辖区必然狭小，区域有限，所收赋税无几，难以维持朝政费用，而必然仰赖诸侯朝贡。少要，中央政府不肯；多要，诸侯各国不给，长此以往，矛盾四起，岂能不发生干戈？”

“是呀！这样一来，诸侯国的地盘越来越大，而天朝的势力越来越小，所谓的大唐帝国，不就名存实亡了吗？”李世民接着魏征的话茬儿，补充了几句。

“最后一点，”魏征这时有意地停顿了一下，瞥了封伦和权万纪一眼，见他们像斗败了的公鸡似的低头不语，心中甚感宽慰，就提高了嗓门儿，接着说："当今北方形势不稳，突厥势力尚强，时常袭我内地。大敌当前，只有集中优势兵力，方可取胜。如若封建诸侯，必然导致兵力分散，国势削弱，发生意外不测，悔不可追呀！陛下，诸位大人，对于决定我大唐帝国前途和命运的这一大事，我们不能不认真思考，慎重处置啊！"

殿内的文武群臣被魏征这一番连珠炮似的言谈所震惊、所折服，许多人由不解、不满，转为信任、敬佩，李世民也很激动，他站起身来，高声说："魏卿陈述五条，有理有据，切中时政，真乃高论也！"

这一日，李世民召见魏征、房玄龄、权万纪等人，面谕官考事宜。

端坐在龙椅之上的李世民，对跪候殿下的三位大臣说："我大唐钦定，官考每年一度，按期进行。凡百司之长，人人须受考核，有功必赏，有过定罚，不可草率、迁就，是非不明！朕命尚书左仆射房玄龄、尚书右丞魏征主管其事，治书侍御史权万纪协助，望卿等秉公持正，勿负朕心！"

"谢陛下，臣遵旨！"三人同声答道。

等三位大臣平身之后，李世民又语重心长地嘱托他们说："官考乃朝中大事，涉及各司要员，望你们三人同心协力，担此重任，务求公正廉明！魏卿精力充沛，修史之事，仍可兼任。"

"是！请陛下放心。"

在房、魏二人的精心主持下，官考工作顺利进行，很快就在尚书省议事厅的屏风上张贴出了官考条规——"四善""二十七最"和官考准则。经过数日的考察，已有初评结果，决定在这天早朝后公布。

这时，房玄龄、魏征坐在主管的座位上忙着相互核定结果，而权万纪只是听着，不发一言。参与官考的官员在大厅里走动，有的细看张贴的准则，有的交头接耳地议论。

校对完毕，房玄龄怀视了一下厅内，然后站起来，大声说："请诸位大人安静，听魏大人宣读初评结果。因为这是初评，请诸位切勿外传！"

大厅里鸦雀无声，魏征庄重宣布："我大唐天朝建国以来，钦定官考之法，一年一度。今岁官考，奉旨举行。考核准则，有所修改。流内之官，叙以四善，四善之外，又定出二十七最，先已张榜公布。经我等数日评议，现已有结果，兹宣告于下，以供复议参考，先从武将读起。李世勣，赏罚严明，攻战必胜，符合军将之最，四善俱备，评为上上。"

官员们点头称赞。

魏征继续宣读："李靖，赏罚严明，攻战必胜，符合军将之最，四善俱备，评为上上。"

人们又是一阵赞许声。

魏征见众官员情绪高昂，心中快慰，便提高了嗓音，念道："秦叔宝，一最二善，评为上中；尉迟敬德，一最三善，评为上中：程咬金，一最二善，评为上下；张公瑾，无军将之最，但有二善，评为中上。"

官员们各自点头，表示心悦诚服。

魏征念到这里，稍微停顿了一下，看了看人群，又接着宣布："赵郡王李孝恭，无军将之最而有一善，评为中中；淮安王李神通，职事粗理，最善不闻，评为中下……”

官员们窃窃私议。

权万纪面对众人，不动声色，来了个“哑吧吃馅饼——心中有数”！

他草草地支应完了公事之后，就匆匆地溜进了淮安王府，向李神通私报官考结果。

李神通听罢，火冒三丈，他把手一扬，将酒杯摔碎在地上：“好哇，姓魏的！你成心让我过不去，王爷我也叫你过不好！……”

“王爷你打算怎么办？”权万纪幸灾乐祸地问。

“马上进宫，面见圣上，把这次官考给它搅喽！”李神通肆无忌惮地答。

“这，这，这样甚好。不过王爷进宫面君之时，千万不可说出是小人透露的消息呀！”权万纪一再叮嘱。

“唉！你这个人呀！”李神通向来瞧不起像权万纪这样说话吞吞吐吐、办事畏首畏尾的文官，今日又见他如此谨小慎微、提心吊胆，心里头实有些气恼，愤愤地挖苦他说，“前几天，不是您权大人亲口对我说，只要主管这次官考的人，有半点儿不公平，您就决不袖手旁观吗？今天，您这是怎么啦？心虚啦，害怕啦？怕丢官，怕砍头？莫不是您也在其中，与那魏征串通一气，编着法儿地整治我？！”

“王爷，请明言，您老想让我帮您做什么？”权万纪有些丈二和尚摸不着头脑，心神不安的询问。

“写本章，参魏征，告他挟嫌报复，考核不公！”李神通咬着牙，一字一顿地回答。

他很快地权衡利弊思索了一番，面带为难的神情，问李神通：“王爷，您是说要我参魏征他们一本？！”

“正是！”李神通端起一杯酒一饮而尽，接着说，“权大人，您身为专管参人的朝中御史，见了这不公不平之事，可不能视而不见，听而不管呀！哈哈……”

“王爷，这桩公务本在卑职责权之内，按常规小人理应忠耿效劳，全力承办，不过如今情非往昔，圣上已命我参与官考，我身在其中，难以做人呀，是不是请王爷另觅高手捉笔？”

“你说什么？姓权的！你小子把我拱起来，想拿我当枪使，你自己倒要王八脖子往后缩？！没有门儿！我李王爷，不傻！来人呀，把这狗日的给我拉下去！”

权万纪一见李神通全然不顾过去的交情，翻脸不认人要来真格的，可吓坏了，他浑身颤抖着慌忙跪下求饶，嘴里连连说：“是，是！小人我马上办理、马上办理……”

在宫中的御书房里审批奏章的李世民，读着权万纪的奏折，不由地皱起眉头，他用朱笔在奏折上圈圈点点，自言自语地说：“此次官考，为何闹得如此怨声载道？”

这时，内侍走了进来：“启奏陛下，房玄龄、魏征在宫门候旨！”

“宣他们进宫！”李世民吩咐道。

坐定之后，房玄龄不安地问李世民：“陛下，此时宣臣等火速进宫，不知有何训谕？”

“哈哈哈……”李世民未曾开言，先是一阵大笑，“二卿主持官考，连日辛劳，朕甚是关切，特请二位前来面议，不知是否有棘手之事？”

房玄龄幸喜有机会向李世民倾诉由衷，心中略安，他向魏征点头示意，让魏征先讲。

魏征心中早有准备，不慌不忙地向李世民奏道："陛下体察下情，臣等感恩不尽。不过，自臣等奉旨主持官考以来，一切进展顺利，尚未遇到棘手之事，请陛下宽心！"

房玄龄听魏征所言并非实话，有些着急，但因在圣上面前，不便插言，只好静观李、魏两人对谈。

李世民听了魏征的说话，觉得奇怪，问："那么，在卿看来，此次官考倒是一帆风顺的了?!"

魏征看了看房玄龄，两个人交换了一下眼神，更加坚定地说："理应如此。臣以为国家有礼有法，依律行事，无偏无私，就会合乎法度，顺乎人心；倘若有法不依，执法不严，或瞻前顾后，畏首畏尾，自然就会荆棘丛生、进退维谷了！"

李世民心中有些不悦，但又觉得自己对魏征所言确实无法驳回，他只好拿出权万纪的奏折，对魏征说："魏卿，您说此次官考，你们是依律行事，无偏无私，那么为什么会有人奏本，告发你们考核不公呢?!"

"这不难回答。要看告发我们的人究竟是谁了！"魏征早就料到李世民会把这张"王牌"拿出来，所以，他紧接着反问了李世民一句："陛下，请问这奏本告状者何人?"

李世民猛地一惊，自知让魏征捉到了把柄，有些不好意思地笑了笑说："朕要保护言路，不能奉告！"

"既然如此，微臣也就放心了！"魏征从座位上站起，趋前一步，面对李世民，正色言道："官考结果尚未张榜，此人怎知我等考核不公？陛下，魏征请求追究有意泄密、诬陷臣等之人！"

李世民难以拒绝魏征的这一请求，但是他又不肯把实情原本讲出，于是，只好采取了迂回战术，把话题又转到了淮安王李神通的身上。

"魏卿不必过急，朕定会追查此事。"李世民请魏征重新落座，变换了一种心平气和的口吻问："魏大人，你们进宫之时，可曾见到我那位无能无功的淮安王叔啊?"

"正好相遇。"魏征毫不掩饰，"看他那副样子，好像是在陛下这里哭过鼻子的！"

"不错。"李世民也不隐瞒，"方才淮安王来我处'负荆请罪'，我念他尚有弃旧图新、改邪归正之心，就答应帮他在二位大人面前求情，照顾一下他的脸面，不知二卿意下如何?"

魏征严肃地回答："微臣以为不可！"

"为什么?"李世民见自己的意见被驳回生气地问。

魏征依然镇静地说："如此法外施恩，必然有碍执法。求情之门一开，后果不堪设想！陛下，这等于自乱了官考呀！"

"什么？自乱了官考?"李世民拍案而起，"我再说一句：淮安王的评级一定要提上去！"

魏征这时也跪下奏道："既然如此，臣去专心修史，官考之事，请陛下另择他人！"

"你敢违旨不遵?"李世民怒责。

魏征上前陈述："正是陛下要求臣属忠直，魏征才敢于直言相谏。如说违背，是陛下自己违背自己的旨意，并非臣等违背陛下也！"

李世民自觉理屈词穷，但又不愿当着房玄龄的面向魏征认错，只好说："朕不与你争辩是非，只是淮安王的评级一定要变，不变，不能张榜！"说罢，气冲冲地拂袖而去。

尚书省衙门外的粉墙上，张贴着评定后的官考红榜。榜上公布有李世勣等武将的评级，李神通的名下仍旧是"职事粗理，最善不闻，中下"！

在宫中，权万纪正在向盛怒的李世民陈情。李世民没等权万纪把话说完，就命令说："权卿，你代朕草诏，狠狠地教训一次魏征！"

权万纪提起笔来，刚想书写，内侍引魏征携带着一卷书稿匆匆而至。

"朕并非宣召，您又进宫何事？"李世民看了魏征一眼，没好气地问。

魏征回答："官考的结果已张榜，臣奉旨监修梁、陈、齐、周、隋各朝史书，亦已动笔，由近及远，先从《隋书》写起。《隋书·序论》现已撰出，今日携带进宫，呈请圣上御览。"说着，把书稿呈在李世民面前。

李世民强压满腔怒火，信手翻了一下书稿，那瑰丽的文辞，清秀的字迹，像磁石一样吸住了他，使他的火气不知不觉地去掉了一半。

"《隋炀帝诗文集》，前日呈送陛下，不知可曾过目？"魏征问。

"已读过。"李世民回答，"朕看那隋炀帝的诗集，文辞华美，情通理顺，俨然是位明主，但他行事却是如此昏庸、乖张，实在令人恨而不解！"

魏征听其言，知圣上的心绪转好，就乘机进谏说："君王虽然圣明，但更应虚己以待人，如此方能使智者献其谋，勇者尽其力。隋炀帝自恃才高，骄矜自用，不听臣下谏劝，一味自行其事，近小人，远君子，故而虽满口诵尧舜之言，却身为桀纣之行，以致亡国灭家！"

李世民听完魏征的话，内心活动异常激烈，他不停地重复着："自恃才高，……不听劝谏，近小人，远君子……"深深地陷于思考之中。

权万纪见李世民沉默不语，知道事情不妙，但又不甘心败露，就寻衅地问："请问魏大人，何为君子，何为小人？"

魏征说："能引导天子耳聪目明者，是贤臣君子；若媚事君王，使其处境昏暗者，便是奸佞小人！"

这时，李世民插问道："作为人主，如何方能耳聪目明，又如何便会陷于昏暗呢？"

魏征回答："简言之，兼听则明，偏信则暗！"

"嗯，兼听则明，偏信则暗。说得好，说得好！"李世民怒气全消，他反复地体味着魏征所说的这八个字。

权万纪见状，心中有些慌乱，等稍微平定之后，他又见机向魏征反攻，用讥讽的口气说："如此说来，魏大人自然是贤臣君子莫属的了！"

魏征："敝人对贤臣君子愧不敢当，但至少决不做那种不顾社稷黎民，只知钻门营私的小人！有些人专以诬告为忠，以诽谤为直，陷圣上于昏暗，委实不齿！"

李世民听魏征的话中有话，便问："玄成，您所说的诬告，诽谤，系指何事？"

魏征躬身笑答："此事陛下最知底细！"

李世民看了看案上放着的奏折，又看了看权万纪，心潮难平，他无限感慨地说："作为明主，须要兼听，不可偏信；而作为贤臣，须表里如一，心清似水。朕为利国益民，广开言路，但决不许小人妄言虚事，混淆视听！今后凡有诬陷、诽谤贤臣者，朕必以反坐之罪论处！"

权万纪汗下如雨，无地自容。

魏征跪拜："谢陛下圣明！"

封伦回到府中，面色阴沉地倚坐在寝室内的病榻上。他服下了一碗汤药，把药碗推给了他的夫人。

权万纪在一旁也十分殷勤地张罗、侍候。

封夫人见丈夫在朝中受了"气"，心中愤愤不平，也叹息道："唉！自古都是忠臣没有好结果呀！我家大人跟随太上皇开创基业，谁知如今……"

"多口！"封伦怒目圆睁，大声呵斥，把封夫人和权万纪都吓了一跳。

"哼！"封伦气呼呼地说，"魏征，你算个什么东西！一个荒野村人，只配在李密、窦建德跟前当差。如今他凭着摇唇鼓舌，妄发议论，取得了圣上的宠信，竟敢在皇驾面前顶撞老夫！可气呀，可恼！我这病，就是从那一次气上得的！"

"恩师！"权万纪低声地对封伦说，"眼下还有机会，可以扳倒魏征！"

权万纪凑近封伦身边，诡秘地说："听说圣上决心要裁减朝廷各司衙的无用之员，这可是一件文武百官都非常关心的事！"

"裁减冗员，还能把魏征减下来吗？乱弹琴！"封伦生气地说。

"减不下来，可以把他参下来！"权万纪胸有成竹地说。

李世民正在皇宫书房阅读封伦的奏章，长孙皇后捧茶而进。

"好一个封爱卿！"李世民赞许地说，"他在病中依然思虑国事，难能可贵呀！你看，他不计前嫌，竟然举荐魏征主持裁减冗员的要务……"

李世民刚要提笔欲批，长孙皇后提醒似的开了口："陛下，你不是早已命魏征召集学士修撰几部史书吗，他怎能还主持减员？"

李世民说："修史非一朝一夕之功，但裁减冗员却迫在眉睫，而此事非魏征充任不可，我看还是让魏征先主持减员的好！"

说罢，做主批准了封伦的奏章。

再说魏征从李世民那里接受了裁减冗员的任务之后，就投入了这项关系到治国安民大计的工作。

这一日，魏征正埋头在尚书省内整理文卷，李神通不让任何人通报，就独自一人气势汹汹地破门而进，大声喊道："魏大人，裁减冗员，为何有我？"

魏征一看是李神通，连忙客气地让座，说："王爷，有话坐下好好地说！"

"坐下？往哪儿坐?！我的椅子早让你给砸了！"李神通把眼一瞪，一纵身，坐在了魏征的书案之上。

魏征见李神通蛮不讲理，无理取闹，心中也有些气恼，但又觉得没有必要同他一般见识，就耐心地向李神通解释说："王爷，经过上次政绩考核，你没有达到及格的标准，也就是说不具备从政的条件，自然是应该裁减了！"

"什么？我不够条件?！那是你考核不公，官报私仇！"李神通气急败坏，大嚷大叫。

魏征强压心中怒火，不慌不忙地从官考登记册中找到李神通的名下，递给他说：“王爷，请看：圣上要求官吏必须具有‘四善’，而王爷你只有‘一善’，要求符合‘二十二最’而王爷你尚不及‘五最’。如此政绩，别说你在朝廷任职，就是任命你去地方上当一名县令，恐怕圣上也不肯恩准呀！况且你平时的所作所为……你自己难道不清楚吗?!”

“好你个魏老道!”李神通气得浑身发抖，声嘶力竭地嚷道：“你可晓得，如今的朝廷是俺李家的天下!”

“这个么，魏征非常知道。”魏征平心静气地说，“圣上一再降旨，要求我选贤任能，不徇私情，这正是李家天下的‘为国之要’呀!”

李神通一听魏征搬出了圣上旨意，自知理亏，但还是钢嘴铁牙，不肯认输，他不停地喊叫：“我，我是皇叔!”

“你是皇叔不假。正因为是皇叔，你才更应该好好地听圣上的话呀!”魏征严肃地对李神通说。

“圣上有什么话?”李神通问。

“圣上说：‘为官择人，不可造次。用一君子，则君子至；用一小人，则小人竞进！小人竞进之路，就在私亲所至呀!”魏征一字、一句，落地有声。

“你能言善辩，本王不与你徒费唇舌。我…我去面见圣上!”李神通说罢，把脚一跺，衣袖一甩，气哼哼地走了。

李神通离开尚书省，急匆匆地来到李世民的内宫寝室。他声泪俱下地请求李世民让他官复原职。

李世民断然不许。他对李神通说：“你身为淮安王，既无战功，又无政绩，为何还要在朝廷上担任要职?！我现在倒要问问你，这些年，你枉杀了多少百姓？抢夺了多少民女？贪占了多少财物？你说，你说!”

圣上的这一连串的追问，可把李神通给吓傻了！他心想，不好，原来圣上把自己的老底都摸清了，就赶忙谢罪似的说：“陛下息怒，息怒，我知罪、知罪!”说罢，灰溜溜地退出内宫，回府去了。

李神通想来想去，还是不能与魏征善罢甘休，他不让我活，我也不能叫他好死！对，就是告状，告他包庇反叛，私分皇粮!

李神通毕竟是位王爷，他虽说在朝野上下名声不强，但总还是有几个狐朋狗友的。有的人是看着太上皇的面子，想通过他的路子，多少捞点好处，有的则是怕他，怕他横竖不讲理，来真格的，自己吃亏，也只能是顺着他的心意行事。另外，李神通凭着他的“皇叔”地位，在群臣之中也确实有些影响，一些武将，不知道他的底细，看他那副狐假虎威的样子，还真以为他本事不小呢？有些文官，只看他在圣上面前敢说话，觉得这个人心直口快，在必要时，还可以当枪使，所以，不仅不肯得罪他，反而与他拉近乎，对于他的胡作非为，也是睁一只眼，闭一只眼，佯装不知。

这样一来，李神通的阴谋诡计，就得逞了。时间不长，朝野上下，议论纷纷，不少人都知道了魏征包庇徐盖、私分皇粮的所谓“内幕”。

这种议论，很快也传到了李世民的耳朵里。他觉得此风可能与魏征主持减员有直接关系。

这一天早朝过后，李世民叫魏征留下，两人一同回到御书房。魏征这些天，一直忙于减员的政务，根本不知有对他的流言蜚语，所以，当李世民问及此事时，他感到十分惊讶。

魏征听完了李世民的介绍，哈哈大笑，他对李世民说："此事内幕如何，淮安王李神通比我清楚得多，陛下你还是亲自问问他吧！"

"他说的这些话，当真？"李世民也有些迷惑不解了。

"是真是假，我暂且不说。陛下，你问问李王爷，他到了黎阳之后净干了些什么事儿。黎阳城是在什么情况下被窦建德攻取的？窦建德率兵攻进总管衙门时，他在干什么？就会一清二楚了。"魏征平心静气地说。

"到底是怎么回事？"李世民追问。

"如果陛下相信魏征之言，卑职就一一奏明。"魏征认真地说。

"相信，快讲！"李世民催促说。

"陛下；当时淮安王奉旨到黎阳助战，到后的第一天，就因酗酒而摔伤，第二天酒醒之后，又不听徐将军和卑职的意见，硬派徐将军率兵与王世充大战，他自己负责守城。结果是他沉湎酒色，不理军务，卑职多次提醒，他不仅不听，反而大发雷霆，致使夏军乘虚而入，在睡梦中把他擒获。这就是内幕，这就是真相，请陛下明察！"魏征说。

"原来如此。"李世民恍然大悟，气愤地说，"这个李神通真不像话！"

魏征接过李世民的话茬儿，说："不像话的事儿还多着呢！窦建德与我有生死之交，这一点不错。可正是这一点，我魏征才保护了淮安王，使他不仅安全无恙，而且被待为上宾。他整日无所事事，只知饮酒作乐，喝醉了酒，就大吵大闹，要女人……。有一次，我去劝阻，他竟用酒碗把我砍伤，至今疤痕尚存！"

魏征越说越激动，李世民越听越气恼，他当即吩咐内侍宣召李神通进宫。

李神通在府中正与姬妾们嬉闹，听说圣上召见，心里暗自高兴。莫非是我的状告赢了，圣上要给我官复原职？

李神通喜冲冲地来到后宫，面见李世民。

李世民见李通神进门，劈头就问："你诬陷大臣，对抗减员，罪上加罪，可曾知晓？"

"微臣不知！"李神通跪拜在地。

"散布流言，说魏征包庇徐盖、私分皇粮的，可是你？"李世民追问。

"微臣不敢！"李神通矢口否认。

"你在黎阳，净干了些什么事儿？如实讲来！"李世民命令说。

"这个……"李神通见隐瞒不住，只好避重就轻地说，"徐茂公上阵，我守城，被窦建德俘虏，做了人质，受尽了污辱和折磨……"说着，他竟两眼一挤，流下泪来。

李世民见状，更加恼火，把书案一拍，说："我来问你：窦建德攻入黎阳时，你在何处？"

"在，在……"李神通不敢明说。

"你在何处？"李世民怒目圆睁地又问。

李神通知道这次不说实话，不行了，就吞吞吐吐地说："在衙门的正厅里。"

"在衙门正厅里干什么？"李世民紧问不放。

"没干什么。"李神通含糊其词地回答。

“真的没干什么?”李世民又逼问了一句。

“真的,我在睡觉……”李神通终于迫不得已地说出了事实真相。

“失职、丢人,该斩!”李世民怒发冲冠,大声训斥说,“你身为天朝大将,肩负守城重任,却不理军务,沉于酒色,竟被敌人擒于床上,奇耻大辱呀!朕都为你羞愧!”

李神通闻听“斩”字,吓得魂飞天外。他磕头如捣蒜地喊叫:“陛下,饶命,饶命!”

李世民见李神通那副可怜相,不由地又产生了怜悯之心。心想:不管他多么可气,多么无能,可他总是个皇叔呀!如果把他处理喽,太上皇那里恐不易交账,对整个李氏家族也不光彩!算了吧,就饶了他吧!于是,李世民对李神通说:“上次官考你政绩不佳,这次就应裁减。魏征所定,完全正确,朕也十分赞成。你身为天朝大将,屡战屡败,那次征讨刘黑闼也是一败涂地,实无功绩可言。不仅如此,你还多次残害百姓、抢夺民女、私占公物,加上这次诬陷大臣,抗拒减员,朕本该送你去大理寺治罪,处以极刑也不为过。但念你是我李门之人,太上皇起事之时,你也曾相助于他,就从轻发落,仍按魏大人原定方案执行,革去军职,只供王俸!”

“谢陛下不斩之恩!”李神通感激涕零。

李神通面见李世民回来,心中又喜又恼。喜的是圣上终究是自家人,对自己还是满关照的,要是别人,恐怕脑袋早就搬家啦!恼的是这魏征真不是东西,一点儿情面也不讲,把自己在黎阳的那些丢人现眼的事儿,在圣上面前,全都抖搂得一干二净!可恨,实在可恨!李神通想,我虽然不当将军了,但还是王爷,明里我干不过你,暗里我也要出口气,解解恨!

想到这里,李神通的坏点儿又冒出来了。他派心腹家人到城里雇了几名亡命之徒,趁天黑、夜静、更深,偷偷地摸进了魏征的府上,跃上高墙,溜上房顶,揭起瓦片,向魏征寝室的门窗上砸去。

魏征此时尚未就寝,还在烛下修改文稿。他听见响声不对,慌忙吹灭蜡烛,在室内静观外面的动静。

家人和卫士们从四处冲出,提枪握刀追赶上去,把歹徒一一拿获。

卫士们把歹徒押到魏征面前。

经过审问,方知他们是受李神通家人的收买、驱使,蓄意来魏府寻衅捣乱的。好在没有伤人,损失也不算太大,魏征就让这些歹徒在口供上画押,把他们放了。

第二天,魏征向李世民详细地奏明了这次裁减冗员的成果:经过整顿后的朝廷各部司的文武官员仅有六百四十三人,新任命的官员基本上符合德才俱兼、精明强干的要求。

克己奉公

在封伦府中的寝室里,封夫人焦急地望着奄奄一息的封伦。使女们在一旁小心地伺候。

这时,一个仆人进室,叫道:“夫人!”

封夫人移步近前,示意轻声。

“已给淮安王送去了信。”仆人禀报说。

封夫人点点头,挥手示意叫仆人走开。

这一仆人刚刚出去,又一个仆人进门。

"权万纪来了没有?"封夫人问。

仆人回答说:"禀夫人,权大人府中下人说,大人公务繁忙,脱不开身。"

"这个没有良心的东西!"封夫人气得咬牙切齿,"他的恩师危在旦夕,他倒连面也不敢露了!下去,下去!"

帐中的封伦听见,话音浑浊地说:"快请孙大人……快!"

使女看了看封夫人,封夫人示意请进。

使女出门,随即引孙谋进室。

孙谋来到封伦的病榻前,跪下,说:"小人孙谋,叩见封老大人!"

封伦以手示意,叫孙谋免礼,他想挣扎着坐起,但却咳嗽起来。

"大人保重。"孙谋急忙站起身来,禀道,"小官奉淮安王之命前来探望老大人!"

"谢……谢……王爷!"封伦有气无力地说。

孙谋向封伦转达李神通的问候,说:"小官来时,王爷多次叮嘱,让我多多向老大人请安。他说,他与老大人同在朝堂,志趣相投,多有关照,今闻老大人贵体欠安,十分挂念,万望加意疗养,不久定能康复……"

封伦长叹一声:"唉!只怕不能了!我这病是由气而得……,魏征当着圣上的面,顶撞我,……扳不倒魏征,我死……不瞑目……"

封伦向身边的使女比画了一番,使女明白,点头出去。

孙谋也觉大为茫然。

使女提一个金丝鸟笼进屋,笼中有一只凶恶的鹞鸟。

封伦让使女把笼子送给孙谋,然后说:"老朽拜托孙大人转告王爷,今后不论发生了什么事,都望求王爷能为我封伦一家老小做主,在太上皇和圣上面前多多美言……。这只鹞鸟,是我的心爱之物,请你替我送给王爷,留作纪念吧!"

孙谋跪下,双手接过鸟笼,敬畏地说:"封老大人放心,小官一定转交王爷!"

封伦又是一阵剧烈的咳嗽,封夫人轻轻地为他拍打脊背。不料,封伦一口气接续不上,痰厥气绝。

在淮安王府中厅,孙谋已把鹞鸟转交给李神通。

李神通也是个鸟迷,他看着鹞鸟,爱不释手,连连称赞:"好鸟儿,好鸟儿,真是一只好鸟儿啊!"

孙谋见李神通情绪不错,就对他说:"王爷,封大人在临终前,还在痛骂魏征呢!"

"魏征,魏征真是我的死对头呀!"李神通咬牙切齿地说,"这小子一得势,可把我给折腾苦啦!他的那个'职事粗理,最善不闻'一定,把我的将军职务就给定跑了!他娘的,真可恶,封伦就是活活叫他气死的!"

"是呀!"孙谋随声附和地说,然后又告诉李神通,"王爷,我听封夫人说,好像权大人听到了什么风声,已经改弦易辙了!"

"嗯?"李神通不解地问,"这是为什么?不过,权万纪这个小子也不是个好东西,贼鬼溜滑的,谁也捉摸不透他肚子里有多少坏肝烂肺?!”

唐代文吏服饰

长安街头,店铺林立,百业俱兴。

人流来往,熙熙攘攘,繁华异常。

在人群中,赵臣毫无目的地东遛西看。他什么东西也不买,因为身上一文钱也没有。挤在人多的地方看热闹,纯粹是为了消磨时光。

在离赵臣不远的地方,有一个商人领着孙谋走来,边走边从背后指点着赵臣,向孙谋介绍着赵臣的近况。

赵臣进到一家酒店里,在乱糟糟的顾客中,找到了一个空位子坐下,跑堂的伙计随后跟了过来。

“赵大爷,你来啦?”店伙计招呼说。

赵臣满脸赔笑地说:“小二哥,给我壶酒。”

“赵大爷,掌柜的再三关照,你喝酒,要给现钱。”店伙计似笑非笑、似真非真的说。

赵臣无奈,只好呆坐在那里,眼巴巴地看着别人喝酒,垂涎欲滴,自己分文皆无,难过得差点落下泪来。

孙谋早就进了酒店,刚才的情景全看在眼里。这时,他走过来,向赵臣拱手,问:“赵兄,你还认识小弟吗?”

赵臣见孙谋衣冠楚楚,自己并不认识,急忙站起,说:“小人眼笨,有眼不识泰山。大人,你是?……”

“在下孙谋,淮安王府的长史。赵兄当年在东宫任职时,咱们曾有一面之交啊!”孙谋热情地自我介绍说。

赵臣虽说一时想不起来,但他听说是淮安王府的人,恨不得巴结一番,便随声答道:“原来是孙大人,小人失敬了!”

“赵兄要喝酒,怎么找这种地方?”孙谋说罢,高喊,“店小二!”

店伙计一改刚才的面孔,急忙应声:“来啦!”

“楼上可有雅座?”孙谋问。

“有,有!”店伙计连连照应:“二位请上楼,楼上请!”

赵臣瞥了店伙计一眼,跟着孙谋来到了楼上。

在一间清静的雅座里,桌子上摆满了丰盛的酒肴。孙谋与赵臣边喝边谈。

孙谋首先对赵臣的处境深表同情,他对赵臣说:“听说赵兄当年是先太子的亲信,想不到如今落到了这般地步!”

“唉!”赵臣叹息地说,“多亏圣上宽宏大量,要不我早刀下做鬼了!”

"是啊,是啊!"孙谋随声附和地说,"不过,要讲有罪的话,那些给太子出谋划策的人,才真有罪哩!"

"你说的对。一般的人,是没有罪的!"赵臣言不由衷地说。"就是嘛,赵兄你不过是太子身边的一名侍从,何罪之有哇!"

赵臣一连喝了几大杯,已带醉意,他结结巴巴地对孙谋说:"孙大人,你看得起小弟,我,我敬重您,我……我实话实说,要说有罪,我还是真办过一件缺德的事,皇上杀了我,我,我一点也不觉得冤枉!"

"你办了件什么事?"孙谋乘机问道。

赵臣好像怕人听见似的,凑到孙谋的耳边说:"先太子曾想用……用毒酒害死皇上,……那……那毒药是我买来的,也是我下到酒里的。"

"啊!——"孙谋一听,吓了一跳,心里一个劲儿地扑腾。他定了一下神儿,马上觉得这其中有文章可做,也就轻声轻气地对赵臣说:"这件事情,我过去也听说过。药是你买的不假,可这个主意是谁出的,你知道吗?"

"这个……我不知道。"赵臣认真地说。

"我告诉你,你可别乱讲!"孙谋煞有介事地叮嘱赵臣说。

"我不,不讲!……你说,是谁、谁的主意?"赵臣瞪着两只大眼睛,盯着孙谋问。

"我听人们说,这个出主意的不是别人,就是当年的太子冼马魏征,如今的尚书右丞魏大人!"孙谋说罢,向四周张望了一番,见确实没人,才放了心。

"啊!"赵臣听说是魏征,不由地一惊,回忆起当时太子要杀他,魏征出面说情的事。

赵臣说:"这件事,好像魏大人当时并不知道。要不是他讲情,我就被先太子给杀了!"

孙谋哈哈大笑,然后低声对赵臣说:"赵兄,这,你就不懂了。像魏征这样的人,城府很深。他出的主意,是不会让下人知道的。用了你,叫你挨了打,最后还落个救命恩人!"

赵臣有些真假难辨,只是连连点头。

孙谋接着说:"不谈这件事了。赵兄,你如今作何生计呢?"

赵臣闻听,带着酒意大哭起来。

"赵兄为何啼哭?"孙谋问。

"孙大人,你不知道,小弟我如今流落街头,乞丐不如呀!"赵臣哭诉道。

"不必悲伤。"孙谋劝说道,"眼下淮安王府正缺赵兄你这样的人,我给你引荐,你到王府供职如何?"

赵臣受宠若惊,急忙跪下叩谢:"孙大人,小弟如能进入王府,一定报答大恩!"

孙谋弯腰搀起赵臣,说:"你我兄弟,不要行此大礼。今天,我就领你到王府去,可好?"

"好,好!"赵臣从地上爬起来,走到房门口,冲着楼下神气地喊:"店小二,算账!"

孙谋带着赵臣走进淮安王府。先给赵臣换了一身像样的衣服,又让赵臣梳洗整理了一番,然后才领他去正厅面见李神通。

李神通此时刚从宫里回来。他按照权万纪的计策,给李世民敬献鹞鸟,受到了李世民的赞赏,心中乐开了花,一直到现在他还沉浸在欢乐和得意之中,不由地又回忆起刚才李世民与他谈话的情景。

李神通正在美滋滋、乐洋洋地观赏李世民赐给他的丝锦,孙谋领赵臣进来府中禀报。

“禀王爷,这是隐太子原来的贴身近侍赵臣,拜见王爷!”孙谋首先介绍。

“拜见王爷!”赵臣跪倒在地,连磕了三个头。

“起来,起来!”李神通大笑着说。

赵臣站起,立在一旁。

李神通问:“你知道魏征在东宫做官儿时,净干过哪些坏事?”这位王爷丝毫不隐瞒自己的观点,一见赵臣,开门见山地就来了这么一句!

赵臣只知是来淮安王府供职,对揭发魏征之事,他压根儿也没敢想过。刚才在酒楼上与孙谋所谈,是酒后失言,或者说是酒后吐真言,如今要真的把事情抖搂出去,赵臣就有十个脑袋,他也豁不出来呀!可是,现在淮安王劈头就问,怎么办呢?好在赵臣在东宫任职时,也学过几手,经过几次大的场面,还足以能够应付这位草包王爷!

“王爷!”赵臣装出一副十分惊恐的样子,走近李神通,低声细气地说:“魏大人如今是朝中重臣,圣上的红人,我、我、我敢胡言乱语呀?!要是让他老人家知道喽,我、我的小命就完啦!”

“软蛋!”李神通气恼地说,“有王爷给你做主,你不要怕!如今圣上听我的!”

“圣上听你的,那好,那好!”赵臣连连躬身,接着说,“王爷,那魏征当年在东宫任太子洗马的时候,经常给隐太子李建成出坏主意。”

“什么坏主意?快快如实讲来!”李神通关切地问。

“比如那一年,他非逼着太子去打刘黑闼,结果抢了王爷你的头功!还有……”赵臣有意避开要害,给李神通兜圈子。

“还有什么?快说!”李神通催促。

“还有他建议太子优待战俘,让刘黑闼的士卒回乡务农,这不是有意地放虎归山,留有后患吗?!”

“对!说得对!这是放虎归山,蓄意造反!”李神通觉得赵臣为他找到了魏征的一条罪状,心中高兴,就不想追问了。

李神通见孙谋沉思不语,知道也没有更多的话可谈了,就吩咐孙谋说:“孙谋,安排赵臣在王府供职。”

“是!”孙谋应声。

“谢王爷!”赵臣跪拜。

这一日清晨,魏征更换朝服,正准备上朝面君,裴夫人一边帮他收拾整理案上的书稿,一边小声地说:“老爷,您对朝中之事总是尽职尽力,而对家事却从来不挂在心上!”

魏征闻听,知是夫人又在唠叨自己,就故意逗乐地说:“家事自有夫人做主,老朽我何用之有呀?!”

说罢,魏征大步流星地向大门外走去。

魏征乘轿行至宫门之外。

见内侍们正在备马，收拾猎具。你来我往，进进出出，十分繁忙。

这时，李世民兴致勃勃地从宫中走出。他的妹妹桂阳公主紧随其后。

“连日来，政务繁忙，今天稍有闲暇，正好出游打猎！”李世民边走边对桂阳公主说。

“是呀！难得今日天气如此之好！”桂阳公主笑嘻嘻地对李世民说，“跟随皇兄出猎，不只是享受一次猎趣，还是一种罕有的幸事哩！”

“出游打猎，是我一生中的爱好之一。自登极以来，朕存心抚养百姓，克制己欲，效法古代明君，要说有违民意者，朕自度，仅此游猎一事而已。”李世民说。

“皇兄游猎，既不扰民，又不误国，只是在政暇之余，玩玩而已，所带之人又都是一些亲随家人，与天下百姓何干？”桂阳公主觉得李世民有些小题大做，就不以为然地劝慰说。

“小妹言之有理。朕游猎只不过是换换环境、散散心罢了！”李世民说着，加快了脚步。

二人边说边走，很快来到了皇宫门前。

“陛下、皇姑，请上马！”内侍迎候说。

李世民精神抖擞，接过马缰，一跃而上。

桂阳公主刚要上蹬，马一声长嘶，把她吓得往后退了几步。

李世民把马鞭一扬，高兴地喊道：“出发！”

侍从和卫士们各持器具，正要动身，魏征赶至近前，高喊：“陛下，慢走！”

李世民在马上问：“魏卿，何事？”

“请陛下留步，微臣有要事上奏。”魏征回答。

“朕今日要去游猎，皇姑也随同前往，国事嘛，改日再议吧！”李世民有些不耐烦地说。

魏征上前一步，严肃地对李世民说：“陛下乃一国之主，应以朝政为重，怎么能舍本逐末呢？”

“这……”李世民无言以对。

桂阳公主见魏征挡驾游猎，心中火起，但因有李世民在场，又不便发作，便冷冷地说：“圣上早就钦定今日由我陪他出猎，圣上的旨意，难道是可以随便变更的吗？”

魏征闻听，并不退让，接言说：“圣上旨意，微臣自然不敢违抗。但微臣确有要事要奏于陛下，而且需要急办，难道能因游猎而误国家大事吗？”

李世民也觉得魏征言之有理，可是他又不肯放过这次出猎的机会，就在马上又把马鞭一扬，说：“魏卿，国事当然重要，明日再议还不行吗？”

说罢，李世民两腿一夹马肚，双手一抖丝缰，那马长啸一声，从魏征面前奔驰而过。

桂阳公主冷冷地用眼瞟了一下魏征，鼻腔里“哼！”了一声，策马相随。

侍从和卫士们急忙抬起器具，尾追其后。

魏征望着出行的猎队，气得浑身颤抖。

突然，他看见一个落后的侍从行动迟缓，就不顾一切地走了过去，夺过马鞭，使出全身力气，翻身上马，策马追了上去。

侍从在后边一边追，一边喊：“魏大人，使不得，使不得呀……”

骏马在林荫道上奔驰。

卫士们在密林间奔跑。

李世民在马背上弯弓搭箭，瞄准奔跑逃命的麋鹿，一箭射去，麋鹿中箭倒地。

桂阳公主策马来到麋鹿身旁，一名卫士从地上抓起麋鹿献上。

桂阳公主非常欢悦地说："皇兄，您的箭法依然不减当年呀！"

李世民翻身下马，望着桂阳公主手中的麋鹿说："皇妹，猎物是到手啦，我自己也觉得我的箭法不减当年，可是，想起临行时，魏爱卿说的话，我的心中总有些不安呀！"

突然，一名内侍手指远处的大道，对李世民说："陛下，你看，那骑马来的好像是魏大人！"

"嗯？！"李世民顺着内侍的手望去，不安地说："是他，他追来了！"

"哼！"桂阳公主生气地蹲在一块巨石上说，"这老头儿，也真够拗的！竟敢追到这儿来！"

魏征策马急进，工夫不大，来到李世民面前。他翻身下马，拱手拜道："陛下，请微臣把刚才的话讲完！"

李世民转身，也坐在一块山石上说："好，请讲罢！"

魏征喘了口气，对李世民说："现在陛下的辉煌大业四海显赫，路不拾遗、夜不闭户，确实国泰民安。可是，微臣记得老子有一句名言……"

"何言？"李世民问。

"老子说：祸兮福所倚，福兮祸所伏。圣上乃一国之君，可要居安思危，戒奢以俭呀！"魏征回答说。

李世民闻听魏征所言，不觉为之一震。

魏征看李世民心有所动，就又接着说："国家存亡的关键，在于帝王能否节制欲望，以满足天下百姓的要求。贞观之初，陛下勤奋理政，不曾有任何懈怠，也无游猎的兴趣，只知专心求治，安抚百姓，所以才换来了今日这国泰民安的盛世。陛下，您我君臣都深知，这样的盛世，是多么来之不易呀！"魏征说着，激动得热泪盈眶。

"来之不易，朕也知晓。不过，朕想，游猎乃朕个人私事，又无碍大局，何必如此认真呢？"李世民说。

"陛下，如今您是一国之主，万民的楷模，一言一行，无论大小，均与国家社稷的兴衰存亡有关。切不可把个人的兴趣爱好，仅仅看成是个人私事，而放松对自己的约束呀！"魏征恳切地说。

"魏卿，朕之游猎，与他人不同，既没有动用财力，也没有骚扰百姓，只是在政暇之时，解除疲倦，以利身心，这难道也不可吗？"李世民反问道。

"陛下，政务之余，健身驱劳，理应所为，但不宜多行猎事。虽说陛下游猎仅限御苑之内，没有骚扰百姓，但百姓闻知，依然是痛心疾首的。即便是陛下所为对他们没有直接危害，可是，他们却认为陛下过多地追求个人的乐趣，总是对治理国家、安抚百姓不利，所以，他们也是反对的！"魏征动之以情，晓之以理，使李世民也为之动容。

李世民对魏征说："魏卿，您想得深远，朕自愧不如。可是，朕自我反省，觉得今年游猎虽多，并未因此而妨害国事呀！"

"陛下,今年才过五月,已外出游猎十次之多,误时暂且不论,误事之处,怎说无有?"

李世民大为震惊,忙问:"魏卿,朕的误国之为何在?"

魏征不慌不忙地问:"陛下,刚才您与皇姑来御苑的途中,可曾遇见一些衣衫褴褛的乞丐?"

"这……朕来时匆忙,没有注意。"李世民答。

"请问皇姑,您看见了吗?"魏征又问桂阳公主。

魏征一问桂阳公主,她的闷气一下子发了出来,就转过身来,怒冲冲地朝着魏征喊道:"你问我干什么?皇姑我什么也没看见!"

李世民见公主有些欠礼,就有意地缓和气氛说:"皇妹,您年轻眼力好,一定会看见的!"

桂阳公主听李世民夸奖自己,心中的怒气消了一半,不好意思地说:"在路上,我是看见了几个穷要饭的。"

"陛下,臣闻近日长安城里乞丐增多,就利用政余之时作了一些考查,得知这些乞丐多是近处州、县的受灾难民。虽说目前举国安定,五谷丰稔,但因疆土辽阔,天灾时有发生,百姓衣食不足者,还为数不少,陛下不可不虑呀!"魏征语重心长地说。

"魏卿,您可知这些地方的灾情如何?"李世民关切地问。

"陛下,微臣已派人前往灾区进行调查,回来后便可知晓详情。民食大事,如不及时处理,恐对治国不利呀!"魏征激动地说。

"魏卿,这就是您急于找朕要奏明的要事吧?"李世民问。

"正是。微臣以为此事重大,关系国计民生,您我君臣既为天下父母之责,就不能视而不见,听而不闻,置百姓于水火而不顾,只追求个人享乐而不管……"

李世民知道魏征这是在婉言地批评自己,心中也深感惭愧。

李世民想到这里,猛然站起身来,说:"魏卿之言,鞭辟入里,魏卿之行,朕之明鉴。从今以后,朕恪守每年三次游猎的规定,不再越犯。停猎、回宫!"

魏征与李世民并驾齐驱,边走边议救灾抚民之事,交谈十分热烈;桂阳公主不声不响地紧随其后,大为扫兴,心里闷闷不乐。

秉公无私

魏征数日没有上朝理政,李世民心中很是不安。

这日早朝,李世民环视殿下群臣,又独不见魏征,便问:"魏卿为何多日不来上朝?"

左右大臣面面相觑,有的回答"不知",有的沉默不语。

李世民心绪不定地自语道:"想那魏卿,平素上朝,每每早至,即使有因,也必一一奏过言明,今日为何?莫不是他……他有了不测之危?!"

殿下一片沉寂。

少顷,郑仁基上前奏道:"臣复陛下,听说魏大人身患重病,已卧床不起……"

"怎么?魏卿他已卧床不起?!前些日子,朕见他精神蛮好,怎么一下子就病倒了呢?"李世民用疑惑的目光凝视着郑仁基,急切地问,"你可知他患的是什么急症?”

“听说是架气伤寒!”郑仁基小心翼翼地回答,声音虽低,但语气深沉有力。

李世民半信半疑:“他在家有贤妻孝子,在朝有朕信赖,这气从何而来呀?”

“这个……,微臣就不得而知了……”

其实,魏征这几天并没有患什么重病,他在家中正忙于研读经史、整理文稿。假说患病,是要让李世民到他家中,他要为李世民诏纳郑小姐进宫一事当面进谏。

魏征是在十天之前才得知这一事情的真相的。那日晚餐时,魏夫人见他非常高兴,随口问道:“老爷整日为国事操劳,总是早出晚归,今日不知何事让老爷这样开心?!”

“夫人有所不知,这半年之中,我每日理罢朝政,就到弘文馆查阅群书,撰写《群书治要》,今日已集成三十二卷,故而心情欢悦!”魏征说着,拿起筷子,就要往碗中夹菜。

“啊,是这么回事!我还以为老爷是为圣上新得一位美人而高兴呐!”

魏征一听,不觉一怔,放下筷子,忙问:“圣上什么时候又有了一位美人?!”

“全长安城都嚷嚷遍啦,谁人不知,哪个不晓?只有老爷你整日理政,埋头著书,不知此事罢了!”

魏征更加惊讶,又问:“有这等事?不知是谁家女子?”

“郑仁基之女!”

“哎呀!郑大人之女不是早就许嫁给陆康之子陆爽了吗?这事恐怕是谣传吧!”

“当今圣上看中,皇后亲自选定,近日就要下诏,怎么能是谣传?!”

“夫人,你听何人言讲?”

“午后,徐大人来府找老爷商讨此事,是他亲口对我所言,这事还能有假?”

魏征听罢,双眉紧皱,低头沉思了片刻后,说:“夫人,你们先用饭罢!”说着,站起身来。

“老爷,你又要去干什么?”魏夫人着急地问。

“去郑府,找郑大人问个明白!”

“那也得先用了饭再说呀,今日天色已晚,明天再去吧!”

“事关重大,刻不容缓,备娇!”魏征说着,大步跨出房门,老院公急忙跟了出去。

在郑府的上房里,郑仁基一筹莫展地来回踱步,郑小姐坐在一旁哭哭啼啼,桌子上的饭菜一点儿也没有动。

忽然,郑仁基停住脚步,顿足捶胸地喊道:“我郑仁基平生没做过亏心之事,为何天地不容啊!”

郑小姐泪流满面,跪在地上:“这都是女儿的过错,招来塌天大祸!”

“是,是我的不是,不该说漏了嘴!”丫鬟春兰在一旁喃喃地说。

郑仁基怨恨自己不该让女儿外出赏花。

那天,御花园对外开放,让万民观赏秋菊。郑小姐装扮成村姑模样,带着贴身丫鬟春兰,随着人流游览。正当她们游兴酣浓之时,忽见李世民、长孙皇后乘坐的龙凤彩轿翩然而至。主仆二人一时躲闪不及,正好进入了圣上、皇后的眼帘。

李世民让轿在郑小姐的身旁落下,长孙皇后也随后赶到。李世民见郑小姐转身要走,忙说:"村姑留步!"

内侍上前拦住郑小姐说:"圣上有旨,村姑留步。"

郑小姐闻听,大吃一惊,停住脚步,猛一回头,正好让李世民看了个真切!他对长孙皇后说:"没想到,世上竟有如此绝色的女子!"

长孙皇后从李世民的眼神里已明白了八九分,她嫣然一笑,走到郑小姐跟前,和蔼地问道:"这位村姐,从何而来?"

郑小姐又羞又怕,脸红得像一朵刚开的荷花,嘴里嘟囔道:"贫女,贫女……"一时竟不知说什么好了。

这时春兰壮了壮胆,昂起头来答道:"俺们是从郑府来的!"

郑小姐慌忙阻止:"春兰,不可……"

长孙皇后见状,追问:"可是郑仁基,郑大人府上?"

"是呀,郑小姐她不让……"

"啊,原来你家小姐是郑仁基府上的千金呀!"长孙皇后笑眯眯地来到李世民的轿前。

……

郑仁基家三人正在商量对策,老院公进来禀报:"老爷,陆公子请到!"

"快请进来!"郑仁基吩咐了一声,见女儿起身想要回避,又说,"嫒儿,事到如今,共商对策要紧,你不必拘泥礼仪了!"

陆爽急匆匆进来,拜见后坐定,就感到气氛有些不对,忙问:"老伯唤小侄前来,有何急事?"

"贤侄有所不知,今日太监传谕圣上旨意,要选小女进宫伴驾呀!"

"啊?!"陆爽一时惊呆了。过了好大一会儿,他才气极地喊道,"嘿!我豁出性命不要,也要找上金殿!"说罢就要外走。

正当郑家父女劝阻陆爽的纷乱之际,魏征来到了郑府的门口。听见老院公的禀报,郑仁基的心中七上八下忐忑不安,陆爽更是心急火燎。

"这个时候,魏大人前来,莫非他……快请,快请!"郑仁基吸了一口凉气,定了一下神,然后转身命令似的说:"你们快快躲避!"

春兰搀扶郑小姐,领着陆爽转入了内室。

一切收拾、安排停当,郑仁基刚要出门迎接,魏征已随家人迈进了门槛儿:"郑大人,多有打扰!"

郑仁基上下打量着魏征:"魏大人星夜光临寒舍,莫非是为小女……"

"正是为了此事!"魏征一语破的。

郑仁基冷冷地说:"那好。魏大人,请落座叙话。"

魏征坐定,就问:"不知郑小姐……"

"魏大人,请直言,圣上有何旨意,微臣照办就是!"郑仁基说罢,低下头去,不再言语。

魏征环视了一下房内,沉思了片刻,直截了当地问:"听说贵府千金被圣上看中,要选入宫内,可真有此事?"

"魏大人与圣上关系甚密,如此大事,您焉能不知?"

"近日我理罢朝政,就去弘文馆著书,对此事确实不知,故而今晚特来问个究竟!”
“这么说,您不是奉旨前来……”
“郑大人,您过虑、多疑了。今天是我自己决定要来的。对于这件事,不知大人和小姐意下如何?”
“我家小女早已许嫁陆家,我不能弃义求荣啊!”
魏征满意地连连点头,赞许道:“好,好,这样就好!”
郑仁基不解地问:“魏大人,如今俺郑家大祸临头,好从何来呀?”
“要是郑大人决意不从,我魏某倒有一法可解!”魏征胸有成竹地说。
郑仁基喜出望外:“噢,那就请魏大人赐教!”
“附耳上来!”
郑仁基迫不及待地趋到魏征面前,两个人如此这般地耳语了一番。
与此同时,陆爽在郑小姐的房中,正追问郑小姐的态度和打算。
“事到如今,你倒是说句爽快话呀!”
“我,我……”郑小姐有口难言,又掩面哭泣起来。
陆爽一气之下,把桌子一拍:“哼!你不说话,就是愿意入宫为妃!”
“不,不,我不愿意呀!”郑小姐两眼直呆呆地盯着陆爽,极力地表白着。
陆爽见郑小姐没有进宫的意思,心绪安定了不少,他慢慢走到郑小姐面前,问:“那你打算怎么办?”
郑小姐说:“我生是陆家媳,死是陆家鬼!只是违抗圣命,你我两家老小的性命难保呀!”
“难得小姐深爱,陆爽今生足矣!”
“公子!”郑小姐哭喊着投入了陆爽的怀抱。
陆爽激动地爱抚着郑小姐,两行热泪夺眶而出。
“大丈夫宁折不弯,宁死不屈,我一定要面见圣上……”
“此事非同小可,连累了爹爹,你我的孝……”
“魏大人现在府内,你我何不去求救于他?!”
一语唤醒了梦中人。郑小姐转悲为喜:“快,快!快去拜见魏大人!”
郑仁基听罢魏征的耳语,眉开眼笑:“此计甚妙,小女有救了!”
这时,陆爽和郑小姐进来拜见。魏征心中明白,安慰他们说:“我与郑大人已经商定好了搭救你们的办法,你们不必过分伤心,各自回府、回房去吧!”
从郑府回来之后,魏征就一直没有上朝面君。
这天早饭过后,魏征进了书房。他看了看案头上摆着的一大堆书,仍觉不足,就又从书架上搬下了一叠,摊摆在书案上。
忽听院公在外高喊:“老爷,圣上驾到!”
魏夫人赶忙收拾房间,催他说:“圣上驾到,你快去迎接呀!”
“哎,他来他的,我病我的,你不要收拾书案,快把被子给我盖上!”魏征说着,躺在了床上。
魏征倒头冲里躺好,魏夫人只得依着他盖上了被子。
这时李世民等人进了书房。
魏征躺在床上,发出了低沉的呻吟声:“哎哟,哎哟!”

魏夫人见难以回避,迎头便拜:“陛下,老爷他……”

“哎哟!哎哟——”魏征的大声呻吟,打断了夫人的话。

李世民见魏征病得不轻,忙说:“夫人免礼,快去照顾魏卿吧!”他轻步走到床前,关切地低声问:“魏卿,您的病好些了吗?”

魏征转过身来,有气无力地回答:“唉!老不见好转呀!”说罢,他装作很费力的样子,要起身拜谢。

李世民摆手阻止:“魏卿不必拘礼!”然后从内侍手中接过药盒:“这是朕特让御医为您准备的成药,您服后定能早日痊愈!”

御医在一旁也说:“这是治疗伤寒的特效药。魏大人只要及时服用,不久即可康复!”

魏征看了看药盒,对李世民说:“圣上爱臣之恩,魏征终生不忘。只是我这病非比一般,此药怕是治不了呀!”

“这,这是为何?”李世民大吃一惊。

御医急忙上前询问:“不知魏大人的病由何引起?”

魏征指了指书案上的群书,慢腾腾地说:“唉!要说这病的起因,我自己也觉得好笑!前些日子,我每天夜晚常读史书,当我看到周幽王因贪爱褒姒而自身丧命,晋献公为眷恋骊姬而使晋国几代不宁……有多少帝王贪婪女色而遭杀戮,我就心中气愤、心中怨恨、心中惋惜,搅得我思绪如潮,心乱如麻,难以安眠,后来我干脆穿衣起来,乘着月色在园中走走,谁知一股凉风从宫廷那边袭来,寒气入内,就病倒了!”

李世民听出了魏征这番话的弦外之音,但一时也不愿把话挑明,就接着魏征的话茬儿,劝慰他说:“魏卿,您不必为古人担忧,戕害自身!”

魏征说:“不!我这不是为古人,是为今人,为陛下!”

李世民说:“既然朕有与亡隋类似之过,您为何不及时规劝?!”

魏征见和盘托出的时机已经成熟,就对李世民说:“陛下既然如此看重微臣,屈驾前来探望,那就恕臣直言了!”说着,从床上坐了起来。

李世民见魏征坐了起来,心中也很高兴,坦率地说:“魏卿,有话只管当面讲来!”

魏征审视着李世民的面容,先不慌不忙地问了李世民一个问题:“陛下,贞观元年二月四日,您曾为百姓的婚嫁之事亲自下过一道诏书,其主要条文您还记得吗?”

“当然记得!”接着李世民诵道:“百姓男女无家室者,各州府县官员必以极力相助,任百姓各自相求,以礼聘娶,不得强婚。”

“对呀!陛下一向以民为本,素来抚爱百姓,今日怎可把已经订婚的少女选入宫中?!”

李世民听后,大为惊讶:“你说什么?那郑仁基之女……”

“陛下,据微臣所查,那郑大人府上的千金,早已许嫁给陆康之子陆爽。陛下倘若执意选入宫中,当然不难如愿,但只是有损圣德,以小失大,臣为之痛惜呀!”

李世民解释说:“朕只晓郑家之女人才出众,并不知她已许嫁与人,这……”

“陛下!”魏征恳切地劝道:“自古有道明君,都非常重视百姓的疾苦。古语说:‘见可欲,则思知足以自戒;将有作,则思知止以安人’。这一至理名言,望陛下切记!”

李世民面带愧色,内疚地说:“朕未详审,险成大错,今下诏令郑女还嫁陆爽!”

他刚要派内侍传旨,又一转念,向魏征问道:“既然郑陆两家早有婚约,为何不奏明实情,却接受了大礼呢?”

魏征答道:“陛下,此事不难理解!”

“解给朕听!”

“陛下,须恕臣无罪,臣方可言明!”

“恕你无罪,直言无妨!”

魏征把太上皇李渊进城之初,贪占太子舍人辛处俭的妻子,然后借由把辛处俭赶出东宫,流放于万年县的往事,讲了一遍。李世民听后,开朗地笑道:“哈哈,原来他们是怕我暗加责罚呀!”

“正是。”魏征严肃地向李世民讲明,“如今郑、陆两家的妻儿老小,都已做好了死的准备!”

至此,李世民主意已定:“哎呀,如此说来,朕是断然不能选郑女入宫的了!”说罢,他坐近书案,挥笔写诏,对内侍命令道:“持朕手谕,速见皇后,收回成命!”

内侍匆匆离去。魏征激动地跪拜在地:“多谢陛下圣明!”

李世民忙上前搀扶,笑着说:“哎,魏卿,你这架气伤寒病……”

魏夫人一旁答道:“唉!他本来就没有病啊!”

魏征上前再拜:“陛下,这是微臣救人心切,想出的拙伎,还望恕罪!”

“不是有罪,是有功!魏卿,您这一计不只是救了郑、陆两家,也救了我,救了天下啊!我这一次来,不是我送药治好了您的‘病’,而是您用‘药’治好了我的病呀!”

长孙皇后的宫室,陈设朴雅。宫女们按照长孙皇后的懿旨,正忙着揩扫桌椅、摆设便宴。

长孙皇后见便宴摆设已毕,微笑着对宫女们说:“你们劳累多时,快快歇息去吧!”

宫女们应声退下,内侍进门报告:“启禀皇后,国舅爷进宫求见!”

长孙皇后知胞兄长孙无忌应邀前来,高兴地说:“快请!”

长孙无忌进宫,即拜施礼,说:“参拜皇后!”

“罢了,一旁落座。”长孙皇后吩咐说。

长孙无忌说:“谢皇后赐座。”坐下。

长孙皇后这时起身离座,向长孙无忌施拜家礼说:“兄长万福!”

长孙无忌见状,连连摆手:“兄妹之间亲如手足,不必,不必!”

“兄长,您可知圣上请您进宫是为了何事吗?”皇后问。

“圣上只是说要商定家中大事。这大事是何,为兄不知。”无忌回答。

“圣上是要与您商定乐儿出嫁之事。”皇后解释说。

“唔!您家乐儿与俺家冲儿,从小青梅竹马,订婚已有几载,是早就该办了。他们的终身大事,千万不可马虎哟!……”

皇后听无忌之言,是想大操大办,就婉言地解释说:“其实,皇室女儿出嫁的礼仪,您和房大人、魏大人制订的大唐律中,已有明确规定,按《令式》条款行事,也就是了。”

“按《令式》条款行事?!”长孙无忌有些不快,看了看皇后,沉默不语。

长孙皇后知道兄长不会马上同意,就劝说长孙无忌道:“兄长,不管是民女,还是皇女,凡是嫁女的礼仪,都应该按照唐律中的条款去办。这样节俭财物、有利国家,黎民百姓是会效法、称颂的。您亲手制定这些法律条文,是十分了解的,我们应该带头严格执法、守法才是呀!”

“执法、守法,对我这个当舅舅、又是公爹的人来说好办,只要乐儿满意,就行!”长孙无忌笑着说罢,也不征得长孙皇后的同意,就让内侍传请长乐公主来见。

长乐公主闻讯进宫,她神采奕奕,服饰华丽,举止轻盈,一身皇家女儿的骄、娇之气,见了皇后,躬身下拜,娇声娇气地说:“小女长乐参拜母后!”

“乐儿免礼,快去见过你家舅父!”皇后吩咐道。

长乐公主“哟”了一声,笑嘻嘻地说:“小女不知舅父光临,未曾远迎,乞望司空老大人海涵,甥女长乐,这厢有礼啦!”

“哎呀呀,您这长乐公主,就是心灵嘴甜,让人‘长乐’!我怎能怪罪你呀!快坐,快坐!”长孙无忌乐洋洋地说。

长乐公主坐下,说:“母后,此次唤儿前来,不知又有何宝送我,快拿出来,让舅父也开开眼吧!”

长孙皇后有些不快,对长乐公主说:“都是你父对你娇生惯养,学得没大没小,张口要宝,成何体统?!”

“哟!原来今天不是给俺宝贝呀!那唤儿前来,为了啥事儿呀?”长乐公主又嘻嘻哈哈地问。

长孙无忌怕皇后先把话卡死,他不便再言,就抢先答话说:“乐儿,您母后和我是要同您商量您的终身大事。我准备送给您一件比一般礼物要贵重得多的宝贝!”

“此话当真?”长乐公主惊喜地问。

“那是自然。”长孙无忌哈哈大笑说,“要不,怎能对得起您这位圣上的心尖子、眼珠子呀!”

“好舅舅,您快说,给我什么?给我什么?”长乐公主急忙追问。

“给您个‘金山玉海’!”长孙无忌半真半假地说。

长乐公主非常高兴,但又不知“金山玉海”是指何物,又问:“‘金山玉海’?!什么叫‘金山玉海’呀!”

长孙皇后见长乐公主一个劲儿地追问,有些不大像话,就劝阻说:“舅父戏言,皇儿不可放在心上。今日唤你前来,是要等你父皇回宫,共商你的出嫁礼仪大事。”

“是呀,既然是给乐儿商定嫁妆,就该听听她的要求。乐儿,你快说,想不想要‘金山玉海’?”长孙无忌故意挑逗地说。

“这嫁妆吗?……”长乐公主装作害羞的样,欲言又止。

“乐儿,你尽管要来!”长孙无忌怂恿地说。

“这……”长乐公主看了看长孙皇后的脸色,装作为难的样子说,“这叫我怎好开口呀!”

“您是圣上的掌上明珠,圣上决不会亏待您,您只管向父皇要!”长孙无忌直截了当地说。

长孙皇后对兄长如此怂恿乐儿，很不满意，但是碍于兄妹关系，她也不便发作，就略带愠色地对长乐公主说："身为皇室亲女，更知唐律礼仪，只能遵法守式，不可越轨而行！"

长乐公主听母后让其遵法守式，心中大为扫兴，噘起嘴来，嘟嘟囔囔地说："按照唐律出聘，这个我知道。只是孩儿我是皇门的天娇，那金凤凰怎能和黑乌鸦一个样呀！"

"说得对！凤凰、乌鸦，贵贱分明，等同不得呀！"长孙无忌极为赞赏长乐公主，说罢哈哈大笑起来。

三人正在谈话，内侍进来禀告，李世民回宫。他们赶忙出门，迎进了满面喜色的李世民。

进宫落座，长孙皇后说："陛下，数日来日理万机，一直无暇闲坐，今日臣妾摆好一桌便宴，请陛下多饮几杯，如何？"

李世民闻听，非常高兴，忙答："今日与长兄、小女欢聚，自然要畅饮几杯。来来来，一同举杯！"

四人端杯同饮。

酒过三巡，长孙无忌问道："陛下，今日召臣前来，可是为了公主下嫁商定礼仪之事？"

"正是为了此事。朕想皇家嫁女，非同小可，需要多方商定，慎重处之，所以，特请长兄来面谈确定，尽快办理。"李世民回答说。

"是呀！眼下国泰民安，连年丰稳，公主的婚事应该大办、快办，满朝的文武，都在盼着喝他们的喜酒呢！"长孙无忌兴奋地说。

长孙皇后这次吸取了刚才的教训，还没等长孙无忌发表具体意见，她就抢先一步，表态说："此次爱女下嫁，应该与天下嫁女一样，不能破格操办，不能广收厚礼，一定要按照《唐律》的规定行事，否则，皇家首开违法之例，怕是难以治服天下黎民呀！"

"这个……"李世民有些为难，犹豫不决。

长乐公主见李世民犹豫，赶忙叫道："父皇，孩儿我……"

"你要如何？"李世民惊问。

"我……我要'金山玉海'！"长乐公主着急地冒说了这么一句。

"什么'金山玉海'？父皇不知何物呀？"李世民有些奇怪，又问。

长孙皇后回答："这是家兄刚才与小女说笑时的戏言，陛下不必细问。不知圣意如何？"

李世民看了看长乐公主，又看了看长孙无忌，说："想当年，她的大姑母出嫁之时，虽说不甚豪华，但也光彩体面。今非昔比，又是爱女下嫁，为表心意，朕看这礼仪么……"

"这礼仪怎样？"长孙皇后急问。

李世民沉思了片刻，然后决断地说："就倍于长公主吧！"

"倍于长公主？有些过多了吧？"长孙皇后不同意，嫌多。

"倍于长公主？有些过少了吧？"长孙无忌也不同意，嫌少。

长乐公主见母亲和舅舅，一个说多，一个嫌少，她也不知什么多少，就跑到李世民面前，撒娇地喊道："我，我还要'金山玉海'！"

李世民见皇后和舅爷的分歧如此之大，皇女又在那里吵吵嚷嚷地要什么"金山玉海"，一时难以定论，就想了一个脱身之法，说："长兄，乐儿既是您的甥女，又是您的儿媳，这件事，就拜托您了，您酌情办吧！"

"谢陛下！"长孙无忌高兴地喊道。

"慢！"长孙皇后连忙劝阻说，"此事有碍《唐律》执行，陛下需要仔细斟酌才是。我们不妨把魏大人请来，看他意下如何？"

长孙无忌虽说平时对魏征也很敬重，但他觉得皇女下嫁并非国事，没有必要再找魏征参与，就说："朝中大事，魏大人尽可辅佐圣上办理，这家中的私事，就不要麻烦他了吧！"

李世民也觉得魏征这几年太辛苦了，为了国事，废寝忘食，日夜操劳，如果再用嫁女之事打扰他，也有些于心不忍，就表示赞同地说："是呀，这嫁女定礼之事，乃你我家中的私情，不问魏大人也可！"

"陛下，您常对我说魏大人的名言：兼听则明，偏信则暗。嫁女之事，虽是家事，但也连着国事，还是博取众意，尤其要听听魏大人的意见为好，这也正是您擅长用人的美德呀！"长孙皇后既坚持了个人意见，且又巧妙地让李世民能够接受。

"好吧！"李世民答应道："想魏卿尽管多次曾为国事冒死进谏，这一次，在吾皇家的私事上，断是不会干预的！"

"那就请魏大人来见？"皇后问。

"传请魏大人进宫！"李世民吩咐道。

内侍出去不久，领魏征前来。

一一见过之后，魏征落座，问："陛下，传微臣来宫何事？"

李世民答："朕要听听您对嫁女定礼的意见！"

"嫁女定礼？"魏征转过身来，面朝长孙无忌问，"司空大人，那《唐律》上的令式条款，不是您、我和房大人共同起草，由圣上钦定的吗？上面写得清清楚楚、明明白白，您又不是不知道，怎么还把我找来问呀？"

魏征感到奇怪地这一问，把长孙无忌问了个张口结舌、大红脸。"这……这……"吭哧了老半天，也没有说出一句话来。

这时，长孙皇后向魏征介绍情况，说："魏大人，刚才我们正在商量爱女乐儿的嫁礼之事，陛下的意见是礼仪要倍于长公主，而家兄的主张则是要给乐儿弄什么'金山玉海'，而我却坚持一定要按照《唐律》的规定行事，不知您对此有何看法？"

"这个吗……"魏征快速地在脑子里权衡了一下利弊，接着问李世民："陛下，微臣不明您和国舅爷为何在嫁女之事上不按《唐律》执行，难道你们想以亲改法、以私乱法不成？"

"以亲改法！此话怎讲？"李世民惊问。

"陛下！想我大唐，刚刚颁行了新律，上至满朝文武，下至百姓黎庶，皆能遵纪守法，按律行事，因此，才有今日国泰民安、万众归心的喜人局面。而您身为一国之主、万民之表，只因是自己的爱女出嫁，就置《唐律》之规定而不顾，把长乐公主的嫁礼倍于长公主，而且还要搞什么价值连城的'金山玉海'，这意味着什么？难道不是以亲改法吗？"

“这……”李世民听着魏征的慷慨陈词，陷入了沉思。

长孙皇后以敬慕的眼神看着魏征，鼓励他把道理继续讲下去。

长孙无忌非常尴尬地把脸扭向了一边，长乐公主把嘴噘得老高老高……

魏征接着说：“这样一来，在朝野上下有权有势的臣卿官宦之中，就会有人乘机轻法妄动，以权违法，为所欲为，这样就必然使得天下黎庶怒目相视，怨声四起，长此以往，国无纲常则不国，家无法纪则不家，后果不堪设想，微臣乞望陛下三思而后行啊！”

长孙无忌听魏征所言，感到有些危言耸听，就不耐烦地说：“陛下乃当代明君，凡事一思即可，何须‘三思’?！这儿女娶嫁，本是我们两家的区区一件小事，何劳大人如此高谈阔论?！又怎能与改法、乱法、违法的国家大事联在一起？魏大人，您这是有些小题大做了罢！”

“哎呀！”长乐公主见舅父与魏征发开了脾气，她也火上加油，哭喊着说，“父皇，如此说来，是小女的婚事乱了大唐的朝纲，这个滔天大罪，小女担当不起呀！嫁妆，女儿不要了，礼仪，女儿不讲了！婚事以后也不要再办了，我，我就老死在您老人家身边好啦！”说罢，哭泣着跑了出去。

“哎哎哎！我的亲外甥女呀！你千万不要去寻死，不要去寻死呀！”长孙无忌边喊边追出了门外。

李世民这时也有些恼火，他不满地对魏征说：“魏卿，嫁女本是家中私事，你为何非要同国家大事联在一起呀?！”

“皇家嫁女，非比普通百姓。是按格式执行，还是破格大办，对朝野群臣和黎民百姓影响颇大，绝非一家一姓的私情之事，望陛下明察！”魏征恳切地说。

“魏卿，这长乐女乃是皇后亲生，又是朕最宠爱的女儿，她的丈夫就是国舅的长子长孙呀，真可谓亲上加亲，朕想这些年由于您我群臣的治理，国势强盛，黎民富足，多给爱女一些嫁妆，也无不可，于是就提出了倍于长公主的打算，依朕所见，虽说礼仪高了一些，但尚不过分，那‘金山玉海’之说，纯系他们甥舅、翁媳之间的戏言，我们不必理会，就按朕言而行，可否？”

听了李世民的这番又软又硬，既像是商量，又像是命令的言辞，魏征的心情很不平静。按照一般人的逻辑，既然是皇上与国舅两家的儿女婚事，皇上又有了十分明确的旨意，让他们去办，也就是了，别人何苦在这中间插一杠子，硬是挡着说不行?！可是，这事儿，偏偏碰上了魏征！魏征考虑再三，就是不肯放弃他的意见，非要李世民坚持按照《唐律》规定的格式去办不可。

魏征经过一番认真思考之后，再一次郑重其事地对李世民说：“陛下，您所谈的情况，我全知道。不过，微臣想提醒您一句话……”

“什么话？”李世民急问。

“情虽有差，义无等别！”魏征斩钉截铁地说。

“情虽有差，义无等别！此话怎讲？”李世民又问。

“陛下，此言并不费解，不用微臣解释，您也了然。只是真正做起来，在情与义之间，并不是所有的人都能处之泰然。就拿长公主和长乐公主下嫁之事而论，从感情上说，长公主是陛下的胞姊，而长乐公主是陛下的爱女，姐弟之间与父女之间相比，自然是父女之情胜过姐弟，这不言而喻，可是在按格式法定地赐予陪嫁之物这一点上，却是共同的、一样的。我们不能因为在感情上亲近，就多予，而在感情上疏远就少给。这样，就不符合义无等别的原则。况且，长公主是我大唐朝的开国元勋、巾帼英雄，曾为起兵反隋，统一天下，立下了汗马功劳，在她下嫁之时，尚且注重俭朴，不肯耗费国资，而如今长乐公主生于宫中，并无显功，又是长公主的晚辈，怎能因为她是陛下的爱女，就要高于长公主一倍?！这让世人如何看待长公主，又如何评议长乐公主呢?”魏征情深意切，使李世民再也无法发火了。

这时，长孙皇后也说：“魏大人所言极是。长乐小女自幼娇生惯养，与国、与民均无功业，是断然不该在礼仪上高于长公主的。妾作为她的生母，请求陛下收回成命，按律条行事！”

“不过，方才朕已拜托国舅全权办理此事，如要收回成命，长孙兄和小女长乐拒不执行，怎么办?”李世民有些为难地说。

魏征见李世民依然下不了决心，就又进一步深言道：“陛下，自古以来，就是法乱，世难平；是非，权贵起。如果司空大人非要以亲改法，怂恿公主以情乱法，引起有的人以权违法，从而导致纲常紊乱、法纪松弛，将要贻误社稷，后患无穷啊！”

“魏大人所虑，正是臣妾所忧。请陛下从速决断，不可让家兄随意所为！”长孙皇后敦促李世民说。

“好吧，就依魏卿和皇后之言，小女婚事遵《唐律》条款规定办理，任何人不得随意更改，如有违者，按朝法处置！”李世民终于最后下了决心。

“陛下英明，国之人幸！”魏征高兴地跪拜。

长孙皇后见状，仍有些不放心，说：“陛下，既然决心已定，就应赶快宣国舅进宫，向他明谕旨意才是呀！”

李世民说：“此事由朕办理，你快看看女儿去吧！”

“是。”长孙皇后应声出门。

魏征也与李世民拜别，出宫而去。

魏州赈灾

在皇家禁苑中，山陵起伏，怪石嶙峋，古藤悬挂，秃树盘枝。

通往皇田的林荫小路上，奇花异草争奇斗艳，这是一处天然别致的风景胜地。

林阴后，一声高喊：“圣上驾到！”

李世民在前，房玄龄、长孙无忌等大臣随后，步入皇苑之内。

李世民快步走到田边，看到蝗虫抢食禾苗，顿时火起，冲着苑卒高喊：“你等还不快去捕杀蝗虫，待在此地为何?”

“是！”苑卒们诚惶诚恐地答应后，有的拿起树枝，有的脱下衣服，在田间扑打起来。

蝗虫一时惊起，但只是又飞落到另一块田里。苑卒们又赶去扑打，忙得不可开交。

房玄龄上前劝阻，说：“关中蝗虫，连年肆虐，望陛下莫要急伤龙体。扫蝗灭虫，须想出些办法来，晓喻百姓，方能见效。”

李世民点点头，忍着气又朝一片禾田走去。

李世民像

长孙无忌上前禀告："陛下，关中的天灾尚轻，河北、山东旱灾加上蝗灾，比这严重多了！"

李世民转过身来问房玄龄："房卿，河北、山东的灾情，尚书省可知？"

房玄龄回答："尚书省早已知情，已命地方官酌情开仓放赈，怎奈有的官吏漠不关心百姓疾苦，赈济工作进展迟缓。看来，朝廷必须派一要员，前去实地监督催促才行。"

听了房玄龄的奏报，李世民刚刚压下去的心头之火，又重新燃起。他一把抓住一只飞来的蝗虫，一语双关地叫道："这些蟊贼！你们比虎狼还要凶狠！朕要一口把你等吞掉，方能解我心头之恨！"说着，真的张口就要吞吃蝗虫。

"陛下！"长孙无忌急忙拦阻说："陛下英明，深知君以民贵，对此百姓会感恩的，只是这蝗虫吃不得，吃掉是要生病的！"

"唉！"李世民愤恨地嗟叹了一声，痛苦地攥紧双拳，手中的那只蝗虫，被他捻成了粉末。

"众位爱卿！"李世民严肃地问，"你们看派谁去河北、山东监督放赈好呢？"

长孙无忌想了想，说："微臣之见，最合适的人选是魏征。他熟知民间疾苦，又刚正无私，派他前往，定能胜任。"

李世民不同意，他摇摇头说："魏征目前正在负责编纂前朝史书，怎能轻易外出？再说，朕须时常听取他的忠谏，他若离朝，朕怕耳不聪，目不明啊！"

长孙无忌解释说："陛下，魏征忠直，我等尽知。可是朝中除了他，就再没有忠直之臣了？再说，修史之事，可交房大人主持嘛！"

"房卿意下如何？"李世民征求房玄龄的意见。

"陛下！"房玄龄说，"我近日思虑再三，也认为魏征去河北、山东放赈，最为合适。修史之事，臣愿暂理代劳。"

"好！"李世民最后决定说，"就命魏征去山东、河北督促放赈救灾。房卿代朕传诏：如地方官吏有对赈灾不力者，先行处置，然后奏闻！"

房玄龄应声："遵旨！"

魏征此次奉旨出京，与前两次情况不大相同。仪仗队旗，一应俱全，侍从人役前呼后拥。一列长长的队伍向前行进。

在长安城外的官道上，魏征与他亲自挑选的助手吴主事并辔而行。

"吴主事，你在咱尚书省供职几年了？"魏征问。

"八年了！"吴主事答。

"整日陷入文牍之中，受尽撰阅之劳；这次随我出京，又要经受风霜之苦了！"魏征有些致歉地说。

“魏大人要卑职随行协助放赈，十分荣幸，何谈辛苦?！卑职一定尽力而为！”吴主事兴奋地说。

“今年山东、河北灾情波及数十州县，我们先从何处查起呢?”魏征问。

“魏州先旱后水，继而蝗灾，那里的灾情最重。我们是否先到魏州督查赈济情况?”吴主事回答说。

“魏州是我的故地，不过当时只限于武阳郡城，下属各县并未去过。咱们可以先从魏州开始。”魏征表示同意。

“咱们可否先给魏州的地方官吏去函，让他们早做安排。”吴主事建议说。

“不必。”魏征果断地回答，“尚书省已经行文，命受灾州县酌情开仓赈济。我等前去督查，是为除去其中弊端，如若去函告知，有些人就会粉饰点缀，弄虚作假；不如你我突然而至，易见真情！”

“对！”吴主事心悦诚服地说，“还是大人想得周到！”

“传令直发魏州！”魏征吩咐道。

“是！”吴主事答言即行。

魏征一行人马，经过多日的长途跋涉，进入昌乐县境。

在通往县城的大路上，魏征骑着马向左右瞭望。

魏征满腹忧郁，他对吴主事说：“此地可能离魏州不远了。”

“找个老乡，一问便知。”吴主事四处找寻，竟然看不到一个人影。

“老弱转乎沟壑，壮者散之四方。此之谓也！”魏征感慨地说。

吴主事再仔细寻找，忽然前边不远的低洼处，有一老者佝偻着身子在地上挖着什么，便喊：“老乡！”

“老乡！”吴主事又喊了一声。

那个驼背汉子才慢慢站起。

“老乡，此地属什么县份管辖?”吴主事问。

那个驼背汉子，抬起头来看了看吴主事，毫无表情地回答说：“魏州昌乐县。”

“昌乐县?”魏征说，“此处离魏州不远。吴主事，我看此地灾情甚重，我们先不去魏州，直奔昌乐县，如何?”

“听从大人安排。”吴主事回答说。

在昌乐县衙内宅，陈文寿与云姐正在一起用饭。

这时，一名衙役急忙进门，报告：“启禀老爷，钦差魏大人到，离县城只有十里了。”

陈文寿闻听，目瞪口呆，手中的筷子失落在地。

“爹！”云姐一惊，问，“你这是怎么啦?”

陈文寿定了定神，吩咐衙役说：“速传知县衙官员、三班人役，出城迎候大人！”

昌乐城外，土地龟裂，黄沙飞扬。

陈文寿率刘升等官员、人役跪伏在魏征马前。

陈文寿说：“昌乐县令陈文寿带领三班人役，迎接大人！”

“免礼。”魏征回拜，“大家同至县衙叙话。”

“是！……”陈文寿虽面有难色，但只得答应。

众人一齐站起。刘升一人向前，又重新跪下：“卑职刘升与大人叩头！”

“刘升？”魏征惊疑地问。

“大人，你不认识我了？在武阳郡的时候，我是大人手下的书吏呀！”刘升说。

“刘升，噢，刘升！”魏征想起来了，他急忙离鞍下马，上前搀起刘升，说，“不期此地得遇故人，幸事，幸事！刘书吏，快快请起！”

“谢大人！”刘升荣耀地站起身来。

“你在昌乐县现任何职？”魏征问。

刘升说：“现任主簿之职，实在羞见大人！”

“哪里话来！”魏征笑道，“主簿辅佐县令理政安民，职务非轻，何言‘羞见’二字？！”

刘升毕恭毕敬地回答：“是！”

刘升与魏征的亲密关系，两人一见面的热情言行，在陈文寿的心目中留下了极为深刻的印象。他等二人话说完之后，向魏征说：“请大人驿馆歇马。”

“不，先到县衙。”魏征随陈文寿、刘升等人，来到了县衙二堂。

魏征坐于上首，吴主事、陈文寿依次坐于下首，刘升在一旁侍候，沏茶、倒水，十分殷勤。

“贵县！”魏征呷了一口茶，叫道。

“大人。”陈文寿小心翼翼地应声。

“昌乐县的灾情如何？”

“去年小旱，今年大旱，收成不过十之一二，乡民饥饿难当，苦不堪言！”

“可曾开仓放赈？”

“州上有文下达，赈济自北而南，因此尚未放赈。”

“自北而南？这是为何？”魏征问。

“上司的安排，下官不知。”陈文寿答。

“昌乐义仓现有多少存粮？”魏征问。

“这个……卑职一时难以说准，自有账目，一对便知。”陈文寿含糊其词地说。

这时，刘升接过话尾，解围似的说：“魏大人一路风尘劳碌，今日先到驿馆歇息，明日再查不迟！”

“刘主簿说的是。”陈文寿说，“大人鞍马劳顿，明日再查为好。今晚下官略备薄酒，与大人接风洗尘。”

“陈大人！”魏征有些激动，说，“如你所说，乡民眼下是饥饿难当，苦不堪言，我们为官之人，能安心地在此推杯换盏吗？！”

“这……这……大人说得是！”陈文寿显得十分尴尬。

“就请贵县，带我二人去至官仓，查点数目，尽早开仓放粮！”魏征坚定地说。

“啊！”陈文寿如雷击顶，一时惊慌失措，他急向刘升求救：“刘主簿，你看？……”

刘升来至魏征面前，深鞠一躬，说：“大人，念卑职与大人往日之情，卑职斗胆进言，大人乃皇命钦差，来至昌乐，陈大人与卑职均有护卫之责。今日大人下得马来，一餐未用，即去查仓，心情我等领会，只是饿坏了大人的身体，卑职实实心中不忍，也无法向上司交代呀！还望大人休息一晚，明日再去查仓，如何？”说着，他向吴主事送过了乞求助言的眼神。

吴主事心领神会，赶忙帮腔，说："刘主簿所言甚是，望大人采纳。"

"好吧！"魏征不甚情愿地说，"就依你们，明日再看官仓。"

说罢，随陈文寿等人来到了昌乐县驿馆。

简便地吃过晚饭后，魏征与吴主事在驿馆的客房里秉烛交谈。

两人正在议论刘升，不想刘升已至门前。

一侍从进来报告："禀大人，昌乐县刘主簿前来拜见。"

"快请！"魏征吩咐道。

刘升随声进门，纳头便拜："下官叩见魏大人！"

"免礼，免礼！"魏征笑着把刘升搀扶起来，高兴地说，"快快请坐，请坐！"

"谢大人！"刘升说着，有些拘谨地在一旁坐下。

"这位是尚书省的吴主事，这次随我来协助查赈事宜。刚才，我们两个人还在说你呢！"魏征向刘升介绍说。

"谢大人，请吴主事多多关照！"刘升说着站起，又是一躬。

"不敢。"吴主事对刘升说，"这次魏大人前来查赈，刘主簿定要大力协助呀！"

"这是卑职份内之事，下官愿效犬马之劳。"刘升爽快地回答，然后又对魏征恭维地说，"大人刚刚下马，就要去查看官仓，实在不必如此劳苦！大人，您还是当年的秉性、风采呀！"

"灾荒如此之重，灾民都在捧腹待食，实在不应再拖延时间！你还记得我们在武阳郡时，我为你书写的那一条幅吗？"魏征向刘升问道。

"记得，记得！"刘升说着，把随身带来的条幅展现在魏征的面前。

"民为邦本。"刘升读道，"卑职早已裱好，挂在书斋里，时刻拜读，铭记心中。"

吴主事仔细观赏，连声夸赞说："好，好！笔势雄劲，大有右军之风！"

刘升见魏征心情好转，觉得时机成熟，就向魏征说："卑职还为大人带来了一件古物，请大人辨认！"

"是何古董？"魏征问。

刘升从身上掏出叔玉带着的那枚古钱，递给魏征，问："大人，你可认识此物？"

魏征把古钱捧在手里，不由地惊叫了一声："啊！"

他急忙到烛光前细看，不觉双手颤抖起来，异常激动地说："这枚古钱，就是我留给长子的那枚古钱，你，你是从哪里得来的？"

"说来也巧。前天，我路过一家饭铺门口，见有一个十八九岁的穷汉，手捧这枚古钱，要换两个烧饼，说是他的干娘因饥饿难忍，身患重病，眼看就要不行了，他这是要救干娘活命！我听他说的可怜，接过古钱，忽然想起您给我说的丢失公子一事，说是公子的项上也有一枚古钱，但不知是否真的就是那枚古钱，便给了他白银二两，买了下来，我问他的住址，他说他住在城西五里桥镇的一座破庙里。我本想今天再去详细问问，刚好大人来了，今晚特意带来，请大人辨认。刚才听大人言讲，那青年定是公子无疑，就请大人明日随卑职同到五里桥认子，如何？"

"不妥！"魏征沉吟道，"我等已与陈大人说好，明日去看官仓，怎好朝令夕改？！"

刘升有些着急，他向魏征解释说："那青年并非家住五里桥，是在那镇上的破庙中暂且栖身。我们要是去晚了，他又流浪到别处，可就难以寻觅了！千万不可错过时机呀！查看官仓,可以让吴大人去嘛!"

"大人,你父子二人多年未见,明日认子,是天大的喜事,应当前去。查看官仓一事,有卑职代劳,大人只管放心!"吴主事也极力劝说魏征认子。

"哈哈……"魏征笑道,"皇命钦差,不理赈灾,却去沿村寻子,天大笑话!"

"大人!"刘升出谋献策说,"就说您一路辛劳,偶有风寒,明日换上便装,卑职领大人微服私访,谁会知晓!"

"刘主簿如此关心认子之事,我魏征十分感激。"魏征思考了片刻,又对刘升说,"我想请您明日去五里桥,代我找回犬子如何?"

"这……"刘升没有想到魏征会委托他去办理认子之事,一时无言以答。

"你去五里桥认叔玉,我和吴主事、陈县令查看官仓,等候你的喜讯!"魏征果断地说。

刘升装作为难的样子,说:"卑职一人前去,只怕不好辨认,要是有人假冒,怎么办?"

"那也无妨。"魏征解释说,"我与犬子也从未见过面,去了也跟你一样,凭古钱认人。你去了之后,只要是卖这枚古钱的人,就请您把他带回来,你看如何?"

刘升见魏征说什么也不肯前去认子,他苦思冥想设好的圈套,琢磨好的如意算盘,失灵了,不由地心中一阵恐惧和忧虑。他只好向魏征说:"既然大人以公务为重,不便前去,那卑职明日就一人前往,如有变化,即向大人禀报。"

"好!"魏征高兴地说,"寻着犬子,定当重谢!"

"查看官仓,大人不要过分劳神!"刘升一语双关地说。

县令陈文寿心情忐忑不安地陪同魏征、吴主事来到昌乐县官仓门口,仓督吴七在门前迎接。

"仓督吴七,参见钦差大人!"吴七向魏征跪拜。

走进室内,陈文寿对吴七说:"吴七,大人要知道官仓的储粮数目,你把账簿取来。"

"是。"吴七迅速取过账簿说,"请大人过目。"

魏征接过账簿,仔细翻看,说:"储粮不少,可有鼠耗?"

"无……无有鼠耗,有……也不多。"吴七结结巴巴地说。

"陈大人!"魏征对陈文寿说,"我们进仓中看一看,如何?"

陈文寿一听,双手暗抖,他婉言托词地说:"大人,仓中少有人去,到处是灰尘蛛网,十分肮脏,就别去了吧!"

"去去何妨。"魏征说,"我是从来不怕脏的。请打开仓门!"

吴七哆哆嗦嗦地把仓门打开,人们鱼贯而入。

魏征与吴主事慢步走在粮囤之间。一排排高大整齐的粮囤,使魏征很是兴奋。他走到一个个粮囤前,查看粮囤的外壁。陈文寿和吴七跟在后边,面面相觑。

"仓督!"魏征问吴七,"粮食可有糜烂折损?"

"没,……没有!"吴七急忙跑到魏征面前回答说。

"打开看看。"魏征命令似的说。

"大人！……"陈文寿欲言即止。

"怎么?"魏征惊问。

魏征的脸上露出一丝疑虑。

吴主事指挥侍从七手八脚拆开粮囤。

“啊!”大家异口同声地喊道。原来,囤里并无粮谷,皆是柴草!

吴主事带领侍从又打开了几个粮囤,全是柴草。

“启禀大人,这几个粮囤全是空的。”吴主事向魏征报告说。

“昌乐县!”魏征怒呼。

“卑职在。”陈文寿战战兢兢应答。

“此事你心中有数吧?从实讲来。”魏征严厉地斥问。

“卑职疏忽失察,致使官仓被盗,甘愿领罪。”陈文寿吞吞吐吐地回答。

“此地不是问案之处,回衙!”

魏征说罢,带领众人回到了昌乐县衙大堂。

魏征居中,吴主事一旁陪审。

陈文寿惶惶不安地坐在另一端。

“带仓督吴七!”魏征命令说。

众衙役押着吴七上堂,吴七战慄地跪倒堂口。

魏征看了看陈文寿,说:“陈大人,你来审问。”

陈文寿的脸上变颜变色,惊恐地说:“有大人在此,小官怎敢僭越?!”

“如此,你我一同审问。”魏征接着怒问吴七说,“大胆吴七,你是怎样守粮自盗的?共盗粮多少?将盗出的粮谷藏于何地?从实招来!”

“小人实在不知。”吴七答道。

“不动大刑,谅你不招。”魏征喊道,“来,将吴七拉下去,重责八十大板!”

“大人!”陈文寿说,“请大人慢打吴七,粮仓被盗一事,吴七实属不知,卑职甘愿领罪!”“怎么,官仓被盗,是你指示吴七所为?”魏征惊问。“是卑职所为。”陈文寿回答。“共盗粮多少?”“五百余石。”“将粮谷盗往何地?”“这……”陈文寿一时无言可答,只是把头深深地低下。魏征与吴主事相互交换了一下目光,点头示意。“将吴七收监,将陈文寿押至驿馆,继续审讯!”魏征命令说。

众衙役押走了吴七,陈文寿自己摘下了头上的乌纱帽,随内侍来到了驿馆。

在驿馆的客房内,魏征与吴主事二人密议失窃仓粮一事。

“大人!”吴主事试探性地问,“不知那刘主簿是否知情?”

魏征说:“他代我寻子,一去未归,莫非他与盗粮案也有牵连?”

魏征不由地回想起那日晚上,刘升来访,劝他不要查仓,去五里桥认子的情况。

“嗯!”魏征自语道,“看来,刘升也不会干净!”

“难道他为大人寻子是假?”吴主事颇有疑虑地说。

魏征从身上摸出那枚古钱,又仔细地端详了一番,说:“古钱确是真的,我想到五里桥镇看看,一是视察灾情,二是找找孩子。”

“好!”吴主事高兴地说,“一举两得!”

魏征与吴主事各换了一身便服,步行来到了五里桥。这是一座石拱桥,桥头的石碑上刻有“五里桥”三个大字。

在桥上,吴主事向一个老乡打问,然后扶魏征过桥,进入小镇。

这个小镇,原先曾是个热闹的集市。眼下,由于灾荒,铺面大多关门,市井萧条多了。

街上有一粥摊正在卖粥。掌柜的大声吆喝着:“喝粥啦,喝粥啦,昌乐县里最稠的小米粥!”

魏征与吴主事来到粥摊前,吴主事掏出四枚铜钱交给掌柜的,说:“来两碗小米粥。”

掌柜的盛了两碗粥,递给了魏、吴二人。

“掌柜的!”魏征问,“你贵姓?”

“不敢。”掌柜的答,“贱姓陈。”

魏征说:“你的粥卖的这样贵,难道不怕官家说话?!”

“嘿!”掌柜的申辩说,“我可不是那种吃穷人肉、喝穷人血的人。我这谷子是花高价买来的呀!”

“哦!”魏征心中一动,忙问,“昌乐县谁家卖粮?”

“没有,没有!昌乐县还真是买不到粮食。”陈掌柜认真地说,“我这粮,是从魏州带过来的。”

“魏州?”魏征顿时想出了一招儿,就对陈掌柜说,“掌柜的,请你帮助我们贩点粮米,可好?”

“不行,不行,我没有门路,买不到!”陈掌柜连忙推辞。

吴主事明白魏征的用意,走过来向陈掌柜解释说:“我们两个也想贩点粮米,一来是为自己赚几个钱,二来运到缺粮的地方,也是救命积德。可是,我们跑了好几个县,都找不到卖粮的。听掌柜的刚才说,那魏州有粮米可买?”

“是呀!”那魏州可是个好地方,光粮店就有好几座。你们贩卖粮食,怎么没去过魏州呢?”陈掌柜说。

“我们刚做这宗买卖时间不长。”魏征回言。

“我看你们两位也不像常做买卖的。”陈掌柜笑着说。

“魏州那么多的粮店,都是从哪里进粮呀?”魏征问。

“看不透你们这两位客商,还想做大买卖呀!”陈掌柜开玩笑地说,“听人们传言,那粮店的粮食,是从官家的粮仓中出来的,你们能买到手呀!”

“原来如此。”魏征点了点头,说,“多谢掌柜赐教。”

魏征与吴主事沿街继续往前走,边走边议。

吴主事见魏征心情沉重,建议说:“我们去这镇上的破庙里,找找公子,如何?”

“好吧!”魏征说,“你打听一下,在哪儿,咱们既然来了,就去看个究竟,也好放心。”

两人走至村外,果见有破庙一座。

两人推门进庙,有一非僧非道的看庙人迎了出来。

“二位客官,是来烧香,还是许愿?”看庙人问。

“是打问一件事情。”吴主事上前对看庙人说,“前两天,可有一个十八九岁的年轻人,领着一位带病的老妈妈住在这里?”

“这庙里倒是经常住着一些要饭吃的叫花子。我不是开店的,怎么能记得清?你说的那两个人,也许在这里住过,眼下住的人,都走了。”

魏征失望地看了看吴主事,长叹了一声。

在驿馆的客房里，魏征手捧古钱思念失去的儿子。他在心里暗暗地说：“叔玉，你在哪里？你母亲朝思暮想，盼了你一十八年，盼望你有朝一日还能回到父母的身边。今日物在人不见，叫人好挂牵！刘升外出寻找，为何还不回来？”

这时，吴主事领着驿丞进来，说：“大人，驿丞来了。”

“参见大人，大人唤我何事？”驿丞拘谨地问。

魏征把古钱装好，说：“请坐，我想问你一些事情。”

“大人请问。”驿丞说。

魏征问：“驿丞可与刘主簿熟识？”

驿丞答：“在昌乐共事数年，还算熟识。”

“你看刘主簿为人如何？”魏征开门见山地问。

“刘主簿可是个好人，上下左右都能说得来，对三班六房也挺和气，听说他和刺史大人是亲戚！”驿丞来了个灶王爷上天——好话多说。

“他和魏州刺史是亲戚？”魏征好奇地问。

“是呀！”驿丞认真地说，“听人们讲，他的表妹是刺史大人的夫人。”

“噢！”魏征和吴主事互看了一眼。

“刘主簿常到魏州去吗？”魏征又问。

“常去。”驿丞回答。

“贵县的陈县令为人如何？”魏征转了话题。

“要说陈县令……”驿丞有些顾虑，欲言又止。

“直言无妨。”魏征鼓励道。

“陈县令平时为官，政绩不错，可是，万万没有想到他竟做出偷盗官粮的事来，真是人心隔肚皮呀！”驿丞深为惋惜地说。

“陈县令与刘主簿平时相处得如何？”魏征又把话题回到了刘升身上。

“相处如何？”驿丞忽然警觉起来，说，“这个……这个小人不知。”

“好，你去吧！”魏征送客。

“谢大人！”驿丞暗暗地长出了一口气，慌忙走了出去。

“看来要想弄清盗粮一案的事实真相，非要到魏州去不可了！”魏征说。

“卑职所想也是如此。”吴主事表示同意地说。

这时，忽听门外有人喊了声：“大人！”

魏征、吴主事都吃了一惊。

只见刘升满头大汗地从门外跌跌撞撞地跑了进来。

“大人！”刘升气喘吁吁地喊道，“我实在不中用，不中用，我对不住您，对不住您！”

魏征平静地审视着刘升的言行，仍和往日一样，热情地对刘升说：“你回来了，坐下，慢慢地说。”

刘升坐下，装出一副非常抱歉的样子，对魏征说：“大人，我找到了五里桥，谁知公子领着干娘刚刚走了，问谁，谁也不知去向，这两天，我跑了半个昌乐县，也没有找见，准是出了县境啦！”

“别着急，没关系，没找到，就慢慢来。只要人在，总会找到的。”魏征安慰刘升说。

“都怪我没用，糊涂，那天我把公子留住，就好了！”刘升装作十分懊悔的样子，恨不得要把自己痛打一顿。

“刘升，”魏征说，“从你这里，我和夫人知道孩子现在还活着，就应该感谢你了！”说罢，魏征把话题一转，又问刘升：“刘主簿，陈县令被我押起来了，你知道吗？”

刘升装作吃惊的神态，忙答：“不知道。为了何事？”

“他与仓督串通一气，盗去仓粮数百石。”魏征严肃地说。

刘升闻听，十分气愤，说：“这个陈文寿，平时衣冠楚楚，举止斯文，身为一县父母，却在大灾之年盗卖官粮，实在令人发指！”

魏征目示吴主事，说：“盗卖官粮？刘主簿，你怎么知道他是盗卖官粮呀？”

刘升自知是说走了嘴，头上又冒出汗来，有些慌乱地回答：“这是卑职的猜想。几百石粮食，如果不是卖掉，他能存在哪里呢？”

“猜想有理。”魏征欲擒故纵地试探说，“刘主簿，如此巨大的盗粮案，我想会同魏州刺史共同审理，你看如何？”

“会同魏州刺史？”刘升反问了魏征一句，然后又说，“大人乃皇命钦差，有生杀予夺之权，何必要会同地方官吏呢？”

这时，一个衙役慌慌张张地从外边跑了进来，报告说：“大人，陈老爷在监狱里悬梁自尽了！”

魏征、吴主事十分震惊。刘升也很奇怪：怎么，这么快，他就死啦！

魏征感到了事态的严重，命令地说：“快去现场！”

在狱中关押陈文寿的牢房里，人们已把陈文寿的尸体从梁上卸下来，安置在床上。

魏征、吴主事、刘升和狱卒丁二等人站立在尸体周围。仵作在仔细地查验死因。

魏征问：“是被人杀害后，伪作悬梁模样，还是实属自尽身亡？”

“禀大人！”仵作说，“验检伤痕，没有他杀迹象，确系悬梁自尽。”

“查一查身边的遗物。”魏征命令道。

吴主事和刘升翻查陈文寿身边的遗物。

吴主事把桌子上的字纸递给魏征。

魏征接过审视，只见上写：“心似白玉瑕，身如青萍叶。”他对吴主事说：“这是陈文寿表白自己的两句话，说他身虽无主，并无大错。字迹端庄工整，不似绝命之笔！”

“是啊！”吴主事分析说，“如是绝命之笔，决不会如此心地平和?!”

这时，仵作从地上又捡起一张纸，说：“禀大人，这里还有一张。”

吴主事上前接过，呈于魏征面前。

“一手遮天，冤枉冤枉！”魏征一字一顿地念完，说，“这才是绝命之笔！”

众人沉默，各有所思。

忽然，魏征叫道：“刘升！”

刘升被吓得心惊肉跳，他故作镇静地说：“小人在，伺候大人！”

“案情重大，我们必须速去魏州，请刺史大人共同处置。”魏征说。

"是。"刘升点头。

"先将陈县令的遗体盛殓起来。"

"是。"刘升应诺。

刘升借为陈文寿理丧之机,抽空儿跑回家中,向刘妻讲述陈文寿之死。他诡秘地对妻子说,"我只说了几句话,他自个儿就上吊死了。这样好,免得我亲自动手,落个杀人害命的罪名。"

刘妻也很高兴,她说:"这一下可好啦,魏大人追不着根儿,官人你也不用提心吊胆了!"

"魏大人可厉害,我看他不会轻易放过此案。"刘升告诉妻子说,"这不,他要我和他一同去魏州见刺史大人呢!""噢!……"刘妻也心有疑虑。

"刘叔叔!……"云姐一声尖叫,哭着从室外闯了进来。她头上戴孝,悲愤异常。

刘升夫妻故作悲哀的模样,上前迎接,齐声叫道:"云姐!……"

云姐悲痛欲绝地哭喊:"我爹他,不清不白地死啦!……"

"我知道啦!"刘升挤出几滴眼泪,又有意地擦了一把,然后对云姐说:"你爹叫你给我传话,说他受不住了,我就觉得可能要出事儿。我去牢里看他,劝他想开点儿,事情定会水落石出的,然后我又跑到魏大人那里,替你爹说情,说他一贯为官清正,这案子中定有冤枉。我不知后来魏大人怎样传讯他的,净问了他些什么话,他就真的走上绝路了!"

"听仵作说,我爹在临终前,写有遗书,叔叔、你见到了吗?"云姐抽泣着问。

"验尸时,我在场。不是遗书,是写了八个字:一手遮天,冤枉冤枉!"刘升回答。

"那字呢,在哪儿?"云姐急问。

"让魏大人拿走了。除了在场的几个人外,其他的人一概不知。"刘升忙答。

云姐止住哭泣,眼睛里放射出复仇的光芒。她说:"一手遮天,这分明是说,害他的人,权大势重,他有冤无处诉呀!刘叔叔,你要为我爹报仇呀!"

刘升装出一副十分同情但又十分为难的样子,对云姐说:"云姐,我和你父同衙为官多年,亲如手足,他的仇就是我的仇,他的冤就是我的冤,我当然要为他报仇、为他申冤!可是,你父所说的这个一手遮天的人,叔叔我搬不动他呀?"

"刘叔叔,您说这一手遮天的人指的是谁?"云姐愤恨地问。

"是谁?这还用问吗?"刘升有意混淆视听地说,"只有上边的大官才能当得起这四个字!"

"你说是魏大人?"云姐问。

"魏大人是我的旧日上司,我本想求他把案子弄清,可是不知他为什么,竟把人给逼死啦!陈大人,你死得冤呀……"刘升说着,也大哭了起来。

云姐哭得更加伤心了。

"云姐,别哭了!好好地活着,给你爹报仇!"刘妻顺水推舟,劝解云姐说。

"娘子!"刘升对妻子说,"云姐孤身一人,无依无靠,怪可怜的。我看,就让孩子跟你一起住吧,免得她孤苦伶仃,受人欺负。"

刘妻感到有些突然,一时难以回答:"这……"

"这是好事,应该的嘛!"刘升接过话尾,遮掩过去,又是在向妻子示意地说。

“应该，应该！”刘妻会意，忙对云姐说，“孩子，你要是不嫌弃你的这个婶婶的话，咱就一块住吧！”

“多谢叔叔，婶婶救助之恩！”云姐感激地跪在地上叩拜。

“孩子，快起来，往后咱们就是一家人啦，不要客气！”刘妻上前把云姐搀了起来。

刘升让云姐坐下。刘妻又取出手帕，给云姐擦了擦眼泪。然后，刘升见云姐的心绪平静了下来，就又对她说：“咱这家里没有别人，前几天，我刚收了一个侄子。我把他叫来，你们俩认识认识。”说罢，冲着东房高喊：“有信！”

叔玉应声来到正房，问：“叔父，唤孩儿何事？”

刘升指了指云姐，向叔玉介绍说：“这是陈县令的令爱云姐。陈县令因官粮一案含冤而死，她无依无靠，也住在咱家。以后，你们二人就是兄妹了。”

叔玉腼腆地说：“是。”

云姐含羞地低下了头。

刘妻暗暗地瞪了刘升一眼，心说：这个挨千刀的，倒挺会铺排！我的有信，怕是要被云丫头抢走了！

魏州刺史庞相修，自从得知魏征在昌乐县查出盗卖官粮一案的情况后，虽然表面上做出一番毫不介意的架势，但是心中却是十五只吊桶打水，七上八下。他估计，魏征总有一天，会亲自找上门来，给他算账的，所以他采取了瞒天过海，以软对硬的战术，企图再次蒙混过关。

庞相修命令民夫在魏州的十字街头，高搭祭坛，神案上摆着龙王的牌位，他亲率官吏们祈神降雨。

在魏州的东大街上，设有一座官家开办的粥棚。棚子里放着几只木桶。几个衙役坐在粥桶旁闲聊。

棚外站着许多灾民，他们排成长队，等待舍粥。前边的一个老人，捧着一只破饭碗，走到衙役面前，哀求地说：“行行好，先给我盛半碗粥吧！”

“不行，不行！”衙役连连摆手，训斥老人道，“吃饭也要有个时候，你抬头看看日头，离晌午还早着呢！走，快走！”说着，就用手一搡，把老人推到了一边。

在魏州的西大街上，有一家粮店的门口，也排着长长的队伍。

掌斗的提着斗正要往买粮人的口袋里倒，买粮的人说：“掌柜的，你这斗不够数吧？”

“什么？我这斗不够数？”掌斗的蛮横地说，“这是官家粮仓里的粮食。为了救你们的命，低价粜给你们，还白喝醋嫌酸？！”掌斗的把斗一指，接着说，“这斗是官斗，这秤是官秤，你嫌不够数，到别处买去！”说罢，就要把斗里的粮食往大堆上倒。

买粮人讨了个没趣儿，叹了口气，只好张开口袋，让掌斗人把谷子倒入自己的口袋里，然后到柜台上交钱。

“多少钱一斗？”买粮人问。

“二百文一斗。”账房先生答。

“不是说一百文一斗吗？”买粮人又问。

“谁说的？敝粮店从来就没有卖过这个价儿！”账房先生说，“要不是看着钦差大人快要来的面子，别说二百文，三百文也不行！你有钱，格不住我不卖，铜钱，能当饭吃?!”

“先生,行行好吧,我就这一百文钱了,就让我把粮食背走吧,一家老小还在家里眼巴巴地等着呢!”买粮人苦苦哀求说。

“哪有那么多好行呀!”账房先生把眼镜往上推了推说,“我也是给掌柜的干事挣碗稀粥喝,你少交一百文钱,叫我上哪儿去给你补呀!不行,你就买半斗吧!回家去,先吃着,等有了钱,再来买!”

“先生,我一家人就全指靠这一百文救命钱啦,哪里还能再弄到钱呀!你就行行好吧!”买粮人说着给账房先生跪下了。

“别这样,别这样!”账房先生站起来,阻拦买粮人说,“如今谁有粮食,谁就能活命,谁就能发财!按理说,你一百文钱买一斗谷,也够贵的了,我应该放你走。可是,上司有言在先,任何人不得随意降价出售,少卖了钱,我也赔不起呀!这样吧,我给你记上账,暂欠一百文,你先走吧!”

买粮人拜过账房先生,背着一斗谷,走出了店门。

这时,一个衙役急急忙忙地从南街跑到庞相修跟前,与庞相修低声耳语:“老爷,钦差大人到城外啦!”

“他到底来了。”庞相修说,“好,出城迎接!”

魏州刺史庞相修迎魏征进了魏州城,二人并马从大街上的人群中穿行。

庞相修边走,边向魏征介绍赈灾情况,喋喋不休地说:“东街上是粥棚,鳏寡孤独、老弱病残,一日三餐,可以领到粥吃;西街上是粮店,按户籍人口,廉价售粮。乡民们盼雨心切,要求迎神祈雨,魏州几个大户出资,在这里高搭神坛,请高僧高道诵经,但愿老天能下一场透雨,解除干旱,虽说秋粮未收,但只要能种上小麦,明年百姓就有指望了!”

“咱们西街走走。”魏征提议说。

“去驿馆正好路过西街。”庞相修说罢,高喊,“鸣锣开道!”

“不必。”魏征阻止说,“我们还是下马步行吧,免得惊扰百姓。”

西街的粮店门口,粮店的掌柜在亲自监督售粮,掌斗人换了个大斗,大声吆喝:“官粮贱卖,足斗足秤,斗米百钱!”

买粮的人们忽地一下子拥了上来。

“我在前边,先给我量!”

“我在头里,先给我量!你是后头挤上来的!”

“给我量!”

“给我量!”

饥饿的人们为了买到粮食,不顾一切地往前拥挤,庞相修命令衙役维持秩序。

庞相修本意是想向魏征邀功,至少能给这位钦差大人一个好的印象,没料到竟是如此的混乱,他急了,怒喝道:“乱什么?你们要哄抢官粮不成!”

“老爷,我们不敢抢粮,是争着要大斗!过一会儿,你们一走,就又换成小斗啦!”一个壮年汉子壮着胆子说。

“你胡说!”粮店掌柜大声训斥。

“不信,老爷请看,那只小斗刚刚收了回去,一斗还不足九升!”壮汉不服气地争辩道。

"这还了得!"庞相修用手一指粮店掌柜,怒喝道:"来人,把他绑了!"

两个衙役上来,不由分说,把粮店掌柜捆了起来。

"老爷!……"粮店掌柜刚想要向庞相修申诉,庞相修把手一挥,急忙打断了他的话,命令衙役说:"快把他押走!"

两个衙役不敢怠慢,推着粮店掌柜,匆匆地走了。

庞相修弄巧成拙,忙向魏征赔笑说:"大人,这里乱哄哄的,我们先到驿馆休息吧!"

魏征看在眼里,明在心上,笑了笑说:"就依庞大人安排。请!"

魏征随宠相修来到了魏州驿馆。步入正厅,见厅内陈设华丽,屏风几案,光彩照人。

魏征与庞相修分宾主入座,刘升侍立一旁。

魏征环视了一下四周,大有今非昔比之慨,话中带有讽刺之意地说:"当年此处仅是一间小厅,陈设异常简陋,真没想到如今如此富丽堂皇,足见庞大人治州有方啊!"

"不敢,"庞相修眉开眼笑地说,"大人过奖了。"然后忙向魏征解释说:"魏州乃是大人的第二故乡,大人对这里的民情十分熟知。魏州自古就是地瘠民贫,如今又遇灾年,恐对大人照顾不周,望大人海涵,恕我等无罪!"

刘升见庞相修误解了魏征的话意,插言说:"魏大人一向极惜民力,简约克己,是决不会在接待上留意的,庞大人尽管放心!"

"刘主簿所言极是。"庞相修见刘升插话,觉得时机已到,就试探着说,"听说刘主簿过去曾是魏大人的部下,你们两人称得上是故旧挚友,而我与刘主簿是亲戚,这样论起来,你我之间,就更近一层了。我二人如有不周之处,乞望大人多多包涵。"

"岂敢!"魏征接言,"请问庞大人与刘主簿是何亲戚关系呀?"

"卑职的表妹是庞大人的正室。"刘升回答。

"啊,关系还挺近呢!"魏征笑了笑,又问,"刘主簿,过去我从未听你说过,你有表妹呀!"

刘升显得有些不够自然,说:"那时,那时表妹随舅父远在他乡,所以不曾向大人提起。"

"噢!原来是这么回事。"魏征深有所悟地点了点头。

庞相修见魏征对他的这一套拉近乎的做法,并无反感之意,心中暗自高兴:别听他们说得神乎其神,魏征官再大,也是人,人总是有私情的!这不,一说故旧、亲戚,就显得亲近多了!于是,他进一步地向魏征讨好说:"魏大人,多亏您当年对刘主簿的一片苦心,言传身教,我的这位表大舅还算得上一个精明干练的人。魏大人有事,只管让他去办,保准错不了。我打包票!"

"是吗?你敢给他打包票?"魏征微笑着问。

"是,敢!"庞相修肯定地回答。

"你说刘主簿十分精明干练吗?"魏征微笑着又问。

"是,精明干练,能力超群!"庞相修盯着魏征的眼神,一本正经地说。

"依我看,不尽然,刘主簿还不够精明!"魏征严肃地下了结论。

“啊！为什么?”庞相修惊问。

刘升连忙接言:“魏大人所言极是,卑职本来就不算精明。”

“是呀!”魏征接过刘升的话尾,说,“要是真正精明的话,陈文寿盗粮一事,他怎么能一字不晓?!”

“不晓,不晓!”刘升连连摇头,额上浸出了豆大的汗珠,慌忙解释说,“卑职万万没有想到,陈文寿是一个面带忠厚、内藏奸诈的贼子!”

庞相修见魏征冷不防地提起盗粮一案,心中猛地一惊,急忙掩饰地说:“我身为一州之长,属下作案,竟未察觉,实属失职,正欲上表自责,今日魏大人到来,请大人从严处置!”

说罢,庞相修站起,与刘升并肩垂手,低头肃立。

“庞大人!”魏征对庞相修说,“此案重大,尚未查清,至今失粮下落不明,怎能就此结案!? 眼下当务之急,应先从魏州官仓借调粮谷,从速赈济昌乐饥民!”

“谨遵魏大人之命。”庞相修连忙应承,随后又对刘升说,“刘主簿,借粮赈民之事,交你去办!”

“是!”刘升奉命离去。

……

再说昌乐县。

吴主事在县衙的二堂上翻阅处理积压的公文,衙役押督仓吴七到来。

“给大人叩头。”吴七跪着说。

“吴七!”吴主事严厉地对吴七说:“仓中之粮,到底是何人支持你盗去,从实招来!”

“是陈老爷命我开仓的!”吴七答。

“还有何人知道此事?”吴主事问。

“还,还……没,没……没有别人知道了。”吴七开始吞吞吐吐,后来十分明确地答。

吴主事从吴七的说话语气中,已经听出了破绽,就大声喝道:“吴七,你不要玩弄花招,自作聪明! 你不要以为陈县令死了,你不说,别人就不会知道。世上没有不透风的墙,说!”

“老爷!”吴七狡赖地说,“我真的不知道还有何人,你叫我说什么呢?”

“吴七!”吴主事气得把书案一拍,说,“不动大刑,谅不肯招,拉下去,重打四十大板!”

两个衙役答应一声,把吴七拉至堂下,按倒在地,举起竹板,一人一下地轮流行刑。

吴七大声哭喊。

吴主事仔细地观察了一下堂下的行刑情况,暗暗点头说:“原来如此!”

他喝问吴七道:“吴七,你招也不招?!”

“老爷,我真的不知道哇!”吴七哀求地说。

“不知道?! 还是打得轻!”吴主事嘿嘿冷笑,他招呼侍从,说,“来,你们掌刑!”

两个侍从从衙役手中接过竹板,重重地两大板打下去,吴七招架不住了,大喊起来:“老爷,饶命啊,我说,我实说!”

“停刑!”吴主事命令道,“让他说!”

吴七疼得呲牙咧嘴,哆哆嗦嗦地说:“除了陈老县令之外,让我开仓的,还有刘……刘主簿!”

吴主事“哼”了一声,将口供录下说:“你为什么不说刘升?”

“刘升告诉我,他和钦差大人是朋友,和刺史大人是亲戚,我不敢,不敢……”吴七坦白说。

这时,一名差役带着五里桥卖粥的陈掌柜走进了二堂。

“禀老爷!”差役说,“奉命把陈掌柜带到。”

“暂立一旁!”吴主事命令说。

接着,吴主事又命令衙役说:“把吴七押入监牢!如果你们再敢一起作弊,以律治罪!听见了?”

“是!小人明白。”两个衙役战战兢兢地回答着,押解吴七离去。

陈掌柜发现坐在堂上的老爷,原是那天在棚里买粥的“商人”,可吓坏了,他赶忙跪下,乞求说:“老爷,那天小人有眼不识泰山,多有冒犯,喝粥多要了老爷的钱,该死,该死!你就饶了小人这一回吧,小人愿加十倍奉还!”

“哈哈……”吴主事笑道,“谁稀罕你的几十文钱!走,随我到驿馆再说。”

回过头来,说魏州。

在魏州庞相修宅内的客厅里,一桌丰盛的宴席早已摆设停当。

庞相修和他的夫人在等待着贵客的到来。

夫妻二人正在猜测,忽然外边传来了刘升的喊声:“魏大人到!”

“来了,来了,还真来了!”庞相修面带笑容地急忙迎到院外。

刘升陪着魏征缓缓走来。

魏征边走边看,频频点头。啊!这宽敞的庭院,与昔日相比,真是旧貌换新颜啦!回廊曲栏、山石莲池、奇花异草,堪称别有洞天呀!

庞相修迎上前去,躬身施礼,欢悦地说道:“魏大人光临寒舍,使寒舍满院生辉呀!”

魏征笑了笑,还礼说:“庞大人,我没有来之前,尊府就早已满院生辉了!”

“大人取笑了!”庞相修乐呵呵地说,“请大人客厅用茶。”

庞相修引魏征进入客厅。

魏征步入客厅,第一眼就看到了桌子上摆着的山珍海味,问:“庞大人,你要请客呀?”

“哪里,哪里!”庞相修满脸赔笑地说,“我是想……是想请大人吃顿便饭。”

“好一顿便饭!”魏征有些不快地问庞相修,“你这一顿便饭,要花去种田人多少年的粮米呢?”

“这……”庞相修有些惊慌,无言以答。

刘升生怕把事情弄僵,急忙向庞相修解释说:“魏大人确已用饭,请大人命下人撤去筵席。”

庞相修满腹不快,但又不敢外露,只好向外喊了一声:“来人!”

两个家人应声入厅:“伺候老爷。”

“撤去筵席!”庞相修吩咐道。

家人们七手八脚地把桌上的酒菜端了出去。

刘升见双方都有些不快,就无话找话地打圆场说:“魏大人十分怀旧,来魏州之后,很想到各处看看走走。庞大人的这座庭院,是当年武阳郡丞元宝藏大人的旧居。魏大人与元大人本是世交,对此地很有感情,魏大人说,他来这里,一来拜访庞大人,二来是旧地重游,稍事消遣!”

“好,好!”庞相修急忙应承说,“魏大人不嫌敝陋,请随意观赏!”

魏征凭窗远眺,触景生情,随口吟道:“一别二十春,飞鸟归故林,故林发新枝,悲风不可闻!”

庞相修假作斯文,连忙捧场说:“好诗,好诗!是不能刮北风,一刮北风,林木都光秃秃的,没有看头啦!”

魏征闻听,忍不住大笑,说:“庞大人,我说的是悲风,是伤悲的悲,不是东西南北的北呀!”

“噢,是伤悲的悲,我听成南北的北了!”庞相修有些显得尴尬。

为了解除庞相修的尴尬,刘升又赶忙出来找话说:“魏大人,庞大人早就爱上您的书法了,请赐留两幅墨宝,如何?”

庞相修接过话茬儿,凑趣地说:“就是。自从看了魏大人为刘主簿题写的‘民为邦本’之后,我即有此意,不知魏大人肯否赏光?”

“不嫌笔拙,情愿献丑。”魏征笑着说。

刘升在几案上研墨、铺纸,准备妥当,魏征提笔说道:“先为刘主簿写一张吧。”

于是,他挥毫在纸上写下了《诗经》中《魏风·硕鼠》的前几句:

“硕鼠硕鼠,无食我黍。三岁贯汝,莫我肯顾。誓将去汝,适彼乐土。”

“好,好!”庞相修不懂装懂地连声称赞。

刘升面色苍白,双手禁不住地暗中发抖。

魏征把写的这段话,从头至尾念了一遍,然后解释说:“这是一首魏风,魏州乃古魏之地,《诗经》中的魏风,即采于此。既然庞大人是当今的魏州刺史,魏州地方的父母官,那我也写一首魏风,送给庞大人吧。”

说罢,魏征提笔为庞相修写了一首《伐檀》。

送走了魏征,庞相修和刘升回到了庞相修的书房。烛光下,他们二人看着魏征的墨迹。

“看来,魏大人已经知道,我与盗粮一案有牵连了。要不,他给我写《硕鼠》干什么?”刘升胆战心惊地说。

“我看未必。”庞相修不以为然地说,“他不是说,这里过去是魏地,特为我们写了两首魏风吗?”

“魏风有的是,为什么偏偏要写这两首?”刘升更加怀疑。

他念《伐檀》道:“……不稼不穑,胡取禾三百缠兮?不狩不猎,胡瞻尔庭有悬貆兮?……这不是明明在挖苦大人您吗?”

庞相修想起魏征刚到魏州,在驿馆里说的一些话,道:“他白天说的有些话,是够可气的。不过,盗粮一事,陈文寿已死,你如果不讲,他是查不到我的头上来的。”

“大人不可掉以轻心!”刘升阴沉着脸再次提醒庞相修,说,“我从他的这两张纸的字里行间感到,我们已被他看出马脚来了!”

庞相修摇了摇头，说："这个词儿，可能是在暗指我，但他不见得就知道盗卖官粮中有我。听人们说，魏征在进谏奏本时，还敢把圣上比作隋炀帝呢！"

"大人！"刘升仍然忧虑重重，一再劝庞相修多加小心，说，"千万不可大意。你我的性命，现在就攥在他的手心里！"

"唉！"庞相修觉得刘升这样提心吊胆有些过分，就有恃无恐地说，"刘主簿，你也太胆小了！我可以肯定，如果你不向他告发，他是绝对查不到我们头上的！"

魏州正堂。

魏征身着官服，坐于正中。

庞相修忐忑不安地坐在一侧。

魏征带来的侍从，腰悬刀剑，站立在魏征身后。

魏州的衙役们排列两旁。

刘升也站在一边。

开始，魏征庄严地当众宣布，说："本钦差奉旨离京，到山东、河北查赈。在大灾之年，魏州昌乐县竟出了盗卖官粮一案。县令陈文寿畏罪自杀，仓督吴七及其他部分人犯，已经落网。但尚有若干人犯，逍遥法外。今将落网人犯，带至魏州审理！"魏征说完，看了看众人，问道："昌乐县刘主簿刘升何去？"

刘升被吓得浑身颤抖，上前一步，答："卑职……在此。"

"命你录供。"魏征说。

"是。"刘升心里稍微踏实了一些，他坐在下首席位上，准备记录犯人的口供。

魏征喝道："将一干人犯，带上堂来！"

衙役把吴七和狱卒丁二推了上来。

刘升见丁二也被带来，大为震惊，他手中的笔"啪"地一声失落在地。刘升怕人看见，急忙俯身捡起。

"吴七！"魏征怒问，"是谁指使你偷盗官粮，从实招来！"

吴七爬前一步，抬头看了看坐在一旁的刘升，嗫嗫嚅嚅地说："这……这……"

"说！"庞相修把惊堂木一拍，大声喝道。

吴七心里明白，这回他要不说实话，皮肉还要更加受苦，就把心一横，说："是陈县令和刘主簿，让我开的仓！"

庞相修闻听此言，大吃一惊，不知所措。

刘升闻听此言，如炸雷轰顶，呆若木鸡。

"刘升！"魏征问道，"吴七所言，可是实情？"

"大人！"刘升强自镇定地说，"您不要听信吴七胡言，他这是官报私仇！"

"刘主簿！"吴七说，"我为你包庇的日子不少了。你叫我把事情的罪过全推到陈老爷身上，我就照你说的招了供。可是………可是后来，我实在受刑不过，就说了实话。"

"狱卒丁二招供！"魏征命令道。

丁二坦白地说："我受了刘主簿的贿，放他私进了监狱，去看过吴七，也去看过县令陈老爷。陈老爷死的那天晚上，他还去过，他走后不久，陈老爷就悬梁自尽了！"

"大人，冤枉！他这是血口喷人哪！"刘升跪在地上，大声呼喊。

"刘升你还在狡辩！"魏征从案卷中抽出陈文寿写的两张字纸，威严地说："刘升，你也曾亲眼看见陈县令在狱中写的这两幅字，一张是写在你去之前，字迹工整，并无寻死之意；另一张是写在你走了之后，是决意自尽的绝命之笔，这分明是用言语对他威逼所致，还不从实招来！"

"大人，我去过监狱是实，可是我确实没有用话威逼过陈县令呀！"刘升仍旧不肯承认他犯下的罪行。

魏征在魏州大堂上审讯刘升威逼陈文寿致死一事，在人证、物证面前，刘升仍百般抵赖，拒不招认。

"刘升！"魏征大怒喝道，"这件事，人证、物证俱在，你不招认，也可落案。先说，你把昌乐官仓的粮谷，运到何处去了？！"

"大人，我实实冤枉啊！"刘升还在耍赖地哭喊。

魏征命令："取物证上来！"

一侍从把写的"昌乐"字样的麻袋，放在堂口。

"吴七！"魏征说，"你仔细看看，这可是昌乐仓中之物？"

吴七爬上前去，仔细地看了又看，然后向魏征说："禀大人，是我县仓中的麻袋。"

"刘升！"魏征一拍惊堂木，问，"你说昌乐仓中的麻袋，为何到了魏州官家粮店？！"

庞相修这时汗如雨下，身如筛糠。

"大人，小人实在不知道呀！"刘升死不认账。

"庞大人！"魏征侧身问庞相修，"您可知情呀？"

"魏大人……"庞相修战战兢兢地离开座位，站在一旁，软中带硬地说，"你可不要无中生有啊！"

"无中生有？！"魏征哈哈大笑说，"这是从你们魏州西街粮店的库房中抄出来的！"

"西街粮店？！"庞相修也哈哈大笑起来说，"粮店售粮，与我何干？"

"庞相修！"魏征喝止，怒道，"你身为一州之长，在这大灾之年，不顾黎民生死，盗粮自肥，该当何罪？！"

"你，你！你这是栽赃陷害！"宠相修黔驴技穷，色厉内荏地嚎叫说。

"我知道你有恃无恐。"魏征冷笑道，"来人，先把庞相修打入监牢！"

两名侍从上来，摘去庞相修的乌纱帽，反绑着他的双手，推了就走。

"魏征，你诬陷本官，咱们走着瞧！"

庞相修气急败坏地大喊大叫。

二侍从把庞相修跌跌撞撞地推下公堂。

"刘升，你招也不招？"魏征继续审问刘升。

刘升见庞相修不肯认罪，他也有些气壮了，喊道，"大人，我实在冤枉啊！"

魏征这时庄严宣判，说："你与庞相修串通一气，盗卖官粮，贿赂狱卒，逼死县令，罪大恶极，实难容忍。本钦差决定，将你就地正法！来人，把刘升抓起来！"

二侍从上前抓住刘升，把他绑起。

刘升一听魏征真要杀他，一下子瘫软在地上。他趴在地上，忽然想到了救命一招,高喊:“大人,别杀我,别杀我,留下我,留下我吧！我能、能给大人找到公子!”

“啊?!”魏征闻听有所惊讶。

堂上的人都互相望观了一下,低头不语。连跪在地上的吴七和丁二也对视了一眼。

沉默。在沉默中魏征的心潮在波涛汹涌,是秉公斩,还是徇私留？一念之差,后果大异呀！魏征想:我决不能为了找到儿子,而让刘升这样的蟊贼逃脱法网!

主意已决,魏征义正词严地对刘升说:“刘升,你休想再用私情打动于我;用往日的交情蒙蔽视听。我宁肯不找儿子,也不能徇私枉法！绑下去,斩!”

众侍从上来,把这升推出了大堂。

刘升被魏征就地正法的消息传到的了昌乐县。

刘妻从外边跑回家来,大哭大叫:“有信,云姐,可了不得啦!”

“婶母!”叔玉急问,“何事如此惊慌?”

“你叔在魏州叫钦差大人给杀啦!”刘妻哭着说。

“为了什么?”叔玉、云姐大吃一惊,异口同声地问。

“听说是为了盗卖官粮一案。”刘妻有意地在两个孩子面前编造谎言说,“本来盗卖官粮,是刺史大人的事。陈老爷和你叔父都是垫背的。钦差大人不敢惹那刺史大人,因为庞刺史救过当今圣上的命,他们就官官相护,把你爹逼死了,把你叔父给杀了！这是什么世道?！老天爷不公哇!”说罢,她索性坐在地上,号啕大哭起来。

“天哪,天!”云姐怒目圆睁,仰面叫道,“难道真的没有公道了吗?”

刘妻哭喊了一阵儿,停了下来,擦了擦眼泪,对叔玉和云姐说:“这个家,你们也呆不住了。云姐,你去你舅舅家,有信你跟我走,咱们找个地方,躲难去!”

“这……”叔玉不甚情愿地没有表示可否。

正在这时,门外进来了两个昌乐县的班头。

“谁是刘升家的?”高个子班头问。

“我就是。”刘妻上前一步,问,“你们来干什么?”

矮个子班头说:“刘升犯罪,已在魏州正法。他的家产全部充公,你也没籍入官了。从现在起,你就待在家里,哪里也不许去,等候查抄家产。”

“我的天哪!”刘妻又大哭大嚷起来。

矮个子班头看见云姐站在一旁,就又对云姐说:“钦差大人知道陈县令的小姐住在这里,传下话来,让你不要乱走,他很快会派人来接你的。”说完,退了出去。

刘妻一听,赶紧过来对云姐说:“别听他们说得好听,他不是要来接你,是要斩草除根呀!”

叔玉也劝云姐,说:“云妹,你得快走!”

“我先到舅父家暂避一时,日后伺机再给爹爹报仇!”云姐坚定地说。

“对!”叔玉赞同地说,“我与你结伴同行,送你前去!”

刘妻已无心再纠缠叔玉了,如今她只得忍痛割爱。她煽风点火地说:“是要给你爹报仇,给你叔叔报仇！我是走不了啦,你们赶快走,我给你们拿盘缠去。”

刘妻说着进屋,取了白银数锭,分别交给叔玉和云姐,说:“这是纹银二十两,你们各自带上随身换洗的衣服,快走吧!”

叔玉和云姐各自进屋,每人把衣服包成一个小包裹,拜谢了刘妻,匆匆出门。

叔玉和云姐一前一后地走在郊野的小路上。

放下叔玉、云姐二人暂且不提，单说魏州刺史庞相修。

这庞相修虽然身陷囹圄，但是他所住的牢房却是与众不同。房内床帐桌椅，各种生活用具、用品，一应俱全。只是不能自由出入而已。

他的亲信给他送上饭来，有酒有肉，摆满桌面。

"听说刘升被杀之后，他昌乐的家财全充公啦?"庞相修边饮酒边问话。

"对。"亲信回答，"全充公啦!"

庞相修一听有些吃惊，又问："我的家财呢?"

亲信说："除把粮店查封外，别的都没有动。"

"你听说魏征想要把我怎么样?"庞相修夹了一口菜，放在嘴里，边嚼边问。

"魏大人要将大人送往京城，交给圣上审理。"亲信回答。

庞相修闻听，大笑不止，嘴里的肉菜差点儿喷出口外。他说："这还差不多。我谅他姓魏的也不敢背着当今圣上来处置我！只要见了皇上，就有我的话说。"

庞相修说到这里，又饮了一杯酒，略加思索，又说："不，不能见了皇上再辩理，现在就要先告他魏征一状，对，告他一状！取纸笔来!"

亲信为庞相修研墨铺纸，他提起笔来，摇头晃脑，笔难落纸。

"听说魏征在杀刘升之前，刘升请求留下他，为魏征寻找儿子，魏征说宁愿不要儿子，也要杀掉刘升。这其中定有隐情!"庞相修凭着个人的想象推理似地说。

"定有隐情。"亲信随声附和地道。

庞相修苦思冥想，进一步推测，说："按刘升之罪，不应问斩，魏征非要杀他，是否为了灭口？这里面是否有什么案情，与魏征的亲友有牵连？这魏州原是魏征的故地呀!"

"一定是这样。"亲信表示同意，"要不，为什么这里会有魏征的儿子?"

"对!"庞相修像是下结论似的说，"在魏州，在刘升与魏征之间，在魏征的儿子身上，肯定有魏征的隐私！只是我们现在找不到他的确凿证据罢了。"

"大人!"亲信问，"那怎么办?"

"没有证据，告不倒魏征，写成本章奏予圣上也不甚妥当，不……"庞相修放下毛笔，叹了一口气。

"不告了?!"亲信急问，然后提醒庞相修说，"大人，你要是不告他，他可要把你给弄苦了!"

"我不是不告，是想先给淮安王爷写封信，你马上派人送往京城，请王爷把魏征在这里的所作所为，转奏圣上得知。淮安王与我是老交情啦，这件事，他肯定会尽力去办!"庞相修说着，拙拙笨笨地写起密信来。

在长安淮安王府的正厅里，李神通和权万纪正在看庞相修派人送来的控告魏征的信。

看完信后，李神通大笑说："不出所料，这次魏征下去，果然碰到了钉子。那庞相修，可不是好惹的！魏征为了包庇亲友，草菅人命，杀了他的人，他岂肯善罢甘休!"

权万纪对这封密信，并不特别感兴趣，他对李神通说："王爷，目前，能够扳倒魏征的诉状太少啦，昨日，孙长史拿到了赵臣告发魏征当年曾为先太子谋划，酒中下毒，险些毒死当今圣上的事，这张诉状，兴许能够引起圣上的震怒。”

李神通对扳倒魏征充满着信心，他说：“诉状少，不要紧，还可继续寻找、搜集！这些，先不要急着递予圣上，要慢慢来，如遇时机，就掂出一两件来。在圣上面前告魏征的状，需要察言观色，多加小心呀！”

权万纪吃了几次亏，如今也学乖了，他想既然李神通都适可而止了，自己何必与魏征硬过不去，还是暂时退让一步得好。于是，他表示赞同李神通的意见，说：“王爷言之有理。常言说：心急吃不了热豆腐。咱们还是一步一步慢慢地来，总有一天，我们会看到他魏征倒台的！”

两人对视了一眼，心领神会地一齐大笑起来。“哈哈……”

“嘿嘿……”

笑罢，李神通送权万纪出门，权万纪与李神通拱手告辞。

这一日，李世民宴请群臣。

因为魏征多日在山东、河北查赈一直未归，李世民有所思念。他见座席中没有魏征，就自言自语地说：“不知魏卿查赈进展如何？何日能返京城？”

在一旁落座的李神通听李世民提起魏征，心中又是不快，他把脑袋一摇，轻蔑地说：“魏征……嘿嘿……”不再言语。

李世民见李神通如此神态，有些不解其意，就问：“提起魏征，叔王似有不满之绪？”

“哪里，哪里！”李神通口不应心地说，“魏征乃陛下宠信之人，微臣怎敢非议？!”

李世民闻听，心中略有不快，就劝谕李神通说：“叔王，朕用人之道，谁人不知？敢进忠言者，虽逆耳也堪敬重；阿谀谄媚者，虽恭顺不为所欺，有功必赏，有错必究。你对魏征的旧怨，应该消除了。”

“哼！”李神通见李世民并无责怪之意，就放开了胆量，说，“只恐他魏征责人时严，律己时宽，也常是言行不一呢！”

“有何事可证？”李世民问。

“此次去河北查赈，陛下可知道他干了些什么？”李神通反问李世民说。

“朕近日耳目闭塞，不知叔王有何见闻？”李世民向李神通了解情况。

李神通看了看李世民，知道李世民确实不知，就一本正经地启奏说：“陛下，河北乃魏征故里，在那里他的亲朋旧友甚多，这次他去故地查赈，听说有袒护亲友，草菅人命之事……”

“啊?!”李世民闻听，大吃一惊，问，“叔王，你听谁言？”

“权万纪详情尽知，宴后陛下可召他前来，一问便明。”李神通一指坐在稍后的权万纪说。

宴后，李世民召见权万纪。

进入内宫，权万纪跪拜在李世民面前，说：“臣，权万纪叩见陛下！”

李世民说：“权卿平身。”

权万纪站起身来，高呼：“谢陛下！”

李世民开门见山，问：“朕听人言，魏征赴河北查赈，在魏州有袒护亲友、草菅人命等行迹。叔王说你知之甚详,今将你宣来,你要如实上奏!"

权万纪心中暗暗埋怨李神通,但是既然圣上给了他说话的机会,他当然不会轻而易举地放弃,就很有分寸地说:"臣也是听他人所言,并不甚详,但绝非虚诳!"

李世民说:"魏州刺史庞相修当年在秦府供职,乃朕心腹之臣,魏征若在魏州真有袒护亲友、草菅人命之事,他为何不写表章上奏?"

"陛下!"权万纪上前一步,严肃地说,"臣得到消息,庞刺史已被魏征革去职务、逮捕入狱了!"

"啊! 有这等事?"李世民不禁吃了一惊。

李世民听说魏州刺史庞相修已被魏征革职入狱,心中非常不安。他想,要是魏征真的来个便宜行事,先斩后奏,把自己的救命恩人给杀了,怎么办? 不行,得赶快想办法,让魏征把庞相修送往京城才是! 于是,他对权万纪说:"权卿! 你代朕去传中书令房玄龄,让他晚上到朕的寝宫来见!"

"是!"权万纪拜辞而去。

晚饭后,李世民和长孙皇后围枰对弈。

房玄龄站立一旁听候旨意。

李世民投下一子,说:"今晚召卿来,有两件急事,与卿商定。"

"请陛下明示。"房玄龄说。

"有人告发魏征,在河北查赈期间,袒护亲友,草菅人命,并已将魏州刺史庞相修革职收监,不知真假,朕派御史温彦博前往按察,卿以为如何?"李世民先向房玄龄说了魏征一事。

房玄龄一听,知道又是李神通、权万纪等人从中捣鬼,就委婉地对李世民说:"陛下圣谕,自当实行。臣以为魏征一向刚直不阿,回朝后当面诘问,即可得到实情,不必派人按察。"

"要是魏征真的把庞相修杀了,怎么办?"李世民问。

"陛下!"房玄龄说,"此事好办。由我从速通知魏大人,让其将庞相修押解京城,不就可以免死了吗?"

"正合朕意,就依卿言。"李世民高兴地说。

长孙皇后一旁满意地点了点头,指棋插言道:"陛下,投下此子,这一角全活了呀!"

"是吗?"李世民说着又投下一子。

"陛下尚有一事呢?"房玄龄问。

李世民回答说:"如今山东、河北下了透雨,旱情已除,各地赈灾也大有进展,朕欲乘此机会,巡幸洛阳,卿以为如何?"

"陛下决意此行,微臣以为也可。"房玄龄策略地表示了自己的意见。

李世民见房玄龄并无坚决阻止之意,就高兴地说:"请房卿周密安排,三日后启程!"

"是!"房玄龄拜过李世民和长孙皇后,离宫回府。

三天后,李世民起驾巡幸洛阳。

长安城外,一派绮丽风光。

浩浩荡荡的仪仗队向东行进,迤丽十余里。车辇内李世民与长孙皇后并肩而坐,近旁有房玄龄、长孙无忌、李神通、权万纪等,骑马随侍。

李世民望着野外,神往地说:"几年来,寡人为国事困扰,不曾出都巡幸。如今突厥已平,河北、山东连降透雨,朕心甚喜,今日出城,见沃野青青,万木葱葱,比之贞观初年,确有一派祥瑞之气了!"

"陛下!"长孙皇后见李世民心绪欢畅,接言说:"你戎马半生,勤政数载,又得贤臣相弼,良将辅佐,江山才有今日的光彩呀!"

李世民闻听长孙皇后之言,越发兴奋,他骄矜地说:"想我李氏父子,承皇运以御天下,得民心而震八方,功德无愧秦皇、汉武,群臣纷纷上表,劝朕登泰山举行封禅大典,祭祀天地,使四夷君长、天下百姓都知道我李家的丰功伟绩。梓童以为如何?"

长孙皇后一向不肯干预朝政,她谦逊地对李世民说:"妾为妇人,不谙政事,如此大典,兴师动众,陛下可曾请诸位王公大臣议过?"

"议过多次。"李世民答。

"结果如何?"

"附和者众,阻止者寡。"

"谁曾阻止?"

"魏征。"

"看来陛下是采纳了魏征的劝阻了?"

"何以见得?"

"封禅大典至今未有举行啊!"

李世民哈哈大笑起来,说:"前几年,江山初定,国库尚虚,灾荒时降,民有饥色,封禅大典,确实为时尚早,而如今,景况大不相同啦!魏武帝曾有诗曰:'东临碣石,以观沧海'。朕要亲临泰山,遥望日出!"

"愿陛下早成盛典。"长孙皇后顺从地说。

仪仗队快速行进。路过城镇,官吏带领士绅、百姓顶礼焚香,人群在道路两旁跪成长长的两行。

经过多日的行进,李世民一行到达洛阳。为了庆贺一路顺风,李世民在洛阳宫干阳殿内大宴群臣。

李世民和长孙皇后坐于首席开怀畅饮,随行大臣们陪宴。

殿下先使童子表演《九功舞》,然后宫女们穿着华美的服饰,跳起西域传入的舞蹈。

宴会时至高潮,李世民对群臣说:"昔日隋炀帝在这洛阳修造宫殿,极尽奢华,以后连年争战,许多楼台亭榭,颓废荒凉。我大唐初建之日,不及于此,如今,天下升平,海晏河清,眼看这许多亭台楼阁,破旧不堪,心中有些不忍,应当有一番修整了!"

李神通坐在李世民的近处,他接过李世民的话茬说:"去年,就有人提起要修洛阳宫,给事中张玄素奏道:'财力不足,不宜动工'。陛下不是准其所奏啦!"

"不只是张玄素一人,魏征也是这样劝朕的。"李世民补充说。

"对。"李神通乘机攻击魏征说,"当时,魏征也是竭力反对的。"

宴后，李世民与李神通在数名美女的侍陪下，泛舟于积翠池。抬眼望去，楼台殿阁破败不堪，心中郁郁不乐。他指着这些楼阁说："一定要重修，不修，实在有伤大雅啦！"

"应当重修。"李神通极力支持，然后又问，"如果魏征再要劝谏，怎么办呢？"

"朕自有主意。"李世民决意果断地回答。

晚上，在李世民临时下榻的寝宫里，李世民与房玄龄商定重修洛阳宫一事。

李世民说："朕此次驾幸洛阳，见洛阳因连年战火，宫阙残破，市容不整，心中不安。朕欲重修宫阙，并顾及民宅，卿以为当否？"

房玄龄思考了片刻，回言说："陛下曾痛斥炀帝作此宫苑，结怨于民，今陛下能顾及百姓，国家幸甚，黎民幸甚！"

"房卿，你看何人可在此处监修？"李世民问。

房玄龄想了想，说："留下权万纪在此督工监修即可。"

"就依卿言。"李世民高兴地命令说，"传朕旨意，明日驾返长安。"

洛阳城外。

李世民驾返长安。剑戟耀日，旌旗蔽空，长长的人流，前后不见首尾。

李神通与权万纪在马上作别。

李神通对权万纪说："权大人留在这里，监修工程，倒是个美差，只是我回长安，对付魏征，就有些孤掌难鸣了。"

"王爷，你是不会孤的。"权万纪安慰、打气地对李神通说，"听说庞相修已解往京城，王爷回到长安后，可立即去见他。他这次并没有犯下大罪，而且又是圣上的救命恩人，他会成为王爷您的得力臂膀的，孙长史也很会办事，不会出大的纰漏。我在这里监工，平日无事，欲将魏征监修的《隋书》《梁书》《陈书》中，凡是他的亲笔文字，都命人抄来，我要在这些文章的字里行间，寻找把柄，作出'文章'，我就不信魏征他无懈可击？过去，因写文章而身败名裂的，大有人在。"

"好，好！"李神通赞同、夸奖地说，"你们文人自有文人的高招儿。不必送了，请留步！"

权万纪在马上拱手施礼说："王爷路上保重！"

李神通打马向前走了几步，忽又踅了回来，低声地嘱咐权万纪说："圣上旨意，重修宫阙，兼顾民宅，那民宅不过是遁词而已。为的是使魏征等人谏奏难找口实。要修的还是宫殿楼台。你要心中有数。"

"是。"权万纪笑道，"多谢王爷关照！"

"彼此彼此，哈哈……"李神通大笑着，打马飞奔而去。

这时，魏征和吴主事一行，也正走在返回长安的路上。

吴主事对魏征说："这次奉旨查赈，一方蒙福，又逢普降甘霖，百姓们草木得生，万民感念天恩无边、皇恩浩荡，魏州的黎民，都在颂扬魏大人您的功德呀！"

魏征不以为然地摇了摇头说："只是放赈太迟了，饿死了很多不该死的人，唉！我等有负皇恩，愧对百姓呀！"他心情沉重，全然不像完成圣命、胜利归来的模样。

吴主事见魏征如此，心中也有些不安，但仍以宽慰的口气，劝说魏征："大人一路劳顿，还是保重身体要紧。莫再让灾区的惨景萦绕心头。我们很快就要回到长安，一家老小，又得欢聚一堂了！”

魏征的情绪依然很低沉，他用手指了指田野、村庄，又对吴主事说：“吴大人，你看，这千里中原，何等荒凉！由于天灾人祸，百姓们已有很长时间没有见过风调雨顺、百业俱兴的太平年景了！我朝开国以来，君正臣贤，以天下苍生为念，才解黎民饥困于万一，若是稍有松懈，就要前功尽弃了！我想人生暂短，德能有限，怎样才能上不愧对君主，下不亏负百姓呢？实不敢乐而忘忧啊！”

“大人忧国忧民，实在令人可敬可佩！”吴主事仰慕地说。

他们正在边走边谈，忽见前面的路上，有一长列押送木材的车辆。其中有一辆车坏了，横在路中，挡住了后边车辆的行进。车夫在奋力推车，差官在呵斥车夫，吵吵嚷嚷，嘈杂不堪。

“这是干什么的？”吴主事在马上眺望，喊，“来人，把他们轰开！”

“慢。把差官唤来问话，再说不迟。”魏征阻止。

侍从走上前去，对那押运木材的差官说：“魏大人传你问话！”

魏征见车上装有很多高质量的木材，心有所思，忙问差官：“你们奉何人所差，这些木材何处所用啊？”

差官说：“是奉权万纪大人差遣，这些木材是为重修洛阳宫所用。”

“权大人奉命监修洛阳宫？”魏征惊问。

“正是。”差官回答。

弄清了原委，魏征略显激动，他转身对吴主事说：“闻知圣上驾幸洛阳，可惜我不在朝中，我若在京，非要阻驾不可！”

“只怕是圣上不肯听从呀！”吴主事说。

魏征听吴主事所言，无限感慨，他严肃地说：“吴大人，听不听是皇上的明察，谏不谏是臣下的职责。想这河北、山东的灾情，刚得缓解，天子即出外游幸，还要大兴土木，重建宫室，这如何使得？！贞视初年，圣上欲建一殿，但想到秦时因大建宫室，众叛亲离而亡，立即传旨停修，并说：‘人之所欲，若纵之不已，则危亡立至。’如今，陛下为何自食其言？！”说罢，他问差官，“此地何县所管？”

差官回答：“中牟县。”

“好。”魏征命令说，“我等到中牟县歇马。”

吴主事应答：“是！”

魏征与吴主事刚刚洗盥完毕，中牟县驿馆的驿丞来报：“皇甫县丞前来拜见！”

魏征回言：“快请。”

驿丞出去，少时，皇甫德参毕恭毕敬地走进室内。

“参见魏大人！”皇甫德参施礼叩拜说，“不知钦差大人光临，有失远迎，望大人恕罪！”

“县丞免礼，快快请坐。”魏征说。

魏征向皇甫德参说明来意：“路过贵县，本可不必进城打搅，只是在路上，遇见催办木材的车辆，差官说是为修造洛阳宫使用，不知确否？这半年我外出查赈，不在京师，耳目闭塞，想请贵县讲明此事。”

“卑职也不知其详。”皇甫德参回答说，“我只知圣上驾幸洛阳，要重修洛阳宫阙，命权万纪大人监修。权大人传谕，令小县供巨木百车，卑职正在发愁，难以筹措呢!”

“贵县的年景如何?”魏征问。

“前年大水,去年始获收成。”皇甫德参答。

“为何不上表直奏圣上,请求圣上减免?”魏征又问。

“卑职官小职微,怎敢直达天听?”皇甫德参面带难色地答。

魏征见皇甫德参存有疑虑,就鼓励他说:“当今圣上甚喜臣下上书,勇于纳谏,请县丞勿忧!”

皇甫德参从魏征的言谈中获取了力量,坚定了信心,他高兴地说:“多谢大人教诲,小官即刻修书!”

皇甫德参回到自己的书房,执笔书写奏本,他时而奋笔疾书,时而俯案冥思……

在驿馆内的烛光下,魏征也在撰写奏书。只见他在纸上,工工整整地写下了如下文字:

“臣闻求木之长者,必固其根本;欲流之远者,必浚其泉源;思国之安者,必积其德义。源不深而望流之远,根不固而求木之长,德不厚而思国之安,臣虽下愚,知其不可,而况于哲乎?”

吴主事从外边走了进来问:“大人,深夜不眠,又在写什么?”

“有感于近日见闻,拟写一道奏疏,回京师后,即呈圣上。”魏征说。

吴主事看了看桌上,拿起一页奏疏,随口念出声来:

不念居安思危,戒奢以俭,德不处其厚,情不胜其欲,斯亦伐根以求木茂,塞源而欲流长者也!

“好!精辟至极!”吴主事读罢,又劝魏征说,“大人,安歇吧!旅途劳累,要保重身体呀!”

“无妨。你先去安歇吧。”魏征说罢,又挥笔写了起来。……

在长安宫中,李世民读完皇甫德参的奏折,满面怒容。他把奏折往书案上一摔说:“岂有此理!修一修洛阳宫,竟招来如此诽谤!一个小小的中牟县丞,也敢上书递表,教训寡人!”

这时,李神通一步跨进门来,说:“参见陛下!”

李世民平了平气说:“听说庞相修已被送进京师来了?”

“正是。”李神通回答,“臣已把他带进宫中。”

“啊,好!”李世民说,“朕正要见他,宣他进来!”

李神通冲外高喊:“宣庞相修!”

庞相修项带铁链,身穿囚衣,进门便扑倒在地,像是没娘的孩子见到了慈母似地悲切地说道:“罪臣庞相修叩见陛下……”随之已泣不成声。

李世民见状,心甚不忍,问:“庞卿,你怎么这般模样就来见朕?”

“陛下,相修是囚犯呀!”李神通有意拱火地说。

“不必说了,朕情尽知。相修虽然有罪,但身为刺史,岂能使他与囚徒为伍?!快快起来!”李世民有些恼火。

庞相修感激涕零,再三叩拜:“谢陛下!”

李世民的心情颇不平静,他站起身来,严肃地训斥庞相修说:“你身为一州之长,竟伙同属下,盗卖官粮,贪赃自肥,证据确凿!你说魏征袒护亲友,草菅人命,有何证据?”

庞相修战战兢兢地回答说:“刘升是魏征的故旧,法不当斩,魏征却把他草率处死,似有杀人灭口之嫌。”

“这是你自己的推测,无凭无据,你让我怎么去处置魏征呢?”李世民生气地质问。

“这……”庞相修无言以对。

这时,李神通急了,叫道:“相修,在下边你给我说得头头是道、条条有理,怎么在圣上面前,就吞吞吐吐了呢!”

李世民挥手止住了李神通,又对庞相修说:“昔日,你在秦府,有功于朕,我不会忘记。为报你当年救朕之功,免去你今日盗粮之罪,魏征撤去你的魏州刺史,朕可以另任新职。你暂住淮安王府,日后当另有差遣!去吧!”

庞相修激动地俯首痛哭。

李神通见这一次有庞相修相助,又无损于魏征的一根毫毛,心中懊恼,喊道:“相修,还不快快谢恩!”

庞相修这才高呼:“愿陛下万寿无疆!”

“内侍!”李世民吩咐道,“为庞卿换下囚服,送他出宫。”

“遵旨!”庞相修随内侍走了出去。

李神通送庞相修走出门后,又返了回来。

“叔王,为何去而复返?”李世民不解其意地问。

李神通装出一副十分关心李世民的样子,慌忙回答:“臣刚刚进门之时,见陛下似有不悦之意,不知何故?臣放心不下,故又返回。”

“就为此事!”李世民说着把皇甫德参的奏折,推给了李神通。

李神通把奏折粗粗地看了一遍,气得暴跳如雷,大声叫道:“这个混账东西,也太放肆了。修洛阳宫是劳民伤财,收租税是横征暴敛,民间的娘们儿头发梳得高,也是宫里的风气带坏的?简直是胡说八道!”

李世民的怒火,又让李神通给点起来了。他也十分恼怒地说:“皇甫德参想让朝廷不役一人,不收斗租,宫女们皆成秃头,他才称心如愿!朕非要治他诽谤朝廷罪不可!”

李神通听李世民此言,心说:有门儿!就又乘机进言说:“陛下,你虚心纳谏,朝野皆知,可是,有一班狂妄之徒,就借机胡言乱语,混淆视听,您千万不可轻信他们呀!”

“叔王放心,我决不会让这类狂徒得逞!”李世民说着,挥拳在书案上猛击了一下。

李神通见他的“拱火”已到时候,就适可而止,转了话题。他指了指金丝笼里的那只鹞鸟,“消消气!常言说得对,气多伤身呀!”

这只金丝笼中的鹞鸟,好像很懂人性,冲着李世民展翅欲飞。啭动歌喉,叫了起来。

李世民果然高兴了,叫了声“鹞鸟!”他打开笼门,鹞鸟飞落在他的肩头上,左顾右盼,摇头摆尾,十分活泼可爱。

李神通见状，哈哈大笑不止，说："怪不得陛下如此宠爱它哩！"

李世民玩逗着鹞鸟，喜悦地说："这只鸟，为朕消愁，为朕驱倦，成了朕须臾不可缺少之物，这要感谢叔王你呀！"

"不要谢我，不要谢我！"李神通高兴得手舞足蹈，不知说什么好，不停地说，"多谢陛下，多谢陛下！"

李世民越玩越兴奋，不由地向李神通道出了肺腑之言。他说："朕御天下以来，心忧社稷，废寝忘食，很少出游射猎，即便有珍禽异兽，也都不敢观赏，生怕被人说成是玩物丧志呀！"

"说这个话的，没有别人，只有魏征！"李神通随时随地都在想着攻击魏征，听李世民话中有话儿，就又来了这么一句。

"魏征说也好，不说也罢，朕为了江山社稷，真是如临深渊、如履薄冰啊！"李世民有些感慨地说。

"陛下！"李神通听李世民如此说，心中也有些茫然，他把胸脯一拍，振振有词地说，"江山是咱李家的江山，社稷是咱李家的社稷，您是国君、天子，一朝之尊，怕他人为何？"

"叔王，这个道理很深奥，我一两句话，难以给你讲明。不过，我想奉劝叔王一句，今后，你身为咱李家门里的一位王爷，还是应该好自为之才是！"李世民语重心长地劝说李神通。

"陛下圣训，微臣谨记。"李神通装作十分虚心、诚恳的样子，连连点头。

"比如，你与魏征的关系，我总觉得你对他积怨甚深，在不少事情上，你对他的看法和评价，与我、与不少大臣是根本不同的。当然，有的时候，我对他，也有一些不满，也曾说过一些过激之言，但是，事后想想，还得承认人家魏征说的、做的、坚持的是对的。所以，不管是你，还是我，都应该以国家社稷为重，以个人恩怨为轻，这样，也只有这样，才能对我李氏天下有益呀！其实，据我了解，魏征在过去的不少事情上，是有恩于你的，我们怎能忘恩负义，以怨报德呢！"

李神通听了李世民的这番话，心中有所触动，他抬起头来，略带羞愧地看了看门外。只见有一名内侍急匆匆地向他们这边走来。

直言上谏

李世民和李神通正在宫中谈话，内侍进来启奏："陛下，魏大人查赈归来，在宫门外候旨。"

"哦……"李世民迟疑了一下，尚未答话，李神通接言："让他明日早朝面君。"

"不，宣他进来！"李世民吩咐道。

内侍应声出门。李世民忽然看到自己掌中的鹞鸟，急忙把鹞鸟藏于怀中。

李神通见李世民那慌慌张张的样子，心中觉得好笑，摇了摇头，有些不以为然。

魏征恭谨地走了进来，说："臣，魏征参见陛下，愿吾皇万岁，万万岁！"

李世民坐着不敢欠身，只是热情地向魏征摆了摆手，说："魏卿免礼，赐座！"

"谢座！"魏征说罢，又转身向李神通施礼说："王爷千岁，别来无恙？！"

"嗯，嗯……"李神通略显尴尬地连说，"坐，坐！"

"陛下！"魏征严肃地向李世民报告说，"臣奉命前往河北、山东查赈，公务完毕，特来交旨。”

魏征和唐太宗

“好。”李世民说，“朕今日身体不爽，魏卿你也鞍马劳顿，有事改日早朝再议。朕只问你一事，魏州刺史庞相修为何被免官、押解来京？”

魏征心中早有准备，不慌不忙地说：“微臣早有本章奏明圣上。”

“朕要你当面亲口奏来。”李世民命令似地说。

“好吧。”魏征稍停了一下，义正辞严地说道，“庞相修身为朝廷命官，魏州刺史，在大灾之年，不仅不思抚慰百姓、替主上分忧，反而倚仗权势，纵容属下盗卖官粮，从中获利自肥，事后销赃嫁祸。此次查赈，经审问案犯，得其所为，赃证俱在，拒不服罪，故臣才将他免去官职，奉旨把他解进京来问罪，请圣上明察。”

听魏征把话说完，李神通火往上撞，他也不管李世民的态度如何，就叫嚷起来：“庞刺史的官职，乃圣上所授，你可以随意免掉么？”

“王爷休怒。”魏征耐心地向李神通解释说，“臣临行之时，圣上曾有面谕，若遇贪赃枉法者，先斩然后闻奏；臣见庞相修罪不当死，所以才如此发落。”

李世民知道内情，对魏征不便指责，就又问道：“盗粮主犯何人？”

“庞相修的亲戚、魏州昌乐县主簿刘升。”魏征回答。

“听说刘升也是你的故旧，这是真的吗？”李世民接问。

“刘升确是我在原武阳郡供职时的助手，那时，我们两人的关系异常亲密。”魏征毫不隐讳地直言。

“既然如此，你为何将他处死呢？”

“陛下！”魏征站起身来，有些激动地说，“刘升虽说是我的故旧，但他确实是盗粮的主犯，逼死昌乐县令陈文寿也是他一人所为。刘升倚仗与臣旧日的交情，混淆视听，以势压人，贿赂狱卒，逼死朝廷命官，企图移花接木逃脱罪责，还以为我寻找儿子为由，想让我以私误公，徇私舞弊，实属罪大恶极，臣故而将他就地正法。如陛下认为臣量刑过重，臣甘愿领罪受罚。”

“有人告你袒护亲友，杀人灭口！”李神通又喊了一句。

“王爷！”魏征看了李神通一眼，毫不畏惧地问，“说此言者，有何证据？”

“当然有啦！”李神通诡辩地说。

魏征对李神通的说法，不屑一顾，他对李世民说：“陛下，你不是已经召见过庞相修了吗？难道他没有说出实情?!”

“这个……”李世民深知不管是庞相修、李神通，还是他自己，都没有任何证据能把魏征制服，所以无话可讲。

魏征这时却理直气壮、慷慨地对李世民说：“臣想贞观之初，陛下以公心看待群臣，无论是否秦府旧人，都能一视同仁，即便是东宫、齐府的属下，不曾有过任何歧视。今庞相修犯罪,为何不问其情,便加宽恕?! 适才臣在宫门外,与其相遇,见他已身着散官之服,大摇大摆而去,陛下如此,只怕是会因私乱法了吧!”

“什么? 朕因私乱法?”李世民生气地问。

“望陛下深思!”魏征恳求道。

李世民有些恼怒,但他想起了怀中的鹞鸟,不能与魏征久谈,就说:“朕今日不与你争论,你快出宫歇息吧!”

魏征见李世民今日的神情不太自然,而且又见他的怀中似乎有什么东西在抖动,很是奇怪,他向四处看了看,发现了李世民的秘密,从在一旁放着的空鸟笼子上,魏征断定李世民的怀中藏有一只珍鸟。于是,他一动也不动的坐着说:“陛下,臣还有要事启奏。”

“明日再奏!”李世民不让魏征张口。

“臣专为此事而来。”魏征重申。

李神通在一旁,怒道:“岂有此理!”

李世民很不耐烦,他用手抚摩了一下胸口,没好气地瞪了魏征一眼,说:“请讲!”

“臣听说陛下命人修造洛阳宫,可有此事?”魏征问。

“确有此事。”李世民生气地说,“修一修洛阳宫,就招来了一大堆恶意诽谤,我这个天子,还不如一个平民百姓呢?”

“何出此言?”魏征心底平静地说,“主上圣明,臣下谠直,忠谏者众多,诽谤者未见。”

李世民把皇甫德参的奏疏扔给魏征,魏征展开细看。

“如此狂妄,这还了得?”李世民怒道。

“言简意赅,切中要害!”魏征高兴地说。

“什么? 切中要害! 简直要翻天啦!”李神通顿足而言。

“哼!”李世民把脸一沉,威严地说,“我要治他诽谤之罪! 魏征,你代朕草诏:将这个中牟县丞皇甫德参押解进京问罪!”

“陛下! 不妥!”魏征想要阻止。

“你写是不写?”李世民盛怒逼问。

魏征斩钉截铁地回答:“臣不能陷君王于不义!”说着,魏征跪于地上。

李世民怒火难抑,他刚想要站起来,忽然又想起了鹞鸟,只是耸了耸身,又坐下了。

李神通见李世民如此,更是火上加油,喊:“魏征,你也太放肆了!”

魏征跪拜进言道:“臣以为,自古以来,上书不激切,则不能动人主之心,所谓狂夫之言,圣人择焉。臣自河北返京,路过河南州县,见各地遍征民夫,运送物料,问后方知皆为修造洛阳宫室而劳。臣见此景,不胜忧虑,立即想起了亡国丧身的杨广! 那杨广恃其富强,不肯居安思危,穷奢极欲,以致身死人手,社稷为墟! 臣请陛下,常思隋之所以失,我之所以得,取之易,而守之难。如果以不仁不义激怒了天下百姓,载舟之水,亦可覆舟! 如是这样,岂不是自取灭亡!”

“住口!”李世民喝令道。

魏征稍停了一下,又说:“臣在返京途中,也修下一道奏疏,望陛下御览批阅。”

李世民气呼呼地接过魏征的奏本,随手摔在案上,一眼未看。

“臣告退。”魏征起身拜别。

“走!”李世民大喝道。

魏征迈开大步出门而去。

魏征离开宫廷，回到家中，与裴氏谈论近日之事。

裴氏说："老爷回来，还没坐稳，就进宫交旨去了。天到这般时候才回家，准是在宫中又惹皇上生气了。"

魏征深情地看了妻子一眼，解释说："不是我惹圣上生气，是他本来就在生气！"

忽然，魏征想起了叔玉的事，从怀中摸出古钱，送到裴氏眼前，叫道："夫人，你看这是何物？"

裴夫人眼放异彩，他急忙接过古钱，高兴地喊道："老爷，你是在哪里得到的？咱们的儿子呢？"

"儿子？"魏征用一声长叹代替了回答。

裴夫人见状，惊慌失措，忙问："老爷，莫非咱那儿子，他……他出事了不成？"

"夫人莫惊，也不要过分欢喜。咱们的儿子还在，只是这一次，我与他未曾相见。"魏征向裴氏介绍情况说。

"那这枚古钱您是怎样得到的呢？"裴夫人惊奇地问。

"说起来话长……"魏征就把这次去昌乐县查赈，巧遇刘升，得到这枚古钱，知道叔玉的下落的前后经过，向妻子讲述了一遍。

裴夫人得知儿子还活在世上，非常高兴，急切地问："老爷，那位刘叔叔又去找了没有呀？"

"没有。"魏征回答。

"为什么？"

"他叫我给斩了！"

"啊！"裴夫人大吃一惊，"你怎么把他给斩了呀？"

"他盗卖官粮，逼死人命，犯下了滔天大罪，却想利用与我是故旧的私情，妄图逍遥法外，所以，我把他就地正法了！我宁愿不让他帮我找儿子，也不能再让他倚仗我的权势，招摇过市，鱼肉乡民！"

"天啊！"裴夫人绝望地哭喊，"叔玉，我的孩子，你现在在哪儿呀！"

"妈，我在这里。"叔瑜从外边跑进屋来，问，"你为什么哭啊？"

魏征上前，拉过这个最小的儿子，亲昵地说："妈不是叫你，妈是叫你哥哥！"

"哥哥？我去叫！"叔瑜说着，从父亲怀里挣出，大喊，"哥哥，妈叫你！"

叔瑜喊着往外跑，叔璘听见喊声，迎面进来，手里还拿着一本书，他已长得像个成人了。

"母亲唤孩儿何事？"叔璘问。

魏征夫妻看着这两个可爱的孩子，先后都笑了。

"妈不是叫你。"裴夫人对叔璘说，"是我想起了你们的大哥。你爹说他现在还活着呢！"

"那爹为何不把大哥领回来？"叔璘问。

"孩子！"魏征亲切地叫了一声，接着解释说，"你们生在好年月，不知道什么叫战乱，不知道什么叫饥饿，衣来伸手，饭来张口，穿的是绫罗绸缎，吃的是鸡鸭鱼肉。可是，你们的大哥，一生下来，就缺衣少食，受冻挨饿，直到如今，他还在沿街乞讨，流落他乡呀！"

魏征说着，伤心得哽噎了，裴夫人早已泪如雨下。

魏征稍停了一下，叹了口气，继续说："我不知道他现在何处，怎么能把他领回家来呢?!"

叔璘听着，难过地垂下了头。

叔瑜看了看魏征，天真地说："爹，我二哥说，他小时候，也挨过饿，还上过法场哩!"

"好了，好了。"裴夫人爱抚地对两个孩子说，"叔璘，快教你弟弟读书去吧!"

"是。"叔璘过来拉着叔瑜出去了。

两个孩子走后，魏征又安慰裴氏道："叔玉虽说尚未找到，但只要他活在世上，就会有见面团聚的一天。你我身边有这两个活泼可爱的儿子，也能享尽天伦之乐了!"

"唉!"裴氏长叹了一声，说，"老爷不必劝慰，妾身已很知足了。只是孩子是我身上掉下来的血肉，我怎能不思念呢?!"

"知足者常乐，知足就好。"魏征随口说道。

裴氏见丈夫说出此言，心有所动，她叫了一声"老爷!"接着说，"你说的这句话，用到你自己的身上最合适，这些年来，你呕心沥血报效朝廷，旁人如何议论，你不知道，但我心里比谁都清楚。当今圣上有道，对你也算得上是言听计从，而你以当年带罪之身，屡次升迁，事到如今，你也该知足了。我劝你不要再在皇上面前，挑三剔四，还是应该善始善终的好呀!"

"哦，善始善终!"魏征颇感兴趣地连说，"善始善终，善始善终，说得好！说得好！我们是应该善始善终啊!"

裴夫人以为丈夫听从了她的劝告，心中高兴，满意地笑了。她说："老爷，该用饭了。妾身今日特为你备下接风酒，这酒是用咱家乡的大鸭梨酿制而成的，名字叫'灵醁'，已经窖了三年，可以养身治病，我与你端来，你多饮几杯!"说罢，转身出去了。

"'灵醁'这名字起得好，好!"魏征自语说，"夫人劝我要善始善终，说得对！君王御天下、成大业，焉能有始无终、半途而废?！不能，不能！对，我还要上疏，劝谏圣上善始善终!"

说罢，他展开纸，溶好墨，提笔在卷首写下了三个工整的楷字：十思疏。

这一日，在显德殿上，香炉里香烟缭绕，火炉中炭火熊熊，驱散着初冬的寒气。

李世民端坐在宝座之上。文武大臣分列两班，魏征也在其中。

"众位爱卿!"李世民环视了一下殿下群臣，大声说道，"朕因巡幸洛阳，朝事积压甚多，今日早朝，朕请诸卿议论封禅之事。"

魏征闻听，皱皱眉头，注视着李世民。

李神通看到了魏征的表情，暗自窃笑。

李世民接着说："近日来，文武百官纷纷上表，称道四海宁靖，万国来朝，理应带领群臣及外邦使节共赴泰山，祭告天地。朕思此举非比一般，特请众爱卿共同商议。"

群臣一时无语，李神通上前进言。

李神通说："臣启陛下，自陛下登极以来，江山一统，五谷丰登，兵强马壮，四夷宾服，到泰山祭告天地，向百姓宣扬圣上的文治武功，这是帝王盛事，谁能说不妥呢?"

李世民笑着点了点头，环顾众人。

一位大臣上前，说："臣启陛下，淮安王言之极是。陛下理应举行封禅大典。"

"理应封禅，臣等皆无异议。"众大臣纷纷表示。

独有魏征不语，李世民看在眼里。

"既然如此，朕就依众卿之方，……"李世民说。

“陛下,魏征有话上奏!”
“请讲。”
“陛下欲行封禅,臣以为不可。”
李世民不怒不喜,板着脸问:“不同意朕去封禅,是看朕治理天下的功业不高?”
“高。”
“于百姓的恩德不厚?”
“厚。”
“国家不安定?”
“安定。”
“四邻不宾服”
“宾服。”
“年景不好?”
“好。”
“祥瑞未至?”
“已至。”
“那为什么不可封禅?”李世民最后问。
李神通也乘机逼问:“你说,为什么不可!”
魏征不慌不忙、不紧不慢地说:“臣启陛下,虽然目前有此六者,然而隋末大乱之后,中原人丁稀少,国家仓廪空虚,而车驾东巡,千乘万骑,所需费用,并非容易筹措的。陛下,您可知,封禅大典需用多少钱粮?”
李世民答:“寡人不知。”
“据臣推算,须用三个郡一年的租税!”魏征高声说道。
“如此之多?”李世民惊问。
“这还是少说。况且,欲行封禅,必请各国君长同行,而从伊、洛直至东海,烟火稀疏,满目荒凉,这不是在外邦面前显示我之虚弱吗?再者,要封禅,就要赏赐,赏赐不多,客必不喜,赏赐丰厚,物从何来?眼下,我们连年免收租税,还补偿不了百姓的饥困,焉能为了封禅,再增加租调?这行封禅之事,乃崇尚虚名而招灾祸之举,并不可取。要想国家兴盛,帝王应当力戒骄奢。倘若穷奢极欲,必定自招灾祸!臣的逆耳忠言,望陛下闻后三思!”
魏征一番话,震惊全殿人。
李世民见群臣全都缄口不语,就又问道:“众卿,你们以为魏征之言,如何?”
“魏征一贯摇唇鼓舌,毁谤陛下已非一日,按律该杀!”李神通跳出来,咬牙切齿地说了这么几句。
李世民“哈哈”大笑,果断地说:“封禅之事,暂缓举行。众卿,还有何事奏议?”
李神通看了看李世民,心中纳闷,众大臣也都堕入五里雾中。
这时,徐茂公出班奏道:“臣启陛下,岭南冯盎,久未入朝进贡,附近州县屡告其积草屯粮,养精蓄锐,有进兵江南之意,望陛下决断,发兵征剿。”
“好个冯盎,竟敢以卵击石?!众卿,谁愿挂帅征剿?”李世民问。
“陛下,臣程咬金愿挂帅印,前往岭南征剿冯盎!”程咬金出班,大声说道。
“臣张公瑾愿为开路先锋!”
李世民大喜,说:“好,就命二卿前去讨贼。兵部点齐十万兵马,交与二卿指挥。获胜归来，再行封赏。”

“遵旨！”程咬金、张公瑾二人齐喊。

“且慢！”魏征上前阻止。

“又是他！”李神通气恼地小声嘟囔。

李世民问：“魏卿为何？”

魏征再前一步，大声说道：“陛下，那岭南地处偏远，瘴疠常行，三年未来入贡，未必就是反叛。此事应该细察，弄清真相之后，再行处置不迟。倘若擅动刀兵，不仅朝廷劳民伤财，且会威迫冯盎真反，望陛下熟虑。”

“你怎知冯盎反叛未成？”李世民问。

魏征闭口不答。

李世民问魏征怎么知道冯盎尚未反叛，魏征避而不答，却向徐茂公问道：“敢问李大人，南方各州县告发岭南有反之意，始于何时？”徐茂公想了想，说：“三年之前即有告发。”

“时隔三年，冯盎的兵马并未出境，怎么能说人家有进兵江南之图？这是各州县的疑心所致。三年来，陛下没有遣使安抚，相互隔阂和猜疑是难免的。不如派一大臣前去抚问，这样，冯盎自会来朝。”“陛下！”程咬金说，“岭南凶顽，只怕不肯轻易顺从，还是发兵为上。”

“陛下！”魏征请求道，“臣愿以身家性命担保，派使臣安抚岭南。”

“魏大人，你！……”程咬金以为魏征是自讨苦吃，但当场又不便言明，十分着急。

李神通见又有机可乘，便顺水推舟，奏道：“陛下，魏征愿以自家性命担保，派使安抚岭南，应当准奏。”

“事关重大，成败难定，魏卿您要慎重考虑呀！千万不可后悔！”李世民提醒魏征说。

“臣决不后悔！”魏征坚定地说。

徐茂公与程咬金四目相对，都暗暗地为魏征担心。

李世民面向群臣，高声宣布：“魏征为国为民，敢作敢当。此次外出查赈，不辱圣命，魏州一案，处置得当。所谓私其亲友，查无实据。昨观其《十思疏》，诚极忠欸，言穷切至。朕披览忘倦，反复阅读，已记于屏风之上，以备时时观看。朕加封魏征为侍中之职，参预朝政。如岭南不听安抚，到时另行处置，有功当赏，有罪当罚！”

“谢陛下！”魏征高呼。

“房卿！”李世民叫道。

“臣在。”房玄龄回答。

“代朕传旨：调回权万纪，停修洛阳宫；中牟县丞皇甫德参，升任监察御史；庞相修免去官职；赵臣诬陷魏卿，下狱治罪！”李世民说。

“遵旨。”房玄龄应声而去。李神通目瞪口呆。李世民让内侍宣布散朝。散朝后，文武大臣并肩接踵地穿过显德殿下长廊，走出宫门。

夏天到了。

在滏阳县的一个村庄里，叔玉在场边织席，一棵大槐树正好遮凉。

一位老人蹲在叔玉的身旁，看着他那双灵巧的手，使席片迅速地扩大。

“老伯！”叔玉叫了一声老人，问道，“咱这滏阳县，还有什么村有姓魏的？”

老人有些为难地说:"那就要你挨村去问了,我也说不清啊!"

"咱这个村子叫魏家庄,怎么连一户姓魏的也没有?"叔玉好奇地问。

"说起来话长了。"老人回忆着说,"听老人们传说,三百多年前,这个村里的人全姓魏。后来因为这里连年打仗,村里的人死的死了,走的走了,眼下在这里的住户,都是这些年从各处逃难来的,没有姓魏的,村名还是魏家庄,这样叫习惯了,一直没改。"

"老伯,我想问问您,在最近二三十年里,可有姓魏的人家逃荒在外?"叔玉停下手里的活儿,认真地问。

"近二三十年,这个村早没姓魏的了。"老人的回答使叔玉十分失望。

魏叔玉在魏家庄把人们要他编的席子编完,就又踏上了寻找生身父母的征途。他沿着一条山路,艰难地行进,来到一座山神庙前。真是巧合,叔玉来到了他的诞生地。山神庙的门脸,被油漆一新,庙旁的那棵柏村,枝繁叶茂,掩遮住了半边天。

叔玉放下他的那个小小的行李卷,坐在柏树的树荫下乘凉。他从行李卷中,抽出一本《论语》,翻看起来。

暑寒交替,秋去冬来。

这是一个家庭。父亲挑着箱担,哥哥扛着幡杆,妈妈和大女儿肩上背着随身用的道具包裹,只有十四五岁的小女儿,空着手走在雪地上,时而在前,时而落后,捡着雪中的石子,以树木作目标,练习投掷,瞄准。

小女儿又要弯腰捡起石子,忽然发现雪中躺有一人,惊叫:"爹、妈!雪里有个人!"

"栓子,你快去看看!"父亲命令儿子说。

栓子大步走上前去,看见雪里果然躺着一个人。他放下幡杆,摸了摸这人的胸口,喊道:"爹,这人还活着哩!"

一家人都停了下来。妈妈颇有经验,她急忙蹲下身去,为这人搓胸口和四肢。忽然,她惊叫了一声,喊道:"栓子他爹,这不是个男人,是个女人!"

"女人!"大姐好奇地蹲身细看。

母女俩扶这人坐起。原来是身着男装的云姐。

"闺女,快醒醒!"妈妈喊道。

云姐慢慢地睁开了眼睛,她看了看身边的人,有气无力地说:"谢谢大妈、大姐,救了我。"

"闺女!"妈妈和大姐把云姐搀起来问,"你这样年轻,怎么一个人女扮男装出来,冻倒在雪地里呀?"

"唉!"云姐长叹了一声说,"我要到京城去找人。一个人路上不方便,无奈才女扮男装。走到这里,遇上大雪,迷了路,冻倒在地。要不是大妈搭救,定死无疑了!"说着,就要拜谢。

妈妈连忙拦住,说:"别,别磕头,快活动活动!"

妈妈和大姐扶着云姐在地上慢慢地走。

小妹这时跑了过来,冲着云姐笑嘻嘻地说:"刚才,你把我吓了一大跳!"

云姐看了看他们几人,问:"大妈,你们是一家子吧?"

妈妈回答:"我们是一家人。那是我的大儿子,叫栓子,这是我的大闺女,叫兰子,小丫头,没起名,就叫二妞。我们是走江湖卖艺的,四海为家!大姐,你叫啥名儿?"

"我叫云姐,姓陈。实在要谢谢大妈一家了。"云姐再次感激地表示致谢。

"谢啥?你就跟着我们一块走吧。我们反正是天南地北到处去,也好跟你做几天的伴儿!”

“那太好啦!”云姐就和这一家人为伴,一起上路了。

一边走,妈妈一边与云姐闲谈。

妈妈问:“大姐,你京城里有亲戚?”

云姐答:“没有。”

妈妈有些奇怪,又问:“那你进京找谁?”

云姐一时语塞:“这……”然后她灵机一动,接答说,“找我父亲过去的朋友。”

妈妈问:“你父母呢?”

云姐答:“均已去世。”

“那你在跟谁一起住呢?”

“和我舅舅一起居住。今年舅父又下世了,如今就剩下我孤苦伶仃一个人了。”云姐说着,哭了起来。

“可怜! 可怜!”妈妈同情地也流出了眼泪。

“大妈!”云姐叫了一声,跪倒在妈妈面前说,“你们就收下我吧。我能给你们做饭、洗衣,还可以伺候你们二位老人……”

云姐跪在地上,声泪俱下,一家人面面相觑,都被感动了。

“大姐,有话站起来说。”妈妈上前搀起云姐。然后问父亲,“孩子他爹,这闺女实在可怜,你看怎么办?”

父亲是个少言寡语的人,在这个家里,他也不大主事,就说:“你看怎么好,就怎么办吧!”

“好!”妈妈转身向云姐说,“大姐,你要是不嫌弃,我就收下你,做我的干女儿吧!”

云姐悲喜交加,喊了声:“妈!”又要下跪,被妈妈挡住了。

二妞拉住云姐的手,高兴地说:“以后,我就叫你二姐啦!”说罢,就高叫了一声:“二姐!”

“哎!”云姐应着,把二妞搂在怀里,亲了亲她那冻得发红了的脸蛋。

“格格,哏哏……”二妞笑个不停。

栓子看见,也“嘿嘿”地笑了两声。

云姐从父亲去世至今,还没有一次像现在这样高兴过。

云姐跟着栓子一家,来到一个古老的镇子上。

严冬过去,春回人间。

云姐跟栓子家的杂技班住在一个村庄里。

黎明,云姐早早起身,在村外练习飞刀。她用刀掷向一棵柳树,十掷九不中,急得她直生自己的气。

这时,栓子从一旁走了过来。

云姐见栓子心里一动,问:“大哥,你也会飞刀?”

栓子憨厚地说:“我和兰妹的飞刀,都是跟妈学的。”说着,他从云姐手中接过一把小刀。正巧,这时有只兔子从远处跑来,他手起刀飞,把兔子扎死在十步以外的地方。

“好刀法!”云姐高兴地喊。她跑过去捡回兔子和小刀,对栓子说:“大哥,你教我练吧!”

栓子说:“这是腕子上的功夫……”他把刀子交给云姐,手把手地教了起来。

妈妈和兰子也来了,远远地看栓子教云姐练刀。

"妈,你看他们俩儿……"兰子害羞地不再说了。

妈妈笑着说:"他们俩真是一对!不知你大哥有没有这份福气!"

云姐随同栓子一家,从春到夏,边卖艺边向京城走近。这一天来到长安城外。

秋收在望,田野里一派丰收景象。

小小的家庭杂技班走在通往京城的大路上。

栓子光着脊梁扛着幡杆,走在最前头,兰子和云姐走在最后。

兰子用手指了指栓子,在云姐耳边低语。

云姐脸色绯红,追着要打兰子,兰子赶忙求饶,说:"好妹妹,我不说了,还不行吗?"

云姐偷偷地看了栓子一眼,她看着栓子光着脊梁的样子,不禁地回想起叔玉在养母家的破屋子里,脱光脊梁,拧去衣服上的雨水的情景,她的耳边似乎又响起了叔玉的话音:

"我找到了父母,就给你报信!"

云姐正陷入往日的情思中,忽然听见栓子在前面高喊:"看呀,长安城到了!"

大家抬头望去,高大宽厚的长安城墙,矗立在他们面前。

二妞高兴极了,一边走,一边喊:"进京喽!进京喽!我要进京喽!"

走在后边的云姐,心情也很激动,不由地加快了步伐。

奉命修史

魏征的书房内,到处堆满了书籍。在吴主事的协助下,魏征正紧张地编选《群书治要》一书。

"大人,编纂这部书,工程太大了!"吴主事颇有感慨地说。

"是呀!"魏征手握毛笔,看了看吴主事,严肃地说,"圣上早就下决心要博览群书,可是他日理万机,确无闲暇,不能如愿。我们只好从浩瀚的典籍中,择其精要,荟集成书,以供圣上和后人阅读。这是一项益今启后的大好事,你我一定要尽心尽力!"

"下官明白。"吴主事点头称是。然后,他又向魏征请示说:"魏大人,对于这先秦部分的选编,你有什么想法?"

"先秦部分,主要是诸子百家。我看《论语》《孟子》,大家都读得比较熟悉,就不一定选的篇幅太多,《管子》《荀子》《晏子》的精彩部分,都要选一些,我主张《诗经》选的要多,一定要把《硕鼠》《伐檀》这些切中时弊的篇章选入。这样,让圣上和王子们读后,能够从中受到教益,有所自警才好。"

"大人所见甚高,小人照办就是。"吴主事心悦诚服地说。

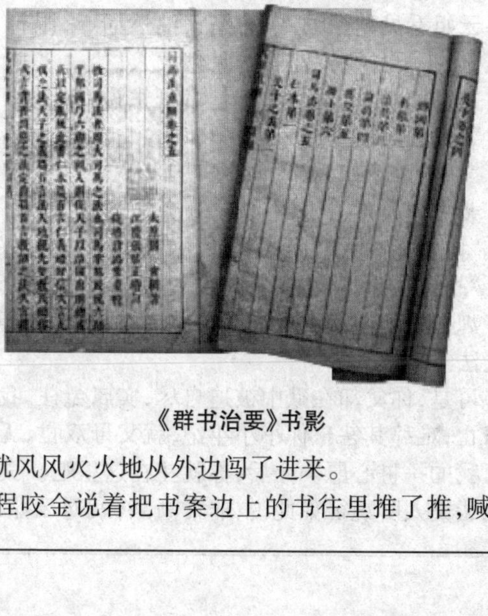

《群书治要》书影

两个人正在书房中专心致志地翻阅书籍,程咬金也不用家人通禀,就风风火火地从外边闯了进来。

"魏大哥!你还有心思看书呀?!"程咬金说着把书案边上的书往里推了推,喊道,

“我来告诉你，你这回可要真的倒大霉了！”

魏征一怔，旋即镇定下来，不慌不忙地问：“程大将军，失迎，失迎！何事值得如此大惊小怪呀？！”

“你自己不知道，我不说啦！”程咬金一赌气，拍拍屁股，就往外走。

“且慢，程贤弟，你肚子里有话，不说出来，会憋死的！”魏征忙站起身，拦阻程咬金道。

“我死不了，倒是你的命，怕是长不了啦！”

程咬金停住脚步，回过头来说。

“这是为何？”魏征不解地问。

“为何，为何，还不是为了你的那个担保！”程咬金说着，真的来气了。

“我的那个担保怎么啦？岭南不是好好的吗？”魏征也认真地说。

“还好呢，安抚使都让冯盎扣起来了，马上就要打仗啦！”程咬金还是憋不住，就竹筒倒豆子似的说了出来。

“你听谁说的？”魏征惊问。

“岭南传来的消息。”程咬金回答。

“我每日检阅表、报，尚未见闻，他人怎能知晓？定是流言蜚语，不足为信！”魏征十分肯定地说。

“你不信，我信！”程咬金大声喊道，“把消息报予你知，是俺老程多年的交情，听不听在你啦！反正俺要回去，准备盔甲，打磨板斧了。圣上只要一声令下，俺就披挂出征！”说完，扭头转身，气哼哼地大步走了。

程咬金刚走，裴夫人进来。

“老爷，有一位年轻姑娘，说是昌乐县县令之女，前来投靠。”裴夫人说。

“领我去见。”魏征说。

使女陪着面色阴沉的云姐，等候在裴夫人的房中。

魏征、裴夫人先后从门外进来。

“这位就是陈家姑娘。”裴夫人指着云姐对魏征说。

“啊，陈小姐！”魏征热情地叫道。

云姐看见魏征，心中的怒火油然而起，眼神中闪露出仇恨的光芒。但她立即克制自己，低头下拜说：“小女拜见魏大人！”

“免礼，免礼，快快请起！”魏征忙说。

裴夫人上前搀起云姐。

“快给陈小姐看坐。”魏征吩咐。

裴夫人拉过云姐，在自己身旁坐下。

“陈小姐，听说你到舅父家中去了，一向可好？”魏征关切地问。

“舅父去世，难以安身，无奈进京，求一条生路。”云姐简明地回答。

魏征对云姐说：“你父虽说陷入盗粮一案，但他并非主犯，主犯是刘升，我已将他就地正法。

可是，你父却在狱中被迫自尽，实属冤枉，我前往查赈，未能及时查清案情，以至你父身亡，难辞其咎！你小小年纪，就父母双亡，无家可归，实在令人怜悯。今日进京，了却了我的一桩心愿。今后，你就住在这里吧。夫人，你要好好照料陈小姐。”

裴夫人听魏征如此说，非常高兴，就对云姐说：“我老俩膝下无女，姑娘到来，就好像老家来了一名侄女。姑娘，你就安心住下吧。”

魏征指了指裴氏，又对云姐说：“以后，你就称她伯母好了！”

“多谢伯母。”云姐拜谢。

“丫鬟，小姐一路辛苦，快领小姐先去休息。”裴夫人吩咐道。

转眼之间到了新春佳节。

魏征府中到处张灯结彩，各个门楹上都贴上了春联。内外爆竹声声，叔瑜高兴地跑进跑出。

叔璘踏进魏征的书斋，见父亲正在伏案疾书。案上一对大红蜡烛，增添了节日的气氛。

“爹爹，孩儿还当你在书房里守岁呢，怎么除夕晚上还抄写呀？”叔璘问道。

魏征回头看了看叔璘，笑着说：“新年将至，为父我又老了一岁呀！这部《群书治要》，初拟编五十卷，现在还功亏一篑，要力争尽快完稿啊！”

叔璘心疼父亲，劝魏征说：“爹爹，你年纪大了，还须多多保重身体才是。”

门外，云姐前来送茶，她摸了摸袖中的短刀，然后进门。

“伯父，请用茶。”云姐叫道。

魏征见是云姐，急忙去接，说：“怎么又是你来送茶?！使女们都干什么去啦？”

这时，裴夫人慌慌张张地跑了进来，说：“老爷，圣上驾到！”

魏征一惊，说：“哦，快快接驾！”

李世民由程咬金带路，来到书斋。

“玄成，朕过府来了！”李世民高兴地向魏征打招呼道。

魏征等人慌忙跪地。

魏征说：“臣魏征，带领家人接驾不及，望乞恕罪！”

“不必拘礼，平身，平身！”李世民过去搀扶。

“谢陛下！”魏征站起，恭敬地说，“请陛下书斋升座！”

“哈哈哈……”李世民大笑后说，“魏卿，你做了半辈子的官，如今已身居相位，怎么府中连个正厅也没有呀？这书斋就算是上房了吧？”

“微臣惶恐之至。”魏征回答。

李世民说：“要说惶恐，应该是寡人。今日是新春佳节，一岁之首，朕不请自至，还有程将军陪同，我们免去君臣之礼，在此共度新春，可好？”

“陛下如此恩宠，魏征一家粉身难报。”魏征说罢，转身对裴氏说，“夫人，快去取出自制的‘灵醁’酒，献予圣上品尝！”

“是。”裴夫人说，“叔璘，快帮我取酒。”

书斋内摆好了草草杯盘。

李世民坐于正位，魏征、程咬金左右相陪，裴夫人、叔璘一旁侍奉。

裴夫人抱歉地向李世民说：“薄酒粗肴，用来奉君，真是罪过！”

李世民尝了一口酒，说：“好！好酒！清香醇厚，甘甜适口。爱卿，你这酒是何物制成？”

魏征回答：“此酒是用臣故乡盛产的鸭梨，和滹沱河畔的‘龙井’水酿制而成，有祛病健身之功效。贱内起名叫‘灵醁’，臣为它取名曰‘翠涛’，请陛下仔细品尝。”

李世民又饮了一大杯酒，仔细品味，非常高兴，他连声说：“灵醁，翠涛，好，好！朕今夜诗兴大发，我要为此酒题一首赞美诗！”

“谢陛下赏光!”魏征说罢,吩咐叔璘,“呈文房四宝过来!”叔璘铺纸,李世民挥笔而就。只见纸上写了一首五言绝句:

灵醁胜兰生,翠涛过玉薤,千日醉不醒,十年味不败!

“陛下过誉。”魏征说,“臣之家酒,怎敢与治武的‘兰生’、炀帝的‘玉薤’等国家名酒相比?!”

“比得的!比得的!来,干杯!”李世民一饮而尽,哈哈大笑。

“陛下!”程咬金干了一大杯酒,向李世民说道,“该向魏大人说明来意啦!”

“程将军,你也太心急了,这好酒,我还没有喝够呢!”说着,李世民把脸转向魏征,“魏卿,朕今晨前来,一来是与卿的家人共度佳节,向你恭贺新年,二来是向卿通告一件喜讯。”

“不知是何喜讯?”魏征问。

李世民回答说:“近日来,朕同意你加紧编纂《群书治要》,不问其他政事,所以不得而知。那李公掩安抚岭南,几经波折,冯盎已答应随他一同动身,进京朝见来了。”

“哎呀!谢天谢地。这真是一件天大的喜讯呀!”魏征异常兴奋地说。

“是啊!”李世民赞叹地说,“爱卿教我遣一介之使,胜过十万大兵,真乃盖世奇功呀!”

“此乃圣上德威齐天!”魏征谢恩地说。

程咬金这时站了起来,瓮声瓮气地说:“魏大哥,俺老程算是真的服你了!俺敬你一杯!”

程咬金敬酒,魏征举杯应酬。杯未沾唇,他忽感一阵头昏目眩,手中杯落地。

叔璘急去搀扶:“爹爹!”

程咬金喊:“大哥!”

裴夫人叫:“老爷!”

李世民问:“魏卿,你这是怎么啦?”

“启奏陛下,家父这些天为编《群书治要》操劳过度,适才除夕之夜,还在这里写哩!”叔璘向李世民禀报说。

李世民看了看满室的书籍,感慨地说:“魏卿,您要节劳呀!”

魏征醒了过来,说:“陛下,无妨。臣惊吓了陛下,有罪,有罪!”

“程将军,即速回宫,把御医请来!”李世民命令道。

“遵旨。”程咬金说。

程咬金迈步要走,魏征上前拦住。

魏征对程咬金说:“程贤弟,不必去。我并无大病,何必惊扰御医!”

然后,他转向李世民,又说:“陛下,微臣这几年贱体欠佳,时常头昏目眩,视力犹差,常常误事,如今国运昌泰,四边安靖,臣欲告老还乡,退居林泉,让年轻有为者,为陛下执掌朝政,望陛下恩准。”

“这……”李世民犹疑不决,他劝慰魏征说,“如今国事繁忙,卿忍心离朕而去吗?这样吧,卿如思乡,朕准你春暖花开之后,回下曲阳祭祖扫墓。”

魏征知退休之事一时难允,只好叩头谢恩。

裴氏与叔璘一同跪拜。

春天来临，长安城外，坝桥两旁的杨柳又换了新绿。

魏征骑马，裴夫人与叔瑜坐在车内，叔璘和车夫坐在御者的位子上，驱车向前。

这时，在一条小路上，换了便装的孙谋，骑在一匹快马上，也在向与魏征同一的方向奔驰，他必须按照李神通的命令，抢在魏征之前。

这时，在下曲阳城外，背着一个小行李卷的叔玉来到城门下。他抬头看见城门上刻着的“古下曲阳”四个大字，笑了：想不到还有个下曲阳，又有盼望了！

叔玉兴冲冲地进了城门……

孙谋马不停蹄地赶至曲城县。曲城县令胡以迁，正在县衙内的后厅里设宴款待他。

孙谋酒足饭饱之后，向胡县令表示感谢，说：“俺不过是魏相爷府中的家将，蒙胡老爷如此盛情招待，心中着实不安哪！”

“哪里，哪里！”胡以迁忙说，“从京城来的公人，都是上差，何况您是魏相爷身边之人！不知上差到此，为了何事？”

“今来不为别事，只因圣上恩准老相爷回乡祭祖，特来贵县通禀，以便早做准备。”孙谋一本正经地说。

“相爷回乡祭祖？”胡以迁惊讶地问，“怎么下官不曾听说呀？”

“哎呀！”孙谋叫了一声“县令大人”，解释说：“老相爷虽然一再叮嘱不让声张，可是朝中上下，谁人不知？！王公大臣们都争着为相爷送行呢！”

“这……”胡以迁有些尴尬，连忙说，“小官到任不久，不曾拜访过相爷家乡的嫡脉近支，也不知他家府第与坟茔的景况如何！有罪，有罪！”

“是啊！”孙谋装作十分崇敬的样子，激动地说，“老相爷多年为国事操劳，离家之后从未返乡，近支嫡脉么，他倒不曾提起，府第、坟茔年久失修，定是残破不堪啦！”

“若是立即抢修，不知能否应急？”胡以迁问。

“哦，”孙谋眼睛一亮，忙问，“胡老爷，你有这个意思？”

“魏相爷故里在我县，这是我们全县人等的荣耀，修府建茔，理应效劳！”胡以迁讨好地表示。

“胡老爷！恕我酒后失言。”孙谋凑近胡以迁，低声地说道，“魏相爷一生清廉，知道家乡地瘠民贫，他不愿自己出头让父老乡亲们破费。胡老爷你如有此意，我也就不枉先来一趟了。老相爷此次返乡，也不全是为了私事，他还要下访州县，在地方官中选拔一批忠于职守，精明强干的人才，向圣上举荐哩！”

胡以迁听罢，兴奋异常，关切地说：“请问，相爷何时启程？”

“已从京城动身了！”孙谋回答。

“估计何时可达敝县？”胡以迁问。

孙谋思索了一会儿，慢吞吞地说：“京城到此三千余里，路途遥远，老相爷年事已高，携带家小，长途跋涉，沿路还要明察暗访，这样，这里停停，那儿站站，三耽误，两拖拉，少说也要三几个月吧！”

胡以迁闻听，满腹高兴，他说：“一个月备料，一个月施工，一个月整修，来得及！我马上安排，一定要办得光彩体面。”

“好！一言为定！”孙谋拱手与胡以迁话别，扬长而去。

放下孙谋不表，单说赵魏村村口魏记茶铺的铺主魏黑牛。

黑牛已年近五十，仍在继承父业开茶铺，帮手是他的媳妇，比他要年轻得多。

黑牛的茶铺，仍是两间土坯房，但是经过翻修，比过去整洁漂亮多了。房前的那棵大槐树，长得又高又粗，草棚也换成了半新的席棚。

“魏黑牛，快烧水，县太爷要来咱们村啦！”随着传来的阵阵锣声，赵魏村的里正满头大汗、气喘吁吁地跑到茶铺跟前，对黑牛说。

“县太爷来咱村干什么？”黑牛问。

“听说魏相爷要回乡祭祖，县太爷来打前站。”里正回答。

“啊！真的？”黑牛高兴异常，乐呵呵地说，“这可是大喜事！小铺不大，茶水管够！当家的，烧水！”

黑牛媳妇答应着忙去烧水。

县衙人役鸣锣清道。胡以迁坐着大轿，已经来到茶铺前。

里正赶忙走上前去迎接。

胡以迁从轿中走出来，问：“你是这村的里正？”

里正回答：“小人正是。”

胡以迁问：“你也姓魏吗？”

里正回答：“是，姓魏。”

胡以迁问：“与魏相爷同宗？”

里正回答：“同宗。”

“好，好，你们赵魏村的风水好，出了一位当朝的宰相，这是你们村里的荣耀呀！魏相爷最近要回乡祭祖，本县要为相爷翻修府第，建造坟茔，钱粮物资，由全县摊派供应，你们村，只出人力，限期一个月竣工，可能办到？！”

“能办到。”里正打包票说，“这是俺村的光彩，乡亲们早盼着这一天哪！”

父子团圆

下曲阳县令胡以迁来到赵魏村向里正布置了为魏征回乡祭祖修建府第、坟茔的事宜之后，又对里正说：“领我先到相爷的府上看看。”

“遵命！”里正先头带路。

魏征的宅院，因为多年无人居住、无人修整，确实已经破旧不堪。

胡以迁带领衙役前后左右看了一遍，就问里正：“这边的邻居是谁？”

里正急向人群中喊道：“梅婶！”

昔日的梅嫂从人群中走出。她已成了个老太婆了。

梅嫂不知何事，急趋向前，跪在胡以迁面前，说：“民妇梅氏给老爷叩头。”

胡以迁见梅嫂像是一个孤寡老妪，就问：“你与魏相爷可是本家？”

“不是本家，是邻居。”梅嫂回答。

“那好。”胡以迁威严地说，“为了扩充相府，你的房子魏相爷买了，你要马上搬走！”

“什么？让我搬走？”梅嫂大吃一惊，她追问胡以迁说，“老爷，这，这可是魏相爷的主意？”

“叫你搬，你就般，少啰唆！”胡以迁把手一挥，冲着里正喊，“走！带路到魏相爷的祖坟上看看去！”

胡以迁和众衙役随里正出村去了，梅嫂跪在地上大哭：“天哪！俺梅嫂盼星星、盼月亮地盼着相爷能够回来，谁知盼来的是房产充公呀！……”

再说魏征的车马，已经到了魏州境内。

“夫人！”魏征用马鞭往前一指说，“脚下就是魏州的地面了。这些天，我们赶路快了些，人畜都有些吃不消。我想在魏州歇息一两日，顺便办一件事情。”

“魏州？”裴夫人惊喜地说，“老爷，你不是说咱们的叔玉就流落在这一带吗？应该派人找找孩子才是呀！”

叔璘说：“母亲言之有理，我要在这里找到哥哥。”

“讨吃要饭，四海为家，说不定早就到别处去了，不好找呀！我想找的是另一件宝贝！”魏征说。

“什么宝贝？”裴夫人问。

“一种谷种。”魏征回答。

“找谷种干什么？”裴夫人不解地又问。

“夫人有所不知。”魏征向裴氏解释说，“那年我在魏州查赈，适逢天降大雨，就从粮仓中选了一些优质粮，赈给百姓们作了谷种。那已是伏天了，按节气，秋粮已不能播种，可是有的人家却种上了，后来听说，当年竟有了收成，打的粮食还不少。今年咱老家曲城也是大旱，秋粮也没有种上，我买些这样的谷种带回去，如果赶上老天爷下了伏雨，乡亲们不是就可以种晚秋了吗？”

“好！”裴夫人说，“你找谷种，我找儿子。”

“要快，在这里只能待一天！”魏征叮嘱道。

正当人们忙着准备迎接魏征回乡祭祖的关键时刻，叔玉背着他的小行李卷来到了赵魏村魏记茶铺跟前。“掌柜的，来碗茶。”叔玉放下行李，说道。

“来啦！”黑牛应声过来，给叔玉倒了一碗茶，叔玉几口就喝了下去。

“掌柜的，借问一声，听说这赵魏村里魏家是大户，对吗？”叔玉问道。

“是啊，除了姓魏的，就数姓赵的了。”黑牛回答说。

“二十多年前，魏家可有出外逃荒的？”

“二十多年前，不正是兵荒马乱，出外逃荒的人多啦！”

叔玉见有希望，就继续问：“有没有一家因为逃荒在外，把刚生下来的孩子，送给别人的？”

黑牛一下子被叔玉的问话问怔住了。他仔细地端详着眼前的这位青年人，感到非常面熟，继而想起那年在长安时，魏征托他寻子的话，心中也有些奇怪，便又给叔玉倒了一碗茶，问：“这位大哥，你打听这些干什么？”

叔玉脸一红，说：“不怕大叔笑话，我是来找我的生身父母的。”

黑牛心想有门儿，说不定这个年轻人就是玄成哥的儿子哩！就兴奋地问叔玉：“你父母是怎样把你送给人的？”

叔玉说：“是我母亲一个人逃难在外，当时我才刚刚满月，母亲病重，把我送给了养母，养母只记得母亲告诉她，我姓魏，是河北啥阳地方的人，地名她记不清了。养母死后，我找遍了滏阳、曲阳、高阳，找了好几年，才找到这里。”

黑牛越听，越觉得像是裴氏嫂嫂的经历，越看，越觉得这个年轻人的长相像魏征，就激动地问：“你生母可给你留下什么信物？”

“信物？”魏叔玉想了想说，“对，给我留下了一枚古钱。”

“古钱呢？我看看！”黑牛高兴地伸过手去要。

叔玉“唉”了一声说:“古钱丢了。”

黑牛闻听,满腔的热情,一下子凉了,他生气地说:“哼,小小年纪,倒挺会装?! 你是想骗个公子当吧?”

叔玉大为不解,他惊讶地说:“谁想骗个公子? 我什么都不想当,我就是想找到我的父母!”

黑牛轻蔑地说:“别说得那么好听,我就不信你不愿做当朝宰相魏大人的公子?!”

“魏大人是谁?”叔玉吃惊地问。

“谁? 你还不知道? 就是俺这村里的魏征,魏玄成大哥!”黑牛炫耀地说。

“啊!”叔玉一听“魏征”二字,仇恨之火油然而生,他咬牙切齿地说,“魏征,我知道他,我与他不共戴天!”

叔玉说罢,扔下茶钱,背起行李,气昂昂地走了。黑牛一连喊了他好几声,他连头也没有回。

大路上,魏征一行进入了曲城县境内。

“老爷,还进城不?”车夫问道。

“不进城,直奔赵魏村,随我来!”

魏征说着,在马上加了一鞭……

魏征来到赵魏村边,离鞍下马,把马交给车夫,步行进村。

叔璘、叔瑜也从车上跳下来,跟在父亲身后。

魏征看见到处是砖垛,村里人来人往,像集市一般,心中有些奇怪,他问一个提篮卖烧饼的小贩:“怎么村里这样热闹呀?”

那卖烧饼的小贩对他说,“这村里出了个宰相,要回家祭祖,这些砖瓦木料,都是盖相府用的,这么多的人在这儿忙活,还能不热闹?!”

魏征一听,大吃一惊,他甩开卖烧饼的小贩,急急忙忙地向村头走去。

他来到魏记茶铺前,站住了,看见黑牛的媳妇正在照应茶客。

“您这茶铺的掌柜,可是叫魏黑牛?”魏征问黑牛媳妇说。

“是啊!”黑牛媳妇说,“他听说魏相爷就要来了,去给魏相爷收拾相府去啦! 您老喝茶呀?”

“谢谢。”魏征表示谢意过后,对他的两个儿子说,“走,看看去!”

魏征领着叔璘、叔瑜急步进村,裴夫人也下了车,紧紧跟在后边。

这时,魏征旧宅的门前人们进进出出,忙着收拾房子,县里的书吏站在一旁监工。

魏征望着久别的家门,望着乡亲们,他一眼看出了黑牛,赶忙走上前去,异常激动地说:“你,你是黑牛兄弟吧?”

黑牛也认出了魏征。魏征那可亲的面容,朴素的衣着,使他完全忘了刚才书吏对他的嘱咐,跑上前去,一头扑在魏征怀里。

黑牛想叫“相爷”,但是怎么也叫不出口,最后还是喊了声“大哥”,就泣不成声了!

魏征老泪横流,他拍着黑牛的肩膀说:“兄弟,别哭,大哥这不是回来了吗?”

梅嫂闻声,跑出家门,直奔魏征,叫道“玄成兄弟!”

裴夫人看见梅嫂,她高叫了一声:“嫂嫂!”

梅嫂扑了过来,喊道:“她婶子!”

两人抱头痛哭起来。

书吏一拉里正,二人一齐跪在魏征面前。书吏说:“县衙书吏和赵魏村里正给相爷叩头。”

“起来,起来!”魏征看了看里正,问,“里正你是?……”

“我叫魏小六,论辈分儿,我该叫相爷大叔。相爷离家那工夫,我才十五岁!”里正自我介绍说。

“想起来了!”魏征高兴地说,“小六,我这次回来,没有给乡亲们带什么礼品,只带来了半口袋谷子种。”

车夫把谷种从停在街旁的车上取了下来,放在魏征面前。

魏征指了指布袋,又对小六说:“这是早熟谷种,六十日还仓,你把它分给乡亲们种吧!”

“谢相爷!”魏小六说。

忽然,一阵喧闹。

以胡以迁为首的一群人,还没有跑到魏征面前,就呼啦啦地跪下了一大片。

“曲城县令胡以迁迎接相爷来迟,罪该万死!望相爷恕罪!”胡以迁跪拜在地。

“胡县令请起。”魏征用手一指街上堆放的物料,问,“这些砖木做何使用?”

“为相爷翻修府第。”

“这是何人的主意?”

“这……这是卑职的主意。”

“购料用钱,从何而来?”

“各村摊派。”

魏征听说“摊派”二字,不由地怒火骤起,他把脸一沉,高声喝道:“大胆!任意摊派,加重百姓负担,这还了得!”随后,他停顿了片刻,又说,“把物料封存,听候处置!”

“是。”胡以迁没有想到魏征一见面就给了他一个下马威,心中十分害怕,他战战兢兢地向魏征说,“请相爷进城,驿馆歇马。”

“好不容易回到了家,为什么还要进城?我哪儿也不去了,就住在这里。你快回去吧!”

胡以迁无可奈何地答应了一声:“是!”带领众人离村回城去了。

魏征回到了自己的家中。

室内,旧桌旧椅,一盘土炕,织布机还靠墙放在那里。

魏征、裴夫人、梅嫂、黑牛在叙谈别后之情,叔璘、叔瑜在一旁静静地听着。

室外,下着瓢泼大雨。

魏征走到旁门口,抬头看了看天,说:“好大的雨呀!”

“是啊!”梅嫂高兴地说,“幸亏你们赶得快,要是晚了,就淋到路上啦!”

黑牛也感激地说:“乡亲们都说是大哥你的福气,刚给带回了谷种,老天爷就下起大雨来啦!”

“我有什么福气?还是托圣上的洪福吧!”魏征说罢,哈哈大笑起来。

“是呀,他们都快把你说成神啦!”裴夫人也凑趣地说。

魏征这时忽然想起了梅嫂还有一个儿子,就问“梅嫂,大侄子呢?”

“唉!”梅嫂长叹了一声说,“前些年,咱们这地方,老是打仗,他让乱兵抓去,就再也没有回来!”说着难过地几乎掉下泪来。

梅嫂说罢,见裴夫人身边只有两个儿子,就问:“她婶子,咱那个大孩子还没有找到呀?”

裴夫人说:“你兄弟说有人见过他,领着干娘在要饭吃,就是不知流落到什么地方了!”

听裴夫人说起丢失的孩子,黑牛忽然想起前几天那个小伙子寻找亲生父母的事儿,就对魏征夫妇说:“大哥大嫂,你们来的前两天,有一个二十多岁的年轻人,来咱村向我打听寻找他的父母。我听了他讲的情况,看了他的长相,觉得特别像是大侄子,就问他大人可曾给他留下过信物。他说有枚古钱,只是不小心丢了。我听他说得满对,就是没有信物,空口无凭,我怕他是个骗子,就提到了大哥的姓名,谁知他一听,就背起行李,气哼哼地走了,我一连叫了他好几声,他连答声也不答声!”

“哎呀!”魏征思忖着说,“说不定,真是叔玉找到家来了呢! 大兄弟,他的那枚古钱,在我这里呀!”说着,就从身上取出了那枚古钱,递给了黑牛。

黑牛接过古钱,仔细地看了看,惊讶地问:“大哥,这枚古钱怎么又回到了你的手里?”

魏征叹了一口气,对黑牛说:“以后有时间,我再给你讲。你快叫几个人,先到各处去找找这个年轻人!”

黑牛说:“这事儿交给我办! 我得亲自去找,别人怕找不来!”说着,他迈步,就往外走。

魏征一把拉住黑牛,劝说道:“雨下得正紧。你等雨住了,再去找,也不迟呀!”

忽然,雨中传来了急促的铜锣声。

“当当当!”敲个不停。

里正魏小六身披蓑衣,冒雨从外边跑了进来。

“相爷,不,不好啦!”魏小六焦急地说。

“何事如此惊慌?”魏征忙问。

魏小六说:“滹沱河水涨满了槽,眼看要开口子,相爷你全家快搬到城里躲躲吧!”

“啊!”魏征大吃一惊,忙说,“六子,你领我到堤上去!”

“相爷,你不能去!”魏小六说。

黑牛也过来阻拦,说:“大哥,你是不能去!”

“我为什么不能去?!”魏征生气地问。

裴夫人深知丈夫的脾气,就对黑牛说:“大兄弟,你不要拦他了,拦也拦不住!”说罢,她又转身对叔璘说,“叔璘,快叫车夫套车!”

叔璘说了声:“是!”跳进大雨中,跑了出去。

裴夫人取出一件氅衣,披在魏征身上。黑牛也披好蓑衣,和小六扶着魏征,很快消失在水雾雨帘之中。

魏征、黑牛和小六三人同赵魏村及附近村庄的不少百姓,黑压压地站在滹沱河大堤上。

滹沱河水汹涌澎湃地拍打着堤岸。年久失修的北大堤险情丛生。有两处大提已经开始塌陷,洪水猛烈地冲刷着堤上的泥土。

不少人用小车推土,向塌陷的地方堵填。可是倒上去的湿土,很快就又被卷进河里。

眼看,河水就要漫堤而出了。

堤上又响起了急促的铜锣声。

里正高喊:“快推土呀!”

可是，雨中推车，泥泞难行，车上的土，被雨水一浇，霎时就变成了泥，填上的土，不如冲走的多呀！

情况万分危急。魏征看在眼里，急在心上，他忽然想起村里堆着的砖来，对，就这么办，也只能这么办啦！于是，他大喊道："停止推土，赶快回村推砖、搬砖！"

里正闻听，顾不得考虑，也大喊道："相爷有令，回村运砖！"

人们裹着无数辆小车，向村里冲去……

滹沱河堤有两大段地方垒起了砖堤，终于挡住了洪水。

在长安皇宫里，李神通把这首顺口溜呈给了李世民，说："陛下，这首民谣是有人从河北飞马送来的。你看，这就是魏征回乡祭祖干的好事！"

李世民接过念道："不修宰相府，改建紫禁城，自制皇封酒，赏咱众百姓。叔王，按照这首民谣所说，难道魏征要造反不成?!"

"修建紫禁城，自制皇封酒，野心勃勃，收买民心，不是造反是什么?"李神通咬着牙恶狠狠地说。

"这首民谣是什么人从河北送来的?"李世民问。

李神通回答："是臣府长史孙谋，从河北带回的。"

"孙谋现在何处?"

"现在宫门外候旨。"

"宣孙谋进宫。"

内侍向外高喊："孙谋进宫！"

孙谋小心翼翼地走进宫内，远远地跪拜在地，说："小臣孙谋，参见陛下！"

"这首民谣是你亲手抄来的?"

"是，陛下。"

"魏征修得紫禁城，你可亲眼看见?"

"这……"孙谋犹疑了一下，接说："刚刚修成了两道城墙。"

"多长、多高、多厚?"李世民问。

"小臣不，不……"孙谋被问得张口结舌，无言以对。

"哼！"李世民生气地把龙袖一甩，叫道，"内侍！"

"在。"

"先将孙谋交大理寺监禁，等魏征回朝后，当面对质，再行审理！"李世民谕示说。

"遵旨。"内侍过来，拉起孙谋就往外走。孙谋畏畏缩缩地喊了声："王爷！"灰溜溜地被内侍押走了。

"叔王！"李世民见内侍把孙谋押走了，又对李神通说，"朕以为嫉贤妒能是人臣的大忌，此病患后难医。你想，那魏征平素一向极为节俭，至今府中尚无一间正厅，他怎能回到家中盖什么紫禁城呀！朕今日命你去干一件事，你可愿往?"

李神通心神不安地回答："愿听陛下派遣！"

"好！"李世民高兴地说。然后他严肃地对李神通谕示说，"宫中停修了一座小殿，命你监工把这些砖瓦木料，运至魏府，为魏征修一正厅。民谣之事，待魏征回朝再议。"

"遵旨！"李神通口是心非地应道。

再说魏征。这一日，他来到魏家墓地祭祖。

墓地里柏阴浓密，地面上的杂草已经铲锄干净。

魏征的祖父魏彦、父亲魏长贤的墓碑刷洗一新。墓前的供桌上，摆满了蜡烛、供品，香烟袅袅，纸灰纷飞。

魏征、裴夫人冠带整齐，率叔璘、叔瑜及魏氏家族的亲属，庄严肃穆地举行祭奠仪式，吹鼓手们吹奏着祭祀音乐，魏征等人在音乐的伴奏下，跪拜叩首。

在离墓地不远的路上，走来了一老一少。走在前面的是黑牛，叔玉项挂古钱，跟在后面。

黑牛对叔玉说："你爹把前前后后的事，都给我说了。那个刘升是个坏人，他想用你来挟制你爹，不让你爹治他盗卖官粮的罪，所以他偷了你的古钱，但他并不想让你们爷们见面团圆，你爹才把他杀了！"

叔玉悔恨不已，他想到即将与亲生父母见面，眼里含满了激动的泪花。

墓地上的祭奠仪式已完，黑牛领着叔玉来到魏征和裴夫人跟前。

黑牛指着魏征和裴夫人对叔玉说："这就是你的亲生爹娘。"

叔玉扑上前去，跪倒在地，喊了声："爹！娘！"就已泣不成声了。

裴夫人上前一把抱住叔玉，哭喊着说："我的可怜的孩子！"

魏征也早已泪痕满面。

魏征夫妇找到了他们失散了多年的长子叔玉，心中高兴，在家中住了数日，决定返回长安。

魏征回京的第二天，就去面见李世民。

李世民待魏征坐定，故意问道："魏卿此次返乡祭祖，在故乡有何奇闻，可否奏予寡人得知？"

魏征一怔，忙说："奇闻？臣在家乡，没听到奇闻呀！"

"朕这里有一首民谣，据说是出自你的故里，请卿观之。"李世民边说，离座，从书函中翻出一纸，递予魏征。

魏征接过，念道："不修宰相府，改建紫禁城，自制皇封酒，赏咱众百姓。这？……"他沉思了片刻，忽然失声笑了起来。

"哈哈！……"

"魏卿为何发笑？"李世民问。

魏征说："奇闻不奇。臣将此次返乡的所作所为，已修成一表，正要呈予陛下，请陛下御览。"

说着，他从袍袖中取出表章，呈予李世民。

李世民接过奏章，展开细读。

李世民看着看着，不由地放声大笑起来，说："朕明白了，完全明白了！卿回乡祭祖，一心为国分忧，一意为民兴利，实在可嘉。朕定要严惩造谣生事之人！"

"微臣此次返乡，也办了一件私事。"魏征启奏道。

"是何私事？"李世民惊奇地问。

魏征喜形于色地回答说："臣将失散二十余年的犬子找到了。"

"啊，这是件大喜事！"李世民也很高兴，接说，"你为何不将他带进宫来，让朕见上一面？"

魏征说："他路上偶感风寒，病卧在床，即使不病，一介村夫，怎能进宫参见天子？"

"魏卿，你代朕草诏，朕要立即封他官职。"李世民说。

"臣不敢遵旨。"

"却是为何？"

魏征庄重地奏道："臣以为求官者须靠才能学识，不能靠门第权势。犬子虽流落困境，但尚知读书习文，臣欲令其经受科考，如有才行，量能授职；如无才行，返归故里，让其躬耕田野，亦一大乐事！"

"好，好！"李世民赞道，"卿家行事，就是与他人不同，朕就依你！"

魏征讲完叔玉之事以后，又从袍袖中取出木匣，双手捧献在李世民的面前，激动地对李世民说："陛下，微臣返京之前，本族中一位兄弟，托臣带回一只木匣，转呈圣上御览。"

内侍代李世民接过。

李世民问："盒中何物？"

魏征答："是一只断手的碎骨。"

李世民问："此是何意？"

魏征答："此乃隋大业八年之事，当时隋帝杨广大肆征兵，攻打高丽，臣逃丁在外。我的这位族弟被其父斩去右手，方免征兵之灾。他把这断手存放了二十余年，这次让臣呈予陛下，并让臣代奏陛下一言：如今国泰民安，四海宾服，请陛下不可再兴兵打仗了！"

"啊！"李世民也很激动，感慨地说，"民心不可违呀！"

说罢，他又对魏征说："魏卿，我本有一事想与你商议，这次，这决意定了！"

"什么事？"魏征问。

"高丽大将盖苏文，杀其君长，十分残暴，众王公大臣皆欲诛之，屡次向我大唐求兵。近来，有几位朝臣上表，要求出兵讨伐高丽。朕正犹豫不定。卿带回此匣，反映了民心，也表明了卿意，朕决断暂不征伐高丽，让天下百姓休养生息！"

魏征闻听，十分激动，迅速跪倒，高呼："多谢陛下，愿吾皇万岁，万万岁！"

"哈哈……"李世民意味深长地大笑着，离位，亲自把魏征扶起。

魏征回到书房，从书橱内，抽出一卷书来，坐下阅读。

这时，云姐出现在门口，她手端茶盘，闪身进入书房之内。

"相爷，请用茶。"云姐不卑不亢地说。

魏征既有些惊奇，又有些不安，忙问："陈小姐，怎么又来送茶?!"

"相爷待我一家，情深意厚，小女今日特来相报！"云姐咬牙切齿地答。

魏征更加惊讶，疑惑地注视着云姐的神情，说："令尊之死，老夫有责，何言相报二字？"

云姐把茶盘放在书案之上，面带愠色，质问魏征："闻听人言，我父归天之前，曾写下八字遗墨，可有此事？"

"确有此事。"魏征直言不讳地回答。

"前四个字，可是'一手遮天'?!"

"不错。正是'一手遮天'。"

"所指何人？"云姐逼问。

"以老夫推断，当是魏州刺史庞相修。"魏征回答。

云姐"哈哈"大笑，说："分明指的是你魏征！"

魏征听云姐说其父陈文寿所指一手遮天者是他，大为惊异，忙问："陈小姐，你这是听何人言讲？"

"听我那屈死的父亲!"云姐逼近魏征,指着魏征,怒道:"魏征,你倚仗权势,一手遮天,逼死我父,杀死刘升,与那庞相修官官相护,反而越爬越高! 如今你身居相位,一人之下,万人之上,如让你长此下去,不知还会有多少无辜之人,冤死你手,今日姑娘我为父报仇来了!"

云姐说着,从怀中取出一把短刀,明晃晃地插在书案之上。

这时,魏征反而异常平静下来,他笑容可掬地坐在案前,说:"原来姑娘投奔我,是为报仇而来呀?"

"正是为报仇而来!"云姐怒不可遏地说,"姑娘如今已练就绝技,你就是像这只猛虎,也是逃不掉的!"她一指墙上挂的那幅虎啸图,一扬手,飞出另一把刀来,正插在猛虎的口中。

魏征见状,并不惊慌,反而情不自禁地哈哈大笑起来,他对云姐说:"姑娘,你的刀法虽准,可惜找错了仇人! 你父亲死得不清不白,可我若死,要死个清楚,让你也心中明白。我这里存有昌乐仓督吴七和狱卒丁二的供词,容我取出,你仔细观看。看过之后,如果你还认为老夫当杀,你再动手,我决不逃避!"

"哈哈……哈哈……"云姐一阵狂笑过后,从案上抓起短刀,大呼道:"爹爹,孩儿今日给你报仇了!"直奔魏征。

忽然。一声断喝:"住手!"叔玉出现在内室门口,他大声喊道,"云妹,不可!"

云姐听见喊声,猛一回头,见是叔玉,十分惊讶,忙喊:"有信哥,快帮我杀死咱们的仇人!"她举刀向魏征刺去。

叔玉跨步跃身向前,挡住了父亲,一手抓住了云姐的手腕,气恼地说:"云妹,你错了!"

云姐着急地大喊:"没错,他就是你我的仇人——魏征!"

叔玉连忙解释:"他不是你我的仇人,他是我的生身父亲!"

"啊? 你是……"云姐非常茫然地把举刀的手落了下来。

叔玉对云姐说:"你我分别之后,我找到了故里下曲阳,终于遇上了父亲,才知道你父冤情的真相。你我的仇人是刘升,是他逼死了你的父亲!"

在叔玉与云姐说话的工夫,魏征从案卷中迅速地找出了昌乐仓督吴七和狱卒丁二的供词副本。他把供词副本摊放在云姐面前,说:"陈小姐,请你自己过目。"

云姐快速地浏览副本,她的眼前仿佛出现了刘升威逼父亲的情景:最后,父亲写下了"一手遮天"等八个大字,掷笔于地,把白练掷投于梁头……

云姐哭喊了一声:"爹爹! ……"手中的短刀落于地上。

又是一个冬天到了。

在魏征的书斋里,由于案头添了两盆红梅,却显得春意盎然。这是他用家乡的土,精心栽培而成的盆景。

魏征看着红梅,感叹不已地说:"回乡祭祖回来,转眼就是两年,用故乡活土育成的梅花,今岁已开花了! 故土故土,万物之母,远隔千里,朝夕思汝!"

这时,叔瑜兴高采烈地从外边跑了进来,连声高喊:"爹爹,大喜! 大喜!"他已长成个大孩子了。

"看把你高兴的,有何喜事呀?"魏征问。

"我的两个哥哥,都考上进士啦!"叔瑜高兴地拍着巴掌说。

“啊！是真的吗？”魏征有些不大相信，急问。

“真的！”叔瑜把嘴一噘，不高兴地说，“谁还来骗你不成！”

“好，好！有出息！”魏征刚要出门，叔玉、叔璘闯了进来。

叔璘手捧一份《宫门抄》，抢先说：“爹爹，报告您一个好消息：我和哥哥都考中进士了。这是今天的《宫门抄》，请您老人家过目。”

魏征接过《宫门抄》，看了一眼，说：“考取了进士，接着吏部就要选任，你们任重道远呀！”

叔瑜听魏征一说，又高兴地拍起手来，喊着说：“俺的两个哥哥都要做官啦！我给妈妈报喜去！”说罢，跑出门去。

魏征让两个儿子坐下，然后问他们说：“你们即将出任为官，可知为官之道？”

叔玉回言：“愿听爹爹训示。”

魏征看了看两个儿子，语重心长地对他们说：“为官者，首要是安民。安民之策中，首要之举在教化。教以仁义礼制，辅以法令、刑罚。仁义为本，刑罚为末，无本不立，无末不成，教化启发愚昧，刑罚以立威严。平时应以教化为主。但遇狡猾无耻之徒，侵礼犯义，则必须处以刑罚，方能安民……”

魏征府中的书斋内，案上的盆景换上了一盆梨花，玉蕊初绽，表明又一个春天的绛临。

魏征伏案在写奏疏。

裴夫人走进来，来到书案前掀开茶碗上盖，茶已凉，尚未饮，掀开药碗一看，药也未喝。

裴夫人有些不快，埋怨地说：“老爷，写起表章来，茶也忘了喝，药也忘了吃，你的身体！……”

魏征哈哈大笑，说：“夫人，你不要生气，我这就喝！”说罢，端起药碗，一饮而尽。

李世民在宫中细看魏征的奏疏。他看着看着，不由地读出声来：“若欲令君子小人，是非不杂，必怀之以德，待之以信，厉之以义，节之以礼，然后善善而恶恶，审罚而明赏……，善之而不能进，恶之而不能去，罚不及于有罪，赏不加于有功，则危亡之期，或未可保，永锡祚胤，将何望哉！”

李世民读完，掩卷而思，连声赞道：“好，写得实在是好！”他转身叫了一声：“内侍！”

“在！”内侍应声。

“你把这份奏疏，张贴于屏风之上。”李世民吩咐道。

“是！”内侍把奏疏贴于屏风之上，李世民又从头至尾细看了一遍。

魏征书斋，案上的盆景换上了一盆菊花。

魏征仍在伏案撰写奏疏。

他面庞消瘦，脸色苍白，一边写，一边不时地用左手捶腰。

魏征的奏疏送到了李世民的手中，李世民看着看着，面色变得阴沉起来，他把奏疏掷于龙案之上，气呼呼地自语说：“哼！这个魏征，又是这一套！什么‘禹汤罪己，其兴也勃焉；桀纣罪人，其亡也忽焉！朕不是在追禹汤，戒桀纣，一言一行都在谨慎为之吗？”

说过之后，李世民抬头又看见了贴于屏风之上的那分劝他近君子、远小人的奏疏，仔细一想，觉得魏征的提醒十分及时，中肯，自己既然要效法先王励精图治，就是应该以历史上的无道昏君为戒呀！

魏征书斋,宽大的书案上堆满了文稿。只有烛下那一小块光亮的地方,显得稍微空荡一些。

魏征坐在书案前,时而翻阅这一卷书,时而又翻阅另一卷书,尔后不断地秉笔蘸墨,疾速地书写起来。

书房外的庭院内寂静无声。稀疏的寒星在天空中闪烁。月亮在云海中穿行。

午夜时分,裴夫人穿过庭院,径直朝书斋走来。

魏征全神贯注地写着文稿。裴夫人走近他的身旁,他竟一点儿也没有察觉。

裴夫人深情地看了许久,轻轻地把一件披氅加在魏征的身上。

“啊,夫人!”魏征这才抬头发现他的夫人站在身旁。

裴夫人望着魏征那张因积劳而显得苍老的脸,宽阔的额头上布满了深深的皱纹,灰蒙蒙的双眼带着血丝,不觉一阵心酸,她难过地对丈夫说:“午夜已过,当心着凉啊!”

“夫人,你先去睡吧!”魏征爱抚地劝说裴氏道。

裴夫人微微一笑,说:“我来叫你,你倒先劝起我来了!”说着,她慢慢地绕到蜡烛前,用剪刀剪去烛花,室内顿时亮堂了许多。

裴夫人抚摩着条案上、格橱上到处堆放着的一卷卷书稿,感慨地说:“七年啦,这是多少心血呀!”

“耗时七年,编修史书,近日即可成稿,值得,值得!”魏征欣慰地笑了。

笑容使魏征的脸庞更加多皱了。裴夫人叹了口气,说:“唉!书稿见长,可你脸上的皱纹,也更加深啦!”

经过十多天的辛勤笔耕,魏征已将史稿的最后审定工作完成。

这一日,他怀着十分喜悦的心情,要到宫中面见李世民,奏明此事。

当他走到太子承乾的书房的时候,看见太子承乾,正在与一妙龄宫女纠缠。

宫女端着食盒从书房前经过,承乾几步冲到宫女面前,张开胳膊拦住去路,嬉皮笑脸地喊:“哎,小美人,别跑哇!”

“殿下……”宫女惊慌地躲闪着。

承乾边拦挡边取笑地说:“别害怕,来陪殿下玩玩,有你的好处!”说着,就向宫女扑去!

“殿下,不要……”宫女惊叫着一闪身“砰!”的一声,食盒摔在地上,食品滚了一地。

魏征见状,十分气恼,就急步走到太子承乾面前,劝说道:“殿下,不可……”

承乾见是魏征,心中也有些发慌,但他很快平静下来,装出一本正经的样子,说:“噢,原来是魏大人呀!你不去协助父皇治理朝政,来此有何贵干呐?”

“臣要去面见圣上,有要事禀奏。”魏征回答。

宫女见魏征拦住了太子,想抽身走开。承乾一见,急了,又拦了过去。

魏征上去挡在宫女和承乾两人的中间,严肃地对承乾说:“殿下,你是大唐帝位的继承人,眼下应专心致志地攻读学业,千万不可滋长杂念呀!”

“念书念烦了,找个人开开心,有什么不可!你也管得太宽了!”说着,承乾又从魏征的一侧,向宫女扑去。

宫女被承乾抱住,挣扎着喊:“魏大人,魏大人!”

魏征气愤地说:“殿下,你也太不像话啦!”说着上去攥住了承乾的手腕子。

承乾疼得放开了手,猛地一使劲,把魏征推倒在地。

宫女趁机逃走,承乾气哼哼地把脚一跺,恶狠狠地说:“我告你去!”

说罢，急步而去。

这时，过来两个内侍，把魏征从地上搀扶起来。

“唉！”魏征长叹了一口气，无可奈何地摇了摇头说，“不可造就，令人失望呀！”

他整理了一下衣冠，心情沉重地向李世民住的内宫走去。

李世民正在寝宫读书。

太子承乾闯了进来。哭喊着说：“父皇陛下，儿臣受人凌辱，你要为我做主呀！”

“皇儿，莫哭，哪个凌辱于你，快快讲来！”李世民惊讶地问。

“不，父皇不为孩儿做主，我就不说！”承乾说着放声大哭了起来。

“好，好，好！朕为你做主，你快讲来！”李世民只好答应。

“凌辱皇儿的就是魏征！”承乾擦了擦眼泪，两眼盯着李世民，一字一顿地说。

“哦?!”李世民大为惊疑，他笑着说，“魏征一向注重礼仪，讲究文明，他怎会无故地凌辱于你呀?!”

“就是他吹胡子、瞪眼睛地把我厉声训斥了一顿！”承乾回避事实真相地说。

“他说你什么?”李世民问。

“说，说我不务正业……”

“这是开导你呀，有什么不对?”

承乾见不能激起父皇的恼怒，就把眼珠一转，编出了一套瞎话儿，说：“魏征说我不能继承大业，不佩皇太子的封号，不是你的儿子，不……”

“住口！”李世民闻听，气得大喊，“内侍！传魏征进宫！”

“遵旨！”内侍应声转身出去，魏征已赶至宫门。

魏征随内侍进宫，跪拜：“魏征奉召参见陛下！”

李世民端坐龙椅，威严地问：“适才皇儿言讲，魏卿你曾训斥于他，可有此事?”

“确有此事。不过那不是训斥，而是劝阻！”魏征平心静气地回答。

“劝阻?”李世民问，“爱卿您劝了他些什么话?”

“微臣劝说殿下要专心攻读学业，不可滋长邪思杂念！”魏征如实地奏报。

李世民听魏征所言，若有所思，又问：“魏卿，不知你说的邪思杂念是指何事?”

魏征正颜答道：“请陛下让太子自言。”

承乾没有想到魏征如此不讲情面，心中也颇为惶恐，他怕刚才的事情败露，被李世民斥责，就只好改变了态度，说：“魏大人见我在书房外面游玩，怕我荒废了学业，劝我回房好好读书，我故意和他闹着玩，没有听他的劝告，他上来拉我，我一躲避，他扑了个空，摔倒在地上了！”

“哎呀呀，魏卿如今年老体衰，朕已准他不必坚持每日上朝，而你却和他嬉闹，要是真摔伤了他，如何是好?”李世民训责承乾说，然后又关切地问魏征：“魏卿，摔伤了没有呀！”

“我摔伤不摔伤倒无所谓，只是太子这样放荡不羁，贪恋女色，日后承继帝位，怕是江山难保呀！”魏征十分痛心地说。

“什么贪恋女色?”李世民惊问，“承乾，可有此事?”

“这……”承乾看了看李世民，又瞪了魏征一眼，一句话也说不出来。

“快讲！是不是真有此事?”李世民逼问道。

“我，我不过是想和那个宫女玩玩而已，没有，没有……”承乾见魏征在场，不说实话也过不去，只好避重就轻地向李世民承认了调戏宫女一事。

李世民闻听，勃然大怒，手拍龙案，喝道："小畜生，跪下！向魏大人赔礼道歉！"

承乾心中虽然很不情愿，但因有李世民的谕示，而且他也害怕魏征毫不保留地把他干的丑事，一股脑儿地端出来，就乘机跪在魏征面前，装着十分诚恳的样子，对魏征说："魏大人教诲有理，我承乾铭记在心，保证今后不再违反！"

"但愿殿下不要自食其言，以国家社稷为重，自强不息！"魏征上前，边扶承乾边说。

"哈哈……"李世民笑着对魏征说，"魏卿，你今后在写史之余，还要多多地教导太子才是！"

"臣遵旨！"魏征拜谢道。

抱病而终

盛夏六月，暑气蒸腾。树上的蝉儿鸣叫得令人烦躁。

裴夫人端来药盏，对躺在树荫凉底下竹椅上的魏征说："玄成，快喝药吧！"

魏征坐起身来，问："怎么又煎药啦？我不是病好了吗？"

"病是好了，可是身体还很虚弱，需要补养呀！不然的话，你的眼睛……"裴夫人说着，把药盏递了上去。

"难得夫人一片深情。"魏征接过药盏，笑了笑说，"老朽我遵命了。"说罢，把补药喝下。

裴夫人拿起扇子，为魏征驱赶着热气。

忽然，院内响起了一阵马蹄声，接着老院公向魏征禀报："老爷、夫人，三位少爷回府来了！"

魏征高兴地说，"是叔玉他们回来啦！"

裴夫人也惊喜地迎了上去。

叔玉、叔璘、叔瑜三人来到魏征面前，齐跪叩拜，说："孩儿给父亲请安！"

"起来，快起来！见过你们的母亲！"魏征乐呵呵地说。

三人又一齐跪拜说："拜见母亲大人！"

"起来，起来，快快坐下！"裴夫人赶忙说道。

叔玉弟兄三人落座之后，魏征含笑地看了看他们，依次用手指点着："一个是光禄少卿，一个是礼部侍郎，还有一个是豫州刺史，你们都已刚刚探亲回任后不久，为何今日又一同前来呀？"

"这是圣上的旨意，让孩儿们经常回府探望父亲的病情。"叔玉起身回禀道。

"圣恩越大，老夫我心中越是不安哪！"魏征激动地说。

丫鬟献上茶来，叔玉给父亲倒了一杯，问："不知父亲近日的病情如何？"

"病情大为好转，又可上朝议事了！"魏征高兴地说。

叔玉听魏征说他病情好转，心中甚为欣慰，就劝魏征说："既然圣上不肯恩准父亲辞官，那你暂且遵照圣上的旨意行事吧！"

魏征已经完全看出了兄弟三人同时来家的用意，他们是受了圣上之命，前来劝阻他不要辞官离职的。于是，他"唉！"了一声说："为父我何尝不想多为国家效劳，多替黎民造福呀！只是我如今年老多病，力不随心，尤其是这眼疾，经常犯病，双目都要快看不清公文了！如果再这样拖延下去，一定会贻误国家大事的！所以，我想从黎民社稷的长久之计考虑，还是尽早退职为宜，这样，也可以让那些年富力强、德才俱兼的官员，协助圣上把国家治理得更好！”

魏征看着他的这三个为官的儿子，感慨地说：“为父的这一生中，大体上做了两年事：一是辅圣上治国安邦，初步实现了‘贞观’盛世；二是在从政之余撰写了一些书稿，主要是几部史书。你们现在虽然还谈不上建功立业，但是只要你们能为国、为民做几件好事，人们就不会忘记你们，在青史上也会留下你们的美名。你们一定要记住，为官之道，不在职位高低，而在为民办事，有所作为！”

弟兄三人再次跪拜，说：“孩儿一定孜孜奉国，建功立业！”

“好！”魏征高兴地说，“你们都快起来，立即回任去吧！为父我还要去面见圣上呢！”

裴夫人想要劝阻：“老爷，你的身体……”

“不防事，快备轿！”魏征说罢，站起身来，向轿旁走去。

魏征来到宫中，李世民在海池旁的一座便殿上，接见了他。由于天气闷热，李世民邀魏征随他到殿外走走。

在通往海池的便道上，绿荫遮盖。

李世民在内侍的陪同下，徐徐走来，魏征紧随其后。

李世民一边走一边对众人说：“这海池的景色，虽不如长安城南的曲江池秀丽多姿，但它与金殿相连，随时可来走走，倒也方便。”他见魏征有些闷闷不乐，就有意地专对魏征说：“魏卿，你看，这里青荷绿水，涟漪荡漾，阵阵清香，沁人肺腑，不失为一个消暑盛地呀！”

魏征无心观赏园景，他略微抬起头看了看说：“陛下，美景再好，怎奈微臣我老眼昏花，病魔缠身，已经欣赏不了啦！”

李世民微微一笑，不再搭言，径直朝海池旁的一座凉亭走去。

魏征赶至，坐定，宫人献上香茶。李世民笑呵呵地说：“魏卿，天热，喝茶！”

魏征呷了一口茶，急切地对李世民说：“陛下，臣恳求退职让贤，切盼恩准！”

“哎，魏卿，你大病初愈，朕万分高兴，今日你我君臣共来海池消暑，只赏美景，不谈政事，你看如何呀?!”李世民不让魏征谈起退职之事。

“这……”魏征不便再言。

“魏卿，金子贵重，是因为它对人类有所大用，可是它如果只是含于矿石之中，不被人们发现，它的贵重价值是根本无法体现的。”

魏征赞同地点了点头。

李世民又说：“如果遇到了高明的工匠，把金子从矿石中冶炼了出来，再制作成各种优美的金器，就被世人视为价值连城的珍宝了！”

“陛下明察，所言极是。金子再好，如果没有高明的工匠去冶炼、制作，是断然变不成稀世之宝的。可是，如果没有金子，再高明的工匠，恐怕也是难以大显身手的！”魏征在肯定李世民的说法之后，强调了问题的另一个方面。

“是呀，魏卿言之有理。”李世民十分诚挚地对魏征说，“朕常常思考，假如我还能算得上一块金子的话，那么魏卿您就是一位高明的工匠。金子离开了良匠，成不了珍器，朕离开了卿的辅佐，则大业难成啊！所以，我想请您三思。卿为何请求再三，非要退职不可呢?”

“陛下，微臣一再上表辞官，确实是身体、病情的原因，别无他意，请陛下不要思虑过多……”魏征还想多加解释，但李世民用手示意，不让他言。

李世民激动地说:“卿把你改完毕的《隋书》和其他诸史呈报朝廷之后,举国上下一片颂扬之声。卿七年的心血,可垂千古,益今启后,功勋卓显,朕十分赞赏,也无比兴奋,当即加封卿为左光禄大夫、郑国公。朕自度对卿并无怠慢之举,卿为何从那时起就屡次上表,请求退职?朕意再加封卿为二品,如何?”

李世民说得既恳切、又激动,浑身一下子热了起来。尽管凉亭内清风习习,他还是不由自主地信手去解衣襟……

侍在一旁的宫女看见,慌忙上前送巾擦汗、打扇、换茶。

“陛下!”魏征这时的心情也很激动,他急忙向李世民申明说:“臣本一介村夫,自幼饱经人间忧患,幸蒙陛下见信,荷受皇恩,位高爵显,心中唯思不能报效,安敢以退职为由,妄求陛下加封为二品?!臣实因身体有病,先是眼疾,近年又加外疹,体质更差,天气稍有阴晦,数步之外,就难以辨人。陛下授臣千斤重担,臣甘愿拼死报效,可惜年老多病,力不从心,唯恐贻误国家大事,故而要求退职,以便让贤者……”

“魏卿,自贞观以来,您助朕安邦兴国,功高勋著,哪有误国之事?朕对您十分知晓。若要以此为由退职,朕断然不能批准,即使爱卿双目全无,朕每天也要把卿抬到大殿之上,谘询朝政!”李世民坚定不移地说。

“陛下!”魏征闻言,立即答道,“如此正符微臣心愿。多谢陛下明察!”

“嗯?!您不告退了?”李世民一时不解魏征的话意,诧异地看着魏征问道。

“陛下!”魏征进一步申述心迹地说,“臣请求告退,绝非是想隐居山野,而是认为当今宇内安定,人才辈出,英雄如林,像臣这样抱病老朽,已难胜重任,何必占据要职?倒不如退职让贤好!多请求陛下免去微臣的侍中职务,授予臣一个虚衔,臣将一如既往跟随陛下,遇有大事仍可表示拙见,以助陛下建功立业,这,这就是微臣的唯一心愿啊!”

“啊!”李世民顿时明白了魏征的深意,高兴异常地说:“好一个退职让贤!”卿如是说,朕备感欣慰!

“望求陛下恩准!”魏征又一次乞请。

李世民思索片刻,最后下了决心,说:“既然爱卿如此恳求,朕也难违卿意。明日上朝,朕拜卿为‘特进’,朝廷大事及门下省事务,卿仍需指点。卿府中的侍从、守卫以及俸禄,一切照旧!”

“谢主隆恩!”魏征刚要跪拜,李世民把手一抬,道:“慢!”

“哦?”魏征一怔。

“魏卿,朕尚有一事,请您相助。”李世民说。

“圣上有何事,需要臣办,只管讲明,微臣万死不辞!”魏征说。

“皇儿多有不规,卿亦有所见。朕欲聘任你为太子太师,以便对其严加管教,不知爱卿可愿受领?”李世民向魏征提出了一个新的课题。

“这……”魏征毫无思想准备,一时语塞难言。

李世民有些尴尬,他想继承皇位之人,事关重大,教育承乾成器者,非魏征莫属。可魏征对担当此任,有些犹豫,如何是好?

他又思索了一会儿,对魏征说:“魏卿,管教太子之事,乃关系国之兴衰大计,朕考虑再三,只有卿可堪称此任,请卿务必不要推辞。”

魏征听李世民所言情真意切,他也深知王位继承人的重要性,从心底里是愿意担当这一重任的,可是,当他想到承乾的所作所为时,心中又有些担忧,只怕是这位皇太子不听管教，长不了才干，将来要误国害民呀！想到这些，魏征郑重地对李世民说："启奏陛下，太子乃未来的皇位继承人，太师之责十分重大，老朽怕是难以胜任，不如另选他人为好！"

"另选何人？"李世民反问魏征，"卿认为何人可当此任？"

"这……"魏征难以回答。

魏征被李世民笑得有些发慌。

"魏卿，刚才朕已向您讲明，朝野上下，只有您堪称此任，他人不可，您就不要再推辞了吧！"李世民又劝魏征说。

魏征见李世民主意已定，没有任何商量的余地，只好答应下来。不过，他对管教承乾成才仍旧信心不足，既然圣上充分信任自己，当然应该尽力而为，可是仅靠自己一人，毕竟精力有限，不如再找几个助手，共同来完成教诲太子的任务更好，于是他对李世民说："陛下既然看重微臣，微臣当尽力而为。不过，微臣认为，为了更加有利于太子的成长，还是多请几位大臣来担任太子太师为好，不知陛下意下如何？"

"多请几位？"李世民又哈哈大笑地反问魏征，"依卿之见，请哪几位大臣为宜呀？！"

"这……"魏征一时又回答不出来了。

"魏卿，依朕之见，这项重任就由您一个人来承担吧，您就不要再推辞了。朕把太子托付给您，比给谁都放心。望您能把他视作自己的子弟一样，严格管教，多方引导，促其成器，以保社稷永泰、长治久安！"李世民无限希望地对魏征说。

"谢陛下。老朽当不遗余力担负此任，请陛下放心。不过，太子近日已染上了某些不轨行为，老朽在管教之时，恐有不妥，还望陛下能够明察。"魏征直言不讳地向李世民说。

李世民听魏征所言，知他还有些顾虑，就爽朗地对魏征说："魏卿，你不必担心。只要是该管教之事，您只管认真去管。承乾若有不规之处，不听管教之为，朕授予您自行处置之权，事后告我知晓便可，我决不护短，也不干预，更不指责！"

"如此甚好。"魏征表示满意地说。"可是，我想，只陛下和微臣知道，还不行，一定要让太子明白，还要求他认真去做，同时，也应该让朝廷内外的人员都知道陛下的旨意，这样，对于承乾的学业，对于微臣的履职，都有好处，请陛下圣裁！"

"魏卿所言极是。"李世民大为赞赏说，"明日早朝，朕要当着满朝文武和承乾的面，正式聘任卿为太子太师，并向承乾面谕圣训三则，令其恪守，您看如何呀？"

"如此更好。"魏征高兴地说。

君臣二人把这件大事最后定下来之后，李世民了却了一件心事，心情颇为欣慰，而魏征却又增添了一层忧虑，心中甚为不安。他想：怎样才能把太子教育成合格的皇位继承人，以完成李世民交给自己的这项重大使命呢？

经过反复思考，魏征决定编写一本名叫《历代侯王善恶录》的书，作为太子和诸王公子弟的教材。他想好之后，就对李世民说："陛下，微臣想编一本名叫《历代侯王善恶录》的书，作为太子和诸王公子弟的教材，不知可否？"

"《历代侯王善恶录》，这个书名起得好，起得好！朕十分赞同，您就编写吧！"李世民高兴地说。

"有陛下的支持，微臣就放心了。"魏征也大为振奋地说。

次日早朝，李世民把承乾宣至大殿之上，当着满朝文武的面，公布了任命魏征为太子太师的旨意，并且让承乾在大殿之上向魏征行了拜师大礼，还给承乾规定了三项守则：一是必须尊师重教，对魏征所提出的各种要求保证逐项做到；二是在犯有错误和发生过失之后，必须心甘情愿地接受魏征的教导处罚，不得有任何抵制、抗拒的表示；三是学以致用，说到做到，在诸王公大臣的弟子中成为楷模。

在魏征的书斋里，案上的盆景又换成了红梅。另一旁放着一只手炉，魏征正秉笔疾书。

忽然，他觉得眼前一片漆黑，头伏在案上，手中的笔落于地上。

裴夫人进房来送茶，见到此状，急忙上前呼喊："老爷，醒醒！老爷，醒醒！"

魏征仍昏迷不醒。

裴夫人惊呼："叔玉、叔璘，你们快来！"

叔玉、叔璘闻听母亲呼喊，慌忙跑进室内，叔瑜随后也跑了进来。

三个儿子不断地呼叫："爹爹，你醒一醒！"

裴夫人吩咐："快！快把你父亲抬到寝室的床上去！"

在寝室的床边，御医正在为躺在帐中的魏征诊脉。

裴夫人和全家人围在床前，室内寂静无声。

御医诊完脉，向裴夫人示意，走向室外，裴夫人和叔玉、叔璘跟了出来。

御医很是慌惶，他轻声地对裴氏说："夫人，相爷的病情不轻呀！"

裴夫人知道魏征危在旦夕，就悲切地对御医说："大夫，您一定要想想办法，救救老爷呀！"

"不用夫人关照，我也将竭尽全力调治。不过……"御医转过身来，对叔玉说，"公子，您应该写表，把相爷的病情，奏予圣上知晓。"

"大夫所言极是。我即刻写表呈上。"叔玉说罢，急去书房。

这时，在宫中，李世民与李神通正在议论征伐高丽之事。

内侍捧表进来，说："启奏陛下，魏征长子魏叔玉有表呈上。"

李世民闻听，有些吃惊，他说："魏征久病不愈，朕不断遣使问讯，今其子奉表进宫，莫不是病情危重？"说着，他急忙打开表章，草草一阅，又说，"果然魏征危在旦夕，朕要亲往探视！"

李神通这时也有些良心发现，说："臣愿随陛下前往，以解平生宿怨。"

"叔王有此意念，朕心甚喜。怎奈魏征病重，你去倒不如不去。叔王代朕将征讨高丽的利弊得失加以思考、筹划，如何？"李世民说。

李神通答道："臣遵旨。"

李世民由徐茂公、程咬金陪同，来到魏征府内。

裴夫人率叔玉、叔璘、叔瑜跪迎皇驾。

李世民说："请夫人带朕前去探视。"

"待臣妾告知相爷，床头迎驾。"裴夫人说。

李世民用手示意，说："不必，那样去惊动他，会使他的病情加重。朕悄悄地进去，守视即可。"

"陛下所言极是。"徐茂公深表赞同。

李世民转身对程咬金说："程将军，你见了魏爱卿，千万不可大声喧哗。"

"是，陛下，臣……不，不哭。"程咬金说着，强忍着的眼泪掉了下来。

徐茂公含泪以手势制止。

李世民和徐茂公、程咬金在裴夫人的带领下，走进魏征的寝室。

李世民站在床头,看着卧于帐中的瘦骨嶙峋的魏征,处在昏迷状态,心中异常惨然。

这时,床上的魏征呻吟了一声。

裴夫人急走至床头伺候,李世民等人也都轻轻地走上前去。

魏征紧闭双目,话声断续地叫了一声:"夫……人……"

裴夫人凑到魏征的耳旁,问:"老爷,你要说什么?"

"这两天……可有……《宫门抄》传来?"魏征问,

"有《宫门抄》传来。"叔玉向前答言。

"可有……大事?予为父……念……"魏征非常吃力地说。

"是。"叔玉拿起《宫门抄》念道:"亳州刺史裴行庄奏请伐高丽,皇上曰:'高丽王职贡不绝,为贼臣所杀,朕哀之甚深,固不忘也。但乘乱而取之,虽得之亦不贵。且山东凋蔽,吾未忍言用兵也'"

"好,好……"魏征的脸上稍露出一丝笑容说,"圣上有此言语……国家幸甚,百姓幸甚!……"

李世民看着魏征的面容变化,听着他断断续续地言谈,不停地频频点头,表示赞许。

魏征稍息了片刻,又问:"夫人,我的病情,可曾……奏知圣上?"

裴夫人刚想答话,李世民向裴氏摇手。

裴夫人说:"尚未奏知圣上。"

"好,好,……圣上日理万机,十分辛劳,……若知我病,又要多费……多费一番心思,这会使……圣驾……不安!"魏征说。

这时,李世民再也控制不住自己,眼泪潸然而下。

程咬金更加难以控制自己,放声大哭,叫道:"大哥!……"

魏征听出是程咬金的声音,语音微弱地问:"程贤弟,你,你来了?快坐,坐下。"

程咬金大声说:"圣上也在这里!"

魏征用力睁开了昏花失神的双眼,模模糊糊地看到了李世民。他要挣扎着坐起来,可是无力支撑身体,只是口里喃喃地喊道:"万……岁!"

李世民上前,握住魏征枯瘦的手,安慰地劝说道:"魏卿,你不要动,好好养病!"

魏征气如游丝,十分艰难地对李世民说:"臣…与陛下……恐怕只此……一面了!……"说完,紧闭双目。

李世民见状,急呼:"魏卿!"

徐茂公、程咬金惊叫:"大哥!"

叔玉等喊:"爹爹!"

室内顿时忙乱起来。

魏征静躺了片刻,又双目微睁,伸出手来,似要什么……

裴夫人眼含热泪,语音呜咽地问:"老爷,你想要什么?"

魏征张了张嘴,已不能言语,但仍是伸手要一件东西……

众人面面相觑,不知魏征究竟需要何物。

徐茂公仔细地观察着魏征的表情,想了想,问:"大哥,你可是要笔?"

魏征微微点头。

李世民吩咐:"快取笔来!"

叔玉拿来蘸饱墨汁的毛笔，叔璘捧来帛纸，魏征握笔在手，仰卧着在纸上用最后的一点儿力气，艰难地写下了七个字：

创业难，守成更难！

写毕，魏征将头侧向一旁，溘然而逝。

室内外一片哭声。

李世民伏在魏征的身上，大哭道："魏卿，我的好卿家，你是朕的良师益友呀！"

大唐贞观十七年正月七日，促成"贞观之治"的主要决策者、一代名相魏征，与世长辞！

李世民哭过魏征之后，与裴夫人商定丧葬之事。

次日，早朝。李世民威严地坐在显德大殿的龙案之后，文武百官依次站班在殿下肃立。

早朝开始，李世民首先向满朝文武沉痛地宣布了魏征病逝的噩耗，然后让内侍取出魏征的半稿遗书，向众文武大声宣读起来：

> 天下之事，有好有坏，选任良善之人，社稷则安定举盛，误用妄劣之徒，国家则受害无穷。圣上对于大臣，感情上有喜有恶，对喜爱之人，只见其优，对厌恶之人，只见其劣，在爱憎之间，应当仔细审慎才是。如果喜欢他又能看到他的缺点，厌恶他却能注意他的长处，就会毫不迟疑地去掉邪恶，毫无猜忌地任用贤能，这样，国家就可兴旺发达！……

这时，朝廷上一片肃穆的气氛，隐约地还可以听到群臣中的掩泣之声。

读完魏征的遗书之后，李世民克制着无比悲痛，又向群臣宣布说："朕原定按一品官仪发葬魏爱卿，可是他的夫人念其一生简朴，恳请降为二品，朕已准奏。凡朝廷命官九品以上者，皆去送葬，从今日起，罢朝五天。朕要自撰碑文，亲笔书石，决定将魏卿陪葬于昭陵。"

文武百官跪拜齐呼："臣遵旨。望陛下保重节哀！"

在大唐帝国的京城长安的东西大街，一辆围有白布帷帐的灵车，载着魏征的遗体，缓缓行进。

千百面白色的旗幡，簇拥着灵车，在春节后的寒风中摇曳、飘动。

叔玉、叔璘、叔瑜身穿重孝，走在灵车的前面。裴夫人、云姐等女眷皆全身缟素，坐在另一辆送葬的车上，泣不成声。

新立太子李治率徐茂公、程咬金、房玄龄、长孙无忌等文武百官，皆着孝服，随在后边，掩面而泣。

街道两旁，挤满了男女老少，他们个个面带泪痕，目送着灵车走过。

长安古城沉浸在一片悲哀的气氛之中。

这时，李世民也身上戴孝登上了御苑西楼，他伤悲地目送着远去的灵车，口中低吟出一首悼念魏征的诗句：

阊阖总金鞍，上林移玉辇。
野郊怆新别，河桥非旧饯。
惨日映峰沉，愁云随盖转。

哀笳时断续，悲旌乍舒卷。
望之情何极，浪浪泪空泫！
无复昔人时，芳春共谁遣？

李世民吟罢，肃然伫立。目送灵车，直到在天地的交际处消失……

魏征逝世后两年，李世民忘记了魏征临终前的忠言，终于决定征讨高丽。

他亲率大军渡辽河，取盖城，历经三次大战，但是未能取胜，士卒死者数千人，战马伤亡也有十之七八，耗费资财，难以计算，最后只得下诏班师。

李世民率疲惫之师，偃旗息鼓、军容不整地向回撤军。

车驾过滹沱河，李世民向东遥望。

“陛下！”李神通不解地问，“您在观看什么？”

“朕在遥望魏征的故里下曲阳！”李世民十分后悔地叹道，“倘若魏征在世，他是定然不会让朕去征讨高丽的！”

“陛下！”李神通这时也有些内疚，他对李世民说，“此次征讨失利，微臣罪责难逃，请求陛下处治！”

李世民说：“自从魏征长辞之后，朕在治国大政上，一再失误，想来颇为痛心。悔不该听信权万纪、庞相修等人的谗言，毁掉了朕为他撰写的碑文，推倒了他的墓碑……。”他心情悲痛地说不下去了。

李神通见李世民如此怀念魏征，就建议李世民说：“陛下，既然已经知错，就应该采取补救之法。微臣认为，应该立即召见魏征的眷属，进行安慰和抚恤……”

魏征祠

“正合朕意。”李世民说，“朕还要传旨在魏卿的故里修建‘魏征祠’和魏征的衣冠墓，让世代永记魏征的丰功伟绩！”

“陛下英明，魏大哥的在天之灵也可欣慰了！”徐茂公激动地说。

李世民看了看李神通，又看了看徐茂公，无限感慨地大声说道：“以铜为镜，可以正衣冠；以古为镜，可以见兴替；以人为镜，可以知得失。魏征去世，朕失去一面金镜啊！”

滹沱河水，滔滔东流……

李世民的话音在万里晴空回荡。

昭陵旁的魏陵上开满了朵朵山花，在阳光的照耀下，光彩夺目。

下曲阳城西关外的“魏公祠”里，魏征的塑像微笑地注视着远方，香案前烟雾袅绕。

千秋金鉴，三代遗直，辅佐唐室，崇祀梓里。魏征作为唐初的一代名相，我国封建社会中少有的杰出政治家、卓越思想家、优秀文学家和著名史学家，为我们中华民族所创建的历史伟绩，所留下的宝贵的文化遗产，是非常巨大而丰富的。因此，他的许多动人的故事，至今还在人民群众中广泛传扬。

古镜今鉴，永远闪光！

房玄龄传

人物档案

房玄龄:名乔,字玄龄。齐州临淄(今山东淄博)人。出生于北周武帝元年(578年),其父房彦谦,精于五经,有辞辩,在隋做过司录刺史,清廉善良,其俸禄,常周济亲友。他曾对房玄龄说:"人皆以禄富,我独以官贫,所遗子孙在于清白耳。"(《隋书·房彦谦传》)房玄龄从小在家中受到良好的教育,他博览经书,开皇十六年(596年),"举进士,授羽骑尉,校群秘书省"。因其学识渊博,受吏部侍郎高孝基赏识。不久,调任阳县县尉。后来,因事受连累革职,遂迁移居上郡。

房玄龄

生卒时间:579年~648年。

安葬之地:葬昭陵。

性格特点:聪慧豁达,大度无私,博览经史,工书善文。

历史功过:贞观前,他协助李世民经营四方,削平群雄,夺取皇位。贞观中,他辅佐太宗,总领百司,掌政务达20年;参与制定典章制度,主持律令、格敕的修订,又曾与魏徵同修唐礼;调整政府机构,省并中央官员;善于用人,不求备取人,也不问贵贱,随材授任;恪守职责,不自居功。后世以他和杜如晦为良相的典范,合称"房谋杜断"。

名家评点:李世民称赞他有"筹谋帷幄,定社稷之功"。

后世史学家在评论唐代宰相时,无不首推房玄龄,总是说:唐代贤相,前有房杜,后有姚宋。唐人柳芳叹道:"房玄龄佐太宗定天下,及终相位,凡三十二年,天下号为贤相。然无迹可寻,德亦至矣。故太宗定祸乱而房玄龄不言己功;王珪、魏征善谏,房玄龄赞其贤;李积、李靖善将兵,房玄龄行其道;使天下能者共辅太宗,理致太平,善归人主,真贤相也!房玄龄身处要职,然不跋扈,善始善终,此所以有贤相之令名也!"柳芳的评论可谓恰如其分,司马光、欧阳修后来写有关这段历史评论时,都全文抄录。而明弘治十一年(1498年)所刻《历代古人像赞》中在玄龄公画像左上角所题对联一副:"辅相文皇功居第一,遗表之谏精忠贯日"。也是很好的注解。

唐代文学家皮日休,早年即志在立功名、佐王治,追踪房玄龄、杜如晦的事业。他在《七爱诗·房杜二相国》中慷慨言道:"吾爱房与杜,贫贱共联步。脱身抛乱世,策杖归真主。纵横握中算,左右天下务。肮脏无敌才,磊落不世遇。美矣名公卿,魁然真宰辅。黄阁三十年,清风一万古。巨业照国史,大勋镇王府。遂使后世民,至今受陶铸。

粤吾少有志,敢蹑前贤路。苟得同其时,愿为执鞭竖。”

乱世英才

房玄龄(579~648),字乔(一说名乔,字玄龄),齐州临淄(今山东淄博市)人。他出生在一个世代为官的官宦之家。其父房彦谦,本为北齐齐州(今山东济南市)治中,北周灭北齐后,他痛惜北齐的灭亡,潜谋匡辅,但没有取得什么结果,便发誓不再出仕。房玄龄三岁时,隋文帝杨坚代北周而建立隋朝,当时,房彦谦正赋闲在家,过着无官一身轻的生活,一家也生活得其乐融融。

开皇七年(587),在刺史韦艺的竭力推荐之下,房彦谦不得已到朝廷赴命,这一年房玄龄正好九岁。吏部尚书卢恺对房彦谦的为人非常看重,擢其为承奉郎,不久即升迁为监察御史。后来,房彦谦放任长葛(今河南长葛)令,甚有惠政,百姓号之为“慈父”。隋文帝仁寿年间,曾派使者巡视天下,考察官吏的政绩,结果房彦谦被定为天下第一,超授州司马。长葛县境内的大小官吏和老百姓闻知房彦谦要升迁他处,便号泣于道,说:“房明府今去,我辈还活着干什么!”其见爱若此。房彦谦离开长葛之后,老百姓非常思念他,便立碑颂德,以示纪念。这些事情,在房玄龄幼小的心灵中打下了深深的烙印,他从自己所读的史书上已懂得了一些道理,明白为官一任,能受百姓如此爱戴,那是非常不容易的事情,而他的父亲房彦谦做到了,房玄龄更加敬重自己的父亲。

隋炀帝时期,房彦谦见天下纲常不振,便辞官归隐老家。后来,炀帝设置司隶官,盛选天下知名之士,朝廷以为房彦谦众望所归,便征授其司隶刺史。房彦谦任司隶刺史后,凡经他举荐之人,都堪称当时官吏的楷模。正因为他的耿直清廉,才惹得当时的一些达官贵人非常嫉恨,很快被排挤出朝廷,出任泾阳令。

房彦谦不仅为官清廉,还是一个饱学之士,他无论为官还是赋闲在家,对子侄们的学业非常重视,时常督促勉励他们。房玄龄自幼便聪明机警,对父亲要求自己熟读的经书,无不朗朗上口,深得房彦谦的钟爱。随着年龄的增长,房玄龄在父亲的教育下,不但写得一笔体兼草隶的好书法,更深受父亲那恢廓闲雅的文笔影响,文章也写得篇篇珠玑,非同一般。

对于儿子的日渐长进,房彦谦的内心充满喜悦,但他并不单单教育儿子攻读学业,还常常培养儿子的品德。

在房彦谦的精心培养下,房玄龄的道德文章齐头并进,在当时便颇有名气。由于受父亲的影响,房玄龄以天下为己任,对于时事的评论也常常出语不凡。

房玄龄十八岁那年即公元597年,考中了进士,授官羽骑尉,校仇秘书省。

就在隋王朝分崩离析的前夕,房玄龄的父亲房彦谦死在泾阳令之任上。房玄龄为之痛哭不已,五天不进饮食,尽了人子的义务。公元617年,李渊父子在晋阳起兵,很快占领了关中,后来,李世民屯兵渭北。房玄龄安葬父亲房彦谦,服丧期满后,便前往其营出谋献策。二人一见如故,谈得非常融洽,如鱼得水一般,李世民便拜房玄龄为渭北道行军记室参军。从此,房玄龄有了用武之地,随从李世民驰骋疆场,运筹帷幄,决胜千里。

公元618年,李渊建唐,李世民被封为秦王。房玄龄则官拜秦王府记室,封爵临淄侯。每次随秦王征战，其他将士争相抢夺珍宝之物，独房玄龄收天下志士，与之相结，使得人人愿为秦王尽死效力。李世民为此夸奖房玄龄说：“汉光武帝得邓禹，其门下更加亲密。今我得房玄龄，犹光武得邓禹。”

就连唐高祖李渊也高兴地说：“玄龄为人机敏，每为吾儿陈事，千里之外犹如对面相语，宜当大任。”胸怀天下的房玄龄，自从遇到李世民之后，他的奇谋智略得到充分的展示，真可谓乱世出英才。

袭杀建成

唐高祖李渊与皇后窦氏，共生有四个儿子，长子建成，次子世民，第三子玄霸（早年夭亡），第四子元吉。在李渊的几个儿子中，以次子李世民最为出众，智略过人。自起兵之后，李世民便南征北战，不断平定割据势力，为唐王朝的建立，立下了汗马功劳，威望甚高。

李建成因为是李渊的长子，经常在李渊的左右，辅佐其处理军国大事。按传统的宗法制度，李渊建唐之后，封李建成为太子。身为太子的李建成，对于李世民的威望非常惶恐，加之李渊曾经说过要让李世民为太子的话，兄弟二人便开始了争夺权利的斗争。在争斗之中，齐王李元吉站在太子李建成一边，他曾对建成说：“当为兄手刃秦王。”这样一来，在唐王朝内部便形成了以太子建成为首的太子派，和以秦王世民为首的秦王派两大集团。

有一天，秦王世民正在府中阅读兵书，忽然卫士报告说：“太子派人投书。”秦王拆开一看，原来是太子邀请自己赴宴。

太子建成准备的宴席非常丰盛，兄弟几人坐定以后，太子便与齐王频频举杯劝酒，不断颂扬李世民的战功。酒过三巡，忽然，秦王世民觉得头晕目眩，两脚发软，知道情况不妙，便挣扎着想站立起来，但不由自主地倒在地上。

李世民被送回秦王府，被灌了许多解毒之药，方才保住一条性命。太子建成见秦王世民没有死，还不肯善罢甘休，又一次设计陷害。太子建成劝说高祖李渊到郊外打猎，并要求秦王世民前往陪驾。李世民接到父皇的命令，只好一同前往。

在打猎场上，太子建成暗里让人给秦王准备了一匹性子极烈的马，李世民没有察觉，便纵马操弓，去追赶一头鹿。突然，那匹烈马的野性发作，仰颈狂跳，把李世民抛出一丈多远，险些摔死。

太子建成两次阴谋失败之后，恨恨不已，便和齐王元吉 一起在李渊面前诬陷秦王世民。齐王元吉密奏说：“请父皇诛杀秦王！”

李渊说：“秦王有定天下之功，又没有什么罪状，以何辞杀之？”

元吉说：“秦王初平东都，顾望不还，散钱帛以树私恩，又违敕命，非反而何？只应尽快诛杀，何患无辞！”

李渊没有答应齐王元吉的请求。

太子建成、齐王元吉见李渊不同意他们的请求，便开始削弱秦王府的势力。

通过一系列卑鄙的手段，太子建成、齐王元吉的目的基本实现，李世民身边的战将所剩无几，太子与齐王心中窃喜。一天，太子建成对齐王元吉说：“秦王府中智略之士，可惮者只有房玄龄、杜如晦二人，将其逐出朝廷，大事可成矣。”于是，太子建成便在唐高祖李渊面前诬陷房玄龄、杜如晦,使他们罢官归第。

秦王李世民眼看着日益势蹙,便密遣长孙无忌召房玄龄等。这时,房玄龄与杜如晦从自己贬官归第的身份考虑,觉着不便于再参与朝廷之事,便对长孙无忌说:“皇上圣旨我不敢违抗,如若复事于秦王,是抗旨不遵,必坐死,恕不敢奉教于秦王。”

李世民闻知大怒,对尉迟敬德说:“房玄龄、杜如晦欲叛我也!”即解下身上佩刀授予尉迟敬德,并说:“公往观之,若无来心,可取其头!”

尉迟敬德与长孙无忌一起规劝房玄龄、杜如晦说:“大王之计已决,公等宜速入府共谋,我辈四人,齐心协力,不愁大事不成。”

房玄龄本无叛李世民之心,只是从一个忠臣的角度出发,认为不应违抗圣旨而已。他见秦王着急万分,不由得动心,觉着应为之分忧,便答应前往。

尉迟敬德说:“我等四人,不便同行于道,请公等改服而行。”于是,房玄龄、杜如晦身着道士服装,秘密来到秦王府。

房玄龄、杜如晦来到秦王府,一见到李世民便叩首谢罪,李世民并不在意,安慰他们说:“我知公等忠于大唐,然今事急,不得已而为之,公等勿多疑,速速谋划安国家之计。”

房玄龄开口说道:“大王,我以前曾建议诛杀太子、齐王,今箭已在弦,不得不发。俗语云:当断不断,反受其乱。大王速下决心。”

杜如晦点头表示赞同。

秦王世民说:“不知有多少人这样劝我,难道一定要通过流血解决此事吗?还有其他办法没有?”

尉迟敬德不耐烦地说:“现在和大王心贴心的人只剩下我们几个,齐王在皇上面前要阴谋,说我能打仗,要我随他一同出征。有朝一日我带兵离开大王,那将大祸临头,请大王快下决心。”

正说话间,有个卫士进来报告,说东宫官员王晊求见。王晊见过秦王之后,对他说:“太子与齐王商议,最近齐王要出征,他们想借给齐王饯行之际,于席间杀大王。”李世民听罢,怒火充满胸膛,说:“真没有想到,一母同胞,手段竟如此毒辣!”

长孙无忌说:“王晊乃深明大义之人,他说的消息当千真万确。”

秦王世民慨然叹道:“我总希望王晊讲的不会变成事实。”

房玄龄见李世民还犹豫不决,便说:“大王,先发制人,后发为人所制。现在大祸已临头,不能对太子抱任何幻想了。太子一旦发起祸端,大王还有什么办法应付呢?那时悔之晚矣。”

尉迟敬德愤慨地说:“假若大王不愿采取行动,我情愿去为盗匪,免得被太子杀头。”

在房玄龄等人的规劝之下,李世民最后下定决心,感叹地说:“既然如此,我也不好违背大家的意愿。”

武德九年(626)六月四日,李世民根据房玄龄等人的计谋,在玄武门附近设下伏兵,袭杀了太子建成、齐王元吉。数日之后,唐高祖李渊立李世民为太子,并下诏说:“自今以后,国家事无大小皆听太子处决,然后上奏即可。”这样,李世民实际上已成为皇帝,李渊只是个空架子。

第二年正月，唐高祖李渊正式禅位给太子李世民，改年号为“贞观”。李世民就是历史上有名的皇帝唐太宗，自他继承唐朝皇位之后，励精图治，善于纳谏，与大臣们共论兴亡之事，时时警诫自己，使唐王朝进入了“贞观之治”这一有名的历史时期。

大唐贤相

贞观元年(627)，唐太宗任命房玄龄为中书令。这一年的九月，唐太宗对朝中官员论功行赏，并让陈叔达在殿下唱名示之。结果，房玄龄、杜如晦、长孙无忌、尉迟敬德、侯君集功列第一，房玄龄封爵邗国公，食邑一千三百户。其余大臣，皆依次封拜。

封赏完毕，唐太宗说：“朕论卿等功劳，定封邑，恐不能尽当，不要讳言，请为朕各自言之。”

房玄龄为人非常谦虚谨慎，对于论功行赏之事深感不安，便面奏唐太宗说：“陛下，臣功第一，心不自安。”

唐太宗不以为然地说：“昔汉高祖封赏大臣，萧何居诸臣之先，卿即朕之萧何也，功列第一，理所应当。”

房玄龄叩头谢过，又对唐太宗说：“陛下，秦府旧人未迁官者多矣，他们都抱怨说：‘辈侍奉陛下左右多年，今论功行赏，反而居前太子、齐王府大臣之后。’臣以为不大妥当，应当给他们加封适宜的官爵。”

唐太宗说：“王者至公无私，所以能服天下人之心。朕与卿等每日所衣所食，皆取之于民，所以设官定职，是为了百姓，当选择贤能之人而用之，岂能以亲旧为先后哉！新而贤，旧而不消，又岂能舍新而取旧乎？”

房玄龄听了唐太宗的一番宏论，心中赞叹：真英主也，想着想着便脱口而出：“英主在上，乃社稷百姓之福。”

不久，房玄龄进位尚书左仆射，监修国史，更爵魏国公。唐太宗对房玄龄说：“公为仆射，应当为朕广求贤材，听说公日阅牒讼数百，岂有暇为朕求贤人哉！细小事务归左右丞，大事公预之即可！”房玄龄深以为然，觉着唐太宗如此关心自己，更加为国事日夜操劳。

贞观三年(629)，房玄龄、王晊以宰相身份主持评议百官政绩，治书侍御史权万纪觉得不公，便上奏唐太宗，要求治房玄龄、王珪之罪，唐太宗派侯君集推问此事。魏征上奏为房玄龄、王珪辩护说：“玄龄、王珪皆朝廷旧臣，素以忠直为陛下看重，多所委任。其所考评之人，数以百计，岂能没有一二人不当者？察其情形，非为阿私所致。若推问出确有其事，陛下还能委之以重任吗？且权万纪自身也在考堂之上，其身不得考，便有如此陈论。此正欲激陛下之怒，非竭诚为江山社稷计耳。”唐太宗乃释而不问。

贞观四年(630)秋天，唐太宗问房玄龄：“隋文帝是个怎样的皇帝呢？”

房玄龄回答说：“隋文帝勤于政事，每临朝，常至日头偏西，五品以上官员皆引坐论事，性虽不甚仁厚，也算得上一个励精图治之主。”

唐太宗说：“公只得其一，不知其二。隋文帝事皆自决，是不信任群臣。天下至广，即使一日万机，劳神苦形，也不可能做到事事妥切。朕则不然，择天下贤才委之以官，使之思天下之事，经由宰相审核，然后奏闻即可。有功则赏，有罪则罚，谁敢不竭力尽心,如此则天下何愁不大治乎?"

房玄龄说:"陛下知用人之道,使人人谨奉职守,尽其才能,过文帝百倍。"

唐太宗说:"公以宰相之职,为朕处理政事,自今而后,凡朕所下敕诏有不合时宜者,皆应奏明,不得阿从。"

房玄龄说:"臣遵旨。"说罢,告辞退出朝廷。在当时,众位朝臣对房玄龄尽于职守,无不由衷地佩服,唐太宗对他更是看重,屡屡褒奖。

贞观十二年(638)秋天,唐太宗问房玄龄:"帝王创业与守成哪一个更难?"

房玄龄回答说:"草创之时,与群雄并起,角逐天下,经几番苦战,才使他们臣服而拥有天下,臣以为创业难。"

魏征表示反对,他说:"自古帝王莫不得之于艰难,而失之于安逸,臣以为守业难。"

唐太宗说:"玄龄与朕共取天下,出百死而得一生,故知创业之难。征与朕共安天下,常恐骄奢生于富贵,祸乱生于所忽,故知守成之难。然创业之难既以往矣,守成之难方当与诸公谨慎处之。"

房玄龄拜谢道:"陛下既出此言,乃四海之福也。"

后来,房玄龄因微过被谴,归于府第。褚遂良上奏说:"房玄龄自义旗初建始,翼赞圣功,武德之季,冒死决策;贞观之初,选贤立政,人臣之勤,玄龄为最。今玄龄并无不赦之罪,岂可弃之!陛下如果嫌其衰老,可讽劝使之退休,不可以微小过失而弃数十年之勋臣。"

唐太宗觉得褚遂良说得有理,便有些后悔,急忙派人召回房玄龄。但很快又因一点小过失,房玄龄再次被谴,归于府第。过了一段时间,唐太宗临幸芙蓉园,房玄龄听说之后,急忙让子弟洒扫庭院,告诉他们说:"皇上的乘舆马上就会来到。"房玄龄的子弟颇为疑惑,以为他老糊涂了。就在这当儿,唐太宗果然来到房玄龄的府第,载之还宫。

相传,当时京畿一带大旱数十天,唐太宗载房玄龄回宫之后,便下了一场大雨,解了旱情。老百姓欢呼雀跃,说:"此乃陛下优待房玄龄之故也。"由此可见房玄龄在当时百姓的心目中,堪称贤相,深受人们的爱戴。

房玄龄虽身居相位,名贯天下,却从不居功自傲,更不贪权图利。唐太宗曾经召集大臣,议论世袭之事,并封房玄龄为宋州刺史,更爵梁国公。唐太宗之所以要封房玄龄为宋州刺史,目的是为了让房玄龄的子弟世袭。但房玄龄觉着自己身为宰相,应为众大臣做出榜样,不可以贪图功名,便上奏唐太宗说:"陛下,臣已身居相位,又封宋州刺史,这样恐使大臣们追逐名利,惑乱朝政,臣以为不妥,请陛下先罢臣的刺史职位,以正大臣视听。"

唐太宗深以为然,便依了房玄龄的奏折,只封其爵梁国公。房玄龄辞谢了宋州刺史之后,朝中大臣纷纷仿效,辞去能世袭的官职。唐太宗非常感慨地说:"上行下效,朝中大臣今日能如此行动,皆玄龄之功也!"

后来,房玄龄加太子少师,当他初至东宫见皇太子时,皇太子欲拜之。房玄龄慌忙躲避一旁,坚辞不受。东宫的诸色人等,见当朝宰相如此谦虚恭谨,不由得暗中称赞,都说他是亘古未有的贤相。

贞观十六年(642),房玄龄进位司空,仍旧总领朝政。房玄龄觉得自己居相位日久,极宠隆极,累次上表辞位。唐太宗派人对房玄龄说:“辞让,固然是一种美德。然而国家赖公已久,一日而去良佐之臣,朕犹如亡去左右手一般。公筋力犹健,精力未衰,再勿辞让。”

但作为一个人,房玄龄也有一些自身的不足,有时过分地依从于唐太宗,不如魏征敢犯颜直谏,魏征就此也曾批评过房玄龄。

金无足赤,人无完人。尽管房玄龄也不免身有过错,但毕竟是瑕不掩瑜,于大政方针无不表现出一个大唐贤相的政治风度。

监修国史

史书的编纂在唐代有了新的发展,在唐以前,史书编纂全由私人创作,政府所设的史官多半掌管天下历算之事,不一定全管修史。随着唐王朝中央集权的发展,统治者对思想文化领域的控制也随之加强。唐太宗时,开始设立史馆,命文臣纂修本朝历史和前代历史,并由宰相监修。唐太宗继位之后,作为第一任宰相的房玄龄,自然而然地担负起监修国史的重任。

房玄龄监修国史之初,唐太宗问房玄龄:“前世史官所记,皆不令人主见之,这是为何?”房玄龄说:“史官所记不为虚美之词,不隐人主之恶,若人主见之,必然大怒,势必殃及史官性命,是故不敢献于人主也。”

唐太宗说:“朕之心,异于前世帝王。欲自观国史,知前日之恶,为后来之戒,公可撰次以闻。”

房玄龄见唐太宗态度强硬,没有再争辩。退朝之后,即和给事中许敬宗等人删撰国史,撰定《高祖实录》《今上实录》。成书之后,房玄龄将其奏上。违反常规的唐太宗急不可待地将其阅览一遍,见其中的玄武门之变记载得闪闪躲躲,语多隐晦,便对房玄龄说:“昔周公诛管叔度、蔡叔鲜而安周,季友鸩叔牙以存鲁。朕之所为,亦颇类是耳,史官为什么讳而不言呢?”

房玄龄将两朝实录奏上之后,内心一直惴惴不安,唯恐唐太宗一不高兴,殃及其他大臣,那将终生遗憾。唐太宗这么一问,房玄龄悬着的心才稍稍放松下来,对唐太宗说:“陛下,臣以后将其改定就是!请陛下放心。”

唐太宗说:“去浮辞,直书其事,此乃史官美德,公宜将其发扬光大,以示我大唐太平盛世,政通人和。”

房玄龄回答说:“臣遵旨。”

但值得房玄龄庆幸的是,唐太宗毕竟是一代明君。后来,唐太宗对房玄龄说:“朕观《汉书》所载司马相如的《子虚赋》《上林赋》,皆浮华无用。以后,凡上书论事词理甚切者,无论朕听从与不听从,皆当载之,为后世之戒。”

房玄龄说:“陛下圣明,臣心中没有什么忧虑的了。”

在房玄龄的主持之下,唐太宗的起居注写得有声有色,这也与褚遂良等人的密切配合有很大关系。褚遂良任谏议大夫时,掌管记录皇帝日常言行的起居注,他对房玄龄孜孜奉国的精神非常佩服,时常感叹地说:“古之贤相莫若房玄龄如此奉于国事,真乃今上和大唐的福气!”在褚遂良的骨子里,也有魏征一样的耿直,常常敢直言犯君,置生死于度外。

唐太宗时期，除注重修本朝国史之外，官修前代史书的风气极浓，出现了一个修史的繁荣时期。比较有名的纪传体正史有魏征等编的《隋书》、令狐德棻编的《周书》、姚思廉编的《梁书》及《陈书》、李百药编的《北齐书》，经过朝廷批准，李延寿编了《南史》和《北史》。这些官修史书的编撰，使得研究历史的风气日渐盛浓，这与唐太宗倡导的"以铜为镜，可以正衣冠；以古为镜，可以见兴替；以人为镜，可以知得失"有极大的关系。这些纪传体正史的完成，无疑也倾注了房玄龄的心血，因为作为宰相的房玄龄，他除了总理朝中政事之外，还有一个重要的职责就是监修国史以及前世历史。

但房玄龄不满足于上述成绩，从贞观二十年(646)开始，房玄龄、褚遂良、许敬宗三人共同监修《晋书》，这是房玄龄具体参与编写的一部纪传体正史。为什么房玄龄不参与前边七种史书的编写，唯独具体参与《晋书》的编写呢？这其中的原因在于西晋是一个统一的王朝，它结束了三国时期的分裂战乱局面。但西晋的统一又极其短暂，在它统一不久，便发生了中原地区大规模的混战，此后形成了东晋和十六国、南朝和北朝的长期对立。唐太宗李世民作为唐王朝的创业之君，对于晋王朝的治乱兴亡很感兴趣，力图进行一番探索，作为自己的借鉴。在这样的情况下，身为宰相的房玄龄直接监修编写《晋书》就不难理解了。

《晋书》从贞观二十年(646)开始编写，到贞观二十二年(648)成书，历时三年，先后有二十人参加。全书共一百三十卷，记述了西晋和东晋王朝的兴亡，并创造了"载记"形式，叙述割据政权十六国的历史。尽管《晋书》完成以后，有过这样或那样的批评，但它毕竟是一部完整的历史，为现在的人们研究这一阶段的历史提供了系统的史料。

不仅如此，在《晋书》中还对晋朝统治者的贪鄙无耻，进行了深刻的揭露。如在《刘毅传》中，揭露了开国皇帝出卖官职的丑恶行径；在《武帝纪》以及愍怀太子、何曾、任恺、会稽王道子等人的传记中，记载了从皇帝到太子以及大官僚的唯利是图、骄奢淫逸；在《石崇传》中，揭露了石崇身为荆州刺史竟然公开抢劫而成巨富的无耻发家史；在《王戎传》中可以看到大官僚王戎积聚财富，日夜算计，总不满足的贪婪丑态；特别在《文苑·王沈传》中收录的《释时论》和《隐逸·鲁褒传》中收录的《钱神论》，则把晋王朝的统治者无耻钻营、贪财好利的丑恶本性，作了淋漓尽致的讽刺和嘲弄。凡此种种，不一而足。这一切无不反映出房玄龄在监修《晋书》时秉笔直书的思想，不隐恶，不虚美，在封建社会里是难能可贵的。每当我们披阅《晋书》之时，不能不感受到一代贤相房玄龄那扑面而来淳厚朴实的气息，更能感到房玄龄为了给后世展现一幅兴亡图而做出的艰辛努力。

房谋杜断

在房玄龄的政治生涯中，有个人与他紧密配合，成为一对政治盟友，他们二人合作的佳话流传千古，史称"房谋杜断"。每每提到他们二人，人们犹如看到了浩瀚银河中的双子星座，那份默契，那份光芒，千年万年也不会失色。那么，与房玄龄合作的人是谁呢？他不是别人，正是名相杜如晦。

杜如晦,字克明,年少时就英俊多才,喜读书,常以风流倜傥自命。心中存志节,遇事果断。隋大业年间,预选吏部,吏部侍郎高孝基对他说:“君当为国之栋梁,愿君保令德。”后来补官滏阳尉,不久即弃官而去。

杜如晦像

唐高祖李渊攻战隋朝京师之时,秦王李世民引杜如晦为秦府兵曹参军。后来因秦府幕僚人数众多,便外迁了许多人,杜如晦被外迁为陕州总管府长史。房玄龄听说后,心中大惊,急忙对李世民说:“外迁之人,皆不足惜,独杜如晦有王佐之才。如果大王终生为藩王,则迁之;如果大王欲经营四方,则非此人不可。”

李世民听后,后悔不迭,对房玄龄说:“非公言之,我几乎失之交臂。”于是,上表请留府中。每次征伐,杜如晦与房玄龄同掌帷幄机密,二人出谋定计,秦府僚属莫不叹服。天下平定之后,杜如晦被任命为陕东道大行台比部郎中,房玄龄为陕东道大行台考功郎中。杜如晦封爵建平县男,兼文学馆学士,李世民还让学士褚亮写赞词说:“建平文雅,休有光烈。怀忠履义,身立名扬。”

但令人遗憾的是,在贞观四年(630)三月,年仅四十六岁的杜如晦不幸病逝。唐太宗非常伤心地对虞世南说:“朕与如晦,君臣义重,不幸物化,实痛于心。卿体察朕意,为其制碑以示纪念。”

房玄龄对于杜如晦的英年早逝更是痛心疾首,哀哭不已,他在心中默默地说:“如晦啊,我与你相知相交,共辅明主,正当社稷用人之际,你却先走了。人云‘房谋杜断’,让我今后找谁去断决国事?”

杜如晦去世不久,有一天,唐太宗得一新瓜,味道特别甜美。就在唐太宗赞叹不已的时候,他突然伤心起来,说:“杜如晦若在,可与朕共尝新瓜美味。”让人将其中的一半置于杜如晦的灵座前,以祭奠那位英才盖世的过世宰相。后来,唐太宗赏赐给房玄龄一条黄银带,并说:“公与如晦共同辅朕,今独见公而不见如晦。”说罢,君臣二人痛哭流涕,对杜如晦充满深切的思念。

唐太宗、房玄龄君臣二人悲痛过后,唐太宗流着泪对房玄龄说:“朕亦欲赐如晦家人一条黄银带,使世代相传鬼神畏之。”

房玄龄说:“有此传说,陛下可更之以金带。”于是,唐太宗命人取来金带,让房玄龄送至其家。

当天晚上,唐太宗梦见杜如晦前来谢恩,杜如晦说:“谢陛下体察为臣已是冥间之人,特赐金带以慰臣心!”当唐太宗从梦中惊醒之时,竟然不相信那是南柯一梦。第二天上朝,唐太宗将昨夜梦中之事告诉了房玄龄。房玄龄说:“此乃君臣相互感悟所致,当派人祭祀如晦在天之灵。”听了房玄龄的建议,唐太宗派人举行了一次隆重的祭礼。

历史文献中所记载的房玄龄与杜如晦具体合作的事例并没有多少,但从房玄龄对杜如晦的深切思念,和当时的美誉来看,他们的合作当为后世之人的典范。

和亲安边

唐王朝统一全国以后,中原地区的封建秩序逐渐稳定下来,但民族矛盾却更加突出。当时,对唐王朝威胁最大的是突厥。从隋朝末年开始,到唐太宗贞观初年,突厥不断入侵内地,杀掠人畜,抢夺粮食,制造混乱,使内地的人民遭受长期的深重灾难。

但是,从唐太宗贞观四年(630)开始,突厥境内连续三年发生旱灾,使得六畜多死,实力大损。这样,突厥境内被征服的少数民族,乘机起来反抗突厥的压迫,纷纷投靠唐王朝。早在贞观二年(628),唐太宗就曾派使者到突厥统治下的薛延陀,册封其首领俟斤夷男为"真珠毗伽可汗",与其结成同盟,从内部削弱突厥的力量。随着突厥的衰弱,薛延陀的力量迅速强大起来,到了贞观十二年(638),薛延陀已拥兵二十万,成了唐王朝的心腹之患。

贞观十六年(642),薛延陀真珠毗伽可汗遣其叔父沙钵罗泥熟俟斤来唐王朝求婚,并献马三千匹,貂皮三万八千张,玛瑙镜一枚。唐太宗接受了薛延陀的贡献,并问诸位大臣:"薛延陀居强漠北,今御之有二策:一为发兵殄灭之,二则与之约为婚姻以抚之,二者何从?"

房玄龄回答说:"臣以为中原之地方才安定,如果再起战事,势必生灵涂炭。与之和亲,则有甥舅之礼,可使边境安宁,百姓安居乐业,是为上策。"

唐太宗听了房玄龄的回答,说道:"公言甚是。朕为百姓父母,如可使之安宁,则朕何爱一女乎?"贞观十七年(643),薛延陀真珠毗伽可汗派其侄突利设到唐朝请婚,左领军将军契苾何力反对说:"陛下,薛延陀不可与之和亲。"

唐太宗说:"朕已许之矣,岂可为天子而食言乎?"

房玄龄也说:"陛下,大唐既许其和亲,又受其聘币,不可失信于戎狄,使边患再生。"

契苾何力争辩说:"臣非欲陛下绝之婚也,希望延迁其事。臣闻古有亲迎之礼,若敕真珠可汗使其亲迎,即使不至京师,也应至灵州也。彼必不敢来,则绝之有口实矣。"

唐太宗听了契苾何力的话,点头称是。房玄龄见状,觉着不妥,便说:"陛下既知薛延陀不可妻,当初则不许其婚可也。既许之,又设局以得口实,臣以为不可。"这一次,唐太宗拒听房玄龄的建议,一意孤行,下诏让真珠毗伽可汗亲迎,并说自己也要至灵州(今宁夏灵武南)与之相会。

真珠毗伽可汗闻诏大喜,欲往灵州,其部下说:"如为唐朝所留,将悔之莫及。"

真珠毗伽可汗说:"我闻大唐天子有圣德,我有机会亲往见之,死无所恨。"与此同时,唐太宗先后派了三批使者,到薛延陀接受其所献的马牛羊。但薛延陀是游牧为生,要凑足所献杂畜之数,常常需往返万里,沿途要经过沙碛之地,使杂畜一大半因无水草而死亡。经过这么一番折腾,真珠毗伽可汗不可能按期到达灵州与唐太宗相会。这时,唐朝有大臣说:"聘财未备而与之婚,将使戎狄轻侮大唐。"

契苾何力则说:"果如臣所言!"

唐太宗的内心已有毁婚约的打算,在大臣们的蛊惑声中,唐太宗彻底动摇了,将房玄龄的一再劝告抛到了九霄云外,下诏与薛延陀绝婚,并召回了三批使者。唐太宗的这一举动，让房玄龄内心非常不安。

房玄龄心里着急如焚，便找褚遂良商议。

房玄龄对褚遂良说："汉初匈奴屡为边患，汉帝饰子女捐金絮以抚之，使百姓安宁。自隋末大乱以来，突厥屡进中原，掠虏百姓，陛下与之约和而退。今薛延陀虽居强漠北，但不比汉之匈奴、隋末之突厥，强则在我，使其臣服即可，约以婚姻更固。陛下圣德亘古未有，前许后毁，恐损我大唐盛名。不知褚公意以为如何？"

褚遂良点头表示同意，说："我已写好一道奏疏，明日上朝奏与陛下。"

房玄龄说："如此甚好。"第二天上朝，褚遂良上疏说："陛下，薛延陀本突厥治下一俟斤，陛下荡平沙塞，余寇奔波，须有酋长，陛下方立之为可汗，赐以旗鼓。薛延陀之于陛下，臣也，既许其婚姻，国中童叟皆知，百姓咸言陛下欲安百姓，不爱惜一女，人人怀德。今一朝生进退之意，有改悔之心，臣为国家惜名声。如生嫌隙，必生边患，此所谓得少失多，恐非服远人之法也。陛下君临天下十七载，以仁恩结庶类，以信义抚戎夷，天下莫不欣然。再说，漠北部落无数，诛杀终不能尽，当怀之以德，使为恶者在彼而不在我，失信者在彼而不在我，则尧、舜、禹、汤不及陛下矣。"

褚遂良上奏完毕，房玄龄接着说："陛下，遂良之言甚切。当初，陛下问臣是战是和亲，臣以为取和亲为上策，陛下亦以为然。契苾何力一面之辞，使陛下心生动摇，失信于戎狄，古之圣人不为也。臣以为陛下当效汉世之法，饰子女以抚之。"

唐太宗固执己见，说："昔汉初匈奴强，以和亲为宜，今强在我，戎狄弱，以我徒兵一千可击胡骑数万，薛延陀所匍匐稽颡，不敢骄慢，畏我之故也。若以女妻之，彼必自恃大国之婿，使漠北杂姓臣服，一旦不合其意，反为所害。今绝其婚姻，使杂姓知我弃之，不日将瓜剖之矣。"

房玄龄说："陛下，为君者当以德服人，夷狄华夏一视同仁，方为长治久安之计。如边患再生，必使我大唐臣民蒙兵燹之灾，天下徒添孤儿寡母。陛下乃一代圣主，臣能侍奉陛下左右乃前世所修，臣于谏争之事，窃以为不若魏征。若魏征在，恐不欲陛下有毁约之举也。"

魏征以直言敢谏著称于世，可惜在此之前去世了，当时唐太宗还悲哀地说："朕亡一镜矣。"唐太宗见房玄龄提及魏征，不由得怦然心动，但刹那间又消逝了，仍不改初衷地对房玄龄说："朕计已决，公毋复言！"

就这样，房玄龄的和亲安边之计流产了。在当时的形势下，唐王朝比薛延陀要强盛得多，薛延陀是不会轻易犯边的，如果再以和亲与之结盟，那边境的安宁将会更进一步，和亲之计有其说不尽道不完的种种好处。正因为如此，房玄龄才苦苦劝说唐太宗。虽然最终没能实现，但到了后来，和亲安边之事却多有实施，最著名的莫过于文成公主出嫁吐蕃了，其意义之重大，影响之深远，在今天也可以感受到，这就不能不让人赞叹房玄龄的英明了。

凌烟阁画像

自唐高祖李渊太原起兵开始，李世民率兵南征北战，东征西讨，在他的周围可以说谋士如云，战将比比皆是，这些人后来大都成了唐王朝的栋梁之臣，和唐太宗一起迎来一个传之后世的至治时期——贞观之治。

对于自己的有功之臣,唐太宗李世民无时不记挂着褒奖他们。高官厚禄已是平平淡淡的封赏办法,唐太宗在思考着一种前无古人后无来者的奇特方法,以显示自己的非同一般。贞观十七年(643),有一天,唐太宗茅塞顿开,兴奋地对大画家阎立本说:“朕欲图画功臣之像,不知可否?”

阎立本与其兄阎立德,乃唐初最著名的人物画家,笔力刚健,常常用极为简练的笔法表达人物的不同性格,画功臣图那算得了什么呢?听了唐太宗的问话,阎立本不假思索地回答:“陛下,臣于人物画,最为得心应手,当无什么差错。”

唐太宗大喜,立即对阎立本说:“卿为朕先画一幅《秦府十八学士图》如何?”

阎立本答道:“臣遵旨,请陛下赐十八学士姓名。”

唐太宗不假思索地报起名来:“房玄龄、杜如晦、虞世南、孔颖达……”一口气说出了十八位曾跟随自己左右的学士,阎立本飞速地记着,直至唐太宗说出最后一个人的名字,君臣二人才歇了口气。

这一次,唐太宗让阎立本画《秦府十八学士图》,自然没有忘记房玄龄,他对房玄龄的敬重,也正体现了对长孙皇后的思念。

阎立本出手不凡,将十八学士画得惟妙惟肖,深得唐太宗赞赏。特别是阎立本对房玄龄描画,更是呼之欲出,那一双深谋远虑的眼睛,使人感受到他似乎正在谋划惊天动地的伟业,唐太宗看了很久,叹道:“卿之笔乃神笔也,使朕有两个房玄龄也!”

后来,唐太宗又对阎立本说:“朕欲在凌烟阁画上二十四个功臣像,以纪念他们的功德。”

阎立本说:“臣当尽力为陛下效命。”在阎立本的辛勤努力之下,又一组大型人物画《凌烟阁二十四人图》诞生了。这二十四个功臣是:房玄龄、杜如晦、长孙无忌、李孝恭、魏征、高士廉、尉迟敬德、张亮、程知节、虞世南、刘政会、李勣、秦琼、唐俭、李靖、侯君集等。唐太宗亲自为这幅功臣图题写了赞语,褚遂良题写了画名。

房玄龄被画入学士图和功臣图中,在当时是一件十分荣耀的事情,但他却并不居功自傲,狂妄自大。当别的大臣向他表示祝贺之时,房玄龄总是淡淡地说:“蒙皇上不弃,当如诸葛孔明,鞠躬尽瘁,死而后已,方才称其名也。”

对房玄龄来说,无论是学士图还是功臣图,那一切都已是往日的回忆,远非自己的终点,而是一个更高的起点而已,他还要在自己的有生之年为唐太宗、为大唐王朝、为天下万民日理万机,向事业的巅峰迈进。

病笃忧国

房玄龄的晚年,由于年纪大了,经常生病。唐太宗依旧委之以重任,下诏说:“玄龄多病,听其居第,卧床治事。”朝中如遇大事,便让人以肩舆抬着上殿。每一次遇到这种场面,唐太宗便流泪不止,说:“公老矣,朕亦老矣!”

房玄龄看到往日英气勃发的唐太宗也日渐衰老,又看看自己,不由得也哽咽起来,接着唐太宗的话说:“陛下乃天之子,何出此言,吾皇万岁万万岁!”

君臣二人每次就在这样的气氛中处理政事。唐太宗实在太需要房玄龄这样的老臣了，不忍心看着他就这么病死，常命御医为之诊治，并派人送去宫中的各种美味。还专门让人每天报告房玄龄的起居状况，如闻之有起色，便喜形于色；如闻之病情加重，便整日郁郁寡欢。

作为一代贤相的房玄龄，对于唐太宗的贪图女色不敢有所言，对于其服丹药认识不足而不能言，唯独对好大喜功一事有自己的看法。贞观之末，唐太宗屡伐高丽，并御驾亲征，让房玄龄留守长安。常对房玄龄说："公当汉萧何之任，朕无西顾之忧矣！"

其实，房玄龄对伐高丽之事，持反对态度。唐太宗每次征伐之时，房玄龄便上书劝阻说："愿陛下不可久有事于外夷，更不可轻敌，则天下安。"唐太宗哪里听得进去，结果遭受两次失败。

贞观二十二年(648)春天，唐太宗又欲伐高丽，下诏以右武卫大将军薛万彻为行军大总管，右卫将军裴行方副之，将兵三万余人及楼船战舰，泛海击高丽。这一年，房玄龄已是七十一岁高龄的老人了，多病的身体更是雪上加霜，一天重似一天，眼看着不久于人世。当他闻知唐太宗又欲伐高丽之时，便非常忧伤地对子女说："我受主上之厚恩，今天下无事，惟征高丽不已，群臣莫敢谏，吾知而不言，死有余责。"说罢，房玄龄命家人取来笔墨纸砚，躺在床上，用尽平生气力写了最后一道奏折。房玄龄在其中慷慨陈词，他写道：

> 陛下乃一代圣德之君，上古帝王所不能臣服的人，陛下皆臣服之矣；上古帝王所不能制定的事，陛下皆制之矣。隋末以来，为患中国者，莫过于突厥，而今皆束手服帖，其大小可汗为陛下握刀宿卫；薛延陀、铁勒等，皆分置州县；高昌、吐谷浑，偏师扫除。惟高丽历代抗命，无能克之者也，陛下责其弑逆之罪，身将六军之师，至荒裔，不日拔辽东，虏获数十万，可谓功倍前世矣。
>
> 《易》曰："知进退存亡不失其正者，其惟圣人乎？"盖进中含退之义，存中含亡之机，得中含丧之理，臣为陛下惜者在于此也。《老子》曰："知足不辱，知止不殆。"陛下之威名功德可谓盛矣，然拓土开疆之事亦可以止矣。边夷乃丑类，不足待之以仁义，以平常之礼苛求于他们，上古皆以禽鱼畜之。今陛下欲灭绝其类，恐其如兽受困而奋起搏击，这反而使之存，救了他们。忆往日，陛下每决死囚，必让臣下三番五次上奏，且始进素食，停音乐，因人命关天之故也。今陛下使无罪之卒行于军阵之中，委之锋刃之下，使之肝脑涂地，使其子孤妻寡，老父伤心慈母落泪，使阴阳变更，伤害和气，实为天下之所痛恨也。如高丽违失臣节，伐之可也；侵扰百姓，灭之可也；为后世之患，夷之可也。今高丽于此三者之中，不存其一，却使大唐徒生疲惫，不知所得者大，所损者大乎？臣愿陛下沛然下诏，允高丽自新改过，焚泛海之舟，罢应募之兵，则天下安，臣死亦无憾矣。

唐太宗看了这篇词真意切的奏疏，非常感慨地说："彼病笃若此，尚能忧我国家。"

这时，房玄龄已处于病危状态，唐太宗除下诏让皇太子至其府第慰问省疾，并亲临探视，与房玄龄握手诀别，君臣二人悲不自胜。房玄龄挣扎着说："臣去矣，愿陛下保重1"

不久，房玄龄便辞世而去。唐太宗下诏为其举行了隆重的葬礼，赠官太尉、并州都督，谥曰"文昭"，赐班剑、羽葆、鼓吹、绢布二千段、粟二千斛，并许其陪葬昭陵。为相三十二年的房玄龄，享尽了荣宠，也将美名留给了后世。

辱父英名

房玄龄生前，不仅勤于国家大事，对子女的教育也非常重视，治家颇有法度。当时，一些达官贵人的公子哥儿挥霍无度，竞相奢侈。对于这种现象房玄龄是深有感触的，他唯恐自己的子女仗势欺人，于是集录了古代和当时社会一些有名的家训，亲笔将其书写在屏风上，让诸子各取一具，时时以之约束自己。

房玄龄有三个儿子，长子房遗直，次子房遗爱，三子房遗则。

房玄龄每次处理完朝中政事，回到家中，一边督促儿子的学业，一边询问他们对自己所集录的家训有何心得，并让他们背诵给自己。每当这种情形，房玄龄总是聚精会神地听着，并给儿子讲解其中的含义，回答儿子的疑问，父子几个常常因此而没有了拘束，畅论古今，一家人真可谓其乐无比。临结束之际，房玄龄总不忘记提醒儿子这么一句话："时常留意于此，可永葆躬身矣。"房玄龄对诸子的要求可谓非常严格了，但他的次子房遗爱却不悦学习，喜好舞枪弄棒，成人之后，唐太宗将自己的爱女高阳公主下嫁给房遗爱，房遗爱因此成了驸马爷。自从和唐太宗结为儿女亲家之后，房玄龄既喜悦又担心，心情十分矛盾。对于高阳公主，因唐太宗非常钟爱，房玄龄便上奏说："陛下，公主可不尽儿媳之礼。"

唐太宗表示反对，就这样，高阳公主虽贵为金枝玉叶，也不得不尽当时媳妇对公婆的孝道。但高阳公主的内心是非常骄狂的，常借自己的公主身份在家中惹是生非。在房玄龄病危之时，唐太宗下诏以房玄龄嫡长子房遗直袭其爵位，官拜银青光禄大夫，次子遗爱官拜右卫中郎将，三子遗则官拜朝散大夫。

本来，唐太宗因高阳公主的关系，对驸马房遗爱恩礼有加，殊与其他驸马，这次只任命他为右卫中郎将，惹得高阳公主非常不高兴，她气无出处，便嫉恨起房遗直来。房遗直有乃父之风，见公主不高兴，内心生了恐惧，赶忙上奏唐太宗要将自己的官爵让与房遗爱，唐太宗不许，并将高阳公主训斥了一顿，高阳公主意颇怏怏。

房玄龄死后，高阳公主在家中更加飞扬跋扈，为所欲为，甚至连自己的丈夫也肆意陷害。有一次，高阳公主怂恿房遗爱去贸易财货，自己却在唐太宗面前诬告房遗爱贪冒财货，幸亏房遗直大力相救，讲出实情，才使得房遗爱免遭灭顶之灾。

高阳公主不但为人恶毒，而且色欲极重。有一次，她与房遗爱出外打猎，偶遇僧辩机，对其雄壮有力的身躯非常欣赏，便和辩机在自己的封地结庐帐而居，淫乱无度。为了安慰丈夫房遗爱，高阳公主找了两个非常漂亮的女子送给他，使其缄默不语。过了一段时间，高阳公主恐自己的丑事败露，便恋恋不舍地与辩机告别，还送给他一个金宝神枕，使之日夜思念自己的风流余韵。后来，遇到唐太宗下令捕天下之盗，有人在辩机房中发现了那个金宝神枕。因金宝神枕乃宫中之物,搜捕之人便怀疑辩机有盗窃之嫌,就将其抓捕归案。经严刑拷打,辩机承认乃高阳公主所赠,御史便将此事上奏唐太宗。

唐太宗闻奏大怒,下诏处死辩机,并将高阳公主身边的奴婢侍女十余人也处以死刑。从此,高阳公主在唐太宗面前失去宠爱,她便心生怨望之情。唐太宗死时,高阳公主竟然哭无哀容,时人多非之。

唐高宗之时,高阳公主不改前非,反而变本加厉,与僧智勖、僧惠弘、道士李晃等人日夜狎戏,同床共枕,秽声播外。房遗爱非但不闻不问,反而与高阳公主的情夫们结为兄弟。实际上,他们成了高阳公主的共同丈夫,高阳公主则成了他们共同的妻子。他们几人在一起厮混得久了,便心生奸邪之念,欲冒天下之大不韪,联络掖廷令陈玄运,使之窥探朝中动静,准备谋反。房遗爱与高阳公主积极谋划,巴陵公主与驸马柴令武也参与了他们的阴谋,但最终并没实施。

后来,唐高宗出房遗直为汴州刺史,房遗爱为房州刺史,高阳公主于心不甘,诬告房遗直谋反。唐高宗派长孙无忌鞫治房遗直,结果没有任何谋反之嫌,反而查出房遗爱与高阳公主的谋反之状。唐高宗大怒,下令将房遗爱、柴令武等人处以极刑,高阳公主、巴陵公主赐死家中。

事后,长孙无忌叹道:“想不到房玄龄有如此不肖之子,使其父徒辱英名!”

综观房玄龄的一生,可谓清明廉洁,一心奉公。历代史学家在评论唐代宰相时,无不首推房玄龄,总是说:唐代贤相,前有房杜,后有姚宋。唐人柳芳叹道:“房玄龄佐太宗定天下,及终相位,凡三十二年,天下号为贤相。然无迹可寻,德亦至矣。故太宗定祸乱而房玄龄不言己功;王珪、魏征善谏,房玄龄赞其贤;李勣、李靖善将兵,房玄龄行其道;使天下能者共辅太宗,理致太平,善归人主,真贤相也!房玄龄身处要职,然不跋扈,善始善终,此所以有贤相之令名也!”柳芳的评论可谓允恰,司马光、欧阳修后来写有关这段历史评论时,都全文抄录。但房玄龄的所作所为,已是历史,只能欣赏和借鉴,更好的永远在于今天和未来,正如毛泽东在《沁园春·雪》中所写:

惜秦皇汉武,
略输文采;
唐宗宋祖,
稍逊风骚。
一代天骄,
成吉思汗,
只识弯弓射大雕。
俱往矣,
数风流人物,
还看今朝。

让我们永远记住这一点吧!

狄仁杰传

人物档案

狄仁杰:字怀英,生肖虎,汉族。唐代并州太原(今太原南郊区)人;隋唐武周时的著名宰相,是武则天时期宰相,唐朝杰出的政治家。从政后,经历了唐高宗(李治)与武则天两个时代,而他政治生涯的巅峰是在武则天时期。

生卒时间:630~700年。

安葬之地:葬于河南省洛阳市东十二公里的白马寺附近。

性格特点:廉洁勤政,不畏权势。

历史功过:狄仁杰为官,如老子所言"圣人无常心,以百姓心为心",为了拯救无辜,敢于拂逆君主之意,始终保持体恤百姓、不畏权势的本色,始终是居庙堂之上,以民为忧,后人称之为"唐室砥柱";他在武则天统治时期曾担任国家最高司法职务,判决积案、疑案,纠正冤案、错案、假案;他任掌管刑法的大理丞,到任一年,便处理了前任遗留下来的17000多件案子,其中没有一人再上诉申冤,其处事公正可见一斑,是我国历史上以廉洁勤政著称的清官,他是武则天最器重的宰相,是推动唐朝走向繁荣的重要功臣。

狄仁杰

名家评点:阎立本谓之"河曲之明珠,东南之遗宝"。

纵观狄仁杰的一生,可以说是宦海浮沉;作为一个封建统治阶级中杰出的政治家,狄仁杰每任一职,都心系民生,政绩卓著。在他身居宰相之位后,辅国安邦,对武则天弊政多所匡正;狄仁杰在上承贞观之治,下启开元盛世的武则天时代,做出了卓越的贡献。

步入仕途

狄仁杰(629~700),字怀英,并州太原(今山西省太原市西南)人,出身于普通的官僚地主家庭。少年时代,他一心埋头刻苦攻读,深入钻研儒家经典和百家之言,"日数千言不肯休",常常夜以继日,废寝忘食。后来,狄仁杰以明经举,步入仕途。

狄仁杰从政后,最初担任汴州参军(参军,官名,王府或将军府的重要幕僚)。由于狄仁杰办事公正廉洁,认真负责,因而得罪了一些人,他们捏造罪名,诬告仁杰。当时担任黜陟使(官名,职责是巡察全国各地,调查官吏的行为以施赏罚,并询访地方情况)的阎立本招狄仁杰查问。谈话当中,阎立本发现仁杰是一位很有才能的青年,遂举荐他担任了并州法曹参军。

调任京官

公元676年,狄仁杰上调中央,担任掌管刑狱的大理丞。在短短的一年中,他认真细致地处理了前任遗留下来的17000多件案子,而且没有一人再上诉申冤,人们都称赞其办案公正宽大,后人也据此编出了许多精彩的传奇故事,连荷兰国也有人以此为题材,编了一本《大唐狄仁杰断案传奇》。有一年,左威卫大将军权善才、右监门中郎将范怀义误砍了唐太宗李世民昭陵上的一棵柏树,若按当时的法律论罪,最大是将两人免官,但唐高宗却下旨要将他们处死。大理寺狄仁杰据理力争,认为权善才、范怀义罪不应死。唐高宗一听,十分气愤,对狄仁杰说:"他们两人砍伐了昭陵上的柏树,让朕落了个不孝的罪名,必须杀了他们才足以解恨!"朝廷大臣纷纷向狄仁杰暗示别再为这两个人而顶撞皇上了,狄仁杰却毫不让步,坦然对高宗晓之以理:"皇上,有人说,自古以来顶撞君主的人都没有好下场,但臣并不以为然。在夏桀商纣时代也许如此,而在尧舜时期则不然。臣庆幸自己生在尧舜一样的时代,不怕皇上听不进我的好言相劝。汉朝时期,有一盗贼窃取了高祖庙堂前的玉环,文帝大怒,将盗贼交付廷尉张释之惩治。张释之按盗宗庙服御物判处弃市(杀头)罪,上奏文帝。文帝怒不可遏,斥责道:'人无道以至于此,竟敢盗取先帝明器!我交付廷尉,竟欲判他灭族之罪,而你却拘守成法,这有违我尊崇宗庙的原意。'张释之免冠叩头说:'法令该如此判处。今以盗宗庙器而灭族,假使万一有个无知愚民挖取长陵上的一锨土,皇上将以何法惩治呢?'文帝终于认识到廷尉的判处是恰当的。今依照大唐法律,权善才、范怀义并没有犯下死罪,陛下却下旨要将二人处死,法令如此反复无常,以后还怎样以法治理国家呢?你现在为了昭陵上的一棵柏树而处死二位大臣,后世之人将如何评价陛下呢?"高宗觉得狄仁杰说得有理,遂免了权善才、范怀义的死罪。这件事过没有多久,朝廷授狄仁杰为侍御史,举劾非法,督察郡县。681年,司农卿韦弘机在洛阳修建了华丽的宫殿,唐高宗移住东都洛阳。狄仁杰上奏折弹劾韦弘机,指出韦弘机的错误在于使皇帝生活腐化,会把皇帝引入歧途。唐高宗遂免了韦弘机的官职。左司郎中王本立是朝廷的一位秘书,他倚仗皇帝的宠爱,在朝廷横行霸道,仗势欺人,大臣们都不敢得罪他,只有狄仁杰上奏弹劾王本立的罪行,但唐高宗却下旨宽恕了王本立。狄仁杰再次上奏说:"朝廷虽然缺乏人才,但也不缺少像王本立这样的人,陛下为什么要宽大他而违反了国家的法律呢?如果陛下一定要宽恕王本立,那么就先把臣流放到荒野之地,以警告朝廷的忠贞之士。"唐高宗同意狄仁杰的看法,王本立得以依法治罪,满朝文武都佩服狄仁杰的胆量和勇气,对他肃然起敬。

狄公断案

狄仁杰为大理寺卿时,断案公正,执法如山,深受老百姓的爱戴。一天,狄仁杰正在府衙的后堂阅批往来的公文,忽听大堂上面,有人击鼓,知道是出了案件,赶紧穿上官服,升坐公堂,两班衙吏齐集在下边。只见府衙前一片哭声,许多男女老幼揪着一位二十四五岁的后生,由头门喊起,直叫申冤。后面跟着一位四五十岁的妇人,哭得更是悲苦。众人来到堂上,一齐跪倒案前,各人哭诉。当时有两个原告,左右分开跪下。狄仁杰问道:“你两人是何姓名,有什么冤屈,快快说来。”只听那妇人先开口说:“小妇人姓李,娘家王氏,丈夫早已亡故。膝下只有一女,名唤黎姑,今年19岁。去年经同邑史清来为媒,聘本地孝廉华国祥之子文俊为妻。前日两人完婚,昨日小女忽然身死。小妇人得信,赶紧前去观望,哪知我女儿全身青肿,七孔流血。眼见身死不明,为他家谋害,求大老爷申冤!”说完放声大哭。狄公听罢,转向那老者问道:“你这人可是华国祥吗?”老者答道:“正是。”狄仁杰道:“佳儿佳媳,本是人生乐事,为何娶媳三朝,即行谋害?赶紧从实招来,本县好前去登场相验。”华国祥泪流满面地说道:“我乃诗礼之家,岂敢肆行凌虐。儿子文俊,虽未功名上达,也是应试的童生,而且新婚宴尔夫妇和谐,何忍下此毒手!只因前日佳期,晚间儿媳交拜之后,那时正宾客盈堂,有许多少年亲友,欲闹新房,举人因他们取笑之事不便过于阻拦。谁知其中有一位叫作胡作宾的青年,是县学生员,与小儿是同窗好友,平日最爱开玩笑,当时见儿媳有几分姿色,生了妒嫉之心,评头论脚,闹个不停。举人见夜已深,恐误了吉时,便请他们到书房饮酒,无奈众人异口同声,一定要在新房取闹。后来有人建议,让新人饮酒三杯,以此讨绕。别人都赞成这个提议,唯有胡作宾不同意。我怒斥他几句,他竟恼羞成怒,骂我不识抬举,三朝内定叫我知道他的厉害,说完愤愤离去。第二天,我又请众人喝酒,谁知胡作宾心地狭窄,将毒药放进新房茶壶里面。幸而文俊昨晚未曾饮喝,故而未曾同死;媳妇不知何时饮茶,服下毒药,一命呜呼。可怜我的佳媳,竟给这胡作宾害死,务求大老爷申冤报仇!”

狄仁杰听罢,对二人道:“据你两人所言,乃是胡作宾害死了人,不知此人现在何处?”华国祥道:“胡作宾被我们捉到,在衙前伺候。”狄仁杰命带胡作宾到案。一声传命,早有一位四五十岁的妇人领着一位后生边哭边喊,到案前跪下。狄仁杰问道:“你就是胡作宾吗”下面答道:“生员是胡作宾。”狄仁杰向他高声喝道:“还亏你是个县学生员,为何心起歹意,毒杀人媳?从实招来!”胡作宾含泪道:“大老爷请息怒,容生员细禀。前日闹房之事,虽有生员从中取闹,也不过是少年豪气,随众笑言。那天他家中有客三四十人,生员见华国祥独不与旁人求免,唯向我一人拦阻,因恐怕当时答应,扫了众人的兴趣,所以未答应。谁知他当众面斥生员,生员无意间说了一句戏言,教他三日内防备。而且次日,华国祥复设酒相请即使有什么嫌隙,也已言归于好,哪里能再谋毒人命。若说生员不应嬉戏,越礼犯规,生员受责无辞;若说生员谋害人命,生员实在是冤枉,求大老爷明察。”他的母亲在一旁直是叩头呼冤,痛哭不已。

狄仁杰听了三人之词,心下疑惑不已,暗道:“华、李两家见女儿身死,自然是情急具控,惟是牵涉这胡作宾在内,说他因妒谋害,这事大有疑惑。而且他方才所说之词,甚是入情入理。此事还需再三推敲。”想到这里,狄仁杰向李氏道:“你女儿出嫁,未及三朝,突然身亡。虽则死因不明,但据华国祥言,并不是他家所害,若是胡作宾下毒杀人,也要有证据才行,你与华国祥暂且退回,等候传讯。胡作宾无端起哄,指为祸首,收押在监,明日验毕再核。”

次日,狄仁杰坐轿来到华国祥家中,华国祥急忙出来迎接,邀狄仁杰步入厅堂,家人送上茶来。狄仁杰向华国祥之子华文俊问道："你妻子到家，不到三天，便毒发身亡，你前晚是何时进房的呢？进房的时候，她是什么模样，随后何以知道茶壶内有毒，她误服身亡？"文俊回答说："童生因结婚大喜，诸亲友前来庆贺，故奉家父之命，往各家道谢。回到家后，天色已黑，到父母房中问安后，回到自己房中。这时妻子正坐在床沿上，见童生回来，忙让伴姑倒了两杯浓茶。童生因在父母房中已饮过茶水，故而未曾入口。妻子却端起一杯茶水一饮而尽，随后入寝。不料到了晚上三更天的时候，童生忽然听见她喊肚痛，怀疑是积寒所致。谁知越痛越厉害，叫喊不止。童生正要命人请医生时，她却已身亡。后来寻找死亡原因，才知她肚痛是喝了茶水的缘故，连忙取过茶壶观看，里边已变成赤黑的颜色，因而童生怀疑她是中毒身亡。"狄仁杰听完文俊的叙说后，让华国祥把伴姑叫来，想问她一些具体情节。伴姑见到狄仁杰跪倒在地，向狄仁杰请安。狄仁杰问她道："你便是伴姑吗？是李府陪嫁过来还是此地仆妇？连日新房里面出入人多，你为何不小心照应呢？"伴姑低头禀道："老奴姓高，娘家陈氏，从小蒙李夫人厚爱，留养在李家，作为婢女，后来嫁与高起为妻。我夫妻两人皆在李家为役。近来小姐出嫁，夫人见老奴是个旧仆，特命前来为伴，不料前晚竟出了这祸事了。小姐死因不明，叩求大老爷将胡作宾拷问。"狄仁杰最初怀疑文俊媳妇的死是伴姑暗中加害所致，所以坚持要提审伴姑。此时听她所说，乃是李家的旧仆人，断无毒害之理，心里反没了主意，只得向她问道："你既然是由李府陪嫁过来，这连日泡茶取水，都是你一人照应的了。临晚那壶茶，是何时泡的呢？"高陈氏道："午后泡了一次，上灯以后，又泡了一次，夜间所吃，是第二次泡的。"狄仁杰又问道："泡茶之后，你可离房没有？那时书房曾开酒席没有？"伴姑道："老奴就吃夜饭出来一次，其余时间并未出来。那时书房酒席，姑少爷同胡作宾也在那里吃酒。但是胡作宾晚间愤愤而走，且说了难听的话，这毒药肯定是他下的。"狄仁杰道："照你说来，也不过是疑猜的意思。但问你午后所泡的茶有人饮用吗？"伴姑想了一会，也是记忆不清，狄仁杰只得入内相验尸骸。

狄仁杰与华国祥走进新房，见箱笼物件，俱已搬去，唯有那把茶壶并一个红漆筒子，放在一张四仙漆桌上，许多仆妇在床前看守。狄仁杰道："这茶壶原来就放在这张桌上吗？你们取碗来，待本官试一试。"说着当差的早已递过一个茶杯，狄仁杰亲自取在手中，将壶内的茶倒了一杯，果见颜色与众不同，如同那糖水一样，还散发出一阵阵的腥气。狄仁杰想了想，命人唤了一只狗来，又命人放了些食物在内，将它泼在地下，那狗低头哼了一两声，一气吃下，霎时之间，乱咬乱叫，约有一顿饭的工夫，一命呜呼。狄仁杰非常诧异，先命差役上了封标，以免闲人误食，随即走到床前，看视一遍。只见死者口内慢慢地流血，浑身上下青肿非常，知是毒气无疑。同时，床前一阵阵腥气，也吹入脑中。他心中暗想：古来奇案甚多，即便中毒所致，这茶壶之内，无非是那砒霜信石，服在腹中，纵然七窍流血，立时身亡，为何有这腥秽之气？看那尸身虽然青肿，皮肤却未破烂，而且胸前膨胀如瓜，可能另有别的缘故。想到这里，狄仁杰再往地下瞧了一瞧，见有许多血水点子，里面带着黑丝，好像活动的样子。狄仁杰看在眼内，出了新房，在厅前坐下，心下想：此事定非胡作宾所为，内中必有奇怪的事件。因而对华国祥道："此事似有可疑，本官断无不办之理。胡作宾虽是一个被告，高陈氏是个伴姑，也不能置身事外，请即交出，一齐归案讯办，以昭公允。"说完起身乘轿回衙。

一日，狄仁杰一人坐在堂上思考此案，家人送上一碗茶来。狄仁杰掀开茶盖，只见上面有几点黑灰浮于茶上，狄仁杰责备家人道："你为什么如此粗心，泡茶也不用洁净水？这上面许多黑灰，是哪里来的"家人赶忙回道："小的正泡茶时，那檐口屋上忽飘下一块灰尘来，落于里面，以致未能清楚。"狄仁杰听了这话，猛然醒悟，忙命差役提来高陈氏，问道："你说那茶壶内茶是你所泡，那我问你，这茶水是在外面茶坊买来的，还是家中烹烧的呢?"高陈氏道："华老爷因连日喜事，宾客繁多，恐外面买水不方便，因而自那日喜事起，都是家中烧的水。"狄仁杰道："这烧水的地方，是在何处呢?"高陈氏道："在厨房下首间屋内。"狄仁杰听罢，唤来众差役说："此案我已知道了，待明日了结此案，再行释放胡作宾与高陈氏。"说完退入后堂。

第二天一早，狄仁杰带了一班差役来到华国祥家中。华国祥请狄仁杰到厅堂入座，家中献上茶来。狄仁杰对华国祥道："令媳中毒身亡之事，今日就可了结。先请那烧水的仆妇前来，我有话问她。"华国祥不解其意，只得命人将那烧水的丫头唤出。狄仁杰见是一个十八九岁的丫头，问道："你叫什么名字，向来是专烧火的吗?"那丫头道："小女子名叫彩姑，向来侍奉夫人。只因近日迎娶少奶奶，便命专司开水。"狄仁杰道："那日高陈氏午后倒水，你可在厨房里面吗?"彩姑说道："正在那里烧水。后来上灯时分，回到上房有别的事情，高奶奶来了去泡茶，却未看见。等到小女子回到烧水处，炉内茶水已泼在地下。随后小女子进来，询问其事，方知高奶奶泡茶之时，炉内已没有开水，她将炉子取下，放在檐口，后加火炭，用火烧了一壶开水，只用了一半，另一半正拟到院落添加冷水，不料绊了一跤，以致将水泼于地下。随后小女子另行添水，她方走去。这就是那日泡茶的经过，至于其他事情，小女子一概不知。"狄仁杰听罢，命人将高陈氏带上来，向她喝道："你这奸猾的女人，前日当堂口供，说那日向晚泡茶，取的是现成开水，今日彩姑供说，是你将火炉移至檐口，将冷水烧开，只用了一半，另一半泼在地上，可见你口供不实。你还有什么辩解?"高陈氏吓得叩头不止，说道;"求大老爷开恩，老奴因堂上惧怕，一时心乱，胡口所供，以免老爷恐再问，其实老奴无别项缘故。"狄仁杰怒道："可知你只图一时狡猾，你那小姐的冤枉，为你耽搁了许多时日了。若非本官明白，岂不不冤枉了那胡作宾?"说完起身对华国样道："本官且同尊驾到厨房一行，以便令人办事。"

当时狄仁杰等人到了里面，见朝东三间正屋，是锅灶的所在，南北两边，共是四个厢房。狄仁杰问彩姑道："你等那日烧水，可是这朝北厢房里吗?"彩姑道："正是这个厢房。"狄仁杰走进里面，但见那厨房已破旧不堪，瓦木已多半朽坏，随向高陈氏问道："你那晚将火炉子移在何处檐口?"高陈氏向前指道："便在这青石上面。"狄仁杰依着她指点的所在，细心向檐口望去，只见那椽子已突下半截，瓦檐俱已破损，随向高陈氏道："你仍在原处烧一回开水，以便要本官饮茶。"

却说那高陈氏正在那里烧火，忽然檐口落下几点碎泥，掉到她颈头上面，高陈氏赶紧用手拂去。狄仁杰早已看得分明，随即喊道："你且过来!"高陈氏见他叫唤，也只得走过，到了他面前。狄仁杰道："你且在此稍等一等，那害你小姐的毒物，马上便可见到了。"说完，狄仁杰端坐在椅子上，两眼直望着檐口。又过了有盏茶的工夫，果然见那落泥的地方露出一线红光，闪闪的在那檐口，时隐时现，但不知是什么物件。狄仁杰对众人道："这案庶可明白了。且请稍等片刻，看这物究竟怎样。"当时众人抬头细瞧，但见火炉内一股热气冲入上面，那条红光被烟抽得蠢蠢欲动，忽然伸出一个蛇头，四下观望，口中流着浓涎，对准火炉内滴下。众人佩服狄仁杰断案如神，执法公正，是一位难得的好法官。

宦海浮沉

后来狄仁杰调任宁州刺史。他爱民如子，关心老百姓的疾苦，为他们排忧解难，深得人们的爱戴，大家立碑石歌颂仁杰的功德。当时，御史郭翰奉旨巡察陇东各地。一路所到之处，弹劾了不少贪官污吏。当他进入宁州境内时，发现百姓安居乐业，人们纷纷称赞刺史狄仁杰的美德，郭御史回朝之后，向武则天奏明狄仁杰施政有方，颇得民心的事迹，于是狄仁杰被提升为朝廷掌管工程建设的冬官侍郎。

武则天当政初期，为了巩固自己的地位，依靠庶族官僚李义府、许敬宗等贬杀了长孙无忌、褚遂良等元老重臣，诛杀了许多唐宗室皇戚，甚至谋害、幽禁自己的亲生儿子，重用武氏家族武承嗣、武三思等人，引起了李唐宗室的强烈不满。唐嗣圣元年（684年），柳州司马徐敬业以匡复唐室、拥立庐陵王为号召，在扬州起兵反武则天，人数曾发展到十余万，后遭失败。垂拱四年（688年），琅玡王李冲在博州、越王李贞在豫州又起兵反武则天，但因力量悬殊而遭失败。为了尽快恢复豫州的平安，武则天对狄仁杰委以重任，派他担任豫州刺史。狄仁杰到任后，司刑屡次派人催促他及早将这些人处置。狄仁杰看到这样多的人将要被杀死，心中实在难过。他向武则天密奏道："这些人大都是黎民百姓，他们并不是想要反叛朝廷，只是受到胁迫而在诸王军中服役的。我说的这些话，似乎是在为叛乱者讲情，但我如果知道实情而不说，又违背了陛下体恤百姓的意愿，我请求陛下为他们减刑，将他们从轻发落。"武则天看过奏章后，认为狄仁杰的话很有道理，同意赦免这些犯人的死罪，将他们发配到丰州。

在镇压越王反叛武则天的战斗结束后，身为朝廷军队统帅的宰相张光辅自恃劳苦功高，纵容部下将士向豫州老百姓勒索钱财，滥杀无辜。狄仁杰对此事大为震怒，命令手下坚决制止官军的不法行为。张光辅对狄仁杰的做法大为不满，厉声责问狄仁杰："你一个小小的州官，竟然敢管到我元帅的头上了，真是活得不耐烦了。"狄仁杰回答道："元帅息怒，让我把话讲完。以前在河南起兵作乱的，只有一个越王李贞。公率领30万大军进兵河南，完成了平乱任务，可喜可贺。但是公如果听任部下将士抢掠百姓，横行不法，使无辜的百姓受到损害，生灵涂炭，那岂不是灭了一个越王，又出现了成百个越王了吗？你身为大军统帅，却看着手下的人屠杀已经投降的叛军，为邀功请赏而使豫州血流成河。我若手有上方剑，先把你杀了，就是死了也没有什么值得遗憾的。难道你想驱民造反吗？"狄仁杰一身正气，说得张光辅瞠目结舌，无言以对，却耿耿于怀。回朝后，张光辅以狄仁杰出言不逊，奏与武后，狄仁杰被贬为复州刺史，旋又降为洛州司马。

升任宰相

公元690年，武则天改唐为周，以洛阳为神都，号"圣神皇帝"。在中国历史上，武则天是仅有的一个封建女皇帝，武则天虽然是一个封建女皇帝，但她是一位唯才是举、任用贤能的政治家。天授二年（公元691年），武则天重新起用狄仁杰，任命他为地官侍郎同凤阁鸾台平章事(二级实质宰相),参与国家管理。

当时,太学生王循之上疏,请求给假回乡,武则天准奏。以后太学生中要求见武则天的人很多,武则天也都一一满足了他们的要求。对此,狄仁杰颇有异议。他上疏说:"我听说过,最高君王除了'赦免','诛杀'二大权柄不交给别人外,其他所有国家大事,都由有关单位分层负责。所以对左右丞相以下官员们可以处理的事情,都不亲自处理;对左右丞相以上官员们的争执,不能解决的问题,天子才予以裁定。太学生即是上疏,是秘书们的分内事,如果天子竟为它发布指令,则天下事情之多,指令岂不是发个没完没了。如果一定不想使他们失望,那么就请建立一套规章制度,公布天下,让人们知道就可以了。"武则天遂采纳了他的意见。

狄仁杰被提升为宰相,说起来也多亏纳言娄师德向武则天全力推荐。可是狄仁杰并不知道,而且言谈之间,还对娄师德流露出相当的轻视,好几次把娄师德排挤出朝廷。武则天察觉到这种现象,对狄仁杰说:"你看娄师德这个人怎么样?"狄仁杰回答说:"他当将领,领兵打仗、守卫疆土还不错,至于其他方面有什么才能,我不知道。"武则天又问说:"娄师德有没有知人之明?"狄仁杰回答说:"我曾经跟他共事,没有听说也没有发现他有知人之明。"武则天笑道:"其实,娄师德这个人很有识别人才的眼光,我之所以起用你、信任你,就是娄师德的推荐。他有这样的眼光,你居然还一无所知吗?"狄仁杰深感惭愧,准备与娄师德携手共事,同做一番事业,可惜娄师德不久便因病去世。

含冤入狱

武则天改唐为周后,为了巩固政权,防止反抗,她不仅对政敌进行严厉打击,而且重用索元礼、周兴、来俊臣等酷吏,专办所谓谋反大案。酷吏们制造了许多可怕的刑具,对被告人进行骇人听闻的折磨和屠杀。

当时,武氏家族依靠武则天的权力,狐假虎威,不可一世,顺我者昌,逆我者亡。武则天的侄儿武承嗣权倾朝野,在朝中横行霸道。大臣们生怕因得罪他而获罪,在武承嗣面前低三下四,唯命是从。唯独狄仁杰、魏元忠等刚直不阿,不买武承嗣的账。狄仁杰还极力反对武则天将武承嗣册立为太子,坏了武承嗣的大事。为了拔除这个眼中钉、肉中刺,公元692年,武承嗣与来俊臣密谋之后,诬陷同平章事任知古、地官侍郎狄仁杰、冬官侍郎裴行本、司礼卿崔宣礼、文昌左丞卢献、御史中丞魏元忠、潞州刺史李嗣真等7人阴谋叛变。之前,来俊臣奏请武则天:第一次审问就自动招认的,得以免除死刑,而减轻一等处分。武则天批准,颁布实施。狄仁杰等下狱后,来俊臣拿出这项皇家训令,诱惑他们自动招认。狄仁杰回答说:"现在是大周革命的时代,万物重生,我们是唐朝的旧臣,谋反确是实情。"另外几位被控谋反的大臣除魏元忠外,都和狄仁杰一样,全都立即服罪。来俊臣大喜,遂下令不用苦刑,只将被告等收监。

狄仁杰承认谋反,来俊臣便放松了对他的看管。狄仁杰运用自己的聪明才智,从狱吏那里借来笔砚,偷偷撕碎被子,在碎布上写下申诉信,然后缝在棉衣里,说服一个狱吏将棉衣送回家去。棉衣送到狄仁杰家中后,仁杰的儿子光远觉得当时正在冬季,父亲把棉衣送回,其中必有蹊跷。于是他剪开棉衣的里子,发现了那封申诉信,并立即设法把信送呈武则天。武则天看到狄仁杰写的申诉信后，大吃一惊，立刻召来俊臣进殿询问事情的真相，来俊臣进殿后并无惊慌之色，他从容地对武则天说："陛下，臣并未对他们施以酷刑，是他们招认了犯罪的事实，虽然如此，臣仍旧把他们关在条件较好的牢房里。如果狄仁杰等人问心无愧，当初又怎么会自己招认谋反呢？臣估计是他们又后悔了。"对于来俊臣的这一番话，武则天半信半疑，便委派中书舍人周琳前去狱中调查。来俊臣知道事不宜迟，定要将狄仁杰等人置于死地，他一方面要狄仁杰穿好朝服会见中书舍人周琳，一方面又命令王德寿代狄仁杰写一份请求赐死的《谢死表》，交周琳上呈给武则天。周琳是个胆小怕事的人，他明明知道这份《谢死表》是来俊臣伪造的，但他生怕为此事而得罪了来俊臣，因而一回宫，就把《谢死表》呈报了武则天。

就在这关键时刻，一个9岁的孩子救了狄仁杰等人的性命。这个孩子是黄门侍郎乐思晦之子。乐思晦是三个月以前被处死的，其子已交工部为奴，极其聪明，于是入宫告变。武则天一见他长得聪明伶俐，顿生爱心，问他是谁。孩子回答之后，说有话启奏。武则天问道："你有何事上奏，你父亲通过正当审判，确系犯罪，他死得并不冤枉。"孩子回答说："事实不是这样。谁都怕来俊臣的苦刑，谁在他的苦刑之下也会招供的。先父确是冤枉。如果陛下不信，可将您最信任的朝臣交给来俊臣审讯，在他们的逼供下所有的人都得承认有罪。"

孩子的话使武则天恍然大悟，她命令人从狱中带来狄仁杰等人当面问道："你既然承认谋反，为什么又私自写申诉信，要你的家人代你诉冤呢？"狄仁杰回答说："陛下，我如果不承认谋反，早已活不到现在，哪里还有机会来向陛下讲明真相呢？"武则天又问："那么为什么你等都写了谢死表呢"狄仁杰听了十分惊讶，他回奏说："陛下，我根本没写过什么谢死表。"另外那几个大臣也否认曾经写过。武则天吩咐手下人把谢死表取出，递给狄仁杰等人观看。狄仁杰说："这不是我的笔迹，是别有用心的人假冒我的名义伪造的。陛下如果不信，可以派人查实。"真相大白，武则天如释重负，她立刻下令释放了狄仁杰、魏元忠等人。但是，武则天虽然释放了狄仁杰等7人，并没有让他们官复原职。狄仁杰被贬为彭泽县令，魏元忠、裴宣礼、任知古、卢献4人也被贬为各地县令，裴行本、李嗣真被流放到了岭南。

率兵御敌

周神功元年（公元697年），狄仁杰升任鸾台侍郎复同凤阁鸾台平章事（与中书省同掌机要，共仪国政）。当时，将军王孝杰率军大破吐蕃军队，夺回西域龟兹、疏勒、于阗、碎叶四郡，在龟兹设安西都护府，派军驻防。狄仁杰上疏说："天生四方蛮族，都在先王疆域之外，所以东方有大海，西方有流沙，北方有大漠，南方有五岭，正是上天用它们阻挡蛮族，故意使中国与蛮族分开。历史自从有文字记载以来，中国的声威教化所达到而三代（夏朝、商朝和周朝）实力却达不到的地方，当今我朝已全部收入版图。诗人夸赞周宣王北伐太原，也赞扬美好的教育文化推广到长江流域、汉水流域。看到三代时的边荒之地，都成为现在周王朝的疆土。如果我们对外使用武力，在很远很远的地方，建立大功，耗尽了国库里的所有积蓄，去争夺寸草不生的荒芜之地，得到这些地区的人民，而不能增加我们的田赋收入；得到荒芜的土地，又无法耕田种桑，只贪图'化蛮族为华夏'的美称,不做巩固根本,安定人民的事情。这是秦始皇嬴政、西汉武帝刘彻的行为,而不是三皇五帝的大业。秦始皇出动全国军队,崇尚武力,仅只开拓疆土,就死人千万,最后导致秦朝灭亡。汉武帝讨伐四方蛮族,使老百姓陷入水深火热的困苦之中,盗匪纷纷兴起,幸而到了晚年,悔悟过去的错误,使士卒复员还乡,停止一切战争差役,因而能得到上天的保佑。近年来,我朝廷每年都派军队出征,花费甚多,西方镇守四镇,东方驻防安东,田赋捐税日日都在增加,老百姓精疲力竭,生活十分困苦。如今,关东(指潼关以东)饥荒,蜀汉百姓大量逃亡,长江、淮河以南,朝廷不停地征收赋税,老百姓不能安心经营正当事业,只好拉帮结派,一起去当强盗。人民是国家的根本,根本一旦动摇,忧患至深,后果不堪设想。所以有这样的结局,都起因于夺取蛮族寸草不生的土地,违背把人民当作儿女的道理。从前,西汉王朝第十一任皇帝刘奭接受贾捐之的建议,放弃珠崖郡(今海南省琼山区);第八任皇帝刘询听取魏相的计策,放弃车师(今新疆吐鲁番市)垦荒成功的农田。他们并不是不羡慕虚名,只是害怕劳动人民。先皇太宗李世民时,平定瀚海沙漠九姓部落,遴选阿史那思摩当大可汗,使他统御所有部落。原因是,蛮族叛乱就讨伐,蛮族归降就安抚,符合'铲除灭亡,支持兴盛'的古义,不必派军到很远的地区驻守防卫,这是受人赞美的法令和治理边疆的原则。所以,臣建议:应封阿史那斛瑟罗当大可汗,把西域四镇交付给他;物色高句丽国王的后裔,命他镇守安东。节省很远地区的军费,而把军力集中边塞,只要不再发生蛮族内侵的耻辱事件,就足够了。何必非穷追到他们巢穴,跟蚂蚁较量胜败不可。我们只需训令边防驻军,加强戒备,派兵深入敌境侦察,囤积粮食,严阵以待,等蛮族军发动攻击,然后反击。用安逸对付疲劳,士卒精力倍增;以主位对付客位,我军得到地利;再加强城墙防卫,把百姓全部集中于城池,盗寇来时,没有东西可以抢劫。于是,两股盗匪(指突厥汗国和吐蕃王国)如果深入我境,则有覆灭的危险;如果只在边界骚扰,则得不到什么利益。如此数年之后,可使两股盗匪不战而败。"虽然武则天并没有采纳狄仁杰的建议,但狄仁杰事事为百姓着想的心愿是非常难能可贵的。

周圣历元年(公元698年)八月,狄仁杰拜为纳言(相当于现在最高的监察长官),兼右肃政御史大夫。同年,东突厥可汗阿史那默啜率兵攻陷定州(今河北省定州市)、赵州(今河北省赵县),杀死官民无数。武则天命狄仁杰为河北道行军元帅讨伐东突厥汗国,武则天亲自送军队出征。698年9月,东突厥汗国首领阿史那默啜,把所俘虏的赵州、定州等州男女一万余人全部屠杀,然后从五回岭(今河北省易县境内)方向北逃。所经过的地方,突厥兵烧杀抢掠,无恶不作,狄仁杰率军十万追击突厥兵至沙漠以北,率军返回。接着,武则天改任狄仁杰为河北道安抚大使。当时,由于突厥军队的威胁,河北许多百姓迫不得已归顺了东突厥汗国。后来,眼看朝廷的军队把突厥兵赶走,百姓们怕受到惩罚,纷纷逃亡。狄仁杰知道后,向武则天上疏说:"现在朝廷大臣议论纷纷,对于受契丹、突厥威胁而被迫合作的人,认为他们的动机虽然不同于叛逆,但行为跟叛逆没有分别,要求给他们惩罚。事实上山东(指崤山以东)百姓确实有重气节、一往无前至死不悔的精神。但是,近年来朝廷军事征调频繁,百姓所受的伤害,非常严重,往往倾家荡产,四散逃跑。再加上贪官污吏从中渔利,压榨勒索,徭役繁重,百姓实在不堪忍受,一遇到机会,遂变成盗匪。一旦被捕,严刑拷打之下,受不了透肌彻骨的痛苦,事件急迫,情势危险,难免不违背礼教仁义。人到走投无路时,不希望活命,只要求停止残酷的拷打，便什么罪状都会承认，期待以后或许遇到赦免，这对正人君子而言，是一种羞愧，但对卑鄙的小人来讲，则是一种常态。各城被敌军攻陷后，多数人都在等待朝廷军队反攻。然而朝廷军将士贪图功劳，对主动回归的各城，都声称由他们攻克，我担心赏赐太多，更恐惧杀戮善良。现在，朝廷对于曾经沦陷的地方，当作恶地，对于曾经沦陷敌方的百姓，视为恶民，甚至奸淫他们的妻子，抢夺他们的财产。士卒暴行，还可以说不知道仁义，可是官员竟然也都如此，以致敌军退却之后，人民所受的苦难更深。我们打败敌军后，最重要的工作是安抚百姓。对百姓的生命财产，不可丝毫侵犯，收复地区认同朝廷政府的人民，就是国家正式公民。然而，就在这个时候，人民受到自己政府的迫害，岂不悲痛。民心犹如流水，阻塞则成深潭，疏通则成江河。无论阻塞还是疏通，都不会永远不变。汉朝时，董卓之乱，汉室动荡，董卓已杀，而部众没有赦免，所以发生变乱，以至危害朝廷，这是没有广泛施以恩泽的缘故。现在离家逃亡的罪犯，出没于山泽，如果赦免，他们就出来，如果不赦免，他们会更加疯狂。山东的盗匪，就是这样聚集起来的。因而，臣以为：边塞偶尔发生冲突，没有必要忧虑，而国内人心不安，才是严重事件。对沦陷区的民众，如果非定罪不可，人心一定恐惧，如果宽恕，即令附逆的人也不会生事，请求陛下特赦河北（指黄河以北地区）各州不做任何调查审问。”武则天下诏批准了狄仁杰的奏章。狄仁杰于是安抚人民，查获被东突厥俘虏的人，一律送回本乡，并从各地不断调运粮食，救济穷苦人民，整修驿站道路，帮助军队顺利撤退。狄仁杰恐怕各将领及中央钦差大臣大肆索取供应品，自己带头吃粗米饭，禁止部属侵扰百姓，有违犯的，定斩不赦。河北一带逐渐安定。狄仁杰回朝后，被授予内史。

拥立太子

武则天改唐为周当上女皇帝后，始终有一件事让她食不甘味，寝不安眠，这就是由谁来继承她的大业。睿宗虽然是她的儿子，又赐了武姓，但他毕竟是李唐王朝的后代，等到武则天百年之后一定会匡复唐朝。这不仅断送了她毕生为之奋斗的大周江山，她还将在历史上留下篡唐的恶名。如果把她的侄子武承嗣或武三思册立为太子，倒是可以继续保持大周的国号，然而令她忧虑的是这两个人不具备皇帝的品德和才能，他们不可能成为有所作为的贤明君主。有一天，狄仁杰对武则天说：“太宗皇帝李世民不避风霜，亲冒刀林箭雨，在九死一生中平定了天下，创立了大唐基业，并传给后世子孙。先帝高宗驾崩后，又把两位皇子（李哲及李旦）托付给陛下。陛下现在打算把天下移交到别人之手，这恐怕有违天意吧！而且，姑妈与侄儿，娘亲与儿子到底谁亲？立儿子为太子，皇位由儿子继承，陛下百年之后，牌位送到皇家祖庙，陪伴先帝，共享香火，代代相传，直到永远。皇位如果由侄儿继承，我们可从没有听说过侄儿当皇帝，而把姑妈牌位送到皇家祖庙去的！”武则天听了以后对狄仁杰说：“这是我的家务事，你不要管！”狄仁杰为官几十年，曾经审过数不清的案子，颇有谋略，很多问题不说则已，言必切中要害。他进一步对武则天说：“王者以四海为家，四海之内，哪个男人不是奴仆，哪个女人不是婢女，什么不是陛下的家事！帝王为元首，臣属为肱股，道理上如同一体。如今臣为宰相，怎么能不关心这事呢？”武则天听后问道：“那你认为立谁为太子好呢？”狄仁杰从容答道:“依臣看,天意和百姓都没有厌弃唐朝。近年来匈奴侵犯我边境,陛下派梁王武三思前去公开招募勇士,过了一个多月还没有招足一千人。后来庐陵王出面招募勇士,不到十天工夫,便有五万人踊跃报名。由此可见,陛下离开人世后,继承皇位的非庐陵王莫属!”武则天一听大怒,下令再不许提起此事。

原来,唐高宗立武则天为皇后后,武则天就以皇后的身份参与朝政,对于皇太子的人选尤其关注。她刚当皇后不久,就废原太子忠为梁王,改立自己的长子弘为太子。弘仁孝谦谨,深得人心,但却引得武后心中不悦,害怕以后难以控制,太子弘遂失爱于武后。公元675年四月十三日,太子弘在洛阳的合璧宫与高宗夫妻用过餐之后暴死于合璧宫。一时间朝臣之中议论纷纷,很多人私下里传言是武后为了防止太子弘与她争权毒死了亲生儿子弘。李弘死后一个多月,次子李贤被册封为太子。李贤的命运更加多舛,他的身世至今仍是一个谜,有的说他是武后胞姐韩国夫人与高宗所生。不管怎样,天赋很高的李贤始终不见爱于武后,他只做了五年太子,便被武后抓住小过,以心怀逆谋的罪名废为庶人。几年后,武后又派人逼其自尽。公元680年,在武则天的支持下,唐高宗又册封三子李显为太子。李显没有他的两个哥哥聪明,反而得以保全。683年,体弱多病的唐高宗驾崩,李显即位,是为唐中宗,武后被尊为皇太后,军政大事由她一人裁决。即便这样,武则天还不满足,李显还没有坐稳皇帝宝座,就被武太后废为庐陵王,并被幽禁起来。四子李旦又被拥立为皇帝,是为睿宗。睿宗名为皇帝,实为武后手中的傀儡,武后让他居于别殿,不得过问政治。公元690年,武则天改唐为周,称圣神皇帝,睿宗被迫退让,武则天赐他武姓。

武则天画像

有一天,武则天问狄仁杰说:“朕昨天晚上梦见大鹦鹉两个翅膀,全都折断,这是为什么?”狄仁杰非常自信地说:“武者,陛下之姓也;两个翅膀,是陛下的两个皇子,如果陛下接回庐陵王,起用两个皇子,则鹦鹉可重振双翅也。”狄仁杰的话使武则天心悦诚服。适值武则天的面首张易之、张昌宗两兄弟见武则天年岁日高,自己平时仗势得罪了不少人,想寻找一条后路,便去请教狄仁杰。狄仁杰说:“你们兄弟的地位尊贵,所受到的宠爱与荣耀,到今天这种地步,并不是由于你们的品德或才干。天下太多的人对你们怒目而视,咬牙切齿。”二张听了后大为恐惧,泪流满面。狄仁杰接着说:“全国老百姓并没有忘记唐王朝的恩德,都一直思念庐陵王。陛下年纪已高,帝国大业,必须有所托付,武家班各亲王,都不中意,你们为什么不在一个适当的时机,劝告陛下指定庐陵王当继承人,用以维系人心。如果这样,不但可以免除祸灾,而且还可以长期保持荣华富贵。”二张认为狄仁杰说得有道理,果然利用机会,屡次劝武则天将庐陵王接回,立为太子。至此，武则天终于下定决心，命员外郎徐彦伯秘密地将庐陵王李显接回京都。这时的李显已经四十多岁，变成了一个胆小如鼠唯唯诺诺的人。他还记得童年身为皇帝之时，曾经被人从宝座上拉下来，随即被废。现在他不知道为何被召还朝廷，也不知道将有何事发生。

有一天，武则天单独召见狄仁杰，向狄仁杰谈起庐陵王的事。狄仁杰十分激动，慷慨陈词，竭力劝武则天将幽禁的庐陵王接回，说到动情处竟满含泪水。武则天听从了狄仁杰的意见，偷偷地将庐陵王一家送到龙门驿，第二天又亲率文武百官迎接庐陵王回朝。这已经是他被废除的第14个年头了。

看到庐陵王李显返回都城，武承嗣、武三思的梦想已经破灭，再没有一个人肯支持他，从此郁郁寡欢，很快病死于洛阳。

圣历元年（公元698年）九月十五日，武则天赐庐陵王显武姓，将他立为太子，天下民心大振。

知人善任

狄仁杰不仅是一位绝对称职的清官，而且是一位慧眼识人、知人善任的伯乐。武则天称帝之后，觉得自己的地位，尚不巩固，欲以官位收买天下人心，因而广泛招揽人才。一天，武则天对狄仁杰说："朕现在需要一奇才，卿能否推荐一个。"狄仁杰问："陛下需要怎样的人才？"武则天说："此人要有非常之才，有作为，能领导，要见识过人。""要他担当何事？"狄仁杰问。武则天说："文要领袖群臣，武要统帅三军。"狄仁杰回奏道："陛下如果只是需要能写文章的人，当今宰相苏味道、李峤已经可以了，若陛下需要有才干、有作为，真能领导群伦的，则有荆州长史张柬之。他的年纪虽然大了些，但做宰相是绝对称职的。况且他多年来一直怀才不遇，陛下如果能够重用他，他一定会感恩戴德，全力辅助陛下统治天下。"武则天便将张柬之提升为洛州司马。过了一段日子，武则天又问狄仁杰有没有人才可以推荐，狄仁杰说："我上次推荐的张柬之，陛下还没有用他！"武则天说："我已经任用了，将他提升为洛州司马。"狄仁杰说："我向陛下推荐的是宰相之才，陛下却只把他用作司马，这不是把人才浪费了吗？"武则天这才将张柬之擢升为秋官（刑部）侍郎，后又任命为宰相。

后来，狄仁杰又向武则天推荐了桓彦范、敬晖、姚崇、窦怀贞等几十人进朝廷任宰相、大臣，人们称赞狄仁杰说："天下桃李，全都出自您的门下。"狄仁杰说："我推荐人才，是为国家，不为我自己。"

限佛抑佛

面对佛教势力的不断发展，狄仁杰非常担忧，主张限佛、抑佛。一次，信奉佛教的武则天计划铸造一个大佛像，预计费用达数百万。狄仁杰上疏规劝说："今天佛教寺庙，规模壮观，超过皇宫。庞大的工程，鬼神没有出半点力，出力的全是世人；建筑材料没有一件从天上掉下来，毕竟还要靠地上供应，如果不压榨人民，怎么能够到手！化缘游荡的和尚，都假托佛法，连累贻害世人。大街小巷，都有读佛经的场所；市场闹区，更有烧香佛堂。捐献布施，比政府征收赋税还要急迫；做法事的需要，比皇上的诏书训令更为严厉。昔日南梁时,梁武帝大量施舍,毫无限制。可是,等到三淮(秦淮河)巨浪沸腾,五岭狼烟冲天时,虽满城都是寺庙,却不能拯救灭亡灾难,满路都是黄色袈裟,偏缺少勤王之军。如来佛祖创立佛教,以慈悲为主要教义,怎么肯驱使人民,装饰自己!如今,全国各地水灾旱灾,相接而至,边境又不安宁,如果浪费政府公款,而又榨枯民力,万一有地方告警,用什么援救!臣请陛下停造大佛像。"武则天听罢,点头称是,遂停止铸像。

公元 700 年夏天,武则天前往三阳宫避暑,有西方僧侣敦请武则天参观埋葬舍利子双字杠佛骨(佛骨,梵语称"舍利子"。佛祖释迦牟尼逝世后,用香木焚烧尸体,骨骼粉碎,成为一块一块,坚硬如铁,击打不破,火烧不焦,信徒收藏,放到宝瓶里,建塔供奉。)的活动,武则天允许,狄仁杰跪到马前说:"佛,是蛮族的神灵,没有资格劳动天下之主。那个西方和尚神秘诡诈,不过利用陛下来诱惑愚民罢了。况且山路危险狭窄,容不下卫队,不是天子应该去的地方。"武则天遂返回。

受誉国老

狄仁杰的刚直不阿、爱护百姓、知人善任,使武则天对他非常信任,更加器重,常常称呼他为"国老",而不提他的名字。这位国老有的时候不给武则天面子,当着满朝文武的面与武则天争执。如果换了别人,武则天早就将他流放岭南了,而对狄仁杰每每谦让,往往违背自己的意愿按照狄仁杰的意见做。

由于一生操劳,狄仁杰的身体变得非常虚弱,常常觉得力不从心,他多次向武则天提出辞呈,请求退休,武则天都不允许。

周久视元年(公元 700 年)九月二十六日,狄仁杰病逝,终年 71 岁。武则天听到这一消息后止不住老泪纵横,哭泣着说:"南宫(政府所在地)已成为空城了。"追赠狄仁杰文昌右相,谥文惠。

中兴李唐

狄仁杰是唐高宗时的旧臣,因而他做梦时都在想有朝一日能恢复大唐江山。狄仁杰为官以来,始终爱民如子,不畏权势,在武则天任用酷吏诛杀唐宗室及大臣、官吏时,狄仁杰能躲过此祸,进而官升高位,掌握权柄,参与朝政,能成为武则天的左右手,这就是天不灭唐了。

狄仁杰忠于唐室,但在武则天势力强大的时候,他只好三缄其口,暂时观望,就像武则天当年图谋大业时一样,狄仁杰也深知他需要忍耐,需要计划,需要时机。然而他深知,自己年纪大了,体弱多病,而武氏势力依然强大,唐李与武姓的纷争还会继续下去。他知道,要扭转乾坤,恢复唐室,还需要一个大智大勇干练果断之人,他想到了张柬之。狄仁杰知道,张柬之沉默寡言,老成深算,精明干练又忠于唐室。张柬之当时官居荆州长史,狄仁杰向武则天推荐张柬之担任了宰相之职,参与朝政管理。狄仁杰认为,恢复唐室的力量已安排妥当,他可以毫无顾虑,计划一定能够实现。

周久视元年(公元 700 年)九月二十六日,狄仁杰病逝,终年 71 岁。

狄仁杰去世后,张柬之等人暗中谋划,立誓要恢复唐室。

公元705年1月22日,在张柬之、敬晖、桓彦范、姚崇等人的周密安排下,一部分羽林军包围了张昌宗的家丁,控制了其财产府第,一部分羽林军包围了皇宫,要迫使武则天让位。接着,张柬之命羽林军大将军李多祚去见太子李显,说明来意,请他一起参加。李显听说此事后,感到恐惧与不安,一时不知说什么好。李多祚见此,对李显说道:“今天是非常之日,殿下知道臣等要做什么吗?臣等要恢复唐室,要恢复太宗皇帝的天下!臣等为正义不惜抛头颅,洒热血,殿下只需出面领导臣等就行了。”李显仍然犹豫,他对李多祚等人说道:“我知道张氏兄弟罪有应得,可是母后重病在身……而且这也太出乎意料……”李多祚不等他说完,连忙道:“殿下只要出去告诉众大臣殿下不反对就行了。如果大功不成,臣等就全家灭门了。”正当李显迟疑不决之时,李多祚马上令众人把李显扶上马,走出东宫。张柬之等人看见太子李显走出东宫,马上派兵士捉拿张易之、张昌宗兄弟,并将其杀死。接着,张柬之、李多祚等人簇拥着李显,来到武则天的面前。武则天问道:“为什么这么吵闹?你们怎么这么大胆,敢进里面来?”张柬之说道:“请陛下恕罪。张易之、张昌宗犯有叛国之罪,臣等已将他们杀死,未能事先奏明陛下,请见谅。”这时,武则天一眼看见了自己的儿子李显,大声叱道:“也有你!赶快回去,他俩已死,你也该称心了。”桓彦范迈步上前道:“臣斗胆冲犯陛下,太子不能回去。先帝以太子付与陛下,陛下早应将皇位传与太子。今求陛下退位,太子登基。”听到这些话,武则天把站在面前的官员逐一看了一看,然后有气无力地说道:“朕知道了,你们都下去吧。”

公元705年正月二十三日,李显以皇太子监国,二十四日武则天正式让位,迁居洛阳宫城西南的上阳宫,名义上享有“则天大圣皇帝”的尊号,李显重新登基,是为唐中宗。二月一日,朝廷举行了唐朝光复的仪式。所有的旗帜、徽章、官衔、官衙名称,都恢复高宗初年的原样,洛阳由神都改称东都。唐室王公孙子都被蒙赦回朝,恢复原来爵位,由来俊臣、周兴放逐的朝臣及家族都被赦回乡。由狄仁杰荐举的人如张柬之、桓彦范、敬晖、姚崇等,都成为唐朝的中兴名臣。狄仁杰也被追赠为司空,唐睿宗时又追封为梁国公。

李林甫传

人物档案

李林甫：小字哥奴，唐玄宗李隆基时的著名奸相。出身于李唐宗室，是李渊叔伯兄弟李叔良的曾孙。初为千牛直长（宫廷侍卫）。开元初，迁太子中允。不久通过他舅姑夫的叔叔侍中乾曜的关系，升至国子司业。开元十四年（公元726年）迁为御史中丞，隶管刑部、吏部侍郎。至此，他已跻身李唐高层统治者行列。其时武惠妃专宠，李林甫极尽逢迎谄媚之能事。惠妃之子寿王，极得玄宗钟爱，李林甫托宦官禀告惠妃，“愿护寿王（李瑁）为万岁计”，即是说，他将拥护寿王登上皇帝宝座。惠妃闻禀感激涕零，在玄宗面前经常称颂李林甫之“德政”。

李林甫

生卒时间：683~752年。

性格特点：善音律，无才学，会机变，善钻营。

历史功过：李林甫虽然是唐明皇身边的大奸臣，对于他的罪过已经听的很多了。但是，唐明皇既然能认清李白这个诗人没有政治才华，也一定能看出李林甫身上可取之处。他不至于一无是处，对于盛唐气象，李林甫确实不错，只有他才能控制各地的番将，这些番将包括安禄山。杨国忠则不然，能力一般而且贪财，是杨国忠把安禄山逼反的。当然，唐朝皇帝自己也有责任，没有识人和用人之能是封建社会任何皇帝的致命伤，不应该只是指责杨国忠或者安禄山。

窃居相位

李林甫，小名“哥奴”。曾祖父李叔良，是唐高宗李渊的堂弟，李渊称帝建唐以后，被封为长平王。祖父李孝斌，没有能袭封王爵，只做了个原州刺史。父亲李思诲，更只是做了个小小的杨府参军。因此，李林甫的家庭虽属唐宗室的一个分支，地位并不显赫。但是，他的舅舅楚国公姜皎，却在朝廷中拥有很大的权势。

李林甫少年时代不肯用功读书，放任自流。长大以后，成了个不学无术的纨袴子弟，最初只是在禁卫军中混了个千牛直长的小军官。但他为人机灵狡诈，自知没法通过科场获取功名而进入仕途，只有趋炎附势，才能得到高官厚禄，于是竭力发挥他投机钻营的本领。首先他对舅舅奉承拍马，以甜言蜜语讨得姜皎的喜爱。不久，李林甫凭着与唐皇室的那点亲戚关系和舅舅的帮助，升任为太子中允。

李林甫当上太子中允后，开始混迹于官场。此时的他，更是极力讨好舅舅。姜皎也不时带他出入官场，把他介绍给达官贵人，并不时夸耀他几句，使他逐渐结识了一些朝廷显要，特别是巴结上了当时的宰相之一源乾曜。

李林甫为了得到源乾曜的支持，便拼命巴结他的儿子源洁，经常送些礼物给源洁，约他出去游玩。不久，两人便成了好朋友。李林甫见时机成熟，一天约源洁出外郊游，玩得兴致正高，他便乘机向源洁提出请求，求他在其父面前为他多加美言，能够提拔他当个司门郎中（宰相府中的属官）。源洁回去向他父亲说了李林甫的意思，但源乾曜为官清正，一向看不起李林甫不学无术，游手好闲的人品，便对儿子说道："郎官必须是有德才、有资历的人担任，哥奴岂是做郎官的料呀！"没有同意李林甫的请求。但他考虑到李林甫毕竟是姜皎的外甥，与自己也算带点亲，又是儿子的朋友，过不多久，还是推荐他当了太子喻德。稍后，李林甫在舅舅的帮助下，又被提升为国子司业。

随着官位的不断高升，李林甫的官欲也越来越大。此时他已能接触到更多的朝廷高级官员了。不久，他又巴结上了因为替朝廷搜括钱财而得宠于皇帝、在朝廷中很有权势的御史中丞兼户部尚书的宇文融。宇文融为了巩固权势，也正四处网罗党羽，李林甫投到他的门下后，极力阿谀奉承，很快被宇文融收为亲信。开元十四年（公元 726 年），经宇文融的引荐，李林甫擢升为御史中丞。

当时的右宰相张说，很有才干，又是开元勋臣，为唐玄宗取得皇位出过大力，他一向看不起宇文融的为人，两人矛盾很深。李林甫为报答提携之恩，就与宇文融等合伙上奏弹劾张说，指责张说私下请术士占卜国家凶吉，徇私抗上，收受贿赂等等。唐玄宗看罢奏章，勃然大怒，立即下令逮捕张说。张说的弟弟左庶子张光出来为哥哥鸣冤，当场割下自己的耳朵以表示自己说的是真话，但唐玄宗不予理睬。张说下狱以后，处境十分悲惨，蓬头垢面，睡在柴草之中，以瓦钵盛饭，成天惶恐不安。后来唐玄宗念他是功臣元勋，赦免了他，但罢去了他的宰相职务。

狡猾奸诈的李林甫，大概从这一事件中觉察到宇文融等人的办事过于露骨，难成气候，在陷害张说作为报答提携之恩后，他并没有继续与宇文融一伙同流，而是投靠了当时"宠倾后宫"的武惠妃。果然，第二年初，宇文融一伙便以"连结朋党"而遭贬职，李林甫却独善其身，毫毛未损。

众所周知，唐玄宗后期最宠爱的是杨贵妃，白居易的《长恨歌》妇孺皆知，所谓的"三千宠爱在一身"，"六宫粉黛无颜色"，但在他前期，却是独宠武惠妃。

唐玄宗即位以后所册封的王皇后，虽是出身官宦人家，但并不是显贵，而且没能为玄宗生育子嗣，所以玄宗对她并不宠爱。而武惠妃出身贵戚，她的祖父是武则天（唐玄宗祖母）的堂兄弟。按当时的惯例，她从小就进宫当了宫女，成年时出落得水灵灵一个，十分漂亮，生性温柔，又知书达礼，很有贵夫人的气质。唐玄宗即位时，武惠妃正十五六岁，好似一朵含苞欲放的花朵，引起了玄宗的注意、宠幸，不久，她为玄宗生下了第十八个儿子，就是寿王李瑁。武惠妃很快使皇后和其他嫔妃为之失色，赢得了唐玄宗的专宠。随着得宠皇帝，她便萌生了为自己谋取皇后之位，为儿子夺取太子之位的野心，经常在玄宗面前有意无意地表露心迹。此时王皇后失宠已久，唐玄宗经不住武惠妃娇媚作态下的诱说，就也有了废立皇后的意思。终于，在开元十二年（公元 724 年）七月找了一个借口，废王皇后为庶人，打入冷宫。这年十月，幽禁中的王皇后忧愤死去。

二年以后，即开元十四年（公元 726 年），唐玄宗正式提出要立武惠妃为皇后，但遭到大臣们的竭力反对。无奈，玄宗只得暂时作罢。

惯于揣摩人意的李林甫从这些事情中认识到，如果能够取宠于武惠妃，得到她的信任和帮助，定能取宠于皇帝，不愁做不了大官，这可是一条升官的捷径。为了进一步了解宫廷内幕及玄宗与武惠妃的意图，他不惜重金贿赂宫中太监，为他打探消息，通风报信。不久，李林甫便探知武惠妃想立亲生儿了寿王李瑁为太子，与太子李瑛之间的矛盾十分尖锐。于是，李林甫便通过太监向武妃惠献媚说："林甫将全力支持寿王为太子"。此时的武惠妃，已经从自己没能如愿立为皇后的事情中得到教训，正合计着要能实现立儿子李瑁为太子的目的，除了继续取宠皇帝外，还必须得到朝中大臣的支持。因此对李林甫的投靠十分高兴，将他视作亲信，在唐玄宗面前不断替他说好话。在枕边风的鼓吹下，唐玄宗就对李林甫也逐渐产生了好感。不久，玄宗便提擢李林甫当了刑部侍郎，后又改任吏部侍郎。

这一时期，李林甫除了向武惠妃谄媚取宠，同时还勾搭上了当时宰相之一裴光庭的妻子武氏。裴妻是武三思的女儿，为人奸诈，计谋多端，且不安守本分。当时裴光庭年纪已大，又身居相位，成天忙于政务，武氏常常一人在家好不寂寞。一天，李林甫到裴府拜访，裴光庭不在家，武氏接待了他。闲谈之中，李林甫觉察出武氏并不安分，便乘下人不在之机，大着胆子向武氏调情。武氏本来就不甘寂寞，经不住年轻潇洒的李林甫的挑逗，两人很快勾搭成奸，往来不绝。从此，武氏利用一切机会为李林甫游说，还不断向他提供朝中机要大事的消息。

开元二十年（公元 733 年），裴光庭病死，武氏亲自出马，找到当时红得发紫的大太监高力士，要求他向唐玄宗推荐李林甫以代其夫空缺的相位。高力士曾在武三思专权时受过武三思的恩宠，对武氏的要求，不便推却。但选择宰相是朝廷大事，唐玄宗对此事也十分看重。高力士虽得宠于玄宗，却毕竟地位低贱，并且他一向不插手朝政，所以没敢向玄宗提出这个请求。

这以后不久，经过再三考虑，唐玄宗决定提拔尚书右丞韩休为宰相。任命韩休为相的诏书正在起草时，高力士赶忙把这一消息告知了武氏。李林甫得知讯息，马上抢先一步，向韩休报信道喜，讨好韩休。第二天早朝时，唐玄宗果然诏命韩休为宰相。韩休感到李林甫能获悉朝廷机要，很不寻常，出任宰相以后，十分看重李林甫。

李林甫这次宰相梦虽然没能如愿，但是在韩休的推荐和武惠妃、裴妻的相助下，唐玄宗还是提升他做了黄门侍郎。这是在门下省中仅次于侍中（即宰相）的副长官，掌管朝廷机要文件，传达皇帝诏令。李林甫担任此职以后，利用经常接触皇帝的机会，极尽谄媚之能事，迎合玄宗，深得唐玄宗的宠信。一年以后，即开元二十二年（公元 734 年），唐玄宗终于任命李林甫当了礼部尚书、同中书门下三品，与张九龄、裴耀卿同为宰相。

独揽大权

李林甫初登相位，在三位宰相中是地位最低的。张九龄、裴耀卿博学多才，敢于诤言直谏，在统治集团中具有较高的声望。而李林甫自幼不学无术，其文学水平仅能做做笔录，抄抄写写而已，为此还曾闹过不少笑话。

一次，他负责官吏的年度考核升迁时，吏部侍郎韦陟在一个叫严回的选人卷子上批了“杕杜”二字。（杕音 dì），批语“杕杜”是指此人不能亲其宗族的意思，诗经《唐风》有《杕杜篇》。李林甫不识“杕”字，把“杕杜”读作“杖杜”，并问韦陟：批上“杖杜”二字，是什么意思，韦陟听后啼笑皆非，只得低头装作没有听见。今天看来，这种字比较冷僻，不认识是正常的，但在当时，封建官僚都要熟读《四书》《五经》，作为一国宰相，却不知其意，甚至读成错字，足见他的文才水平如何了。

还有一次，李林甫的表弟太常少卿姜度生了儿子，做满月时，李林甫前往庆贺，送了个喜幛，还亲笔题写了贺词，但在贺词中竟把常识性的“弄璋之喜”的“璋”字写成“麞”字。璋是玉器名字，而麞就是獐，是一种野兽，一字之差，相差何远！当日姜府宾客盈门，见了李林甫所写的贺词，都掩口暗笑不已，闹了个大笑话。

李林甫的文学水平虽然很差，但却精于官场之道和弄权之术。他刻意伪装自己，表面上待人十分恭顺谦和，以笼络人心，即使对某人有切齿仇恨，他也能含而不露，还会极力奉承，以麻痹对方，伺机除去。为了取宠玄宗，他对皇帝近臣、太监、嫔妃，不管职务大小，地位高低，见面总是恭维一番，并常常送些金银财物给他们。因此大家都觉得李林甫没有架子，很好相处。李林甫则利用他们了解到玄宗的喜怒哀乐、言行意图，加以揣摩。这样他说话办事总是能迎合唐玄宗的心意，能说出唐玄宗想说的话，办好唐玄宗想做的事。天长日久，居然日益博得了唐玄宗的宠信。

李林甫担任宰相以后，自知才学、资历、声望都不如张九龄和裴耀卿，要能够保住相位独揽大权，必须除去这两个障碍，特别是张九龄。因为张九龄一向对李林甫的为人十分鄙视，唐玄宗决定任李林甫为宰相，向他征询意见时，张九龄对唐玄宗说：“陛下，宰相的人选关系到国家的安危，您任李林甫为相，我看不妥当。他这种人做宰相，一定会给朝廷带来祸害。”但当时唐玄宗对李林甫已很宠信，没能听张九龄的话。李林甫知道此事后，对张九龄恨得咬牙切齿，决计报复。但考虑到当时自己的地位声望还不如张九龄，只得忍耐，等待时机。为麻痹对方，他表面上对张九龄恭而敬之，言听计从，曲意迎奉。

唐玄宗统治前期，能勤于政事，认真听取大臣的意见，任用敢于直谏的姚崇、宋璟等为宰相，出现了开元盛世的繁荣景象。但皇帝做得久了，便开始怠于政事，渐渐听不进臣下的逆耳忠言了。而张九龄，裴耀卿为人正直，敢于诤言直谏，常常使唐玄宗十分尴尬，弄得他很不高兴。相反，李林甫却事事迎合唐玄宗的心意，所以唐玄宗对张、裴两相越来越不满意，对李林甫却日益倚重。李林甫觉察到玄宗态度的变化，于是寻找一切机会在玄宗前说张九龄和裴耀卿的坏话。

开元二十四年(公元736年),唐玄宗因朔方节度使牛仙客能忠于职守,所领辖区内仓廪丰实,武备精良,政绩显著而想提升他担任尚书右丞相,但遭到了张九龄的反对。张九龄认为:“牛仙客是目不识丁的一介武夫,如把尚书右丞相这么重要的文职委任给他,恐怕群臣不服,让中外见笑,影响朝廷声誉。”唐玄宗听后觉得有理,便说:“那么赐给他封地总可以吧?”张九龄也不赞成,说道:“仙客所做的只不过是他应该做好的本分事情而已,如果每个人做好了本职就有加封,这会引起冒功争赏的不良影响。”唐玄宗见张九龄这也不行,那也不行,不能称自己的心意,很不高兴。

李林甫观察到唐玄宗表情的变化,退朝以后,他单独去见玄宗,说道:“陛下,我看牛仙客的才能足可以当宰相,做个尚书右丞相有什么不能的?张九龄书生气太足了,只知道拘泥于古义,不识大体。天子用人,主要是看他的才能,何必一定讲究文学水平如何呢?”唐玄宗听了认为李林甫很有见识,且不专权,对他更加重用,日渐疏远了张九龄。

当时,宫廷内部的矛盾斗争十分激烈。唐玄宗独宠武惠妃,由此而爱及她的亲生儿子,太子李瑛(赵丽妃所生,王皇后抚养)及其他皇子遭到了玄宗的冷落。武惠妃专宠已久,为争当皇后和为亲儿子寿王李瑁谋夺太子之位,一方面在朝中拉拢李林甫等阿谀之徒,同时开始谗害太子。派她的女婿(驸马)杨洄暗中监视太子的言行举动。

开元二十四年冬季的一天,太子与鄂王李瑶、光王李琚相聚,言谈之际,大家对生身母亲失宠,自己受到冷落流露出不满的情绪,说了一些抱怨的话。这些话马上被杨洄探悉,于是武惠妃抓住这一把柄,在玄宗前添油加醋地哭诉说:“太子暗中勾结鄂王和光王,欲加害我母子,还说了陛下许多坏话。”唐玄宗听后龙颜大怒,马上把三位宰相召来,商议废太子及鄂王、光王的问题。

张九龄听罢玄宗所说原委,认为他是由于偏爱武惠妃而加罪无辜的太子等人,便对玄宗说道:“陛下,太子与鄂、光两王长到这么大,从来没有听说过他们有什么大的过失,今天您怎么能凭着这些没有根据的话,一时冲动而把他们三人全都废了呢?况且太子之位,关系到国家的根本,万万不能轻易废立。”唐玄宗听了张九龄的话,心里很不高兴。但是,废立太子毕竟是朝廷大事,皇权虽然至高无上,还须得到宰相、大臣们的支持才行,因此只得暂时将此事忍了。

作为宰相之一的李林甫,在这个问题上态度微妙。当着张九龄和裴耀卿的面,他一声不吭,听凭他们议论。但事后,他马上找到高力士,对他说道:“废立太子,这是皇上的家事,何必征求外人的意见呢?”向唐玄宗表明了自己,完全赞同他的意见,以迎合玄宗和武惠妃的心意,并影射张九龄干预“皇上家事”,致使唐玄宗对张九龄等更加不满。

李林甫见排斥张九龄的机会趋于成熟,便进一步在唐玄宗面前陷害张九龄,攻击他狂妄自大,专权霸道,不尊重皇上,他的言行有损皇上的尊严……,损害张九龄在玄宗心目中的形象。终于,不久被他找到了绊倒张九龄等人的把柄。

事情是由中书侍郎严挺之引起的。李林甫自己不学无术,所引荐和重用的也

都是些学识水平极差的人。萧灵便是这样一个胸无点墨之徒，经李林甫引荐当了户部侍郎。一次，当着严挺之的面，萧灵把“伏腊”读成“伏猎”。严挺之是张九龄的好朋友，很有才学，为人正直，一向自命清高，看不起李林甫的为人，除非公事，私下绝不与他往来，因此李林甫对他十分忌恨。严挺之把萧灵“腊”“猎”不分之事告诉了张九龄，并戏称萧灵为“伏猎侍郎”。于是，张九龄上书弹劾，把萧灵逐出朝廷，贬为岐州刺史。李林甫由此对严挺之、张九龄更是恨之入骨，伺机报复。

就在这年年底，严挺之离婚的前妻再嫁丈夫、蔚州刺史王元琰，因故获罪入狱，此案正在由刑部、大理寺、御史台三法司审理。当时严挺之的前妻来求严挺之帮忙，严挺之看在夫妻一场的份上，曾为她去询问了一下案子情况。李林甫知道后，紧紧抓住这一点大做文章，立即在玄宗皇帝前诬陷说：“严挺之在设法托人求情，企图包庇犯罪亲属王元琰。”唐玄宗听了也不加查核，就把三位宰相召来，对他们说道：“严挺之身为朝廷命官，徇私枉法，竟然包庇罪犯亲属，理当从严惩处。”

张九龄听后不由一惊，当即为严挺之辩解说：“王元琰是严挺之离异前妻的再嫁丈夫，两人算不上是亲戚，不应该有私情的。”谁知唐玄宗对张九龄早已耿耿于怀，现在见他又顶撞自己，竟冲着张九龄恼火地说道：“我听说他经常与前妻有往来，与王元琰关系密切，前妻之夫也是亲属！”张九龄、裴耀卿见皇上发火，也不敢再说什么。见两人不再言语，玄宗龙颜稍悦，责令李林甫负责调查此事。

李林甫乘机以不实之词陷害严挺之，说此事确实。同时又诬陷张九龄、裴耀卿与严挺之暗中结为朋党，所以才竭力为严挺之辩护。唐玄宗听说真可是火上浇油，当即下诏，贬严挺之做了洛州刺史，同时罢免了张、裴两人的宰相职务，贬张九龄为尚书右丞相，裴耀卿为尚书左丞相，不再参与政事。而李林甫却被擢升为中书令，取代了张九龄的位子，成为大唐第一宰相。

李林甫升任中书令以后，为了巩固自己的权势，马上引荐了遭到张九龄极力反对的牛仙客做宰相，作为他的副手。牛仙客既无学识，又无才能，自知能当上宰相是靠了李林甫的一手提携，对李林甫自然是唯命是从，毫无主见。监察御史周子谅实在看不过去，第二年四月，他上书弹劾牛仙客无才无识，滥居相位，很不称职。不料唐玄宗对周子谅的上书大为恼火，认为是指责自己用人失察，当堂令殿卫士将周子谅痛打一顿，把他打得皮开肉绽，当即昏死过去，并将他发配瀼州。周子谅悲愤至极，只走到蓝田便疮伤发作死去。

李林甫乘机落井下石，在唐玄宗面前谗害张九龄，说周子谅是张九龄所推荐的，他敢如此大胆，这是受了张九龄的唆使。唐玄宗听信谗言，又把张九龄逐出京师，贬为荆州刺史。

张九龄被逐出朝廷，太子李瑛也就失去了保护，唐玄宗犹豫了一年的废太子问题，在李林甫的积极推动下，最终下定决心，太子与鄂、光两王同日被废，亲近太子的几十名官员也遭到株连，有的被贬职，有的被流放。

李林甫施展阴谋诡计陷害、排挤了敢于直谏，忠于朝廷的贤相张九龄，从此他一手遮天，大权独揽。以后与李林甫一起担任宰相的先后有牛客仙、李适之、陈希烈等人。其中牛、陈两人是李林甫的亲随，由他推荐出任宰相，所以平时对李林甫唯唯诺诺，只看他的脸色行事，即使讨论军国大事，也不敢发表一点意见，全由李林甫一人决定。李适之为人较直率粗心，议论政事时常不得体，因此唐玄宗对他很不信任。而老奸巨猾的李林甫，能事事迎合玄宗，很得玄宗的信赖。况且此时唐玄宗正为天下大治的盛世景象所陶醉，自己已年过半百，在位多年，对繁重的政务也日益感到厌倦。尤其是每日上朝议政，接见群臣，处理政事的时候，他是既十分紧张，又受到礼仪的拘束，不能随心所欲。渐渐地，他就把政事全部交给了李林甫去处理，这客观上为李林甫的专权提供了条件。

欺上瞒下

李林甫升任第一宰相后，地位在一人之下，万人之上，唯一使他有所顾虑的只有玄宗皇帝一人了。为了达到独揽朝政的目的，李林甫千方百计堵塞言路，蒙蔽唐玄宗的视听。

任中书令后没几天，他就把所有负责监察百官，向皇帝进谏的言官召集起来，对他们威胁道："现在皇上圣明，群臣只要顺从皇上的旨意办事就可以了，不必多发议论。大家看见仪仗队的马匹没有？规规矩矩，一声不发，就能吃着那御马房的精美食料。但要是不老实，只要发出一声嘶鸣，就马上会被取消仪仗资格，到时后悔就来不及了。"李林甫企图用驯服仪仗马的手段来驯服群臣，使他们缄口不语。大家听了面面相觑，不敢作声。

有位叫杜琎的言官实在看不惯李林甫的专横跋扈，不顾他的恐吓，仍然向唐玄宗上书言事。李林甫决计杀一儆百，没隔几天，便找个借口，将他逐出朝廷，贬到偏远的地方去做了个小小的县令。从此，不要说一般的大臣，就连专以监察进谏为职责的谏官们也不敢多说半句话了。这样，唐玄宗就再也听不到臣下的逆耳忠言，更听不到大家对李林甫一伙的不满之声了。

李林甫为了防止有人揭发他的奸恶罪行，还网罗了一批爪牙作为耳目，严密监视从朝廷到地方的各级官吏。天宝八年(公元749年)，咸宁太守赵奉璋罗列了李林甫20多条罪状，准备上奏揭发。奏折还没到唐玄宗手里，便被李林甫探悉。他立即派人逮捕了赵奉璋，诬陷他妖言惑主，将他用乱棍活活打死了。慑于李林甫的淫威，满朝文武官员，没有一个不小心谨慎，以安身保位为己任。

唐代自从太宗开始，就形成了由皇帝面试取士的制度。天宝八年的一天，唐玄宗对李林甫说："朕欲遵循祖制，广招天上英才，请为我诏令天下，凡有一技之长的人，都可到京师参加考试。"

李林甫害怕四方举子，众多复杂，自己难以控制，可能会在答试时指责自己的罪行劣迹，便花言巧语对唐玄宗说道："陛下，这样做的话，应试举人一定很多，如果全要由您面试，只怕是太累着您了。且草野之士，大都愚昧卑贱，不知礼仪，恐怕会有粗俗之语污辱圣听。不妨先令郡县官吏，从严挑选，然后送尚书省，再由尚书省进行复试，让御史中丞前去监试，然后将名副其实，成绩优秀的人，送到陛下处面试，这就可省去许多麻烦了。"

唐玄宗本来就只是想装装门面，现在见李林甫这么说，觉得很有道理，便对李林甫说道："那就照爱卿的意思办好了。"这样，这次举试的大权就完全掌握在了李林甫手里。但结果数千名举子，居然没有一人能被选中录用。李林甫这样做，上对不起国家，下对不起大批应试举子。但在事情完毕以后，他竟恬不知耻地向唐玄宗上了一道贺表，祝贺"皇上圣明，知人善任，已经做到'野无遗贤了。'"这样，既蒙骗了玄宗，又深深讨得了他的欢心。可见李林甫玩弄阴谋的手段是多么的"高明"。

唐玄宗后期，生活荒淫腐朽，特别是在开元二十八年（公元740年）霸占了儿媳妇（寿王妃）杨玉环（即杨贵妃）之后，"如获至宝"。真所谓"春宵苦短日高起，从此君王不早朝。承欢侍宴无闲暇，春从春游夜专夜"，几乎不再过问朝政大事。一天，他对高力士说："而今天下无事，朕欲把政事全委于李林甫处理，你看如何？"

高力士对李林甫的专权是有所知晓的，他提醒玄宗说："陛下，天下大权，不可以交给别人。我看重大事情，还必须由陛下您亲自处理为好。"

高力士的这番话，完全是为了维护唐玄宗的皇权和利益，不料玄宗这时对处理政事已日渐感到厌烦，急于要从中摆脱出来，好与杨贵妃寻欢作乐。听了高力士的话后，他脸色阴沉，很不高兴。高力士善于察言观色，自知得罪了皇上，赶忙下跪连连叩头，嘴里说道："皇上息怒，老奴该死，发狂疾，说胡话，罪该万死！"

唐玄宗看到高力士这副模样，不由被他逗得笑了起来，也不再计较。高力士从这件事情中了解到李林甫在唐玄宗心目中的地位，从此再也不敢在玄宗面前说他什么了。

李林甫独揽相权之初，正是开元盛世之时，经济繁荣，国力强盛，社会安定。这是几代人努力的结果，唐玄宗却把它归功于李林甫治理朝政有方，对李林甫恩赏日加。

开元二十五年（公元736年），大理少卿徐峤上奏玄宗说："皇上圣明，天下安定。今年全国犯死罪的仅五十八人，大理寺（司法机构）门可罗雀，无狱可断。院内大树上有喜鹊筑巢，这可真是个大吉兆！"于是百官上表称贺，唐玄宗十分高兴，把这归功于任中书令还不到一年的李林甫，加封他晋国公爵位。

天宝六年（公元747年），唐玄宗又加授李林甫开府仪同三司，并赐封邑三百户。这种优厚待遇，在唐代历任宰相中是空前绝后的。

唐玄宗对李林甫宠信日深，平时对他赏赐不断，常常派人给他家送御膳珍馐，四方贡品，以示慰劳。史书记载说，当时从宫廷到李林甫家的路上，送礼的小太监"相望于道"，络绎不绝。长安城东原来薛王的一座旧居，是长安城内最好的私人宅第，唐玄宗也把它赏赐给了李林甫。

唐玄宗的宠信，进一步巩固了李林甫的地位，助长了他的嚣张气焰。此时的唐玄宗已经经常不上朝理政了，李林甫也不去宰相衙署办公，文武百官，都到他家中的"月堂"请示汇报，听从他的指示，他的家俨然成了一个小朝廷。

嫉贤妒能

李林甫的权势欲十分强烈。尽管他此时已恩宠无比，掌握了朝政大权，可是仍不时担心别人夺了他的相位和权力。因此,他嫉贤妒能,千方百计排斥异己,凡是受到唐玄宗器重的人物,他总是设法诋毁,设计陷害。即使是他培植起来的亲信,一旦为唐玄宗所重用,他也毫不犹豫地将他除去。李林甫嫉贤妒能是不择手段的。

户部尚书裴宽,很有才识,被唐玄宗所看重。李林甫害怕玄宗会提拔他做宰相,夺了自己的大权,因此对他十分嫉恨,千方百计排挤、陷害他。

一次,刑部尚书裴敦复因平定海盗立了大功,班师回朝后,在奏叙军功时接受一些官员的请托,多报了几个人的名单。裴宽知道后,在上书议事时隐约地提及此事,但没有指名道姓。李林甫身为朝廷宰相,不是着手查处此事,而是把这一消息暗中通报给了裴敦复,以此来挑拨两人的关系。裴敦复听了对裴宽自然不满,便对李林甫说:"不久前裴宽有熟人犯罪,也曾请我帮过忙,现在装得一本正经,翻脸不认人了。"

李林甫一听心中大喜,乘机煽风点火,对裴敦复说道:"你赶快把裴宽徇私枉法这件事奏报皇上,要先发制人,不要落在他的后面,否则就会被他所害。"

第二天,裴敦复按李林甫的计谋,上书举报裴宽徇私,李林甫则在一边推波助澜,结果裴宽被贬为睢阳太守。可是,不到半年,裴敦复也被贬为淄川太守。原来,他因平海盗之功,受到了唐玄宗的赏识,李林甫又起妒心,唆使心腹翻他老账弹劾,将他排挤出了朝廷,李林甫略施诡计,一箭双雕,排挤了两位对他有威胁的尚书。

韦坚是姜皎的女婿,与李林甫是表亲。起初李林甫想拉他为党羽,引荐他担任了江淮转运使的要职,负责江淮租赋漕粮的转运。后来韦坚因为漕运政绩显著而得宠于唐玄宗,加上他的妹夫忠王李亨又被新立为太子,随着自己地位的提高,他便有了入朝当宰相的意向。一次酒后向李林甫透露了这个意思,李林甫感到韦坚已对自己构成了威胁,于是便采用明升暗降的办法,把他提升为刑部尚书,同时免去了撑管漕运的实职,表面上升了他的官,实际上削夺了他能够取宠玄宗的实职,使韦坚有口难言。以后韦坚完全站到了他的对立面,与亲近太子的官员一起反对李林甫,结果被李林甫视为死敌,最终将他罢官贬杀。

李适之是唐太宗的曾孙,天宝元年(公元742年),牛仙客病死,他取而代之,出任宰相。他既是唐宗族近亲,又常与李林甫政见不一,因此李林甫把他视为自己最大的政敌,必欲去之而后快。

李林甫抓住李适之为人直率粗心的弱点,设计陷害他。一天,两人在一起商谈国事,谈到富国之道时,李林甫别有用心地对李适之说道:"华山有金矿,如果能得以开采,可以富国。"

李适之听了,觉得是个好主意,根本不知道是李林甫在设计陷害自己。第二天,他和李林甫去面见唐玄宗时,便高兴地对玄宗说:"陛下,华山发现有金矿,可以命人开采,以充实国库。"

唐玄宗听罢,脸色顿变。原来,根据迷信中的阴阳五行推算,华山是唐玄宗生辰八字的皇命所在,唐玄宗为此亲自撰写了《华岳碑碑文》,文中曾对此事讲得很明白,如果开采华山金矿,就是断了玄宗的"龙脉"。这些,粗心的李适之全然不知,而李林甫却是一清二楚的。

唐玄宗瞪了李适之一眼,转向旁边的李林甫道:“你看这事如何。”

李林甫献媚说:“陛下,臣早就知道华山有金矿了,但华山是陛下的皇命所在,是座圣山,怎么能开山采矿呢?”

唐玄宗听了转怒为喜,说道:“究竟是林甫办事稳妥,考虑问题仔细周全。”转而教训李适之说:“适之考虑问题太鲁莽了,以后要多向林甫学学,办事先与林甫商量后再作决定。”从此,李适之失去了唐玄宗的信任,不再受到重用。

李林甫妒嫉、陷害他人时,还往往以关心、帮助别人的伪善面貌出现,玩弄他那“口蜜腹剑”的绝技。

兵部侍郎卢徇,生得仪表堂堂,气宇轩昂。天宝元年(公元 741 年)三月的一天,唐玄宗驾临勤政楼,这时卢徇正好骑马经过楼下,玄宗在楼上看他骑着高头大马,威风凛凛,很有大将风度,便对他赞不绝口,一直望着他直到看不见为止。这件小事,很快由耳目告知了李林甫,李林甫又担心唐玄宗会重用卢徇,便设计排斥他。几天后,李林甫派人把卢徇的儿子找来,装出一副关心的样子对他说:“广交(今广东,广西一带)之地正缺地方长官,皇上很看重令尊大人,想派他到那里去任职。广、交远离京师,地荒人稀,如不想去的话,赶快向皇上请求,可推托自己有病。”

卢徇听说皇上要派他到广交一带任职,信以为真,吓得赶忙按李林甫的“指点”向唐玄宗上书,说自己最近体弱多病,不堪重任,请求辞去兵部侍郎职务。结果卢徇的请求得到批准,罢去原职,改授为太子詹事,挂个闲职,打发到东都洛阳“养病”去了。

前面提到的严挺之,在开元二十四年就遭李林甫陷害贬为洛州刺史。张九龄死后,唐玄宗追思起那件事,觉得自己做得太过分了一点,又怜惜严挺之的才学,准备重新起用他。一天,他对李林甫说道:“严挺之现在不知在何地任职,其实他倒是个人才,可以一用。”

当时严挺之正任绛州刺史。李林甫听唐玄宗这么一说,又害怕他重新重用严挺之,于是马上让人把严挺之的弟弟严损之找来,对他说道:“皇上很器重你哥哥的才识,前不久还提起他。只是现在他在地方为官,不能随意进京面圣,必须想个办法,就说得了风疾(中风),请求皇上准他回京医治,我再慢慢设法安排他面圣。”

严损之听了,还以为是李林甫对哥哥的关心,对他的“好意”千恩万谢,赶忙去告知哥哥。此时严挺之已被贬到地方上做官多年,也很想能回朝廷任职。他虽然对李林甫不满,但认为现在他与自己已无利害冲突,或许是真的良心发现,关心自己,

严挺之急忙按李林甫的意思写了请求入京就医的上奏,请李林甫代为转奏。李林甫拿了他的奏状,对唐玄宗说:“严挺之老了,年迈体弱,近又患了风疾,手脚也不灵便,请求入京就医。陛下宜授他一个闲职让他好好治病。”唐玄宗不知李林甫从中做了手脚,听说严挺之已病成这个样子,为之叹息一番,同意了李林甫的建议,也授他为太子詹事,安排到洛阳养病去了。

李林甫的嫉妒心十分强烈,即使为他卖过命的死党,一旦受到唐玄宗的器重,也毫不留情将他除去。

杨慎矜是隋炀帝的玄孙，很有才学，起初不肯出来做官，唐玄宗爱怜他的才识，授予他御史中丞的官职。因为惧怕李林甫的淫威，杨慎矜投靠了李林甫，并在天宝五年李林甫大兴“太子党”冤狱时不惜为其充当密探。但后来杨慎矜逐渐得到唐玄宗的宠信，不久又升任他为户部侍郎兼御史中丞，权势日益显赫。这便使李林甫妒火中烧，决计要设法陷害他。

李林甫拉拢了杨慎矜的表侄王鉷，提拔他当了御史中丞。王鉷是个利欲熏心的卑鄙小人，趋炎附势，对李林甫的提携，自然是感激涕零。他虽然与杨慎矜是亲戚，但对他事事以长辈自居很是不满。李林甫探悉他两人的关系后，便进一步进行离间，挑起王鉷对杨慎矜的怨恨。为了取得扳倒杨慎矜的证据，他向王鉷面授机宜，让他暗中监视杨慎矜的行动，诱他上钩。不久，王鉷在李林甫的唆使下，诬告杨慎矜是隋宗室后裔，家藏反书，常与“凶人”往来，图谋复辟祖业，还亲口对他说大唐气数将尽。唐玄宗听后大为震怒，下令将杨慎矜收捕入狱。

李林甫为了进一步取得“人证”，又诬告杨慎矜的好友、太府少卿张瑄曾与杨慎矜一起密谋过，将他也拘捕入狱，让心腹酷吏吉温对他进行逼供。吉温秉承他主子的旨意，对张瑄滥施酷刑，严刑拷打，但瑄却大呼冤枉，矢口否认与杨慎矜有任何密谋，吉温见张瑄鸣冤，不由大怒，令狱吏用木棍夹住张瑄双脚，又将木棍紧缚在柱石之上，然后猛拉张瑄头颈戴的枷锁，把张瑄拉得腰肢欲断，眼鼻流血，昏死过去，但张瑄坚贞不屈，仍是不招。

李林甫没有办法，又让吉温把与杨慎矜有过往来的术士史敬忠捉来，对他威逼利诱。史敬忠受不住吉温的酷刑与恐吓，按他的意思写下了供词，屈认自己曾与杨慎矜兄弟三人一起议论时势，密谋复辟隋室。

李林甫获得了“人证”，十分得意，为了求得“物证”，又派心腹，殿中侍御史卢铉带人去搜查杨慎矜的家。卢铉预先将李林甫模仿杨慎矜笔迹伪造的“反书”藏于袖中，在搜查时悄悄放在一边，又暗示别人将“反书”搜出。于是“人证”“物证”具获，李林甫如获至宝，立即启奏玄宗。唐玄宗龙颜震怒，将杨慎矜兄弟三人统统赐死。李林甫又乘机以株连之法除去了异己好几十人。

唐朝有一个制度，宰相往往从功勋卓著的边帅中选拔，即所谓“出将入相”。从唐太宗到唐玄宗统治前期，都是如此。

李林甫担任宰相以后，为了巩固自己的地位，消除边帅“入相”对自己的威胁，便向唐玄宗献上一条奸计。他对玄宗说道：“陛下，文臣和贵族子弟，不宜出任边帅，他们生性懦弱，临阵作战往往贪生怕死。不如任用少数民族出身的将领，他们剽悍勇武，重义轻死，而且这些人出身低微，在朝廷中又无亲党，不会对朝廷构成什么威胁。如能以诚相待，重用他们，必能对陛下感恩戴德，尽忠朝廷，效死疆场而无憾。”唐玄宗当然觉察不到他的险恶用心，听后连连称是。于是，对安禄山、史思明之流委以重任，为日后的“安史之乱”种下了祸根。

众所周知，少数民族将领大多不知书识字，有的甚至连汉语不通，任用他们为边帅，才能再强，战功再大，也不可能入朝担任宰相。这样，他就可杜绝“边帅入相”，使自己的地位长保无虞。

李林甫在运用各种卑鄙的手段排挤、陷害贤能之士的同时，又大批起用那些才能平庸的不学无术之徒，将他们安插到从中央到地方的各级官僚机构之中。

唐玄宗后期，迷恋于皇帝那荣华富贵的生活，大肆推崇道教。他自己深居禁宫，常与道士一起论道修仙，企图长生不死。身为宰相的李林甫非但不加劝谏，还投其所好，献出自己的一座私宅改为道观。陈希烈无才无德，专以神仙符瑞谄媚唐玄宗，巴结李林甫。李林甫认为这类佞臣易于控制，便在天宝五年（公元746年）引荐他出任了左宰相（唐朝尚右，李林甫是右宰相）。陈希烈任相期间，对李林甫唯唯诺诺，事事顺从，使朝政大权实际上仍掌握在李林甫一人的手中。天宝二年（公元743年），吏部由李林甫心腹苗晋卿等主持，对官员考核选任，新贵御史中丞张倚的儿子张瑄，在考试时手握纸笔，愁眉苦脸对着试卷，未能写下一字，结果交了一张白卷，但发榜时居然高中第一名。这种明目张胆的舞弊行为，引起了朝野之士的公愤，但有李林甫一手遮天，照样无事。在李林甫的庇护下，这批奸佞小人把朝廷弄得是乌烟瘴气，朝政更是弊端百出。

李林甫不仅大肆网罗亲随，为其所用，为了对付政敌，他还豢养了一群打手走卒，其中最著名的就是吉温和罗希奭。

吉温原是新丰县一个小小的县丞，生得一副凶神恶煞的模样，以心狠手毒、擅长严刑逼供而闻名。早年有人将他引荐给唐玄宗，玄宗看了他的模样说："此非善良之辈，我不用他"。以后吉温交结上萧灵，当时李林甫正物色打手走狗，萧灵就把他推荐给李林甫，李林甫见后连连夸他是个人才。吉温见主子如此赏识，感激得连忙表白道："蒙相爷器重，赴汤蹈火也在所不辞，只要相爷吩咐，即使是南山白额虎我也敢为您把它缚来。"

罗希奭原来只是个御史台主簿（文书），也以严刑逼供、诬陷害人而出名，李林甫把他收作心腹，提升他为殿中侍御史。吉、罗两人投靠李林甫以后，秉承主子意图，凡是李林甫想要除去某人，他们或捕风捉影，捏造罪名；或刑讯逼供，屈打成招，取得"罪证"，无一能逃脱他们的魔掌。当时人们把他二人称之为"罗钳吉网"。

残杀异己

前面提到，李林甫早年为了钻进唐王朝权力的核心，曾千方百计讨好唐玄宗的宠妃武惠妃，向武惠妃献媚说，他"将全力支持寿王为太子"，并直接参与与废太子李瑛的活动。太子李瑛被废以后，李林甫十分得意，认为武惠妃定全册封为皇后，寿王李瑁也顺理成章，会册立为太子。到那时，自己便是大功臣一个，可继续取宠于武惠妃和新太子。当时，唐玄宗也确实想正式册封武惠妃为皇后，立寿王为太子。于是，李林甫竭力在大臣中游说，在玄宗前鼓动，谁知武惠妃却不永天年，在废太子的当年（开元二十五年）十二月暴病而亡，年仅39岁。

武惠妃死后，唐玄宗一度曾十分伤心，追封她为"贞顺皇后"，以皇后礼制把她葬在了敬陵。但以后毕竟少了一股强劲的枕边风，经过再三考虑，他改变了原来的主意，在第二年宣布立第三子忠王李玙（后改名李亨，即后来的唐肃宗）为太子。

这对李林甫无疑是一个沉重的打击。他害怕新太子对自己抱怨报复而危及自己的权势，就视李亨太子为仇敌，千方百计打击陷害太子及其周围的官员，企图剪除这股异己势力。

唐玄宗

当时与太子亲近的官员，主要有韦坚、李适之、王忠嗣和皇甫惟明。其中韦坚是太子妃的哥哥，因为督办江淮赋税漕运曾得到玄宗的宠信，但遭到李林甫的排挤。李适之是唐宗室的后代，又以边帅入相，李林甫视他为政敌，也曾设计暗算过他。因此，他们都与李林甫矛盾很深。

在这些人中，还有一位与太子李亨关系非同一般的人，那就是王忠嗣，他是将门之子，父亲王海宾曾是开元初陇右的一名勇将。王忠嗣9岁那年，父亲在一次战争中血战殉国。唐玄宗出于爱怜之心，将王忠嗣接进宫中收养。他与李亨年龄不相上下，两人常常在一起学习、游玩，从此结下了深厚的友情。王忠嗣少年时代就胸怀大志，决心继承父业，为国建功立业。他自幼饱读兵书，长大后文韬武略，样样精通。玄宗空闲时与他谈及军事，他总是应付自如，对答如流，很得玄宗喜爱，夸他“日后定是一位良将”，并让他到军中服役。王忠嗣果然不负众望，屡建奇功，很快升任了河东节度使，不久又兼领了朔方、河西、陇右节度使，一身佩挂四镇将印，控制万里边疆。李亨被册封为太子后，王忠嗣的态度十分鲜明，表示将全力尊奉太子，这当然引起了李林甫的不安。

皇甫惟明原是忠王府的幕府，后出任河西，陇右节度使，也是战功显赫的大将。他见李林甫专横跋扈，屡兴冤狱，表示了自己的不平之情。天宝五年（公元746年）正月，他回长安奏报边疆战况时，乘机向唐玄宗上书，历数李林甫的罪状，劝玄宗罢免李林甫以免后患。但这时的唐玄宗，对李林甫已宠信有加，自然根本听不进皇甫惟明的话。

皇甫惟明的上书没有成功，却早已被李林甫知悉。李林甫听说后十分不安，感到太子一党对自己已经构成了严重的威胁，于是决定尽快下手，将其倾覆。他立即派心腹严密监视皇甫惟明等人，伺机寻找把柄。事隔不久，一场冤狱在他的精心策划下终于酿成了。

这年正月十五，是京都长安城一年一度的观灯节。入夜以后，长安城内火树银花，热闹非凡。太子李亨也带了几个随从出宫门赏灯游乐，途中正巧遇见韦坚。他们是内亲兄弟，见面后自然寒暄了一番。分手后，韦坚又碰上了正在闲逛的皇甫惟明。两人一在朝中，一在边地，久未见面，觉得有许多话要说，便一起进了附近的一座道观（龙景观），在道士室饮茶叙旧。这本是极正常的事，但这一切被李林甫派去监视韦坚等人的杨慎矜所侦知。他如获至宝，马上向李林甫做了报告。李林甫闻报大喜，立即深夜入宫面见唐玄宗，在玄宗面前诬告说：“陛下，外戚韦坚勾结边将皇甫惟明在龙景观密谋，企图拥立太子登基，陛下可要小心为好。”

李林甫这一招果然狠毒。因为唐玄宗就是在当太子时逼父亲睿宗皇帝退位取得皇位的,所以对这类事情特别敏感。听了李林甫的密告,不由大怒。他不问青红皂白,立即下旨收捕韦坚,皇甫惟明等人,令御史台审理此案。

韦坚、皇甫惟明无辜获罪、下狱以后,李林甫唆使酷吏吉温对他们严刑逼供。无奈他们使尽种种酷刑,也没有得到所需要的供词。尽管如此,在李林甫的谗害下,唐玄宗还是将韦坚贬为缙云太守,削夺了皇甫唯明的兵权,把他贬为播川太守。李适之也受到株连,被罢去了宰相职务,给了个太子少保的虚衔。

事情并没有就此完结。半年以后,韦坚的两位弟弟韦兰、韦芝出面为哥哥申诉冤情,结果反而被李林甫以诉状的文字游戏中抓住了把柄,在玄宗面前竭力煽动了一番。于是波澜又起,韦坚兄弟三人被革去官职,发配到了岭南;李林甫又诬告李适之是韦坚朋党,结果李适之也被逐出京师,贬为宜春太守。受这桩案子株连的大小官员好几十人,都遭到贬职或流放的处分,太子李亨也吓得慌忙宣布与韦妃离婚,以斩断同韦氏兄弟的瓜葛。

李林甫还不罢休,决计要对他们来个斩尽杀绝。第二年,他又罗织罪名,向唐玄宗诬告韦坚他们在地方上仍不安守本分,企图等待太子登位以后东山再起,进行报复。唐玄宗听后勃然大怒,将已被贬职和流放的所谓"太子党羽"统统赐死。李林甫急忙派自己的亲信、酷吏罗希奭前往执行。一时间,冤声四起。罗希奭带了"皇命",一路杀将而去,所经郡县,地方官员惶恐万分,怕受株连。韦坚三兄弟和皇甫惟明死在了被贬地方。李适之在宜春得到消息,自知性命不保,为免受酷吏羞辱,服毒自杀,可惜毒性不足,没有能立即死去。正当他痛苦万分时,听说罗希奭已到宜春,吓得赶忙又上吊自杀了。早年被李林甫贬出朝廷的裴宽、裴敦复等人,这时也被列入"太子党"名单,裴敦复被罗希奭审讯时活活打死在堂上;裴宽见到罗希奭,吓得赶快叩头求饶,这才免于一死。

李林甫大开杀戒,进一步扩大打击面,以清洗"余党"为名,把韦坚、李适之等人的亲朋故旧,甚至左邻右舍,统统列为清洗对象。韦坚以前担任过江淮转运使,李林甫派爪牙到运河沿岸的江淮各州县,以搜罗韦坚罗证为名,把与韦坚有过往来的大小官吏,甚至艄公船夫,也全部抓来投入监狱,一时间狱中是人满为患,许多无辜者也被枉加杀害。

太子的好友王忠嗣因在边镇带兵,没被这场冤狱株连进去,暂时躲过了劫难。但是,最终他也没有能够逃脱李林甫布下的罗网。事情是由王忠嗣揭发安禄山谋反而引起的。

安禄山是少数民族混血人种。父亲是康姓胡人,母亲则是突厥人。这个人为人残忍而又奸诈,善于揣摩别人的心思。他之所以能得志,主要取决于两点,一是他投靠了李林甫;二是迎合、蒙蔽了唐玄宗。

安禄山见李林甫把持朝政,权倾朝野,便设法投靠到了李林甫门下。李林甫为了利用他实现自己的目的,也极力拉拢他,将他收为心腹。一年冬天,安禄山到宰相府拜见李林甫,坐下以后,李林甫特地脱下自己身上的长袍亲自为他披在身上,以示对他的关怀和宠信。两人关系十分密切,无所不谈。李林甫大兴太子党冤狱时，担心会引起朝廷内激变，还曾给安禄山写过密信，要他做好准备，朝廷如果有变，就立即起兵接应他。李林甫的帮助，是安禄山能取宠于唐玄宗的一个原因。安禄山后来得宠，几乎目空一切，但对李林甫还是十分畏惧、信服的。

安禄山得宠唐玄宗的另一个原因，是他以机灵奸诈的手法蒙骗了唐玄宗。安禄山身体十分肥胖，体重有五六百斤，肚子特别大，肚皮肉下垂过膝，自称腹重三百斤。他骑的马，先要用五石重（一石一百五十斤）的沙土试压，能驮得起才可以供他乘骑。但他虽然体态臃肿，丑陋无比，却十分机灵，能懂九种民族语言，跳起"胡舞"能如旋风一般。他就是以这些为资本，加上花言巧语，逐渐骗取了唐玄宗的欢心。

一次，唐玄宗指着他的大肚子开玩笑说："你的肚子里面有什么东西才这么大？"安禄山不慌不忙地回答说："大肚之内别无他物，只有一颗忠于皇上的赤心而已！"逗得唐玄宗十分高兴。

还有一次，唐玄宗让他参加宫廷内宴。酒足饭饱之后，他对唐玄宗说道："禄山只是一个低贱的番将，今天竟受皇上如此隆恩，我没有什么好报答的，只有舍身拼命疆场，以报皇上大恩。"唐玄宗听了，内心自然十发欢愉，便将他引见给太子李亨。安禄山见了太子后居然不肯下拜。旁边的人催他拜，他仍然挺立在那里嘴里假装糊涂地说道："我是胡人，不知道太子是什么官。"唐玄宗在旁说道："太子是储君，在朕千秋万代以后代朕做皇帝统治你的。"安禄山便对玄宗说道："臣愚蠢，心中只知有陛下一人，不知还有太子。"他把自己巧妙地打扮成一个连朝廷礼仪都不懂的"胡人"，既以"愚忠"来骗取唐玄宗的欢心，又以"糊涂"来掩盖自己的野心。

为了通过杨贵妃进一步讨好唐玄宗，安禄山不顾自己年龄比杨贵妃大十多岁的事实，居然认杨贵妃为"干娘"。他本人的奸诈与李林甫的溢美，终于讨得了唐玄宗、杨贵妃的欢心。唐玄宗对他十分宠信，把北部几个重要边镇的军、政、财大权都托付给了他。这一切，为安禄山暗中广蓄兵马，储备武器粮草，积极准备谋反提供了十分难得的机会。

王忠嗣驻守边镇，对安禄山的野心早有觉察，因此曾多次上书唐玄宗，说安禄山心蓄异志，日后定会谋反。李林甫得知以后，对王忠嗣更加恨之入骨，一方面为安禄山辩护，同时寻求机会对王忠嗣进行打击。

天宝六年（公元 747 年）十月，唐朝与吐蕃发生冲突。唐玄宗令将军董延光率军攻打吐蕃占据的一座石堡城，同时命王忠嗣协助董延光作战。结果董延光攻城失利，打了败仗。为了保持自己的面子，董延光竭力推卸责任，责怪王忠嗣阻挠军计，为保实力不肯助战。唐玄宗听后对王忠嗣很是不满，李林甫见机会来了，便买通济阳别驾魏林诬告王忠嗣曾扬言"要拥兵辅助太子即位"。唐玄宗听后是火上浇油，也不辨真伪，立即下诏把王忠嗣召回京师长安，交三司审讯。李林甫又指使他手下的酷吏对王忠嗣严刑逼供，把他折磨得死去活来。尽管"谋反"罪证一无所获，但还是将他定成了死罪。当时王忠嗣的好友哥舒翰正得宠于玄宗，得知消息，他日夜兼程，赶到长安，面见唐玄宗，竭力营救王忠嗣。哥舒翰跪在玄宗面前为他申冤并拿自己的官爵作担保，他的声泪俱下，恳切言词，总算打动了玄宗，赦免了王忠嗣的死罪，但还是被贬为汉阳太守。王忠嗣遭到肉体的折磨和心灵的摧残，第二年就病死了，年仅45岁。

李林甫项庄舞剑，意在沛公。他对王忠嗣的陷害，其实还是冲着太子来的。在审讯王忠嗣期间，他对唐玄宗说："太子应该知道这件事的"。幸亏唐玄宗这次没有完全听信他的鬼话，对李林甫说道："这不可能，我儿住在深宫之中，怎么会与外面的人有共谋呢?"李林甫见玄宗不信，也不敢再多言语，李亨总算保住了太子的位子。

李林甫以卑劣的手段，谗害忠良，打击异己，制造了一桩又一桩的冤案。他任宰相的19年中，被他陷害的人难以计数。他也自知结怨太多，常常害怕仇人会派刺客来刺杀他。因此，他平时出门，总是带着大批卫队，前呼后拥。家中更是岗哨林立，日夜巡逻不息。他还在家中修了许多隔墙复壁，机关暗道。他的几个卧室都有暗道相通，一夜之间常常要换几个房间，神出鬼没，无人知晓，连自己妻妾儿女都弄不清他的行踪。他的儿子也看不惯他这一套，一次对他父亲的几个亲随说："我爹做宰相做得久了，结怨于天下，一旦倒台，看你们怎么办。"

身败名裂

李林甫一生作恶多端，以媚主而取宠信，害人而获高位，并逐步扩大权势。但可笑的是，机关算尽，到头来也遭到了他人的暗算。

事情是由李林甫与杨国忠争宠夺权而起的。

杨国忠原名杨钊，与杨贵妃是从祖父兄妹。此人从小也不肯读书，好逸恶劳，是个泼皮无赖，成天游手好闲，吃喝嫖赌，无恶不作，父老乡亲都非常恨他。后来，他在家乡实在混不下去了，得知杨贵妃在宫中正得宠于皇帝，便在天宝四年(公元745年)怀着侥幸心理来长安投亲，企图觅个一官半职。唐玄宗见他只是贵妃远亲，又没资历，起初只给了个金吾兵参军的差使给他，并没重用。

杨国忠初到长安，立足未稳，便投到权势炙手的李林甫门下。因为他是贵妃亲戚，李林甫也极力拉拢、利用他，想把他收为党羽，为此在玄宗前保荐他当了御史。当时，杨国忠只是充当了李林甫的打手，出于感恩之情，他也确实为李林甫卖过一段时间的力。凡是李林甫想排挤、陷害的人，总是由杨国忠出面弹劾，然后交吉温、罗希奭审讯，在李林甫大兴"太子党冤狱"时杨国忠便出过很大的力。但是，杨国忠贪图权势的欲望并不弱于李林甫，他绝不甘心长期屈居在李林甫之下。凭着他与杨贵妃的特殊关系，加上自己惯于见风使舵、投机钻营的本领，他通过杨氏姊妹获悉唐玄宗的爱好与意向，竭力迎合讨好玄宗。宫中一些太监，为了巴结这位新贵戚，也经常在玄宗面前赞美他。很快，杨国忠便扶摇直上，不到一年，就一身兼任了15个职务，权势越来越大。

杨国忠对付李林甫，主要靠两种手段，一是利用经常接触的有利条件，在玄宗前极力诋毁李林甫，拆他的台。二是像李林甫一样，网罗亲随，为其所用。

随着杨国忠权势的日益显赫，一些趋炎附势之徒，也渐渐开始离开李林甫，转而投靠到他的门下。特别值得一提的是李林甫的心腹爪牙酷吏吉温。吉温觉得自己跟随李林甫这么多年,却始终只是被李林甫作为打手利用而已,没有能委以重任。于是,天宝八年(公元749年)他背叛李林甫而投奔到了杨国忠门下,成了杨国忠手下的一位得力干将。吉温投靠杨国忠后,马上向他献策:设法剪除李林甫的羽翼,逐步削弱他的实力,孤立他,并设法取而代之。杨国忠对吉温这一建议十分赞赏,立即开始行动。

就在这年六月,吉温搜罗到李林甫心腹之一、刑部尚书兼京兆尹萧灵的贪赃罪证,杨国忠立即上书弹劾,结果萧灵被逐出京师,贬为汝阴太守。

第二年四月,李林甫亲信、御史大夫宋浑又被杨国忠指控犯罪而被罢官流放。

李林甫眼巴巴地看着自己的党羽一个个被贬被逐,却无法相救,急得只能连连呼叫:"这便如何是好!如何是好!"

天宝十一年,又接连发生了两件对李林甫十分不利的大事。

这年初,朔方节度副使、奉信王李献忠反叛唐朝。李献忠本来是突厥族的一个首领,原名阿思布。这个人贪婪凶残,十分厉害。这年初,他率兵反唐,一路烧杀抢掠,把边城府库洗劫一空,然后逃往漠北深处。这件事使唐玄宗十分震怒。巧的是当时朔方节度使的职位正好是由李林甫兼领的,发生了这么重大的事情,李林甫只好引咎自责,辞去了兼任的节度使职务。

杨国忠紧紧抓住这个把柄,立即上书弹劾,诬说"李林甫与阿思布是同谋",并买通哥舒翰和左宰相陈希烈出来作证。哥舒翰曾经因为李林甫陷害自己的好友王忠嗣而对李林甫怨恨万分。李希烈则是在李林甫排挤了李适之后由他引荐当上宰相的,本来对李林甫只是哼哼哈哈,从来不敢多说半句话。但他也并不是不要权势,只是畏于李林甫而不敢表露罢了。杨国忠得宠以后,他转而投向了杨国忠,两人成了好朋友,共同来对付李林甫。杨国忠的弹劾,哥、陈的指证,使李林甫处在了十分尴尬的境地。

正在追查这件事的时候,又发生了一件大事。真可谓一波未平,一波又起。

这年四月,王鉷的弟弟、户部郎中王銲与已故鸿胪寺少卿邢铸的儿子邢锌密谋,准备胁迫右龙武军万余人发动兵变,诛杀杨国忠、李林甫等人。但起事前两天被人告发,王鉷也受到株连。此案由杨国忠负责审理。

杨国忠抓住这件事,借题发挥,大做文章。他立即面见唐玄宗,对玄宗说道:"陛下,王鉷是李林甫的亲信,由李林甫一手提拔起来,他们之所以敢如此大胆,一定得到李林甫的暗中支持。"杨国忠的目的很清楚,想乘机将李林甫牵连进去,除掉自己的对手。唐玄宗听后,只是沉吟片刻,也没有表态。

杨国忠还利用审讯案犯的便利条件,大搞刑讯逼供,诱逼他们供出李林甫与王鉷的不寻常关系,还追问出李林甫以前的许多劣迹罪行。他又不时把案情上报玄宗,欲置李林甫于死地。无奈唐玄宗对李林甫毕竟宠信已久,对杨国忠的话是半信半疑,没有对李林甫深究下去。不过,从此以后,唐玄宗对李林甫也便日渐冷淡,不再重用了。而杨国忠则通过这一案件,既除去了李林甫的亲信王鉷,打击了李林甫的气焰,还亲自接替了王鉷的御史大夫、京兆尹等职位。

眼看着自己的亲随被杨国忠一个个地除去，并已危及自身的安全，李林甫深为以前没有能看清杨国忠的为人，还对他扶植而感到悔恨。但他毕竟是老奸巨猾，诡计多端，表面上不动声色，暗中却在伺机反击。

事隔没几个月，南诏首领凤罗阁因为不堪忍受唐朝边将的欺凌而举兵反唐，不断骚扰西南边境，唐军屡战屡败，云南、四川一带百姓饱受战乱之苦，纷纷上书请求朝廷派兵平叛。而当时杨国忠兼领剑南节度使职，李林甫抓住这个机会，马上弹劾杨国忠治军无能。为表示自己对此事的重视，同时应付李林甫的指责，杨国忠便故作姿态，向玄宗"请求"赴剑南坐镇督军。李林甫得知大喜，认为这是将杨国忠排挤出朝廷的绝好机会，立即再次上书，要求玄宗敦促杨国忠早日起程，以安定西南局势。于是唐玄宗准奏，敕令杨国忠前往剑南督军。

杨国忠本来只是想装装样子、欺骗舆论、搪塞玄宗，没料到唐玄宗在李林甫的怂恿下竟真的要自己去剑南，对李林甫自然是恨之入骨。临行前，向玄宗辞别，他跪在唐玄宗面前哭哭啼啼，诉说自己受到了李林甫的中伤和排挤，这次去剑南他定会加害自己。杨贵妃也在一旁为这位哥哥说情。唐玄宗经不住杨国忠那声泪俱下的凄惨样子和宠妃的说情，连忙扶起杨国忠，安慰他说："你尽管放心前去剑南，不久我就会召你回京。"并当即赋诗一首送给杨国忠，诗的最后写道："还当入相"。就是说，你从边镇返回京师时，我就提升你当宰相。

杨国忠得到唐玄宗的许诺，便放心地去了剑南。他刚离开长安不久，在杨贵妃的一再催促下，唐玄宗就派使者赶往剑南，去召杨国忠回京了。

李林甫枉费心机，本来以为像杨国忠这样的无能之辈，去边镇督战肯定不会有什么起色，到时自己便可以进一步打击、排挤他，使他永远回不了长安。没想到唐玄宗对他如此偏爱，李林甫感觉到了唐玄宗对杨国忠的宠信已经大大超过了自己，自己的地位已经开始动摇。为此，他十分忧虑，整天闷闷不乐。忧闷交加，不久便生起病来，而且病情日趋严重。

李林甫虽然已身患重病，但权欲丝毫未减。他知道长期卧病床上，对自己更加不利，于是遍求名医诊治，但病情却始终不见好转。无奈之中请了一位巫医前来为他看病，巫医说李林甫只要能见上皇帝一面，就可痊愈。但李林甫此时已病得不能动弹，无法入朝面见唐玄宗。唐玄宗知道这一情况后，念及李林甫为自己效力近20年，想亲临李家满足他的这一心愿。然而当即遭到了左右的竭力反对，唐玄宗只得让李林甫的家人把李林甫抬到庭院里，玄宗自己登上高高的降圣阁，遥望李林甫，以一块红绸布相招应，算是使李林甫见过了圣颜。李林甫则命家人代为拜谢圣恩，这也算是唐玄宗对李林甫的格外恩宠了。

再说杨国忠刚到剑南安顿下来，唐玄宗的使者就已赶到。杨国忠好不高兴，立即日夜兼程，匆匆赶回长安，入宫拜见了玄宗，向玄宗谢过恩。早有手下将李林甫已患重病的消息通报给他，心中自然十分高兴。为了探知虚实，他从宫中出来，立即前往李林甫家中"探望"。李林甫见杨国忠不出数月已经回朝，自己又病成这个模样，知道大势已去。

见过李林甫，杨国忠虚情假意地问候了一番。李林甫流着眼泪对杨国忠说道：

"林甫已不久人世,我死以后,您一定继承相位,以后可要辛苦劳累您了。林甫家人,蒙您多多照应。"说罢是泪如雨下,泣不成声。

杨国忠深知李林甫为人狡诈,现见他一语道破自己想取而代之的心思,怕他又要要什么诡计,一时吓得汗流满面,半天竟答不上话来。稍缓过神来,才连说:"不敢当,不敢当。"

杨国忠又对李林甫安慰了几句,辞别出了李家。他见李林甫已病成这个样子,好不高兴!于是又去见玄宗,将李林甫病情夸大其词地描述一番。唐玄宗听说李林甫已病入膏肓,又早有让杨国忠取代李林甫之意,于是便降下旨来,正式任命杨国忠为右宰相,完全取代了李林甫。

李林甫在病中听说玄宗已让杨国忠取代了自己,忧愤交加,竟口吐鲜血不止。李林甫病情急剧恶化,到第七天,便一命呜呼,这时是天宝十一年(公元 752 年)十一月。李林甫恶贯满盈,结束了他罪恶累累的一生。

杨国忠刚夺取宰相大权,李林甫便死了,杨国忠很感遗憾。他继续大揭李林甫生前的奸恶罪行,清洗李林甫的残余势力。

第二年正月,杨国忠旧事重提,再次诬告阿思布谋反是得到了李林甫的指使,阿思布还与李林甫认过父子关系。为了取得有力的罪证,他将李林甫的党羽亲随、亲友故吏统统抓了起来,威胁利诱,双管双下。"树倒猢狲散",一些阿谀小人,见靠山已倒,为了保住自己,在杨国忠的授意下,纷纷出来揭发李林甫的罪行。李林甫的女婿杨齐宣,为了免受株连,也反戈一击,出来指控作证,说岳父李林甫与阿思布确实进行过谋反密谋。这样,李林甫"谋反"罪名便成立了。

杨国忠将李林甫的罪状奏报唐玄宗,唐玄宗看后大怒,下旨追夺李林甫的所有官爵,子孙凡是做官的,一律罢免官职,流放到岭南贵州一带,而且只准带随身衣粮,全部资产没收充入国库。李林甫的亲近党羽,受到株连的达 50 多人,也都被罢官流放。

当时李林甫的棺木还没来得及下葬,杨国忠为了发泄对他的怨愤,派人劈开他的棺木,并撬开李林甫的嘴巴,挖出口中含珠,将李林甫尸体改用小棺材装敛草草掩埋。

李林甫"口蜜腹剑",城府极深,表面待人和善,害人也不露声色,可算得上是一个陷害人的老手。他为了能获取高官厚禄,固宠保位,满足自己那贪婪的私欲,一生做尽了坏事,被他陷害的人不计其数。但到头来,自己也遭人陷害,死后还被开棺捣尸,不得安宁。

李林甫掌握朝政的这段时期,是唐玄宗统治的后期。这时的唐玄宗已不再像他刚即帝位时那样听得进逆耳忠言,也不再勤于政事了,而是喜闻恭维奉承之语,成天沉溺于声色之中,追求腐朽奢靡的生活。这客观上为李林甫专权误国提供了有利的条件。但是,李林甫的为奸,归根结底是他个人品质的败坏。为了巩固自己的权势,重用了安禄山之类的野心家,在他死后的第三年,最终酿成了"安史之乱",使唐朝开始由盛世走向了衰落。

杨国忠传

人物档案

杨国忠:本名杨钊,唐朝蒲州永乐(今山西芮城)人。杨贵妃同曾祖兄(另一说同祖兄)。张易之(武则天时的“二张”之一)之甥。

生卒时间:? ~756 年。

性格特点:放荡不羁,巧为钻营,奢侈腐化。

历史功过:杨国忠专权误国,积怨太深,终被乱刀砍死,落得遗臭万年。这是罪有应得。但是客观地看,在他执政期间,虽然国事日非,但朝中未出现李林甫妒贤嫉能、诛逐大臣时的那种恐怖动荡局面,而在一时间内还曾搜罗天下奇才,进拔淹滞,颇得众誉。自然,杨国忠独揽大权,外戚跋扈,民怨沸腾,终不可收拾,爆发了安史之乱,使强大的唐王朝江河日下,一蹶不振。杨国忠作为一人之下万人上的宰相,自有他个人应负的责任。但是,再往前看,李林甫执政期间,唐王朝就已经显露出趋向没落的种种迹象,只是到了杨国忠执政时来了个总爆发而已。

杨国忠

杨贵妃专宠

提起杨贵妃,中国人可谓家喻户晓。她与唐玄宗之间曲折而动人的爱情故事,既为盛唐气象增添了斑斓的光彩,又与唐王朝由盛而衰的行程息息相关。

杨贵妃(719—756),小名玉环,原籍蒲州永乐(今山西省永济),出生在蜀州(今四川成都)。追溯远祖,杨玉环的高祖父是隋朝名臣杨汪。父亲杨玄琰。开元初曾任蜀州司户,属从七品下的刺史衙史,掌管户籍、计账、道路、逆旅、婚田等事务。他有两个弟弟,一名杨玄珪,住在家乡;一名杨玄璬,官为河南府士曹参军事,亦七品下衙吏,掌管津梁、舟车、舍宅、百工众艺之事。杨玉环前面有三个姐姐,史称“大姨”“三姨”“八姨”,一个哥哥,名杨铦。另外,还有一个从兄,名杨梅,为叔父杨玄珪之子。杨玉环十岁左右,双亲俱逝,叔父杨玄璬把她领到河南洛阳抚养,视为掌上明珠。

开元二十二年(734)正月,唐玄宗率文武百官、宫妃、皇子、公主等巡幸东都洛阳,盛况空前。次年十二月二十四日,册立杨玉环为寿王李瑁的妃子。当时杨玉环芳龄十六岁,姿色绝伦,已成为洛阳第一美女。

李瑁是唐玄宗第十八子,为武惠妃所生,深得父皇宠爱。开元二十四年(736)冬十月,唐玄宗返回长安。杨玉环也随同寿王到了京城,度过了四年余的王妃生活。

武惠妃夭折后,唐玄宗常郁郁寡欢。一方面,他毕竟宠爱武惠妃长达二十多年,非常思念她;另一方面,苦于找不到中意的新人而懊恼不已。老奴高力士摸准主子心态,四处选美,最后把猎艳的目光转向寿王妃杨玉环。杨玉环与寿王结合以来,始终没有生育,无子女牵累。寿王李瑁已经失宠,眼看着妃子被夺走,岂敢怨怒。

杨贵妃

杨玉环天生丽质,倾国倾城,"回眸一笑百媚生","六宫粉黛无颜色"。她入宫以后,唐玄宗就把别的妃嫔丢于九霄云外,"专宠"她一人。他们天天厮守在一起,形影不离。杨玉环每次乘马,皆由高力士亲为执辔授鞭。唐玄宗每年十月幸临骊山,则必与杨玉环同辇,以显示其特殊的地位和身份。听说杨玉环爱吃新鲜荔枝,为取悦她,唐玄宗不惜兴师动众,派人从四川涪州将荔枝用快马运往长安。后来,唐玄宗终日缠绵于情爱之中,连早朝都不上了。天宝四载(745)八月,二十七岁的杨玉环被正式册立为贵妃。

客观地讲,唐玄宗迷恋杨贵妃,主要还是感情上、志趣上的情投意合,而不是简单地醉心其姿色。唐玄宗与杨贵妃之间的情爱,本无可厚非。但作为一国之君,唐玄宗沉湎声色、荒于政事,在政治上撒下了严重的恶种。为了显示对杨贵妃的宠爱,抬高她的身价,唐玄宗对杨氏一族大加封赏。杨贵妃的生母被封为凉国夫人,亡父杨玄琰累赠太尉、齐国公,叔父杨玄珪升授光禄卿,兄杨铦为殿中监(后授三品、上柱国),从兄杨锜为侍御史。杨贵妃的三个姐姐分别被封为韩国夫人、虢国夫人和秦国夫人。三位夫人皆有才色,唐玄宗称之为"姨";她们并承恩泽,可随便出入宫掖,势倾天下。每人年得赏钱千贯,作为脂粉之资。唐玄宗每得四方上贡的珍异之物,都要分赐给杨家姐妹兄弟,每家一份,五家如一。唐玄宗每次到临潼温泉去度假,杨贵妃陪驾、杨氏姐妹兄弟五家也一起随行。五家每家为一队,各穿一色衣服,五家合队,"照映如百花之焕发"。

在唐玄宗的纵容下,杨氏家族很快衍化出一股腐朽势力。他们仗着杨贵妃的威势,滥用特权,穷奢极欲,几乎登峰造权。

要说杨氏家族最为得势的人物,还不是这五家,而是杨贵妃的一个远亲——杨国忠。他不但在生活上豪侈荒淫,较之前几家有过之而无不及,更重要的是在政治上青云直上,显赫一时,成为杨氏家族政治上的代表,最终左右和影响着整个大唐帝国的命运。

杨国忠发迹

杨国忠,原名杨钊,与杨贵妃是从祖兄妹关系,亲属疏远,不是直系。杨钊的祖、父辈都定居于蒲州永乐(今山西永济)。父亲杨钋,曾任宣州司士参军,家境贫困。母亲张氏，是武则天幸臣张易之的妹妹。杨钊从小品行不正，不学无术，行为放荡不检点，嗜好饮酒赌博，为族人乡里所不齿。

“而立”之年，杨钊在家乡混不下去，就发愤从军，到蜀郡当屯田兵，因成绩优异本应该提职。益州长史张宽“恶其为人”，就借故先打了他一顿，然后任命他当新都尉。任期满后，杨钊更加穷困，无法生活。蜀中有个叫鲜于仲通的富豪，看他相貌堂堂，言词机敏，就在经济上给予资助。这一时期杨钊和堂叔父杨玄琰家有零星往来。杨玄琰死时，他去帮助料理丧事。一来二往，竟和从妹（后来的虢国夫人）发生了不正当的关系。当时杨玉环已随叔父去了河南，跟堂兄杨钊并不相识。

后来杨钊在成都赌博，输了个精光，便逃往关中，当了几天扶风尉。因不得志，又回到四川，依附于鲜于仲通门下。娶蜀倡裴柔为妻，养了几个儿子，生活贫苦，潦倒不堪。

杨玉环被册封为贵妃的消息传到四川后，剑南节度使章仇兼琼得知杨贵妃出生于蜀，就想方设法派人到到长安与她家结交，以寻求政治上的靠山。鲜于仲通和章仇兼琼有很深的交情，就把杨钊推荐给他。章仇兼琼见到杨钊，非常高兴，委任他为“推官”。以上贡“春绨”为名，前往京城长安打点。

天宝四载(745)十月，杨钊抵达长安。他逐一拜访杨氏诸兄妹，分送上精美的蜀货，并说：“这是章仇公送的。”于是，杨氏诸兄妹常在唐玄宗面前夸奖章仇兼琼，博得了玄宗对他的好感；并把杨钊引见给玄宗，称其“善樗蒲”（一种赌博游戏）。唐玄宗得知杨钊是贵妃的亲属，便留下在京师充职，允许他可随供奉官出入禁中，旋即任为金吾兵曹参军。

在长安立足以后，杨钊利用杨氏姐妹的关系，巧为钻营。一方面，他经由虢国夫人为媒介，接近杨贵妃，小心侍奉唐玄宗，设法投其所好；另一方面，杨钊千方百计巴结权臣。有一次，杨钊参加内宫宴会，做“樗蒲”游戏时，负责计数。他记录得又详细，又精确，唐玄宗戏称他是个“好度支郎”。度支郎中是户部负责统计核算财赋收支的官吏。唐玄宗这样说，无非是借此赞赏杨钊的算机精明。杨氏姐妹抓住玄宗的那句话不放，多次提及。唐玄宗顺水推舟，命他在御史中丞王鉷手下做判官。

天宝时期，权相李林甫陷害太子李亨，利用杨钊是皇亲国戚，怙宠敢言，引以为自己的党羽。杨钊乘机投靠，作为自己向上爬的机会，因而伙同杨慎矜、吉温等人充当打手，积极参与迫害太子李亨势力的各种行动。他们在京师另设立推院，屡兴大狱，株连太子党羽数百家。李林甫先是提拔杨钊当监察御史，后又提拔做检校度与员外郎，兼侍御史等。杨钊又善于迎合唐玄宗的好恶，以聚敛有功，骤迁度支郎中。天宝七载(748)六月，又迁给事中，兼御史中丞，专判度支事，成为很有影响的重臣。

天宝八载(749)二月，为了显示天下殷富的景象，唐玄宗引百官参观左藏，特赐杨钊紫衣金鱼袋，以表彰他的聚敛之功。次年，杨钊兼任兵部侍郎。同年十月，唐玄宗在华清宫，根据杨钊的请求，下制为张易之兄弟昭雪。为了表示忠心，杨钊说自己的名字从“金”从“刀”，大不吉利，请唐玄宗另赐一名。唐玄宗便赐其名为“国忠”。

短短五年，杨国忠从一个小小的判官，一跃成为仅次于宰相李林甫与御史大夫王鉷的重臣，举足轻重，可谓官运亨通。诚然，杨国忠是依靠杨贵妃的关系而步入仕途的，但究其飞黄腾达的根本原因，还在于天宝时期经济形势发展的需要和他本人善于敛财的本领。

杨贵妃在杨国忠的升迁之路上到底扮演什么样的角色，一直是个谜。史料显示，杨贵妃本人没有什么政治野心，从不干预朝政，但她客观上还是助长了杨国忠为首的腐朽官僚集团势力的兴起。为了巩固自己在内宫的专宠地位，她需要外戚势力的大力支持，这是不以她个人意志为转移的。杨国忠的发迹恰恰具备了这一条件，成为自己政治上的靠山。他们是相互依存的。杨国忠的权势越大，这种关系就越显重要。纵观唐玄宗前半生，他对外戚的宠遇是很有分寸的，通常只授予闲职、散官，开元初对王皇后家属，开元中对武惠妃家属，莫不如此。但对杨氏外戚一族，唐玄宗网开一面，可见其晚年是何等的昏庸、糊涂。即便唐玄宗是出于牵制李林甫专权和控制朝臣的目的，也应该把握好尺度和火候。事实上他犯了大错。

杨国忠能发迹，还有一个人起了很大作用，此人便是宦官高力士。他为了讨好杨贵妃，处处为杨氏一门张罗。因为朝廷内有李林甫，外有安禄山，杨氏一门要立于不败之地，非得有人撑起门户不可。杨铦、杨锜皆庸碌之辈，难当重任，只有杨国忠工于心计，心狠手辣，善于玩弄权术。高力士看准这一点，就极力扶植杨国忠，使杨国忠把握住一个又一个机会。从开元到天宝，选择宰相一级的高官，唐玄宗大多听取高力士的意见，李林甫、韦坚、安禄山、高仙芝等，无一没有得到过高力士的帮助。有了高力士的鼎力相助，杨国忠如虎添翼。

杨国忠在朝廷混到高官要职以后，对上层统治集团内部情况的了解更深更细了。他发现权相李林甫有安禄山东北方镇军事力量等支持，太子李亨也有西北方镇军事力量若明若暗的支持，这两大军事集团自己无法打进去。如果没有地方方镇军事力量的支持，自己在朝廷中的权力、地位就有很大局限。特别是发生一些不测事件时，更是如此。因此，他急需笼络军事力量，作为政治上的后盾，目标很自然想到他所熟悉的剑南军镇。

当时，南诏王已归附唐朝廷，南诏诸王常带妻女来谒见汉族地方长官，路过云南时，太守张虔陀总要强留其妻，供其奸宿，并敲诈勒索。南诏王阁罗凤不肯屈从，张虔陀恼羞成怒，就命人辱骂他，并向朝廷奏报反诬其罪。阁罗凤被逼无奈，就发兵攻陷了云南郡，杀死张虔陀，占领夷州三十二个。唐玄宗闻报大惊，准备发兵攻讨。时值天宝九年(750)年末，杨国忠上任京兆尹不久，就乘机推荐鲜于仲通为剑南节度使，率兵攻打南诏。杨国忠认为这是一举两得的事情：既安插了同党，又可借此树立军功，以培植西南军镇势力。

谁知鲜于仲通是个庸碌之辈，既无政治才干，又不懂军事。他率军八万，分兵两路，大军行至曲州（今四川昭通）和靖州时，南诏王阁罗凤惧怕抵挡不住唐军进攻，就派使者前来和谈，表示愿送还俘掠的人口和物资，修复云南郡城归唐。鲜于仲通扣押了使者，轻率地拒绝了南诏王阁罗凤的和谈请求，下令继续进兵。天宝十载(751)四月,两军在西洱河接战。结果,唐军大败,士卒死者六万人,统帅鲜于仲通差点被杀,狼狈逃还。阁罗凤怕唐军再次攻击,遂投向吐蕃。

杨国忠对鲜于仲通百般包庇,极力掩其败状,谎报战功,使鲜于仲通反得到奖赏。

在杨国忠的策划下,强调四川地位的重要,由鲜于仲通出面奏请杨国忠遥领剑南节度使。玄宗准奏,授杨国忠权知蜀郡都督府长史,充剑南节度副大使,知节度事。

紧接着,杨国忠又请求二次攻打南诏。唐玄宗下制,在两京(长安、洛阳)及河南、河北地募兵。北方兵员身强体壮,善于战斗,但他们不服南方水土,害怕瘴疠之气,听说去南诏打仗,多不肯应募。杨国忠依仗权势,派御史分道督捕,强行征募,激起了关中和中原百姓的强烈不满。

杨国忠盘算,继续对南诏发动攻势,有利无弊。如果这场战争能侥幸取胜,就顺理成章地树立了自己的声威,就是失败了也无关紧要,因为天高皇帝远,他可以故技重演,掩败为胜。更重要的是,他可以利用边镇的多事,从此控制剑南地区的军镇集团,培植成仅次于东北军事集团、西北军事集团的第三大军事力量。天从人愿,不久,杨国忠又从唐玄宗那里讨得山南西道采访使的要职,增强了自己的实力。

取代李林甫

随着杨国忠政治地位的提高,他与长期操纵军国大权的宰相李林甫之间的矛盾日益尖锐起来。他们都是腐朽贵族、官僚统治集团的代表。差别仅在于,李林甫代表旧贵族官僚的利益,杨国忠则代表新贵族的利益。一个在竭力维护既得利益,另一个则千方百计发展自己的势力。在玩弄权术方面,杨国忠比起李林甫,可谓后来者居上,有过之而无不及。

李林甫善于献媚取宠,妒贤嫉能,口蜜腹剑,阴险专横。他从开元二十二年(734)五月开始任宰相,前后长达十几年。面对这样一个政敌,杨国忠还是有一套自己的办法。他首先收买了李林甫的心腹酷吏吉温,采纳其断彼翼羽的建议,先打击李林甫的亲信党羽。天宝八载(749),刑部尚书、京兆尹萧灵因坐赃被贬为汝阴太守。天宝九载(750),御史大夫宋浑也因坐赃被流放潮阳。这都是杨国忠向唐玄宗密报并建议处治的。眼看着自己的亲信被贬被流放,李林甫恨在心上,却也无可奈何。

天宝十一载(752)二月,李林甫鉴于恶钱泛滥,奏请禁用。因为当时商业迅速发展,货币需求量大增,官铸铜钱不敷流通,市面上就产生了大量私钱。恶钱即成本较低、铸造不精的私钱。在商业繁荣的江淮地区,私钱铸造业犹为发达。贵戚官僚和巨商们为了牟取暴利,纷纷携良钱到江滩地区,用一比五的兑换率换取恶钱,然后运回京城流通,以致长安恶钱泛滥成灾。李林甫从官府拿出粟帛及库钱数十万缗,在长安东西两市回收恶钱,凡不上缴恶钱者将按律治罪。然恶钱早已流入市场,渗透较深,即刻禁止,谈何容易。奸商巨贾们怕自己的利益受到损害,对李林甫的举措很不以为然，抵触情绪很大。杨国忠抓住这一机会，在唐玄宗面前恶意攻击李林甫。唐玄宗一叶障目，在不明原委的情况下，下令废除禁令，改命为只要不是铅、锡所铸和有穿穴的旧钱，都可继续使用。

同年四月，杨国忠又向王鉷开刀。王鉷任户部侍郎、御史大夫、京兆尹，兼领二十余使，宠遇颇深。其弟王銲（户部郎中）与邢縡勾结，阴谋叛乱。事情败露后，杨国忠控告王鉷与叛乱有牵连，欲置其于死地。王鉷既是杨国忠的绊脚石，又是李林甫的眼中钉，除掉王鉷，本也是李林甫的心愿。李林甫看出杨国忠别有用心，对自己已构成强有力的威胁，如果能继续保留王鉷任职，对杨国忠是一大牵制，所以他就设法开脱王鉷的罪责。唐玄宗念王鉷久任要职，理财有“功”，疑心王鉷与叛乱无关。王銲与王鉷是同父异母兄弟，王銲妒忌王鉷富贵，故意坑害王鉷也未可知。唐玄宗想原宥王銲之罪不加按问，但要王鉷先奏请罪，然后再赦免。因此密令杨国忠将此意告知王鉷。杨国忠反其道而行之，劝王鉷万万不可认罪，结果激怒了唐玄宗。玄宗便下令由陈希烈与杨国忠一道审理这一案件。最后，王鉷、王銲兄弟俩皆被处死。杨国忠则捞取了一大批资本，凡是王鉷担任的要职，全部由他兼任。从此，李林甫视杨国忠为仇敌，俩人的矛盾日益尖锐、明朗。

王鉷事件之前，还发生了朔方节度副使、奉信王李献忠叛唐事件。李献忠原是突厥部首领，名阿布思。他率众掠仓夺库，叛归漠北，唐玄宗大为恼火。当时朔方节度使恰由李林甫兼领。发生了如此大的事件，李林甫只好引咎辞去节度使一职，并推荐由安思顺接任。杨国忠岂肯错过良机？他买通陈希烈和哥舒翰，共同弹劾李林甫。哥舒翰是曾为王忠嗣冒死辩诬的突骑施番将，后代王忠嗣任陇右节度使。手下拥有十几万重兵。他明显与安禄山为敌，长期与安思顺不和。而李林甫又陷害过王忠嗣，哥舒翰早就对他不满。在这一关键时刻，哥舒翰站在杨国忠一边。在处理这件事上，唐玄宗很冷静，他没有对李林甫大加指责，而是采取了慎重宽大的态度，但明显开始疏远李林甫了。

天宝十一载（752）九、十月间，南诏又屡次骚扰边地，蜀人表请身兼剑南节度使的杨国忠前往镇压，以安定川、滇局面。李林甫很敏感地意识到报复的机会来了，奏请唐玄宗应顺应民意，派遣杨国忠领兵攻打南诏，企图把杨国忠从中央政府中排挤出去。杨国忠明知是计，却又找不出借口推诿不去，哑巴吃黄连，有口难言。临行前，他向唐玄宗告别，哭诉李林甫在陷害自己。杨贵妃也感到情况严峻，就向唐玄宗求情。唐玄宗答应让杨国忠先去打仗，不久再返回朝廷担任宰相，并赋诗送别。

冬十月戊寅，唐玄宗幸临华清宫，已重病在身的李林甫随行前往。唐玄宗知其病情不断恶化，就派使者召还杨国忠。杨国忠正在赴蜀途中，见到使者，喜出望外，即刻回奔长安。

巫医给李林甫看病，说只要见皇上一面病就会慢慢好起来。就在杨国忠到达华清宫的前一天，唐玄宗念及李林甫犬马二十余载，想满足他的要求，亲临李林甫昭应私第，可遭到左右极力反对。唐玄宗就命李林甫家人将其卧床抬到庭院，自己登上降圣阁遥望，以红巾招之，以示慰问。李林甫不能拜，只好让家人代为拜谢。

次日,杨国忠赶到昭应私第,探视李林甫,拜于病榻之下。李林甫知道自己将不久于人世,大势已去,百感交集,泪流满面地对杨国忠说:“我活不了几天了,宰相肯定还是你当,国家大事就由你去辛劳吧!”曾不可一世,威风八面的李林甫就这样告别了人世。

天宝十二载(753)正月,杨国忠指使人诬告李林甫生前曾与蕃将阿布思约为父子,企图谋反。唐玄宗因为李林甫已死,对此事没有细察,命令立案侦查。李林甫的女婿杨齐宣害怕受牵连,附会杨国忠意图,出来作了假证。当时,李林甫的灵柩刚从临潼运回长安,尚未下葬。唐玄宗遂于二月下诏削去李林甫官爵,指责他外表廉慎,内怀凶险,图谋不轨,简直一无是处。又派人剖棺,拿走李林甫嘴里含着的宝珠,剥去身上紫衣金鱼袋,更换成小棺,如庶人礼埋葬。其子孙有官者皆除名,流放岭南及黔中,只准许携带随身所需衣粮,其余资产没收。五十多名近亲和同伙被株连。这样,李林甫残余势力得到毁灭性打击。而右相杨国忠和左相陈希烈,因追查李林甫有功,被赐爵魏国公和许国公。

杨国忠专权

杨国忠掌权以后,所执行的政策措施和李林甫时期大同小异,且有很大的连续性。他更加专横、更加腐朽。自我标榜“以天下为己任”,志大才疏。在朝廷上,挽袖子握手腕,公卿以下,他都随便指使,大家都很怕他。就连左相老臣陈希烈也畏其权宠,凡事唯诺,不敢稍有异议。天宝十三载(754),杨国忠干脆把他排挤出相位;同时看准文部侍郎韦见素“和雅”,易于控制,建议唐玄宗任命韦见素为宰相。韦见素任宰相以后,基本上不敢议政,只是明哲保身。杨国忠还在地方上安插自己的亲信,如派司勋员外郎崔圆任剑南留后,实际行使节度使职权,以协助他管理西南各地;又任投靠他的魏郡太守吉温为御史大夫,充京畿、关内采访等使,帮助他控制京畿地区,形成了进退可据的势力网。

按照旧例,宰相上朝堂处理军国大事,要自早朝至午后六刻(约下午二时多)方能回家招待四方来客和其他人士。李林甫藉口天下太平无事,上午巳时(上午十一点)即回家。杨国忠完全继承了这一做法,更有甚者。处理政务,个人说了算,到了极端轻率的程度。

在选拔人才方面,杨国忠任人唯亲,完全以自己的好恶为标准。他提出:“文部选官,不论贤不贤,年头多的就留下来,按照资历有空位就授官。”这样做,是为了笼络人心。一批因各种原因不能晋升而久久“滞淹者”,按照杨国忠的建议都铨选上了,他们弹冠相庆,悠哉乐哉。

依照惯例,选拔官吏由吏部侍郎以下的官员具体负责,须经“三唱三注”,反复进行,才能呈送门下省审核,这样从春天一直到夏天,才能完成整套程序。杨国忠担任宰相兼文部尚书以后,为显示自己办事精明迅速,总是先在自己家里召集令史属吏秘密圈定名单。天宝十二载(753)正月,他召集左相陈希烈及给事中、诸司长官,在尚书都堂唱注选官,一天就选完了。杨国忠说:“左相和给事中都在座,就算经过门下省了!”没有人敢提出异议。从此,选官大权全由杨国忠一人垄断,门下省不再审核选官,文部侍郎也只是管试判而已。其中的谬误与弊端不言而喻。第二年春天正式注册时,杨国忠又在私第大集选人,让杨氏诸姐妹垂帘偷看,笑语之声,朗闻于外。吏部侍郎韦见素和张倚穿着紫衣服,也被随意差遣,跑前跑后,被弄得狼狈不堪。事后,杨国忠问妹妹们:“这两个紫袍‘主事’像什么人?”诸杨姐妹七嘴八舌挖苦一番,相对大笑,简直视国家大事如儿戏。荒唐可笑的是,在京兆尹鲜于仲通等授意下,选人士子们奏请皇上为杨国忠在省门立碑,颂扬他选官有“功”。唐玄宗不分青红皂白,下制由鲜于仲通撰写颂辞。写好后,玄宗还亲自定稿,改了几个字。鲜于仲通为了献媚,特意将那几个字用金粉填上。

天宝十二载(753)十月,杨国忠随从唐玄宗在临潼华清宫避寒。时值他儿子杨暄参加明经考试,结果不及格。礼部侍郎达奚珣畏惧杨国忠的权势,叫儿子昭应尉达奚抚事先告诉他。有一天,达奚抚等候杨国忠入朝上马时,快步走到马下。杨国忠满以为儿子必中选无疑,面呈喜色。达奚抚小声说:“家父叫我报告相公,令郎考试不及格,但也不敢让他落榜。”杨国忠翻脸骂道:“我儿子还担心不能富贵?叫这班小子相卖!”打马扬长而去。达奚抚碰了一鼻子的灰,赶忙写信给父亲,说:“人家仗着贵势,令人恐惧,哪能再和他论是非!”达奚珣无奈,只好把杨暄列于上等。就是这个庸才杨暄,还被破格提拔,很快擢升至户部侍郎,而曾是他主考官的达奚珣才刚从礼部侍郎转为吏部侍郎。

一提起开元盛世,人们不由得会想起杜甫的《忆昔》诗:“忆昔开元全盛日,小邑犹藏百家室。稻米流脂粟米白,公私仓廪俱丰实。”至天宝时期,经济繁荣的表面现象仍在延续,但这是以搜刮百姓、聚敛天下为基础。早在李林甫专权时代,杨慎吟、王鉷和杨国忠等都以聚敛有功受宠。杨国忠任宰相后,仍兼领判度支、两京出纳租庸铸钱使等财政要职,发挥自己精通“钩校”筹算的特长,厚敛重赋,激起四海民怨。天宝十三载(754),户部奏天下郡321,县1538,乡16829,户9609154,人口52880488,户口盛极,前所未有。

聚敛政策为盛唐统治集团的穷奢极欲提供了基础与保证。唐玄宗以国用丰衍,故视金如土,赏赐贵妃,没有极限。杨贵妃的三个姐姐、堂兄杨铦及杨锜等,一个个都成了暴发户,整日花天酒地,糜烂不堪。天下百姓们肩上的负担则一天比一天重,苦不堪言。

杨国忠的私生活更是腐朽堕落。初入京师时,他就常住在旧情人虢国夫人家里。虢国夫人丧夫寡居,兄妹俩就公开在一起鬼混。后来杨国忠在长安修建了两处私宅,其中一处在宣阳坊,虢国夫人第居此坊之左,杨国忠第宅紧临其南。两宅相通,往来方便,从此昼会夜集,没有礼度。有时两人坐车并辔入朝,甚至还在马车上戏谑调情,旁若无人,招摇过市。杜甫诗《丽人行》中“杨花雪落覆白萍,青鸟飞去衔红巾”句,即影射杨氏兄妹的暧昧关系。

杨国忠曾对人说:“我家本来很贫寒,能混到今天这个样子,全托贵妃的福。好日子也不知能持续到哪天,不如及早行乐,过一天算一天。”自己是半斤八两,自己最清楚。他是靠杨贵妃的关系发迹的,无德无能,没干过什么好事,最终也不会有什么好结果。所以干脆今朝有酒今朝醉,尽情享乐。

需要特别指出的是,杨国忠固然是靠杨贵妃的关系而发迹的,在某些地方或场合,杨贵妃也可能会替这位族兄讲几句好话,在客观上起重要作用,但她本人并没有什么野心。杨国忠在政治舞台上的所作所为,基本上与杨贵妃无关。

前面也提到过,杨国忠与杨贵妃之间,相处得颇为平淡。他们小时候并不相识,杨玉环被册封为贵妃后,俩人才得相见。杨贵妃深居内宫,与宰相、大臣们接触稀少,即使杨国忠也不例外。十余年间,杨贵妃在政治上支持过杨国忠,史载仅有二次。杨贵妃虽然聪明机智,但在政治上不会弄权,正如酷吏吉温所说:"识虑不远。"天宝弊政,没有一条是出自她的坏主意,她没有利用自己的特殊地位影响杨国忠施政。反倒是虢国夫人在政治舞台上起了很大作用,她扮演了沟通内宫与外朝的角色。杨国忠从虢国夫人那里获悉深宫秘密,揣摩玄宗好恶,然后采取相应对策,始终能立于不败之地。而唐玄宗一直被蒙蔽,还认为杨国忠真的有才。作为最高统治者,唐玄宗重用杨国忠,希望利用杨国忠在经济方面的才能来维护大唐太平盛世的局面。杨国忠准确地把握住了这一关键点。青云直上,所向披靡。

总之,杨国忠攫取相位以后,颐指气使,目空一切,朝中几乎无人可与抗衡,只有安禄山一人扶摇直上,对他构成了一定的威胁。他们的争斗与较量,激化了整个唐廷的政治矛盾。

安禄山其人

安禄山(？—757),营州柳城(今辽宁朝阳)混血胡人。父亲为康姓胡人,母亲阿史德,突厥巫师,有邪术。本名轧荦山,幼即丧父。后来母亲改嫁给突厥将军安波至的哥哥安延偃,轧荦山便改姓安氏。开元初,安延偃部落破散,突厥将军安道买的儿子安孝节和安波注的儿子安思顺、安文贞带着轧带山逃至岚州(今山西岚县)。安孝节的弟弟安贞节在岚州任别驾职,故收留了他们。当时轧荦山年仅十余岁,改名禄山。

《旧唐书》本传谓安禄山"其肥白",《新唐书》本传称"伟而晰"。他聪明多智,善测人意,通晓六种蕃语。曾任互市牙郎。

开元二十年(732),安禄山恰而立之年,以其言貌伟奇和骁勇善战,得到幽州节度使张守珪的赏识,被任为捉生将。安禄山熟悉当地山川井泉,对奚、契丹的情况了如指掌,所以每次出战必有克获。有时仅带三五骑兵,也能生擒契丹兵数十人。张守珪认为他是个人才,就更加宠信他,收为养子。

开元二十四年(736),安禄山为平卢讨击使、左骑卫将军。他奉命前去讨伐奚、契丹叛军。因恃勇轻敌,盲目挺进,结果大败。如按军法处置,当斩首。张守珪不忍心杀他,将安禄山执送东都,交由朝廷处理。宰相张九龄坚持原则,认为安禄山狼子野心,面有逆相,应当杀头,以绝后患。唐玄宗爱惜安禄山勇锐,没有准奏。

安禄山回去以后,以"白衣"将领效劳于边疆。开元二十五年(737)二月,幽州节度使张守珪破契丹于捺禄山。次年,张守珪部将假以守珪之命,发兵攻打奚,遭到惨败。张守珪隐瞒实情，谎报获捷。事情泄漏后，唐玄宗派宦官牛仙童前往查处。张守珪以重金贿赂牛仙童，敷衍过去了。后来，牛仙童事露伏法，张守珪以旧功减罪，左迁括州刺史，到任没有几天，背部生疽而死。

张守珪死后，安禄山却被擢升为平卢军兵马使。开元二十八年(740)，御史中丞张利贞领河北采访使，至平卢(即营州，今辽宁朝阳)巡视，安禄山卑躬屈膝向他献殷勤，大肆贿赂张利贞及左右随员，致使人人欢喜。张利贞回朝后，大讲安禄山好话。很快，安禄山被提升为营州都督，充平卢军使，并兼两蕃(奚、契丹)、勃海、黑水四府经略使。天宝元年(742)正月，唐玄宗将平卢军镇升级，设节度使，任命安禄山为首任平卢节度使。次年二月，安禄山入朝，唐玄宗十分厚待他，多次接见，他也专挑唐玄宗爱听的话说。一次，他对唐玄宗说："去年，营州蝗虫成灾，大吃禾苗，我焚香祝天说：'如果是我心术不正，事君不忠，我甘愿让虫子吃我的心；如果我不负神灵，但愿虫子散去。'刚刚祈祷完，马上就有一群大鸟呼啦啦从北边飞来，把虫子吃个精光。"这本是荒诞不经的一派胡言，献"忠"心以取媚，唐玄宗听后居然大喜过望，重重赏赐，授安禄山为骠骑大将军。天宝三载(744)，安禄山又兼范阳节度使、河北采访使，宠遇日隆，连李林甫、裴宽等权臣，也要顺从玄宗的意思赞美安禄山。四载(745)，安禄山欲以边攻邀宠，曾发兵攻击契丹，并谎奏唐玄宗说："臣讨契丹到了平州(今河北卢龙)，梦见先朝名将李靖、李勣向我乞食。"唐玄宗立命建李靖、李勣庙。安禄山又奏祭拜的时候，看见庙梁上长出灵芝仙草。

当时，李林甫担心朝廷大臣因功受宠，影响自己的专权地位，就建议唐玄宗专用蕃将。这样，唐玄宗就更加宠爱安禄山了。

天宝六载(747)正月，唐玄宗任命安禄山兼御史大夫，妻段氏封国夫人。安禄山外表憨直，内心阴险狡猾，并善于用愚笨掩盖自己的狡诈。他曾假惺惺地对唐玄宗说："我生在蕃戎，过分宠荣，没有特殊才干替陛下出力，只愿身为陛下死！"糊涂的唐玄宗听罢心花怒放，欢喜异常。安禄山派部将刘骆谷长住京城，侦察朝廷机密，并让刘骆谷定期向他汇报。每年都要向朝廷献上许多俘虏、杂畜、奇禽、异兽、珍玩等，致使各郡县疲于奔命，但却博得了唐玄宗的欢心。安禄山身体肥胖，腹垂过膝，自称重三百斤。有一次，唐玄宗指着他的肚子开玩笑："你肚子里装的是什么东西？怎么这样大？"安禄山回答："没有别的东西，只有忠于陛下的一颗赤心！"又有一次，唐玄宗叫安禄山拜见太子，他不拜。左右催促，安禄山故意装作傻乎乎的样子，拱立着说："我是胡人，不知道朝廷的礼节，不知道太子是什么官。"唐玄宗还以为他真不懂，就给他解释："太子是储君，我千秋万岁以后，由他接替我当你的君主。"安禄山这才假装恍然大悟，说："我天生愚蠢，过去只知道陛下一人，不知道还有储君。该死！该死！"他没有办法，只好下跪，叩头。唐玄宗以为安禄山心中真的只有他一人，忠心可嘉，更加喜欢安禄山了。

安禄山经常出入宫廷，唐玄宗在便殿接见或宴请他时，杨贵妃经常在座。他知道唐玄宗非常宠爱杨贵妃，为了讨好唐玄宗和杨贵妃，就请求做杨贵妃的养子，唐玄宗欣然答应。举行收养子典礼的时候，安禄山故意不拜唐玄宗，只拜杨贵妃。唐玄宗责问，他巧妙地回答："我是胡人，胡人只知道有母亲，不知道有父亲。"应对机敏，杂以诙谐。唐玄宗很高兴，又叫杨铦、杨锜、杨贵妃的三个姐姐和安禄山结拜成兄弟姐妹。安禄山知道唐玄宗和杨贵妃年纪相差太多，唐玄宗年事已高，两个人的私生活很不方便。他不知从哪里弄来一百粒助情花籽，像粳米那么大，红色的，有香味。每天晚上只含一粒，就精力旺盛。唐玄宗把这个东西当作宝贝珍藏起来。

天宝九载(750)，唐玄宗赐爵安禄山东平郡王。次年，安禄山又兼领河东节度使。唐玄宗还命为安禄山在亲仁坊建筑住宅，敕令但穷壮丽，不限财力。家具器皿，非常讲究，连宫中都不及。安禄山搬进新住宅以后，大摆酒宴请客，唐玄宗叫宰相亲去赴宴。每次吃到美味，或者在后花园打猎得到鲜禽，唐玄宗都要派宦官骑马给安禄山送去。

正月二十日，安禄山过生日，唐玄宗和杨贵妃送给他很多衣服、宝器。三天后，杨贵妃把安禄山召进宫来，用锦绣做了一个大襁褓，把安禄山包起来，叫宫女们用彩车抬着他来回走，宫中欢呼动地。唐玄宗听到喊声，派人来问，回报说："贵妃和禄儿作三日洗儿。"他也好事，前去观看，竟然非常高兴，赐杨贵妃和安禄山许多东西，尽欢而散。安禄山还常杨贵妃一起吃饭，或者和虢国夫人、诸王等人在一起喝酒、娱乐、喧笑。甚至整夜不出宫，无所不做，丑闻传出宫外。昏庸的唐玄宗听到以后，并不介意，认为"母亲"和"孩子"越亲热越好！

天宝十载(751)二月，唐玄宗将河东节度使韩休珉调入朝中担任左羽林将军，由安禄山接任河东节度使。

至此，安禄山一人身兼平卢、范阳、河东三镇节度使以及河北道采访处置使，统领二十万大军，控制了今山西、河北、北京、天津和辽宁西部的大部分地区，赏刑己出，日益骄恣。

杨安争宠

杨国忠与安禄山都是天宝年间的新贵，同样受唐玄宗的宠遇。从时间上来看，杨国忠发迹的起步，要比安禄山晚得多。安禄山早在天宝元年(742)正月即升任平卢节度使，杨国忠迟至天宝七载(748)始迁给事中，兼御史中丞，专判度支事，才"恩幸日隆"。肥胖的安禄山上下宫殿的石阶时，身为御史中丞的杨国忠还亲自搀扶过他。马屁虽然拍得好，可安禄山从骨子里看不起杨国忠。

李林甫在时，安禄山常具戒心。因为李林甫能揣知他的心事，动不动先说出来，使安禄山非常叹服。安禄山对别的公卿十分傲慢，唯独惧怕李林甫。李林甫老谋深算，并不想得罪安禄山。他软硬兼施，有时把安禄山请到中书厅，用好话安抚他，还亲手脱下自己的披袍给安禄山披上。安禄山受宠若惊，感激涕零，亲热地把李林甫叫十郎(李林甫排行第十)。安禄山若在范阳，亲信刘骆谷每从长安来，他都要问："十郎说什么了？"如果听到赞扬他的话，安禄山就高兴得手舞足蹈；如果听到李林甫说："你回去告诉安大人，叫他注意点！"安禄山马上吓得脸色都变了，惊呼："啊呀，我要死了。"安禄山基本上还是依附李林甫的。

李林甫死后，形势发生了根本性的变化。天宝十二载(753)初，杨国忠制造了所谓李林甫与阿布思勾结叛乱的案件，那个诬告者就是安禄山。杨国忠意在拉拢安禄山，进一步打击异己，巩固自己的专权地位；安禄山接受杨国忠的建议，另有意图。同年五月，阿布思为回纥所破，安禄山诱其部落而降之，从此兵精将广，天下莫及。

杨国忠虽然取李林甫而代之，但他充其量只能算是一个平庸的封建官僚政客，资历、威望、能力均很有限。所以安禄山很蔑视他，不想和他平起平坐，同享富贵。眼看着安禄山宠遇日增，势力日益壮大，拉拢不成，又无力制服，杨国忠只好在清除李林甫的残余势力之后，向唐玄宗“屡言禄山有反状”，相借唐玄宗之手除掉安禄山，唐玄宗并不以为然。他长期宠信安禄山，认为这是将相不和，没有放在心上。杨国忠一计不成，又想一着。他奏请唐玄宗让陇右节度使哥舒翰兼任河西节度使。哥舒翰素与安禄山、安思顺不和，杨国忠想利用他们之间的矛盾，厚结哥舒翰，增强其实力，以共同对付安禄山。如此伎俩，安禄山焉能看不出来，杨国忠与安禄山之间的矛盾很快尖锐起来。

天宝十二载（753）冬，杨国忠随从唐玄宗住在华清宫，又说安禄山必反，还对唐玄宗说：“陛下如果不信我的话，可以试着召安禄山进京，他肯定不会来。”唐玄宗就召安禄山翌年正月来朝。天宝十三载（754）正月，安禄山将计就计，奉命来朝，这就使杨国忠的预言破产。安禄山一到华清宫，立即向唐玄宗哭诉：“我本是胡人，受陛下这样宠爱，杨国忠嫉妒我，我说不定哪天会被他害死！陛下可要替我做主哇！”唐玄宗只好好言劝慰，赏赐他巨万。杨国忠的嫉妒与谋害，是真；而安禄山那副诚恳感恩的样子，是假。此时，安禄山谋反的条件尚未完全成熟，他还不想过早地暴露自己的政治企图。另一方面，安禄山自信利用唐玄宗过于宠爱自己这一弱点，只要应付得当，估计不会出什么乱子，何况杨国忠等并无证据指责自己蓄意叛乱，所以他敢只身来朝。结果呢，唐玄宗更加信任安禄山，杨国忠的话只能成为耳边风。当时太子李亨根据自己的观察也预言安禄山将叛乱，玄宗哪里还能听得进去。

唐玄宗想加安禄山同平章事（即宰相），叫太常卿张垍起草好了制书。杨国忠极力劝阻说：“安禄山虽然有军功，但是不识字，哪能担当宰相，如果发下制书，恐怕四夷会轻视朝廷。”唐玄宗只好作罢，任命安禄山为左仆射；赐他一个儿子三品官、一个儿子四品官。安禄山请求兼领闲厩、郡牧，唐玄宗准奏；安禄山又请求吉温兼武部侍郎，充闲厩副使，唐玄宗也照办了。从此吉温投入安禄山的怀抱，杨国忠对他恨之入骨。

同年二月，安禄山对唐玄宗说：“我部下将士讨伐奚、契丹、九姓、同罗等，功勋很多，请求陛下不拘常格，破例加赏，叫人写好告身（委任状）让我回去发给他们。”唐玄宗就任命他的部下五百多人当将军，两千多人当中郎将！这是安禄山用此来收买人心，为叛乱做准备。

同年三月，安禄山辞归范阳。唐玄宗亲自脱御衣赐给他，意在用特殊恩宠的办法笼络住他。安禄山生怕杨国忠让唐玄宗留下他，也怕遭杨国忠暗算，疾出潼关，然后乘船沿河东下，日夜兼程，直奔老巢范阳。

安禄山离开京城时，唐玄宗派高力士在长安城东边的长乐坡给他饯行。高力士回来，玄宗问他：“安禄山高兴吗？”高力士摇头说：“看他闷闷不乐的样子，一定是知道原来想让他当宰相，后来又改变了。”此事本来十分机密，知情人不多。唐玄宗问杨国忠，杨国忠想了一下，说：“这件事情一定是草拟诏敕的太常卿张垍泄漏的。”唐玄宗很生气，贬黜了张垍及其兄弟。

天宝十三载（754）八月，左相陈希烈因与杨国忠不和，上表辞职。唐玄宗开始想让武部侍郎吉温接任。吉温作为安禄山的宾佐，唐玄宗是了解的。杨国忠自从安禄山荐他为闲厩、群牧副使之后，看清了吉温的真面目，故极力反对。结果，换了文部侍郎韦见素，任其为武部尚书、同平章事。因为韦见素和雅易制，所以杨国忠乐意支持他为相。天宝十三载年末，杨国忠先指使人告发河东太守兼本道采访使韦陟贪污，下御史按问。韦陟贿赂吉温，请吉温再求安禄山救自己。杨国忠早料到韦陟会这么做，预先派人监视了韦陟的一举一动。很快抓住了吉温的把柄，将他贬为澧阳长史，清除了安禄山在朝廷中的重要党羽。安禄山得知这一情况后，直接上书唐玄宗，为吉温讼冤。唐玄宗也搞不清谁对谁错，此事不了了之。

天宝十四载（755）正月初九日，杨国忠告吉温坐赃七千匹及逼士女子为妾等罪状，将他杖死于狱中。吉温之死，大大激怒了远在范阳的安禄山。

天宝之乱

安禄山从长安回到范阳以后，叛乱的决心已定，进入紧急部署阶段。

天宝十四载（755）二月，安禄山派副将何千年入朝，奏请以蕃将三十二人代替汉将。执迷不悟的唐玄宗立刻派内侍监袁思艺叫中书省起草命令，填写告身。当时杨国忠和韦见素都在中书省，杨国忠见韦见素满脸忧愁的样子，就问道：“你愁什么？”韦见素说：“安禄山之心，路人皆知。现在又要用蕃将代替汉将，证明他很快就要作乱了。你我处在这个地位，能不愁吗？”杨国忠沉默了很长时间，才说：“凡事都由皇上做主，我们又能做什么呢？”次日，两位宰相一同去见唐玄宗。他们还没有来得及开口，唐玄宗直截了当地问道：“你们是不是有怀疑安禄山的意思啊？”韦见素再三陈述安禄山谋反已有迹象，可唐玄宗扳着脸孔，一言不发。杨国忠站在一旁，不敢再说什么。韦见素见社稷将危，而右相杨国忠又撒手不管，他退至中书厅堂，呜咽流涕，痛哭一场。

过了几天，杨国忠、韦见素又进见唐玄宗，提出新的对策：一是追召安禄山来京师，以任其为左仆射同平章事的名义，严加控制；二是夺其兵权，改命贾循为范阳节度使，吕知诲为平卢节度使，杨光翙为河东节度使，唐玄宗勉强同意了。可制书写好以后，他留而不发，私下派宦官辅璆琳送柑子给安禄山，观察其动静。辅璆琳在范阳接受了安禄山的重赂，回朝以后，赞扬安禄山竭忠奉国，没有二心。唐玄宗被蒙在鼓里，听了辅璆琳的话，如释重负，当即将诏书焚毁，自信地对杨国忠、韦见素说：“我推心置腹地对待安禄山，他肯定没有异心。东北二虏（奚、契丹）还得靠他镇压，不能把他召入朝廷。”

同年三月，唐玄宗派给事中裴士淹宣慰河北，意在侦察安禄山举动。

四月,安禄山为了麻痹唐玄宗,上奏打败奚、契丹。

与此同时,杨国忠加紧搜求安禄山谋反的罪证。他派门客蹇昂、何盈做暗探,严密监视安禄山在长安的私宅。并矫称唐玄宗圣旨,命京北尹派人包围安禄山住宅,进行搜查,拘捕了安禄山的门客李起(一作李超)、安岱、李方来等,送御史台秘密处死。

当时安禄山的儿子安庆宗尚荣义郡主,住在京师,便将朝廷中发生的事密报其父。安禄山闻听大怒,叫严庄上表申辩,且指斥杨国忠罪状二十余事。唐玄宗惧怕安禄山立即生变,只得将责任归咎于京兆尹,又做了一次让步。

同年六月,安禄山的儿子安庆宗与荣义郡主成婚,唐玄宗亲手写诏书命安禄山入京观礼。安禄山推托有病不来。

七月,安禄山表请献马三千匹,每匹马派两名士兵护送,并派蕃将二十二人带队。突袭京师的险恶用心已昭然若揭。也就在这个时候,辅璆琳受贿之事被人告发,唐玄宗借祭龙堂,派他去准备供品,用"不虔诚"的罪名叫左右把他乱棍打死,这才意识到安禄山确有叛乱之心。

面对安禄山的请求,唐玄宗采纳了河南尹达奚珣的建议,亲自起草诏书,大意说献马宜等冬天,由朝廷调拨马夫,不必派本军将卒护送。最后还对安禄山说:"朕新给你建筑了一个温泉池子,十月份在华清宫等着你。"宦官冯神威到范阳宣读圣旨时,安禄山在床上只微微抬起一点身子,冷淡地说:"圣人安好?"又说:"马不献也行,我十月份一定到京城!"说完,马上叫左右领冯神威去馆舍,并派武士严加看守,冯神威吓得要死。几天后,安禄山叫他回去,连回表都没有写。

同年十月,麻木不仁的唐玄宗还没有意识到大难临头,照例携杨贵妃到华清宫去避寒。

安禄山叛乱的蓄谋已久,进行了周密的战略部署。

首先,隐蔽造反意图,扬言奉旨诛杀杨国忠。长时间以来,安禄山独与亲信严庄、高尚、阿史那承庆三人密谋,其他将领混然不觉,至少不知道真正意图。天宝十四载(755)八、九、十月份,屡飨士卒,秣马厉兵。直至起兵前几日,安禄山才召集诸将说明起兵事宜,研究从范阳至洛阳的山川地形及进军路线。对众将说:"侍奉官胡逸从京城赶回,带来密旨,命我带兵入朝,平定祸乱,大家不要奇怪。"所谓平祸乱,指的就是诛灭宰相杨国忠。

其次,加强后方留守,保障主力南下。安禄山特命范阳节度副使贾循守范阳,平卢节度副使吕知诲守平卢,别将高秀岩守大同。这些地方均是安禄山的根据地,是大部分将士的家乡所在地,后方不稳,必然会动摇军心。

第三,采用"声西击东"的战术。起兵之前,安禄山派遣将军何千年、高邈等率轻骑二十名,声言献射生手,乘驿赴太原,预定起兵后次日到达,劫持北京(太原)副留守。目的是造成假象:似乎安禄山要向西进取太原,然后沿唐高祖李渊当年走过的路线,夺取关中。

在做好充分准备的前提下,安禄山调集主力队伍,正式发动了叛乱。天宝十四载(755)十一月初八,安禄山所属队伍及同罗、奚、契丹、室韦等部族兵全部调集,共十五万人，号称二十万。初九早晨，安禄山在蓟城南进行了大规模的阅兵式，打出讨伐杨国忠的旗号，引兵南下。

这个时候，唐玄宗和杨贵妃等正在华清宫里寻欢作乐，一派歌舞升平的景象。十一月初十，叛军将领何千年等在太原劫走了副留守杨光翙。太原火速向长安报告，唐玄宗竟然认为情报是伪造的，根本不相信安禄山会这么快就反叛。紧接着，东受降城（今内蒙古托克托南黄河东北岸）也送来情报。直到安禄山起兵的第七天，即十一月十五日（庚午），朝廷内外、长安百姓都知道了范阳起兵的消息，唐玄宗才确信安禄山真的叛乱了。他立刻召见宰相杨国忠，商讨对策。杨国忠洋洋自得，因为自己的预言被证实了，狂妄地说："如今真正想反叛的只有安禄山一个人，将士们都是被逼迫的。不出十天半个月，安禄山的首级一定会被送来。"唐玄宗当然希望叛乱早日结束，所以也同意杨国忠的分析。大臣们听罢杨国忠的话，都相顾失色。很显然，君臣们并不了解范阳起兵的具体情况，连"以讨杨国忠为名"都不知道。由于摸不清安禄山进军的具体路线，唐玄宗作了两方面的防御：派遣特进毕思琛赴东京洛阳，金吾将军程千里诣河东，各自就地招募数万人，以拒叛军。

十六日（辛未），唐玄宗在华清宫召见安西节度使封常清，商讨应敌方案。见唐玄宗一副忧愁的样子，封常清夸口说："安禄山率领十万凶徒，直犯中原。因为长期太平，老百姓没有见过战争，所以都望风怕贼。请派我走马到东京，开府库，募骁勇，挑马鞭渡黄河，很快就能把逆贼的首级拿来挂在宫门下！"唐玄宗听了很高兴，立刻任命封常清为范阳、平卢节度使。封常清当天就乘驿赴东京洛阳，招募队伍，作守御准备。

十一月二十一日（丙子），即叛军攻陷博陵、正在鼓噪南下，河北战报逐渐传来。唐玄宗又惊慌了，急急返回长安兴庆宫，进行了新的军事部署：以朔方右厢兵马使、九原太守郭子仪为朔方节度使；右羽林大将军王承业为太原尹；新置河南节度使，领陈留等十三郡，由卫尉卿张介然担任；以原先赴河南的程千量为潞州长史。凡是叛军冲击的诸郡，都设置了防御使。

安禄山有备而战，且采用闪电式推进，所过州县，望风瓦解。唐玄宗设置的防线，根本经不住叛军的袭击。河南的几道防线顷刻瓦解，陈留、洛阳与陕郡相继沦陷。

随着战局的急转直下，唐玄宗心中十分懊丧。还是在安禄山叛军攻陷陈留郡的第三天（十二月壬辰初八日），唐玄宗就打算亲征，下诏令朔方、河西、陇右各节度使率所部兵力，除留守边镇城堡的兵员外，限期二十日，全部赶赴京师汇集。十二月二十七日（辛丑），唐玄宗重议亲征之事，下制由皇太子监国。他对杨国忠说："朕在位五十年，已感力不从心，去年秋天就想把皇位传给太子；时值灾年，我不想把自己的灾难留给子孙，打算往后推推再说。没想到逆贼举兵叛乱，我应该亲征，让太了监国。平乱之后，我就可高枕无忧了。"对于杨国忠来说，太子监国比叛军作乱更可怕。因为他一向压制太子李亨及其党羽，唐玄宗如果真将大权交给太子，杨氏一族岂不失势，自己能不遭殃？回到府第，杨国忠急忙找韩国夫人、虢国夫人商量，对她们说："太子平时仇恨我们家专横时间长了，他若继承皇位，我和姐妹们的性命就危在旦夕！”说完他们抱头痛哭。韩国夫人、虢国夫人立刻到兴庆宫找杨贵妃。为了外戚家族的利益，也为了自己的地位和利益，杨贵妃跪在唐玄宗面前，请求收回成命。唐玄宗已是七十一岁高龄的老人了，亲征的决心本来就不很大，爱妃一求情，只好作罢。在当时形势异常险恶的情况下，唐玄宗对杨贵妃一味迁就、让步，听凭杨氏兄妹的摆布，这就使朝廷上下对杨国忠、杨贵妃的怨恨加深，太子李亨与杨国忠之间的矛盾更为激化。

洛阳、陕郡沦陷之后，战场形势发生了微妙的变化。天宝十五载(756)六月以前，近半年里，唐军和叛军处于暂时对峙局面。天宝十五载正月初一，安禄山在洛阳登上皇帝宝座，自称“雄武皇帝”，国号“大燕”，改元“圣武”。很显然，夺取天下是安禄山反叛的真实目的。实现了个人的政治野心，安禄山在思想上开始懈怠，整日深居于雄伟宫阙，沉溺于酒乐歌舞，往昔勇猛进击的锐气逐渐消失。属下将士也都忙于烧杀掠夺，把获得的子女、金帛、宝货统统运往范阳，内部纷争与不和也随之出现。从战略形势上看，安禄山已由进攻转入保守，集中精力巩固河南、河北地区，只派小股力量抄掠潼关。这就使唐廷获得喘息的机会，以加强东线的防御力量。

沦陷区抗击叛军斗争的复兴与郭子仪等顽强抗敌，也是造成对峙局面的重要因素。颜杲卿、颜真卿兄弟在河北常山郡(今河北正定)招募勇士抗击叛军，声势很大，给安禄山带来很大的后顾之忧，使他无法亲自督军西入潼关，并切断了洛阳至范阳的驿路。郭子仪领朔方节度使，率军进驻振武军(今内蒙古和林格尔西北)，击败安禄山大同军使高秀岩，乘胜攻克静边军(今山西右玉)，继而夺取马邑(今山西朔县东北)，打开了战略要地东陉关(今山西代县东)。河东节度使李光弼率军出井陉(今河北井陉西北)，定河北，攻克常山城，取得重大胜利。后来，郭子仪、李光弼两军汇合，在嘉山大败叛军，斩首级四万，俘虏千余人。坐镇洛阳的安禄山听到战报，开始害怕起来。

唐军实力在近半年里确是沿着有利的方向发展，但跟安禄山叛军相比，还不能说全国的军事形势对唐军极为有利。驻扎在潼关的东线唐军基本上是新招募的，没有什么战斗经验，据险守关还可以，出关迎战难以胜任。郭子仪、李光弼朔方唐军转战河北，取得了一系列战斗胜利，但毕竟是敌占区作战，有好多不利因素，如粮草供养困乏等。

潼关失守

安禄山叛乱初期，朝廷上下，包括唐玄宗、杨国忠对叛军的实力估计严重不足。大将封常清也认为“禄山狂悖，不日授首”。盲目轻敌，导致了战场上的严重失利。惨败之后，封常清的头脑还是清醒的。所以，他既没有战死沙场，也没有逃匿罪责，而是先回陕郡，劝高仙芝退守潼关。且多次遣使到朝堂，送上奏表，谁知玄宗连看都不看。封常清又亲自赴长安，求见唐玄宗，以便当面奏明。行至渭南，唐玄宗下敕令要他返回潼关，削去官爵，以“白衣”身份效劳于高仙芝麾下。封常情深知唐玄宗不会宽恕自己，便写下遗表，表达了自己的一片忠心。

几乎同时，由于高仙芝在陕郡不战而退，就为监军边令诚提供了诬陷的口实。他入朝奏事，大谈前线惨败情状，把战败的原因归结于封常清畏敌，高仙芝一味逃跑及盗减军士钱粮，只字不提他们杀敌塞路，坚守潼关的事实。唐玄宗对上述情况根本不做调查，大怒，命令边令诚前往潼关，处斩了高仙芝和封常清。高仙芝、封常清被杀，使潼关唐军的士气，受到严重挫伤。

军不可一日无帅。高仙芝、封常清被杀，朝中一时无良将可派。几乎是在别无选择的情况下，唐玄宗决定选用已在家中瘫痪卧床十月之久的哥舒翰。一则，哥舒翰是河西、陇右节度使，兼领西北两大军镇，威名显赫；虽然瘫痪，出谋划策尚可。其次，他跟安禄山、安思顺兄弟有宿怨。

大约十二月二十三日，长安八万余兵齐集完毕，由皇太子先锋兵马元帅哥舒翰率领开赴潼关。

到达潼关后，哥舒翰抓了军队的整顿，增强了部队的战斗力，并继续采取只守不出的战略方针。正月十一日，安禄山派遣儿安庆绪攻打潼关，哥舒翰打退了进攻，但没有轻敌而出关追击。敌将崔乾祐驻军陕城，田乾真进兵关下，或骚扰，或挑衅，哥舒翰不予理睬，决不主动出击。

就在两军紧张对垒时，朝廷内部的政治斗争进一步尖锐起来，因为安禄山起兵叛乱，打的是诛杀杨国忠的旗号，朝廷上下都认为这是杨国忠骄纵所招致的，无不痛恨切齿，这使得杨国忠很紧张。

对于唐玄宗决定由哥舒翰以皇太子先锋元帅的名义守关，杨国忠和杨贵妃是可以接受的。杨国忠虽然与哥舒翰谈不上有什么深厚的交谊，但他们之间至少没有多少矛盾，何况哥舒翰又是一个瘫痪的人。但后来情况发生了变化。天宝十五载(756)正月初十，唐玄宗加哥舒翰左仆射、同平章事，以示荣宠。这本来是为笼络哥舒翰，激励他更好地守御潼关，保证京师长安的安全。可在杨国忠看来，一个边镇军帅的加官入相，对自己的权势、地位不能不是一个威胁。

三月丙辰，哥舒翰向唐玄宗奏报，说在潼关抓住了安禄山的奸细，搜出安禄山给安思顺的密信，因而指控安思顺勾结叛军，并历数其七大罪状。结果，安思顺在长安被诛，家属迁谪岭南。原来，哥舒翰过去跟安思顺有怨仇，便叫人伪造了安禄山给安思顺的书信。唐玄宗太寄希望于哥舒翰，不加思索地除掉了安思顺。这件事对杨国忠刺激很大。

哥舒翰与杨国忠之间矛盾的加剧，加上杨国忠在朝野丧失人心，导致了驻守潼关的某些将领回兵讨诛杨国忠的倾向。守将王思礼曾秘密向哥舒翰建议，要他向唐玄宗上表请求诛杀杨国忠，以谢天下，哥舒翰拿不定主意。王思礼又请命率三十骑到长安，将杨国忠劫至潼关诛杀。哥舒翰认为这样干风险太大，弄不好要背上叛臣贼子的罪名，所以没有同意。

对于自己的处境，杨国忠敏感地觉察到了。有人对他说："如今朝廷的重兵都掌握在哥舒翰手里，他若倒戈向西杀来，宰相大人岂不是很危险吗?"杨国忠听后大惊。如果真的出现这种情况，那比安禄山叛军入关还可怕。所以，他奏请唐玄宗选监牧小儿三千人在禁苑中训练，命剑南军将李福德、刘光庭等统帅；又招募万人驻扎在灞上，由心腹杜乾运率领。名义上是防御安禄山叛军，实际上是对付哥舒翰"援旗西指"。哥舒翰意识到杨国忠想暗算自己。六月初一，设计斩了杜乾运。这一下，杨国忠更害怕了，竭力把哥舒翰往死路上推。

也就在这个时候，郭子仪、李光弼部在河北告捷，叛军军心动摇。加之潼关久攻不下，安禄山惶惶不安，打算放弃洛阳，退兵回范阳老巢。整个战略形势对唐军十分有利。由于求胜心切，判断失误，唐玄宗下令哥舒翰率军出关，尽快攻克陕郡，收复东部洛阳。哥舒翰据理争辩，坚持守关。远在河北的郭子仪、李光弼也就形势陈述利害，奏曰："若潼关出师，有战必败。关城不守，京室有变，天下之乱，何可平之。"就在这进退关系到成败的关键时刻，宰相杨国忠在唐玄宗跟前的言论，起了极坏的作用。他只盘算着如何防备哥舒翰的威胁，唯恐哥舒翰不出关，对自己将不利，所以屡次向唐玄宗进言，说什么叛军毫无戒备，哥舒翰老是逗留在潼关，会失去战机等等。在杨国忠的一再鼓吹下，唐玄宗下定决心，接二连三地派宦官催促哥舒翰率军出关。哥舒翰无可奈何，拊膺恸哭，不得已而引军出关。

六月四日，哥舒翰率大军东出潼关。七日，在河南灵宝县西原，遇上敌将崔乾祐的军队。叛军早有准备，据险以待。唐军南迫峭山，北临黄河，布阵于七十里长的隘道上，地势不利。八日，哥舒翰令王思礼等以精兵五万居前，庞忠等率众十万继之，哥舒翰本人率三万人登上黄河北岸高地瞭望，鸣鼓助威。崔乾祐诱唐军至伏击圈，一声令下，居高抛下木、石，唐军死伤无数。哥舒翰见势不好，下令突围。其时已过中午，忽起东风，崔乾祐以十数乘草车阻挡，纵火焚烧。烟雾中，官军混乱不堪，自相残杀。日暮时分，叛军精骑自南山绕至唐军背后，突然袭击。官军首尾骇乱，于是大败。黄河北岸的三万官军，见大势不好，也四散溃逃。哥舒翰只带领数百骑，由河东县首山西渡黄河入关。

六月九日，崔乾祐乘胜攻入潼关。

潼关一失，战略形势迅速逆转，对峙局面消失。正在彷徨中的安禄山河南中，获得向关中发展的机会；而河北"渔阳路绝"的局面也迅速发生变化。关中、京师面临沦丧、大势已去。

马嵬惊变

潼关失守，对唐玄宗是一个沉重的打击，由于惧怕他产生了逃跑的念头。

六月十日，唐玄宗在兴庆宫里，召见宰相杨国忠，紧急商议。杨国忠"首唱幸蜀之策"，打算向四川方向逃跑。唐玄宗早已心慌意乱，也没有别的高招，只好同意。安禄山起兵叛乱，打出诛杀杨国忠的旗号，对此，杨国忠不能不考虑自己的退路。如果唐玄宗逃往蜀中，对巩固他的地位十分有利，甚至可以"挟天子以令天下"。所以他赶紧派心腹崔园前往四川增修城池，建置馆宇，储备什器以供急需。四川物产富饶，周围有崇山险关可据，对于丧失信心的唐玄宗而言，也是一个比较安全可靠的去处。

六月十一日，杨国忠召集百官，他鼻涕一把泪一把，要大家献策救急。大臣张

均等百余人唯唯诺诺,毫无主见。只有监察御史高适主张应紧急招募兵马,设法阻挡叛军进攻。杨国忠说:“唉,叛军已经入关,恐怕来不及了。”进而开脱自己的罪责,说:“有人报告安禄山谋反已经有十年了,皇上就是不信。今天的事情,不是宰相的过失!”结果,大家没有取得一致的意见。罢朝后,杨国忠急忙回去叫韩国夫人、虢国夫人赶往兴庆宫,劝说唐玄宗赶快入蜀。

马嵬之变

为了掩人耳目,唐玄宗于六月十二日亲御勤政楼。上朝的大臣寥寥无几,朝堂上冷清凄凉。唐玄宗宣称要领兵“亲征”,任命京兆尹魏方进做御史大夫兼置顿使;京兆少尹崔光远升任京兆尹,担任西京留守;命宦官边令诚掌管宫闱钥匙。并谎称剑南节度大使颍王李璬将赴镇上任,令岭南道作迎接的准备。当天,唐玄宗从兴庆宫搬到未央宫。晚上,特命龙武大将军陈玄礼整顿禁军,厚赐钱帛,挑选了良马九百余匹,以供保驾之用。

六月十三日(乙未)黎明,唐玄宗和杨贵妃姐妹、皇太子、亲王、妃嫔、皇孙、杨国忠、韦见素、高力士、魏方进、陈玄礼以及亲近宦官、宫人等,诡秘地离开未央宫,西出延秋门,向咸阳方向逃去。

天亮时分,唐玄宗带领的逃亡队伍匆匆过了渭水上的便桥。杨国忠下令毁桥断路,唐玄宗知道后,气愤地说:“百姓们也要避贼求生,为什么要断绝他们的生路呢!”特别命令高力士留下,监督灭火,然后再赶路。

上午,许多大臣依旧到兴庆宫“入朝”。到宫门前,只看见三卫的立仗(仪仗队)还整齐地排列着,漏声依稀。等到宫门打开,宫人纷乱拥出,说是玄宗皇帝不见了。顿时,宫中哗然,长安城大乱。由于不知道唐玄宗逃往何方,长安的王公、百官及百姓四处逃窜。有人趁火打劫,争入宫内及王公第宅搜取金银,有的甚至骑驴上殿,焚烧左藏大库。崔光远、边令诚带领人救火,又招募人代理府、县官分别维持秩序,杀了十几人个,才稍稍安定下来。崔光远派他的儿子去迎接叛军,边令诚也把宫门钥匙献给了叛军。

大约上午九点多钟,唐玄宗一行人马到达咸阳县东数里的望贤宫。先遣负责安排的宦官王洛卿和咸阳县令都已逃跑,没有人出来接待。直到中午,还没有饭吃,饥肠辘辘,加上酷暑的烈日当头,别是一般滋味。唐玄宗又气又恼,回想自己的大半生,百感交集,忽然产生轻生的念头,想一头撞向一棵大树。恰好高力士赶过来,抱住他的双脚,呜咽着劝说,唐玄宗这才作罢。这时,杨国忠从市场回来,从衣袖里拿出买来的胡饼给唐玄宗吃。老百姓也有来看热闹的,唐玄宗问他们:“你们有饭吗?不管好不好,拿来就行!”一会儿,百姓就拿了掺杂着麦豆的粗饭。饥不择食,大家都觉得饭很香呢!风卷残云,狼吞虎咽,一扫而光。目睹这一情景,唐玄宗不禁掩面而泣。一位名叫郭从谨的老人上前进言:“安禄山包藏祸心,已经不止一天了。也有人进宫报告他的阴谋,陛下都把他们杀了,使得他的奸计能够得逞,招致陛下流亡,所以先王重用忠良来增加自己的聪明。我还记得宋璟担任宰相的时候,经常直言进谏,因此天下太平。从那以后,朝臣都不敢进谏,而是靠阿谀奉承来保全自己的乌纱帽,所以宫门外的事情,陛下都不知道,百姓们早就料到会有今天了,但宫廷警卫森严,我们的忠心无法表达。如果事情不达到这种地步,我哪能见到陛下,和陛下谈心呢!”唐玄宗深受感动,一再安慰他,老人摇头叹息着走开了。不久,尚食官送来御膳,唐玄宗叫跟随的官员先吃,然后他再吃,并令禁军士卒分散到各个村落去找吃的。

下午三、四点钟,大队人马继续前行。约莫夜半时分,到达金城(今陕西兴平)。随从队伍里很多人不见了,连内侍监袁思艺也不知去向。当地县令、百姓早已逃往他乡。好在百姓的饮食器皿尚在,大家好歹还能填饱肚子。晚上睡觉时,驿中馆舍没有灯烛,只得长幼贵贱不分,摸黑混在一起。唐玄宗与六宫、皇子也是靠着月光进入户庭,凑合了一宵。

十四日(丙申)中午,行至兴平县西郊的马嵬驿。随从护驾的禁军将士疲惫不堪,饥饿难耐,遂萌生出强烈的不满和愤怒情绪。禁军首领龙武大将军陈玄礼,早就看不惯飞扬跋扈的杨国忠,因为他的乱政误国,君臣们播迁流离,落到如此地步,所以早就有了杀杨国忠的念头。陈玄礼召集众将领,慷慨激昂地说:“如今天下分崩离析,皇上震荡,难道不是由于杨国忠盘剥百姓、朝野怨愤所造成的吗?如果咱们不除掉他以谢天下,怎能平四海之愤呢?”大家反应非常强烈,异口同声地答道:“我们早就想这样干了。事情如果成功,就是死也心甘情愿!”恰在这个时候,有二十多个吐蕃使者,因饥不得食,正围住杨国忠的坐骑诉苦。杨国忠还没有来得及答话,愤怒的禁军将士们大声叫喊:“杨国忠与吐蕃谋反!”有人一箭射中杨国忠的马鞍,杨国忠滚落下马,窜进马嵬驿西门内,军士们蜂拥而入,将杨国忠乱刀砍死,并用枪挑着他的脑袋挂在驿门外示众。随后又杀了杨国忠的儿子户部侍郎杨暄及韩国夫人等。当时杨暄听说兵变,吓得从马上掉下来,被将士们射中一百多箭。御史大夫魏方进责备大家说:“你们怎么敢杀宰相!”大家又把他杀了。韦见素听说兵变走了出来。将士们杀红了眼,乱杀乱打,打破了他的脑袋,血流满地。有人认得他,赶快大喊:“不要伤害韦相公!”将士们一听是贤相韦见素,马上住手,他才免死。将士们把他扶了起来。

杨国忠被杀时,唐玄宗正在驿亭里休息,听到外面的喧哗声,就询问发生了什么事。左右告诉他杨国忠已被军士以谋反罪名杀死。唐玄宗并不相信杨国忠会反,作为一个老谋深算的政治家,他深知问题的严重性。“祸由杨国忠”的舆论愈来愈强烈,他早已觉察到了,所以没有责备冲动的军士,而是杖屦步出驿门,慰劳将士,要军士们收兵归队。不料军士不应,依然围驿不退。唐玄宗就派高力士去宣问。有人回答说:“贼根还在,大家很担心,哪里能散去呢?请陛下明断!”把矛头指向了杨贵妃。陈玄礼干脆单刀直入:“杨国忠谋反,贵妃不宜供奉,请陛下割恩正法，以绝后患。”唐玄宗听罢，就像当头挨了一棒。贵妃十七年来宠逾六宫，在生活上、精神上早成了自己不可分离的伴侣。而今国破家亡，弃京西逃，一国之君的尊严早丧失殆尽，也就不说了，难道连一个爱妃都不能保全？可军士不退，后果难以预料，又当如何是好。思虑片刻，唐玄宗讷讷言道：“我自己会处理的！”说完转身回到驿站门内。

这一切，高力士全看在眼里。在他看来，杨贵妃乃一介女子，不该为杨国忠的误国而受牵连。他是唐玄宗的忠实奴仆，首先要为主子排忧解难。当初百般侍候杨贵妃，目的是为了取悦唐玄宗，如今为了保全唐玄宗，只好委曲杨贵妃了。所以高力士说：“贵妃确实无罪，但是将士们已经杀了杨国忠，而贵妃仍在陛下身边，他们哪里会不担忧！请陛下仔细考虑一下，将士安，陛下也就安了。”

唐玄宗没有办法，也只好低首屈服于自己的将士。他悲伤地与杨贵妃作了最后诀别。“君王掩面救不得，回看血泪相和流。”杨贵妃泣涕呜咽，语不胜情，对唐玄宗说：“请陛下多保重！妾的确辜负国恩，死也不恨！只求让妾死在佛的面前！”唐玄宗不忍回头，低声哽咽着说：“愿妃子善地投生！”遂命高力士带去处置。高力士把杨贵妃领到佛堂前的梨树下，叫两名身强力壮的小宦官用罗巾将她缢死。是时，杨贵妃年仅三十八岁。

杨贵妃一死，陈玄礼解胄释甲，向唐玄宗请罪，六军将士暂告平息。

马嵬之变株连而死的，还有杨国忠的其他家人与亲属。杨国忠被杀时，其妻裴柔、幼子杨晞，及虢国夫人、儿子裴徽和一女，已先行至陈仓（今陕西宝鸡市），遭到陈仓县令薛景仙的追捕。他们逃入竹林，虢国夫人看官军追了上来，先拔剑杀死裴徽，又把女儿刺死。裴柔喊道：“娘子为什么不给我方便！”虢国夫人又把她和她的女儿杀了。杨晞跑得虽快，但还是被官军追上杀了。虢国夫人自刎，没有死，被捕进了监狱。她并不知道发生兵变，问狱吏：“是官兵？还是强盗呢？”狱吏回答得很幽默：“都是！”虢国夫人一听这话，血卡喉咙，一命呜呼！薛景仙命令把这些人胡乱埋在东城外十几步道北的杨树下。杨国忠的二儿子杨晞，被安禄山叛军杀死；三儿子杨晓，逃到汉中郡，被汉中王李瑀打死。杨国忠的亲信翰林学士张渐、窦华和吏部郎中郑昂，后来都被朝廷处斩。另一个亲信中书舍人宋昱，舍不得家产，偷偷回到长安，也被乱兵杀死。

纵观天宝乱政，前十一年是李林甫专政，后三年为右相杨国忠执掌朝政。李林甫“在相位十九年（从开元二十二年始算起），养成天下之乱”，而“杨国忠终成其乱”。杨国忠缺德少才，不择手段地攫取相位，飞扬跋扈，祸国殃民，腐朽没落，他的下场是必然的。这样的人，不论他曾经如何显赫，不可一世，最终总要被钉在历史的耻辱柱上。

赵 普 传

人物档案

赵普：字则平，生于幽州蓟州（今北京城西南），后唐末年，相继迁居常州（今河北省正定县）、洛阳（今河南省洛阳）。

生卒时间：922~643 年。

性格特点：性情沉着、严肃刚正、忌妒刻薄。

历史功过：开国宰相，他并不是经常出现在前台，而只是辅助君王在幕后出谋划策。然而，他所参与制订的重大方针政策，却一直影响着宋朝三百年的政治制度，关系到国运民命的重大问题。

名家评点：赵普一生在政治舞台上活动了五十年。作为封建时代地主阶级的政治家来说，是一个有一定远见的历史人物。他所佐治制定的巩固中央君主集权和地方分权的方针、政策，对于结束长期政治动乱、实现中原统一是有贡献的。对于深刻的消极后果来说，他同样是负有历史的责任，作为一代名相，他胸中缺少学问，而以所谓半部《论语》治天下，这当然妨碍他做出更积极的贡献。赵普以个人对君主的忠诚三次任相，在整个居相期间，看不到他造福人民的政绩，这是最大的缺憾。

赵普

联宗滁州城

公元 956 年，周世宗柴荣亲征淮南。

周将赵匡胤袭破清流关（今安徽滁县西北）。占领滁州（今安徽滁州市）。世宗命翰林学士窦仪，到滁州登记库藏，匡胤一一交付。

过了一天，又有军事判官赵普到来，与匡胤相见。两人谈论得十分投机。

这位赵普，便是后来宋王朝的开国元勋，历事太祖、太宗两朝，三度入相，晋爵太师魏国公的那位。他生于后梁末帝龙德二年（922 年），字则平，原籍幽州蓟县（今北京西南）。父迥为避赵德钧兵乱，迁居洛阳。赵普读书不多，自幼学习吏事。成年后，被聘为永兴军节度使刘词的幕僚。

匡胤部下，受命清乡，捕捉到一百多名乡民，说他们都是盗匪，准备斩首。其他人对此无有异言，只有赵普出来反对。他对赵匡胤说："未曾审问明白，就将他们一律杀死，倘或诬良为盗，岂不误伤了人命？"

“书生所见，未免太迂腐了。须知此地百姓，本是我们的俘虏，我将他们一律免罪，已经是法外施恩，现在又甘愿作盗匪，如果不立即将其正法，怎么警告众人呢？”匡胤笑着说。

“南唐虽然是我们的敌国，百姓究竟有什么罪过？况且明公素有大志，很想统一中原，怎能将他看作秦越一般，自己划出界线呢？王道不外乎行仁，还请明公三思！”赵普说。

匡胤见他这么认真，就说：“你如果不怕劳苦，就烦请你去审讯吧！”

赵普便去，一一讯问，多无证据。于是向匡胤禀明，除过确有赃物可以定罪的外，其余全部释放。乡民们非常高兴，都称赞匡胤仁慈而明察。

赵普的细心、周到和先见之明给匡胤留下了深刻的印象，凡遇有疑难问题，匡胤都同他商量。赵普对这位志向不凡、威武英明的将军也格外看重，赵普也一心效忠，知无不言。

赵匡胤的父亲赵弘殷，这次也随周世宗出征。他奉命夺取了扬州，后留韩令坤居守，自己领兵来到滁州城里。没过多久，弘殷生起病来，匡胤早晚在侧侍奉。

忽由扬州传来警报，言说唐军大至，要求援救。周主也有诏书到来，命匡胤速往六合，兼援扬州。匡胤内奉君命，外迫友情，不能坐视。但这个大孝子，见父亲病势未减，又不忍远离，公义私情，交织心头，使他进退彷徨，难以决断。当下找来赵普商议。赵普说：“君命不可违，请公即日前往。如果考虑到尊翁，我赵普愿意代公尽一个儿子的责任。”

“这事怎么敢烦劳你呢？”匡胤有点不好意思地说。

“公姓赵，普也姓赵，彼此本属同宗。如果不嫌我的名位，公父就是我父，一切嘘寒问暖及进饭奉药等事，统由普一人负责，请公尽管放心！”赵普说。

匡胤见他说得这么真诚，非常感激，拜谢赵普，说：“既蒙顾全同宗之谊，此后当视为手足，誓不相负。”

赵普慌忙答礼：“普是什么样的人呢？怎敢受此大礼？”

匡胤于是留赵普居守，把公私各事，都托付给他。随后，选了两千名精兵，当日出发。

这样，赵普也开始成了赵匡胤的幕僚。

不久，弘殷旧病复发，医治无效而死。

定策立新君

公元595年4月，周世宗从沧州（治所在今河北沧县东南）进兵攻辽，益津关（在今河北霸州市）、瓦桥关（在今雄县西南）、莫州（治所在今河北任丘北）均降。5月，瀛州（今河北河间）又降。

周世宗非常高兴，便欲乘胜进攻幽州（今北京城西南）。谁知途中感上寒症，炎热的夏天，偏冷得他抖个不住，拥上棉被也不觉暖和，一连几天不见好转。他曾在商议进攻幽州的宴席上，对那些持不同意见的将领说：“不捣辽都，决不返师！”将领们想请驾还都，又怕触怒他，不敢前去奏请。深受世宗信任和倚重的赵匡胤将军对大家说：“主病未好,这样停留在此,倘若辽兵大至,反为不美。等我去奏请还都好了。”

匡胤来到御榻前,恭敬地问了安,然后谈到军事。世宗说:“本想乘胜平辽,不料朕身体欠安,延误军机,怎么办才好呢?”

匡胤见世宗已有所动摇,便婉转劝道:“大概老天还不想绝灭辽国,所以圣躬不安,不能马上荡平它。如果陛下顺天行事,暂且搁置不问,臣以为老天一定会降福,圣躬自然会康泰了。”

世宗迟疑了半晌才说:“卿言也是。朕且暂时回都,卿可将各处兵马调回,明天就启銮吧!”

匡胤退出,马上传旨,调回李重进、孙行友等,一面准备回都事宜。

第二天,周主起床升座,命令将瓦桥关改为雄州,让韩令坤留守,将益津关改为霸州,让陈思让留守,然后乘舆启行,匡胤等均随驾南归。世宗在路上觉得病略好了点,就从书囊中取出文书批阅。忽然看到里面有一方木板,上写五个大字:“点检做天子。”世宗非常奇怪,细细看了一回,仍旧收藏在书囊中。等回到都中,便把殿前都点检张永德的官免了。永德的妻子是周太祖郭威的女儿,他和世宗是郎舅关系。世宗恐怕他会像石敬瑭那样阴谋篡夺周室,所以将他免职,改任自己认为忠勇仁孝的赵匡胤为殿前都点检,兼检校太傅。匡胤的威名自此更盛。

转眼之间,到了元旦,这是小皇帝宗训纪元的第一天,文武百官都去朝贺,气象很是安宁。过了几天,忽然有真(今江苏仪征)、定(今河北定县)二州的急报传至京都,称:“北汉主刘钧,联络辽兵入寇,声势甚盛,请速发大兵防边!”

小皇帝宗训,只管嬉戏,哪管他什么军国大事!二十几岁的符太后知道后,急召范质等人商议。范质奏道:“都点检赵匡胤忠勇绝伦,可任命他为统帅,副都点检慕容延钊,骁勇剽悍,可令作先锋;再命各镇将领会集北征,全部归匡胤调遣,统一指挥,定会万无一失。”符太后紧悬的心才放了下来,急忙命赵匡胤会师北征;慕容延钊率领前军,先行出发。

延钊领命,选好精兵,即日起程。赵匡胤调集各处镇帅,石守信、王审琦、高怀德、张令铎、张光翰、赵彦徽等,陆续到来,于是祭旗兴兵,分队进发。

这时,都城谣言很盛。人们三三两两地在一处议论:“世宗征辽回来,路上得到一面木牌,上说‘点检做天子’,结果把张永德给免了,任了赵匡胤,怕这话要应在赵点检身上了。命里没有甭强求!天意难违!”

“赵点检威名远扬,方面大耳,怕是个真龙天子。”

“听说将要册立点检做天子。你看这队伍过来过去的,怕是要出乱子了。”

匡胤率领大军,按驿前进。兵到陈桥驿(今河南开封市东北陈桥镇)已是傍晚时分,太阳将要下山。匡胤命各军扎营,住宿一晚,第二天再进。他同将领们一起用过饭,因多喝了些酒,便早早进寝室歇息去了。

当晚,曾受赵普悄悄拜访过的都指挥江宁节度使高怀德站出来对众将说:“主上新立,况且又很幼弱,我等身临大敌,虽出死力,何人知晓?不如顺天应人,先立点检为天子,然后北征,不知诸公意下如何?”

众将对幼主确无信心,而对匡胤素来心服,出城时又见百姓纷纷传说,以为民心所向,所以,一经怀德挑头,便齐声响应:“高公说得很对,我们就依计速行。”

匡义将此事告知赵普，赵普说："主少国疑，怎能定众？点检素有威望，中外人心所归，一入汴京，就可以正帝位。今晚安排妥当，明天早晨便可以行事。"

匡义同赵普一起出庭，赵普部署诸将，说如何如何，可使点检不得不为天子。

第二天，天色将明，将领们一齐逼近匡胤寝室，争呼"万岁"。

"点检还没有起床，诸公请不要高声！"寝门侍卫摇手禁止说。

"今天册立点检为天子，难道你还不知道吗？"众人说。

话音未落，匡义便分开众人进去，正好赶上多喝了点酒的匡胤惊醒过来。

"室外何事？"

匡义将外面情形大略说知。

"这、这事可行得吗！"匡胤看上去有些慌张地说。

"众将拥戴，兄长不妨就为天子。"匡义劝道。

说到这里，将士们已将匡胤拥上马去。匡胤揽住缰绳，对众将道："我有号令，你们能不能听从我？"

"能！"众将齐声应道。

"太后和主上，我当北面侍奉他们，你们不得冒犯！京内大臣，与我是同僚，你们不得欺凌；朝廷府库，以及百姓之家，你们不得侵扰！如能听从我的命令，后当重赏。否则，将戮及妻子儿女，决不宽贷！"匡胤郑重地说。

众将听令后又拜，无不答应。匡胤这才整顿兵马，开回汴京。派楚昭辅和客省使潘美，加鞭先行。

匡胤领着大军从明德门入城，命令将士一律归营，自己退居公署。

过了一会儿，军校罗彦环等，将范质、王溥等人拥入署门。匡胤见了，呜呜地哭着说："我受世宗厚恩，被六军逼迫至此，违负天地，怎能不汗颜呢？"

范质等人刚要说话，罗彦环厉声道："我们无主，大家商议立点检为天子，哪个再有异言，如或不肯从命，我的宝剑决不容情！"说毕，拔剑出鞘，挺刃相向。

王溥面如土色，退下台阶向匡胤下拜。范质不得已也拜。匡胤连忙下阶扶起二人，让他俩坐下，然后商议即位事宜。

"明公既为天子，怎么处置幼君呢？"范质试探地问。

"就请幼主效法尧禅舜的故事，他日将以虞宾相待。如此，便是不负周室。"赵普在旁答道。

"太后和幼主，我曾北面臣事，早已下令军中，誓不相犯。"匡胤补充说。

"既然如此，应该召集文武百官，准备受禅。"范质说。

"请二公为我召集，我决不薄待旧臣。"匡胤说。

范质、王溥当即辞出，入朝宣召百僚。日晡时分，百官才齐集朝门，分立左右。

当下由群臣商议，称周王为郑王，符太后为周太后，命令周宗正郭玘祀周陵庙，仍令岁时祭享，一面改定国号，称之为宋朝，纪元建隆，大赦天下。追赠韩通为中书令，厚礼收葬。然后封赏佐命元勋：授石守信为归德军节度使，高怀德为义成军节度使，张令铎为镇安军节度使，王审琦为泰宁军节度使，张光翰为江宁军节度使，赵彦徽为武信军节度使，并皆掌侍卫亲军；提慕容延钊为殿前都点检，副点检一缺，让高怀德兼任；赐皇弟匡义为殿前都虞候，改名为光义；赵普为枢密直学士。为稳定政局,匡胤仍让周宰相范质依前任司徒兼侍中;王溥仍任司空兼门下侍郎;魏仁甫为尚书右仆射,兼中书侍郎,均为同平章事。

随主征二李

匡胤登位以后,经赵普、窦仪做媒,将韶年守寡的妹妹,嫁给正在悼亡的高怀德。这位曾将黄袍加在匡胤身上的高将军,便成为尊贵的皇亲了。

蜜月不久,忽有一道诏书传入高府,令他同讨李筠,即日出师。

李筠是太原人,历事唐、晋、汉三朝,积有战功。周时提为检校太尉,领昭义军节度使,驻节潞州(今山西长治市)。

匡胤受禅,加封李筠为中书令,派使赐册。李筠在属下劝说下勉强拜受,心中很是不服。北汉主闻知,派人送来蜡书,约筠一同起兵。李筠便欲起事。长子守节劝谏不听,反惹动他一腔怒气。

“你晓得什么?赵匡胤欺弄孤儿寡母,诈称辽、汉犯边,出兵陈桥,收买将士拥立自己,回军逼宫,废少主,幽太后,大逆不道,我还好北面事他吗?”李筠斥道。

于是,在宋建隆元年(960年)四月草定檄文,历数匡胤不忠不孝之罪,布告天下;一面请北汉发兵,一面派骁将儋伯往袭泽州(今山西晋城东北)。

路上,又听说太祖派慕容延钊、王全斌出兵东路,夹击李筠,便放胆前进。大军行至长平(今山西高平西北),同李筠军相遇,两军鏖战一场,未见分晓,天晚各自收军。

第二天又战,正杀得难分难解,慕容延钊率军赶到,突入敌阵,敌人顿时散乱。石守信、高怀德乘势掩杀,敌军败逃。宋军追了一程,才退了回来。

第二天,匡胤即下令亲征。大军陆续出发,将至泽州,敌人择险据守,扎下数营。匡胤便命进攻,一一摧垮,李筠跑入泽州。宋军追至城下,四面围攻,破城而入,李筠自焚身死。

过了一天,宋军又进攻潞州。守节向北汉主求援,北汉主刘钧早已逃去,无奈,只好向兵临城下的宋军投降。宋太祖赵匡胤授以团练使之职。

平定潞州之后,淮南道节度使李重进便成了宋太祖的心腹之患。

李重进是周太祖郭威的外甥,生长在太原,历事晋、汉、周三朝。周末任为淮南节度使,镇守扬州。匡胤禅位,加授中书令之职,命他移镇青州(今山东益都),以便就近约束。重进本来同匡胤并肩事周,分握兵权。匡胤受禅后,恐为所忌,常不自安;等到移镇命下,心中更是不满。李筠攻宋的消息传到扬州,重进派亲吏翟守珣到潞州联络,准备南北夹攻。

翟守珣未去潞州,反而悄悄来到汴都求见太祖匡胤,太祖问明底细,便对守珣说:“他无非防朕加罪,因而另作打算。朕今赐他铁券(免死牌),誓不相负,他能相信不?”

“臣观重进终有异志,愿陛下事先预防!”守珣说。

“朕同你相识多年,所以你特来报朕,可以说是不负故交了。但朕想亲征潞州,恐重进乘虚掩袭，多一掣肘，烦你归劝重进，让他缓发，不要使二凶并发，分我兵力。侍朕平定潞州之后，再征重进，就比较容易了。”太祖说。

太祖厚赐守珣，守珣遵旨返回扬州。见了重进，说了一派谎话，止住重进发兵。太祖北征时，特派方宅使陈思诲奉着朝书，赐重进铁券，以稳重进之心。重进留住思诲，只说待太祖回汴，一同入朝。

太祖奏凯回京，重进心中有些惧怕，准备整理行装，随思诲入京朝见。后听部将劝阻，恐入京难返，便写了密书送往南唐，约它一起反宋。南唐竟将重进密书派人呈入太祖手里。太祖大怒，即命石守信、王审琦、李处耘、宋偓四将分领禁兵，出征重进。四将即领兵南下。时为建隆元年(960 年)九月。

十一月，赵普随太祖出征扬州。重进见太祖亲征，非常惊慌，眼看城池难保，便举家自焚。重进死后，全城大乱，宋军一举攻克。翟守珣向太祖请求，将重进遗骨收拾装棺，予以埋葬。

赵普两次劝太祖亲征，无非防手握重兵的将帅生变，危及初创的宋家基业。二李既灭，这位太祖倚重的臣子，便谋划起可以使宋王朝长治久安之策。

劝主集大权

有一天，匡胤又微服来到赵普的府第。赵普慌忙出迎，引入厅中。拜见完毕，也劝太祖要谨慎珍重。

“如果有人应得天命，任他所为，朕也不去禁止呢。”匡胤又笑着说。

“陛下原本圣明，但一定认为普天之下，人人心悦诚服，没有一个人同陛下为难，臣却不敢断言。就是执掌兵权的诸位将帅，难道也是个个都可靠吗？万一他们瞅准机会，暗中发动变乱，祸起萧墙，那时措手不及，后悔难追。所以，为陛下考虑，总请自重才是！”赵普说。

“石守信、王审琦等人，全是朕的故交，想来一定不会发动变乱。卿也有些过虑了。”匡胤不动声色地说。

“臣也不怀疑他们的忠心。但仔细观察这些人，都不是有很好的领导才能，恐怕他们不能制服部下。如果军营中部下们胁迫他们发动变乱，他们也不得不唯众是从了。”赵普明确地说出自己的担心。

“朕从未迷恋过花酒，何必要出外微行呢？正是因为国家初定，人心是否归朕，尚未可料，所以私行察访，不敢稍微有所懈怠啊。”

赵普说：“只要把一切大权集中到天子手里，他人不敢觊觎，自然就太平无事了。”

君臣又谈了一会，太祖便回宫去了。

和赵普谈后第二天，太祖晚朝，让有司在便殿设宴，然后召石守信、王审琦、张令铎、赵彦徽等人入宴。酒喝得正高兴的时候，太祖屏退左右之人，对众将说道：“朕没有卿等，不会有今天。但身为天子确实太难了，还不如做节度使时逍遥自在。朕自受禅以来，已经一年多了，何曾睡过一晚安稳觉呢。”

“陛下还有什么忧虑呢?”石守信等离座起身问道。

“朕同卿等都是故交,不妨直告你们。这皇帝的宝位,哪个不想坐它呢。”太祖微笑着说。

众将闻言不对,伏地叩首,说:“陛下怎么说出这话。目今天下已定,何人敢生异心?”

“卿等原本没有这种心思。如果属下贪图富贵,暗中活动,一旦生变,将黄袍加在你们身上,你们虽不想这么做,也要骑虎难下了。”

守信等心里越加惊慌,哭着说:“臣等愚陋,想不到这些。乞求陛下哀怜,指示一条生路!”

“卿等且起!朕有几句话,要同卿等商量。”

守信等遵旨起来。

“人生如白驹过隙,一忽儿是壮年,一忽儿又到了老年,一忽儿又死了,总没有人能有几百年的寿数。追求富贵,无非是想多积些金银,能很好地娱情乐性,使子孙们不至于穷苦罢了。朕为卿等着想,不如释去兵权,出外镇守大藩,多买一些良田,给子孙置一些不动的产业,再给自己多买一些歌童舞女,饮酒作乐,以终天年;朕且要同卿等约为婚姻关系,世世亲近,代代和睦,上下相安,君臣无忌,难道不是一条上策吗?”

守信等转忧为喜,拜谢道:“陛下竟能这样体念臣等,真是所说的‘生死而肉骨’了。”

于是,大家又喝了一会酒,尽欢而散。过了一天,都上表称病,纷纷辞去军职,交出兵权,带上太祖特别赐给的财物,欢天喜地去地方做节度使去了。这就是历史上有名的“杯酒释兵权”的故事。

“杯酒释兵权”只是解兵权的第一步。中唐以来方镇弄权的隐患和新执掌禁军的弄权问题,仍是太祖面前的当务之急。解决这个问题的关键,是把赵普提出的方针精神渗透到朝廷和地方的职官建置中去。

在赵普的参赞下,一套改变了过去权力结构中的独立性,而使其能依附君权运转的相互制约的职权体制制定了出来。

中央设副相、枢密使副与三司计相以分宰相之权,使其互相牵制。枢密使直属皇帝,掌指挥权,而禁军之侍卫马、步军都指挥和殿前都指挥负责训练与护卫。为防军队为将领所私有,实行“更戍法”,使得“兵无常帅,帅无常师。”

乾德元年(963年),太祖用赵普谋,罢王彦超等地方节度使和渐削数十异姓王之权,委以他任,另以文臣取代武职,使武臣方镇失去弄权的基础;另一方面,收厢兵之骁勇和天下精壮充当禁军,使天下精兵皆归枢密院指挥。

地方则以文人担任的知州和副职通判为行政官员,重要文献需会签才有效。通判是皇帝督察知州的耳目。另外,又在地方设转运使副,负责将地方钱粮的大部分输送中央,以限制地方的财政粮饷权限。

这样,就形成了强干弱枝并且内外上下相互制约的体制。

新体制的运行,使五代藩镇的积弊一扫而空。

智者千虑,必有一失。赵普参与制定的方针政策,只是以防兵变、防方镇跋扈、防官员损害君权为出发点,而不是提高国力,提高军力、政权、财政三方面的效力。所以,它虽然改变了五代武臣专权、政变频繁的局面,使宋王朝成为一个高度集中统一的国家,并对当时社会经济的发展起了重要作用,但却种下了宋王朝以后走向“积贫积弱”局面的祸根。

先南后北策

乾德二年(964 年),太祖匡胤已将中央和地方的政权部署完毕,新王朝已基本巩固起来,于是罢免了原职留用的后周三相范质、王溥、魏仁甫,任赵普为门下侍郎,同平章事,即实际上的宰相职位。

蜀主孟昶,是两川节度使孟知祥的儿子。后唐明宗封孟知祥为蜀王,历史上称作后蜀。唐末,知祥自称蜀帝,不久病死,儿子仁赞嗣立,改名为昶。

孟昶荒淫无道,滥用臣僚。他想凭险自固,不愿受宋廷节制。后听臣下王昭远的劝告,准备通好北汉,夹攻汴梁。昶派部校赵彦韬前往太原送蜡书。

彦韬装着蜡书竟来汴梁,将此事奏知太祖。太祖阅过蜡书,不禁微笑道:“朕正准备发兵西征,他偏先来寻衅,更让朕师出有名了。”

于是安排选将,命忠武军节度王全斌为西川行营都部署,都指挥使刘光义、崔彦进为副,枢密副使王仁赡,枢密承旨曹彬为都监,率兵六万,分道入蜀。

临行时,太祖嘱咐他们:“朕已为蜀主建好府第。如果蜀主出降,所有家属,无论男女大小,一概不许侵犯,好好地送他们入都,来见朕躬,我将让他们安居新的府第。”

全斌等领旨而去,浩浩荡荡杀奔西川。出兵仅六十六天,宋军便兵临成都城下。孟昶无奈,让李昊草了降表,派通奏尹审徵送入宋军。全斌大军便开入成都。存在了三十三年的后蜀灭亡。

太祖接到降表,让吕余庆知成都府,并命孟昶速率家属来京受职。

昶同家属到了汴京,太祖在崇元殿接见了他,封他为检校太师兼中书令,授爵秦国公;所有昶母以下子弟妻妾及官属均有赏赐。

太祖早闻昶妾花蕊夫人艳丽无双,很想见她,以慰渴念,但又不便特召,只有遍赏昶家属金帛,等她进来谢恩,睹其风采。

昶母李氏带着孟昶妻妾入宫拜见,太祖一一传见,见那花蕊夫人果是国色天姿,丰韵可人。此时,继后王氏已去世,六宫妃嫔都不过寻常姿色,正准备择后的太祖,对着这倾城倾国的美人儿,一时心猿意马,恋恋难舍。

不久,孟昶在参加太祖举行的一次晚宴后,患病而死。昶母随之绝食而亡。

太祖派人主持丧事。事毕,孟昶家属又入宫谢恩。太祖见了花蕊夫人,不忍相舍,竟迫她侍宴,留住宫中。次日即册立为妃。又命将孟宅的供帐,收还大内。

卫卒遵旨往收,把孟昶用的尿器也取了回来,因为这尿器是七宝装成,非常精致。太祖见了,也觉稀罕,他叹道:“一个尿器也用七宝装成,奢靡至此,不亡何待!"让卫卒将其砸碎。

有一日,又见花蕊夫人用的妆镜背后刻有"乾德四年铸"五字,不觉惊疑,说:"朕在此之前改元,曾对相臣说过年号不要袭用旧的,为什么镜子上面也有'乾德'二字呢?"

花蕊夫人一时忘记,对答不出。

太祖又召问各大臣,大臣们也回答不出,唯独翰林学士窦仪说:"蜀主王衍,曾有此号。"

太祖高兴地说:"怪不得镜子上有这两个字;镜是蜀物,应该记蜀年号。宰相须任用读书人,卿确实具有宰相才呢?"

窦仪拜谢而退。

自此以后,朝廷大臣都说窦仪将要入相,太祖也有这个意思,便同赵普商量。赵普见大家称说窦仪,心里很不舒服,这明明是说他读书不多,心中轻视于他。窦仪的学问自己确无法相比,但在能力方面他还有些自信。他不愿有一个在学问方面使他相形见绌的同僚。今见太祖来问,便说:"窦学士学问有余,但处理国家大事的能力不足。"

太祖默然无语。

窦仪听说后,知是赵普忌才,心中愤懑,染病不起,没过多久就死了。太祖很是痛惜。

西蜀平定之后,太祖嫌"乾德"年号与蜀相同,便决定更改;并想立花蕊夫人为皇后,密与赵普商议。

"亡国宠妃,不足以为天下母。宜另择淑女,立一个能表率天下的庄重的国母。"赵普说。

太祖便决定立早已留意过的左卫上将军宋偓之女为后。

开宝元年(968年)二月,册立宋女为皇后。宋女年才十七,太祖已是四十二岁的人了。宋女豆蔻年华,面似芙蓉,柔媚可爱,太祖十分宠幸,反把花蕊夫人冷落一边。花蕊夫人抑郁成疾,不久玉殒香消,魂返故乡。太祖命用贵妃之礼安葬。

南汉主刘铁经常派兵侵扰边境。太祖当时还不想用兵,开宝三年(970年),送信给南唐,让南唐主李煜传话,劝他称臣。

刘铁不服,拘留了唐使,给李煜的回信中语多不逊。李煜将原书奏闻太祖。太祖便命潭州防御使潘美,朗州团练使尹崇珂领兵南征。

开宝四年(971年),宋军攻入广州,擒住刘铁,押送汴都。太祖授他以检校太保右千牛卫大将军之职,封恩赦侯。存在了五十五年的南汉灭亡。

南汉平定之后,南唐主李煜非常恐惧,派弟弟李从善上表宋廷,愿意去掉国号,改印文为江南国主,且请赐诏呼名。

太祖准他所请,厚待从善,除了通常应赐之物外,临别时又以五万两白银相赠。

太祖想平灭南唐,但有一人,心中不敢轻视。这人便是南唐江都留守林仁肇。此人素有勇名,是江南诸将中的头号人物。太祖想先除掉他,以便进兵。于是派画师偷观仁肇容貌,绘制成像,悬于宫中别室。等从善再来入朝时,故意使廷臣引观,称说仁肇愿附宋廷，先以像为质。从善告知李煜，李煜便鸩杀了仁肇。

仁肇死后，太祖非常高兴，便召李煜入朝。李煜害怕被拘，只令使臣入贡方物，称说有病，始终不肯入京。

开宝八年(975年)十一月，宋军攻破金陵城，后主李煜投降，入汴京谢罪。太祖授以光禄大夫、检校太傅右千牛卫上将军之职，封建命侯。存在了三十九年的南唐至此灭亡。

乾德元年(963年)北宋已出兵灭了荆南和湖南。至此，后蜀、后汉和南唐也已灭掉。在强大的军事、政治压力下，太平兴国三年(978年)，漳(今福建漳州市)、泉(今福建泉州市)二州的陈洪进和吴越的钱俶相继归附，南方的割据政权全被消灭。

太平兴国四年(979年)，宋太宗赵光义亲率大军，出征北汉，攻破太原，北汉主刘继元投降，"十国"中的最后一国被灭掉，结束了五代十国分立割据的局面。

赵普先南后北的战略部署基本上得以顺利实施。遗憾的是，由于体制的原因，宋朝的国力渐渐削弱，一直没能从契丹手中收回石敬瑭割让的幽云十六州，熙宁时期宋廷反而割让七百里地以和辽。

赵普参与制定的方针政策，得失均有，对宋王朝的影响是深远的。

谋私遭罢相

太祖在平定南汉之后，又趁闲微服出行。

一天晚上，太祖来到赵普家，正赶上吴越王钱椒送书信给赵普，并赠有海产十瓶，放在廊屋下。突然听说太祖到来，赵普仓猝出迎，来不及将海产收藏起来。太祖进来瞧见，问是什么东西？赵普不敢谎说，据实奏对。

"海产一定不错，何妨一尝！"太祖说。

赵普不能违旨，便取过瓶子启封。揭开一看，并非什么海产，却是十分贵重的黄灿灿的瓜子金。弄得赵普局促不安。

"臣还没有打开书信，实不知情。"赵普解释。

太祖听了他的解释，叹息道："你也不妨就收了它。看他的来意，大概以为国家大事，全由你书生做主，所以格外厚赠哩。"说完便走了。

赵普匆匆送出，懊丧了好几天。后来看到太祖仍像以前那样优待他，才放下心来。

谁知一波未平一波又起。

赵普准备修建住宅，派亲吏到秦陇一带采购大号木料。亲吏将这些木料联成大型排筏，放流至汴京。亲吏趁此机会多购了一些，在都中出售，牟取厚利。

三司赵玭闻知，一查，方知秦陇一带的大号木料，已有诏书明令禁止私人贩运。赵普悄悄派人前去采购，已是违旨；贩卖牟利，便属不法。当即将详情奏和太祖。

太祖上次见了瓜子金，已觉赵普愚弄了自己，现又见他违旨贩木，明明是把自己不放在眼里，不知他背地还干了些什么？心中大怒，但口中只说道："他还贪得无厌吗？"

于是,命翰林学士拟定草诏,即日罢免赵普。多亏前丞相王溥竭力劝解,才留诏未发。

不久,又发现赵普的儿子承宗娶枢密使李崇矩的女儿为妻,违背了朝廷为防止臣下架空皇权不准宰辅大臣间通婚的禁令,太祖立即命令将他们分开。

翰林学士卢多逊及雷有邻,又揭发赵普受贿,包庇抗拒皇命的外任官员。这更是欺君之罪。多逊在太祖召问时,又谈及赵普学问不足,嫉贤妒能,排挤窦仪之事。太祖更加不满,完全失去了对赵普的信任。但太祖此时已冷静下来,这位功臣毕竟不同别人,他不再想下诏罢免,而是疏远他,使他自省,自己找台阶下来,以免伤他的面子。

事情到了这种地步,赵普只得请求罢免自己。当即便有诏书下来,调赵普外出为河阳三城节度使。卢多逊被提升为参知政事。

除卢扳廷美

建隆二年(961年)元月,杜太后临终时,曾召集子孙和当时任枢密使的赵普,一同到卧榻之前。

赵普受命,就在榻前写立誓书。先写了太后遗嘱,后署"臣赵普谨记"五字。随即将其收藏在金匮之中,安排了一个妥当宫人掌管。

过了两天,杜太后就去世了,谥曰昭宪。

杜太后生有五子,长子叫匡济,下来是匡胤、匡义、匡美、匡赞。匡济、匡赞早亡。匡胤即位后,为了避讳,将所有兄弟原名中的"匡"字改为"光",所以在太后的遗嘱中,也称光义、光美。德昭是太祖之子,生母是太祖原配贺夫人。

开宝九年(976年)十月,太祖崩。根据杜太后遗嘱,晋王光义即位,这便是后人所称的太宗皇帝。

光义即位后,大赦改元,以本年为太平兴国元年;称宋皇后为开宝皇后,任命弟弟光美为开封尹,晋封为齐王;太祖、光美的所有子女,并称皇子皇女。光美为避主讳,改名廷美。封太祖的儿子德昭为武功郡王,德芳为兴元尹,同平章事。薛居正为左仆射,沈伦为右仆射,卢多逊为中书侍郎,曹彬仍为枢密使,并同平章事,楚昭辅为枢密使,潘美为宣徽南院使;并加封刘铱为卫国公,李煜为西郡公。

太平兴国三年(978年)三月,吴越王钱俶与平海节度使陈洪进相继入朝。洪进将漳、泉二州版图献给宋朝。钱俶听说,心中震惊,也将吴越十三州土地拱手出献。太宗各授以官职,在京师赐宅,让其居住。南方割据各国至此完全消灭。

为谋求统一,第二年,太宗领兵亲征北汉。宋军打败了辽宰相耶律沙率领的援军,围攻太原。北汉主刘钧已死,其子刘继元继位。看到外援无望,便向太宗投降。太宗封他为检校太师右卫上将军,授爵彭城郡公。存在了二十九年的北汉灭亡。

五代十国的割据局面就此结束。

前同平章事赵普,出任为河阳节度使时,又有人说他谤议皇弟,赵普当时曾上表辩白,略言:"皇帝光义,忠孝兼全。外人谓臣轻议皇弟,臣怎敢出此?且与闻昭宪太后顾命，宁有二心？知臣莫若君，愿赐昭鉴”等语。这篇表文经太祖亲手加封，一同藏于金匮之中。到太宗登位，赵普入朝，改封为太子太保。因为受卢多逊的诽谤，只命他供奉朝请，居京多年，总是郁郁不得志。

赵普的妹夫侯仁宝，曾在朝供奉，卢多逊因和赵普关系不好，也将仁宝调为邕州（治所在今南宁市南）知州。邕州在南岭之外，靠近交州。交州就是交趾（旧对安南、越南的别称），唐末被大理吞并，不久归唐所有，五代时属于南汉。宋平南汉之后，交州统帅丁琏曾向宋廷入贡。丁琏死后，其弟丁璇袭职，因年幼而被部将黎桓拘禁，黎桓自称权知军府事。赵普恐怕妹夫久居邕州，多年不调，免不得老死岭外，于是设法调妹夫回来。他想出一个上书的法儿，力陈交州可取。

太宗本是喜功，看了赵普的奏章，心有所动，准备召仁宝进京，面询边事。

卢多逊看出赵普的意图，生怕他在朝中有一助手，将来东山再起，不利于自己，于是设法阻止。他想交州地形复杂，大军前去，很难有取胜的绝对把握，于是将计就计，入朝面奏太宗：“交州内乱，正可以攻取。但如果先召仁宝回京，恐怕反而会泄露机谋，臣以为不如密令仁宝整兵直入，掩其不备，较为万全。”

太宗准奏。于是命仁宝为交州水陆转运使，孙全兴、刘澄、贾湜等一并为其部署，同伐交州。

仁宝奉诏，只得整顿兵马，与孙全兴等先后并发。在白藤江，仁宝冲散未曾预防的交州水兵，夺战舰二百艘，大获全胜。仁宝自为前锋，约孙全兴等为后应，乘胜深入。

全兴勒兵不前，只有仁宝一军杀入交趾，沿途势如破竹。忽然接到黎桓书信，说情愿投降，仁宝信以为真，营内戒备放松。夜里，黎桓突然领兵劫营，宋兵人不及甲，马不及鞍，抵敌不住。仁宝竟死于乱军之中。

赵普弄巧成拙，不但未调回妹夫，反使他败死交州，心中痛悔交加，恨不得生食多逊。无奈太宗正宠信他，一时无隙可乘。

忽有一日，晋邸旧僚柴禹锡、赵熔、杨守一等，直入宫中，向太宗密奏，说秦王廷美，骄恣不法，势将谋反；又说卢多逊同秦王交好，恐怕未免有沟通的事情。

这话触动太宗疑忌。

赵普听说事关多逊，精神为之一振。这个机会终于出现了！为获取信任，又向太宗叩首自诉道：“臣愧为旧臣，曾亲聆过昭宪太后遗命，备承恩遇，不幸的是刚直招来罪过，反为权幸之臣所阻，耿耿愚忠，无从相告。臣前次被迁，曾有人说臣讪谤皇上，臣曾上表自诉，极陈鄙悃，档册现在，尽可以复查，若蒙陛下察核，知臣苦衷，臣虽死不朽了。”

赵普退出后，太宗马上让近侍翻找赵普的表章，四处寻觅不着。一位老内侍回忆起来，说是由太祖贮藏在金匮之中。当即禀过太宗，打开金匮一看，果然找到了它。于是，又将赵普召入，对他说：“人谁能没有过错呢？朕不到五十岁，已经知道前四十九年的错了。从今以后，才知卿忠。”

赵普顿首拜谢。太宗随即面授赵普为司徒，兼职侍中，封梁国公；并命他秘密察访秦王廷美之事。

赵普和廷美无仇无冤，不过为了除掉仇敌卢多逊，只好从廷美着手，陷他下井。

多逊当然料到，虽知祸将及己，但贪恋相位，心存侥幸，不甘辞职。

赵普哪里肯放？明察暗访，得知卢多逊私派堂吏交通秦王的事。

这个堂吏叫赵白，他同秦王府中的孔目官阎密、小吏王继勋、樊德明等，朋比为奸，秦、卢交好统由他几个往来介绍。

赵白曾将中书机密，密告廷美，且传多逊的话："愿宫车晏驾，尽力事大王。"

廷美也派樊德明，向多逊传话道："承旨言合我意，我亦愿宫车早些晏驾呢。"又私下赠给多逊弓箭等物。

赵普将此事一一入奏。太宗心中又恼又喜，说："兄终弟及，原有金匮遗言，但朕还强壮，廷美怎么这样性急？朕待多逊也算不薄，难道他还不知足，一定想让廷美为帝吗？"

见太宗提及金匮遗言，善察人主之心而且思虑深远的赵普，便献出一条能结人主欢心且避遗祸家族的一石二鸟之策："自夏禹到今，只有传子的公例，太祖已误，陛下岂能再误？"

太宗不禁点头。

于是颁诏责备多逊不忠，降为兵部尚书。过了一天，又将多逊下于狱中，并逮捕赵白、阎密、王继勋、樊德明等，令翰林学士承旨李昉、学士扈蒙、卫尉卿崔仁冀、御史滕中正等，秉公审讯。

赵白等一一伏罪，又让多逊对簿，多逊也无可抵赖。李昉等奏知太宗。

太宗召文武常参官集议朝堂。群臣根据旨意最后议定，赵白、阎密、王继勋、樊德明等，一并在都门外斩首，籍没家产，亲属流配海岛；廷美勒归私第，子德恭、德隆等仍称皇侄，皇侄女嫁韩崇业，去公主、驸马名号。贬西京留守阎矩为涪州（今四川涪陵区）司户参军，前开封推官孙屿为融州司户参军，两人都是廷美的官属，说他辅导无状，连带坐罪。卢多逊被发配崖州（今海南三亚市崖城镇），即日出京。雍熙二年（985 年），多逊病死于流放地。

除掉多逊，赵普恶气已出，但廷美尚在京师，一旦死灰复燃，岂能放过他？虽觉有愧于廷美，但此时已成骑虎，为了自身和子孙，也顾不了许多，索性一不做，二不休，彻底摧垮廷美。如此一来，太宗无争位之忧且子孙有继位之便，不论现在或将来，他们岂能不念及献策出力的赵功臣。主意已定，赵普便暗中唆使开封府李符上言：廷美未肯悔过，反多怨望，请迁居边郡，免生他变。

于是，一道严旨又下，降廷美为涪陵县公，安置房州（今湖北房县）；妻楚国夫人张氏，削夺国封。命崇仪使阎彦进知房州，御使袁廓通判州事，各赐白金三百两，令他监视廷美，不得有误。廷美到了房州，行动不得自由，阎、袁二人每天派人侦查，累得廷美气郁成疾，渐渐地瘦削下去。

太宗因右仆射沈伦，未能觉察秦、卢阴谋，免去相位，降为工部尚书。左仆射薛居正去世，改任窦偁、郭贽参加政事。不久又因郭贽嗜酒，出为荆南府知府，另命李昉继任。

太宗是位聪明的主子，岂能不知赵普的心思。秦、卢密谋的大事已经了结，赵普出力之多是显而易见的。但冷静想来，他说不清赵普是为自己尽忠呢，还是为他个人打算？不管怎么说，总觉得赵普有些狠。又见他记人小怨，不免对他猜忌起来。

太宗对群臣说："赵普有功于国家，并且和朕是多年的故交，朕十分倚赖，但看他牙齿脱落，须发斑白，年纪已经衰迈，不忍心再以枢务相劳，当择一块好地方，使他享些老福，才不负他一生知遇呢。"就作了一首诗，命刑部尚书宋琪，持赐赵普。

赵普读毕，知诗中寓意是劝他辞职。想到好不容易再登相位，且为太宗创造了那么多方便，今天却要叫他将这相位让与别人，禁不住落下老泪。事已至此，无可奈何，只好对宋琪说："皇上待普，恩谊兼至，普余生无几，自愧报答不尽，愿来世再效犬马微劳。敬请足下转达皇上！"

宋琪劝慰了几句，当即告辞，归报太宗。

第二天，赵普呈上辞职表，太宗准奏，使普外出为武胜军节度使。太宗在长春殿赐宴，亲自饯行，又作诗赠别。

赵普流泪奏道："承蒙陛下赐诗，臣定当刻于石上，他日将其与臣朽骨同葬泉下，臣如果死而有知，将铭记皇上大恩，永不相忘。"

上言三入相

贺怀浦是太祖原配贺皇后的胞兄，曾任指挥使，现同出任雄州（今河北雄县）知州的儿子令图共守朔方。他见契丹主年幼，太后萧氏执政，以为有机可乘，便奏请立即出师，北取幽蓟。

太宗准奏，命曹彬为幽州道行营都部署，崔彦进为副，米信为西北道都部署，杜彦圭为副，出师雄州；田重进为定州都部署，出师飞狐（今河北涞源）；潘美为云（今山西大同）、应（今山西应县）、朔（今山西朔县）都部署，杨业为副，出师雁门（治所在今山西代县）。宋军浩浩荡荡，大举攻辽。

自二月至四月，大军旗开得胜。潘美军攻克云、朔、寰（今朔县东北）、应等州；田重进军攻克飞狐、灵丘（今山西灵丘）；曹彬军攻克涿州（今河北涿州市）。

太宗屡接三军捷报，更加雄心勃勃，要将那幽蓟之地收复过来。

不久，曹彬军粮尽，退回雄州。太宗怕其受袭，以致前功尽弃，当下飞使传诏，令他不得急进，先引军和米信会合，加强兵力。曹彬遵旨行事，当时，崔彦进等听说潘美同重进已东下，准备攻取幽州，便怂恿曹彬急取幽蓟，以免让两路偏师建功立业。曹彬心动，就与米信联络一气，带上干粮，径趋涿州。

忽有侦骑来报：耶律休哥已统兵前来。曹彬急令列阵应敌。随后又有探马报道："契丹太后萧氏及少主隆绪，尽发国中精锐，前来接仗了。"宋营将士无不失色。因见兵士已疲，粮又将尽，曹彬便下令撤退。将士闻令，一哄儿向南飞奔，兵马大乱。休哥得知，出兵追击，一路杀来，直追至沙河。萧太后母子随后便到。休哥请乘胜南追，杀至黄河以北再撤回大军。

曹彬等逃至易州（今河北易县），计点兵士，伤亡大半，只好拜本上奏，自行请罪。太宗览奏,懊丧得很,便下诏召曹彬、米信及崔彦进等还京,令田重进屯定州,潘美还代州(今山西代县),迁云、应、朔、寰四州吏民,分置河东、京西,各路布置尚未妥帖,契丹将耶律斜轸已率兵十万来攻。七月潘美军南撤,一直退至代州。收复之地又为契丹所有。太宗此时悔恨无及,只能对有关将领分别治罪。

端拱元年(988 年),赵普自任所入朝,太宗大加抚慰,让留住京都。

这时,太宗的二儿子襄王元侃,表请再委政于元老赵普。随之便有诏授赵普为太保兼侍中,吕蒙正同平章事。赵普这已是第三次入相。

襄王的表请虽和赵普劝太宗传子不传弟不无关系,但太宗也有他的打算。他想重用吕蒙正,恐其资望尚浅,难令群臣信服和拥护,所以特地让赵普带他一段。

当时,枢密副使赵昌言与胡旦、翟颖等表里为奸,曾让翟颖诽谤时政,并且列举知交数十人,推为公辅。赵普察知赵、胡私情,同蒙正联名奏请将其依法论罪。太宗准奏。还有郑州团练使侯莫、陈利用凭幻术得到太宗的喜欢,二人骄恣不法,居处穿戴,竟仿皇帝。赵普列举其十条罪状,力请正法。太宗将他们发配到商州(今陕西商县)。赵普上书,坚持让处死。

太宗不得已,命将其诛杀。

太宗淳化元年(990 年),赵普上表辞职,太宗不许,到第三次上表时,才将其出为西京留守,仍授太保兼中书令。赵普觉察到太宗是为安置吕蒙正才让他入相,所以不愿久任。加之他曾劝太宗,让在太平兴国七年(982 年)献银(治今陕西榆林东南)、夏(治今内蒙古古乌审旗南白城子)、绥(治今陕西绥德)、宥(治今内蒙鄂托克旗东南城川古城)四州而入居京师的李继棒,归镇夏州,招抚降辽的弟弟继迁;继棒非但不能抚弟,反而与继迁同谋,尝为边患。舆论多说"纵兕出柙,由普主议"。赵普心中更加不安,于是称病辞职。

将要出都,太宗亲至赵普府第,握手叙别。

驱魔祷上苍

淳化二年(991 年),赵普因自已年老多病,让留守通判刘昌言奉表到京,请求辞官。

太宗派中使前来抚问,授赵普太师之衔,封魏国公,给以宰相的俸禄,并让他病好之后,再来京相见。赵普感激涕零,支撑着又去办公,以图报效。

但病弱衰老的躯体,使这位元老不得不考虑将要迈入的那个神秘世界。一想到这里,他便恐惧难安。并非他怕死,而是死后不知如何去面对早已在阴间等待着他的杜太后和秦王廷美?这个难以抹去的想法困扰着他,使他每夜梦魇,口呼"大太后娘娘""秦王殿下",一时辩解,一时哀求,夜夜难安。

赵普祷告之后,依然无验,病势一天天加剧。终于无力挣扎,在一天晚上,这位在政治舞台上活动了五十年的政治家,怀着恐惧和不安离开了人世,终年七十一岁。这一年已是淳化三年(992 年)了。

讣音传到朝廷,太宗大为悲痛,对近臣说:"普事奉先帝,并且与朕是故交,能断大事。曾经对我有不足的地方，你们应该也知道，但自从朕即位以来，他对朕很是效忠，可算是一个社稷之臣。今闻他溘然长逝，心中怎不悲痛！”

于是辍朝五日，为赵普发哀，赠尚书令，追封真定王，谥曰忠献。太宗亲自撰写神道碑铭文，作八分书相赐，并派右谏议大夫范杲、摄鸿胪卿前去治丧，赙赠绢布各五百匹，米面各五百石。

赵普的儿子承宗为羽林大将军，曾知潭、郓二州，颇有政声；承煦为成州团练使。他又有两个女儿，皆已成年，矢志不嫁，送父归葬之后，自请为尼。太宗再三相劝，也不能使她俩改变主意，于是赐长女名为志愿，号智果大师，二女名为志英，号智圆大师。两女自建家庵，奉佛终身。

太宗死后，身为皇太子的元侃继位。念及赵普之功，又追封他为韩王。

赵普是个有一定远见的历史人物，他所参与制定的方针政策，得失皆有，深深地影响着有宋一代。作为一代名相，他胸中缺少学问，妨碍着他做出更积极的贡献，不能说不是一个遗憾。

王安石传

人物档案

王安石：字介甫，号半山，封荆国公。汉族。临川人（今江西省抚州市区荆公路邓家巷人），北宋杰出的政治家、思想家、文学家、改革家，唐宋八大家之一。有《王临川集》《临川集拾遗》等存世。

生卒时间：1021~1086年。

性格特点：性格偏执，行为偏激，固执己见，自命不凡。

历史功过：其政治变法对北宋后期社会经济具有很深的影响，已具备近代变革的特点。王安石不仅是一位杰出的政治家和思想家，同时也是一位卓越的文学家，与“韩愈、柳宗元、欧阳修、苏洵、苏轼、苏辙、曾巩”，并称“唐宋八大家”。

名家评点：列宁誉之为“中国十一世纪伟大的改革家”。

王安石

少年英才

天禧五年（1021年）十一月，北宋临江军（今江西清江等地）判官王益官署的后院里，诞生了一个小生命，他就是后来北宋朝政中叱咤风云的显赫人物——王安石（1021年~1086年，字介甫，号半山，世 称荆公）。

王安石出生于“科甲鼎盛”的家庭。其父王益是祥符八年（1015年）进士，官至江宁（今南京）通判。王安石的叔祖王贯之是咸平三年（1000年）进士。其从弟王沆是庆历六年（1046年）进士。兄王安仁是 皇祐元年（1049年）进士。弟王安礼是嘉祐六年（1061年）进士。弟 王安国是熙宁元年（1068年）赐进士及第。子王雱是治平四年（1067年）进士。69年间，王家登进士前后共8人，一门登进士如许之多，在封建社会是少有的。

王安石生活的时代，正处在中国封建社会中期。赵匡胤建立了北宋政权后，决定先消灭南方的几个独立小王国，然后进兵辽，但他对党项贵族的危险性估计不足。赵匡胤于976年的冬季去世，这时向南用兵的计划还未全部完成。宋太宗赵光义继位，于979年灭掉盘踞太原的北汉政权，接着进军燕京，亲自率兵两次北征辽国，但都败北：第1次受到契丹（即辽）耶律休哥的围困，被打得大败，宋太宗南逃；第2次出兵连下数城，契丹兵不战后撤，后契丹利用黑夜轻骑劫营，白天又出精锐截断宋军粮道，宋军又溃败。

与此同时，党项族的首领李继迁正大力扩展势力，与辽结成犄角之势，共困北宋。宋王朝为了拆散西夏与辽国的联合，对其施加了政治压力，进行了经济封锁，发动了好几次进攻，用兵无效后，又任李继迁为银州观察使，赐姓名赵保吉。然而李对这些都不买账，仍与辽兵联合攻打宋朝。当时宋朝廷上下慌了手脚，对契丹屈膝求和。到了真宗赵恒做皇帝（即1004年），契丹主耶律隆绪与母后萧氏一同率师南侵，北宋君臣惊魂丧魄，甚至有人主张迁都金陵或成都，以避敌之锋。幸亏寇准诸人力排众议，迁都未成，但真宗皇帝被迫亲赴澶州（今河南濮阳县）与辽订立了退让妥协的“澶渊之盟”，每年向辽方贡奉银10万两、绢20万匹。对于党项贵族，北宋王朝也是一味地妥协求和，于1044年与西夏（党项族）订立和约，由宋廷每年送与西夏银7万两，绢15万5千匹，茶3万斤，以换取西北边陲的暂时苟安。

北宋王朝面临剧烈的民族矛盾的同时，也加剧了阶级矛盾和地主阶级内部矛盾的激化。北宋建立之时，就把防范和镇压广大农民群众反抗斗争的策略，放在极重要的地位。北宋沿用了开始于唐后期的雇佣兵制度，并充分利用这一制度，企图随时随地把破产农民收容到军队中，用军队的纪律加以束缚，免得他们“铤而走险”，武装暴动，这就是“养兵”政策。这种“养兵”政策，使得北宋政府的雇佣兵数量与日俱增，养兵费用浩大，这就增加了政府的财政开支，造成“积贫”局势。

王安石青少年时代就随父亲宦游各地，因而见多识广，眼界比较开阔。他9岁时随父到广东韶关住了3年；12岁又跟父亲到了四川新繁县；13岁时，因父亲丁忧解官，回到家乡临川。16岁那年又随父至东师候命，第2年其父被任命为江宁（今南京）通判。这时，在江宁学习的王安石，已开始为自己的锦绣前程编织金榜梦，他以商、周的始祖相比，慨然表鹏飞万里的凌云之志。但正当他专心攻读、研讨孔孟之时，父亲王益不幸早逝，时年王安石才19岁。家庭生活一下子陷入困境。由于出生于官宦，并无田园地产，王安石不得不四方云游、奔走南北。在几年的游历过程中，王安石亲眼看到当时广大农村土地兼并严重，农村经济凋敝。农民终年下地劳动，却时时挨饿；农妇整天织布养蚕，却衣不遮体；还有许多苛捐杂税，压得农民喘不过气来。特别是长江流域的旱涝成灾、饿殍载道的惨景，给他留下了深刻印象。这些严酷的现实，使他产生了改革现实的愿望，为他后来的变法革新奠定了坚实的思想基础。

仁宗庆历二年（1042年），王安石应试汴梁，得中进士，当时他22岁。这次应试，以他的文才本可以名列进士第1名的，但枢密使晏殊之婿杨察之弟杨绘亦应试，杨绘取了状元，王安石退列第4名进士。王安石对大臣们利用职权徇私枉法，很为不满，这件事启发他以后要改革科举重在选拔真才实学。按宋代制度，中选的进士立即任命为官员，王安石就走马上任往扬州任签书淮南判官，负责审理案件，从此开始了他的政治生涯。从庆历三年（1043年）到嘉祐五年（1060）间，他大部分时间都在地方官府任职。他做过鄞县知县、舒州（今安徽省安庆市）通判、提点江东刑狱等职。在地方任职18年，他对北宋吏治的腐败，大地主和大官僚兼并土地，中小地主破产特别是农民生活痛苦等种种情况有了深切的体察，感到了社会矛盾的尖锐。他认为只有对大地主、大商人、大官僚的兼并活动加以抑制，才能缓和阶级矛盾。只有促进生产的发展，减轻人民的负担，才能防止百姓的造反。

皇畇三年（1051年）王安石被任命为舒州（今安徽潜山县）通判。在舒州任职期间，他仍然像当年在鄞县做官时一样，体察民情，关心民众疾苦。

至和三年(1056年)二月，王安石被任命为开封群牧司判官。群牧司是全国马政的管理机构。由于王安石对社会弊病的改革兴趣浓厚，而对马政不感兴趣，因而整日闷闷不乐。

王安石于嘉祐二年(1057年)改任常州知州，到任以后，他又锐意改革。虽只一年任期却颇有政绩。最大的一件事，是开凿一条运河。他认为要造福于民，首先就应该浚疏河渠，兴修水利，发展农业。但当时的士大夫阶层，大都因循守旧，苟且偷生，不愿越雷池一步，只尚空谈，不务实干。这使得王安石的改革之路阻碍重重、充满荆棘。

嘉祐三年(1058年)二月，王安石38岁，调任江南东路的提点刑狱，地点在饶州(今江西鄱阳县)。王安石在此任内干的较重要的事是改革了江南东路所存在的榷茶法。榷茶法就是北宋时期茶叶的专卖制度。从唐代始，各地民间饮茶的风尚，愈来愈盛，茶几乎与盐一样成为人们日常生活的必需品。北宋政府因此千方百计扩大对财赋的搜刮，对茶叶的销售进行严格控制，把主要产茶区淮南、江东诸路的茶场包买下来，由政府出面向茶商或用户销售，目的是要借此获得一大宗收入，因此还规定禁止商人、茶农私运私卖茶叶，违者一律治罪。王安石就任江东提点刑狱后，非常关心民生经济。嘉祐四年他就上书皇帝"为民请命"，极言茶叶专卖制度与先王之法相违，与民不便。朝廷采纳了王安石的建议，在江南一度取消了茶叶专卖制，改由茶商运销，政府从中抽税。事实证明，这一改革使政府所得税比专卖所得还要多。

嘉祐四年(1059年)，39岁的玉安石宦游各地历经18个年头。4月他被朝廷任命为直集贤院，至此开始了京官生涯。

述说国耻

通济渠波光粼粼。王安石的官船，逆水向汴梁航行，越往北水便越混浊。通济渠的流速不大，逆水而行，速度相当缓慢。

王安石所买的是一艘新船，满船充满木香，外缘赭色，船舱却是原色，舱内隔成三个小间，船尾还有个小厨房。王安石是特别订造的，贵是贵了一点，但是值得。

这次奉诏赴京，虽然仍不想就京官，过去已乞免就试等谦辞，这次是越次人对，不好再坚持。需要考量的是父母大人去之后，兄弟姐妹也完成了嫁娶，如今再也没有什么理由去搪塞，所以很难预料自己要干什么？一点把握也没有。到底要在京住多久，也难以确定。

夫人出身世家，江右名系，大哥吴显道是欧阳修的得意门生，以诗词显世，不少人千里投在吴夫子门下，私庠为之爆满。

王雱从王安石的胡子上，抓到一只虱子给夫人。那是一只吸饱了血的虱子，肚子圆鼓而透明，吸的鲜血依稀可见。夫人把虱子放在两个拇指的指甲间一挤，哗的一声，血染红了好大一片指甲。

"你父亲身上有千军万马啦！"

王安石尴尬地笑笑。从小不重视穿着，一两个月不换衣服、不洗澡是常事。他恨不得一天当两天用，有读不完的书，哪有时间去洗澡换衣服？

不错，为了国家，他得考察地方政治，从基层做起。一下子就做京官，高高在上，哪里知道民间疾苦？哪里知道老百姓要什么？不要什么？看了眼母子三人以后，他想起辞集贤校理的奏状：

……伏念臣顷者再蒙圣恩召试，臣以先臣未葬，二妹当嫁，家贫口众，难住京师，乞且终满外任，比蒙矜兄，获毕所图。而门衰祚薄，祖母二兄一嫂，相继丧亡，奉养婚嫁葬送之窘，比于向时为甚。所以今兹才至阙下，即乞除一在外差遣，不愿就试。以臣疵贱，谬蒙拔擢，至于馆阁之选，岂非素愿所荣？然而不愿就试，正以旧制入馆则当供职一年，臣方贫甚，势不可处，此臣所以不放避干誉朝廷之罪，而苟欲就其营养之私：下图朝廷不加考试，有此除授……

这些都是实情，如今家累略为减轻，已无理由再辞京官。更重要的是，自庆历元年入京应礼部试，次年登榜，旋即签书淮南判官，应是有所作为的时候。夫人是只知道王安石精于经义自不必说，医农、杂家亦无不涉猎。至于更大抱负，连父亲王都官都不清楚，因为他从来是踏实行事，不好高骛远。不过夫人说他胸有千军万马，一面固然嘲笑他身上的虱子，另一方面也是指他饱读各类书简、冀图一展抱负的雄心壮志。

出任地方官，无非图个历练，考察地方需要，这也同读书一样重要。故王安石此番进京，更是一展抱负的机会，他得好好掌握。人生机会只有一次，稍纵即逝。不过能外放更佳。

船过了襄邑，距离汴梁只有两三县了。两岸景色已有很大变化，北方的景致飘入眼帘。

自王雱于胡须捉虱、相谈之后，王安石多数时间都是沉默的。夫人知道丈夫素来寡言少欢，幸好王雱、王霈、王雰兄妹聪颖，偶然中逗得王安石也不得不稍稍展颜。

他们的船载轻，虽是逆水而行，船夫并不很辛苦。漕运的粮船，则须拉纤，拉纤号子响彻两岸。王安石一向仁民爱物、痛惜苦力。对于船家纤夫的辛苦，老大不忍。

太祖把首都建在汴梁，曾有多种意见：有的主张首都应建在洛阳，汴梁是大平原，例如李穆等认为大宋的劲敌都来自契丹和西夏，而那些敌人擅长马上作战，汴梁无险可守，对大宋不利；可是反对者则认为洛阳固为古都，漕运却不便利，京畿的给养困难，便不能在洛阳建都。

选开封有利有弊。石敬瑭割让云燕十六州，对大宋防契丹增加了不少困难。从契丹发兵，纵骑不过数日，渡黄河就到汴梁了。

王安石想，幸好有条黄河为天然屏障，不然，大宋在那批只知尊祖宗之法的老昏庸治理之下，不知富国强兵的道理，大宋江山早已不知伊于胡底了。想到澶州之盟的耻辱，想到王钦若不问苍天问鬼神搞出降天书、封神的荒唐行径，他禁不住长叹一声。

“相公，此去前途似锦，怎么叹气？”

“澶州一役，明明打胜仗，却订城下之盟，每年送给契丹绢二十万匹、银十万，真是我朝的奇耻大辱。”

“只要相公参政，就可保国啦！”

“不瞒夫人说，下官正有此意。”

“那就不要叹气！”

“满朝文武都在那里苟且偷安，要想有一番作为，难！”

江山如画，但将老兵弱，宰相保守，怎能富国强兵？难呀！大宋只要国富兵强，契丹虽强，只不过有些骑兵罢了。以大宋的科学，足以把辽军消灭在平原上。

太平兴国四年，太宗北伐，御驾亲征，本已下太原、平北汉，终因军饷匮乏，士气荡然，又好大喜功，乃有高梁河之败。最令人难以忘怀的是澶州一战，竟订城下之盟。说起来寇准是一位有作为的宰臣，但赵恒懦弱无能，契丹入侵，只想逃避。王钦若那批老匹夫竟然建议迁都金陵和巴蜀。

王安石吟起《四怨》之四：

手推呕哑车，朝朝暮暮耕。
未曾分得谷，空得老农名。

“爹，你应当念他另一首诗。”王雱记性好，她读书只是跟着大哥三天打鱼两天晒网罢了，但她过目不忘。

“哪个他？”

“不是曹邺吗？”王雱从来不认输，抢着说。

“噢！对了！雱雱，还有哪首？”

“爹，你听，我念得对不对！”于是念道：

官仓老鼠大如牛，见人开仓亦不走。
健儿无粮百姓饥，谁遣朝朝入君口。

王安石叹了口气。

宋朝的官员，无论是下巡或上京述职，都可不花一文钱住在驿站里。官家有“公使钱”，这是十分荒唐的一笔开支，作为招待过往命官之用。更荒唐的是，“公用钱”等于是变相增加俸禄，大宋的俸禄已够厚了，范仲淹只当了几任宰相，还是位清官，就能在他家乡买了千顷义田，作为范氏一族公益之用。要是贪渎呢？不仅仅如此！官与官之间的俸禄等差那么大，文武又有不同待遇，最可怜的又是那些厢军的士兵了。王安石一路拒绝驿丞的招待，他认为那都是民脂民膏。老百姓就算是风调雨顺，也要卖青苗，何况还有旱涝的天灾。他想起在鄞县的任上，看不惯那些地方恶霸的贪婪，打开粮仓，由官家来办借贷，降低利息，嘉惠那些受到剥削的农民和小商人。那真是大快人心的事啊！

回到驿站，室内已是灯火通明，与那冷静的小街成强烈的对比。

前来拜访的人陆陆续续走了。

夫人关了门，王安石坐在太师椅上总算松了口气。夫人知道王安石不喜欢那些无聊的应酬，但能避免世俗吗？

调回京城

船已快到京城了。

王安石的官船由桨换篙，沿汴河入京。这条河在城内叫汴河，在荥阳又叫浪荡渠，一般人叫它官渡，东南粮食百货，都经船运入京。船一入城，景象全变了，车马来往频繁，人声鼎沸，孩子们都走出舱间看风景。

因为进出船多，河道拥挤，千桅停泊，水手们再也不唱拉纤号子了。

官船由汴河进入新城，已是甲时，太阳落在柳林下射出的晚霞，映在汴河粼粼的波光中，有千条万条金波晃动，真是好一个王都气象。岸边人来人往，多日水上寂寞的旅程，顿然感到投身在另一个世界中。

孩子们的心早已飞奔上岸去了。

官船缓缓靠岸，水手加了跳板，系好船，王安石决定暂时不找任何朋友，也不去见任何官员，领着水手和全家上岸，到相国寺边的聚贤居，叫了一桌酒席，谢谢水老大和桨篙手们。王安石这人对上傲得不得了，他和韩琦的一段误会，从来不加解释，可是对于下人却十分礼遇。

聚贤居就和相国寺隔了一条街，但那里却与聚贤居是两个天地。丝竹之声阵阵传来，清脆亮丽的新词，也破窗入耳。

相国寺

一向年光有限声，等闲离别易清魂。酒筵歌席苦辞频。　　满目山河空念远，落花风雨更伤春。不如怜取眼前人。

夫人看了王安石一眼，当然寄意深远。

相国寺那边一阵哄笑之后，又一女子唱道：

云一緺，玉一梭，澹澹衫儿薄薄罗，轻颦双黛螺。　　秋风多，雨相和，帘外芭蕉三两窠，夜长人奈何。

这时有人到聚贤居来报，停在西角子门的官船失火，烧焚了几十艘官船。王安石的船正好也停在西角子门的码头上，一家人跑出聚贤居，汴渠河道上正是一片火海，火舌蹿上了柳树头，而船只为避免波及，粉粉解缆疏散，以致整条汴渠乡城段大乱。

“官人，怎么办？”

“好在船上也没什么，带的钱是会子，都在我们身上，损失不大，找个客栈住上再说了。”

幸好未打算在京久住，家私书籍都带得不多，要说损失，就是那只准备当住家的船罢了。

“住客栈可不是长久办法，在京里说不定得待一年半载，不方便啦！”

“夫人，还有明天呢！”

“你总得到韩相和曾相的府上去拜候一次，做人啊！”

“是得去一下，我正为先看韩相呢还是曾相在伤脑筋哩！”

“韩相是老上司，无论你们心里怎么不对，照理还是先去见韩琦，将来做事也不会有什么阻碍。”

夫妻俩讨论也没什么结果，先看谁都会得罪人，那就顺其自然吧。何况王安石也不在乎这些小节呢！

备了一辆轻车，到东御街尽头新城韩绛家。

王安石早已派人通知韩绛和曾布，他们早已在韩府等了半个时辰，所以他的车子一到，韩绛等便迎了出来。

“一路辛苦了？”

“还好，累大家久等。”王安石拱拱手。

“也才到。里面坐着谈吧！”韩绛一摆手，大家进入韩府的客室。

“子华，今夜无酒乎？”韩绛字子华。

“子宣，介甫不喝酒的，你忘了。”

“那是在黑子包拯的席上。”曾布说，“在这里他能不喝？”

韩绛还是让家人弄了几样精致的小菜，也有酒。他深知王安石并不反对喝酒，只是反对奢侈浮华。

“这次越次入对，究竟是怎么来的？”王安石话入正题了。

“说来曲折得很。”曾布啜了一口酒，“公亮曾多次在皇上面前推荐过你，治平四年曾要你就翰林学士，你不干，仍居江宁，对不对？”“是有这回事。不过那时有一大家人要养，不能来京。”“足见曾公亮虽是个马虎宰相，却相当识人。”韩绛说。“这回恐怕曾大人是看走眼了。”曾布说。“这回倒不是为了荐才，而是另有目的。”韩绛补充说。

几位性格相同，又想把国家从积弱中拯救出来的志同道合者在一起，也就推心置腹，没有什么顾忌了。

“到底如何曲折法，愿闻其详。”

“子华，你来说吧！”

“子宜，还是你讲，你是直接从李公公那里听到消息的人呀！”

“好！大家干了这一杯，听我道来。”

供了茶之后，摒退所有下人，曾布才说那段故事。

曾公亮受到韩琦的压抑，以曾公亮的性格并不在意，处之泰然。

神宗大概也看出曾公亮的处境，有一次赵顼对曾公亮问到群牧司牧马并不成功这件事。他竟然回奏说：“要问了韩琦以后再回奏，三司的度支对这样大事也不例外。”

“你也是宰辅，为甚事事都要问韩卿？”

“很多事都是韩大人决定了，并不告诉臣。”

赵顼听了这话十分生气，“你也是宰相，怎么凡事问韩琦呢？”

“回陛下，臣以为凡事以和为贵……”

“什么叫和为贵？你总不致甘为伴食吧？”

什么责备曾公亮都能忍受，只有“伴食”两字使那位好好先生受不了，回到家里愈想愈不是滋味。他愈想愈不甘心，但自己老了，既不想争什么，就是想争也无法争过韩琦，心有余而力不足矣。但无论如何不想做个“伴食”，成为老而无用的老贼啊！于是他想到一个平衡的方法。

首先想到王安石在韩琦手下受到误解的那一段往事，而他在仁宗时代又上过万言书，对时政有许多兴革意见，都是切中时弊的。可是范仲淹的新政也不过实施不久就失败，到王安石上万言书时，仁宗已经老得无力做任何改革，也不想做什么改革，所以那份上仁宗皇帝《言事疏》也就束诸高阁。

这些，都是曾公亮所熟知的往事。

他曾设定，把王安石荐举进朝，至少可以让韩琦收敛一些，说不定是一着活棋。问题是如何才可以不落痕迹地荐举这位拗相公。

这是使他摆脱“伴食”恶名的唯一办法。不过要找机会，顺其自然才会成功。

说来也巧，第二天神宗下朝以后，又找到曾公亮，虽然他对这个人的软弱不满，他的品德和大公倒是赵顼可以信得过的。

“你觉得王安石这个人怎么样？”

“陛下，这个人有点儿狂，不过对于政事，是位敢于改革的政治家，又是不同流合污的一股清流。”

“怎么个狂法？”

“陛下，大概他上仁宗皇帝的折子，陛下已经过目了。”

“嗯！是读过了。”

“他对朝政的批评，是尖锐了些。”

“有些政事，的确需要改革，北辽和西夏两大强敌，终为我大宋的心腹之患。现在两国三边无事，正是富国强兵千载难逢的时机。”话到这里，曾公亮已明白大半，但他并不愿负推举人的责任，他用的是激将之法。当然这也是曾公亮奸猾的地方了。

他举出诏王安石为工部郎侍中、知诰制和多次馆试，都被王安石拒绝的事，批评王安石傲慢无理。尤其是濮争时，王安石说过，朝廷君不君、臣不臣、母不母、子不子，是朝廷的大病，所以才不愿进京。他把这事说了个大概。其实这些事赵顼早已清清楚楚，要办人早已办了。既未办人，他说了也不要紧。

“王安石确实是栋梁之材。但是，这种狂傲的人能用吗？”

“这是怎么说？”

曾公亮举出王安石多次拒绝诏试与婉拒做起居注，尤其是对民穷财尽、将弱兵老之时，大臣们不去思考如何救国家于倒悬，却为无聊的濮议争得头破血流，不少大臣遭贬远离朝廷，互相攻讦，连太后、执宰都卷入这场争议之中。曾公亮说：“王安石批评，这是昏君佞臣，这人……韩琦是他的老上司，欧阳修是他的老师，被骂成佞臣，先皇帝为昏君，实在是……”

“这话可有证据。”

“王安石的好友曾巩说的。”

赵顼沉默着。

“曾公亮本来猜不透皇上葫芦里卖的什么药，没想到第二天就下诏召王安石越次入对了。”韩绛是有些兴奋的。

“你们看，皇上这次可能谈些什么？”

“皇上有旺盛的心，介甫，依在下的浅见，必然谈改革的事，你得准备准备。看样子，上仁宗皇帝的万言书可望实施了。”曾布说。

“还不知道是祸是福，等对奏以后再说吧。”

王安石那夜喝了不少酒。

他们要替王安石安排住处的时候，才知道都水使吴安特已替王家安排了住处，那当然是暂时的住处了。

面奏皇上

下朝后，欧阳修、文彦博等约集尚书公事堂，名是雅集，其实大家心里有数。

当他们进入韩府还未坐定，晚霞把天空照得五彩缤纷，一会儿乌云天马行空，一会儿又成为金鸡独立，白云和乌云变化万端。有乌云滚流的现象，大院落偶然飘起阵风。“天就要变了！”欧阳修望着窗外变化莫测的天际说。

“变天！”文彦博也来凭窗眺望，“嗯，恐怕风雨还不小啦！”

“南人当政，天下大乱！莫非是老天示警？”韩琦点到正题。

“曾公亮这一招毒得很！”

“皇上年轻，想有一番作为这是好事，不过他也奈何我们这些元老不得。”韩琦捋着胡子，“倒是你这位老师如何自处！”

“我是无所谓的，多少次贬谪都过来了，曾公亮为甚要再荐王安石这件事，颇值得大家想想。”

“就因为皇上急于亲政，太后还政给赵项，这些元老重臣，皇上总有些顾忌，新人就有机会了。”韩琦再度分析，“王安石一人纵有翻天的本事，也难以施展，何况我们还有太后这一着棋呢！”

“但是如果因此形成后党，终非朝廷之福。”欧阳修还是有一定原则的。

“不过万不得已，险棋也只好下了。”

“哪天入对？”文彦博问。

“不知道。”

“听说，他已到几天了。照理，应该先来看你这位老师的呀！”

“彦博大人，现在的学生，没成气候之前是老师长老师短，他可以替你提夜壶，把你的门槛都踏坏；一旦有了地位，就可能叫你老兄，甚至老弟了。”欧阳修对于王安石没有到府拜访一事，看来是耿耿于怀的，“不看老夫不要紧，韩大人可是他的老上司，现在是尚书加仆射，地位不能说不崇隆，他都没放在眼里。这也不要紧，曾公亮是荐他越次入对的恩人，听说也没过府探望。”

“人心不古！”韩琦摇着头。

在谈话间，天空突然涌起乌黑的浓云，晚霞只能透过云里的缝隙射出万道金光。风也起了，不久就落雨了。

文彦博抬头看天，有点感喟地叹了口气才说：“这场风雨来得既疾又猛，会不会把汴梁淹了？”

显然他不仅指天气，还有更深的含义。

这时吴奎也到韩府来了。虽然马车越礼到了正门才下车，又打了油纸伞，也已把长衫淋得透湿了。见到欧阳修、文彦博都在座，朗声地笑问：“怎么？在开会？”

“是啊？就等你这下水的要角了。”

吴奎是翰林，是人们眼里的闲官。一阵寒暄，下人又把韩琦的便服给吴奎换过，这才落座。

“先喝杯热茶去去寒。”

“这阵雨真来得怪，几条河都涨水了。”吴奎喝了口茶才喘了口气。

“不会是天有异象吧？”

“奎兄来了最好，现在我们只要知道皇上召王安石入对的用意，就可找出对策。”欧阳修说。

“这还有什么不明白？皇上登基以后，就找范仲淹新政的各种档案。王安石嘉祐五年上仁宗皇帝言事疏，都从档案中提出来。老范老子已经去见太祖皇帝去了，能够改革弊政的，只剩下王安石了，但也有吕诲、曾氏兄弟、韩绛等企图旺盛的大臣，是一股不可轻视的力量。”

“韩维早就在赵顼面前把王安石吹嘘成了辅臣的大才，所以神宗虽然没有见过王安石，一登基就下诏越次入对，表面上是曾公亮推荐，实际他们两人是里应外合的关键人物。”枢密副使吴奎捋着胡子么这说。大家终于恍然大悟。

这样看起来，越次入对这件事并不单纯，要阻止是很难办到了。

“难怪王安石一进京，没有去看曾公亮，却先到韩绛家，是这层原因。”

“还有，王雱和韩氏兄弟的私下感情也不错。”

“那么，我们只好听任发展，相机而行了。”欧阳修这么说。

大家把话转到文学艺术方面去，新辞大为流行，歌妓传唱是一大原因。

喝完茶，吃些糕点，便散了。

曾公亮当然希望神宗在便殿里与少数核心人物和内侍陪着王安石对谈。

这样一来，可以避免早朝立即谈论时政的冲击之外，偏殿入对同时也显示王安石的地位特殊。这是不乏先例的，宋朝自开国以来，就有朝臣被召进偏殿应对。从太祖开始，设计的就是中央集权，防止藩镇、朝中大臣专权，以免重蹈汉唐藩镇坐大、控制不住的覆辙，私对也有搜集政治军事情报的意义在内，是了解朝政利弊得失的一个管道。

王安石呢？他们商量的结果，无论是早朝或者皇上在便殿的对谈都不重要，重要的是谈什么？

“以万言书为主要论点。”曾巩提出他的看法。

“老范老子变法失败，介甫兄上书至今，政治环境和辽复之间的关系已有很多变化。”韩绛不十分同意曾巩的建议，“这一百多年得以相安无事，这正是一个强国富民的大好时机，失去这个机会，将有无穷的祸患……所以私对可以畅所欲言。”

韩绛还未说完，门房来报，曾布、韩维到。

“有请！”韩绛说。

两人进来，正听到韩绛的高论。

上了茶，寒暄一过，曾布说：“请继续罢，不要因为我们一来，打断了话头。”

“其实也没什么，我们正在琢磨介甫入对方式的利弊得失。”曾巩说。

“我们也是为这件事才来的。”曾布望了望韩维。

王安石一抱拳，表示感激之意，那张垢面终于挤出一丝笑容，这一笑几乎挤下一些历尽风霜的尘垢。

朋友们提出：如果大幅度改革，会不会遭到那些既得利益者的阻挠与反对的警告；不过这个警告并未引起王安石的注意。韩维仍然可以直接见到赵顼，他说：“介甫兄，您想以何种方式对奏呢？以愚见，如在便殿直接与皇上进言，比较自然，免得人多嘴杂，不能对皇上提出的问题做完整的陈述，这样反而失掉曾公亮力荐的美意。”

“只要韩维出马，一定成功。”曾巩说。

“不一定，皇上现在都有自己的主张，再加上一位颇为精明的向皇后，很多事一夜之间就变了。”

谁都知道，向皇后聪明睿智，又得专宠，很多军国大事，赵顼都跟她商量，那个贤淑美丽的女人，等于当了半个皇帝。

很多朝议决定的，第二天就改变了，多数出自向皇后的主意，不要以为皇后年轻，又是女流，不少事拿捏得准，后宫中，她是最有影响力的女人之一。

王安石到韩绛家，原本是商量先看哪位辅宰，没想到事情顺利解决，赵顼如在偏殿接见，先看哪一位大臣的事，便不怎么重要了。

那天商议就这么结束，决定先看谁不必太计较。韩绛认为：如宰相为这些小事怪罪人，哪配当宰相呢！

他们说的都非常有理，从这个地方看来，王安石的夫人显然是多虑了。

内侍到都水监府传旨，决定朝后在紫宸殿后阁听王安石的对奏。换句话说，王安石先与朝臣们相见，但不议事，到紫宸殿的后阁再细谈。后阁在紫宸殿后不过五十几步，也就是皇帝上朝前后休息的地方，皇帝接见朝臣谈论机密，或者有些不便在朝堂上讨论的事，多数在那个地方商量。王安石虽然当过京官，多数属副手，几乎没有踏进便阁门槛的机会，受到很受礼遇的召见。

天麻亮，朝议钟声响起，大臣们列队入朝，依序韩琦、曾公亮、司马光、文彦博等，三班依序行过君臣之礼，黄门官宣布议事。

那天，除了西夏边关不稳的奏报，没有其他重大议题。互相寒暄一过，便各自到政事堂办事。

不少人已知道王安石进京，住在吴充儿子吴安特家。原以为朝议完后就听王安石的治理国家大计、对时政的看法，也好让文武百官明了王安石有多大本领。没想赵顼要王安石到后阁谈事。这使很多人失望之外，也已感觉得到王安石这次应旨进京，意义非比寻常。

公开对奏，大臣们还可以参加意见，这下被赵顼弄到后阁说悄悄话去了。不少人就感受到威胁。尤其是司马光、欧阳修更为不安，至于韩琦，因王安石是曾公亮荐举，没想到同为宰相，知会都没有知会一声，就把王安石弄进京来，摆明是对付谁了。

王安石初入仕途，曾在韩琦手下任判官，邋邋遢遢地不修边幅，怎么看都看不出有什么大才，现在他暗暗后悔自己眼拙了。不过韩琦还不曾警觉到这位年轻人日后会威胁到自己。当年自己和范仲淹经营西北，西夏人闻之丧胆，在范大老子过去以后，还有谁的军功更大？何况又是三朝元老，谁能扳倒这样的重臣？

大臣们纷纷到翰林院，那里没有什么公事可办，是个冷衙门，凡是朝廷有些不能公开论证的事，无论是洛党、蜀党，很自然到那里互通消息，当然也研究对付的方法。执政官不方便出面的，便把言官推出去，或谏言，或弹劾，形式上没有党派，实际上党派林立。

总之，自王安石来京之后，不仅满朝文武有事无事往翰林院钻，连相国寺一带汴河街的教坊都谣言满天飞。

王安石的确是想在赵顼的支持下，有一点作为，可惜什么都还没有做，便飞短流长。大家因循苟且，满朝暮气沉沉，以致朝政了无新意。

反应敏锐的王安石，似乎已闻到一些硝烟味儿，连范仲淹的儿子范纯仁都在其中，其他可想而知了。

跨过紫宸殿的高门槛，王安石的脚步是沉重的。不过王安石不在乎，大有“虽千万人吾往矣”的气概。只要是一个英明的皇帝，能有勇气接受改革，他要施展自己的抱负，鞠躬尽瘁而后已。

进入后阁，王安石自然多了。

无欲则刚，这位孟子的信徒不像要晋谒一位皇帝，而是会一位年轻的忘年之交，所以从容不迫，没有患得失之心。

内侍宣了之后，王安石提衣而进，行过君臣大礼。

“卿家平身！”赵顼说，他微微做着手势。

王安石站起来，瞧了瞧这位登基才几个月的新皇帝，虽然才二十一岁，目光锐利有神，一副精明的样子。赐了坐，贴身太监奉了茶，皇帝似有长谈之意。

赵顼问王安石在鄞县、常州任内的治绩，王安石一一奏答，不夸张，有些缺点也不掩饰。

“朕希望能以治鄞县的方法治国，卿能以何种方式实现朕的愿望呢？”

“鄞县方圆不过三百里，官吏积习不深，容易改变；我大宋天下数万里，鞭长莫及的地方很多,治国与治一州一县自不可同日而语。”

这时赵顼才有机会仔细地观察这位名声在外的能臣,果真有些不修边幅,囚首垢面,一身不浣的衣服,虽然换了一双白底黑面的四层底靴子,上面也还沾满了尘土,随便了些。

赵顼并不十分在意臣下的穿着,曾有过受胯下之辱的贤臣,也许王安石是位真正的治国大才哩。穿着鲜丽,也许是包装好的佞臣,虽然讨人喜欢,终究没有大用。韩维、曾公亮是做了一件对朝廷有贡献的事了。

“从金陵上京,是走陆路还是水路?”

“走陆路不便利,所以走运河。”

“你在地方……”

“十八年整!……”

“那一定知道朝廷的处境、民间的疾苦了。”

“回陛下,民间是一穷二白,在三司度支判官任内,才知道税赋的收入与支出的情形也是入不敷出,如再因循则民穷国也不富,而我大宋面临北辽、西夏两大强敌,一旦边关有事,那就暴露了我大宋的弱点,后果是不堪设想的。”

“依卿之见,治国以何者为先?”

“择术为先,理财为首务。”

“司马光以为钱物只有一分,不在官就在民,如朝廷以术取财,在不归官即归民的原则下,会不会违背民富国强的道理呢?”

“陛下,财富不变这是只知其一不知其二。低利贷款给农民,即可增加生产质量,再修水利,原是看天田变成水稻田,生产必然增加。抽税原则不变,因生产增加,朝廷税收也水涨船高,所谓择术指此而言。有人指择术为商鞅、桑弘羊之法,两人之法并没有错,只可惜没有增加生产之术,得到的结果当然完全是不同了。其次谈理财,汰冗员,精减各单位的浪费、赏赐等,国库自然减少支出。负担小,国库自然充实。”

赵顼紧绷的脸有了笑容,这些方法都是可行的。钱物不是一分,可以用很多方法增加而又不必造成民穷,乃是一举两得的事。

“能不能再谈得具体些?”

“鄞县本是鱼米之乡,土地足以养民,但是农民却只有半年的粮食……”

“这是什么道理?”

“回陛下,农民本不应当这么穷,在地主、富豪重利盘剥之下,农民插完秧要卖青过活。”

“什么叫卖青?”

“插完秧就以田里青苗向地主富豪抵押借贷,收成时,借一担还两担。年复一年,富豪兼并土地。这还不要紧,土地归并后,税籍却仍在原农民名下,被并吞土地的农民或为人做奴隶,或逃离原籍,或为道士、土匪,那一部分土地就课不到税,造成朝廷的损失。”

“有这样的事?”

“还有更惨的事,丁口徭役,三丁抽二,二丁抽一,并照丁口课税,所以有的嫁母以减轻丁口,更有不娶来逃避丁口税的。”

“我们的州官县官为什么不管?”

“这正是问题所在,官商地主联手,形成了一个共同压榨团体。放高利贷的正是官员,一个京官,五六十口之家不事生产,而京官的俸禄有限,不放贷,不巧取豪夺,怎么能够供给他们建广厦、置田园,过奢侈浮华的生活?汴梁相国寺附近的酒馆教坊林立,新声艳词齐唱,他们生活糜烂。而小民终年勤劳,却不得温饱,其间差别很大。”

“朕不知道民间有这么多疾苦。”赵顼点了点头。

这时龙凤屏后,似乎有人移动——是不是皇后呢?

他的判断不错,向皇后久慕王安石的大名,而躲在屏风后听王安石的议论。有人说他虽然学的是儒,但却是一位法家,甚至有人说他是商鞅的信徒,入对的事,赵顼早已在枕边对她说了。事实上大宋的江山,是赵顼与太后和太皇太后及向皇后所共治。两位老太后犹如煞车辘轳,向皇后却是他的助理了。对于赵顼的改革方向她也是支持者,虽不会对老臣们有什么意见,但老臣们保守的态度是令她不满和厌恶的。

后阁的对奏还在进行。

“朕久闻卿道德学问,有强国良策,今果不错,希望不要保留。”神宗似乎很愉快,“卿以为治道应以何者为先,何者为重?”

“以择术为先,以立制度为重。”

“卿既云择术,愿闻其大者,先者为何?”

“回陛下,首在教育,一切变革,应以改变大臣乃至执法的思想路线为首要工作了。”

赵顼点了下头表示同意,那等于肯定王安石的说法,“说下去!”

“次要在理财,也就是要平衡国家收支,首先要增加政府的收入,所以要改革税制,增加生产,平均财富。”王安石说。

“这不是要增加子民的负担了吗?”

“回陛下,如果政府只是搜刮子民,会使子民背离,必然天下大乱。那是一路哭的事。”

“依卿之见?”

“首先要富民,才能课得更多的税。”

“司马光说,‘财有定数’,国家富有,民间必穷,如何才能使朝廷富,而民不穷?”

“以天下之力,用以生天下之财;取天下之财,以供天下之费。自古治世未尝以财不足为公患也,患在治财无其术也。”

“关于这点,已在卿上先帝言事疏中提到。”赵顼说,“那只是一种观念,朕所要的是能行动的实际方法。”

王安石愕了一下。他万万想不到才二十一岁的新皇帝,登基才三四个月,就已经抓住弊端和问题的重心。这点,令王安石非常兴奋。跟这样一位英主,必然大有作为,收复燕云十六州、湔雪澶州城下订盟、辽夏岁赐之耻,那是指日可待的事。这也就是他即位以来,就曾经对文彦博说“天下弊事至多,不可不革,当今理财,最为急务,养兵备边,府库不能不丰”那样的话了。所以曾公亮一推荐王安石,他便下诏召王安石入朝廷对了。

“如要推行新政,固然法制化重要,公平化更重要,但这些法都要有人去实行,故应先变风俗，立法度，否则新法难以推行。”

“唐有贞观之治，卿以为唐太宗是个怎样的人呢？”

这是个很难回答的问题。唐太宗能听谏言，容忍魏征、房玄龄、杜如晦与王珪等大臣的直谏。表面来看，唐太宗是位明君，实际是位术士，他懂得治术非己的道理。治术既非已出，有过由辅宰替他背、功则在己绝妙方法。唐之所以有贞观之治，军事强大，国威远播，不是唐太宗的功劳，而是他能用人，把几个有能力的人拉在身边，把他们有利于国家社会的理想，变成自己的理想，如此简单而已，也是他成为明君的唯一条件。所以王安石回答说：“唐太宗不算什么，陛下当效法尧舜。尧舜为政，简而不烦，要而不迂，易而不难。不过末世的士大夫不能明白圣人之道，误以为尧舜高不可即，而以中人为尺度罢了。”

王安石是要神宗法乎上的。

“朕自视眇然，恐怕还要卿悉心辅助于朕，才可达是境。”

“臣蒙知遇，当全力以报。”

“我朝建国到今天，已经百年。这一百年来，历代先皇没有大过，天下也还算太平，依卿之见，原因何在？”赵顼挪了挪身体，喝了口茶，“你不必有什么顾忌，可以直言。”

“回陛下，百年施政，岂是三言两语可以说得清楚？但也可说其大要。”王安石真是位直梗之士。“太祖开国之初，立有不杀大臣、不杀言官、不犯先朝孤寡的禁令，是大臣敢言。列位先皇帝又都英明，纵有小错失，也为言官所直谏，此其一。其二，羁縻之策，使人有改过迁善的机会，除大奸大恶，不轻易用大辟之刑。其三，集权中央，削藩与定期任官，无从结党营私；其四，禁军之制，皇室直掌军权。这些都是百年太平的原因。”

“还有呢？”

“请容臣回去，再行书面奏陈。”

那天对奏到此为止，朝廷大政，当然不是三言两语可以说得完的。

对奏之后，设讲座，除讲书，还谈时政，重要大臣都参加，那是宋朝一项优良制度。王安石主张改革应从教育和政策辩论开始。这个建议，神宗完全接受了。

王安石回到寓所，便着手草拟《本朝百年无事札子》。

拟行新法

熙宁元年五月起，已进入一个全新的阶段，行新政者与老臣们形成壁垒分明的团体：韩琦、欧阳修、吴奎、司马光反对变法，行新政的是王安石、吕惠卿、曾布、韩维、苏辙、沈括等。已因大幅度改革，将对既得利益者形成强烈的挑战，故尔从朝堂的争论延伸到社会，甚至地方官吏也难免卷入这场因改革而引起的政治漩涡中。此一争议层级高，散布面广。这是熙宁新政的开端，许多人物卷进去，乃是必然趋势。

欧阳修看势不可为而自求外放。吴奎反对新法新政而罢参知政事。韩琦自认是三朝老臣长期独断专行，非常跋扈，御史中丞王陶参了他一本，当然其中还夹杂着王陶的私心，结果是两败俱伤。因此，王陶徙翰林学士出知蔡州，后来一直当地方官，赵顼对于王陶为私而劾韩琦一事甚不谅解，郁卒一生。韩琦自恃功在朝廷，加上太皇太后、皇太后的信任，未把年轻的皇帝放在眼里，使赵顼有一种难以驾驭的感觉，虽未准王陶的劾奏,也对韩琦的许多行为不以为然。韩琦深知已不可为而求去。韩琦罢相判相州,富弼重作冯妇,再度为同平章事。接着是一连串的人事调整,这并非完全为了王安石,而是赵顼急切的改革需要。不过这样一来倒好,免得王安石在曾公亮、韩琦之间为难。可惜的是元老派却把韩琦的罢相和一连串的人事调整归咎于王安石的越次入奏,无形中形成了以后的派系,倾轧不已。

这件事当然也勾起了韩琦当年苛责王安石的旧事的联想。只是在王安石的心里早已把那件事忘得一干二净,而且对韩琦一直当成老长官看,对他也非常尊敬。

单说在这之前,赵顼看了《百年无事札子》,再度召见这位拗相公。

这次是换在垂拱殿后阁,只跨一个院落就是坤宁殿,西边为宝慈殿,东是庆寿殿,已算是禁城的内殿了。大朝多数在垂拱、文德两殿。第二次召对是在大朝之后,也就是说在百官大朝中,王安石和其他大臣都还没有因越次入奏的敏感问题有什么明显对立行为之前。

散朝之后会见大臣的事例,除了太宗、仁宗偶然见范仲淹、欧阳修、韩琦等人之外,王安石是特例,这就难免令人侧目了。

第二天对奏一结束,缪芒便到翰林院行走了。

"缪公公!今天怎么移驾到这冷衙门来了。"司马光、文彦博他们正在讨论王安石何以得宠的原因。缪芒之来,司马光知道缪芒必有所相告。

"这天气挺闷的,反正内宫里也没事,出来走走,听大人们谈话,也增长点儿知识。"

"公公,太客套了,就见外罗!"欧阳修说,"缪公公,坐下来喝杯茶。"

缪芒坐了下来,一副小人得志的模样,竟也与宰相平起平坐起来了。那些大臣只好把冲到脑门上的气硬压下去,他们正需要从他口里知道王安石出了什么奸计。

"王安石走了吗?"文彦博问。

"他不走我能抽得开身?皇上一回到后宫,有了向皇后,大事一向由她打理,我们这做奴才的便闲了下来,嘿嘿!串串门子……"

"缪公公,王安石连续两次召见入对,本朝是没有第二人的。"

"其实,我看也没有什么高明处。"缪芒便把当天对奏的情形叙述了一遍。

从他们的对答之间,有明显的改革企图,而且是从教育着手。

"卿所上札子,朕阅读了好多次,所说的都非常精要,政改各节,已成竹在胸。"

"皇上真的这么问?"司马光有点怀疑。

"是啊,那是指的上《本朝百年无事札子》而言的。"缪芒肯定地回答。

"王介甫怎么回皇上?"

"皇上要他把计划一一陈述,他并没有,他希望以讲学为推行理念的急要手段。"

熙宁元年五月初起,赵顼下诏每逢大朝后,在文德殿讲学,由王安石主讲。宋自赵匡胤以一介武夫,陈桥兵变黄袍加身以后,懂得武力可以兴国,得主天下,既可载舟、亦可覆舟的道理。于是产生重文轻武,压抑将帅,自掌兵权的政策。故而宋朝文风鼎盛,到赵顼这一代已达巅峰。程颢权知监察御史,陈升之知枢密院事,刘敞判御史台,富弼为同平章事,吕惠卿为崇政殿说书,还有韩绛、王拱宸、钱公辅、范纯仁、苏辙、苏轼等,可说在朝廷任事的都是一时之选。其中刘敞学问最好,长于《春秋》,著有《春秋权衡》《春秋传》《春秋意林》,又有杂文《公是集》,世称公是先生,他的字本叫原父,却以公是先生名天下。

刘敞曾以知制诰使契丹。在契丹,以博学服北夷,尤其对动植物都通,所以欧阳修遇到难题,都向刘敞请教。他写文章又是快手,立马可待。

富弼也曾出使契丹,并以强硬态度反对割地闻名于世,故情感上较为接近,都是外交上有相当贡献的官员,算得上是使臣派。至于不少元老,都是三朝老臣。王安石是杨寘榜进士,算是后生小辈了。现在却要听王安石讲学,心里当然不是滋味。

沈括这个博闻强记的命官,曾在契丹要求重划边界,要求以河东黄嵬坡一线为界的讨论中,宋朝百官竟然找不出两国家过去谈判的资料。契丹使臣萧禧因宋廷拿不出证据而蛮横无理,坚持其要求。后来沈括在史馆和秘书监那里,寻获当年两国边界的往来文书和图籍,白纸黑字,态度强硬的辽使萧禧也只有软他下来,仍以长城为宋辽两国的国界。这次边界重划谈判,经过了六次讨论,有了证据,长城以南黄嵬坡的历史归属问题,萧禧落入下风,北辽不得不放弃此一无理的要求。而沈括在勘查中顺便绘下当地不少山川风貌,作为资料档案。而这位沈先生出镇宣州时,汰老弱之兵,训练廛子千人,学习骑射、角力,只一年就得千乘可用之勇,威声远播。这位嘉祐进士,还注意科学的发展,著作中天文、方志、律历、音乐、医学、卜算等都涉猎。

沈括是嘉祐进士,小王安石十岁,变法中,已成为王安石的重要助手,以馆阁核勘删订“三司条例”,后来擢升知制诰知通进银台司,也对新政推行有很多协助。通进银台司这个机构只是收发文武近臣奏疏进呈及法令颁布这些小事。这个机构原属枢密院,后改隶给事中,有交付执行、免至积压、纠正远失之权。别以为那只不过是个类似收发的机关,可是消息灵通,只要得到银台司的照应,事情便好办多了。

王安石的改革理想,不是魏晋清谈,是剑及屦及,一步一履痕的事。王安石和沈括有许多共同点。沈括所学博杂,却是非常重视务实的科学精神;王安石读书也是对农桑水利、医卜都同经书一样重视。他们之所以能成为忘年之交,除了趣味相投之外,更重要的是实践的精神。变法的中期,除了学制改革,还成立了很多农业水利与医学的专科学校。沈括在这方面,对王安石都有相当的协助。王安石与沈括都认为要富国强兵,必须培养更多立起而行的人才,不是坐而论道的士大夫。当然,那是百年大计,不是 一蹴可及的事。两人都有这个远大的共识,那已不是局限于一朝一代的建设了。这种根本的改革,朝中大臣还没有发现,他们在意的是自己的官位、学术声望都比王安石高,不愿在王安石座下听讲罢了。假设那些大臣发觉了王安石要改学制、变更考试制度,恐怕会有更激烈的反弹,但沈括却能很快地了解王安石旺盛的心机。

讲学是好的,可是上那个讲台,资望、学术都得有那个地位。王安石年纪轻了些,又是新任的学士,在不少硕彦的眼里,总还是个后生晚辈,谁会服气呢?所以一说王安石要在迩英殿讲学时,除了议论纷纷之外,那些饱学而又对王安石有些成见的人,就有心难他一难了。于是不少硕彦自然集中到集贤院学士判御史台刘敞的家里,想听听他的看法。

“原父公,明天我们就要听王安石讲学了。”欧阳修问,“您老去不去呢?”

原父是刘敞的号。

“去,当然去。”

这实在出于文彦博那些人的意外。

“王安石讲什么呢？你老六经不离手，三代鼎制、礼乐，当今还有谁能比呢？”文彦博显然挑拨地说。

“那也不一定，他对经义倒有新的看法，不过杂有商鞅、桑弘羊的东西罢了。”

“对啊！第一次对奏，听说就主张以理财为政要。钱不在民就在官，政府搜刮，天下苍生何以为生？何以为生啊？”欧阳修自视为儒家正统，把法家、墨家视为旁门左道。朝廷竟然不以儒家为施政纲领，和商贾、农圃争利，他认为这是残民以逞、竭泽而渔的做法，是可忍孰不可忍的头等大事。这种做法，如到民穷财尽之时，社稷也就不是姓赵的了，大宋江山要换姓啦！作为朝廷的重臣，是有言责的。

“永叔，你是杞人忧天了。”永叔是欧阳修的字。“我看有好酒呢！你还是做你的醉翁吧！你没读过‘何以解忧，唯有杜康’吗？”刘敞是反讽呢，还是规劝，谁也听不出，或两者都有吧！

“但是历史会怎么写我们这些人呢？”

“那已是白骨一堆了，谁去管身后荣辱呀？我看你还得去读读杨子才行。”

“你要我学管仲，君淫亦淫、君奢亦奢，志合言从吗？”

刘敞摇摇头说：“不，我要你不必重囚累梏，才不违自然，从心而动。杨朱说，名者，伪而已矣！因此杨朱认为，万物所异者生也，所同者死也。生有贤愚贵贱，是所异也，死则腐臭消减，是所同也。虽然贤愚贵贱，非所能也，臭腐消减亦非所能也，故生非所生，死非所死，贤非所贤，贵非所贵，贱非所贱。然万物齐生齐死，齐贤齐愚，齐贵齐贱，十年亦死，百年亦死，仁圣亦死，凶愚亦死！生则尧舜，死则腐骨，生则桀纣，死则腐骨，腐骨一点，孰知其异？由于这种看法，他便主张：且趣其当生，奚遑死后。”

“原父，何悲观以致此？这与草木同朽又有什么分别？”

“虽然很多人非议杨朱拔一毛以利天下而不为，又有人说那是本伪书，我刘敞倒以为他是赤裸裸的，不加掩饰，非常可爱。”刘敞说，“人本是与草木同朽，所以我劝你别杞人忧天，明白吧？”

是反讽，也是规箴。

“明白，但不甘心！”

“一朝天子一朝臣，皇上登基未久，自然要有些作为。他们虎视眈眈，也就难怪病急乱投医了。”

“士老兵疲，兵无将帅，将帅无兵，怎么办呢？只有从理财上下功夫，求得国富，是皇上的基业。如王安石改革顺利，那么赵顼可使大宋江山得保；王安石的改革若失败，当失败在大臣掣肘。因此，老朽猜想，王安石的讲学，不是因为他真正博学到为我们讲课的程度，而是为新法铺路，我们不妨听听再说。”

第二天是大朝，大臣不必说，开封府尹、杂事行走，都得入朝站班。很多小官没有言事对奏之权，上朝只是一种培养训练。

御座上，赵顼英姿焕发，神情非常愉快。

没想到刘敞却出了道难题。刘敞倒不是有意找王安石的麻烦，而是借此考验一下王安石真正有多少斤两。

“侍讲是坐着讲呢？还是站着讲？”

这在历代中没有定制，完全看侍讲的官位、学术成就而定。太宗时代就有站着讲书，而仁宗时代也有坐着讲的例子。

刘敞对《礼记》有相当研究，刚巧，王安石对于《礼记》也不陌生，就对皇上说："回陛下，刘集贤是先辈，对六经又是专家，臣以为满朝文武各有专精，能在这里讲书，已是王安石的荣耀。古代侍讲，有坐有站，本朝亦然，真宗以前是站着讲的，听讲的大老都坐着，这是对老臣的尊重。太宗、仁宗时代也有坐着讲的。以我王安石的资望，是应当站着讲才合体制。"

在场的人想不到王安石对礼的认识和大宋百年历史巨细靡遣都记得那么真切。而他的论据不亢不卑，相当得体。

"坐站都有先例，天禧旧制，是讲者坐，听者站……"韩维是荐举过王安石的，又当过礼官，他说的自然是权威。"今天就请陛下特准，爱坐者坐，爱站者站，这样可以使每个人都满意。"

"礼是可变的，天禧年间有站着讲，也有坐着讲的，可见站着坐着讲都合礼。那么王安石坐着讲，听讲的也坐着，这正说明一点，不要泥古不化。"

赵顼这番话，摆明了要大干一场，礼仪为什么不能改呢？龚鼎、王汾、刘汾、司马光都憋了一肚子闷气，而且有风雨欲来之感。

从这次侍讲，坐站之争可以知道一些风向。政治改革谈何容易，但改革似已有了船到江心的态势。

王安石明白，要以谦逊的态度对待同殿大臣，化解阻力为助力才好。话又说回来，牵涉到政治利益的对立，化解谈何容易！

于是讲书开始，为了坐着和站着讲的问题，争论近一个时辰，直到日正当中，才把应讲的讲完，很多老臣早已受不了。

散讲出来，三三两两地走在一起。从各自成伍中，可以看出彼此的友谊。御街上，欧阳修和刘敞一批很自然的成为一伙。

"原父兄，讲得如何？"

"辩才无碍，可以看出介甫读书的精细，思虑的缜密。"

——态度变了？

欧阳修原来指望刘敞打先锋，现在看来已不可能。

"他为什么选用《春秋》来讲呢？"

"永叔，由这里可看出王安石做任何事，都有一整套计划。"

"我不懂，这话怎么说呢？"

"越次入对，你知道他怎么对皇上说吗？"

"无非是阻止政商勾结，解除百姓痛苦嘛！"

"永叔，有一点你忽略了。"

"哪一点？"

"他要皇上学尧舜，而非历代明君。"

欧阳修点了点头说："懂了！这就是他选《周春秋》的原因了。的确厉害！"

"谁是他的考官？"

"聂冠卿啊！我只是传达晏殊的关怀罢了！"

"那他比杨寘要强多了。"

“原父兄，杨寘也死了，没有福报呀，这事就不必再谈了吧，好不好？”欧阳修几乎是哀求地说。

聂冠卿和欧阳修屈服于枢密使晏殊的关说，自己没有坚持考试的公正、公平性，是他内心消除不掉的遗憾。虽然王安石并不计较考官的不公，终究这种师生之谊也就可有又无、似有似无了。尤以行新政，师生站在对立的立场，几已到了公开反目的地步。这是自己种的恶因，结下的恶果，也只有由自己去品尝，怨不得谁。

眼看王安石要受到重用，有的人心里不痛快乃是必然的事。很多自己做不好的事，也不希望人家做好。毕竟王安石是真材实料，一堂课讲下来，把讲书结合治术，而且又有深刻的见地，这的确是不容易的。除了背后的议论、朝政上明争暗斗以外，那些反对王安石的人，虽然如芒刺在背，但是要想一下子把眼中钉拔掉并非易事。只有在心坎恨得咬牙，等机会吧！

六月，王霈出嫁了。

王家嫁女儿，吴充家娶媳妇，矾楼冠盖云集，门当户对的一门亲事，又都是当权派，只车马便从街头摆到街尾还打个转儿，路都打了结。

不久吴充的女儿吴安玲也出阁，嫁给文彦博的儿子文及甫，而司马光的儿子娶吴充大女儿。这四家豪门结成了儿女亲家，京师好事连场。可惜这种姻亲关系，并没有缓和文彦博、司马光反对新法的态度，尤其是文彦博争取亲家的支持，更使吴充左右为难。支持谁都不好，不仅如此，三对小儿女也不好过。

王安国从江西临川进京喝侄女儿的喜酒，反对荫恩的王安石的弟弟却获进士及第，真是讽刺。在汴梁期间，性格与王安石完全不同的王安国，与苏轼等时相往返，鲜衣锦食，与王安石的囚首垢面成为截然不同的生活方式，形成强烈的对比不说，他也反对王安石的新法，这才叫怪。

他反对的理由相当新奇：国家富足强盛，容易引起穷困、文化落后、性格蛮悍的胡夷、蛮苗的觊觎，还不如保持现状，国家反而安全。百姓过着太平盛世的日子，新法实施，百姓不一定能够适应。就算国和民都富了吧，也可能引起西夏和北辽的入侵。何况，还有那么多的政商结合成为一个不可破的反对集团呢，只应付那些保守派便够人烦了，哪里还有力气去行什么新政？

“哥，我担心你新政未成，自己不知流放到哪里去了！”

“新政的问题，你不必为哥操心，皇上十分支持。”王安石说，“安国，你最近好像应酬多了一点，要节制啊！”

“对酒当歌，人生几何！”

“要学曹孟德？”

“人生得意须尽欢，不然白来世上一趟。”王安国坐下来，老家人泡了杯杭州的新茶，清香碧绿。“汴梁真好，教坊的新声新词，尽其奇巧曼妙之能事。”

“你不能被灯红酒绿迷失了！”

“哥！你放心，我已不是临川那个乡下人。”

王安石惊异于王安国变了，到汴梁才多久，很快就学会了奢靡浮华的生活。一生节俭的王安石，对乃弟这种态度是深不以为然的，便以兄长的立场予以规劝。

“我并不反对稍稍放松自己的生活，偶尔为之是不伤大雅的，经常如此，与纨袴子弟又有其什么分别?”他顿了顿,“再说,获得恩赐功名,很快就外放,要做人的父母官啊!”

“哥,人各有志,你热衷新政,我喜欢风花雪月,享受人生,各有所得。”喝了口茶,他说,“人生不必太勉强,何必苦自己呢!”

虽然是亲兄弟,彼此又都将是不惑之年,说多了无益,王安石默默。茶还未喝完,王安国却要到汴河街去,赴他们的约会了。

王安石望着华丽衣着的背影摇头。“无可救药!”大概他听着了吧!吟起“人生几何,对酒当歌”来了。他望着这位胞弟只有伤心的份。

——这如何去宰治国家,连自己的弟弟都管不了啊!

三司条例司积极拟订新法,新政与老臣们引起互相争斗之消息也传到西夏。

由于宋与西夏历年战争,双方都有损失。当时西夏只有四十万精锐,历次边境争战中也折损大半,又由于范仲淹筑城养民的政策收效,西夏已无力作乱。再加上因战争关闭榷场,西夏得不到茶、盐、丝棉织品等物质,对双方都不利。西夏的扰乱性战争,都是在宋朝新皇登极未久、政经都未上轨道的时候。故神宗即位,新政初开,西夏已是蠢蠢欲动了。

前建昌守备王韶已看到了这种危机,乃上《平戎三策》,提出拉拢党固,重开边界榷场,实施边疆贸易。王韶在边疆的经营发展得很好,同时加紧练兵。

这件事,却引起文彦博的怀疑,认为是王安石引用故旧。

王韶提出《平戎三策》,是因为当时他在陕西边关,正逢西夏大举入侵环庆(今环庆,甘肃境内)诸地,情况相当危急;而他刚好解除建昌司理的职务,理当回京述职,所以他提出了《平戎三策》,完全与王安石无关。

神宗找王安石进宫,把《平戎三策》的折子给他看后问他,“卿看王韶的办法可行吗?”

“回陛下,西夏寇边,总是选在我新君登极未久、人事未安定、国库空虚之时。西夏从不深入作战,这证明了他本身的力量远不足以威胁我大宋社稷。怕的是西夏与北辽联合行动,现在我们应当稳住北辽,对西夏也采羁縻之策。王韶的意见,是用通商和分化西夏的手段,削弱其力量,这是正确的。不如就派王韶去执行这个政策,他在西北多年,了解西北情势。”

“朕以为不如调重兵,彻底解决西夏的问题。”

“回陛下,如今新政初行,百废待举,尤其是国库空虚,兵不知将,将不知兵,此时出兵对我不利,尤其是新法初步实施,难以看出成效之前,不少老臣还不怀疑的时候。朝中大臣有些扞格不入,似非用兵时机,请皇上圣裁。”

赵顼点了点头。

王韶的策略获得采用。于是王安石约了王韶夜里到家小酌,一方面了解西北的情势,另一方面也想更深入了解王韶所提出的《平戎三策》,应当由谁去执行比较恰当。

“子纯,你上的《平戎三策》皇上非常赞赏!”

“谢大人!”王韶略为欠身,客套了一下。

“你我是大同乡，又是在舍下，不必太拘礼。”

“遵相爷吩咐！”

“《平戎三策》完全是你个人的意见吗？”

“回相爷，卑职在西北供职有十数年之久！完全是个人观察所得。”

“噶氏一族会接受朝廷的招抚吗？”

“这不是噶氏愿不愿意受招抚的问题。”

“那是什么问题呢？”

“西夏是由党项、吐蕃、回鹘三族为主要骨干合组而成，噶氏一族是被长期歧视的一个氏族，所以接受我大宋安抚的可能性很大。”

“嗯！招抚是对方有利的情况下才能成功的，朝廷能给噶氏什么呢？”

“噶氏原是受我朝封诰的，其实朝廷不必给什么厚利，只要封董戬为太保，仍袭保顺军节度使的爵位，当然其母也得加封，这就足以使噶斯罗脱离西夏了。”

第二天，王安石奏请王韶到秦凤。很显然神宗是要他执行《平戎三策》。他一到秦凤，做得极有成绩，不久青唐番俞龙琦请降。他又上书请修筑泾渭两城，以屯兵防西夏，同时招抚番民。这些措施对于西北的防务有相当的作用，为日后对付西夏奠定了胜利的基础。

熙宁二年二月，王安石以谏议大夫衔参知政事，与陈升之共领三司条例司，新法陆续出台。韩琦外放，富弼回锅为同平章事。朝堂上，已形成了新旧两派。王安石、曾布、吕惠卿等被对立派被视为毒蛇猛兽，必去之而后快。明的暗的斗争已经展开。

这时发生一件有趣的事。

王安石原本不善应酬，也不喜欢应酬，一经拜相，贺客盈门，无一点儿准备，而且突然的衣香鬓影，也实在不习惯。他竟躲进厕所，避开那些贺客。

贺客中，同殿的大臣当然是一种应酬文化，不过有几位却是他所欢迎的，从他读书的陆佃、蔡卞都是他喜欢的学生，其中只有蔡京是有目的而来。蔡京、蔡卞是兄弟，两人的风格却完全不同，蔡京热衷政治，这次突然赴王府道贺，多少有攀附之意。

蔡京是王安石二女婿蔡卞的哥哥，两兄弟都有才华。蔡京削尖一头，要弟弟把自己介绍给王安石。王安石最讨厌的便是这种钻营人物，淡淡地敷衍了事。

蔡京在这场应酬上是自讨没趣了。未想到，这位积极推销自己的后辈，后来成了历史家笔下的奸佞之臣。而且后来继续行新法的却是他最讨厌的蔡京，这是王安石始料所未及的事。

三司条例司的创立，设计上是财政政策的审议机关，对经济赋税改革、法令之制订，不受其他长官与机关的掣肘，获得独自推新政的权力，从而充分发挥作用，完成新法的准备。但大宋重文轻武，三省、御台、司使、使相都有发言权，开封府的不少官员，也可以列朝议事，放言高论，犯颜直谏，只要言之成理，都可在朝堂发言，甚至越职奏事。

人多嘴杂，许多大臣已把矛头对准了新政，富弼就数次辞相作为抵制新政的手段。富弼在辞相奏疏中，有“让贤路，以纳大才”的话，明知针对的是王安石，赵顼和王安石都装聋作哑。只要罢富弼之相，政争立现。还有当年的长官，也成为同殿之臣，如韩琦虽已淡出，但人脉还在，只要一碰，就可能成为阻力。

关于这些，王安石在赵顼面前，也隐约表达过了，可惜赵顼却不这么想，用老臣，只是碍于太皇后和太后的面子，她们念旧；赵顼呢，他知道老臣们倚老卖老，守住所谓“祖宗家法”，把老祖宗的裤裆当桂冠，满朝暮气沉沉，早就希望这些老贼离朝廷远去，却又顾虑做得太急而遭反噬。

这话赵顼自然不便明说，圣心却已决定，利用新政与老臣之间的矛盾，一个一个地来收拾那些昏聩。赵顼虽没有读通经典，但帝王之学颇有赵匡胤之风，老谋深算。而且是一步步去实现他的想法。说神宗英明，在政治的运用上的确得心应手，能改革，权谋也是一流的。后来许多老臣一一贬为地方的闲官，或有名无实，就同尸位素餐。自特恩王安石越次对奏后，神宗已经有了抑制老臣之心了，只是恪于开国皇帝立下不杀大臣的戒律，许多人还保住了脑袋罢了。

蔡京

从这点来看，赵顼虽然精于权谋，还是有一颗仁慈之心，他可能是南北两宋大有为之君了。

推行新法

条例司已经积极在拟订新法，其中“水利法”和“青苗法”“免役法”关系社会民生，必须针对需要与时弊，才能收效，不能闭门造车。为此，决定派时誉崇隆而又公正不阿的程颢、刘彝、谢卿材、王广廉等八人，分别遍访全国各地，调查水利、耕地之修整与徭役丁赋之利弊，来做兴革的张本。这是非常务实之举，新法不是凭空制造。

三司条例司成立后，除陈升之是老臣之外，集贤校理吕惠卿负责详检条例的文字，章惇、曾布、苏辙等都进入条例司供职。这批人年轻、高学历，又有干劲。新衙门的成员一公布，议论自然难免。

此一任命是年轻化，都是进士出身，但奇怪的是韩绛、韩维并未进入名单之内。

这张新政推行者的名单，引起老臣们一些恐慌，因为大有取而代之的架势。新人新政，神宗即位只两年，就有这样大的变化，司马光、富弼、韩琦、唐介、吕诲这些人很快就感受到威胁了。

“均输法”首于熙宁二年七月在淮、浙、江、两湖六路施行，由薛向担任均输平准事。

这部法律在朝堂上，曾引起文武百官激辩，甚至人身攻击。

龙凤钟一声，群臣各按地位列班进入殿内，黄门官照例是询问有事者启奏的。朝拜仪式完毕，王安石出班朗声地说：“臣有事启奏。”

“奏上。”赵顼神情愉悦，他早已知道王安石所奏的是什么事情。

“启奏陛下，‘均输法’已经拟就，敬请颁布施行！”

“卿等辛苦了。”

“这是朝廷大政，应在殿中报奏大要，受议论以补其缺失。”文彦博出班提出他的意见。

“臣惠卿，谨就‘均输法’主要内容奏报。本法将假发运使以钱货资其用度，周知六路财货之有无而移用之。凡籴买税供之物，皆得徙贵就贱，用近易远，令预知中都帑藏，年支见在之定数，所当供办者，得从便变易蓄买，以待上令，稍收轻重聚散之权，归于公上，而制其有无，以便转输，省劳费。先于江、浙、淮、两湖等六路试行。”吕惠卿口齿清晰，虽为福建省晋江人，却说得一口官话。再者，“均输法”出自他的手笔，奏报自然能提纲挈领，切中其要。

未等吕惠卿退回，御史刘琦立刻提出他的意见。

“‘均输法’虽有互通有无、调节贵贱之利，货固然畅其流了，亦可增加府库之藏，却必然与民争利，伤害商贾。而今税赋也来自商贾的交易，这么一来，不是伤及根本了吗？所以臣以为这‘均输法’不能施行。”

刘琦看看赵顼不说话，就继续议论，认为该法不仅不能增盈国库，恐怕要动摇国本。

“御使是当尽言责的，但要权衡利害。现在国库空虚，一样是朝廷的危机。‘均输法’并非是朝廷垄断商品贸易，只是利用府库资金做调节，使物品得以交流，物价贵的得以平和，贱的地区可以不致因生产过剩而伤物主，又使地方的贡品，可以就贱价采购，地方政府省下一笔钱，减轻纳税人的负担，怎么说‘均输法’是与商贾争利，而扼杀民生呢？刘大人可能对新法还未能彻底研究，就提出反对意见，将使朝廷的困境继续下去，那才是祸国殃民。”

几个大老还是按兵不动。这种事他们经过得太多，当然懂得应当留有后备力量，不能一下出尽招数，凭白便宜了王安石那批人。其中尤其是司马光，总是躲在幕后，绝不轻易出面。

“这实际与商贾的囤积居奇没有什么分别。”唐介加入反新法的行列。他有点口吃，满腹诗书，文章也好，就是无法当场顺畅表达。“臣臣臣”了半天也未说出什么所以然，所幸赵顼还有耐性听下去，毕竟新法是开始，让大臣明了，化解先皇留下来的这些老臣的疑虑还是很重要的。

“这等于是官府做生意，有损朝廷颜面，世家尚且不屑图利于市，何况是我堂堂大宋朝廷？……”

接着枢密使文彦博也上疏反对，把“均输法”看成是贱法，说是：自置市场，无物不买，无利不图，是杜绝利源，不与民共。

司马光引经据典地说：“桑弘羊以诸官各自市相争物以故腾跃，而天下赋输，或者不偿其僦费。乃请置大农部丞数十人，分部主郡国，各往往置均输监铁官，令远方各以其物，如异时商贾所转贩者为赋，而相灌输。置平准于京师，都受天下委输。召工官治车诸器，皆仰给大农。大农诸官尽笼天下之货物，贵则卖之，贱则买之。如此而已。”

欧阳修对司马光所谓的结果加以补充：“富商大贾，无所牟大利，则反本，而万物不得腾跃，故抑天下之物，名曰平准。……所谓均输，乃当输有所输于官者，皆令输其地土所饶，平其所在时价，官于他处卖之，输者即便，而官者有利也。皇上所颁布的‘均输法’与桑弘羊之法又有什么分别？”

王安石当然不服，当殿驳了欧阳修等。他说：“桑弘羊、商鞅所行的法，虽为后世不以为然，但其所以未能利民又未能利官，完全是执法的失败，不齿的是那些贪官污吏。天下财货，聚于上则壅，积于下为偏，平准均输，乃是解决不壅不偏的根本。欧阳大人是只知其一不知其二。而我朝定额课税，不管丰歉都按额征收，也不管贫富，平均负担。有的地方物资多而价贱，同样，物资缺少则昂贵，‘均输法’与‘平准法’不同之处，在于灵活调节，‘均输法’的重点是供应物如果甲地贵，可以由乙地采购较低价格之供应物，老百姓省下一笔费用，怎能把两法相提并论？”

吕惠卿再补充说：“自来各路各州定额贡品，输送至汴京，不管贡品在当地的收获如何，不得缺少，而贡品又必须在一定区域内置办，因此物丰价贱，不敢储备，歉收地区则采购不易之下，不得不向囤积者高价收买，法令限死了。富户看准了这种弱点，居其奇而哄抬价格，各路州便不得不负担损失，转嫁给百姓。‘均输法’不过是权宜转输，遏止富商巨贾垄断牟利，怎能与‘平准法’相比？而相提并论，这是腐儒的看法。”

御史钱颉也加入反对的行列：“这个法，必夺商贾之利，一旦发现这种情形，课不到税，国用将更加艰难，这个……”

赵顼是暂时只听两方的辩争，不加可否，借此机会观察新政与反新政各派的真正面目，也就是不表示态度，放任论辩继续下去。

既然王安石是新法的主张者，而薛向是执行者，都负有成败责任。薛向在仁宗时代是陕西转运副使，曾发生过以盐换草，补充军马需要一案，被淮军转运使一口咬定薛向为私，欺骗朝廷，差点落职丢官。

如今谏官钱向辅、范纯仁旧事重提，据而认定薛向的官箴有亏，主张至少不能任用薛向领均输六路平准事。

以盐换草一案是发生在王安石当三司度支判官时代，不仅对这件事发生的原因王安石一清二楚，当时也是支持薛向的做法的。如今范纯仁的企图十分明显，把这件事说成薛向为私，品德有瑕疵，不堪出任新职，企图迂回破坏新法。

“陛下，薛向的案子，是我在度支判官任内的事，十分清楚。我王安石当年也同意薛向的做法，老百姓要吃盐巴，马要草料，当地既然不能生产盐给老百姓，军马也不能不吃草料，这是权宜之计。这个案子已经结束了，我建议用薛向，正是用他变通的能力和无私心。刚才这一辩论，‘均输法’的法意与作用更为清楚，对薛向也洗清了污点，敬请圣裁。”

赵顼倒也明快，当殿下诏“均输法”颁行，由知制造草拟诏旨，中书省附署颁布施行：薛向照王安石的拟议拨五百万缗基金，快去赴任。上书省把此法令各州路县普遍实行。

龙凤钟一响退朝，反对“均输法”的文武百官输得把裤裆当成乌纱帽，个个灰头土脸。

“均输法”颁行风波并未告终，新旧两派势力分庭抗礼，已壁垒分明。

御使刘琦贬处州（浙江丽水）盐酒使，钱觊贬衢州（今浙江衢州）盐务使，范纯仁因受范仲淹的荫庇，未被贬谪，但却于事后对神宗说“天下人不敢言，而敢怒”这样的话。

政争并未因此而结束，才是开始。尤其是司马光尊儒，追求礼俗，讲仁义，认为王安石追求财货是以儒家的掩护而行法家之实，因此与王安石渐行渐远。

翰林院在皇仪门之南，徽猷阁、显谟阁、天章阁、龙图阁在西，中书省、门下省、枢密院在东，国史馆于门下省之北，再往西则是宝文阁，皆由右掖门、贻谟门出入禁内到垂拱、福宁、延和、迩英殿。到文德殿则可直接从右嘉福门出入，可以说是朝廷的机关区。翰林院人少清静，是个清谈的所在，如今已是文人政客反对新法的大本营。

新法实施后，一家分成两派的很多，曾巩和曾布、韩绛和韩维是兄弟分道扬镳；文彦博、吴充、王安石、司马光是儿女亲家反目，各有主张，冰炭不容。总之三司条例司成立以后，认为与三省争权，连枢密院都不能避免的波及了。其影响，实与范仲淹实行的“庆历新政”不能相比。

最使王安石难过的是苏轼，两人可说是至交，本没有利害冲突，如今苏轼也反对新法，其弟供职条例司，是新法的主要成员，苏氏兄弟的主张南辕北辙，后来苏辙也因其兄的影响加入其反新法行列，成为反新法的先锋。

不仅如此，王安石的一家，也分成为新旧党人。王安国放荡不羁，和周邦彦一帮人，终日沉醉在相国寺附近的茶楼酒馆，互相酬唱。王安石严肃从公，一丝不苟。

类似翁媳、夫妻、兄弟、朋友反目的例子不少。

老臣们已经无心政事，形同伴食，散朝后不约而同地到翰林院聊天，发牢骚。

富弼喝了口茶，这位河南老汉叹了口气。富弼年轻时曾经出使契丹，力拒割地，二度拜相。一个老好人也叹气了，很多人感慨万千。

“富大人，君子何叹？”文彦博是明知故问。

“垂垂老矣！”富弼如同斗败的公鸡。

“谋国哪分老少呀！”

“我们都不是王安石的对手，何况加上吕惠卿？他们书读得好，又能说理，‘均输法’这场变法之战,我们这些老臣全都败了。”富弼说出他的隐忧。“宽夫!南人为相,果真是天下大乱。”

“韩大人不是来信,要设法让苏辙出来反对吗?”

“不仅韩大人,司马大人也有此意,苏氏兄弟毕竟是纯儒。不过苏辙供职三司条例司,要他出来反对王安石……”文彦博摇摇头说,“难!”

这时苏轼进来,刚好听到他们的谈话。

“我来参他一本!”

“怎么做得到?子瞻,你是安石的朋友啊!”

“为大义亲尚可灭,何况是朋友。”苏轼本是一个心胸坦荡的人,他反对新法,则基于为民为国,自己认为有理才反对,不同文彦博与富弼他们,他们心态不同,眼看这位后生小辈,在赵顼的支持下,已与老臣平起平坐,过些时日很可能驾凌自己之上,其所争,是完全不同的。

“其实重要的是子由,令弟成为王安石的帮手,这才可虑。”富弼说,“你这做哥哥的也要管管。”

“他哪里听我的?”

“你总有责任,何妨试试!”文彦博也推波助澜。

“没有用,家父对子由都没可奈何,我这个哥哥哪有用?”苏轼等于间接拒绝做弟弟的说客。

“嗨!伯温有先见之明。”富弼叹了口气,“果真是南鸟北飞,皇上就用南人为相,听说‘青苗法’最近也将颁行。”

富弼所指的南鸟北飞一事,是说潞州长子县县尉,是个《易经》迷,过洛阳天津桥,听到杜鹃悲啼,同行的人都很奇怪,问他在洛阳怎么会有杜鹃悲啼?他预测南鸟北飞,是不祥之兆,两年内皇帝就要重用南方人。天下将大乱。

有人问他根据什么?他说,北鸟南飞,天下太平;现在杜鹃自南而北,乃是反常现象。

赵顼登基以后接触国家积弱问题,发现已到了非设法不足以挽救危亡的时候,而这个工作,又不能仅仅寄望于变“祖宗之法”。老臣们、年纪大了的人有优点,稳当是国家不会出轨的重要原因,但百年来朝中虽然无事,只是强敌没有挑衅,而臣民守法善良,这只是表面的安定,一旦有事,则百病齐发,便难以收拾。这都是必然的结果。

还有,老臣们都有功于朝廷社稷,因此居功自大,如依民间伦理,赵顼都要叫他们叔叔伯伯,怎么去支使他们?

这都是赵顼的难题,而他必须设法解决不可,任用新人是使他摆脱这个困境,做一个有为之君,洗雪澶州之盟等耻辱的理想,才可能实现。于是用人唯才,而没地域之分。

第二天苏轼正式以弹劾的方式,不经中书省,直接在文德殿上陈述其反对新法的理由。其主旨说:“上糜帑廪,下夺农时,堤防一开,水失故道,虽食议者之肉,何补于民?臣不知朝廷何苦如此哉?”

赵顼听完苏轼的奏，愣在当场。宫外的事，虽然知道的不算少，毕竟住在深宫大院之中，民间的疾苦，他哪里完全了解？

除了不了解，还得留机会看看王安石如何说。

“陛下，苏大人的奏章没有什么数字，臣却可以提出不少政商勾结、上下其手的官吏商贾实例。平民乃为多数，朝廷是为民不是为官商，‘均输法’实施，不是杀鸡，而是养鸡，让正当的商人，在公平竞争下发展。至于上糜帑廪，更是不了解国用和府库的情形，历代无不是食廪足，而国势强，反之，则国势弱。”

再说那天是为了谈事，谁也无心喝酒、听唱了。

一桌人等酒茶陆续上桌。酒过三巡，话题扯开了。

“彦国兄，头天你不是奏准了的吗，一个九五之尊的人，怎么说话不讲诚信？”文彦博提出他的看法，“一定有人在你之后阻止这件事了。”

“可能王安石在彦公出宫后，他也见了赵顼！”赵抃提出他的看法。

“不可能，下官出宫时，天已快黑，而且王安石也不可能知道我这项保荐？”

“会是谁有这个翻盘的力量？”吕诲轻拍了那坚硬如铁的黑紫檀木桌沿，发出沉闷的轻响，“我想起来了，一定是她，没有错。”

“是谁有改变赵顼的力量？”

“向皇后，彦国兄离开宫里，天已快黑，还有谁能见到皇上？这又不是六百里加急的边关军情，不是向皇后在几杯酒后点醒了赵顼就是龙床上翻滚腾跃的时候，才能改了皇帝对宰辅的承诺。你们说是不是？”吕诲的推测，也不是不可能，很多军国大政，赵顼也曾和向皇后商量过，而常有出于意外的决定。

“这次是子瞻吃了亏，幸好还留些情面，未赶出京师。”赵抃说。

“子瞻这次遭贬虽未出京师，但这已不是他个人的事，反对新法已经贬谪不少人，下位是谁，就不得而知了。显然朝廷大政已完全落在王安石那批人手里了。”

“下一位当然是我富弼了。”富弼独自干杯闷酒，“这明的冲着我来了嘛！”

王安石非常明白，兵老士疲，手不能拉弓、将不能上马的厢军，大概是起不了保护社稷作用的；禁军在调戍的情况下，将不知兵、兵不知将，靠军队保护社稷和朝廷，恐怕是缘木求鱼，一切都会落空。也就是说，农民们在这种官商的剥削，无法生存之下，逼上梁山是很有可能的事。这个临界点，只差一个引爆的火花。很多人不明白赵顼支持王安石革新的原因在哪里？他们盲目反对，很多人遭贬，还不知道为什么哩！

欧阳修甚至说出这样的话：历来只听说皇帝迷于酒色，好逸乐，没有迷于大臣。凡大臣能迷惑皇帝者都是大奸大恶，不是大奸大恶，不能迷惑皇帝，而且必然是学养俱佳。因此王安石应是位大奸之臣。司马光则认定：再加上一个辩才无碍、出身秦莽的吕惠卿，天不怕地不怕，他不仅顶撞过韩琦、曾公亮，完全不把人瞧在自己的眼里，加上“三不足畏”的王安石，不知道要把朝廷带到哪个方向。

他们不知道豪强已经控制了朝廷的根基，“青苗法”贷放给农民的生产资金是两成利，而地主、富户则是自青起，也不过三四个月，就要对本对利。“青苗法”的确减轻了农民的生产成本，“青苗法”实施不久，农村的生产很快就有复苏的现象。

这个法案是以诸路平常所存钱谷出贷于民户，春天以息二分贷出，秋收以后收回贷款，是随夏秋两税输纳的。遇到灾害，可能延迟一年，通一路有无，以行贵发贱敛之政。立法精神甚佳，应当是嘉惠贫苦农民，朝廷、农民都是两利的事。“青苗法”不同于“均输法”。“均输法”中实行于富裕的江浙等六路，有试验的意思；“青苗法”是普遍施行于全国的，所以影响更大，很可以动摇根本，当然也可能使大宋国强民富。

由于富弼看到苏轼已成为反王安石的先锋，又是当今最有名望的文学家，如果抬出苏轼与王安石作对，可以增加反对新法的力量。与文彦博商量以后，睡了个午觉，下午进宫求见赵顼，建议升苏轼为御史。赵顼对苏轼也非常倚重，接纳了富弼的此项建议。此项任命，准备在早朝宣布。未料第二天苏轼的任命却由直使馆判官，调任开封府推官。不是调升而是调降，也就是被贬了。这项任命大出于吕诲、赵抃、富弼、司马光的意外。这等于打了宰相一耳光，脸上红一阵白一阵之外，富弼已经感到自己这个宰相的地位朝不保夕。

下朝后，那些与新法作对的大臣，无心上政事堂办事，相约到汴河街的镇安坊去喝酒，寻一回欢乐，消消心里的闷气。

李嬷嬷一看，来的都是当朝红得发紫的大官人。

“哎呀！列位大人，今天怎么有幸光临我们这里啊？今天是要在水榭，还是后边堂屋？”

“水榭吧！”富弼说，“那里清静些。”

“是是！这边请！”

富弼从那天开始，称病不朝，也不上政事堂办公事，赵顼也不闻不问，富弼就变成可有可无的伴食者了。

这件事并没这样了结。那天镇安坊的聚会结束后，司马光、吕诲、富弼气不过，竟然假苏洵的手笔，伪造诽谤王安石的《辨奸论》，结果被向皇后识破，除了指出《辨奸论》是伪作以外，并献了一计，不追究责任。司马光、吕诲、富弼都是重臣。她说：“皇上登基以来，连罢旧臣，这样不好，他们既然知道文章是伪造的，便会自己告退，何必背负连罢重臣之名呢？”

这实在是很好的上计。

赵顼果然没有追究是谁伪造的，只是苏洵背了名，《辨奸论》成为历史上评价王安石的根据，实际上是出自司马光之手，吕诲、富弼为共谋，造成历史上的错案。

《辨奸论》一案已因向皇后的献计，未加追究，这却造成富弼的莫大的压力。

九月颁行“青苗法”，十月富弼告老。

“朕正倚之甚重，卿何以告老？”赵顼给足了面子的挽留，但谁都看得出来，赵顼的挽留并不坚决。

“陛下！臣垂垂老矣！且有重病缠身！”

“朕不能准，值兹推行新政，正是有所倚重，卿何忍离朕而去！”

黄门官宣布早朝结束。

这使富弼惶然。

富弼连上八个告老的本子，最后一个本子准了。还加封左仆射空衔判汝洲，后又加检校太师、武宁节度使，以同平章事衔出判亳州。

富弼告老获得恩准，总算松了口气。这等于伪造《辨奸论》的罪，由他一个顶下来了，并保住司马光、吕诲的官爵，在朝廷仍是一股力量。

而富弼从此离京远行，离开权力中心，恐怕永远都回不到汴梁了。

同谋的司马光、吕诲等人是有内疚的，颇有伯仁因我而死之感。在这种心情下，不为这位老宰相饯行，不足以减轻内心的罪恶感。于是他们约好，在富弼离京之前，放肆地玩一次、吃一次、喝一次。这次分别，说不定就见不到面了，同殿为官数十年的情谊，也该表示惜别之意，何况司马光等人，还对他有所亏欠呢！

司马光在矾楼订了一桌上等酒席，吴充等为陪客，吕诲在镇安坊包了整个水榭，并派家人吕应忠事先知会李嬷嬷说，当晚的红牌姑娘，除了姑妈到访的以外，全部到齐。

中午一过，李嬷嬷就吩咐姑娘们抹脂擦粉，一个个检查。服装是轻罗薄缎，务要衬托出女人的韵味，好迷死那些老色鬼，这就自会有五鬼向镇安坊的库房搬银子了。

矾楼那一顿，富弼把友好故旧都请到了，饯别宴是官场送往迎来的例行公事，多少显赫权重的名公巨卿上升外放，都在矾楼饯别。但送富弼的宴会，多少令人伤感。

人到齐了，山珍海味也上桌了。矾楼是当时最有名的酒馆，只要有钱，什么都吃得到、喝得到。

大家坐下后，司马光举杯："来，我们敬彦国兄！"

"敬彦公！"

酒过三巡，司马光站起来："三王德弥薄，惟后用肉刑。彦国兄入朝伴君，大概有四十多年了吧？"

"记不起来了！"富弼似乎老了许多，他不想回忆过去。"君实，不是三王德薄，而是我们太粗糙。政治就那么现实，坏就坏在读书人常常以天下为己任这种态度上。谈这些干什么？来来……今夜且得千日醉，一饮醉它三五年……今夜不谈政治！"

"富大人，今夜可不能醉。"赵抃只浅浅地喝了一口。

"为什么不能醉？赵大人说个理由。"

"人生得意须尽欢，莫使金樽空对月。我们今天有什么得意？都被贬了！"赵抃颇有些戚戚然。

"赵大人，今夜不能醉是对的，但并不是不得意？人生有起有落，月有阴晴圆缺，彦国兄的遭遇也没什么奇怪，细数百年来，多少被贬的宰辅？又是多少人几起几落？不能喝醉，但我们要尽欢，镇安坊那边还有一场盛会。"唐介说。

"另一场盛会？"还没人告诉富弼，在镇安坊另有人等他哩！

"镇安坊！我们是不醉无归。"

接下来，大家只管饮酒，不谈王安石，不谈大宋社稷。不过提起镇安坊，富弼脸

富弼祠

上没有出现任何变化。富弼是不大涉足风月场所的，镇安坊的门向那边开都不清楚。是吕诲的有意安排呢还是巧合？原本只想到镇安坊乐一乐，没想到竟演出一场楼台会。三十年了，富弼从未到过那些欢乐场。

不谈政治只喝酒真好，富弼突然一下顿悟，似乎白活了几十年，结果呢？不堪问也不堪答。

镇安坊的女儿们，个个打扮得艳丽人时。她们都受到极好的训练，除十分礼貌周到之外，还多少有一种挑逗，纵然有些轻佻，也是男人们更为期待的。他们不就是为那点轻佻才到镇安坊来的吗？

富弼看到李嬷嬷，颇有似曾相识之感。那种体态、那种温驯、那种善体人意和语言都没有多少变化。是她吗？富弼试喊："李燕……"

李嬷嬷正在指挥女儿们招呼客人，唯恐有什么不周到的时候，一转身，突然发现有人叫这个早已让人忘记的名字时，她愣住了。她回头，并没有发现一个知道这个名字的人啊！

"李燕，是我？是彦国！"

"彦国！"她注视着富弼，依稀看到一个曾经熟悉的轮廓，却是垂垂老矣。

"你是……"

"富弼大人，当今宰相。"吴充说。

"大人！过去弹弓打鸟的少年当了宰相？"

李燕呆在那儿笑了，命运多么捉弄人！仁宗朝到汴梁应试一去不回，等煞了在那麦秆堆里滚在一块的儿女，这一等就是三十多年近四十年了，住在一个城里也数十年，怎么就没有碰面，老天怎么这样会捉弄人？

"当了宰相又怎么样？怎么头发都白了才让我们见一面？"这把所有的人都看

傻了,“你怎么进京不来找我?”

“进得京来,你已使出契丹,而且也是使君有妇了。”

“我们不是有山盟海誓吗?”

李燕摇摇头。“你出使契丹回来,我已成为教坊姑娘,哪有脸再去找你啊!曾经沧海呀!”她仰着脸,富弼才发现伊人亦已老去,两鬓灰斑,眼角鱼尾满布,早已不是在麦秆堆里说梦的少女。

“好吧!阿燕?”

李燕一点头,眼泪珠儿便滚滚流下,沾满了织锦的金缕。“你呢?”

“罢黜之相?”

“人生无常呀!登了山峰,必然就是下坡……”

“你说得是。”

“好了,你们只管唱一出楼台会,倒使我们这些观众也陪了不少眼泪。我们不是来狂欢的吗?”司马光提醒了沉醉在梦里的一对老情人。

“对,大人们是来找乐子的,不是看我们哭啦!”李嬷嬷一拍掌,筝乐奏起,酒菜也上来了。

大人们纷纷落座,姑娘们殷勤侍奉。

“来吧!这也算是斗酒只鸡之约!”

“最好来一缸千日醉!让彦国兄在此睡三年,补偿呀!”吴充说。

这时弦歌大作,李嬷嬷吟了欧阳修的〔临江仙〕:

柳外轻雷池上雨,雨声滴碎荷声。小楼西角断虹明,阑干倚处,遥见月华生。　燕子飞来窥画栋,玉钩垂下帘旌,凉波不动簟纹平。水晶双枕畔,犹有堕钗横!

吟完了〔临江仙〕,李燕又是满脸泪珠。

相公虽已垂垂老去,但那旧情难忘,便以晏殊下片〔破阵子〕相回:“巧笑东邻女伴,采桑径里逢迎。疑怪昨宵春梦好,元是今朝门草赢,笑从双脸生。”

真是此情堪追忆!但各种条件,使俩人永远都回不到现实了。这是意外?还是吕诲的安排?

无论如何总是一桩好事:了却俩人一段相思,却未想又要受别离之苦。

人生无常。

新政受阻

富弼坐的仍是宰相双马车,冷风从窗外飒飒地如刀般吹进车里。他把衣领紧了紧,无意间打了个寒战。

富弼只带了夫人和少数仆从。此去亳州,还不知道今后又徙哪里,家人暂时仍住京都,不好全家搬去。

夫人十六岁嫁到富家,已经五十年了,富弼在事业上青云直上,宦途顺利,千不该万不该再度为相,如今真的受了委屈,一夜之间两鬓皆白,苍老许多。几十年在官场中打滚,什么怪事没有碰到过?只是如今落在自己身上罢了。

“相公,恕妾说句你不愿听的话:一朝天子一朝臣,你足足大了皇上四十六岁,又是三朝元老。如在民间,他要叫你爷爷啦!你纵然忠心耿耿,皇上也不便指使。其实你这次入相,我就不赞成。”

“这个我懂。”

“懂就不该反对新政,更不该受司马光他们的拨弄。”

“为天下苍生啦!我哪里是受人拨弄?”

“人人都说为天下苍生,改朝换代也没看百姓都死。”她顿了顿说,“仔细想想,官为苍生?还是苍生为官?你知道欧阳修他们为什么那么激烈反对新法?”

“为什么?”

“欧阳家在洛阳还不是以贷放为业?不然以他所领的俸禄,怎么会有那么多家业?依妾看,‘均输法’对很多老臣都有害处。所以……”

“你说!”

“‘均输法’使大商贾无法再囤积居奇,‘青苗法’更是挡了地主大户的财路。过去欧阳修曾保举过王安石,又是他的老师,肯定他在鄞县的政绩。听说,这很多法,王安石都曾在鄞县办过,老百姓感谢他的德政,还为他建生祠呢。还有,在知常州时修运河、增水利,听说是富绅反对,大家集资到京师活动,才罢了知州的……”

“你都听谁说的?”

“相爷,官老爷们上衙门去了,三亲两故的串门子,朝廷的大政,哪一件瞒过官夫人们?欧阳夫人自己说的啦!”

富弼听到这里,真正怀疑自己是否已被那些人利用了。问题是自己明的栽在王安石那批新人的手里,这口恶气不能不出,反正大不了告老休息,不管朝政,只要还有一点权力,就要斗到底了。既然已因《辨奸论》被人玩了,已是沾染上反对派的恶名,尽汴河之水也洗不清了。再说自己岂是摇摆不定的人,现在再拥护新法,也沾不上边了。他告诉自己,回头已万万不可能,那就身随势转吧!太祖立下不杀大臣的铁律,赵顼总不致要自己的命。

这时已来到西角子门,富相爷的家人上完船,舟子一篙子,船离了岸,出城后转入通济渠,那正是王安石上京应诏入对的路线。

路虽相同,际遇却是不同的。

领了牌,出水门,京城已在烟尘之外,渐渐消失在地平线上。

富弼罢相,司马光、吕诲内心愧疚不已,他是等于顶罪外放了的,他只要在朝堂上供出同谋,恐怕罢京官的不止富弼一位,是一大串。

从赵顼支持王安石的情形去判断,要从朝廷把王安石排除,几乎已是不可能的事。

文彦博突然想起王安石知常州,兴水利、疏浚运河这个计划中止,是地方绅士和地方官吏联手杯葛的结果。这段往事,可供借镜的地方甚多,何不故技重施,老谋再用?

文彦博灵光一闪,脸上出现了笑容。

阻挠新法中,出现了一位戏剧性的人物。

范仲淹抵御西夏入侵有功,西夏人常说:“有范老子在,永不做入主中原梦。”范仲淹有两个儿子：老大纯祐，除追随老父在西北领军作战，一生侍奉父母，未做京官；纯仁是弟弟，后来当过御史，知谏院。

行新法中，纯仁是陕西转院副使，三年任满入朝述职，曾与薛向是同事。如今薛向当了天下第一转运使，心里有说不出口的不舒服。而富弼是他父亲推荐给晏殊的老臣，如今被贬徙，再加上刘琦、钱颢都因新法被外放地方，更是愤愤不平。故借入朝述职之便，这位名臣之后到京的第二天，就见到神宗。

神宗问起陕西的兵备情况。他回说："城郭还算好，武备粗备……"反正不夸不浮，都照实说。他是憋一肚子气在回话。

"陕西地处前线，面对野心勃勃的西夏，听卿这么说，陕西的兵备令朕忧心。"这是话中有话，神宗很想听听这位来自边防大员对新政的看法。"朕深处宫中，实在不了解百姓对新政的看法，与新法对社稷的利弊，有话直说。"

"天下人是敢怒不敢言。"

"卿所指是什么事？"

"回陛下，凡反对新法者，皆被贬徙，'均输法'等于与商争利，'青苗法'有利有弊，穷者借不到钱，而独厚富户。三司条例司所拟颁布的法令，都是桑弘羊、商鞅之法。如今合则视为贤能，异已则排斥贬谪！谏官、言官三缄其口。被贬徙者多数为有风骨之官，有的人，只为保官位，贪俸禄，不是阿庚附庸，就是好自为之。杀子自宫，易牙、竖刁、开方之流充满了朝廷，陛下除了听到歌功颂德之声以外，哪里还听得到民间疾苦……"

这一席话，等于掴了赵顼的耳光。想想范纯仁说的还需要时间的检验，不便有所斥责，何况他又是忠臣之后，虽然一肚子火，还是隐忍不发。不过用易牙等人的典故，把赵顼比喻成齐桓公，固因齐桓公重用管仲而称霸，却也因用小人，喜欢阿谀奉承，饿死于寿宫，这是多么伤人！赵顼已是火冒到喉头了。

"令尊是我大宋功臣，也是庆历新政的实行者。老实说，庆历新政，和现在的改革，事实上是有相因的关系，都是为了我大宋江山社稷设想，新法真的那么可怕、王安石真是那么可恶吗？"

"庆历新政，终归也是变祖宗之法，所以实行还不到一年就结束了。"范纯仁已经昏了头了，口不择言地说，"当然，那也是先父的失着处……"

"那么你是连仁宗也诋毁了，新政不是出自令尊，而是西夏寇边，军费支出庞大，改革实在是出自仁宗的旨意！"

这等于赵顼暗示，变法是出自谁的主动。范纯仁听了惭愧十分，但话已出口，收也收不回来了。

"臣惶恐！"

"庆州是防西夏的要关，你到庆州去吧！"

赵顼坚定支持王安石改革。由此可以看得出来，王安石树了不少敌人，这对新法的实施，更增加了阻力。

自赵顼登极以来，至熙宁二年底，已罢了不少官：欧阳修与王安石不和，以刑部尚书知亳州（安徽），八月转兵部尚书改知青州（山东），充京东东路安抚使，十一月加食邑五百户，食实封二百户，在安徽颍州西湖筑第，图作永久之计。告老时，曾有“思辅治于和平，务敦行于仁厚”的想法，因目疾不能从政，加观文殿学士太子少师致仕(退休)，终老于此。

熙宁二年五月翰林学士郑獬、宣徽北院使王拱辰、知制诰钱公辅又因反新法被罢；六月是御使中丞吕诲，八月是判国子监范纯仁、条例司检详文字苏辙，十月是富弼罢；熙宁三年尚书张方平罢官外放。到了这时王安石政敌满天下。

富弼罢相时，赵顼问：“谁可以为相呢？”

“文彦博老成持重，应可为社稷之臣。”

“他老了！王安石如何？”

“介甫治国太急，恐非得人。”

“你下去吧！”

赵顼不置可否，富弼便黯然地走了。

王安石并没有当宰相，由共领三司条例司的枢密副使的陈升之出任同平章事。此一任命，出于朝野的意外。为什么王安石自己不升宰相？却推荐陈升之？一是陈升之在三司条例司时期唯唯诺诺，没有太多政敌，如由他任宰相，以王安石的影响力，虽然是副相，掌握尚不成问题。这是赵顼和王安石的如意算盘。二呢？也可避外界认为王安石行新政就是为执政。故此任命都认为得计。

既然从条例司升宰相，至少不会对所颁布的新法持不同的意见吧？但权力使人腐化，而保住权力更是政治人物难免的行为。陈升之在条例司期间，主导权在王安石手里，唯唯诺诺也有好处，不像王安石、吕惠卿一样成为箭靶。不过他看得多了，老臣们排山倒海的反对声浪的确可怕，他更深知被贬的大臣们虽然已不是权力核心，却成为 一方的封疆大吏。那些反对派老臣的背后，又有地方豪绅巨贾支持，更可怕的还有后党，和几十年经营的人脉。朝廷诏颁的新法，能不能实施，成败关键还在地各州路的官僚群手里，他深知新法的阻力是很大的。熬了几十年才等到这个位置，得使尽所有权谋保住这个位置，才能当几年太平宰相。

陈升之首先在赵顼而前，奏请撤销条例司，恢复中书省的旧权。恢复司农、度支、户部三司。消息传出，引起王安石、吕惠卿的强烈反对，蜜月期未过便翻脸了。

条例司后来撤销，但陈升之也没保住他的位置，被司马光说成南人狡险。因为曾公亮、陈升之都是闽人，王安石、赵抃是楚人，北方人大权旁落。陈升之不久也罢相。

一般人都认为这是新政的一个胜利。曾布却有不同看法，他认为司马光是何等人物，能在洛阳沉潜十几年守成一部书，又是几起几落政坛老手，在政坛上打过多少滚的人，岂肯就此认输？曾布判断，司马光决不就此罢手，反而因此没面子的事，不知会变出什么花样来呢！

王安石颇为同意曾布的看法。

司马光号称博学，仍有所短，除了古代史，本朝的历史反而忽略了。

巧的是，李参当陕西转使时，就曾贷给贫苦农民“青苗钱”，以挹注粮食之不足，不数年仓有余粮，军粮也不用由外地运补。陕西为西夏前线，驻军甚多，由外地转运粮食耗费极大，一旦前线发生战事，军队缺乏粮食，仗也不用打了，后果怎堪设想？就地取粮是上上之策，那等于把粮食藏在地里，藏在百姓家。

王安石在鄞县的施政，也只不过参考李参的经验与"平准法"后的成果。因此，新法也不是凭空而来，只是司马光未曾注意这些小节，或者一时记不起来，才在迩英殿上被驳得哑口无言罢了。不过这也说明了一点，王安石不只是读经，也重术。

最不该的是，司马光不应以陕西为例，作为批评"青苗法"的武器。不过"青苗法"也不是全无漏洞，例如请贷粮款，需一户结为一保，需有三等户以上，有物财者充当甲头，作为衡量借贷户的偿债能力的准据，以定贷给数目。河北的五等户只能借给三贯，三、四等户六贯，二等户十贯，一等户十五贯，仍是以偿债能力为放贷标准，违反了扶助赤贫的宗旨。

朝堂上反新法失败，便从地方向中央来反。

从曹门大街向西，在马行北街转角上的瓦子热闹得很，刀枪棍棒、软骨硬功已经登场。汴梁的夜生活已经在太阳落山之后开始。

"开封有多少这种瓦子？"这种灯红酒绿的夜市，王安石是极少涉足的。

"多！中瓦子、黑瓦子还卖人肉哩！"吕惠卿生于猎户家，中了进士，又被王安石引荐当了大官，仍改不了平民习性。有时披件平常衣服就出去逛，对开封府当然了解。司马光家放高刘贷的事，是从瓦子中听来的。

"京师还有人敢卖人肉？真是无法无天了。"

"不是那种人肉。"韩绛悄悄对王安石说几句，不苟言笑的王安石更沉默了。

曾布告诉他，瓦子、教坊都有等级，相国寺一带是太学生、文人雅士"晚朝"场所、在野的庙堂，他们互相酬唱，竞作新声，很多新词都是在这种场所完成，很多政治得失也在这里议论。

吕惠卿带他们走进相国寺左边一间叫仙阁坊的酒楼，门前有观鱼桥，门前一式彩绘排楼，后有照壁、古狮瑞献，虽比不上皇城大内的建筑，排场也相当了得。壁照后是庭院，一些苍劲树木点缀其间，气势不下公侯宅邸，够得上一个雅字。

灯笼已经点着，映在汴河上的是千条波光粼粼、杨柳轻拂，把个汴梁点缀得更美，也就难怪太学生们要流连忘返了。

一行人进入仙阁坊，刘妈妈便上前打了招呼。那一行，眼尖得很，虽然王安石囚首垢面，视人的身份，招待的等级自然不同。把王安石等一批人迎到满是奇石异花的厅中，阵阵麝香把整个中厅都弄成清幽的调子，虽然味道浓了些，但不俗。

进入清香厅，与外间大堂布置又完全不同。墙上是名人字画，黑檀木的家具擦得发亮，茶几、太师椅、博戏的桌子一尘不染，地上花岗石打磨得光可鉴人，地毡来自西康。几上摆架古琴雕工细腻，书桌上备有文房四宝，看来不少人曾在这里舞文弄墨，可惜就少了些书籍。

放眼望去，得一个雅字。教坊不下公侯家，这也就难怪文人雅士趋之若鹜了。

这样的一个地方，怎么竟卖起人肉来了呢？

出来接待的正是刘妈妈，打扮入时，淡施脂粉，虽已是半老徐娘，风韵犹存，可也不是庸脂俗粉呀！

“吕大人，怎么这久没来？”足见吕惠卿是那里的常客了。

“最近忙一些。”然后把带去的人一一介绍，只有王安石用了假姓名。

“今天叫谁呢？当然燕非是少不了的。”

说话间，枣泥糕、饦饦与时兴瓜果等名点已经上在茶几上。

“除了燕非，把仙阁坊的红姑娘都请来。”吕惠卿说。

“好的，吕大人！”

“刘妈妈，列位大人都是雅士，可不许来些低俗脂粉。”吕惠卿又叮咛了一回。

“你放心，仙阁坊不能砸自己的招牌呀！”

琉璃灯点得室内光明如白昼，阵阵歌声传来，檀香袅袅。绣幔之外是一处小花园，几方奇石和一丛翠竹，与室内的布置成为有趣的对比。

酒席上来了，都是山珍海味，烹调得法，可说是色香味俱全。

“燕非！来一曲助兴吧！”

“献丑！唱得不好，各位包涵！”

燕非说罢，起来唱了一阕〔清平乐〕：

> 云垂平野，掩映竹篱茅舍，闲寂幽居实洒洒，是处绿娇红冶。　丈夫运用堂堂，且莫五角六张，苦有一卮芳酒，逍遥自在无妨！

唱完〔清平乐〕下片，王安石心里暗暗一惊，分明是吕惠卿有意安排了。

“王安石的这首〔清平乐〕并不适合练唱，还是唱柳永的吧！”王安石说。

当时汴梁传说过这么一段佳话：苏轼的词填得好，气魄宏伟；柳永的词通俗，只要有水井的地方，就有人唱他的作品。苏轼很想知道自己与柳永的地位如何。苏轼还是翰林院学士时，有人善歌，问他：“柳七（柳永行七）和我的词怎样？”

那人回答得妙：“柳郎中的作品，只能由十七八岁的姑娘，拿着红牙板，敲着桌子唱‘杨柳岸，晓风残月’；学士的作品，那就得由关西大汉，用铜琵琶，铁拍板，大喊大叫唱‘大江东去，浪淘尽，千古风流人物’了。〔念奴娇〕的气势，自非柳永的〔雨霖铃〕可比的。”苏轼满意地笑了。

菜一道一道上，酒一杯一杯饮，新词一阕阕唱，真是步舞金莲，歌回九种。

宴会完了，已过午夜时分。

王安石回家，吕惠卿等则再去逛晓市。

正当吕惠卿他们狂欢之时，司马光的房子里灯火通明，吕诲、赵抃、张方平、文彦博那一批人也正在饮酒，同时也研究反王安石的方式。

酒过三巡，吕诲打开了话匣：“皇上太怂恿王安石那批人了。”

“对啊！讲经筵上向来只有主讲人讲经，今天竟然允许吕惠卿那个猎户出身的人越职言事，真是气人。”司马光有些愤愤地说，“这也罢了，可那小人竟然说出一套歪理……”

“我看王安石早晚会栽在吕惠卿手里。”李大临反对新法，却不反王安石这位好友。

“他用的全是奸佞，栽倒那是迟早的事。我关心的是社稷，是老百姓，更怕的是天谴。”司马光说，“可惜就是不旱不涝。”

“会的，王钦若不是搞过降天书封禅的事吗？天哪有不旱不涝的？”张方平在新法实施中，曾激烈反对过。“老天同吃五谷杂粮的人一样，没有不生病的。本朝百年中，每十五六年北方诸路州就发生一次天灾，不旱就涝，再不然就是蝗虫。人家可以降天书，我们就可以用天怒天谴来解决新法。”接着他举出历年的天灾，算一算，真是有一定周期，而且很快这个周期就到了。

“安道兄，你的确细心，不过靠天反新法并不实际。”李大临说。安道是张方平的号，小他两三岁，做官也没他那么顺利，却相当实际，像降天书等装神弄鬼的事，李大临视为闹剧。“等待天灾来阻止新法的实行是不切实际的事。”

“何以见得呢？”张方平问，“因反新法被贬的大臣已经不少了，皇上没有一点手软之意。你在皇上身边，应当了解皇上到底有什么想法？”

“皇上是个好皇上，的确想有一番作为。如说他是一位中兴大有为之君也不为过。”

“但他却支持像王安石这种杂家。”

“安道兄，凭良心说，新法也不是毒蛇猛兽，不过像均输、青苗等法，是取得姑嫂欢心，却得罪了婆婆罢了。”李大临不愿说得太露骨，当然很多人听得懂言外之意。

“我们不懂才元兄说的什么？恐怕这是蜀人比较接近楚人那种乡土感情吧！”李大临的话，正好碰到司马光的痛脚了。“我们是为苍生计，反对新法不是针对王安石，而是为天下苍生和社稷安危呀！”

“不然，兼并土地和商贾联合的剥削，使贫苦愈贫、富者愈富是个事实，河北、山东盗贼蜂起，皆因这种不平，这的确是个问题。还有大辽与西夏的岁赐，皇上也认为是种耻辱，这都是北人的治绩呀！在这种情形下，皇上图强而想有所作为，这是实施新法、支持王安石的原因，并非王安石真有三头六臂。这是下官观察所得的结论。”李大临头脑十分清晰，“不错，下官是蜀人，但皇上是北方人……”他不说了，再说下去要得罪人。

“照才元兄的说法，新政是出自皇上的意思了？”吕诲是不以为然的。

“可以这么说吧！且看只一反新法就遭贬官的情形就看出来了。”李大临顿了一顿说，“范纯仁就是好例子，富大人则更是明显，对整个事件，皇上和向皇后都十分清楚，只为顾念老臣功在国家，未加深究罢了。”

“照才元兄的说法，我们是一筹莫展了！这一来，我们真是尸位素餐，连伴食都不是个好伴食，那就不如唯唯诺诺，甚至该退出政坛算了。”司马光非常反对李大临的说法，“既然新法新政出自皇上，我们却扯王安石的后腿，我们是应当在内心自讼才是。”

“司马大人，我李大临何德何能，敢要大人自讼？不过实事求是，应当是从政者的态度。吕大人既要下官把所见所闻说出来，在下只好息心头的怒火，平和地回答。至少，反新法、新政的目的是要为天下苍生，而阻止新法绝不能靠天灾。”

“那么依才元兄之见，又当如何？”

“罢了那么多官，他们都在地方上有权有势啦！何妨以子之矛攻子之盾？”李大临喝了杯酒说，“地方官也是一股力量啊！可用之法甚多。”

这正暗合司马光之意，他日前散播“青苗法”的漏洞，就希望韩琦这些人从地方反对新法，与在朝的反对者联合夹击。只要做得技巧些，是神不知鬼不觉的。

“才元兄,我敬你。”司马光干了杯后说,“有见地!”

司马府上的宴会,目的在找出新法的漏洞,给被贬在外的官员运用。把这些传播出去只是广种薄收,成效是很难预期的,司马光也只希望能把这些讯息传到地方就已心满意足,不能做得太明显,因为那是违反保护自己的原则,非为官之道。司马光是何等人物,六七岁就能打破水缸救人,他之所以在政坛上成为不倒翁,原因是他从来不站在第一线上涉险,这是他为官的原则。他对新法翻来覆去还是那几句冠冕堂皇的官话:为天下苍生,为大宋社稷,朝廷不能与民争利。在这些美丽的包装下的真正目的,无非既得利益者将受到损害,这都是那些慷慨激昂之士心知肚明的事。

政治肮脏得很!

酒喝了七八分,大家对新法似乎没有兴趣了,注意力转移到相国寺请来的歌妓身上。巧的是其中有吕惠卿的红粉知己燕非。两面的争执,这些姑娘都看得一清二楚,只是她们有一个行规,不得搬弄是非,否则在政治漩涡里,那些腰只盈握、娇娇娆娆的女子,受得了朝廷大员的挤压吗?一个浪头就把她们打入十八层地狱,永无翻身之地。可也还是有大胆在火中取栗的,燕非就是其中之一。她既是吕惠卿的老相好,当然不是等闲之辈,若不是为了名声,她早已嫁给三司条例司的文字检详做如夫人去了。

司马光喝了几杯,原形毕露。在歌声绕梁、醉舞金莲步之中,醉眼朦胧的司马光眼前的燕非姑娘已是一块肥墩墩的上等肉,细皮白肉得可以挤出水来,一双水灵灵的眼睛会说话,从那油光滑亮的发髻,到丰满如丘的胸部与结实的肥臀,逗得老相爷喉咙直冒咽不完的唾液。

“今夜留在这里吧。”司马光在她耳根轻轻地说。

坐在司马光怀里的燕非磨蹭了半天,才说:

“相爷,今夜……”她给了司马光一个眼色,欲火在司马大人胸中更加燎原,“不行啦!”

“付不起缠头钱?”

“那当然不是。”

“哪……”

“姑妈来了,我得陪姑妈啦!”

司马大人像泄了气的皮球。这么巧吗?他得求证,那女子没说假话,司马光心里才会好过一些。

酒后舞文弄墨,是文人雅士称雄之时,可是司马光除了治史学之外,对于文学却没有什么建树。有的人很想挥毫作新声,却碍于主人之所长与爱好,而没有什么收获,只是点到为止。司马光出生于以文艺为工具猎取场屋富贵的时代,一旦行了功名,就不再重视文字,这恐怕是司马光一生中最大的遗憾。与会的人士既受到丰厚的招待,还有谁愿意去扫主人的兴?投其所好,附庸风雅,这早已在汴梁形成风气。官场上是一团黑,也是一种文化吧?那个盛会便这么草草收场了。

联合反新政的阵线,在司马光积极的运作下,已经形成。

青苗法

“青苗法”的实施,已陆续由各奏章中反映出来。为什么各路州有截然不同的民间反应呢？一本本奏章，使王安石既困惑又忧心。司马光却暗暗地笑了，他知道自己的计划已经部分实现，韩琦果然打了先锋，接着来的可能是富弼，还有许多被贬的官。司马光已从李大临那里得到消息，韩琦相当成功地用“青苗法”反“青苗法”。因为韩琦当了多年宰相，又是与范仲淹共同抵御西夏的名臣，这位三朝元老荐举过不少人，而且也当过主考官，可说桃李满天下。由他们来反新法，就不可同日而语了。

如今司马光用迂回手法，让韩琦作为反新法新政的先导，苏氏兄弟跟进，乃是极自然的事。司马光七岁救人，智慧超人一等，他的目的是达到了，只是害了相州的穷苦大众。

司马光从地方包围朝廷的构想实现，首先跟进的是富弼等贬官，“青苗法”立法美意，并未嘉惠于农民，剥削虽然已经少了很多，也减轻了部分高利贷的负担，却距离王安石的理想甚远。择术是对了，却不幸被苏轼言中，执行新法没有人才，终为韩琦所得逞。

里应外合时间到了，司马光等都各自心里有数。司马光冷冷地笑着：任你王安石有三头六臂，也斗不过那么多罢官的地方官吏一起反新法。这副烂药下对了。

司马府上的宴客放话，导致韩琦提高青苗钱的利息，都是各逞机巧的事。倒是王安石只管良心，自认是非，尚不失为君子。大概那也就是所谓的知识良心、文人风骨了。不过由司马光导演，韩琦、富弼在自己辖区内演出的加成抽税、强贷青苗钱的事，消息已陆续传进了朝廷，使朝廷震惊不已。熙宁三年正月曾颁诏纠正诏旨说：“请略平常，广惠仓给散青苗钱，本为惠恤民乏。今虑官吏不体此意，均配抑勒，反成骚扰。今令诸略提点刑狱官体量觉察……”

无奈错误已造成，沸腾的民怨已经扩散。于是二月河北安抚使韩琦上疏请罢“青苗法”：“臣请散青苗，诏书务在惠小民，不便兼并乘急，以邀倍息，而公家无所利其人。今所列条约，乃自乡户一等而下，皆列借钱贯数；三等而下，更许皆借。且乡户上等，并坊郭有物业者，乃从兼并之家，今借钱一千，纳一千三百，是官自放钱取息，与初诏相违。条约虽禁抑勒，然不抑勒，则上户必不愿请，下户虽或愿请，请时甚易，纳时甚难，必将有督索同保均赔之患。陛下躬行节俭以化天下，自然国用天下不乏，何必使兴利之臣，纷纷四行，以致远迩之疑哉？乞罢诸路提举官，第委提点刑狱，依平常法施行。”这明明是地方官吏误解“青苗法”，却把新法当成了社会救济。

不仅如此，连开封的推官苏轼都以“青苗法”为据，而让市民借钱，左正言李常就提出了疑问：“市民又不种田地，他们有什么青苗可做借青苗钱的抵押？”

这项奏章曾引起讨论，苏轼却故意装傻，瞪着眼睛辩道：“开封文化教育的青苗钱乃臣贷放，‘青苗法’既有利于民，就不能独厚农而薄市民，他们同是黎民百姓，怎么能薄此厚彼呢？”

“这完全误解了法律的立法精神，也违反了皇上体恤农民的本意，‘青苗法’并未规定贷放给市民。市民既非靠耕作谋生，自然不需要耕种的资本，苏轼大人显然不察新法的精神而失职，应当负有责任，……”吕惠卿还要说下去。

神宗望了望苏轼，显然是给予这位才子的答辩机会。

苏轼翻着双眼说：“‘青苗法’虽未规定贷放给城市的黎民百姓，可也未禁止贷放青苗钱给城市黎民，况且朝臣不能独厚老农老圃，城市也有过不去的穷苦大众。臣是依法行事。”

这套诡辩法，吕惠卿最擅长，苏轼装傻，他却一点办法都没有了。也许正是“青苗法”疏漏之处。苏辙和吕惠卿都是三司条例司的文字详检，认真说起来，都有责任。

神宗要王安石提出辩解，可能他已被那些反对派激怒而昏了头，认定是三朝老臣破坏新法，说话也就激烈刺激一些：

“回陛下，臣自认读经不足以知经，今有法而大吏不知其法度，更不知朝廷之财力日益穷困，实源于生产之下足。生产不足在于豪强剥削，至穷者愈穷，富者愈富，此实风俗之日益衰败也。‘青苗法’旨在济穷，如今却用府库的钱，普遍贷放，这岂是府库百万钱所能负担？如此，‘青苗法’实足以倾斜天下，臣罪大矣哉！愿陛下圣明决断，事涉臣所提新法之为祸为福，致未便为自己推诿罪责而有所辩言。”

王安石已动了肝火，司马光暗暗窃笑。当愤怒冲昏了头脑时，必失之于冷静理智，这本是激怒王安石使之下台的好机会。司马光却绝不轻易露出头来做王安石的目标，他要使王安石四面受敌，却还不知道主要敌人在哪里，弄得他草木皆兵、四面楚歌时，再来补最后一刀。因此，这场辩论，他都事不关己似的冷眼旁观。

神宗也是位急躁的人，王安石这一顶撞，立刻火就上来，便对曾公亮说：“法既不便于行，不如罢了。”

宋神宗赵顼

这已然是闹僵了。曾公亮想，万一真罢了新法，王安石却是自己荐举的，有责任不说了，政潮一起，恐怕动摇根本，到时不仅是伴食宰相当不成，君是亡国之君，臣是亡国之臣呀！曾公亮一看势头不对，只好转圈，便出班奏道：“律法颁行，是朝廷头等大事，朝令夕改有损威信，而利未见，弊端呈现。”

“什么弊端？”神宗气得提高声量问。

“臣之愚见，已贷青苗钱者，多数为需资金孔急的百姓，还债不易，造成府库损失。其次，需生产资金者，一旦罢法，必然失望而激成反心。再复次是有损朝廷威信，很可能辽夏趁内部之乱，联手寇边，我内部又问题丛生，这……”

神宗很烦地说：“卿等再去调查，阻挠新法、破坏朝政者，无论是王公大臣一律究办；‘青苗法’等如真正窒碍难行，再议罢法。”

就这么散朝了。司马光非常失望，并未一举击倒王安石。

不过两年时间，因遭贬的大吏以玩法的手段，挟民意之利以攻新法，使赵顼由主动积极支持新政，到要罢“青苗法”。显然赵顼对新法的信心已经动摇。这是王安石难以接受的事实。

接着要求罢新法、批评新法的奏章如雪片进入朝中。这些人有：河北的安抚使韩琦，淮南承兴军的文彦博，庆州的范纯仁，江州的刘述，亳州的富弼；还有刘琦、钱颛等等，都是反新法遭贬的京官；加上王广渊、李常、李大临、孙觉、司马光。这些人已经成为反新政的官僚团,反攻的势头实在可怕。

苏洵在《审势》中主张严刑峻法,不赦有罪而“尚威”。苏轼是改了父志,最使人不解的是他自己。苏轼参加“直言极谏科”考试的《进策》《进论》也曾有“治事不若治人、治人不若治法”的主张,王安石真想直到苏府问问苏轼,现在行的新法,不正是他所主张的吗?

事情的发展,比王安石想象的更为恶劣。赵顼一气,竟然把韩琦的奏疏交给司马光来复,当然没有什么好话,尤其是“今士夫沸腾,黎民骚动……卿(指韩琦)之私谋,固为无憾,朕之所望,将以委谁”这些话,明白要废法更张。这使王安石最受不了。曾公亮看到了代拟的诏书,吃了一惊,便差人抄了一份送给曾布。曾布把这抄件送到王府,他和王雱都主张进宫,找到皇帝理论一番。但王安石却说,天下是赵家的,行新法新政是他,废新政新法也是他,皇上做得了主,由他去。

似乎王安石已不再是王安石,他被司马光完全击垮了。

曾布不信邪,斗性也坚强,回衙门见吕惠卿。吕惠卿也已经知道这个坏消息。

“子宣,你有什么打算?”吕惠卿问曾布。

“要写个折子直驳韩相。”

“有用吗?”

“出口恶气也好。”曾布是剑及履及的人物,他往砚池倒水研墨。“吉甫兄,你如何?”

“写折子,没那闲工夫,我要直接见赵顼那昏皇帝。”

“小声一点!”

“不用怕,这是斗智不是斗力。”

“对!我们分头进行,纵然出口气,也要为介甫兄争一争,了不起贬到地方去,倒也可经营一州一县,免得受司马光那批人的鸟气。”吕惠卿果真把草莽中人的性格发挥得淋漓尽致,也是睚眦必报。

曾布奋笔疾书,吕惠卿则去找缪芒,折子和求见赵顼都不能透给任何人,否则便可能功败垂成。

赵顼在宫里走来走去,坐立不安。向皇后看在眼里,兰心蕙质的皇后猜想,朝廷一定发生了重大难决的事了。但是她又不好问。恰在这时缪芒送曾布的折子进来,又说吕惠卿急着求见,赵顼正愁没有人转个弯儿的时候,曾布的折子和吕惠卿的求见,都是难得化解君臣之间的误解的机会。

天晚了,赵顼就在便殿接见吕惠卿,君臣有一场对等的辩论,精彩也可以说是荒唐。

“陛下,听说在复韩琦的诏书,有罢新法之意!”

“新法已没有人推行,不罢留了何用?”

“那不是‘庆历新政’的历史重演吗?”

“卿巧言丑诋?”赵顼已有愠怒之意。

“臣有包天的胆也不敢至此,是皇上丑诋自己。”

“这话怎么说?”

“法是谁颁的?”

“朕!”

“那必然是经过朝野的辩论,皇上郑重的诏令天下颁行。”

“是的。”

“新法虽出自臣等之议,王安石的核准,却也是经宰相副署,皇上颁行的,它是大宋之法,而非王安石之法。韩琦请罢‘青苗法’,是罢皇上之法,这样的逆臣,依臣之见该杀。虽然祖先有不杀大臣之禁,可是要救天下苍生,使国祚永久绵长,而开此戒……”

赵顼这下真愣住了。

——对呀!法是朝廷之法呀!为什么不照曾公亮的建议,调查以后再谈维持新法推行或罢掉呢?显然是太急躁了。

“朝令夕改,民何以安?再说韩琦加息普遍贷放钱粮,明明是蓄意破坏新法了。”

“加息?”

“对啊!河北是三分息,‘青苗法’明文规定是两分,这是违法、玩法。韩琦当过宰相,不能说不懂此中的严重性。”吕惠卿真是豁出去了,“司马光、韩琦都是朝廷重臣,辅佐三朝,弄到今天国弱民穷,他们却反对新法。试问,这些老臣怎么把国家弄到今天这种地步?陛下变法图强,他们能没有责任?愿陛下对新法行与罢之间,要加以思考。何况韩琦还强迫民众借贷呢!”

“朕去想一想。”

赵顼已经有收回成命之意,当然面见也该结束了。

十天后王安石重入衙门办事。神宗委婉解说:“‘青苗法’朕为公论所惑,寒食假中静思,此事一无所害,极不过失陷少钱尔,何足恤!”

一个皇帝能如此低声下气,王安石也只能释然继续任事了。

推行新政的官员士气大振。

“均输法”“青苗法”之后,继续颁行“市易法”“免役法”“方田均税法”“农田水利法”“保甲法”“将兵法”与“保马法”。

这些法中“保甲法”“将兵法”“保马法”属于整军经武的范畴,其余诸法是经济改革。新政的法律是整套配合的,应已大备。各地雷厉风行,突破了暮气沉沉的局面。当年实行“庆历新政”的老臣如韩琦、富弼、欧阳修都自叹弗如。但奇怪的是,当年激烈主张变法行新政的老臣,却变成了保守而更激烈地反对新法了。

五月十四日,是个不祥的日子。

马行东街晓市五更就已经人声鼎沸,王安石家东巷内仍是安静如常,所有的人都还在睡梦中,谁都不知道东明县的老百姓已齐集在曹门外,只等待逻卒开门就进城了。

县老爷请老百姓进京,有得玩、有得吃,还有得拿,三天拿到两贯,有这等好事,田也不必耕了,地也不必种了,天天到相府告状,吃香喝辣,贾老爷贾大人真是活菩萨。这样的人,应当升更大的官,就会有更多的人发财受惠。

看起来虽是三三两两，可都是五人一小甲头，叫什么喊什么，都由甲头号令。不听指挥得扣钱，有钱好使人，他们比禁军还顶事。有人说王安石的“将兵法”就远不如贾蕃的铜钱，教什么说什么，教不说什么就不说什么，否则扣钱，这厉害。“将兵法”不如贾蕃给的钱多了。

晓市才收，王安石家门前已人声鼎沸，吵着要见相爷。

王安石不在，上朝去了。婆媳俩不知道发生了什么事，手足无措。夫人跟着王安石走遍了大江南北，也没见过这种阵仗，只好赶忙打发家人把上朝的父子俩找回来。

不久进来两个人，一位像乞丐公，另一位年轻人瘦得像麻秆，都不是宰相模样，没人理睬。但那两人却大模大样走了进去。

有人想，大概是王相爷的下人吧！就是下人，也够寒碜了。

那贵妇人管那穿着平常、囚首垢面、身上可能虱子满身的人叫“相爷”。

相爷是那种样子？传说的锦衣玉食全都破灭。

那些甲头想：一个宰相还不如老农，怎么治国？眼前这个老头能做出什么坏事？

“各位东明县的乡亲，请坐！”

“俺们是到相府来向相爷告状的。那‘免役法’不能实行。”甲头人说话了。

老乡们立刻附和。

“有什么理由，大家说说。”

“俺东明县老百姓要告的是相爷，也告的皇上颁的‘免役法’。”

“为什么要告‘免役法’，说点道理我听听看。”

都是甲头人说话。他说：“老百姓有力气，可没钱，现在要钱不要力了。老百姓到哪里弄钱去？所以很多人都卖了田地逃了。”

“这个法是要有钱的出钱，由衙门来雇用愿出力的老百姓去服役，和过去徭役都摊在三等户以下的情形不同了，服役的人可以得金钱的补偿，这不是很公平的事吗？”王雱也回来了。他是崇政殿说书，当然能把这部法律用最浅白的方式说出来。

“少爷，你说的和实际情形不是那么回事，现在是升户等收免役钱呀！不仅未减少徭役，反而增加了负担。”甲头似乎说漏了底。

到相府告状的都是老实的农民，有的还不会写自己张三李四那几个字儿，他们哪里知道朝廷钩心斗角这种事，拐着弯儿一问都漏了底。上京告状的老百姓和低户等纳免役钱，原是贾蕃的指挥，幕后的操控者已经呼之欲出了。

三舍法和市易法

夏夜，青纱帐随风摇曳，流萤飞舞，四下虫鸣蛙唱，觉明馆灯火通明，贾蕃与几位上京告状的地方“绅仕”猜拳行令，听歌妓演奏。这里虽比不上汴梁相国寺附近的教坊高雅，在东明县却已是最好的交际场所了。

“贾爷，小的恭喜了！”龙应举向贾蕃敬酒，端起杯子一仰而尽。

“什么假爷真爷，大人……”贾蕃是半真半假。

“没法，贾大人也不雅！”杜少陵说，“不过这次贾大人升官倒是真的。”

王安石变法

“没法子，这个姓，干什么都是假的，平章事是假平章事，就是当了皇帝也是贾（假）皇帝呀！”和那帮人混在一起久了，一下子也不便翻脸，只好自谑一番来解嘲。再说，也还不是翻脸的时候。不过终究有把柄握在他们手上，要如何把这帮混混摆脱才好。

贾蕃倒不怕王安石，如只办到东明县知县，又落在吕惠卿、章惇或蔡卞手里，不掉脑袋也要剥层皮。想到这里，那几个混混敬的酒也下不了喉咙。现在除了扳倒王安石才有官可升之外，最坏的打算就同王广廉的案子一样，派员察访。到那种地步，也只有一个法子：把司马光攀进案子里去，纵然顶了罪，也还有个人照会或垫垫背。

“大人！”这次不加那个贾字了，“你想，你会不会升转运使。那是肥缺。”

“钱缺！”杜少陵的外号叫“钱缺”，他永远都是缺两文，口袋里没有两个铜板，根本不会响，哪儿有婚丧喜庆去打个杂，混吃混喝，运气好，趁乱捞两文。他原是秀才，考了几次贡举不中，改学武艺，都是半瓶子。“升官没你的好处，坐牢倒是有份了。”

“坐牢，贾大人，你真是会说笑话。你当我是白痴，告状的事，连司马大人和文大人都有份，不然，你贾大人有这个胆，我们还没有哩。”

“你怎么这样说？”贾蕃暗喜，攀下司马光的事，已用不了教唆了。“钱缺，你不能在外面乱说。”

“反正升官也没我这半吊子，剑书都学不好的人，给官我当都当不好，还是实在些……”

“怎么实在法？”

“我叫钱缺，有一天叫钱足的时候，听的曼妙歌声，喝的是二锅头，我还能记得那酸大夫呀！”

“你这是敲诈？”

“贾大人，别说得那么难听。”龙应举出来解围，“大人升官，我们发财，跑到福建路、广东路去，万一破坏新法的案子发作了，大人可以一推六二五，就算推不掉，也没有人证。王安石再能，也办不了你贾大人，何况还有司马光、文彦博、吴充那些人帮着你。”

“相信你不是我钱缺……”

“老缺,这用不着你担心,贾大人在修东明县水利时也捞了些,这次升等征免役钱……”

“好!不要说了,你们开个价。”

“贾大人赏吧。开价,这不是成为敲竹杠了吗?”杜少陵读了几句书,说话尖酸刻薄,听起来却不怎么损人。“对了,向来只有官坑百姓,哪有百姓坑官的呢!”

“好好!好兄弟,咱们喝酒。钱,生不带来死不带去。我贾蕃一生做事就讲个爽快两字。”

“来来,贾大人,你老升官,咱们兄弟发个小财,公道吧?”

皮笑肉不笑的贾蕃知道,两个祸头子是留不得了。那夜贾蕃留宿教坊里,连夜渡过五丈河的两个头人,船翻落水,只船老大水性好脱了生,两个头人尸也没捞上来。

他们在地方上是绅仕,贾蕃按照礼数,到头人的灵堂祭拜,又送了丰厚的奠仪,一副哭丧的脸,心里却暗自庆幸除了心腹之患。

没几天,船老大也落了水。东明县一连串出事,上京告状的头人死了好几个。

正当贾蕃悄悄地消灭证据时,开封府也在进行调查取证。

吕惠卿接到调查报告,写了个奏折,经中书省,王安石透过曾公亮,呈到赵顼那儿。

司马光早已接到线报,赶忙找吴充商量,希望在明天的早朝上,能得到声援。到了吴充家,略为寒暄,便入了正题。

东明县县民到王安石家告状这件事,早就是汴梁家喻户晓的事,现在司马光一提起贾蕃,吴充已明白大半。

“听说贾蕃已被削官,并由开封府拘办了。”

“我就是为这件事来的。”

“贾蕃是下官的远亲,如今落在王安石他们的手里。大臣反新法,贬个官,下去独霸一方,免得在朝看了心烦也就算了;小官犯了这罪,恐怕不会轻饶。”司马光自恃文名满天下,一向眼睛长在头顶上,这回低声下气求吴充,看来真是严重。“不看僧面看佛面,我们可是老兄弟呀!”

“要犯其他的罪还好说,反新法这事就难办了。”吴充分析道,“如今新法已不是王安石的新法,而是赵顼的,上次韩琦和你联手罢新法的事,你也在朝议中,那么多元老重臣都扳不倒王安石,其他可想而知。”

“这事我也知道,贾蕃已经犯了,怎么办呢?”

“这件事实在难办,”吴充搓着手,“我看只有相机而行,希望这件案子不要出现兄的大名才好。”

吴充这话,使司马光寒透了背。当然他也知道他的难处。

第二天早朝前,人陆续到了。习惯上,朝臣都应当提早半个时辰,作为整理衣冠和对当天所议之事交换意见、请托和提出不同见解的时间。

钟响了!

大殿门开了!

人们鱼贯而入。

殿上沉默得落下一根针也可以听得清清楚楚。

“臣有事启奏。”

“有事奏来。”

王安石先叙述五月十四日东明县百姓到相府告状的事。然后话锋一转，说：“‘免役法’是经皇上诏命颁行，法是变了，徒法不能以自行。具体执法者仍然掌握在旧官吏手里，那些残民以逞的人，在腐朽体系下，仍然缘法为奸，不知因法利民，拒绝执法不是很重要，怕的是玩法，先有河北的王广廉，擅自加息强贷，后有东明县的贾蕃，各项户等增收免役钱，这也算了，还煽动百姓上京告状。”王安石有点近乎激动，“法是王法，却有人敢在皇上的脚下玩法。要想新法成功，只有勠力同心，否则……”

“臣有事启奏。”出班的是翰林学士范镇。

“说！”赵顼知道范镇是有名的硬橛子。

“自熙宁元年以来，三月罢欧阳修，九月罢司空韩琦，十月罢张方平，二年罢开封知府滕甫，五月罢翰林学士郑獬、北徽北院使王拱辰、知制诰钱公辅，六月罢御使中丞 吕诲，八月罢判国子监范纯仁、条例司检详文字苏辙，十 月罢富弼，三年二月贬知番官院孙觉，四月贬御史丞吕公 著、赵抃、宋敏、李大临、张戬、李常等。这些官，当 然不全为反对新政而遭黜，但绝大部分是反对更张祖宗之 法而受的处分。这证明了一点，皇上是支持新法的。不过 王大人说旧的官吏体系执法也有偏颇，这是人才的问题。”范镇停了停，“哪代能一下子把县令都换了？连天下换了 姓都还不得不用亡国之臣。新法的执行，如要把基层都换 人不仅办不到，恐怕这将是一场灾祸，所以王大人的说 法，下官无法苟同，我看不如罢王安石，罢新法，安定是很要紧的。”

吕惠卿出班了。

“臣有事启奏。”

“说！”赵项已铁青了脸。

“范大人所举，皆为事实，如果这些人都为新政而被 罢、被贬，则证明了一点，新法新政乃陛下富国图强之举，锐意改革非常明显。既是经圣上英明圣断，就不是什么亡国之祸。”

赵项点了点头说。“说下去！”

“新法新政初行，可能有许多人不能适应，这是人之常情，但是如王广廉、贾蕃的案子，就不是执法偏差的问题，而是有人与朝廷作对，这才是亡国之祸。”

“朝廷百年无事，固然是诸先帝的圣明，但百年来三朝老臣因循守旧，暮气沉沉，荫恩幸致的官吏，真可说是一人得道，鸡犬升天，贾蕃就是一例。荫恩过于浮宽的结果，既增加了冗员，权贵亲友尚攀附之风。荫恩也有能力很强的人，但是有更多的倚势为害百姓者出自荫恩官员，这是新法实施的大障碍。”曾布也出班议论。

“这种说法，臣不敢苟同，记得司马光曾上书说过这样的话：‘安石以为贤者则贤，以为愚者则愚，以为是者则是，以为非者则非，谄附安石者，谓之忠良，攻难安石者，谓之奸慝……’那么多贬谪之官，不能说全都是奸佞无能，有的执过政，有的治边有功，其去者，不过意见相左、与新政干扞格而已。”苏轼有些激动，“王广廉、贾蕃应是个案，请陛下详察。”

还有人要提出不同意见，但赵顼制止了，这样攻讦下去，更不堪收拾。

关于贾蕃一案，下旨严查严办。

议论到此 也该散朝了，让时间去解决这两个案子罢。

王安石在回家的路上就决心要从学制与考试制度着手来彻底解决政治问题。可以说改革教育是唯一的办法，也是根本之道。

韩维提出改革考试的议案，主要是停止以诗赋取士的考试科目，各习六经，问大义十道，以文解释，不必全记注疏，诸科以大义为先。本来从开宝六年开科到嘉祐八年，都以诗、赋、论三项为礼部试主科，叫作三题，宋朝文风因之而起，却也轻了策论和其他各科。韩维的礼部试改革，正与王安石的想法暗合。

于是王安石找韩维、曾布、沈括一起研究改革教育、科举方法。他主张取专精务实而不重华彩，主张普办教育，及于庶人，这样才能扩大人才晋用的基础，三五年或十年，则基层官吏皆可一新。他又把韩维、曾布、吕惠卿、沈括约到家来，讨论科举与教育兴革的事。

熙宁变法之前，大学、宗学、州学都有毛病，而贡举更是一代为官、世世为官的办法，等于是一种恩荫，难免良莠不齐，于是纨袴子弟当道。贡举又称贡士，州郡试中举，进京就礼部试。这种晋用人才基础上已是不公。

那夜讨论的时候，曾布分析那时的学制和科考时说：“国子学下之国子监之学，专教京官七品以上的子弟，都是贵胄；太学又限八品以下子弟入学，虽然也收庶人俊秀，都有名无实。国子监的房屋才二百楹，太学更小，容纳学生有限。至于广文馆，只是获得执牒求试的一个途径，入学限制也宽，凡入京应科举试落第的举人、国子监学生都可以入馆，无肄业期，没有入学试。四门学、宗学更无足论了。这些都是教育的弊病，依此取得官位，可能通识，却无专精，似乎考试是通过仕途的一个驿站，他们不能用那些浪费很多时间学习的诗赋去治世，实在是一种浪费。”

“不仅如此，太学学生，没有待遇，为了防火，学斋不仅不供膳食，晚上也不能点灯，给学生很多不便；但有了供给待遇之后，学生可以住进学舍，他们却又把这里视为寄食之所，有十年大学生者，滞留京师而不作归计，反而成为秦楼楚馆的常客，互相酬唱，以靡费淫乐为能事。这样的学生，考进来又能有什么用?”韩维研究教育制度与考用方法相当深入。

“考试使全国的教育定型，改变风俗，一新社会，要下猛药。”曾布说。

“首先要改太学，使之各有专精，不十年，就可见到教育的成效。”韩维也是赞成的。

“那么就去研究一项改革的方案吧！不过重点不完全放在太学、贡举，州县也要兴学校，才会有更多布衣子弟出身的生学，那才是国家的根本。”王安石下了结论，夜谈到此为止。

“三舍法”出自吕惠卿之手，法凡四百一十条，规定详密，但真正实行的，只是把原来的高等学府，改为上舍、内舍与外舍。生员的来源仍采分解方式到这里来的，也准许权要官戚入监听读。

熙宁四年正式实行“三舍法”，太学生员依学业等差分隶三舍。岁时考试艺能，依次升舍：初入学为外舍，外舍初无定员。后来三舍定额七百人，生员各选一经，随讲官（教授）修业，每月行月考，每年岁考，优等升舍。这些生员可以荐人中书省，免经解，省科试，就视同及第出身。上舍生可兼任学正、学隶，内舍卓异的可直接任官。但科考仍然举行，不过科目上已不再以诗赋为取士的重点，策论受到重视。

最重要的是地方官学，改变了有学无教的因循。

“三舍法”颁布，诏令东京、陕西、河东、河北、京西五路置官学，不仅允许布衣清寒生入学，也允许布衣有经术行谊的人担任教授，除馆阁、台谏等京官专职任教之外，也允许州县官兼任。这样一来，教员人数倍增。

这又引起争议，布衣教授与布衣学生将损及官吏子弟权益，尤其是教授任免由中书直接下达，更是士大夫不能接受的事。

对于学校，没有经费还是不能使教育发达起来。于是拨官田为学校产业，并鼓励私人兴学，形成了整套教育网络。

“三舍法”中最受优遇的太学生，有斋舍，有待遇，三舍学生的伙食也有差别。

这项改革，使学风不变。

“三舍法”实施之后，熙宁四年再设经义局。王雱、吕惠卿修三经——《周官》《尚书》《诗经》等，颁为官书，作教材，统一经书的释义，不用先儒的传注。

这就引起当代诸儒的批评，反对的声浪不断，尤其是“废点春秋”，史学式微者最是非议，才发生以马援为马愿、不知董仲舒为那一朝代的学界笑话，而废诗赋取士对文学的发展也有极大的影响。神宗后，几为一家言。王安石午夜扪心，或未为一己之私，却已造成这种印象。

两年前曾公亮、李常提前告诉司马光要出任参知政事一职，司马光在家一连请了三天客，后来经过吕惠卿、王安石的反对，赵顼收回成命，大大的下了司马光的面子这件往事，竟然是那么曲折。

当时司马光宴请的亲友之中，全都是反新法派的人物，也曾以为当了参知政事就已执掌了大政，当然包括如何收拾新法、罢黜新法的所有拥护者，要“好好”地整顿朝政。而且也准备人事方面的部署，口头放了不少官。他计划推张方平当宰相，贬陈升之、曾公亮、王安石，流放吕惠卿、曾布和沈括。

司马光以为伪造苏洵《辨奸论》、唆使韩琦提高青苗钱利息、强逼农民贷借，东明县贾蕃提高户等超收免役钱等案子，都有了替死鬼，自己已经脱身了。有了自己要出任参知政事的消息，证明了那些反新法新政的活动，赵顼不是被蒙在鼓里，便是有默许的味道。那批搞新政的仍不知死活，还在计划改革科考、兴办教育，从基层官吏改造呢！

他不知道吕惠卿面见赵顼，曾布的劾奏已经改变了赵顼的决定。由参知政事改派枢密院副使，那还是曹太皇太后和高太后的压力。因为朝中老臣已经没有几位，如再把司马光也贬出朝廷，很可能使老臣反扑而生变。

王安石本是想设宫观院，使功在朝廷的老人有位高无权的养老去处；而改变科举教育，彻底改变基层官吏结构，化解阻力，是为了正确执行新法。绝未想到因司马光的任命改变，和他旺盛的企图，另一场更大的风暴已经暗中形成，而且这风暴势不可当。推行新政的王安石等人，对于此项新风暴浑然不知。反新法已由商贾、旧官僚、大地主扩大到皇亲国戚的结合，范围相当广泛。

司马光的任命忽然改变，皇室子弟受考试的约束，“市易法”对宦官和巨贾的限制，科举的罢诗赋以策论专科取士等新政措施，都会损及部分人的既得利益。

柳开曾有“人之不为兵农工贾之徒，生而读书诵习，有所成立，由有司而得仕也”。苏辙在熙宁二年三月《上皇帝书》中也说：“今世之取人，诵文书，习课程，未有不可为吏者也。其求之不勤，而得之甚乐，是以群起而趋之。凡今农工商贾之家，未有不舍其旧（农工商业）而为士之者也。”这会造成什么结果？是“曹州于会仪者，市井人也，长厚不忤物，晚年家颇丰富，择子侄之秀者，起学室，延名儒以掖之。子伋、侄杰、仿举进士第，今为南曹令族”。从正面看，工商界对知识分子、士大夫的崇拜，是一种好现象，但入仕以后，更多的是朝中有人透过商人做生意而上下其手。夏竦经营西北，还有些政绩，死时谥封号，竟被封还（退回皇帝的诏命），换了多次谥号，仍未能通过，原因是他搞官商勾结，利益输送。学者司马光、欧阳修家族都曾放过高利贷。

夏竦之例，还不能算是北宋的政治弊端。北宋初期的政治本不达边陲，所以税收、榷场（即交易所）均由抚边大臣便宜行事。风气败坏如夏竦等，还是少数。后来政风败坏，是御史胡爱陟所说的赇贿买官。奸凶取位的变化，便是一种将本求利，要把政治投资回收，贪贿的政治风气于焉形成。

这种社会病态，王安石与新法诸人已看得相当透彻，“均输法”是就贱避贵，防止商人的囤积居奇；“青苗法”是促进农业生产，减轻农民生产的成本，水利兴建增加可耕地面积；“三舍法”是使庶人可以起自布衣，防止投机取巧，当然也有更新官僚结构，使新法得以实施的作用在内。现在又诏布“市易法”，以平衡市场，使货畅其流。由于严重地打击了既得利益者，惹毛了阉官与后戚亲贵。新法真的捅了马蜂窝。

“我看同驳韩琦罢‘青苗法’的奏章一样，好好参司马光一本。”吕惠卿建议说。

“我看不必。”曾布不同意。

“这是一个很好的机会，千载难逢，过此村就没这个店了。”吕惠卿向来说话不管文雅粗俚，“介公！你看呢？”

“听听曾布的意见。”

“这种事，皇上一定知道，我们何必做刽手子？”

“要是皇上仁厚，装聋作哑呢？”吕惠卿是比较倾向由此一事件，去掉心腹之患的。

“不必我们动手，要静观其变。”王安石说，“纵然皇上仁厚，司马光也已是坐立不安，难以立足了。”

果然不出所料，赵顼有意罢黜司马光，但是还未草诏，已被高太后知道了。

这是不会有什么结果的，不欺暗室，光明磊落，都为了朝廷，王安石不会在背后放冷箭，争也是在朝堂之上。只有吕惠卿不同，说他是大贤就是大贤，说他是小人就是小人，后来在西北筑寨有效地对抗西夏，除了参与三经经义撰述之外，还著有《庄子解》，可以说有相当的成就。

吕惠卿真正是一位术家，至少是纵横家。

他离开相府，在汴河街与曾布分手，也不去看名歌妓燕非，独自踽踽而行。他对王安石其争如君子，深不以为然。他认为不彻底拔除司马光那一批人，新法就不可能顺利推行，要想富国强兵，洗雪前耻，哪里能办得到。而除去司马光，现在是唯一的机会。既不能明斗，又不能捅到皇上那里，怎么把司马光拉下马来？他搜索枯肠，最后终于想到缪芒。

果不出吕惠卿所料，见过缪芒后的第三天早朝，刑部侍郎被留下到后阁奏事。

"教坊的燕姑娘还真的有用。"吕惠卿说。

"燕姑娘？"曾布问。

"对！汴河边上的燕姑娘，我只约缪公公在那里喝一次酒而已！"

"吉甫！花了不少银子吧？"

"花钱？我这猎户出身的进士，又是跟着一位清官，衙门前用五丈河的水也洗不出一粒沙子。我又没有商贾的朋友，你以为缪公公是什么？"

"燕姑娘对缪公公，还有用吗？"

"有没有用管他去，缪芒还有十根修长细白如葱的手指呢！"

"太刻薄了！"

两人哈哈大笑。

"把贾蕃受指使的案情送出去，这是目的。"

第二天传来银台司对罢黜司马光的诏命封还的事。

银台司的范镇是位枵头巾，一连封还了七次。不错，银台司是有封还诏命权，但礼不过三，封还七次，赵顼就是木头也还有那点木性。

皇上火了，把诏命改发中书省。

这件事，已牵扯到内宫的不同见解。

仁宗的曹皇后、英宗的高皇后（她与曹皇后是姨表关系）——女人家倾向安定，所以信任仁宗、英宗留下来的老臣。赵顼在治平四年正月继位，改元熙宁，四月召王安石进京越次入对以后，激进的变法，已引起了太皇太后和高皇太后的疑虑。改革幅度太大了，曹老太后年纪已大，而高皇太后还不到四十，年轻丧夫，自然趋于保守。

赵家有一项惯例，常举行家宴，以联络皇室之间的感情，故皇室之间很少有血腥的斗争，红烛斧影也还止于传说。赵顼自行新政，贬了不少忠耿之臣，他们成为地方官吏以后，朝政汹涌，两位太后不得不插手了。

曹太后找到陈衍，"今年的寿庆似乎不如往年了。"

"彩灯减少了些，赏赐也减少……"

“是府库无法负担吗?”

“那倒不是,自新法实施后,户部增加四五千万缗。”陈衍说。

“那为什么庆寿反不如往年?”

陈衍想,这下机会来了,“禀太后,‘市易法’商业官办,无论皇室或平民,采购都有了限制。”

“‘市易法’竟然限制到皇家采购吗?”

“回禀太后!这是皇帝颁行的法令呀!”

“那就是说,皇家吃喝都受到限制了?”

“回太后,过去供应皇家的几间商店,都没有货源,譬如江南花灯吧,就少买了一千二百盏……”

“懂了!下去吧!”

家宴开始前,赵顼带着儿子赵煦前来行礼。

曹太后把孙子搂在怀里,但曹太后虽是万寿,却不曾像往年那样兴高采烈。赵顼没有注意到这种变化,仍然闲话家常。

每年只有曹老太后、高太后的生日那天,才不谈国事,享受天伦之乐。今天不同,曹老太后板着脸儿,寒霜似的。

“皇上,听说新法实施,府库丰盈了!”

“老奶奶,安石确实是理财之臣。”

“可是皇家的采购也受到限制,这是太祖皇帝以来没有的呀!”

“这……”

“不要这呀那的,‘市易法’使大商行无法经营下去,已经是要什么没什么了!”

“回禀太皇太后,‘市易法’实施后,回易已不再发生。史嵩之席卷部内帑藏,囊诸路利源,借国用匮乏之名鹾贩易、宠归私室、为蠹盗的事不会发生了。”

“但内侍省的取索司却办不到货,皇室修缮、庆筵也已远不如过去,衣物节料都已减少供应,你这皇帝知不知道?”

赵顼的确不知道这种情形,自然回答不出来。

“今天老身向内物库要一些锦绢、绫罗、色帛、腰束带赏赠皇亲,也在哭穷。一问,其他掌内库的大臣都大叹采购不易。是大宋版图缩小了呢?还是百姓更穷,供物减少了?”曹老太后数落了一大堆,口也干了。“朝廷也不是浪费,譬如老身今天的生日,陈衍说宫灯就少了一千二百盏。过去是整个汴梁,对这种喜庆是火树银花、城开不夜呀!怎么朝廷府库增加,反而不如往昔呢?”

“儿臣惶恐,我会去查。”

“不必查了,‘市易法’是跟皇家作对嘛!”

“其中必有缘故,新法不致于此。”

一场本应欢欢喜喜的庆祝,却因布置、供应不周全,演变成内宫反新法的局面,这是赵顼始料所未及的。

看来新政之争,已由大臣间波及内府了。

赵顼不信汴梁市面买不到礼寿的应用物品。内侍单位已经加入司马光的行列，一定是那陈衍变的花样。

在抗论“青苗法”之是非不被接受后，欧阳修竟自行决定停放青苗钱，等于抗旨。只因欧阳修名气太大，神宗也只申斥说他“不合听候朝廷指挥”，命他继续贷放。这已相当宽谅了。因这种原因，曾多次迁调，简直就像个陀螺被鞭着到处转。

这种情形，欧阳修已经明白对自己非常不利，便一再恳辞新职，改判蔡州（河南汝南），但仍反新法。他曾因消渴症及目疾上表告老（致仕），自称：“中瘠渴涸，注若漏，弱胫零丁，兀如槁木；加以睛瞳气晕，几已废瞻，心识耗昏，动多健忘。”于六月十一日加观文殿学士致仕，七月归隐颍州。

欧阳修的糖尿病已相当严重，眼睛几近于瞎；而尿更不能控制，滴哩嗒拉。告老一事，曾前后上过二十七次札子，足见他的糖尿病是多么严重。难已致仕隐居颍州，还是对新政非常不满。他不会为反对而反对，是认知的不同、政见不同。熙宁五年好友赵概远从睢阳（河南商丘）来看他，吕公著以颍州知州身份招待会饮，相谈甚欢。吕公著的父亲吕夷简视欧阳修是范仲淹的同党而生嫌隙，欧阳修却不记仇，推荐吕公著，并为朝廷重用。足见他虽然和王安石不合，并非为人，而是为了政见。

欧阳修致仕，新政障碍大致已排除，接着而来的是削弱台谏，反新政的阻力都由那里释放出来，釜底抽薪便是更换台谏几位反新政的人物，新政新法便可顺利推行。那是个关键。

接着便罢知制诰宋敏求、苏颂、李大临，监察御史程颢、张戬，右正言李常，知谏院胡宗愈，吕公著知太原府，直史馆苏轼通判杭州，曾公亮罢相，台州司户参军孔文仲被黜，陈升之也被革了，秦凤路经略使李师中贬知舒州。熙宁新政以来，不到六年，被贬、黜、罢与法办的官员，是大宋开国以来，折损率最高的一朝。

其中，司马光被罢一事，范镇进谏未被采纳，一气而请求致仕（退休），此事曾引起轩然大波。但在支持新政的需要下，赵顼准了范镇的请求。从此，新政的推行，应当没有阻碍才是。但事实上恰恰相反，反新政、新法的人还是前仆后继，探求其原因，百年来形成的官僚结构性的保守，又有不杀大臣的祖诫，且官僚的政商关系，要想一下扭转，自然不是件容易的事。反弹力是随打压的程度而定的，既不杀人，当然乐得反了。

这点王雱、吕惠卿看得比王安石透彻，不杀人新政就难有成功的一日。反新法不仅仅从儒家的立场，那只是反新法的一件美丽外衣，实则是既得利益者维护利益的一种行动。

苏轼在开封、韩琦在河北强贷青苗钱，全国要多少钱去贷放呢？开封人都做生意，却贷放青苗钱，等于利益输送，也等于给一位体质本来就已衰弱的人吃泻药。莫说宋廷府库空虚，就是丰盈，哪能禁得起这样全面贷放？不必敌人来进攻，这些反新法的花样可能把财政拖垮。

赵顼支持新政，但他不了解整个政府结构。已是积重难返，这才是新法的致命伤。所以贬的官愈多，反弹的力量愈大。现在加上后宫也对新政不满，新政形成两面受敌的情况。

现在反新政的人,告老的告老、罢黜的罢黜、贬官的贬官,连台谏都是王安石的人马了。今后坚持祖宗之法的只剩下司马光几个人。眼看孤掌难鸣,兴起了告老之意。哪知道范镇也已思退。他上告老书说得非常难听:“民犹水也,财犹水也。养民而尽其财,譬犹养鱼而竭其水也……陛下有纳谏之贤,大臣进拒谏之计;陛下有爱民之性,大臣用残民之信。”结论当然是新政误国。但新法却都是皇帝的决定,范镇虽然是直谏之官,操守也没有任何可议之处,他还弄不明白革新来自皇帝那里。告老折子批评的是新政,等于间接批评了皇帝。故范镇的辞呈,没有经过任何慰留便准予致仕,不再过问朝政了。

这件事,对于司马光有相当刺激,双方互不退让,终于决裂。司马光递出札子,回洛阳,赵顼多次换留无效,只得让他回家,直到神宗去世也没有回京,一住就是十五年,闭门著书,终于写成《资治通鉴》。

范镇这个人,算不上北宋名臣,却是仁宗时的状元,那时已在知谏院做事,为建储事,连上十九章。神宗时,范镇曾任职门下省。宋朝是三相分权的,门下省的职务是掌管诏令的颁发、奏章的收发登录,公文都由这个单位处理。看起来,门下省只不过是个抄写公文的机构,但却有扣留大臣文书封还(也就是拒发)之权,连皇帝的诏书也可以压下。在门下省期间,他多次封还过王安石驳韩琦的言论,这还不算,又把罢司马光枢密副使的诏书压下不发给司马光,封还赵顼。皇帝知道范镇那几根硬骨头压不碎,最后诏书不经门下省,直接发给司马光才解决问题。范镇的请辞获准后,作为同乡,又是晚辈的苏轼去看他。

两人闲聊中,苏轼带着安慰他的口气说:“景仁公,你现在名气更大了。”

“为什么?”

“王安石诋毁你越厉害,人们便更尊敬你呀!”

范镇非常不高兴。“人要靠政敌的诋毁而成名,这是什么名啊!一个言听计从,把危害的政治,消灭于没有萌芽的时候,使天下人受惠,那才有意义。现在阻新法不成,天下百姓受害,而我范镇独享其名,我范镇算什么啊?”

苏轼经此一抢白,自是十分难堪。范镇死后,为他写的墓志铭,有这样的几句话:“临大节,决不义,色和而 语壮,常欲继之以死,难在万乘之前,无所屈。”这话倒是非常允当的,可以作为范镇盖棺定论的评语。骨头是几 根硬骨头,但“熙宁元丰间,士大夫论天下贤者,必曰君 实、景仁,其道德风流足以师表当世,其议论可否,足以荣辱天下”的说法,则言过其实了。

苏辙本是新法的成员,因为受司马光、苏轼的影响,奏请外调,改任河南府(洛阳东)推官。

朝廷内反新法的阻力可说是清除干净了,连原是三司条例司成员的苏辙都已去职,应当有利于新法的推行。但是罢京官,改任地方官的一些官吏,并未就此停止他们的 反对行动,苏轼就是其中之一。

反对新法运动虽为强弩之末,毕竟那是执行阶层。新 法的成败,不是掌握在拟订新法者之手,而是那些执行的基层官吏。

新法是有利于经济改革和生产的,以“农田水利法”来说吧,从熙宁三年到熙宁九年,共修水利工程一千七百九十三处,受益的民田三十六万顷,官田二千顷。奇怪的是一向主张修建水利的苏轼也反对。而这些水利建设,最受惠的是北方农民,但在廷议时,他却有北方人只知种旱田、种麦,现在把旱田变成了水田,那些农民怎么会种植水稻而为之辩难。足见那些老冬烘既不能想办法解决问题,人家想出来了,还提出不成理由的理由来加以阻挠,成为政坛的笑话。

眼中钉、芒背刺已陆续拔除,吕惠卿、蔡京、蔡卞和章惇那批人,一家又一家饮尽了每间教坊的美酒,也听了京里最好的伎乐新声。城外的瓦舍,以军卒营业对象的娱乐天地他们也逛过。甚至瓦子勾栏也有他们的足迹。北门新舍也有新贵们的游踪,狂欢庆祝他们胜利。

但是他们高兴得太早,只有王安石忧心不已。反对新法的台谏虽然都已罢去,谁去填补那些位居要津的空缺呢?如果那些位置落入罢官者的故旧,仍将是功亏一篑啊!

王安石想把吕惠卿荐为御史。赵顼向吕公著征求意见,他对神宗说:吕惠卿獐头鼠目,必是奸邪,将来反王安石的必是此人。这样的人,怎么能进入台谏的班子呢?因此赵顼未用吕惠卿。这件事被吕惠卿知道以后,进行报复。

原来吕公著曾对直学士陈襄说过,韩琦一度想带兵进京清君侧。他把这件事向赵顼揭发,说吕公著不忠,知情不报。这在朝廷来说,是件大事。这不是陈桥兵变的翻版吗?"卿又如何知道的呢?"

"吕公著曾对陈襄说过。"

赵顼把陈襄召进宫里,加以求证。

"韩琦曾有带兵进京清君侧的意图,这件事,卿是怎么知道的?"

"吕公著对臣说过。"

"清除谁呀?"

"王安石,吕惠卿、曾布、蔡京都包括在内。"陈襄知道祸事已经到了,"事情已经过去了。"

"万一要发生了,会造成什么后果?"

"这……"陈襄回答不出来了。

"你和吕公著都参加朝议,也都可以求见朕,这样的大事,为什么知情不报?为什么不提出弹劾?"

"臣以为韩大人不至于此。"

"不至于此,什么事都可能发生。"

"臣知罪!"

"下去吧!"

没几天,吕公著贬颍州、陈襄贬陈州、韩琦请求致仕未获慰留,王安石的忠贞也受到了怀疑,因为他未觉察这件事。

赵顼重视清君侧这件事,只因韩琦曾和范仲淹在西北带兵对抗过西夏,如今还有很多老干部留在军中,不仅带兵清君侧完全可以办得到,再来一次陈桥兵变也都有可能。而王安石是宰相,竟浑然不知,直到吕惠卿被吕公著反对进入台谏班子,

才挟恨揭发。

新法见效

从熙宁二年变法到熙宁六年，只四年的时间，农村复苏了。“均输法”首先在江浙六路实施，拨支内藏库钱五百万贯、米三百万石供作周转，节省价款运费。据户部四年时间计算，拨出银钱米粮已收回三成，供纳依旧。九月颁行“青苗法”，争议最多，但这部法令已然明显抑制了豪强重利盘剥，兼并土地已经减少，朝廷增加利息收入，农村的生产已逐渐增加，夏秋两税也有增长，这当然与“农田水利法”的配合有相当关系。加上“免役法”减轻低等户的负担——其实这不重要，重要的是雇役要用到朝廷的钱，官吏不敢滥用劳役，而服劳役者有待遇，一改过去敷衍的态度，效率提高。仅仅四年，社会已一片繁荣。

大家在潘楼欢送范镇，司马光也在座。

“哎呀呀！我们的不倒翁来了。”

这话已是带刺了，不过赵抃不在意，还是笑意入座。

“君实兄，谁是不倒翁呀？”

“新法实施，言官都尽责了，但只要说了话的都被贬、被罢、被黜，只有你这位铁面御史还屹立不摇。”

这话实在伤人，令赵抃坐立不安，当然在那种场所，也只有忍耐。但这口气如何受得了，便也不大客气地说：“我自认无法攻倒新法，再说新法也不是我们所说的祸国殃民，我做过度支、户部，最近也曾上奏，近年府库充盈，如可归一地官，可够二十年之用。强国方面‘将兵法’至少禁军、厢军汰老留强，‘保甲法’使地方自卫与守望相助，战力提高了，地方的治安也不全赖步卒。新法又有什么不好呢？”赵抃看了看司马光等人，“不是我为王安石辩护，我们干了几十年，只会使府库空虚，郊祀赏钱都发不出；对北辽、西夏只会增加‘岁赐’。‘岁赐’？说句大逆不道的话，其实就是进贡。君实，我们惭愧！惭愧呀！”

“明哲保身，并不能升官，照你这么说，为什么那么多人批评新法呢？”

“你以为反新法是必要的忠君爱国吗？”赵抃也有点生气了，“不反新法就不顾道统，也没有了骨气。君实兄，下官很想知道，你劾了他多少次？在廷辩和经筵上，你也曾经吃过吕惠卿的苦头，而贾蕃案、王广廉案却都是反新政的牺牲者，谁替那些人说话了呢！”

赵抃不愧是铁面御史，左右开弓，那是司马光的心病。

这些话听在司马光耳里，当然不是滋味，但也不敢再挑赵抃的毛病，因自己有疮疤，以赵抃的性格，把这两年旧案的底蕴全部揭发，自己就站不住脚跟了。

正当王安石面对着满园子的青色，想那些绿油油的稻田时，蔡卞带着二女儿阿雱回来娘家来了。

一进门，阿雱就放下手里的东西，扑到夫人的怀里嘤嘤地哭了。

“元度，是否欺负阿雱了！”

“爹，元度哪敢？只有阿雱欺负我呀！”

“那她怎么哭了？”

“爹，人家是喜极而泣嘛！”

“罢罢！你们的事，爹娘也管不了！”

“阿雱，到娘房里去，免得招惹他们这些老爷们。”夫人把女儿拖进房里说悄悄话去了。

厅里剩下岳婿两人。

蔡卞出任台谏，是为了新政减少一些阻力。

“元度，最近好吧？”

“爹，都很好。”

“言官不易做，要多读前贤的策论，对朝政有害的，该弹劾的照弹劾。”

这时王雱进来，郎舅俩在性格上倒是满合辙的。他和蔡卞格外投缘。蔡卞和哥哥蔡京不同，蔡京锋芒外露，尖锐无比。王雱好高谈阔论，而蔡卞是最好的听众，尤其是他正在修的新经义，只要谈到他的书，就滔滔不绝，蔡卞却常选在一个适当时机批评几句。而那些批评总是隐于无形的阿谀。只是由其他人说来就觉得肉麻刺耳。蔡卞有学问，有见地，总是那么适当。有时蔡卞的意见，也出现在王家的书里。

“最近有什么听闻？”王安石是有一搭没一搭。

“台谏言官多数被罢黜，圣上以为这都是反新法才罢官的，虽然户部在度支上，府库有明显的增加，司农寺也有奏章，‘水利法’与‘青苗法’已使农村出现荣景，但是……”

“你说！”

“圣上总认为那么多人反新法，似乎新法还有可议之处。”蔡卞小心翼翼地表达了他的意见。

“阿卞，你是言官，有责任让皇上了解真相。”王雱是个急性子，为了推行新政新法，抑压那些豪强，主张杀人，可说是最激进派。

“可是我们这种骨肉相连的关系，只怕……”

“大义可以灭亲，但也可以内举而不避亲，这样畏首畏尾，哪能成事。”

“雱儿，不要勉强阿卞，言官是独立行使职权，这样影响他是不好的。”

王安石的话才讲完，门房来报，吕惠卿等求见。

“快请！”

吕惠卿和章惇、曾布连袂而来，一定有事了。

“大人，‘保马法’出了毛病了，保德军来了奏章，人民养马不善，发生了马瘟！”章惇说。

“死了多少？”王安石着急了。

“大概一百多匹。”章惇说。

“那不是有一百多户要赔马吗？”

“很多人已鬻妻卖子了。”章惇回说。

“这不是又有了反‘保马法’的口实了吗?”王雱也很着急。

“一百多匹马事小,良法变成恶法事大。”蔡卞说,“依小婿看,明天由我提出救济性的弹劾案,化解那些要攻击新法的奏章。”

“怎么写?”章惇自己也是一刀笔。

“当初立法养马户之所以要负赔偿的责任,无非是要养马户不过于使用马力,用心替朝廷养战马。所以在过于使用马力,或饲养不加注意,马死了才要赔。如今马瘟是天灾,可以由朝廷下诏免赔,或免赔部分,同时要派兽医去防止瘟情扩大。这样做,至少可以暂时堵住司马光那些人的嘴。”

人的问题解决了,马的问题呢?

曾布只派了一个人到马瘟区去,汴梁只有御医,那些长袍宽袖的大夫,把脉、看舌苔、翻眼睑,也只是既医不好人,也看不死人,偶然吃对了药,便把人医活了,那是意外。

别看城西宜城楼,药材店长长一条街都是什么堂、铺,滋阴补阳、虎鞭淫羊草有没有效,谁也说不上来,可那些纨袴子弟、闲汉子们吃了喝了那些补药,自信满满,麦秸巷、御街东瓦子以及杀猪巷、东角门楼街的街南桑家瓦子、次里瓦子大小勾栏等等,包括教坊伎乐的肚皮上,便得多承受一些野蛮汉子拼了老命释放出来的一些压力,多受些苦楚。那些医生,医人未必有效,对鼓励那些浪荡子勉力而为,还真有点儿作用。至于医马,反正马也不会说话,医死了也用不着赔命,那就可以放手施为。

三个月后,马瘟流行被控制了,赔偿不赔偿的问题却在朝廷引起一场舌战,无非还是新法的攻防,马瘟对新法的阻力已经是癣疥之疾了。

马瘟可能引起的政治风波,在蔡卞等人巧妙安排下,算是过去了。但新法的几个主导人研究,“保马法”有许多缺点有待改进。

好在此法只在北五路实施,未曾扩大,至少还可解决农村劳力不足的部分问题,只是府库的损失不能算小。但此一马政,在阴山之南、太行山以东却相当有成效,收到吓阻辽国的作用。总算把高梁河、澶州城下之盟稍稍有洗雪的感觉。尽管对北辽、西夏觊觎中原的野心有吓阻的作用,不过终北宋一朝,终究未能实现太宗收复失地的梦想,这也算是个遗憾吧!

得罪皇亲

“方田均税法”颁布,全国忙着丈量土地、分等则、归户籍,上下都动起来了。寺观、公田、兼并土地都无法遁形,也不能不缴两税。而两税却把征额降低,据户部的计算,两税不减反增。那些原本逃避赋税的富豪、田官都得征税了。

农民如今只负什一之税,减轻得不算多,税负公平,也算是替那些佃户、小农们出了一口恶气。但还是发生许多弊端,以多报少,以大报小,贪渎的事例,各州各县都曾发生过。开封十六县的舞弊案,就层出不穷,积案如山。

这是不利新法推行的。朋友们是有再聚会一次的必要了。

坊间曾流传着这么一个故事,传说王宰相喜欢吃兔肉,所以凡是请王安石吃饭都少不了这道菜,后来夫人道出了这个秘密,他只吃面前的菜。曾有人试着以鹿肉代替兔肉,他也只吃摆在他面前的那一两盘菜,鹿肉摆得远,连筷子也没伸过。

王安石雕像

朝中的一些应酬,逢王安石做东,能推辞则推辞,谁愿去吃那只谈公事的饭呢?

“方田均税法”颁布,各地方反应又是好么好,新政的经济改革已经大致完成了。虽然其中发生舞弊,小疵不掩大瑜。

新法有今天,值得庆祝一下。曾布提议到相国寺附近去。

“大家乐一乐。”

“总不能不请介公!”

“那当然!”

“到那里去没有伎乐,没有女人,还去相国寺附近干什么?只要有介公在,你敢在那里放胆搂你心爱的女人吗?”曾布说。

“吃一次总可以吧!”

“当然可以,你说,到哪里?”

“要说吃,当然到景灵宫东牌楼下的长庆楼,不然到丰乐楼,总不能到麦秸巷的状元楼吧!”曾布说,“依我,到长庆楼去,跟宰相的地位也相配!”曾布对吃有研究,“不然到金梁桥卜刘楼也不错,南方菜细致。”

“还是到长庆楼吧!”吕惠卿也算个头儿了,他做了决定,“长庆挺有意思,就到长庆嘛!”

“好!那我就交代人去采办。”

“凡新法的人都邀,应当好好喝一杯。”

酒过三巡,王安石例外的敬大家:“辛苦了,也委屈了,这杯我敬大家。”

“大人!新法的经济改革,有了初步的成效,恢复故土的日子不远了。”吕惠卿真是希望无穷,他说的也就是他想的。

“新法的障碍是比初期小得多了,但还有很多令人忧心的事。现在新法仍然只靠朝廷推动,皇上的支持,到了各州县就变了样,所以如何培养地方小吏,这很重要,他们才是基础。”

“大人说的是,但这不是一蹴可及的事。”

“听说在‘方田均税法’上,还有很多弊病?”王安石问。

“法是没有可议的,倒是人出了些毛病。”曾布是从不掩瞒事实的,“拿了地主的好处,大田大地变小了;没钱给丈量者的,小田变大田了。”

“这不仅赋税不公,不还会造成更多的弊端吗?”

“大人,正是如此。”吕惠卿也不能置身事外。

“我知道会出这种毛病!”王安石干了一杯,这是很少的情形。

“大人知道?”

“富贵而后知荣辱,这不是句假话。我们的胥吏很多没有薪俸,纵然有,也不足以养廉。他们是人,当然便只有靠山吃山、靠水吃水了。”王安石有些激愤地说,“这是朝廷逼官吏贪渎呀!”

“税收增加,却都把钱消耗在养冗兵冗员上面去了。”蔡卞独自喝了一杯后说。

“这是一个改革的目标。要裁汰冗员,凡做事的小官小吏都要有俸给,做事的就有钱,写个折子来。”王安石那天的确很高兴。

“我们这是挡人财路,损及既得利益,恐怕这阻力不会小。”蔡卞的意见是比较现实的。

“从颁发‘市易法’开始,处处是阻力,皇上是个大有为的皇上,多少反对新法的大老被贬黜,不趁势而为,恐怕永远都没有机会了。”章惇仍以剿两湖荆蛮之乱的那种勇猛来看朝政的改革。

“这五六年来,我得了一项经验:太激进并不一定能成功,阻力也大。人都因循苟且,对于新的东西多数抗拒,所以除了急于解决‘方田均税法’的弊病,别让那些大户再逃漏税,使赋税公平化,然后再去做裁汰冗员。”王安石指示说,“首先对丈量的舞弊,以多报少,以大报小,查实即严惩,决不宽贷。有田有地就得上税,田等也不容放宽。土地彻底归户。”

那个庆功宴,一直吃到深夜,王安石例外地喝醉了。不过现在他身上的虱子少了,不再如过去一热就骚动不已。

“市易法”也同“青苗法”一样,贷给小商人的本钱,因为有“青苗法”的例子,商人不再疑虑,贷款的多,还债的能力也强,利息比“青苗法”更低。

熙宁三年八月西夏入侵,到第二年陷抚宁诸城,宋军失利,王韶是由王安石保荐,自然有责任。现在王安石的情况已不是两年前,所以还背得住。五年五月又以古渭岩为通远军,任王韶知军事,收复失地。八月攻下武胜,总算没有辜负王安石支持《平戎三策》的好意。

置熙河路,派王韶为经略安抚使。次年九月西夏再度挑衅,熙河大捷,恢复熙河、河湟、渭岩等六州,大胜西夏。

总算对西夏报了一箭之仇,《平戎三策》经过五六年的苦心经营,有了成果。

王安石富国强兵的政治理想,有了部分实现。他的一生志业,也迈向巅峰。这时,王安石也已是五十二岁的老人,两鬓皆白了。

宋代的驿站非常健全,除了作为官员往来的接待,最重要的是负责传递。驿站的任务是:郊野以待宾客,鄙野以待羁旅。到宋代,已是二十里有马驿,六十里有食

宿、乘传、钱米供应；至于传递，有传达命令、章奏，方法上有步、马、金字牌传递的分别，军情、谍报则有特别之法。西北胜利的消息，七八天就传到汴梁，整个京师欢声雷动。

被北辽、西夏予取予求数十年，这下王韶露了脸。《平戎三策》终于开花结果。

王安石的声望，已达顶点，而新法也收到部分效果，最重要的是社会出现活泼的生机，尤其是农村的生产力迅速复苏。照理，新法应当能顺利推行了，但反对的人却屡仆屡起。

王韶也升左谏议大夫，端明殿学士。

捷报传来之前，欧阳修于闰七月廿三日去世了，享年六十有六。他于四十多岁就有目疾，晚年受到糖尿病、牙周病之苦，这一死，倒是一种解脱。八月，皇上赠他太子太师，谥文忠公，归葬开封府新郑县旌贤乡，与韩退之、柳宗元、苏洵、苏轼、苏辙、曾巩、王安石为唐宋八大家。杜衍、韩琦、范仲淹、富弼因庆历新政，欧阳修极谏，便外任扬州、颍州，还京在翰林院任学士达八年之久，嘉祐年间与韩琦同为宰相，熙宁新政首先被罢的便是欧阳修，熙宁三年致仕归颍州，更号六一居士，次年撰《六一诗话》。

由于王韶在西北的胜利，北辽也因宋朝的励精图治，国用渐渐充足，不敢再挑衅。这时，宋出现了一个升平世界。汴梁是火树银花，城开不夜；船舶南来北往，货畅其流；农村生产增加，购买力大大提高，市舶司与主管市易法的衙门都十分忙碌。整个国家重现了生机。

一天吕惠卿到王雱的书房。

“听说了吧！元泽兄。”

“那不就是咱爹和你我要做新儒教主吗？”

“真是难听呀！你说，咱们像始皇帝那样焚书坑儒，统一天下思想吗？”

“是又如何？只怕办不到，办得到就没有那些腐儒来反对新政了。”

“但是人言可畏！”

“吉甫，不是我放肆，你们这样行新法，理想永远都难以实现。”

吕惠卿听了这话，倒抽了一口冷气。

——这个年轻人才真正可怕！

尤其是他对妻子庞碧英那种态度，那种疑心，违反了常理常情。这个人一旦掌权，能有几人在他手下做事。不过王雱的尖刻，是不是因为他的病呢？人一生病，心里都会有些胡思乱想。

披着儒家外衣都不必，赤裸裸地干。这是王雱的主张。实际也是如此，哪个当官的不是以儒家自居，其实那只是官儿们的遮羞布罢了。王雱可爱在这里，可怕也在这里了。

三经都是他们的专长，又有不少上舍生协助，编起来很快。读书是重在运用，而不是死守那些章句，食古不化只能造成更多腐儒罢了。

闲谈了一些无关重要的事，吕惠卿就走了。

新法实施,首先遭到冲击的便的曹家的隐田必须记入田籍而无法逃税。

曹太皇太后差陈衍找到赵顼,说:“皇上,太皇太后宣。”“陈衍,你知道是什么事吗?”“不清楚!好像灵寿有人来告状了!”“告状?”赵顼知道,一定又与新法有关,“告什么状?”

“不知道,不过太皇太后好像很不高兴。”

那必然又是曹家有了事。皇上慢应了一声说:“回去禀报太皇太后,朕就进宫。”

陈衍一走,他回到后宫求救,对这位曹大将的孙女儿,皇帝是一点办法也没有的。向皇后足智多谋,对付女人,只有女人才有办法。

“陈衍来的事你知道了?”

“太皇太后有点儿不高兴。”

“你全知道了?”

向皇后点了点头。“皇上,这次要小心了,上次宗室子弟科试,差不多使王安石丢了官。这一次……”

“难道又与新法有关?”

“‘方田均税法’一定开罪了曹家。”

“这不是胡闹吗?”

“曹家对我朝有大功,也不贪,曹彬在伐蜀时,人家取玉帛,他独取图书,下江南不妄杀一人;曹佾为中书门下省,从不以近亲关系捞钱放官、端拱寡过,足见曹家不是敛聚之家。但是繁族未必个个都是圣贤,你得小心应付,不要惹老人家生气,又要保住王安石,才是两全之计。”

“这哪能两全,明明是两难啊!”

向皇后笑了笑,“皇上,一点都不难。”

“这倒要拜你为师了。”

“皇上,我的好官家,这不是折杀臣妾了吗!”向皇后分析说,“皇上在老太后的眼里,是个破坏祖制祖法的皇帝,但也是位有为的皇帝、中兴的皇帝,是怒在脸上,喜在心里的。”

“说方法!”

“别忙!”向皇后笑了笑,“人一老,便同孩子一样,只能哄,只能顺。”

“这不是要朕以私害法了吗?”

“慢慢磨,慢慢说。”

“这一贴药管用吗?”

“试试就知道了。”

试试!从坤宁宫到宝慈殿,路不算远,可一路嘀咕,准备挨一顿兜头盖脸的臭骂,然后撒做孙子的宝,总可以过得去。老太后不是视自己是中兴皇帝吗!一到坤宁宫,陈衍已在那里候着了。

“皇上稍候,小的进去禀报。”没等陈衍进去,已听到“宣”字自里面传出。

这回老人家似乎像军器监制所造出来的火药,爆得真快、真烈。

一见面,老人家完全变了个人,再也不是慈祥的老太后了。

“皇上,我们曹家替赵家打下多少江山?”话由老太后的口里说出来是重了些。

“回太皇太后,曹家的汗马功劳,赵家的天下,史书记得分明,史官会不偏不倚,秉笔直书。”赵顼知道向皇后那一套不灵了。

“那很好,曹家自归守以来,三代做官,也不过是在家乡置几亩田地养生,不为过吧?”虽然是那么严肃的问题,老太后还是笑的。

“不为过!”赵顼跪了下去。

“现在曹家为了换块田,方整些、易管理些,也是配合你们的新法。现在把我族侄曹绰送到司农寺,说我侄子强迫农民以旱田、沙田换别人的水田。曾布说他是地方恶霸,抓到京来审了。审也不要紧,还打了板子。”

“有这样的事?”

“有没有,问王安石去!”

老祖母盛怒之下,知道怎么为“方田均税法”辩解都不会起作用,只好答应调查。

赵顼总算是位英明的皇帝,直接问了王安石。宰相也掉在雾里,一问再问,终于查到了司农寺曾布那里。

曾布年轻气盛,这次办到了国戚,知道闯了大祸,便把镇州知州冯道所呈的公文,审讯的经过,附了原案,写了个奏章上去。

赵顼说:“这是老太后的侄子,总是要不看僧面看佛面呀!”

“回陛下,在法律之前,臣只知是非对错,不论皇亲国戚,倘以为这件案子办错了,臣宁愿受革职夺官的处分,也不愿以私害法。”曾布一点也不退让,“何况这件案子州官报来的时候,也没有说明曹某是老太后的从侄,就算事先知道了,也是这样办。曹某以旱田换水田,还有丈量多出田亩,居然要求以多报少。如因曹某是老太后的从侄就不办,以后什么法都推行不了。”

“但曹佾对太后说,是公平交换,刁民为难。”赵顼说,“曹佾向来有政声,他应当不会袒护一个从侄而说假话。”

“那就是州官冯道和曹佾之中,必然有一个作假,告状的也都是刁民。”

“这样吧!不如传州官冯道与曹佾问。”王安石做了调和。

曹佾被传入对,另派邓绾访查。结果是州官所报皆实情。曹佾已经致仕,只听曹某片面之词。曹因在野,未经访查就向老太后那里通了消息,只是这州官隐瞒了曹某的身份,等于曾布着了道,被州官摆布了。

得到真相以后,赵顼碰到了难题。

从不耗一点时间在逸乐上的赵顼,一连十几天都去游金明池。他的确需要冷静地思考,如何来处理这件棘手的案子了。他深知王安石的性格,搞不好又会称病罢朝。在熙宁五年因“三舍法”损及宗室子弟免试权利,王安石曾求罢相位。如此案袒护皇室,行新法的几个得力臣子都可能因此离朝廷而去,届时新法不废也

废了。

这件案子，连向皇后也没了主张。不过最后她终于给赵顼想出一个两全的方法来了：找到曹佾，坦然把朝廷的难处，对曹老太皇太后和新政对立的情形进行分析。他问曹佾对新政的看法。

曹佾的回答使赵顼颇感意外。

“新政新法的确有助富国强兵，现在出一些错，无关政策本身，而是缺乏执行者，因新法损及大户利益，这是元老们反新政的主要原因。”老相爷并未昏聩。

“那么，老舅公是站在新法这一边的了？”

“不是，老臣已经致仕，本不当过问政治，事关新法兴废，老臣不得不表示自己的意见。”

“真是谢谢老舅公，但是老太后那里不明真相，事情未了。”赵顼动以亲情，对新法是用了苦心的。

“这件事，由老臣起，自然老臣去向太皇太后把这件案子的真正原委向她禀报，她是位顾全大局的人。”

曹佾辞出立即就进宫求见曹老太后。当老太后明了真相以后，也就算了，不再管曹家的事，只是还怪赵顼自己为什么不禀报。

“皇上也是一片孝心，怕你伤心生气！”曹佾解释说。

曹老太后叹了口气。“想不到曹家也出现不肖子孙，闹这么个大笑话出来。”

“不仅是我们曹家，很多权臣都有这种子孙，所以新法推行起来，障碍重重。老姐不要看那些元老说得冠冕堂皇，其实掩盖在背后的，不知有多少见不得人的事。”这是曹老太后第一次听到赞扬新法的话，而曹佾的品格、为人又是她所能信得过的。

“从前没有人跟我说这种话，看来我对新法是有点偏见。”她说了良心话，“天下是赵家的，随他们去。”

棘手的案子解决了，连带扭转了老太后对新政的看法。现在已雨过天晴，一切都过去了。

新政遇灾

当王安石获赐玉带时，声誉已达高峰，贺客盈门，但同时有一批人 躲在阴暗的角落里 恨得咬 碎了钢牙 。他们 为反对新法丢官、被贬、被黜，京官而地方官，甲地徙乙地。他们心里在流血，但无从发泄，无疑也是失望的。他们希望行新法的那些激进分子，个个得了瘟疫，但他们生龙活虎，干得有声有色。祖宗之法全变了，却未造成灾难。不敬天，却未遭天谴！

小王安石十岁的沈括，是王安石的忘年之交。沈括喜欢科学，也就有实事求是的精神。有了这共同的性格，很自然地拥护新法，尤其对王安石光明磊落与涓滴归公的人格十分敬佩。他却不会做那种无谓的应酬，尤其是锦上添花的事他更不会

做。隔了两三天，沈括才过府拜候。

“没向你拜寿，不会见怪吧？”

“小生日，我自己都忘记了。再说，我知道你不喜欢热闹。”

“谢大人的谅解！”沈括一揖。

“存中，”那是沈括的号，宰相叫一位部属的号，可知是多么的尊重了。“人，贵在相知，哪里在乎那种形式。”

“大人抬举。”

下人倒了茶。

“下一局怎么样？”

“好啊！”

说完就在客厅上对杀起来，在棋枰上一见高下。两人有共同爱好，围棋、经农、医学、算术甚至天文，两人都喜爱而精通。最令王安石佩服的是沈括不计较权位，给什么官他都扮演得有声有色。他喝了口茶后继续说：“其实我自己都忘记了，是小儿、内人和元度他们要办，才惊动了好友们。”

“这是应该的……”沈括好像有话要说，却又咽了下去。

“有事吗？吞吞吐吐，又不是你的个性！”

“大人，今年天气异常！”

“存中，你想说什么就说吧！”

“熙宁二年开封所统辖的十六县都有灾变，元老们归于新法触怒老天，归咎于大人，这事应当记得。”

“记得！”

“往年十一月，开封几条河已经冰封了，黄河可以过车马了，今年却只打霜。”

“是有些异状！”

“所谓瑞雪丰年。”

“存中，你是说又要有灾难？”

接着沈括举出许多旱涝蝗灾的记载，灾前的自然现象与周期。那种异常的天候，恐怕又将是一场天灾。

“我把它归纳、概约计算，每隔三十到四十年总有一次灾难，现在正是在周期期间，我们要有所准备才好。”

王安石点了头。

他看王安石不答话，便继续说：“我所担心的不是天灾，现在各路州、甚至县的仓廪都足够应付灾变，依计算，两年的存粮是不成问题的。但新法抑制豪强恶吏的剥削，加上皇亲巨公，两宫的曹太皇太后、高太后又都是被贬、黜大臣元老的靠山……也可以说后党最可虑了。万一……”

“我懂了！存中，难得你的用心！现在一事不烦二主，请你把灾变周期列出来。谢谢了！”

“大人，谈什么谢，都为了朝廷社稷。”

棋是一盘残局，没有下完沈括就走了，从棋势看，沈括的手胫厉害。

天阴沉沉的，王安石经他那么一提醒，心情也有些难受。万一真要发生天灾，这股反扑力量不能小看。

不久沈括统计出来了，凡头年有异象，次年必有旱涝，而且是每隔若干年就会发生一次。这份资料只能做万一发生灾害时辩解之用，对于灾害的防范仍是无能为力的。

天象的变异，使王安石食不知味。

熙宁六年"市易法"实施，"免行钱"在各大商埠开征，朝廷官员和皇室、皇族的物资不再由商行直接供应，采取自由买卖的形式。而所有商行，依其营业获得的情况，收什一的"免行钱"。从此断了高官、皇族、宦官与仆人们的利益。在收"免行钱"之前，采购的官员、宦官、皇族的家仆对商行勒索，狮子大开口，把供应量提高若干倍，那些提高量，都入了采购者的口袋。商行则提高售价，把那些宦官、仆从、采购人员贪渎的损失，转嫁给市民，物价自然昂贵。这些贪渎等于由平民百姓来负担。这种弊端王安石是完全了解的，于是便由市易司吕嘉问拟订了"市易法"与开征"免行钱"，等于挡了那些采购人员的财路。

所谓你有政策，我有对策。别以为他们只是下人，他们的手段比起那些反新法的元老重臣要有效而毒辣得多。"免行钱"损及这批人的利益，兹事体大，他们很自然的纠结在一起。

"我看这差也没什么好当了，不如请求出宫去，也免得白出力气。"高居简叹了口气。

"回家？我们是断子绝孙了呀！回到哪里去？"陈衍是那种认命型的人物。

"依小的看，你们是太消极了，陈公公在曹老皇太后那儿当差，高公公在高皇太后那儿，都是几十年了。小的在皇上宫中，咱们是三朝老少在一起，还斗不过一个吕嘉问，咱们就白在皇室里混了。"缪芒虽然不认识几个字，却非常机敏，鬼点子多。

"对呀！咱们见过的高官，比王安石、吕嘉问见到的老百姓还多，怎么就被这几个毛官给制住了呢？"

"缪公公，有什么高招呀？"陈衍资格虽老，毕竟已是太皇太后的人，缪芒虽年轻，却是当今皇帝的贴身内侍，权势比人强啦。

"你们都养过狗吧！"缪芒故意卖弄。

"当然养过。"

"你要狗听你使唤，什么法子最有效？"

"懂了！饿他们！"

"对了，给那些女人、王孙减膳，平时给半斤，现在给四两，问起来，就说'免行钱'一实施，商行都不供应了。其他都不要说。"缪芒真会放烂药。

"这怎么攻倒新法？"

"曹老太后、高皇太后都是精明透顶的女人，没有肉吃，她们自己会追根问底，何必劳大家与王安石作对？"缪芒说，"由我们出头，脑袋都可能不保，她们不同

……”

大家都认为这是高招。

高皇太后信佛，向来不重视吃，生活简朴；曹老太后在半个月饿下来，就受不了哩！几天减斤少两下来，果不出所料，老皇太后宣召赵顼，查问“免行钱”，并严厉要求罢新法。赵顼却以曹绰事件，说明“市易法”属于良法，其中必然受小人所蒙蔽拨弄。曹绰是个把柄，老太后语塞。

真是一波波的新法阻力，由各种既得利益者，屡扑屡起，改革谈何容易？

汴梁四条经过城内的河流越来越清，水位有下降的趋势。已是春耕的时候，从去年秋收起，雨量极少。虽然引黄河水灌溉的水利设施，适时的发挥了作用，但是灌溉的面积相当有限，不少农民望着太阳高挂的老天发愁。

不少土地龟裂了。跳大神祈雨的锣鼓喧天，舞草龙向神诉说，但老天不会感动。朗朗青天，连一片云也没有。旱灾面积相当大，北五路都已有了警讯。

很不幸的是，江南从去年四月开始闹水灾，不少房屋、田地冲毁流失。

当中书省把地方的奏章在朝议中，向赵顼禀报时，立即引起冯京的攻击。他说，这是新法触怒了老天，结果老天降灾。

沈括对这种触天论大不以为然。自与王安石在去冬讨论在暖冬可能有天灾出现的一席话以后，他就着手搜集灾变的资料。过目不忘的沈括出班奏事。他列举了历代的水灾纪录以后。他说：“远的不谈了，十六年前文彦博、富弼当宰相时，开封十六县就是一片泽国，河北也是哀鸿遍野，汴京御街行舟，大概在朝官员还有人能够记得起来。”他稍稍停顿，看了冯京一眼继续说：“十六年前并未实行新法，是否文、富两相在施政上触怒了老天呢？那时是实行祖宗之法，没有听到有罢法的论调，两位宰相的纱帽也戴得稳稳的。天灾是自然现象，皇上，臣从历史上得到一个结论，天灾是有周期性的，每隔若干年，就会在不同地区发生……”

沈括的学问不仅博，有的还很专，上次与王安石的闲话半年不到，他就整理出极有系统的资料。他的一席话，无异一场及时雨。虽然王安石、曾布都不怕辩论，毕竟要费很多唇舌，而吕惠卿又守丧期未满，人远在福建，不在朝廷。沈括虽不像吕惠卿那么尖锐，由于他一向不大在朝堂上发言，而且说话又都有根据，更有说服力。

赵顼虽然因两浙的涝灾忧心不已，沈括的一番话，免去一场罢不罢新法之争。他对这位一向不忮不求的臣子，倒是另眼相看了。这使赵顼又想起沈括出使北辽，用史实与辽使臣的一场针锋相对的斗争。沈括毫不退让，避免了割地之辱。

沈括把倒王的冯京一帮人的嘴堵住了。本来反新法的一场风暴已起，现在风平浪静。

新政新法不是即兴的演出，随想随做，而是有整套东西。“均输法”的六路转运计划，果真在灾变中发挥了作用。

归隐田园

王安石午夜突然醒来。天气热得难当，极少沐浴的王安石想冲个凉。他一起来，夫人也起来了。

“怎么？又睡不安稳？”最近王安石常常半夜起来枯坐，不像过去一样读书了。

“想冲个凉！”

“对啊！不洗澡怎么行？全身黏巴巴地，你不觉得臭，我还嫌臭哩！”

“臭？你也闻了几十年了！”

“三十四年了。”

“记得那么清楚？”

“甚么事？能不记得！”

夫人去提水，让王安石痛痛快快地洗了个澡，水上浮一层污垢。回到书房，睡意全消。当王安石向杯里取水时，夫人已先一步把水倒在砚池里，不多不少，正是他所希望的那种分量。接着研墨，把长毫放在洗笔里泡软。然后铺开纸，王安石提笔在那上面重写《田庐》那首旧作：

田父结田庐，聊容一身息。
呼儿取茅竹，不借乡人力。
起行庐旁朝，归卧庐下夕。
悠悠各有愿，勿笑田庐窄。

落了款，题作“诗寄老妻”。夫人相当震惊：遭遇到什么困难了？怎么做归田之计呢？

“累了？”

“有一点！”这是王安石从来不承认的。

才五十多岁啊，正是壮年的时候。不过她真不希望王安石太累了。她说：“也好！过去是愁吃愁穿，现在儿女都成家了，放下担子吧，过几年竹篱茅舍、田园之乐的日子，也免得钩心斗角，日夜操劳！”

这时鸡叫三遍了，离上朝的时候还早，他却吩咐王信祥套车了。

“要到那儿去？”夫人对相爷的失衡不禁忧心。

“到存中那里去。”

“干什么啊！人家还在睡呢！”

“不要紧，睡也要叫醒他。”

王安石说完就坐车走了。

这时王雱夫妇也已经起来。

“元泽，你爹到底怎么啦？坐卧不宁……”

“娘！你收拾收拾，回临川或钟山吧！”王雱是那么若无其事般冷静。

“你爹罢相了？”夫人是有点惊恐，不过这也是她早就在意料中的事。那种拗脾气，刺猬似的，吕公著说的对，当言官是好言官，当宰相那必然四面都是政敌。

“还没罢，大概快了。”

“这孩子，事不关己似的，他是你爹呀！”

“他不听儿子的话，所以落到今天。”

“甚么话？”

“要行新政，就得杀人。结果呢？韩琦提高青苗钱，强迫农民借贷，办了个土广廉，不痛不痒地送到南海去，还是当官！富弼公然下令不贷青苗钱，明是抗旨，赵顼那昏君却行妇人之仁，让他致仕了事！司马光唆使东明县令贾蕃收买农民上京告状，要求废‘免役法’，免收‘免役钱’，也只办了个贾蕃，司马光还是使相去当州官，作一方威福。这种放纵，谁理新法？”

“那也不致罢相，你爹没错。”

“娘，爹是个好官，才干得那么久。”王雱在束腰带。

“不是国库丰盈了嘛，那新法一定有利民生和朝廷，为什么……”

“娘，你不会懂，朝廷肥了，那些大官就瘦了，‘市易法’一实施，宦官、官家奴仆、巨贾就没油水了！‘方田均税法’把恶霸官吏勾结的利益全要上税了，曹竫……唉！不说了，我要赶不上早朝了。”

夫人还想问什么，王雱却匆匆走了。说实话，刚才他说了一大堆，她还是不懂。

“母亲，你一夜没睡，去歇一会吧！”

“我怎么睡得着呀！你看雱儿叫我收拾行李，这……”

“他们男人家的事，我们妇道人家想管也管不着，算了吧！”

夫人进房去歇了，可怎么也闭不上眼睛。

王安石到了沈府，沈括的书房也还亮着灯。王信祥叫开了门房，沈括把王安石迎进书房里。早晨凉多了，人也清爽，便于谈事。

“一夜没睡！”王安石看他一双红得像兔子样的眼睛，料定他是通宵达旦了。

“写一通有关涝旱雨灾的年表和奏章。”

“存中，恐怕是用不着了。”

“吕惠卿、曾布都在准备一场大辩论。”

“这次是两位太后，联合了外放的老臣，加上那些地主恶吏，罢新法的奏章已雪片般飞到银台司，这种直谏奏章，照例是无须经过中书省的。今天我是来找你谈谈，谁接相位比较好。”

“严重到这种程度吗？”

“早朝就可揭晓。”

“该说的还是要说，倒是救灾事我不懂，无从置喙。”沈括是位实事求是的读书人，客厅里摆满了改良农具、军器的模型。

“随你，该说的你说，不过压力太大，不辞相，无法使皇上脱身。”

早朝开始了，王安石心情沉重地走进大庆殿。那天是大朝，参加早朝的人比小朝

多了一倍还不止，侍读韩川也参加了。这倒是少有的事。

政情绷得很紧。两大灾害严酷地考验着执政。新法的确发挥了作用。“均输法”实施，各州县都有库存，而为应付“青苗法”拨出去的钱粮，也都在各州县。王安石奏明后，由户部实行赈济，时间上的确是能及时发挥。如没有新法的这种措施，救灾一拖数月，将使更多灾民饿死沟渠野地。但是那些反对派不看新法的效益，却异口同声说天灾是新法惹的祸。

正在朝议中，监安上门郑侠献的《流民图》，在朝堂上展示。这是利用马递，“流民图”才得夜呈内宫。

大家都在看图上因旱灾致人民流离失所、鹑衣乞食、卖妻鬻子、田园枯萎、土地龟裂惨状，景象十分令人感到悲惨。

除了图，还有奏表，力言天灾皆新法触怒天庭所致。

“安石，认识这个郑侠吗？”

“是臣的学生，治平进士。”王安石回奏。

“他如何当上监安上门？”

“是臣保举，由光州参军调监安上门。”

“人品如何？”赵顼追问。

“臣曾经要郑侠留京，助行新政，他却以为臣用官贿其心而未就，人品应当还不错。”

“臣有事启奏。”陆佃出班。“我朝对于驿站使用有严格规定，除谍报、军情可以马递以外，其余不得用马递。郑侠只是监安上门，已属越职言事，如今又滥用马递，有失职守，应予议处。”

这使满朝文武惊愕不已。陆佃虽然也是王安石的学生，却从来不附新政，这是就事论事，等于是劾奏郑侠。此次马递《流民图》的确违反了宋朝的驿站传递的规定。

这幅图已经经过慈圣（曹氏）、宣仁（高氏）两太后过目。两太后都说王安石新法触怒天地，以致降灾惩罚。两宫太后的话等于懿旨，对赵顼而言，自非那些反新法的元老可以比拟。这使赵顼十分为难。

“新法已干天怒，请罢新法以救灾黎。”冯京一向畏首畏尾，小心保住官位，这次机会难得，可以为老岳丈富弼报一箭之仇了。

“臣以为现在罢新法，实不足以拯救黎民，目前是如何赈灾为第一要务。”曾布主张面对现实，解决问题。

“各地灾情，奏折盈尺，今又见《流民图》，实在使朕食难安。是否检讨新法，诸卿奏议。”赵顼显然十分相信《流民图》的真实性。

“臣见我朝自熙宁以来，实行新政，天旱、雨涝、山崩、地变、日食甚至天阴都归因于新法干犯天怒，这实在是无稽之谈。姑不论天是否其有喜怒如人者，但新法虽出自臣子之手，实经圣上颁行。所以说，果天有喜怒而谴责新法，则王安石固不可辞其咎，圣上也有关系。”沈括这些话的分量相当重，有冒犯龙颜之罪。“臣读诸史，历朝历代都有天灾地变，皆未见行新法，天灾地变一样发生，暴君贤君都没有例外。而经列表观察，天灾地变都有周期。再说十六年前文彦博、韩琦执政，也有天灾，汴梁陆上行舟，冲毁

房屋万户,那时是行的祖宗之法,未知因何也干天怒?臣以为天灾乃是自然现象,与仁德无关。有关天灾,已于两浙大雨期间论及,各位大人也可复按。”

这是有根有据的说法,无法辩的。赵顼都不以为忤,全殿鸦雀无声。

吕惠卿出班,他认为新法虽以皇帝诏颁布行,宰相的副署颁行,法却多数出于吕惠卿和曾布的手笔,韩维虽也曾经是三司条例司的文字详检,早已经背新法而去,且已倒向元老派。罢新法也等于罢吕惠卿和曾布,更是反朝廷,他只是没有指明罢新法就是罢皇帝罢了。

“奏上来!”赵顼深知吕惠卿有雄辩之才。今日新政之被非议,他心痛。

“北五路以河北灾情较重。”吕惠卿尽量压住心中的怒火,但仍然相当激动。“旱灾是从熙宁六年九月起,到今年四月,一共是八个月的旱象,影响一季大麦的种植与收成,如到六、七月仍不下雨,也只影响一期水稻的栽培;两浙的涝灾,臣丧期满,到过江南,常秩的救济已经生效。经一年多的重整,房屋耕地已渐复旧观,再过一两年的休养生息,水灾的破坏即可恢复了。至于河北等路的旱灾,因水利的兴建,引河水灌溉,尚有相当可耕面积。假如八月能下雨,就不会影响冬季种麦。因此,此项天灾,不过是农民一年的收入,不会影响全面……”

“臣有言!”韩川硬生地打断吕惠卿的议论,说:“郑侠所绘《流民图》,各地灾情折子,皆可证实灾情的严重情形,怎么可以说影响不大?吕惠卿一派巧言,掩饰灾害实情,必将使灾情更为扩大。臣敢请尽废新法以报天,使老天重降甘霖。”

“陛下,我们这是不问苍天问鬼神了,刚才沈括所举的历来旱灾,未有超过两年的。臣所要说的是,‘青苗法’、‘方田均税法’、‘免役法’实施后,农民与贫苦大众避免了豪强的剥削,税赋公平的结果,过去青的佃农已有卖余粮。经户部、三司度支的统计,如集中各地所纳赋税于府库,足够二十年国用。户部与三司的大员都在朝堂上,臣不会说谎。依此情形,如调拨得当,旱灾不足以造成我大宋的经济危机。臣建议,立即调拨两湖、福建等地之存粮北运救济。只要赈济得法,这个旱灾应可平安度过。”吕惠卿终于把话讲完。

曾布上前奏道:“过去有人指新法为敛财,是行商鞅、桑弘羊之法。新法并未杀一人,又有西北王韶的大捷、章惇沅州溪蛮四十余州之胜,而且国用渐丰。如没有这些资财、存粮和藏富于民的富足,两大灾变再加上边患,社稷危殆。天灾历朝历代都曾发生,也曾安然度过。不能只凭一幅画就可以说新法是亡国灭朝之祸?试问郑侠所绘,拆屋卖钱,既是哀鸿遍野、吃草根挖蕨果腹,谁又去买那些拆掉的房屋材料?而旱灾最主要的是缺水缺粮,拆屋卖得的钱又有什么用?到哪里去买水买粮?依臣看,《流民图》绘画艺术可能还不错,用作为罢法、废政则有大不实之嫌。这是欺骗满朝文武,也是欺骗陛下。”

这一诘问,韩川、冯京都无言以对,只一再强调乃亲眼所见。蔡卞本要出列奏章,被王安石制止了。只要蔡卞一讲话,必然又落人口实,女婿为了维护老岳丈而狡言巧辩,反而坏事。

这时王安石出班,说有事启奏,嗡嗡的议论都停了下来。大家倒想听听王安石在众口罢法的情形下如何自辩。

一夜未睡，身心备受煎熬的王安石也萎靡不振。满腮胡须，眼眶黑凹。赵顼看在眼里，痛惜在心里。

"臣有罪，乞罢归以谢天！"

虽然赵顼不说什么，仍然在龙椅上，已觉得两次大灾难斩断了他的手臂，而对王安石颇有愧意，所有的风险都由他一人挡住了。

王安石回到家时，天热加上生气，已是一身汗。

夫人一看相爷脸色铁青，果如王雱所说，恐将要收拾行李了。王安石用湿巾擦罢汗，进入书房，研墨铺下绵纸，在上疾书《乞解机务札子》，上说：

臣以羁旅之孤，蒙恩收录，待罪东府，方今四年（按指宰相任期）。陛下有所变更之初，内外大小纷然，臣实任其罪戾，非赖至明辨察，臣宜诛斥久矣。在臣所当图报，岂敢复有二心？徒以今年以来，疾病浸加，不任劳剧，比尝坦陈息款，未蒙陛下矜从，故复黾勉至今，而所苦日盛一日。方陛下励精图治，事事皆欲尽理之时，乃以昏疲久尸宰事，虽圣恩善贷，而寻衅日滋，至于不可复容，则终上累陛下知人之明，非将害臣私义而已。臣所以冒昧有今日之乞也。伏奉宣谕，未赐哀矜，彷徨屏营，不知所措，然臣所乞，固已深思熟计而后敢言。与其废职至诛，则宁违命而获谴……

辞相札子言辞恳切，去意甚坚。

第三天王安石已不上朝了，赵顼也在早朝前才看到那个辞相札子。赵顼从负气中清醒过来，感到王安石一去，等于新政前功尽弃，也失去了左右手。

"封还！"赵顼对吕惠卿说，"惠卿，你亲自送去。"

辞职札子可以封还，罪己诏却永远都追不回来了。

那道罪己诏，王安石也已看到了。

——朕涉道日浅，暗于政治，政失厥中，以干阴阳之和，乃自冬迄今，旱收为虐，四海之内，被灾者广……

——意者朕之听纳不得于理？讼狱非其情欤！赋敛失节欤！忠谋谠言囿于上闻，而阿谀壅蔽以成其私者众欤！……

读了这罪己诏，等于赵顼的一切错失，以及天灾地变，都是新法所造成，罢新法已经在即。而阿谀壅蔽者当然指推行新法者了。

王安石没有再犹豫地写第二道、第三道辞相札子。心已冷了，人似乎也垮了下来，几天工夫，显然瘦了许多。

夫人知道，离京似乎已经定了，但是去哪里，能不能回到钟山，谁也不知道。多少大员罢去，有几人是可以回到故乡？又有几人随心所欲？夫人想到这里，心中总有些忐忑难安。

王安石上了三个札子，赵顼派吕惠卿再到王家传达慰留的圣旨。新政诸子也到王安石家劝他打消辞意。

曾布、吕惠卿、沈括等都认为王安石一走，新法就终结了。王安石当然也看到了这点，但那罪己诏等于罪的是王安石，他怎么再有脸立于朝堂之上？

“新政才开始，稍有成绩，我当然不想走，但罪己诏已出，我不走皇上就无法避免两宫太后的责难与皇族、皇戚的压力，更无法面对那些俗儒的反扑。”王安石说，“我不走，皇上为难，我走，反而可能保存部分新政。还有坚决实行新政的皇上，不要以我个人的去留，作为兴废的标准。尧舜走了，人还存在，政治还在运作，何况在下呢？倒是有一点舍不得大家，但人生没有不散的筵席。天还只是涝旱，还没有崩塌，对吧？至于灾难，以前有，现在有，将来也会有，对吗？”

大家看他说得那么恳切，很难挽回去意，便都走了。

此时，西京（洛阳）的富弼、司马光正在庆祝。

一位经济改革家，已在那些威权、后族、皇亲、投机政客的合纵连横与天灾中被击倒。有的改革已经实施，有的才诏颁法令，就改革而言，才是起步。

王安石辞相，反王的人都一致称快，只有老百姓与赵顼叹息失人。

王安石似乎已经勘破了政治原不过是骗局，一切都是过眼云烟，红尘喧闹。夜似乎凉了许多，他再奋笔疾书，四、五、六次上札子坚辞机务。

“……伏念臣孤远疵贱，众之所弃……臣乞且于东府听候朝旨，伏望陛下圣恩早赐裁处……”

赵顼读到一次辞呈，反复至三，六次辞呈，感到其心已冷。回想越次入对以来，君臣契合若一人，迄无二者。

“朕至今未变，何去之坚也！”他提起御笔，在札子上批了：“以吏部尚书、观文殿大学士出知江宁府。”

赵顼掷笔而叹：“去吾臂矣！”

六月十五日，王安石一家仍在西角子门码头上船，来回都是这个码头，人事却已全非了。

王安石的船走了八天已到江宁。

他已着手在钟山腰上买地，盖茅屋了。他忽然才发现，自登进士榜以来，竟是那么庸庸碌碌，傻得想一肩挑下天下事，从未尝过悠然自得的生活。那种生活胜过皇帝宰辅的富贵荣华。可惜这种觉悟稍嫌晚了些。

第一次罢相回到钟山，王安石已心如止水，虽未杜门谢客，对朝廷的大小事都已不愿再去想了。

献《流民图》的郑侠已经处分，越职言事，擅用马递的案子已了，吕惠卿却想追查郑侠背后的指使者，乃由御史张琥等审理，后来查出策划主使者竟是韩维、冯京、王安国、李士宁等。这四位以破坏新法获罪：冯京罢参知政事，以左谏议大夫衔知亳州（在今四川境内），韩维出知河阳（河南孟州市），王安国、李士宁夺官去职回籍。王安石碰到这种情形当然悲痛。最让王安石深深不以为然的是，吕惠卿又把曾布以“不应奏而奏，奏事不适”为理由贬到饶州（江西鄱阳），这实在是莫须有的事。

凡是吕惠卿不喜欢的人，无论是新法同僚或元老派，都被排斥。而同时又晋用亲弟弟升卿为侍讲，和卿主持“手实法”，大事搜刮。这不要紧，还勾结地方官吏在苏州置私产，为御史蔡承禧所劾，邓绾趁机揭发和卿强借秀州（浙江嘉兴）民钱买田地一事。三兄弟都因此两案丢官，吕惠卿以参知政事罢知陈州（河南淮阳）。吕惠卿十分后悔，但已来不及了。

吕惠卿最大的错，是实行“手实法”，这个法连生产用具都要登记，户分五等，作为课税的依据。真是苛政猛如虎，百姓问天无计了。吕惠卿已违背赵顼行新政以嘉惠百姓的本意，其中敛聚更胜于豪绅老吏。这是赵顼重召王安石主持大政的原因。如不能及时纠正，则新政可能毁于吕惠卿一人之手。

吕惠卿被罢，疑为王安石的报复。他被劾和纠举，虽然在王安石复相之前，被罢却在复相本年之后，而邓绾又是他的门生，从推理上，这种怀疑是合逻辑的。其实王安石根本未曾干预这个案子，当然也未向吕惠卿伸出援救之手。

于是吕惠卿与王安石是始合终睽，最后分道扬镳。真正推荐吕惠卿的是欧阳修。仁宗嘉祐六年，欧阳修推荐他和刘攽任馆职时说：“前真州军事推官吕惠卿，材识明敏，文艺通优，好古饬躬，可谓端雅之士……”王安石之所以引为左右臂，多少与欧阳修此一荐语有点关系。新法的很多重要法款，都出自吕惠卿、曾布之手，如“青苗法”“方田均税法”“均输法”等。但吕惠卿的性格是忌能好胜而不公，他与司马光在经筵上尖锐的对立，与韩琦廷争之咄咄逼人，便已看出他的性格。

吕惠卿执政以后，未把韩绛放在眼里，用人唯私，这也还可以容忍；贪婪敛聚，违背推行新法的精神，与那些旧官僚与地方豪绅挂钩又有什么分别？这引起王安石的不满，乃是想当然的事。他的弟弟吕和卿购置田产，实行“手实法”，如果让吕惠卿继续为所欲为，那将毁了江山社稷。

凡属权势必然争夺，大概是古今不变的法则。王安石复相，与韩绛的危机感有绝对关系。韩绛看到吕惠卿对付人的手段，想到下一个目标就是自己。而新法也必然成为真正的敛聚之法，担心仁政变成暴政。他想到，唯有王安石复相，才能制住吕惠卿。

于是，他向赵顼建议把王安石召回，挽救新政。韩绛举了不少吕惠卿整肃异己、敛聚贪婪和“手实法”的严酷加以奏报。他分析，如再让吕惠卿独揽大权，势必危及朝廷。韩绛的建议，正符合赵顼的想法。

自王安石罢相，跟着罢了不少新法，也罢了不少大臣。

赵顼也已经觉察到吕惠卿弄权，除了召回王安石之外，已没有人可以克制他了。如让吕惠卿继续独揽朝政下去，大者可能危及江山社稷，小则对新政改革所带来的富裕繁荣造成伤害。

君臣似乎有相当默契。熙宁八年正月初王安石接旨，二月初成行。王安石一家人从陆路进京，王雱已不能骑马。

这次进京只花七天时间，新法未竟全功，国未富，兵未强，怎么割舍？王安石回到汴梁立即上求见天子。

君臣见面，格外亲切，彼此都有少不了对方的那种感觉。

他们讨论的第一件事是：北辽趁天灾人祸之际，又派员来要求重订边界问题，满朝文武都拿不出一点办法来。

“朕曾下诏让韩琦、曾公亮、富弼与文彦博献策。”

“怎么说?”王安石问。

“韩琦说新法敛聚,就好像富人手上戴满珠宝,引起敌人的觊觎,北辽是砍手来了。还是老调,要废尽新法。倒是文彦博说了些人臣的话,主张绝不能割地,对抗到底。”赵顼越说越气。

“韩琦与范仲淹,都是经营西北的大臣,应当知道怎样对付这两个强敌。”

“韩琦也许真是老了。”赵顼轻敲着他的桌面,“朕希望尽快找出对策。”

“臣找他们了解一下再回报陛下。”

“还有,许多新法的老人都散了,还在者也出现了疲态,对新政非常不利。”

“臣当尽力。”

“朝中有人持禄养骄,鲜有可靠的栋梁之材。因循之风弥散朝野。”

王安石再以平章事,加封昭文馆大学士,与韩绛并相。

由于蔡承禧的弹劾,邓绾的检举成案,不费什么力气就在熙宁八年十月罢吕惠卿与残酷的“手实法”,除掉心腹大患。

熙宁八年四月,北辽大概知道王安石罢相以后的纷争情况,似乎看穿了宋朝的弱点,又派萧禧前来,重提拆除河北垒城筑寨的守备,并要求重划边界。王安石主张明告北辽屡违誓书,不得不修武备以防,不亢不卑地回了辽使。但北辽却不甘心就这样罢手,威胁要派大军拆除宋方越界修筑的营垒。

“北辽会不会真的举兵南下呢?”赵顼问王安石。

“这还仅止于试探,千万不能示弱,否则北辽必然误以为我朝兵备未周而起战端了。”

“但是萧禧又要来了,万一要谈不好,打起来这不是生灵涂炭吗?”

“北辽现在也是四分五裂,内部不和,必然无力南侵。即使南侵,我朝也不是澶州之战的时代,放手力搏,胜算还是有的。”

为了这件事,曾召开多次重臣会议。

在会上,王安石主张绝不示弱,而且番使来时,连阁议都不必召开。他始终认为,“卑而骄之,乃是欲致其来”,故不可示以惮事形迹,示以惮事形迹就是引敌速寇的诱因。

“万一北朝不肯罢休,怎么对付呢?”赵顼不放心地一再追问。

“陛下,对于北辽,应譬如强盗在门,若不愿惜家资,自当夹了尾巴逃走;如真遇到了悍盗,舍一场拼斗之外,还有什么可以商量的?”王安石就是那种蛮悍性格,所以有西北王韶之胜、章惇的平复蛮苗。

“我们有能力作一场对抗战争吗?”

“纵然没有实力,也不能任由胡夷予取予求,否则我大宋必有未可忍的大事。”王安石说,“陛下,宁为玉碎,不为瓦全!”

赵顼也下了决心,寸土不让。谈判的结果,果如王安石之所料,未再丧权辱国。

熙宁八年十一月出现彗星,神宗又以为老天示警而避殿减膳,又求直言。得到的进谏，仍然是老调：新法虐民苛政。王安石无可奈何，又上疏说明天文变化无常，还是沈括出了力气，才把彗星出轸的事解释清楚。

从此，朝政已少了纷扰，已罢的新法，又陆续恢复。

但王安石、王雱身体多病，神宗除了派御医，送珍贵药材，又准假免朝，这种优遇在当朝已没有第二人。

王雱的病，越来越严重了。脚趾有坏死现象，已难下床，王安石不忍再深责了；王雱呢，父母为他的病已经够烦，还要使他们为自己的行为生气，觉得非常惭愧，便低头认了错。这对王雱来说，实在是少有的事。

再度进京，王安石与赵顼之间已非君臣的关系。

此次回朝，等于带了一支勤王之师，虽然他只是单枪匹马，却已成功地把朝廷的纷乱逐渐平息。韩绛虽没有什么过失，但似乎已经厌恶京官不胜繁钜，积压不少要案。王安石成功的推荐吕嘉问、张安国执政，总算喘了一口大气。

真有点累了，国事、家事都使王安石身心俱疲。

这年正是国防多事之秋，北辽要求重划边界，十一月交趾又入寇，十二月五溪蛮叛乱。吴充和王安石商量，派赵卨、李宪征剿交趾，次年二月再派郭逵为安南招讨使。经过一年多的攻防，才打到邕州（广西南宁），把交趾入侵的部队追到富良江以后，李乾德宣布投降，恢复进贡，成为大宋藩属之国。王安石虽然没有看到胜利，力主对抗交趾的是他和他的亲家吴充。交趾属五岭外的南蛮，尊颛顼而不供黄帝。仁宗时代，曾派狄青南征，却仍属羁縻之策，没有彻底消灭此一大患的决心。

历来，中国的大敌都是北方的胡夷，鲜少有南人北征成功的例子，故在军事上，都采取严防北方，却把南方的蛮子侵扰视为癣疥之疾，因此，常用羁縻抚剿，而不是消灭的策略。其实，赵家在收拾了后周、南唐之后，已不在意版图上的问题，坐在汴梁城大内，享起皇家富贵的福来了。赵顼深知，太祖如一鼓作气，至少没有西夏与苗蛮之乱，当然北辽也就不会予取予求，成为日后大患了。这些问题，赵顼已了然于胸：那是祖宗的短视，重文轻武，弄到无兵可用，一有边急，便只好跺脚。能百年无事，是靠天吃饭么！所以赵顼不便有明显的表示。

同时五溪蛮叛乱，两湖震动。熙宁九年正月派章惇前往抚讨。章惇曾于熙宁五年十一月降过梅山峒蛮，置安化县（湖南安化北），次年平南江蛮置沅州（今湖南沅陵）。如今是旧事重演，很快就平息了叛乱。

成功的平了交趾的进侵时，王安石已回江南。但平五溪蛮和讨抚交趾，仍应算是王安石与赵顼的决定。王安石是十月以使相身份罢判江宁府的，这时他已是一个没有衙门的宰相了。

熙宁九年六月王雱病，七月去世，才三十三岁，正是有为的英年。

欧阳修、韩琦、王安国都先后去世了；蔡挺、王韶也已罢斥。景物依旧，人事全非。官位？不过是如戏中角色而已。默想中，王安石觉得过去那些争论都毫无意义。不过稍为值得安慰的是新法已经在各地成功地推行，国家逐渐富强，尤其是老百姓被豪强剥削减少了，生活有大幅度改善，连汴梁城区也扩大不少。农村一栋栋新屋盖起来,水利增加了可耕农地,徭役减轻了……这一切都是新法的成果。

第一次罢相,王安石已勘破官场的形形色色,复相只是为了维护新法,如无后族、皇亲、元老的阻碍和吕惠卿的倒行逆施,他想他不会一召即来,当然其间还有赵顼的信任与情感。如从人情去看,赵顼与王安石已不止于君臣的关系,而是相知极深的朋友。这也是他奉到诏旨,立即兼程进京的原因。

——俱往矣!

他深深一叹。

——万事已了,不如归去!

他立即写辞表,赵顼未准。王安石辞之再三,赵顼召他至便殿恳谈。

“朕知卿近丧弟死子,至为悲痛,但新政仍有依赖,所请实在碍难照准。”

“回陛下,去年二月入见,臣已陈明投老余年,无法再长久伺候左右。”

“那还是奉旨进京了。”

“感谢知遇,想再以粗微效力,助成盛德大业而已。”王安石十分诚恳,放眼望去,七八年来辛劳煎熬的结果,已是两鬓飞霜了。

“让朕再想想。”

王安石在第一表中表示:“疲曳之余,过重休朋之累,且用人而过矣!固不免于败材,苟改命而当焉!亦何嫌于反汗?”第二表、第三表又呈上来,赵顼只好准他呈辞了。

十月已是初冬。

南下的前一晚,王安石和几个下人,又到聚贤居去吃了餐饭。熙宁元年四月到京的第一餐也在那里吃的,不知道那位船老大许滔怎么样了。那群野野的、朴实的汉子,才是真性情。

王家第二天悄悄地走了!

仍是西角子门码头。

这次不敢惊动亲友。

船沿途慢慢地航行,每一个地方都停泊,都上岸。今生是否再有机会走一趟通济渠,谁也不知道。

走了半个月才回到钟山。

望到别了数月的家园,王旁夫妇把家照顾得极好。只是看到无父无母的孙子王棣、孙女王珏,便老泪纵横。

孙子投入怀抱,什么都忘了。

从一人之下、位高权重、前呼后拥的璀璨中淡化下来,一切归于平静。

他继续修三经义的谬误,并著《字说》。

他再三辞判江宁府。元丰元年封舒国公加集禧观使,等于进入高官的养老院,俸禄照支,另赐食邑四百户,实食一百户。元丰三年王安石六十岁时,特进改封荆国公。八年又特进司空,食邑之赐恳辞。

王安石虽然已经完全脱离了权力圈,朋友反而近了。元丰七年七月苏轼去汝州(今河南)路过江宁时,两位老朋友同游钟山,诗酒、弈棋。新法实施中,两人是政敌,现在前嫌尽释。

世界实在太小。元丰三年吕惠卿知江宁府,由部属一下子变成王安石的父母官了。

“过去的已经过去了,都不必计较。”吕惠卿先去拜望老长官时说。

“与公同心,以往异意,皆为国事,岂有他哉!”

真是一笑泯恩仇,一了百了,两人都不失为君子。

熙宁十年三月赵顼曾一度派朱炎到江宁传旨到府视事,但王安石婉拒上任;复派李友询护送王雱留京的灵柩到江宁。元丰元年七月王安石生了一场病,赵顼特诏许中书舍人蔡卞及其女王雱夫妇前往探视,并赐汤药。隆恩之重,无人可与之比。

哲宗即位时,高太皇太后复召反新法旧党,司马光、范纯仁、吕公著等又位列朝堂之上。司马光当了宰相,连上二札子废新法。当时有不少人认为哲宗初立,应守三年无改父道以评其议。但司马光却说:“先帝之法,是王安石、吕惠卿等所建,为害天下,非神宗皇帝的本意。”他一翻那双白眼说,“这哪里是先帝之法呢?”

司马光完全忘了那些法,都是赵顼诏旨所颁,甚至有些法是皇帝的授意。

王安石纪念馆

哲宗皇帝即位时才十岁,而高太皇太后是后党,向皇后早就被视为新党,赵煦又非己出,当然权柄旁落。再加上司马光根本未把孤儿寡妇看在眼里,玩于股掌之上乃是很自然的事。何况这是报复新党,罢新法、废新政唯一不可多得的机会。虽没有什么实质意义,也可以使自己出口怨气呢!

机会是稍纵即逝的,司马光必须及时抓住这个机会不可。

元岣元年,废去“保甲法”“方田均税法”“青苗法”“免役法”等。

当了宰相以后，可以为所欲为了，他罢了不少新党的官以泄其久积之愤。器量之狭小，手段之毒辣，未有出于司马光者。

司马光的报复，只为求一己的痛快，没有替代方案，只要是出自王安石的新法，废了再说。他的这种报复，有识之士皆不以为然。但他大权在握，台谏噤若寒蝉。谁都知道司马光的手段又阴又毒，不像王安石只对事、从来不对人做什么。

刚刚起步的经济全部下滑。钦徽二帝北掳之祸，严格说，实由此种报复开始了。

王安石对这些，自然清楚，谨守不在其位不谋其政的分际，筑田园于钟山白塘，在金陵东七里，屋盖于半山，亦自号半山老人。虽然其内心痛苦无状，仍是强为抑压，决心不再过问朝廷的事。

元屾元年四月王安石卒于钟山，得年六十有四。